Jürgen Moormann Martin Hillesheimer
Christian Metzler Christian M. Zahn

Wertschöpfungsmanagement in Banken

Jürgen Moormann Martin Hillesheimer
Christian Metzler Christian M. Zahn

Wertschöpfungsmanagement in Banken

3., vollständig überarbeitete Auflage

Lehr- und Lernbuch

Frankfurt School Verlag

Prof. Dr. Jürgen Moormann lehrt Bankbetriebslehre an der Frankfurt School of Finance & Management, Frankfurt am Main, und leitet das Forschungscenter ProcessLab.

Martin Hillesheimer ist Mitarbeiter der Bereichsentwicklung Private Banking & Asset Management der BHF-BANK Aktiengesellschaft, Frankfurt am Main, und leitet eine Gruppe mit dem Schwerpunkt Finance & Risk.

Christian Metzler ist Mitarbeiter in der Bereichsentwicklung Private Banking & Asset Management der BHF-BANK Aktiengesellschaft, Frankfurt am Main, und arbeitet dort als Projektmanager.

Christian M. Zahn ist Mitarbeiter im Bereich Regional Management der Deutsche Bank AG, Frankfurt am Main, und arbeitet als Senior Project Manager im Team des Global COO Regional Management / Chief Operating Officer Europe.

Gastautor:
Nils Lensch-Franzen ist Mitarbeiter im Bereich Regional Management der Deutsche Bank AG, Frankfurt am Main, und arbeitet als Junior Project Manager im Team des Global COO Regional Management / Chief Operating Officer Europe.

Kontakt: *wsmgt@frankfurt-school.de*

Weitere Informationen zum Buch und zu den Autoren finden Sie unter: *www.wsm-in-banken.de*

Bibliografische Information der Deutschen Nationalbibliothek
Die Deutsche Nationalbibliothek verzeichnet diese Publikation in der Deutschen Nationalbibliografie; detaillierte bibliografische Daten sind im Internet über http://dnb.d-nb.de abrufbar.

Printed in Germany

ISBN 978-3-937519-00-5

Besuchen Sie uns im Internet: *www.frankfurt-school-verlag.de*

3., vollständig überarbeitete Auflage 2009

Vorwort zur dritten Auflage

Zurzeit befindet sich die Finanzindustrie in einem massiven Umbruch. Geschäftsmodelle müssen grundsätzlich überdacht, Ertragsmöglichkeiten neu ausgelotet und Aufwandspositionen konsequent durchleuchtet werden. Vor diesem Hintergrund stellt sich die Frage, wie die Wertschöpfung von Kreditinstituten in Zukunft erfolgen kann und wie Banken unter diesem Aspekt zu managen sind.

Die Sicherung und Erhöhung der Wertschöpfung ist daher eine der zentralen Aufgaben, denen sich die Institute stellen müssen. Immer mehr wird erkannt, dass Strategie, Strukturorganisation und Prozessmanagement drei eng miteinander verwobene Gestaltungsfelder darstellen, die die Produktivität und Rentabilität von Kreditinstituten massiv beeinflussen. Aber auch die Umsetzung muss gelingen, damit die entwickelten Konzepte ihre intendierte Wirkung entfalten können. Die intelligente Ausgestaltung von Strategie, Struktur und Prozessen im Kontext aufbrechender Wertschöpfungsketten und sich verändernder Unternehmensgrenzen entscheidet wesentlich über den Erfolg des jeweiligen Instituts.

Ziel des vorliegenden Buches ist es, die Herausforderungen sowie die wichtigsten Konzepte und Instrumente für die Weiterentwicklung von Banken zu vermitteln. Die Leser sollen ein fundiertes Wissen darüber erhalten, wie die Wertschöpfung von Banken gesteuert und gesteigert werden kann.

Die drastischen Veränderungen im Wettbewerbsumfeld der Banken, aber auch die schnellen Entwicklungen bei Themen wie dem Prozessmanagement, haben eine umfassende Überarbeitung des Buches notwendig gemacht. Erstmals haben wir das Buch mit einem mentalen Modell, dem *Integrierten Bankwirtschaftlichen Wertschöpfungsmodell* (IBW-Modell), unterlegt und dieses den folgenden elf Kapiteln vorangestellt. Zudem haben wir ein vollständig neues Kapitel aufgenommen, das sich mit dem Aufbau so genannter Operativer Modelle in der Bankwirtschaft beschäftigt. Hierbei geht es um den Aufbau global verteilter Wertschöpfungsketten und die daraus entstehenden Herausforderungen für das Management. Das Kapitel wurde von unserem Gastautor, Nils Lensch-Franzen, für dieses Buch geschrieben. Im Gegenzug haben wir auf das bisherige Kapitel zum Projektmanagement verzichtet, da dazu ausreichend anderweitige Literatur verfügbar ist und die Berücksichtigung von Bankspezifika nicht erforderlich erscheint. Andere Kapitel, wie etwa Kapitel 1 zum Umbruch im Bankensektor, Kapitel 6 zur Entwicklung neuer Wertschöpfungsarchitekturen und Kapitel 10 zum Einsatz von Six Sigma in Banken, wurden erheblich überarbeitet bzw. erweitert. Darüber hinaus sind viele Aktualisierungen in das Buch eingegangen.

Zusätzlich zum Buch ist eine Website (*www.wsm-in-banken.de*) verfügbar, die vor allem den Studentinnen und Studenten der Vorlesung „Wertschöpfungsmanagement in Banken“ zur Lernunterstützung dienen soll. Auf der Website finden sich ergänzende Übungsaufgaben sowie Lösungsvorschläge zu den im Buch vorhandenen Aufgaben. Darüber hinaus wird der Zusammenhang der Inhalte aller Kapitel anhand eines umfangreichen Fallbeispiels verdeutlicht.

Wir danken allen Studierenden der Frankfurt School of Finance & Management, die durch ihre Diskussionen in Vorlesungen sowie durch konkrete Hinweise zur weiteren Verbesserung des Buches beigetragen haben. Ein besonderer Dank gilt René Börner, wissenschaftlicher Mitarbeiter am ProcessLab der Frankfurt School, für viele konstruktive Verbesserungsvorschläge und Textbeiträge für das Buch.

Wir wünschen allen Leserinnen und Lesern eine gewinnbringende Lektüre.

Frankfurt am Main, September 2009

JÜRGEN MOORMANN
MARTIN HILLESHEIMER
CHRISTIAN METZLER
CHRISTIAN M. ZAHN

Inhaltsverzeichnis

Abkürzungsverzeichnis ... 15

Integriertes Bankwirtschaftliches Wertschöpfungsmodell ... 21

1 Umbruch des Bankensektors ... 33
1.1 Die Krise und ihre Auswirkungen ... 33
1.1.1 Die Situation vor der Krise ... 33
1.1.2 Die Finanzmarktkrise – Entstehung und Verlauf ... 36
1.1.3 Auswirkungen der Krise und damit verbundene strategische Fragestellungen ... 44
1.2 Analyse der Umwelt ... 46
1.2.1 Makroökonomische Entwicklung ... 47
1.2.2 Politisch-rechtliche Umwelt ... 48
1.2.3 Demografische Entwicklung ... 51
1.2.4 Soziokulturelle Trends ... 52
1.2.5 Technologische Entwicklung ... 53
1.3 Der deutsche Bankensektor im internationalen Vergleich ... 54
1.3.1 Deutschland – ein stark zersplitterter Bankenmarkt ... 54
1.3.2 Deutschland – overbranched? ... 56
1.3.3 Deutschland – ein unrentabler Markt? ... 57
1.4 Wettbewerbskräfte auf dem deutschen Bankenmarkt ... 59
1.4.1 Bedrohung durch neue Anbieter ... 60
1.4.2 Verhandlungsmacht der Abnehmer ... 64
1.4.3 Bedrohung durch substituierende Produkte und Dienstleistungen ... 66
1.4.4 Verhandlungsmacht der Zulieferer ... 67
1.4.5 Rivalität unter den bestehenden Wettbewerbern ... 68
1.5 Wertschöpfung und Produktivität in Banken ... 70
1.5.1 Definition von Wertschöpfung ... 70
1.5.2 Definition von Produktivität ... 72
1.5.3 Produktivität versus Cost Income Ratio ... 74

2 Vision und Strategie ... 87
2.1 Warum muss sich eine Bank strategisch ausrichten? ... 87
2.2 Strategische Denkschulen ... 92
2.3 Grundelemente einer Strategie ... 94
2.3.1 Strategisches Grundmodell ... 94
2.3.2 Normative Ebene ... 96
2.3.2.1 Vision ... 96
2.3.2.2 Unternehmenskultur ... 98
2.3.2.3 Unternehmensleitbild ... 99
2.3.3 Strategische Ebene ... 102
2.3.3.1 Strategische Ziele ... 102
2.3.3.2 Erfolgspotenzial und Erfolgsfaktoren ... 102
2.3.3.3 Basisstrategie ... 104
2.4 Markt- versus ressourcenbasierter Ansatz ... 108
2.4.1 Marktbasierter Ansatz ... 108
2.4.2 Ressourcenbasierter Ansatz ... 110
2.5 Generische Wettbewerbsstrategien ... 112
2.5.1 Einleitung in das Modell von Porter ... 112
2.5.2 Umfassende Kostenführerschaft ... 113
2.5.3 Differenzierung ... 115
2.5.4 Konzentration auf Schwerpunkte ... 117
2.5.5 Vergleich der drei Alternativen ... 118
2.5.6 Weiterentwicklungen des Modells ... 120
2.6 Prozess der Strategieentwicklung ... 121

3 Klassische Formen der Aufbauorganisation ... 135
3.1 Von der Strategie zur Organisation ... 136
3.2 Bestimmungsfaktoren der Aufbauorganisation ... 137
3.3 Bestimmt die Struktur den Erfolg eines Unternehmens? ... 138
3.3.1 Alfred D. Chandler: Structure follows Strategy ... 139
3.3.2 Peters und Waterman: Das 7-S-Modell ... 139
3.3.3 Richard D'Aveni: Das Neue 7-S-Modell ... 141
3.4 Grundlagen der klassischen aufbauorganisatorischen Gestaltung ... 144
3.4.1 Die Aufgabe als Ausgangspunkt ... 145

3.4.2 Aufgabenanalyse ... 147
3.4.3 Aufgabensynthese ... 148
3.5 Konzepte der Aufbauorganisation ... 151
3.5.1 Vertikale Betrachtung ... 152
3.5.1.1 Einlinienorganisation ... 153
3.5.1.2 Stab-/Linienorganisation ... 154
3.5.1.3 Mehrlinienorganisation ... 155
3.5.2 Horizontale Betrachtung ... 156
3.5.2.1 Funktionale Organisationsstrukturen ... 157
3.5.2.2 Divisionale Organisationsstrukturen ... 158
3.5.2.3 Gemischte Organisationsstrukturen ... 161
3.5.2.4 Funktionale und divisionale Organisationsstrukturen in Banken ... 162
3.5.2.5 Kritik an den eindimensionalen Organisationsstrukturen ... 163
3.5.2.6 Mehrdimensionale Organisationsstrukturen: Matrix- und Tensororganisation ... 165

4 Konzept des Lean Banking ... 177
4.1 Theoretische Grundlagen ... 179
4.2 Schritte zur Lean Bank ... 186
4.2.1 Marktausrichtung ... 187
4.2.1.1 Differenzierung der Vertriebsorganisation ... 188
4.2.1.2 Profit-Center- und Shared-Services-Organisation ... 192
4.2.1.3 Optimierung des Produkt-Leistungsportfolios ... 196
4.2.2 Industrialisierung der Prozesse ... 200
4.2.2.1 Vereinfachung, Standardisierung und Automatisierung der Prozesse ... 200
4.2.2.2 Bündelung der Aufgaben ... 202
4.2.2.3 Prozesssteuerung ... 203
4.2.2.4 Kapazitätsmanagement ... 205
4.2.3 Sourcing und Shoring ... 206
4.2.3.1 Outsourcing / Insourcing ... 207
4.2.3.2 Nearshoring / Offshoring ... 215
4.2.3.3 Kooperationen ... 216
4.2.4 Management in der Lean Bank ... 218
4.2.4.1 Verantwortung im Linienmanagement und die Management-Holding ... 218
4.2.4.2 Kennzahlenorientierte Steuerung ... 221

4.3 Allheilmittel Lean Banking? 223

5 Neue Institutionenökonomik 237

5.1 Märkte und Hierarchien 238
5.1.1 Der Markt – die Lösung aller Probleme? 238
5.1.2 Information zwecks Koordination 238
5.1.3 Vom Vertrag zur Institution 240
5.1.3.1 Verträge 240
5.1.3.2 Institutionen 241
5.2 Die Theorien der Neuen Institutionenökonomik 242
5.2.1 Verhaltensannahmen der Akteure 242
5.2.2 Property-Rights-Theorie 243
5.2.3 Principal-Agent-Theorie 246
5.2.4 Transaktionskostentheorie 249
5.2.4.1 Determinanten von Transaktionskosten 251
5.2.4.2 Institutionen und Transaktionskosten 254
5.3 Gestaltungsmöglichkeiten zwischen Markt und Hierarchie 256

6 Entwicklung neuer Wertschöpfungsarchitekturen 267

6.1 Notwendigkeit flexibler Organisationsstrukturen 267
6.2 Einfluss elektronischer Märkte auf die Organisation 268
6.3 Fraktale Unternehmen 274
6.3.1 Theoretische Grundlagen – von der Ordnung zum Chaos? 274
6.3.2 Phänomene fraktaler Strukturen 275
6.3.3 Fraktale im Unternehmen 276
6.4 Netzwerkunternehmen 278
6.4.1 Arten von Netzwerkunternehmen 280
6.4.2 Potenziale netzwerkartiger Unternehmensstrukturen 281
6.4.3 Herausforderungen netzwerkartiger Unternehmensstrukturen 283
6.4.4 Erweiterung von Netzwerkunternehmen zu Value Networks 284
6.4.5 Virtuelle Unternehmen – eine Form der Netzwerkorganisation 286
6.4.6 Ökonomische Potenziale 290
6.5 Wertschöpfungsarchitekturen in der Bankwirtschaft 293
6.5.1 Systematisierung innovativer Wertschöpfungsarchitekturen 295

6.5.2 Realisierung innovativer Wertschöpfungsarchitekturen in der deutschen Bankenlandschaft ... 297
6.5.3 Kooperation als Paradigma für höhere Produktivität ... 298
6.5.4 Instrumentarium zur Gestaltung neuer Wertschöpfungsarchitekturen ... 301

7 Konzepte des Prozessmanagements ... 311
7.1 Klassische Ablauforganisation ... 311
7.1.1 Verfahrens- versus Produktinnovation ... 312
7.1.2 Magisches Dreieck der Ablauforganisation ... 313
7.1.3 Definitionen und Grundsätze der Ablauforganisation ... 314
7.1.4 Funktionsorientierte Gestaltung von Arbeitsabläufen ... 317
7.2 Grundlagen des Geschäftsprozessmanagements ... 319
7.2.1 Von der funktions- zur prozessorientierten Organisation ... 319
7.2.2 Charakteristika von Geschäftsprozessen ... 322
7.2.3 Auswirkungen des Geschäftsprozessmanagements ... 324
7.3 Ansätze des Geschäftsprozessmanagements ... 326
7.3.1 Evolutionärer Ansatz (Geschäftsprozessoptimierung) ... 326
7.3.2 Radikaler Ansatz (Business Reengineering) ... 329
7.3.2.1 Definition ... 329
7.3.2.2 Paradigmenwechsel bei der Geschäftsprozessgestaltung ... 330
7.3.2.3 Rollen im Business Reengineering ... 332
7.3.2.4 Vorgehensweise bei Business-Reengineering-Projekten ... 335
7.3.3 Zusammenspiel beider Ansätze ... 336
7.3.3.1 Vergleich der Ansätze ... 336
7.3.3.2 Chancen und Risiken ... 337
7.3.3.3 Verbindung beider Ansätze ... 339
7.4 Transformationsansatz (Business Engineering) ... 340
7.4.1 Die vernetzte Geschäftsarchitektur als Vision ... 341
7.4.2 Gestaltungsebenen und Grundsätze ... 344
7.4.3 Die Umsetzung von Business Engineering mit PROMET ... 347

8 Erhebung und Darstellung von Geschäftsprozessen ... 355
8.1 Identifizierung von Geschäftsprozessen ... 355
8.1.1 Prozesslandschaft und Priorisierung ... 356
8.1.2 Inhalte einer Prozesserhebung ... 360

8.1.3 Techniken der Prozesserhebung ... 360
8.1.3.1 Dokumentenstudium ... 361
8.1.3.2 Interview ... 362
8.1.3.3 Beobachtung und Multimomentstudie ... 364
8.1.3.4 Fragebogen und Selbstaufschreibung ... 365
8.1.3.5 Laufzettelverfahren ... 365
8.1.3.6 Schätzungen ... 366
8.1.3.7 Vor- und Nachteile der unterschiedlichen Erhebungstechniken ... 367
8.2 Techniken der Geschäftsprozessdokumentation ... 369
8.2.1 Nicht-grafische Dokumentationsformen ... 370
8.2.2 Grafische Dokumentationsformen ... 373
8.2.2.1 Flussdiagramm ... 373
8.2.2.2 Brown-Paper-Methode ... 374
8.2.2.3 Ereignisgesteuerte Prozesskette ... 375
8.3 Werkzeuge zur Geschäftsprozessmodellierung ... 378
8.3.1 Einsatzgebiete, Funktionalitäten und Abgrenzung zu anderen Werkzeugen ... 380
8.3.2 Beispiele von Modellierungswerkzeugen ... 383
8.3.2.1 iGrafx Process Suite ... 383
8.3.2.2 ARIS Business Designer ... 387
8.3.2.3 ibo Prometheus ... 391

9 Analyse und Redesign von Geschäftsprozessen ... 401
9.1 Analyse von Geschäftsprozessen ... 401
9.1.1 Analyse der Prozesskomplexität ... 401
9.1.1.1 Untersuchung von Prozessvarianten ... 402
9.1.1.2 Ermittlung der Häufigkeit einzelner Aufgaben ... 404
9.1.1.3 Weitere Techniken zur Analyse der Prozesskomplexität ... 406
9.1.2 Analyse der Prozesskosten ... 407
9.1.2.1 Bedeutung der Gemeinkosten ... 407
9.1.2.2 Herkömmliche Verfahren der Kostenkalkulation ... 408
9.1.2.3 Systematik der Prozesskostenanalyse ... 409
9.1.2.4 Anwendung der Prozesskostenanalyse im Bankbereich ... 410
9.1.2.5 Anwendungsbereiche der Prozesskostenanalyse ... 414
9.1.3 Analyse der Stärken und Schwächen eines Geschäftsprozesses ... 414
9.2 Techniken des Geschäftsprozessredesign ... 416

9.2.1 Ansätze zur Verkürzung von Prozessdurchlaufzeiten 416
9.2.2 Einsatz von Kreativitätstechniken 420
9.2.2.1 Brainstorming 420
9.2.2.2 Mind Mapping 421
9.2.2.3 Morphologische Analyse 422
9.2.3 Nutzwertanalyse zur Bewertung von Varianten 423
9.3 Business Process Management zur IT-Unterstützung von Geschäftsprozessen ... 425
9.3.1 Workflow Management 426
9.3.2 Business Process Performance Management 431
9.3.3 Service-orientierte Architekturen 435

10 Six Sigma in Banken 447
10.1 Charakteristika der Six-Sigma-Methodik 447
10.1.1 Idee und Ziele von Six Sigma 447
10.1.2 Ursprung des Begriffs „Six Sigma" 448
10.1.3 Vorgehensmodell von Six Sigma 455
10.1.4 Rollenmodelle der Six-Sigma-Methodik 457
10.2 Einsatzbereiche von Six Sigma in Banken 458
10.3 DMAIC-Zyklus am Beispiel der Kreditbearbeitung 462
10.3.1 Define-Phase 463
10.3.2 Measure-Phase 467
10.3.3 Analyze-Phase 473
10.3.3.1 Identifizierung möglicher Ursachen 473
10.3.3.2 Prüfung der möglichen Ursachen 482
10.3.4 Improve-Phase 483
10.3.5 Control-Phase 487
10.4 Design for Six Sigma 489
10.5 Einführung von Six Sigma 492
10.5.1 Erfolgsfaktoren für Six-Sigma-Projekte 493
10.5.2 Grenzen der Anwendung von Six Sigma 496

11 Wertschöpfung durch globale operative Modelle 505
(Nils Lensch-Franzen)
11.1 Wertschöpfungsmanagement im dynamischen Umfeld 505
11.2 Begriff des operativen Modells 507

11.3 Optimierung des operativen Modells 508
11.3.1 Effektivitätssteigerung im operativen Modell 510
11.3.2 Effizienzsteigerung im operativen Modell 511
11.4 Nutzung des globalen Ressourcenpools 513
11.4.1 Wandel im Zugang zu Ressourcen 515
11.4.2 Unternehmensspezifische Ressourcen 515
11.4.3 Am Markt verfügbare Ressourcen 516
11.5 Ressourcenorientierte Optimierung 518
11.5.1 Schaffung von Transparenz 519
11.5.2 Nutzen und Kosten einer institutionellen Verlagerung 519
11.5.3 Nutzen und Kosten einer geografischen Verlagerung 522
11.6 Einschränkungen bei der ressourcenorientierten Optimierung 525
11.6.1 Strategische Einschränkungen 525
11.6.2 Struktur- und prozessorganisatorische Einschränkungen 526
11.7 Adaption des operativen Modells bei internationalen Großbanken 528
11.7.1 „Structured Operating Model“ bei der Deutschen Bank 528
11.7.2 „Global Operating Model“ bei der Commerzbank 531

Stichwortverzeichnis 537

Abkürzungsverzeichnis

ABC	Activity Based Costing
ARIS	Architektur integrierter Informationssysteme
ARIS PPM	ARIS Process Performance Manager
B2B	Business to Business
B2C	Business to Consumer
BAB	Betriebsabrechnungsbogen
BaFin	Bundesanstalt für Finanzdienstleistungsaufsicht
BCI	Business Collaboration Infrastructure
BCP	Banco Commercial Português
BIP	Bruttoinlandsprodukt
BPEL	Business Process Execution Language
BPM	Business Process Management
BPMN	Business Process Modeling Notation
BPPM	Business Process Performance Management
BPR	Business Process Reengineering
CAD	Capital Adequacy Directive
CASE	Computer Aided Software Engineering
CEO	Chief Executive Officer
CIR	Cost-Income-Ratio
CObIT	Control Objectives for Information and Related Technology
COO	Chief Operating Officer
CRD	Capital Requirements Directive
CRM	Customer Relationship Management
CTB	Critical to Business
CTQ	Critical to Quality
DB2	Datenbankmanagementsystem
DBOI	Deutsche Bank Operations International
DeAM	Deutsche Asset Management
DFSS	Design for Six Sigma
DMADV	Define, Measure, Analyze, Design and Verify
DMAIC	Define, Measure, Analyze, Improve and Control
DPMO	Defects per Million Opportunities
DPU	Defects per Unit
EAI	Enterprise Application Integration
eEPK	erweiterte Ereignisgesteuerte Prozesskette
EF	Erfolgsfaktor

EP	Erfolgspotenzial
EPK	Ereignisgesteuerte Prozesskette
ERM	Entity Relationship Model
ERP	Enterprise Resource Planning
F&E	Forschung und Entwicklung
GE	Geschäftseinheit
GOM	Global Operating Model
GuV	Gewinn- und Verlustrechnung
GZS	Gesellschaft für Zahlungssysteme mbH
HR	Handelsregister
HVB	HypoVereinsbank
ICR	Intelligent Character Recognition
IDL	Interface Definition Language
ISO	International Organization for Standardization
IT	Informationstechnologie
ITIL	IT Infrastructure Library
KAG	Kapitalanlagegesellschaft
KEF	Kritischer Erfolgsfaktor
KMU	Kleinere und mittlere Unternehmen
KWG	Kreditwesengesetz
LSL	Lower Specification Limit
M&A	Mergers & Acquisitions
MaRisk	Mindestanforderungen an das Risikomanagement
MiFID	Markets in Financial Instruments Directive
MIS	Management Information System
MIT	Massachusetts Institute of Technology
NIÖ	Neue Institutionenökonomik
OLE	Object Linking and Embedding
OPEX	Operative Exzellenz
PPM	Parts per Million
PROMET	Prozess-Methode
RAM	Random Access Memory
ROE	Return on Equity
ROI	Return on Investment
SB	Servicebereich
SCAMPER	Substitute, Combine, Adapt, Modify, Put to Other uses, Eliminate/Erase und Reverse/Rearrange
SE	Serviceeinheit
SEPA	Single European Payment Area
SGE	Strategische Geschäftseinheit

SGF	Strategisches Geschäftsfeld
SIPOC	Supplier, Input, Process, Output, Customer
SOA	Service-oriented Architecture
SOAP	Simple Object Access Protocol
SOM	Structured Operating Model
SOX	Sarbanes-Oxley Act
SQL	Structured Query Language
STP	Straight Through Processing
SWOT	Strengths, Weaknesses, Opportunities, Threats
TCT	Total Cycle Time
UDDI	Universal Description, Discovery and Integration
UML	Unified Modeling Language
USL	Upper Specification Limit
VBA	Visual Basic for Applications
VOB	Voice of the Business
VOC	Voice of the Customer
WFMS	Workflow-Management-System
WIP	Work in Process
XML	eXtensible Markup Language

Integriertes Bankwirtschaftliches Wertschöpfungsmodell

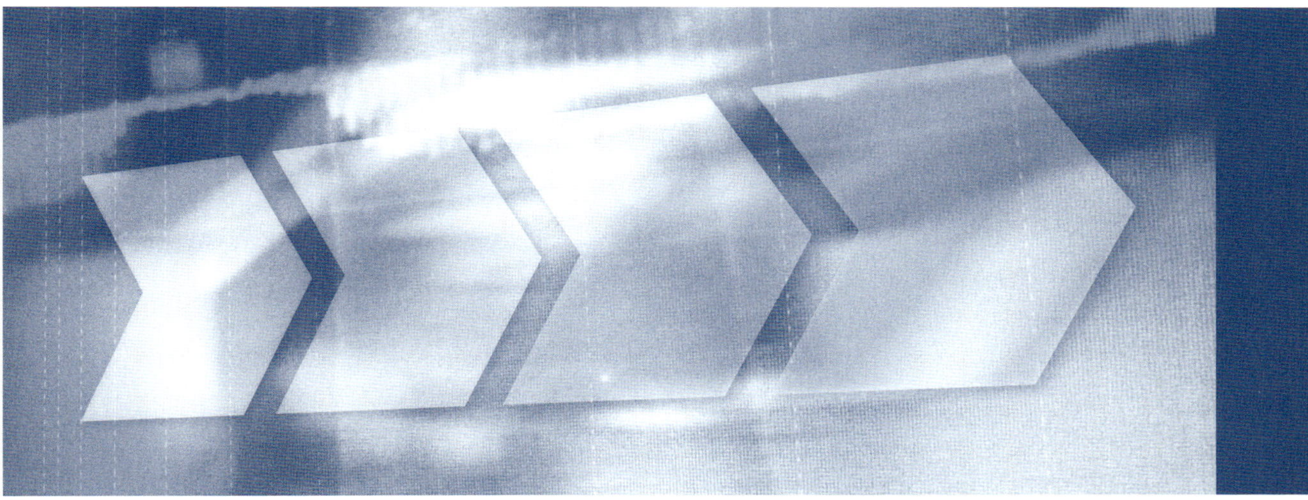

Integriertes Bankwirtschaftliches Wertschöpfungsmodell

Zur Einführung in das Thema Wertschöpfungsmanagement in Banken wird zum Auftakt des Buches ein Modell vorgestellt, das den Inhalt der nachfolgenden elf Kapitel konzeptionell einordnet und integriert. Das Ziel dieses einführenden Abschnitts ist es, dem Leser den integrativen Zusammenhang der Gestaltungsfelder des Wertschöpfungsmanagements in der Finanzbranche zu erläutern. In diesem Sinne stellt das Modell die mentale Grundlage für die detaillierte Auseinandersetzung mit den unterschiedlichen Aspekten des Wertschöpfungsmanagements in Banken dar.

Darüber hinaus soll die konzeptionelle Auseinandersetzung mit dem Wertschöpfungsmanagement in Banken die wissenschaftliche Diskussion anregen. In der existierenden Literatur zur Bankbetriebswirtschaft wird die Frage des wertschöpfungsorientierten Managements bislang stark untergewichtet. Wie im Verlauf des Buches herausgearbeitet wird, ist jedoch für die bankbetriebliche Praxis eine Unterstützung mit theoretischen Konzepten zur Optimierung der Wertschöpfung dringend geboten. Dies gilt umso mehr, als sich betriebswirtschaftliche Konzepte, die bei klassischen Industrieunternehmen erfolgreich Anwendung finden, nicht uneingeschränkt auf die besonderen Verhältnisse bei Finanzdienstleistern übertragen lassen.

Das nachfolgende Modell erfasst die wesentlichen Aspekte des Wertschöpfungsmanagements in Banken, wobei der Begriff Bank bewusst weit gefasst wird. Wir verstehen darunter nicht nur klassische Institute, sondern auch Asset-Management-Unternehmen, Broker, Corporate-Finance-Berater, Transaktionsbanken (wie Kreditfabriken), Maklerplattformen usw. Diese breite Definition ist notwendig, um die Branche umfassend verstehen und letztlich mitgestalten zu können.

Die Verknüpfung der Bank mit ihrem Unternehmensumfeld steht im Zentrum des Modells. Die Ausrichtung der Bank an diesem Umfeld unter Berücksichtigung interner wertschöpfungsrelevanter Aspekte wird nachfolgend als Integriertes Bankwirtschaftliches Wertschöpfungsmanagement bezeichnet. Das dahinter liegende Modell (*IBW-Modell*) und seine Komponenten sind in der folgenden Abbildung dargestellt:

IBW-Modell 1: Komponenten des Integrierten Bankwirtschaftlichen Wertschöpfungsmodells

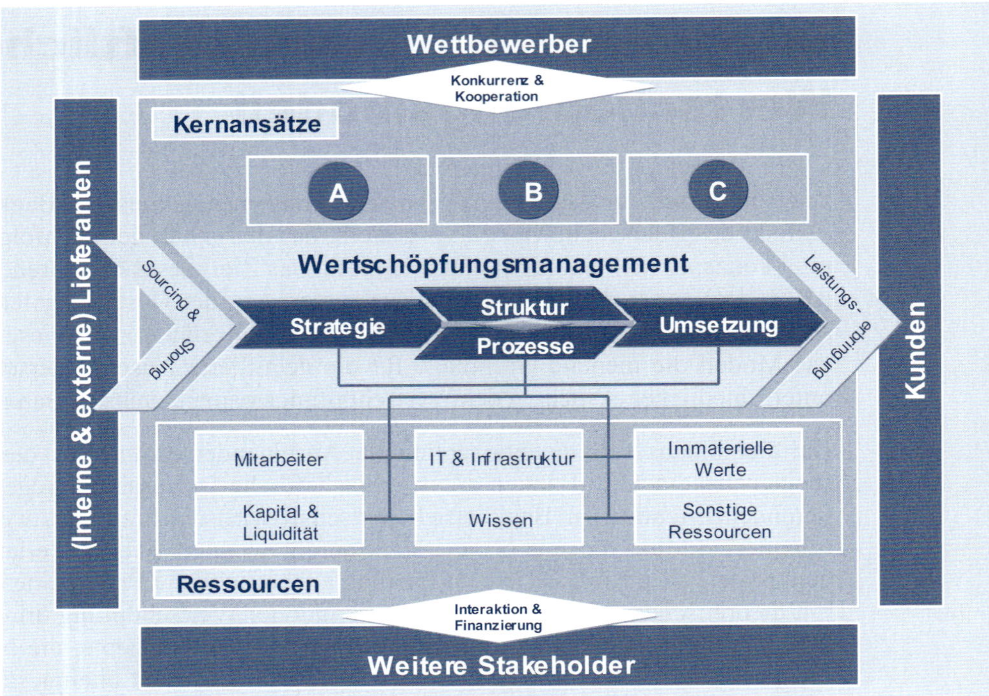

Im Folgenden wird die Kernidee des Modells erläutert und anschließend das Unternehmensumfeld diskutiert. Im Anschluss daran werden die wichtigsten Gestaltungsfelder des Wertschöpfungsmanagements – Strategie, Struktur, Prozesse und Umsetzung – beschrieben. Es folgt die Skizzierung der für das Wertschöpfungsmanagement wichtigen Kernansätze (A, B, C) und der erforderlichen Ressourcen.

Kernidee des Modells

Das Wertschöpfungsmanagement in Banken befasst sich mit der Planung, dem Einsatz und der Steuerung der Ressourcen, die einem Institut zur Verfügung stehen – und zwar in den Gestaltungsfeldern Strategie, Struktur, Prozesse und Umsetzung.

Die Ausgangsbasis bildet eine umfassende Analyse der relevanten externen Einflussfaktoren und Geschäftsmöglichkeiten sowie der Stärken und Schwächen der jeweiligen Bank. Ziel des Wertschöpfungsmanagements muss es sein, mittels bestmöglicher Nutzung von Ressourcen und Vorleistungen die Kunden mit der nachgefragten Leistung zu versorgen und gleichzeitig die Unternehmensziele zu erreichen.

Wertschöpfungsmanagement gehört neben der operativen Geschäftsführung, dem Finanz- und Risikomanagement und der Personalführung zu den Kernaufgaben der Geschäftsleitung einer Bank. Es handelt es sich um eine übergreifende Aufgabe, die unabhängig von einzelnen Geschäfts- oder Funktionalbereichen wahrgenommen werden muss. In Banken mit angloamerikanisch geprägtem Führungsmodell spielt der Chief Operating Officer (COO) neben dem Chief Executive Officer (CEO) die entscheidende Rolle beim Wertschöpfungsmanagement.

Unternehmensumfeld als Rahmen

Das Wertschöpfungsmanagement steht in enger Beziehung zum externen Umfeld einer jeden Bank. Um diesen Bezug zu verdeutlichen, wurden in Anlehnung an Porters „Five Forces" (vgl. Kapitel 1.4) die Kunden und Lieferanten sowie die bestehenden und potenziellen Wettbewerber in das Modell aufgenommen. Aufgrund ihrer Bedeutung und der möglichen Einflüsse auf strategische Entscheidungen sind weitere Stakeholder zu berücksichtigen (insbesondere Anteilseigner und Aufsichtsbehörden). Diese vier externen Gruppen, ihre Interessen und Handlungen müssen systematisch in das Wertschöpfungsmanagement integriert werden.

(1) Kunden

Banken existieren nur deshalb, weil es Kunden gibt. Zudem führt im Banking die besondere Eigenschaft der Leistungserbringung (der Kunde wird in die Leistungserstellung integriert und die Leistung ist nicht lagerfähig) dazu, dass der Kunde Teil der Wertschöpfungskette der Bank und die Bank Teil der Wertschöpfungskette des Kunden ist. Deshalb muss die Ausrichtung auf Kunden konsequent in allen Gestaltungsfeldern des Wertschöpfungsmanagements berücksichtigt werden. Strategie, Struktur, Prozesse und Umsetzung müssen die Interessen der Kunden als Ausgangspunkt betrachten.

(2) Lieferanten

Die Bedeutung von Lieferanten beim Wertschöpfungsmanagement ist nicht nur in der klassischen Verbindung zwischen der Bank und den Zulieferern von Inputleistungen begründet, wie z.B. dem Einkauf von IT-Hardware oder Büromaterialien. Insbesondere sind neue Leistungsbeziehungen zu beobachten, die zu externen aber auch zu internen Zulieferern bestehen. Teilweise entstehen diese Beziehungen aus Outsourcing- und Offshoring-Transaktionen. Beispiele sind IT-Dienstleister, die Teile der Softwareprogrammierung oder der Abwicklung übernehmen, oder auch Unternehmen, die für Banken den Einkauf oder Researchaufgaben durchführen. Auch hier gilt es, eine Integration in die Wertschöpfungskette sicherzustellen.

(3) Wettbewerber

Generell gilt es, das tatsächliche und erwartete Verhalten der Wettbewerber in allen vier Gestaltungsfeldern des Wertschöpfungsmanagements (Strategie, Struktur, Prozesse, Umsetzung) zu berücksichtigen, um die eigene Marktposition sichern bzw. ausbauen zu können. Hierbei müssen sowohl die Dynamik von Konkurrenzsituationen als auch die Herausforderungen von Kooperationen mit Konkurrenten beachtet werden. In der Finanzindustrie geht das Erfordernis von Zusammenarbeit zwischen Konkurrenten weit über das Maß anderer Branchen hinaus. So müssen Banken untereinander umfassende wirtschaftliche Beziehungen, z.B. über den Interbankenmarkt oder den OTC-Handel, unterhalten und sind somit eng miteinander verflochten.

(4) Weitere Stakeholder

Die Aufnahme weiterer Stakeholdergruppen in das Konzept des Wertschöpfungsmanagements ist u.a. eine Folge der zunehmenden Bedeutung von bestehenden und potenziellen Investoren (Eigenkapital- und Fremdkapitalgeber). Dies gilt sowohl bei der Strategieentwicklung als auch der Strukturbildung von Kreditinstituten. Gerade in der aktuellen Situation sind neben den Investorengruppen auch die Regulatoren, der Staat und die Öffentlichkeit als wesentliche Stakeholdergruppen zu berücksichtigen. Denn letztlich ist die Reputation einer Bank die entscheidende Grundlage für Erfolg oder Misserfolg. Durch die Berücksichtigung dieser Gruppen ergeben sich Auswirkungen auf die Entwicklung und Umsetzung neuer Konzepte des Wertschöpfungsmanagements.

Gestaltungsfelder des Wertschöpfungsmanagements

Die vier Gestaltungsfelder der Wertschöpfung in der Bankbranche (Strategie, Struktur, Prozesse und Umsetzung) sind hinsichtlich der damit verbundenen Managementaufgabe zu betrachten. Während die Strategie die mittel- bis langfristige Entwicklung der Bank als Ganzes sowie das Zusammenwirken ihrer Geschäftsbereiche im Blick hat und damit einen Rahmen für die Planung, den Einsatz und die Steuerung von Ressourcen schafft, steht beim Struktur- und Prozessmanagement die Organisation der einzelnen Geschäftsbereiche im Fokus. Die Umsetzung beschäftigt sich mit der Realisierung von Veränderungen in den drei zuerst genannten Gestaltungsfeldern.

(1) Strategie

Bei der strategischen Ausrichtung von Kreditinstituten gilt es sowohl die externen Rahmenbedingungen und Herausforderungen bzw. Geschäftsopportunitäten als auch die bestehenden Stärken und Schwächen zu identifizieren und zu berücksichtigen. Bei der Analyse des Umfelds stellen das Kundenverhalten und das Wettbewerbsverhalten zwei wesentliche Aspekte dar. Außerdem muss der rechtliche, regulatorische und steuerliche Rahmen (in diesem Modell indirekt über die weiteren Stakeholder berücksichtigt) ebenso einbezogen werden wie die Leistungsangebote der Lieferanten. Auf Basis einer umfassenden Analyse der Rahmenbedingungen sollte schließlich die Strategie auf der Ebene des Gesamtunternehmens und anschließend auf der Ebene der strategischen Geschäftseinheiten (SGE) entwickelt werden. Dabei darf insbesondere das Interesse der Anteilseigner nicht vernachlässigt werden.

(2) Struktur

Auf Basis der formulierten Strategie ist die Strukturorganisation dergestalt zu entwickeln, dass eine optimale Ressourcenallokation und -nutzung ermöglicht wird. Bei der Etablierung der Aufbauorganisation müssen die Prinzipien von Effektivität und Effizienz berücksichtigt werden. Da diese Strukturen selten „auf der grünen Wiese" entstehen, kommt dem „Management von Strukturveränderung" hin zu modernen, flexiblen und marktnahen Organisationsformen eine entscheidende Bedeutung zu. Dieser Ansatz basiert somit grundsätzlich auf dem von Chandler formulierten Postulat: „Structure follows Strategy". Jedoch sei an dieser Stelle darauf hingewiesen, dass bereits bei der Strategieentwicklung die bestehende Struktur bzw. existierende Limitationen bei der Strukturorganisation eine wichtige Rolle spielen.

(3) Prozesse

Grundsätzlich gibt es zwei Denkschulen bezüglich des Zusammenspiels zwischen Prozessen und Strukturen: (a) die Prozessorganisation baut auf der Strukturorganisation auf („Processes follow Structure") oder (b) die Strukturorganisation folgt der Prozessorganisation („Structure follows Processes"). Da keine Entscheidung zugunsten einer der beiden Ansätze getroffen werden kann, sondern beide Gestaltungsfelder auf verschiedenen Ebenen vielfältig aufeinander einwirken bzw. voneinander abhängen, wurden beide parallel und miteinander verknüpft im IBW-Modell dargestellt. Prozessmanagement beschäftigt sich mit der Etablierung und Optimierung von Geschäftsprozessen und hat in den letzten Jahren enorm an Bedeutung gewonnen. Letztlich wird eine Bank über Geschäftsprozesse betrieben. Demnach muss die Ressourcenallokation und -nutzung permanent entlang der Wertschöpfungskette optimiert und die Wertschöpfung damit erhöht werden.

(4) Umsetzung

Der Umsetzung als letztem der vier Gestaltungsfelder kommt beim Wertschöpfungsmanagement eine entscheidende Bedeutung zu. Hierbei geht es um die Implementierung der Gestaltungs- und Veränderungsmaßnahmen, die in den drei zuerst genannten Feldern entwickelt worden sind. Bei der Umsetzung ist es wichtig, dass ein kontinuierlicher Feedbackprozess zu den anderen drei Gestaltungsfeldern besteht, um auf potenzielle Begrenzungen bzw. Umsetzungshindernisse flexibel mit Anpassungen der geplanten Maßnahmen reagieren zu können. Erfolgreiche Umsetzungen hängen grundsätzlich von einem effektiven Projekt- und Change Management ab. Hierbei gilt das größte Augenmerk der erfolgreichen Überzeugung und Motivation der Mitarbeiter – denn wie unten noch ausgeführt werden wird, sind Mitarbeiter die wichtigste Ressource eines Finanzdienstleisters und entscheiden somit über Erfolg und Misserfolg des Unternehmens.

Kernansätze

IBW-Modell 2: Kernansätze des Integrierten Bankwirtschaftlichen Wertschöpfungsmodells

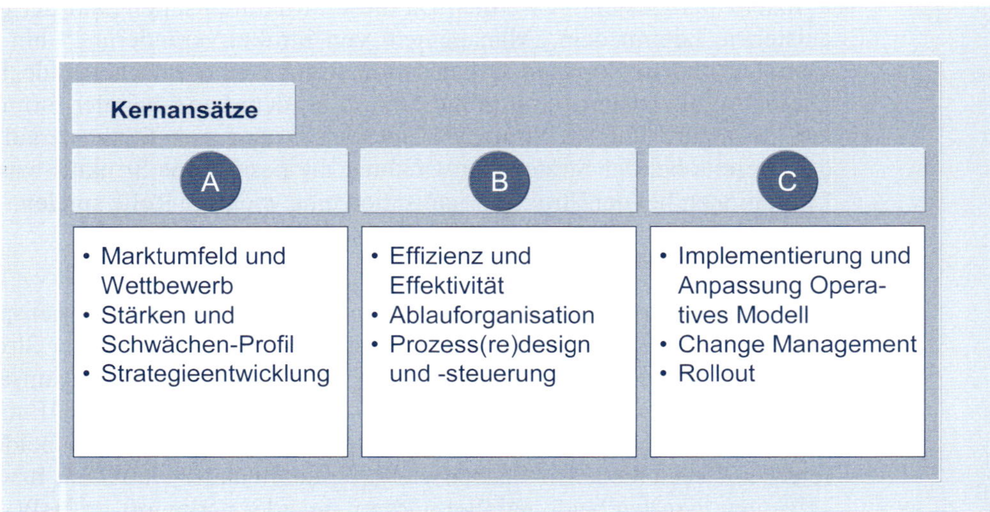

Die Kernansätze im IBW-Modell beschreiben die vielfältigen Instrumente, die sich in Wissenschaft und Praxis zur Steuerung von Unternehmen etabliert haben. Im Rahmen des hier vorgestellten Modells dienen sie der Unternehmensführung als

analytische Hilfsmittel, um auf den Gestaltungsfeldern des Wertschöpfungsmanagements agieren zu können. Anders ausgedrückt stellen die Kernansätze diejenigen Instrumente dar, mit denen sich die Wertschöpfung der Bank im Wettbewerbsumfeld erfassen und optimieren lässt. Die Kernansätze unter (A) beziehen sich auf das Gestaltungsfeld „Strategie", während die Ansätze unter (B) die beiden Gestaltungsfelder „Struktur" und „Prozesse" abdecken. Die unter (C) aufgeführten Kernansätze lassen sich dem Gestaltungsfeld „Umsetzung" zuordnen. Im Detail werden die einzelnen Kernansätze im Verlauf des Buches aufgegriffen und erläutert.

Ressourcen

In der Darstellung des IBW-Modells sind in der unteren Hälfte die wichtigsten Ressourcen einer Bank aufgeführt. Im Allgemeinen werden hier materielle und immaterielle Ressourcen unterschieden, deren Identifikation, Allokation und Nutzung für die Optimierung der Wertschöpfungskette entscheidend ist. Banking ist ein „People´s Business". Da fast alle Leistungen von Banken individualisiert, nicht lagerfähig und immaterieller Natur sind sowie in der direkten Beratung der Kunden durch die Mitarbeiter entstehen, stellen Mitarbeiter mit ihren Fähigkeiten und ihrem Wissen die wichtigste Ressource einer Bank dar.

Mit Blick auf die Aufgabe von Banken, die optimale Allokation von Kapital vorzunehmen, stellt Kapital sowie die damit eng verbundene Liquidität eine weitere wichtige Ressource dar. Wie die Finanzmarktkrise der Jahre 2007-2009 zeigt, ist ein effektives Kapital- und Liquiditätsmanagement unabdingbar, um das Überleben bzw. die Unabhängigkeit einer Bank zu sichern.

Die besonderen Charakteristika der Leistungen, die Banken erbringen, sowie die hohen Anforderungen an das Finanz- und Risikomanagement begründen die große Bedeutung einer adäquaten Informations- und Kommunikationstechnologie (IT) und Infrastruktur. Dazu zählen Software, Systeminfrastruktur, Gebäude etc.

Die Charakteristika von Bankleistungen sind es auch, die den immateriellen Werten in Dienstleistungsunternehmen im Allgemeinen und in Banken im Besonderen einen so hohen Stellenwert geben. Der wichtigste immaterielle Wert – die Wissensbasis – wurde im IBW-Modell aufgrund seiner großen Bedeutung aus den übrigen immateriellen Werten herausgelöst und separat aufgeführt. Die Wissensbasis einer Bank umfasst das Wissen aller Mitarbeiter. Es muss somit das Ziel eines effektiven Wissensmanagements sein, das Wissen Einzelner zu einer organisatorischen Wissensbasis weiterzuentwickeln, die mitarbeiterunabhängig ist.

Bei den weiteren immateriellen Werten geht es u.a. um die Unternehmenskultur und die Reputation. Eine kommunizierte Unternehmensstrategie wirkt sich immer auf die Unternehmenskultur aus. Umgekehrt ist bei der Neuformulierung oder Überarbeitung einer Strategie auf eine bestehende Unternehmenskultur Rücksicht zu nehmen. Denn so wie sich die Kultur eines Unternehmens positiv auf den Erfolg eines Unternehmens im Ganzen bzw. die Umsetzung einzelner Maßnahme auswirken kann, so kann sie auch gleichermaßen hindernd wirken, sollten gewisse Parameter der Veränderung nicht kompatibel zur bestehenden Kultur sein. Die Reputation einer Bank kann sich – wie bereits erwähnt – maßgeblich auf ihren Erfolg auswirken. Um dies zu verstehen, muss man nicht unbedingt an den ‚Bank Run' auf die britische Bank Northern Rock im Jahre 2007 denken. Es reicht bereits aus sich zu überlegen, wie wichtig das Vertrauen in eine Bank bei der persönlichen Entscheidung, ein Konto zu eröffnen, ist.

Unter sonstigen Ressourcen werden alle weiteren Ressourcen subsumiert, wie z.B. die Kreditwürdigkeit eines Finanzdienstleisters, die wiederum auf die Reputation und die Refinanzierungskosten wirkt, oder der bei Akquisitionen generierte Goodwill, der den Kapitalbedarf einer Bank beeinflusst bzw. sich in kritischen Situation negativ auf die Gewinn- und Verlustrechnung (GuV) auswirkt. Somit gilt es, auch diese sonstigen Ressourcen sorgfältig zu steuern, da sie unter bestimmten Bedingungen erfolgskritisch sein können.

Wertschöpfungsmanagement als kontinuierlicher und repetitiver Prozess

Es handelt sich beim Wertschöpfungsmanagement in allen Gestaltungsfeldern um einen immer wieder durchzuführenden Prozess, den es in der Unternehmensleitung zu etablieren und konsequent umzusetzen gilt. Dieser Prozess besteht im Wesentlichen aus den folgenden vier Schritten:

Analyse: Umfassende Analyse der Rahmenbedingungen, Anforderungen und der konkreten Problemstellung – sei es die mit Blick auf die Entwicklung der Unternehmensstrategie oder die Etablierung eines einzelnen Gestaltungsprozesses.

(Re-)Design: Entwicklung der zukünftigen Strategie, Struktur oder eines neuen Gestaltungsprozesses auf Basis des Ergebnisses der Analyse.

Implementierung: Umsetzung und Etablierung z.B. der entwickelten Struktur. Dieser Schritt ist kongruent mit dem vierten, oben genannten Gestaltungsfeld.

Audit: Regelmäßige Überprüfung der Effektivität und Effizienz der Wertschöpfungsarchitektur.

Umsetzung des Modells in die Struktur des Buches

Auf Basis des IBW-Modells wurde das vorliegende Buch gegliedert. Das Gestaltungsfeld Strategie und die entsprechenden Kernansätze werden in den Kapiteln 1 und 2 behandelt. Dabei konzentriert sich das erste Kapitel auf die Analyse des Bankensektors und das zweite auf die Strategieentwicklung.

Die beiden Gestaltungsfelder Struktur- und Prozessorganisation (sowie die entsprechenden Kernansätze) sind eng miteinander verknüpft. Die Strukturorganisation wird in den Kapiteln 3 bis 6, beginnend mit den klassischen Formen der Aufbauorganisation über das Lean Banking und die Neue Institutionenökonomik bis hin zu neuen Wertschöpfungsarchitekturen, erörtert. Die Kapitel 7 bis 10 erläutern die Prozessorganisation und deren Bestandteile. Diese Kapitel umfassen insbesondere die grundsätzlichen Konzepte des Prozessmanagements, die Analyse und das (Re-)Design der Geschäftsprozesse sowie Six Sigma als ganzheitlichen Ansatz des Prozessmanagements.

Kapitel 11 ist als integratives Kapitel zu verstehen, das sich mit der Umsetzung von Veränderungsmaßnahmen in den Gestaltungsfeldern Strategie, Struktur und Prozesse unter dem Aspekt der optimierten Ressourcennutzung beschäftigt. Dieses ist eine erste Anwendung des IBW-Modells zur Erklärung eines empirischen Phänomens, das sich in der finanzwirtschaftlichen Praxis seit längerem beobachten lässt; nämlich die zunehmende Nutzung des weltweiten Ressourcenpools durch globale operative Modelle.

Kapitel 1

Umbruch des Bankensektors

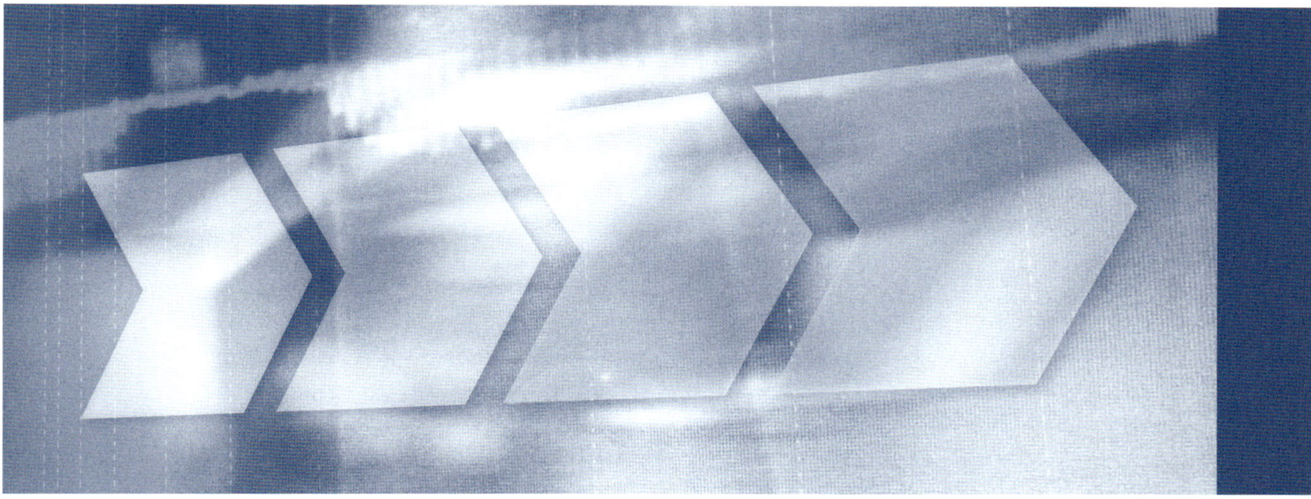

1 Umbruch des Bankensektors

Lernziele

- Die Finanzmarktkrise sowie daraus resultierende strategische Fragen in Grundzügen erläutern können.
- Die aktuelle Situation der deutschen Bankwirtschaft im internationalen Kontext verstehen.
- Die Umweltanalyse als Basis für die Strategieentwicklung und die organisatorische Gestaltung begreifen.
- Das Modell der Five Forces auf den Bankensektor anwenden können.
- Die Begriffe der Wertschöpfung und Produktivität kennen und erläutern können.

1.1 Die Krise und ihre Auswirkungen

Die Kenntnis des Verlaufs und der wichtigsten Ereignisse der aktuellen Finanzmarktkrise ist unumgänglich, um die zukünftigen Herausforderungen für viele Kreditinstitute identifizieren und verstehen zu können. Dabei ist es wichtig, zwischen Auswirkungen dieser Krise und grundlegenden, schon seit längerer Zeit bestehenden Problemen unterscheiden zu können. Deshalb wird zu Beginn dieses Kapitels die Situation vor der Krise dargestellt, bevor nach einer Analyse des Verlaufs der Krise auf die damit verbundenen strategisch relevanten Konsequenzen eingegangen wird. Die Abschnitte 1.2 bis 1.4 beschäftigen sich ausführlich mit dem Markt- und Wettbewerbsumfeld des deutschen Bankenmarkts und betrachten diesen auch im internationalen Vergleich. Der Abschnitt 1.5 spannt schließlich den Bogen zu Wertschöpfung und Produktivität in Banken.

1.1.1 Die Situation vor der Krise

Kollaps des internationalen Finanzsystems, Verstaatlichung von Banken, rapide schwindendes Vertrauen in Kreditinstitute, weltweite Milliardenverluste bei Finanzunternehmen, Diskussionen über Bonuszahlungen: die Finanzmarktkrise beherrscht nicht nur die Wirtschaftspresse, sondern ist aktuell auch in der breiten Öffentlichkeit allgegenwärtig. Doch liegen die Gründe der prekären Situation im deutschen Finanzsektor tatsächlich ausschließlich in der Krise begründet, die mit der Vergabe von Hypothekenkrediten an Schuldner mit geringer Bonität (Subprime-Kredite) und deren Weitergabe in Form von forderungsbesicherten Wertpapieren ausgelöst wurde?

Bereits das Platzen der New-Economy-Blase und die Anschläge vom 11. September 2001 deuteten auf den tiefgreifenden Wandel hin, der der deutschen Finanzbranche als einer der zentralen Säulen der deutschen Volkswirtschaft bevorsteht. Die Entwicklung wird in den nachfolgenden Zitaten deutlich.

> „Die deutsche Kreditwirtschaft befindet sich in einem tiefgreifenden Neuordnungsprozess. Der Druck auf den deutschen Kreditmarkt ist enorm, die Margen fallen weiter. Die zunehmende Konzentration im Banken- und Versicherungsbereich sowie die fortschreitende internationale Präsenz der großen Finanzkonzerne unterstreichen dies. Die künftige strategische Ausrichtung und Neustrukturierung entscheidet somit nicht nur über die Wettbewerbsfähigkeit im europäischen Markt, sondern auch im globalen Geschäft. Eine Konzentration auf die Kernkompetenzen ist nach wie vor angesagt. Strukturveränderungen, Restrukturierungsmaßnahmen, die Optimierung der Prozesse sowie Kostensenkungsprogramme müssen schnelle Ergebnisse liefern. Wo aber liegen die Ressourcen, um Kosten nachhaltig abzubauen und die Organisation zu straffen? Und wie lautet die derzeitige und zukünftige Strategie des jeweiligen Kreditinstitutes? Steht das Privatkundengeschäft im Vordergrund oder forcieren die neuen Geschäftsmodelle die Konzentration auf kommerzielle Kunden?“ (2002)[1]

Im folgenden wirtschaftlichen Abschwung der Jahre 2002 und 2003 wurden die Schwächen des deutschen Bankenmarkts gerade im Vergleich zu den europäischen und internationalen Wettbewerbern offensichtlich. Die Institute waren nicht ausreichend effizient und hatten es verpasst, sich den neuen Marktgegebenheiten anzupassen. Zudem war es in den vorangegangenen Jahren nicht gelungen, die notwendige Größe durch Konsolidierung zu erzielen.

> „Das Einbrechen der Zins- und Provisionserträge und das Explodieren der Kreditrisiken treffen auf eine Bankenstruktur, die noch immer hoch fragmentiert ist, insbesondere im europäischen Marktvergleich. Über zehn Jahre hinweg haben die deutschen privaten Banken Chancen zur Restrukturierung und zur Konsolidierung (1994, 1996, 2000) verpasst. Diese durchaus „hausgemachte“ Problematik der privaten Banken findet in einem durch Größe und Ausrichtung der öffentlichen Banken fundamental nicht funktionierenden Markt statt. (…) Im Ergebnis hat der gesamte Bankensektor in Deutschland während der vergangenen zehn Jahre in nur einem einzigen Jahr (2000) seine Kapitalkosten verdient. Die nun anlaufende Neuausrichtung der öffentlichen Banken weist in die richtige Richtung, kommt jedoch etwa fünf Jahre zu spät.“ (2003)[2]

Ein wichtiger Grund für die schleppende bzw. stagnierende Konsolidierung mag sein, dass die Drei-Säulen-Struktur Zusammenschlüsse zwischen den Sektoren verhinderte. So gab es weiterhin kein Institut, das alleine einen signifikanten Marktanteil im Heimatmarkt auf sich vereinigen konnte.

„Warum gibt es eigentlich niemanden, der darauf hinarbeitet, eine mächtige Großsparkasse nach dem Vorbild von ‚La Caixa' zu bauen, die der Deutschen Bank im In- und Ausland die Stirn bieten könnte? Warum denkt niemand ernsthaft darüber nach, eine wirklich starke, international wettbewerbsfähige Landesbank (zum Beispiel unter der Führung der WestLB) aufzubauen, die mit UniCredit und HVB-Gruppe um die führende Position in Osteuropa kämpft? Warum fusionieren nicht zum Beispiel endlich Deutsche, Dresdner, Commerz- und Postbank zur führenden Universalbank Deutschlands? Warum haben überall Bedenkenträger statt Macher das Sagen?

Diese und viele andere Fragen müssen diskutiert werden, wenn die deutsche Finanzwirtschaft wieder international mitreden will. Wenn wir jetzt nicht über den Tellerrand der tausend Sachzwänge blicken, dann werden die deutschen Banken auf Dauer Mauerblümchen bleiben." (2004)[3]

Die anschließende wirtschaftliche Entspannung sorgte dafür, dass der Konsolidierungsdruck durch die verbesserte Ertragslage der Institute nachließ. Einen wesentlichen Beitrag an dieser Aufhellung hatte das Investment Banking und hier auch der Handel mit strukturierten Produkten wie z.B. Asset-Backed-Securities (ABS). Zudem waren die Restrukturierungsprogramme, die als Reaktion auf die Krise der Jahre 2002/2003 in fast allen großen Banken aufgelegt wurden, zwischenzeitlich fast komplett umgesetzt worden.

„Die privaten Großbanken in Europa setzen ihr Wachstum fort. Nur die deutschen Häuser hinken bei den wichtigen Kennziffern hinterher. Experten diskutieren zwar nicht mehr darüber, ob Deutschlands Banken das Schicksal der Japaner ereilt. Aber für Freudensprünge sorgen die Nachrichten aus Deutschland nicht. Nicht nur bei der Eigenkapitalrendite, auch bei der Kosten-Ertrags-Relation bilden die deutschen Häuser das Schlusslicht in Europa." (2005)[4]

Nachdem sich keine wesentlichen Veränderungen in den Sektoren ergeben hatten, wurde der Wandel nun von internationalen Konkurrenten in den deutschen Markt getragen. Die Übernahme der HVB durch UniCredit im Jahr 2005 war hierbei einer der ersten Schritte. Im selben Jahr übernahm die Commerzbank die Eurohypo und im Jahr 2006 die Deutsche Bank die Berliner Bank und die Norisbank. Auch wenn sich die Lage des deutschen Bankensektors im Jahr 2006 endgültig zu entspannen schien, so gab es bereits zu diesem Zeitpunkt Anlass zur Sorge, dass grundlegende Probleme noch nicht umfassend gelöst worden waren.

„Mit etwas Abstand werden die vergangenen zwölf Monate wie eine Zäsur in der deutschen Bankenlandschaft wirken. Erstmals kaufte mit UniCredit ein ausländisches Kreditinstitut eine deutsche Groß-

> bank, die HypoVereinsbank (HVB). Die Zahl der großen und selbständigen Privatbanken in Deutschland verringerte sich damit auf zwei. Der Konsolidierungsdruck in der Branche hat damit aber keineswegs abgenommen. Im Gegenteil: UniCredit hat sich vorgenommen, den ohnehin harten Wettbewerb in der hiesigen Branche anzuheizen. (…) Aus Angst vor schlechten Zeiten warnt die Finanzaufsicht BaFin schon jetzt vor einer Ertragslage, bei der die hiesigen Finanzhäuser schnell wieder unter Druck geraten könnten: "Die deutschen Institute haben es bisher nicht geschafft, an das durchschnittliche europäische Rentabilitätsniveau heranzukommen", sagte BaFin-Präsident Jochen Sanio kürzlich vor Journalisten.“ (2006)[5]

Nach Rekordergebnissen in den Jahren 2005 bis 2007 begann mit der sogenannten Subprime-Krise die Finanzmarktkrise. In ihrer Folge wurde klar, dass viele Kreditinstitute auf riskante Handelsgeschäfte gesetzt hatten, ohne ein adäquates Risikomanagement implementiert zu haben. Die Berichte über Aufsichts- bzw. Verwaltungsräte, die von diesen Geschäften nichts gewusst oder sie nicht vollkommen verstanden haben, zeugen vom Dilemma der Bankwirtschaft: Fehlendes Know-how, verkrustete Strukturen, Probleme auf der Ertrags- sowie auf der Aufwandsseite und vor allem die in vielen Instituten nicht erfolgreiche Suche nach einem passenden Geschäftsmodell..

1.1.2 Die Finanzmarktkrise – Entstehung und Verlauf

Die durch die Subprime-Krise ausgelöste weltweite Finanzmarktkrise führt sowohl international als auch im deutschen Bankenmarkt zu erheblichen Veränderungen. Die Entstehung der Krise ist dabei eng mit der Entwicklung von Hauspreisen und Zinsen in den USA sowie dem Risikotransfer über verbriefte Wertpapiere verbunden. Darüber hinaus muss man sich auch mit der bereits angedeuteten Frage beschäftigen, ob es einen Zusammenhang zwischen fehlender, verfehlter oder unklarer Geschäftsstrategie von deutschen und internationalen Kreditinstituten und der Größenordnung der realisierten bzw. zu realisierenden Verluste gibt.

Bereits seit Mitte der 1990er Jahre begann ein starker Anstieg der US-Hauspreise. Dieser wurde auch durch das Platzen der New-Economy-Blase nicht gestoppt, sondern im Gegenteil sogar verstärkt. Mit den zunehmenden Kursrückgängen an den Aktienmärkten wurde immer mehr Kapital abgezogen. Als Maßnahme gegen den wirtschaftlichen Abschwung senkte die amerikanische Notenbank die Zinsen auf 1%. Damit brachte die Anlage des abgezogenen Kapitals in Anleihen oder auf Konten nur noch minimale Zinserträge. Als alternative Anlageform gewannen Immobilien – in Form von Fonds, forderungsbesicherten Wertpapieren, Häusern und Wohnungen – an Attraktivität, da diese in den vorangegangenen Jahren deutliche Wertzuwächse erzielt hatten. Die Nachfrage nach Immobilien stieg kontinuierlich.

Eine weitere Verstärkung der Inflation der Hauspreise setzte etwa ab dem Jahr 2000 ein, als vermehrt Baufinanzierungskredite an Schuldner vergeben wurden, die eine geringe Bonität aufwiesen. Diese Entwicklung war zum einen politisch erwünscht und wurde zum anderen durch die Nutzung von Verbriefungsstrukturen forciert, die eine Bündelung verschiedener Risiken mit anschließender Streuung des Risikobündels auf viele Investoren ermöglichen. Die Bonitätsanforderungen der Kreditgeber an die Kreditnehmer wurden unter diesen Rahmenbedingungen kontinuierlich verringert, so dass Finanzierungen mit geringem oder ganz ohne Eigenkapital zur Regel wurden. Das Wachstum dieser Subprime-Kredite sollte in den folgenden Jahren geradezu exponentiell zunehmen. Dies ist auch dadurch gefördert worden, dass die Entlohnung der Baufinanzierungsvermittler auf Provisionsbasis erfolgte. Die finanzielle Situation der Kunden wurde nicht oder nicht mehr ausreichend geprüft. Zudem wurden, um die Finanzierung so günstig wie möglich zu gestalten und diese damit eigentlich erst zu ermöglichen, in vielen Fällen variabel verzinsliche Kredite vereinbart.

Der Grad der Verbriefung wurde dadurch erhöht, dass bereits verbriefte Wertpapiere erneut gebündelt wurden und somit Wertpapiere entstanden, die bereits auf forderungsbesicherten Wertpapieren basierten. Vor dem Verkauf von forderungsbesicherten Wertpapieren wurden diese von Rating-Agenturen geprüft und die einzelnen Tranchen mit einer bestimmten Bonität beurteilt. Somit entstanden aus Krediten an Schuldner mit geringer Bonität verbriefte Wertpapiere, deren einzelne Tranchen bis hin zur besten Bonität reichten. Als Folge davon wuchs der weltweite (Eigen-)Handel zwischen Banken mit forderungsbesicherten Wertpapieren in dieser Zeit stark an. Nicht die Verbriefungsstrukturen an sich oder die pure Existenz des Subprime-Markts haben in die Krise geführt. Vielmehr liegen die Ursachen in einer Vielzahl von Faktoren wie dem zu großen Volumen des Subprime-Markts und der damit zusammenhängenden Verbriefungen und der offensichtlich nachlassende Qualität der Kreditprüfung bzw. der zugrunde gelegten Standards.

Ab dem Jahr 2005 begann die wirtschaftliche Abschwächung in den USA. Inflationäre Tendenzen in den USA sorgten dafür, dass die amerikanische Notenbank den Leitzins auf bis zu 5,25% im Juni 2006 erhöhte. Die Kombination aus diesen beiden Effekten führte zunächst zu einer immer schneller wachsenden Erwartung stark steigender Kreditausfälle. Diese Erwartung fußte auf der Annahme, dass die genannten Effekte einen Teufelskreis in Gang setzen könnten: Danach würde eine rasant steigende Zahl von Subprime-Schuldnern die gestiegenen Raten für ihre variabel verzinslichen Kredite nicht mehr bedienen können. Genau diese Annahme bewahrheitete sich in den dann folgenden Monaten. Zur Ablösung der Kredite wurden immer mehr besicherte Immobilien verkauft. Die steigenden Immobilienverkäufe führten zum Einbrechen der Hauspreise, was zum weiteren Anstieg von Immobilienverkäufen und zu weiter fallenden Preisen führte. Banken sahen sich zunehmend ungesicherten Kreditforderungen und damit Ausfällen gegenüber, da die Verwertung der Immobilien häufig weniger als die ausstehenden Kreditforderungen erlöste. Auch wenn, wie bereits erwähnt, dieses Annahme mittlerweile Realität geworden ist, so setzte Ende 2006 / Anfang 2007 die Erwartung dieser Abwärtsspirale und die möglichen Konsequenzen die Subprime- bzw. Finanzmarktkrise in Gang.

Aufgrund der engen Vernetzung der globalisierten Finanzindustrie war die Subprime-Krise kein auf die USA beschränktes Phänomen, sondern hatte relativ schnell Auswirkungen auf das internationale Finanzsystem. Die ersten Hypothekenfinanzierer wurden in den USA so schwer von der Krise getroffen, dass sie Kapital aufnehmen mussten. Einige meldeten später Insolvenz an oder wurden von anderen Banken übernommen. Im Sommer 2007 mussten zwei Hedge-Fonds der Investmentbank Bear Stearns aufgrund ihres Subprime-Engagements geschlossen werden. Die Verluste daraus führten dazu, dass auch Bear Stearns im März 2008 nur durch einen Verkauf zu retten war. Zuvor hatte die Subprime-Krise aber Mitte 2007 mit der IKB das erste deutsche Kreditinstitut erreicht.

IKB: Die Subprime-Krise erreicht Deutschland

Im Jahr 2007 war die IKB Deutsche Industriebank AG in die operativen Geschäftsfelder Firmenkunden, Immobilienkunden, Strukturierte Finanzierung und Verbriefungen gegliedert. Während die drei ersten Bereiche Finanzdienstleistungen für Kunden anboten, hatte die IKB im vierten damit begonnen, interne Verbriefungsaktivitäten zusammen zu führen und Investitionen in internationale Kreditportfolien zu tätigen. Die Abwicklung dieser Geschäfte erfolgte über außerbilanzielle Zweckgesellschaften im Ausland. Die Gesellschaften investierten in längerfristige, forderungsbesicherte Wertpapiere, die in hohem Maße US-amerikanische Immobilienkredite enthielten. Zur Finanzierung der Wertpapiere gaben die Gesellschaften revolvierend kurzfristige Geldmarktpapiere aus. Um die Attraktivität der Geldmarkpapiere für Investoren zu erhöhen, stellte die IKB den Gesellschaften Liquiditätslinien zur Verfügung.

Als Mitte 2007 die Ausfälle bei amerikanischen Immobilienkrediten zunahmen, fanden sich kaum noch Investoren für die Geldmarktpapiere der Zweckgesellschaften. Somit wurden die Liquiditätslinien der Banken immer stärker in Anspruch genommen. Alleine für das Conduit „Rhineland Funding“ hatte die IKB zu diesem Zeitpunkt Liquiditätslinien von über 8 Mrd. Euro zugesagt, die die Bank alleine nicht darstellen konnte.

Zur Rettung der IKB wurden am 30. Juli 2007 zunächst ein Risikoschirm von 3,5 Mrd. Euro sowie eine Liquiditätsbürgschaft der KfW für das Conduit „Rhineland Funding“ beschlossen. Der Risikoschirm des deutschen Bankgewerbes unter der Führung der KfW wurde im November 2007 um weitere 350 Mio. Euro erhöht. Im ersten Halbjahr 2008 wurde ein drittes Rettungspaket über 1,05 Mrd. von der KfW bereitgestellt, bevor sie ihren Anteil an der IKB über Kapitalerhöhungen bis zum 19. August 2008 auf 90,8% erhöhte. Diese Beteiligung wurde am 21. August 2008 an den Finanzinvestor Lone Star verkauft. Unter dem neuen Eigentümer wurden bereits im Dezember 2008 Garantien von 5 Mrd. Euro durch den SoFFin (Sonderfonds Finanzmarktstabilisierung, siehe auch Kapitel 1.2.2) für die IKB bereitgestellt. Am 3. Juli 2009 wurden weitere Garantien in Höhe von 7 Mrd. Euro zur Stützung der Bank durch den SoFFin bewilligt.

Bei der Betrachtung der IKB fällt die Zusammensetzung der operativen Geschäftsfelder auf. Neben den drei stark auf den Mittelstand in Deutschland fokussierten Feldern scheint das Segment Verbriefungen, aus Sicht einer klar abgegrenzten Strategie, unpassend. Die Aufnahme eines hoch riskanten und großvolumigen Geschäftsfelds deutet daraufhin, dass die Profitabilitätserwartungen mit dem eigentlichen Unternehmensfokus nicht erreichbar waren. Risiko und Volumen der durch die Zweckgesellschaften erworbenen Kreditportfolien überstiegen die Risikotragfähigkeit gemessen am Eigenkapitel der Bank. Zudem wäre eine passende Risikoinfrastruktur notwendig gewesen, um die Risikoposition jederzeit bewerten und steuern zu können. Entsprechende Prozess- und IT-Strukturen wären dazu eine Vorraussetzung gewesen. Neben einigen dieser Punkte stellte PwC in einem Sonderuntersuchungsbericht zur Subprime-Krise bei der IKB fest, dass der „Aufsichtsrat erst am Krisenwochenende – 27./29. Juli 2007 – über Risiken aus Portfolio Investments und Subprime-Engagements informiert“[6] wurde. Dies lässt zusätzlich den Schluss zu, dass es Mängel im Kontrollumfeld sowie der Corporate Governance der Bank gegeben hat. Vergleichbare Schlüsse sind jedoch wahrscheinlich bei einer Reihe von nationalen und internationalen Banken zu ziehen.

Vergleichbare Entwicklungen bei anderen deutschen und internationalen Banken führten im Herbst 2007 dazu, dass das Vertrauen zwischen den Banken schwand. Die Banken hatten selbst in Subprime-Produkte investiert und signifikante Verluste erlitten. Da viele Investoren nun ihre verbrieften Wertpapiere auf den Markt brachten, fielen die Preise in den verschiedenen Kategorien immer schneller. Anhand von Marktpreisen war die Bewertung der Wertpapiere nach dem Ausbruch der Krise häufig sehr schwierig und genaue Verluste aus den zugrundeliegenden Vermögensgegenständen konnten aufgrund ihrer Komplexität kaum bestimmt werden. Da viele Banken Liquidität benötigten, um Zweckgesellschaften zu unterstützen, Verluste auszugleichen oder Finanzierungszusagen einzuhalten, entstand eine hohe Nachfrage nach Mitteln im Interbankenmarkt. Aufgrund der unklaren eigenen Situation und des Misstrauens in die Lage anderer Banken, brach der Interbankenmarkt für kurzzeitige Refinanzierungen vorübergehend zusammen. Zur Wiederherstellung der Liquidität mussten verschiedene Notenbanken intervenieren. Spätestens an diesem Punkt war aus der Subprime-Krise eine Finanzmarktkrise geworden.

Da eine immer größere Zahl von forderungsbesicherten Wertpapieren und auch ganze Banken unter immer größeren Abwertungsdruck gerieten, konnten nur erneute Interventionen der Notenbanken im Frühjahr 2008 eine weitere Verschärfung der Situation verhindern. Im September 2008 musste mit der Investmentbank Lehmann Brothers eine der fünf größten amerikanischen Investmentbanken Insolvenz anmelden, während eine weitere, Merrill Lynch, von der Bank of America übernommen wurde. Mit Hilfe von Rettungsprogrammen und Verstaatlichungen versuchen Staaten in der gesamten Welt seitdem, das Vertrauen und die Funktionsfähigkeit der Bankenmärkte wieder herzustellen. Dies führte dazu, dass u.a. in den USA, Großbritannien, Frankreich und Deutschland eine signifikante Zahl von großen und mittelgroßen Banken de jure oder de facto (teil-)verstaatlicht wurden. Zum Ende des ersten Quartals 2009 beliefen sich die geschätzten, kumulierten Abschreibungen bzw. die Risikovorsorge des globalen Finanzsystems auf 1,5 Bio. US-Dollar. Die Summe der staatlichen und nicht-staatlichen Kapitalmaßnahmen wurde zu diesem Zeitpunkt auf ca. 1,3 Bio. US-Dollar geschätzt . Allein die Maßnahmen der Bundesregierung über den SoFFin (siehe Abschnitt 1.2) umfassen ein Volumen von 400 Mrd. Euro für Garantien und von 80 Mrd. Euro für Kapitelmaßnahmen und die Übernahme von Risiken.

Lehman Brothers: Eine fokussierte Investment Bank

Einige Ziffern aus dem Geschäftsbericht 2007 der Lehman Brothers Holdings Inc. verdeutlichen eines der Probleme, das für reine Investmentbanken in der Finanzmarktkrise bezeichnend war. Für das am 30. November 2006 endende Geschäftsjahr konnte eine Leverage-Ratio (Quotienten aus Bilanzsumme und Eigenkapital) von rund 26 zu 1 berechnet werden. Während im Jahr 2006 noch ein solides Wirtschaftswachstum vorherrschte, waren zum Ende des Geschäftsjahres 2007 bereits die ersten Auswirkungen der Subprime-Krise eingetreten. Für das Jahr 2007 war die Leverage-Ratio bei Lehman auf rund 31 zu 1 angestiegen.[7] Im Vergleich dazu wiesen kontinentaleuropäische Banken, bei denen das Geschäftsmodell der Universalbank über ausgeprägte Kundeneinlagen zu einer höheren Bilanzsumme führt, zum selben Zeitpunkt eine Leverage-Ratio von durchschnittlich rund 33 zu 1 auf.[8] Zur Erzielung einer höheren Eigenkapitelrendite wies Lehman einen vergleichsweise hohen Verschuldungsgrad auf, obwohl die Bank ein deutlich riskanteres Geschäftsmodell als z.B. eine Universalbank verfolgte.

Die beschriebene Entwicklung lässt zudem die Frage zu, ob das Risikomanagement für das Geschäft der Bank angemessen war. Vor dem Ausbruch der Subprime-Krise hatte sich Lehman zu einem der größten Kredithändler in US-Immobilien entwickelt. Eine mögliche

Reaktion des Risikomanagements auf die Verwerfungen an den Kreditmärkten hätte die Reduzierung des Leverages sein können. Durch das starke Engagement im Kredithandel war Lehman in der Subprime-Krise gezwungen, hohe Abschreibungen auf Kreditportfolien vorzunehmen.

Bald kursierten zwischen den Marktteilnehmern Gerüchte, dass Liquiditätsprobleme eine Insolvenz von Lehman auslösen könnten. Da Lehman das klassische Modell einer amerikanischen Investment Bank verfolgte, bildeten Geschäfte im Kapitalmarkt (Capital Markets), das Emissionsgeschäft (Investment Banking) und das Investment Management die Geschäftsschwerpunkte. Im Gegensatz zu Universalbanken haben die sogenannten Broker-Dealer in der aktuellen Krise den Nachteil, dass sie in der Regel kein breit aufgestelltes Privatkundengeschäft besitzen, über das eine stabile Basis an Liquidität vorhanden ist. Somit sind sie stark auf die Refinanzierung über den Kapitalmarkt angewiesen, was in Krisenzeiten jedoch zu höheren Risikoaufschlägen bei fokussierten Investmentbanken führt. Dies kann soweit gehen, dass sich das Geschäftsmodell in einer Vertrauens- und Reputationskrise durch die hohen Risikoaufschläge nicht mehr rechnet bzw. die Bank komplett illiquide wird, wenn die übrigen Marktteilnehmer keine Liquidität mehr zur Verfügung stellen.

Mit der Anmeldung der Insolvenz von Lehman am 14. September 2008 und den ausbleibenden Rettungsmaßnahmen der amerikanischen Regierung ging nicht nur das Vertrauen in Lehman und das Eingreifen der US-Regierung bei systemrelevanten Instituten verloren. Auch im Interbankenmarkt, wo Banken sich gewöhnlich gegenseitig Liquidität zur Verfügung stellen, drohte ein vollständiges Marktversagen.

Ein wichtiger Grund für diesen Vertrauensverlust lag in der Vernetzung der verschiedenen Marktteilnehmer und fehlenden Transparenz über das Engagement einzelner Institute in problematischen Geschäftsbereichen. Viele Banken die in Verbriefungsstrukturen investiert hatten, hatten zu diesem Zeitpunkt weder Marktpreise zur Verfügung, da es keine Marktteilnehmer gab, die in solche Produkte investierten wollten, noch Informationen zu den Basiswerten. Somit konnten die meisten Banken keine eindeutige Bewertung dieser Investments vornehmen. Diese fehlende Transparenz über die eigenen Risiken und die anderer Marktteilnehmer führte zu einer starken Einschränkung des Interbankengeschäfts.

Nach dem Insolvenzantrag von Lehman wurden einige Sparten an Institute wie Barclays Capital oder Nomura verkauft. Die verbleibenden Teile der Bank werden durch Wirtschaftsprüfer abgewickelt, liquidiert oder sollen ebenfalls verkauft werden. Im Rückblick auf die Ereignisse, die als Folge der Lehman-Insolvenz die Kapitalmärkte erschütterten, wurde die amerikanische Regierung für die ausbleibende Rettung der Bank kritisiert. Einige Beobachter sind der Meinung, dass die Insolvenz deutlich teurer war als eine Rettung. Andere halten die langfristigen, volkswirtschaftlichen Kosten für geringer, da das Nichteingreifen der US-Regierung eine aktive Handlung gegen das Problem des Moral Hazard darstellte.

Zum Abschluss dieses Abschnitts sollen anhand der entscheidenden Ereignisse der Umfang, die internationale Reichweite und Größenordnung der Krise verdeutlicht werden:

Juni 2007:	Die zunehmende Besorgnis an den Kapitelmärkten mit Blick auf den US-amerikanischen Baufinanzierungsmarkt führt zur Schließung von zwei Hedge-Fonds der Investmentbank Bear Stearns.
Juli 2007:	Die ersten deutschen Banken sind durch die beginnende Finanzmarktkrise betroffen, allen voran die IKB und mehrere Landesbanken.
November 2007:	HSBC gibt einen Rettungsplan für strukturierte Investments in der Größenordnung von 22 Mrd. Pfund bekannt.
Dezember 2007:	Fünf führende Notenbanken intervenieren mit großen Liquiditätsmaßnahmen am Geldmarkt.
Januar 2008:	UBS beziffert die Abschreibungen für das Jahr 2007 mit 18 Mrd. US-Dollar.
März 2008:	JPMorganChase übernimmt Bear Stearns.
Juni 2008:	Drittgrößte Bankeninsolvenz der US-Geschichte: Indy Mac.
10. September 2008:	US Regierung übernimmt die Kontrolle über Fannie Mae und Freddie Mac.
14. September 2008:	Lehman Brothers beantragt die Eröffnung des Insolvenzverfahrens während gleichzeitig Merrill Lynch von der Bank of America übernommen wird.
16. September 2008:	Federal Reserve führt eine Notkapitalisierung in Höhe von 85 Mrd. US-Dollar beim amerikanischen Versicherer AIG durch.
29. September 2008:	Hypo Real Estate erhält 35 Mrd. Euro Notfallhilfe der deutschen Bundesregierung und Banken.
	BENELUX-Staaten geben einen Rettungsplan über 11,2 Mrd. Euro für Bank Fortis bekannt.

30. September 2008:	Rettungsplan der Staaten Belgien, Frankreich und Luxemburg für Dexia in Höhe von 6,4 Mrd. Euro.
02. Oktober 2008:	US Kongress beschließt Troubled Asset Relief Program (TARP) mit einem Volumen von 700 Mrd. US-Dollar.
05. Oktober 2008:	Bundesregierung verkündet eine Staatsgarantie für alle Spareinlagen in Deutschland.
16. Oktober 2008:	Schweizer Regierung genehmigt die Absicherung eines Portfolios von toxischen Wertpapieren bis zu einer Höhe von 60 Mrd. US-Dollar.
November 2008:	Commerzbank erhält eine Kapitelerhöhung von 8,2 Mrd. Euro und Garantien in Höhe von 15 Mrd. Euro durch den SoFFin.
	Citigroup gibt den Abbau von 50.000 der 350.000 Stellen des Konzerns bekannt.
	Rettung der Bayerischen Landesbank wird ca. 30 Mrd. Euro kosten.
Dezember 2008:	Federal Reserve reduziert den Leitzins auf den niedrigsten Wert seit Bestehen.
	Irische Regierung unterstützt die drei größten Banken des Landes mit 5,5 Mrd. Euro.
Januar 2009:	SoFFin erhöht den Anteil an der Commerzbank über eine weitere Kapitalerhöhung auf 25%.
	Merrill Lynch gibt einen Verlust für 2008 in Höhe von 15 Mrd. US-Dollar bekannt.
Februar 2009:	Australien beschließt ein Wirtschaftsprogramm im Volumen von 42 Mrd. australischen Dollar.
	UBS gibt einen Verlust von 19,7 Mrd. Schweizer Franken für 2008 bekannt.
	Vereinigte Staaten beschließen ein Wirtschaftsprogramm in Höhe von 787 Mrd. US-Dollar.
	US Regierung erhöht den Anteil an Citigroup auf 36%.
	Osteuropäische Banken erhalten 24,5 Mrd. Euro an internationaler Hilfe.

März 2009:	AIG teilt einen Jahrverlust für 2008 von 99 Mrd. US-Dollar mit.
	HSBC beschließt die größte Kapitalerhöhung der britischen Geschichte in Höhe von 13 Mrd. Pfund.
April 2009:	G20-Gipfel in London vereinbart eine internationale Beaufsichtigung großer Banken, Hedge-Fonds und von Rating-Agenturen.
	HSH Nordbank erhält eine Kapitalerhöhung von 3 Mrd. Euro und Garantien in Höhe von 10 Mrd. Euro von den sie tragenden Bundesländern.
Juni 2009:	Mit einer Kapitalerhöhung um 3 Mrd. Euro übernimmt der Staat 90% an der Hypo Real Estate. Im Herbst 2009 sollen die verbliebenen Altaktionäre per Squeeze-out zwangsweise herausgedrängt werden.

1.1.3 Auswirkungen der Krise und damit verbundene strategische Fragestellungen

Die Finanzmarktkrise wird im deutschen wie im internationalen Bankensektor tiefgreifende Spuren hinterlassen. Dies erfolgt zum einen durch die überfällige und durch die Krise beschleunigte Konsolidierung sowie zum anderen durch die zu erwartenden mittelfristigen Veränderungen der Finanzindustrie. Auch wenn die große Zahl an strategischen Fragen, die aus dieser Krise resultieren, bei weitem noch nicht beantwortet sind, können fünf Kernfragestellungen formuliert werden:

1. Wie werden Privat-, Firmen- und institutionelle Kunden auf diese Krise reagieren – insbesondere mit Blick auf das Management von Bankverbindungen und die Nutzung von komplexen Finanzprodukten?

2. Wie wird diese Krise die Wettbewerbslandschaft im nationalen und internationalen Bankenmarkt verändern – sei es durch Ausscheiden von Marktteilnehmern, Konsolidierungsschritte oder Fokussierung auf Kernkompetenzen?

3. Wie werden Regierungen, Zentralbanken und Aufsichtsbehörden mittel- bis langfristig den institutionellen bzw. regulatorischen Rahmen für die Finanzindustrie verändern?

4. Wie werden sich die externen (regulatorischen) und internen (intrinsisch durch das Risiko der Insolvenz motivierten) Anforderungen an die Steuerung von Banken und damit verbunden die Organisationsstrukturen, Prozesse und Kostenblöcke verändern?

5. Wie werden sich die Anforderungen an Effektivität, Effizienz und Profitabilität auf Seiten der Investoren entwickeln bzw. welche Kriterien werden die entscheidende Rolle bei der Bewertung von Banken am Kapitalmarkt spielen?

Die Antworten auf diese Fragen, die die verschiedensten Akteure des Finanzsektors zu geben haben, werden die gesamte Branche national und international nachhaltig verändern.

Die Konsolidierung der deutschen Bankenbranche ist – gefördert durch die Finanzmarktkrise – stark vorangeschritten und wird zukünftig noch weitergehen müssen. Mit dem Zusammenschluss von Commerzbank und Dresdner Bank sowie der Beteiligung der Deutschen Bank an der Postbank und möglicherweise an Sal. Oppenheim entstehen zwei deutlich größere Institutsgruppen im Privatbankensektor. Auch bei den Landesbanken, die – gemessen an ihrer Größe – einen überproportional hohen Anteil der Abschreibungen verzeichnen mussten, haben die Ministerpräsidenten der betroffenen Bundesländer im Juni 2009 eine grundsätzliche Übereinkunft erzielt, die Zahl der Banken zu verringern, die Strukturen zu optimieren und die Kapazitäten zu reduzieren. Zudem ist eine stringentere Ausrichtung der Geschäftsmodelle auf den Bedarf von Sparkassen und Bundesländern in der Diskussion. Und auch bei den Genossenschaftsbanken wird weiterhin diskutiert werden, ob zwei Spitzeninstitute notwendig sind. Experten bezweifeln jedoch bereits, dass dies ausreicht.

Frage: „Mit neuer Commerzbank und neuer Deutscher Bank entstehen zwei Riesen. Was heißt das?“

Antwort: „Es zeigt vor allem die zunehmende Bedeutung des Privat- und Firmenkundengeschäfts in Zeiten schwieriger Kapitalmärkte, da relativ stabile Kundeneinlagen derzeit attraktiv erscheinen. Allerdings halte ich kurzfristige und tiefgreifende Änderungen im Privatkundengeschäft für unwahrscheinlich: dazu ist der Wettbewerb zu stark. Im Vergleich zu anderen internationalen Märkten ist es viel schwieriger, im Privatkundengeschäft in Deutschland attraktive Renditen zu erzielen.“ (2008)[9]

Nachdem die existenzbedrohende Lage bei deutschen Instituten überstanden zu sein scheint, sei es durch die Hilfe des Staats, durch Übernahmen, die Nutzung von Bad Banks oder aus eigener Kraft, stellt sich die Frage, wie die Entwicklung weitergehen wird. Dies umfasst z.B. die Rolle, die der Staat als Großaktionär bei der Commerzbank spielen wird. Ebenso interessant ist, wie die Zukunft der Hypo Real Estate im staatlichen Besitz aussehen wird. Im Sparkassensektor bleibt die Frage der Landesbanken zu lösen. Die Wiedergewinnung des in der Finanzmarktkrise verlorenen Vertrauens der Kunden dürfte eine weitere Herausforderung für die kommenden Jahre sein. Ein wichtiges Thema wird zudem die zukünftige Regulierung des Finanzsektors auf nationaler und internationaler Ebene sein.

Im Folgenden soll eine Analyse des deutschen Bankenmarkts durchgeführt werden, um die strategische Situation des Finanzsektors beschreiben und mögliche Veränderungen antizipieren zu können. Hierzu wird zunächst die Umwelt betrachtet, in die die Banken und ihre Geschäftstätigkeit eingebettet sind. Im Anschluss daran wird die Branche selbst untersucht.

1.2 Analyse der Umwelt

Tabelle 1.1 Kriterien für die einzelnen Felder einer Umweltanalyse

Demografische Sicht	Bevölkerungsgröße Altersstruktur Geografische Verteilung	Ethnische Struktur Einkommensverteilung
Ökonomische Sicht	Inflationsrate Zinsniveau Handelsbilanzsaldo	Haushaltssaldo Sparquote Bruttoinlandsprodukt
Politisch/rechtliche Sicht	Kartellrecht Steuerrecht Deregulierung und Marktphilosophie	Arbeitsrecht Aus- und Weiterbildungssysteme
Sozio-kulturelle Sicht	Frauen im Arbeitsmarkt *Diversity* des Arbeitsmarkts Qualität des Arbeitslebens Umweltbewusstsein	Veränderungen der: Arbeits- und Karrierepräferenzen Produkt- und Servicepräferenzen
Technologische Sicht	Produktinnovationen Anwendung des Wissens Neue Kommunikationstechnologien	Schwerpunkte privater und staatlich geförderter F&E-Ausgaben

Quelle: In Anlehnung an Hanson, D. / Dowling, P. (2002), S. 41.

Banken sind ein bedeutender, zentraler Teil jeder Volkswirtschaft. Sie können sich daher den Entwicklungen und Friktionen innerhalb des gesamtwirtschaftlichen Systems nicht entziehen. Sie müssen vielmehr versuchen, die Veränderungen zu identifizieren und aktiv zu begleiten.

Die Tabelle 1.1 zeigt ein allgemeines Modell für die *Umweltanalyse* einer Branche (*engl.: industry*). Anhand dieses Modells können die wesentlichen Felder in der Umwelt eines Unternehmens untersucht werden. Im Folgenden werden die demografischen, ökonomischen, politisch-rechtlichen, soziokulturellen und technologischen Rahmenbedingungen für die deutschen Kreditinstitute skizziert.

1.2.1 Makroökonomische Entwicklung

Während sich die Finanzmarktkrise spätestens seit der zweiten Jahreshälfte 2007 in den Banken massiv bemerkbar machte, profitierte insbesondere das exportorientierte produzierende Gewerbe in Deutschland noch bis in das dritte Quartal 2008 von der starken Weltwirtschaft. Die Situation vieler Unternehmen war derart gut, dass die Steuereinnahmen stetig stiegen und sich die Zahl der Arbeitslosen bis zum Sommer 2008 auf 3,2 Mio. reduziert und damit den niedrigsten Stand seit 1992 erreicht hatte. Die Bundesagentur für Arbeit erwirtschaftete Milliarden-Überschüsse. Eine große Diskussion über den Fachkräftemangel in vielen Medien untermauerte, dass die Konjunktur auf Hochtouren lief. Im Anschluss an die Lehman-Pleite und zeitgleich zu den massiven staatlichen Interventionen in den Bankensektor kam es dann im 4. Quartal 2008 zu einem rasanten wirtschaftlichen Abschwung – mit dramatischen Auftragsrückgängen und -stornierungen. Insbesondere der Maschinenbau und die Automobilwirtschaft vollzogen geradezu eine Vollbremsung und führten vielerorts Kurzarbeit ein. Die Bundesregierung verlängerte das Kurzarbeitergeld mehrfach bis auf 24 Monate, in der Hoffnung die Krise so ohne eine massiv steigende Arbeitslosigkeit durchstehen zu können. Sämtliche Konsolidierungsbestrebungen der Haushalte wurden durch Milliardeninvestitionen und Bürgschaften für den Bankensektor, sinkende Steuereinnahmen und steigende Sozialausgaben zurückgeworfen. Weltweit reagierten die Notenbanken mit Zinssenkungen. Die EZB senkte den Hauptrefinanzierungssatz im Mai 2009 mit 1% auf ein historisch niedriges Niveau. Während dies die Refinanzierungskosten der Banken reduziert, bedeutet ein sinkendes Zinsumfeld für Banken meist eine Verengung der Margen. Insbesondere für Institute mit großem Passivüberhang führt dies somit zu einem sinkenden Zinskonditionsbeitrag.

Die makroökonomische Entwicklung hat erhebliche Auswirkungen auf das Geschäft und den Erfolg der Geldhäuser. Mit dem Übergreifen der Finanzmarktkrise auf die Realwirtschaft kommt es erneut zu einer steigenden Zahl von Insolvenzen. Es wird damit auch zu einem erheblichen Wertberichtigungsbedarf und einer Erhöhung der Risikovorsorge kommen. Dies lässt Erinnerungen an die Jahre 2002 bis 2004 wach werden, als die Banken mit massiven Abschreibungen aufgrund der schwachen wirtschaftlichen Rahmenbedingungen zu kämpfen hatten. Einige deutsche Institute hatten die Problemkredite in speziellen Einheiten, so genannten *Institutional Restructuring Units* (IRU) gebündelt und gesondert bearbeitet, um sie dann in teilweise milliardenschweren Tranchen an institutionelle Investoren zu verkaufen. Da der aktuellen wirtschaftlichen Krise jedoch bereits die Finanzmarktkrise vorangegangen ist, werden die Abschreibungen keine „gesunden" Bankbilanzen treffen, sondern vielfach schwache Bilanzen mit einer relativ dünnen Eigenkapitalbasis, die bereits durch die Abschreibungen der Jahre 2007 und 2008 stark mitgenommen sind. Die Bemühungen der Banken, die Eigenkapitalbasis aus privaten oder staatlichen Mitteln wieder zu stärken, kann als Vorbereitung auf die zweite realwirtschaftliche „Welle" der derzeitigen Krise verstanden werden.

Die Finanzmarktkrise hat eindrucksvoll vor Augen geführt, wie stark die großen Volkswirtschaften der Welt miteinander vernetzt sind. Dies bedeutet, dass nicht nur für eine Exportnation wie Deutschland in Zukunft die gegenseitige wirtschaftliche Abhängigkeit zwischen Staaten weiter zunehmen wird. Auch die globale Finanzindustrie ist hiervon in besonderem Maße betroffen.

1.2.2 Politisch-rechtliche Umwelt

Neben der Gewährleistung eines stabilen politischen Umfelds, einer konstanten Wirtschaftspolitik und der Schaffung international harmonisierter Rahmenbedingungen, beeinflusst der deutsche Staat auch direkt das Geschäft der Kreditinstitute, indem er durch den Betrieb öffentlich-rechtlicher Kreditinstitute oder als Kreditnehmer am Markt auftritt. Die Bankenbranche ist dadurch gekennzeichnet, dass sie – ähnlich wie die medizinisch-pharmazeutische Industrie – mit einer Vielzahl von speziell auf sie ausgerichteten Gesetzen zum Schutz der Verbraucher sowie der gesamten Volkswirtschaft reguliert ist. Begleitet wird dies von einer direkten Beaufsichtigung durch die Bundesanstalt für Finanzdienstleistungsaufsicht (BaFin) und die Bundesbank.

Trotz des Wegfalls der *Gewährträgerhaftung* und des Ersatzes der *Anstaltslast* durch eine marktwirtschaftliche Eigentümerbeziehung im Jahr 2005 ist eine Öffnung der Sektoren nicht in Sicht. Die landesspezifischen Sparkassengesetze verhindern in ihrer aktuellen Fassung in der Regel eine direkte Beteiligung privatwirtschaftlicher Banken. Obwohl von vielen Beobachtern bereits seit längerer Zeit die Starrheit der Sektorengrenzen als ein wesentlicher Nachteil des deutschen Bankenmarkts gesehen wird, scheint eine intersektorale Konsolidierung – abgesehen von einigen kommunalen Versuchen – politisch weiterhin nicht gewollt zu sein. Selbst die Konsolidierung der Landesbanken, die im Rahmen der extremen Schieflagen einiger Institute diskutiert wird (z.B. SachsenLB, BayernLB), kommt nur schleppend voran. Auf Basis der bereits erwähnten Vereinbarung der betroffenen Bundesländer aus dem Juni 2009 ist jedoch mit weiteren Schritten bis zum Jahresende 2010 zu rechnen.

Noch nicht absehbar sind bisher die Auswirkungen der staatlichen Rettungsprogramme oder Verstaatlichungen auf die Geschäftspolitik von Finanzinstituten. Mit der Commerzbank und der Hypo Real Estate (HRE) arbeiten zwei große deutsche Institute unter dem Einfluss des SoFFin. Auch wenn betont wird, dass auf das operative Geschäft kein politischer Einfluss genommen wird, führen die Auflagen u.a. der EU-Kommission auf der strategischen Ebene doch zu einer Einschränkung der Flexibilität. Mit der Begrenzung von Vergütungen und dem Verbot von Dividendenzahlungen werden die Banken für Mitarbeiter und Aktionäre weniger interessant. Zudem belasten die Zins- und Tilgungsleistungen für die staatlichen Mittel die Gewinn- und Verlustrechnung der Institute auf bisher nicht absehbare Zeit. Zur Rückzahlung der Mittel müssen eventuell strategische Geschäftsbereiche oder Tochtergesellschaften verkauft werden. Eine Veräußerung von Unternehmensteilen kann jedoch auch durch Auflagen der Europäischen Kommission im Zusammenhang mit den staatlichen Beteiligungen veranlasst werden. So muss sich beispielsweise die Commerzbank bis 2014 von der Eurohypo sowie bis 2011 von mehreren kleineren Tochtergesellschaften, die sie im Zuge der Übernahme der Dresdner Bank erworben hat, trennen. Darüber hinaus darf sie für drei Jahre keine Akquisitionen durchführen und muss die Bilanzsumme deutlich reduzieren.[10] Diese Auflagen schränken die Bewegungsfreiheit des Instituts in den nächsten Jahren deutlich ein.

Noch massivere Eingriffe könnte der aktuell diskutierte Gesetzentwurf zur Zwangsverwaltung für von der Insolvenz bedrohte Banken bringen. Auch wenn bisher keine offiziellen Details dazu vorliegen, wird in den Medien berichtet, dass Banken unter Restrukturierungsaufsicht der BaFin gestellt werden könnten. Durch das Gesetz hätte die BaFin die Möglichkeit, direkt in die Geschäftsführung einzugreifen. Zudem sieht der Plan vor, dass die BaFin weisungsbefugt sein solle, den Vorstand austauschen könnte und eine Kapitalerhöhung gegen die Gesellschafter durchsetzen dürfte.[11]

Exkurs: Sonderfonds Finanzmarktstabilisierung

Das deutsche Bankenrettungsprogramm wird durch den Sonderfonds Finanzmarktstabilisierung (SoFFin) umgesetzt, der am 17. Oktober 2008 durch das Inkrafttreten des Finanzmarktstabilisierungsgesetzes geschaffen wurde. Um die Ziele einer Wiederherstellung des Vertrauens in das Finanzsystem sowie der Stabilisierung des Finanzsektors erreichen zu können, werden Garantien, Rekapitalisierungen und Risikoübernahmen angeboten. Die Inanspruchnahme dieser Leistungen ist jedoch an Gegenleistungen und Auflagen geknüpft. Die Gegenleistungen haben das Ziel, Wettbewerbsverzerrungen zu verhindern und die Inanspruchnahme von Steuermitteln so gering wie möglich zu halten. Daher sollen die Leistungen zu marktüblichen Konditionen angeboten werden und zudem nur Instituten gewährt werden, die eine solide und umsichtige Geschäftspolitik verfolgen. Der SoFFin soll damit zur langfristigen Tragfähigkeit der Institute und ihrer Geschäftsmodelle beitragen. Neben der Auflage einer soliden Geschäftspolitik, die bei allen SoFFin-Leistungen gilt, können Vergütungsregelungen inklusive Abfindungsverboten sowie das Verbot von Dividendenausschüttungen verlangt werden. Bei einer Rekapitalisierung, also einer staatlichen Bereitstellung von Eigenmitteln, kann sogar die Vergabe von Krediten an kleine und mittelständische Unternehmen oder eine Begrenzung der mit der Geschäftstätigkeit verbundenen Risiken durch den Lenkungsausschuss des SoFFin zur Auflage gemacht werden.[12]

Auf europäischer Ebene treibt die EU-Kommission die Harmonisierung und Integration des EU-Finanzdienstleistungsmarkts voran. Sie verfolgt diese Bestrebungen mit Initiativen wie der „*Single European Payment Area* (SEPA)“ und der „*Markets in Financial Instruments Directive* (MiFID)“.

Seit Januar 2008 wird mit der SEPA ein einheitlicher europäischer Zahlungsverkehrsraum geschaffen. Davor liefen grenzüberschreitende Zahlungsströme vor allem innerhalb international tätiger Banken und Korrespondenzbanknetzwerken ab. Die Forderung der EU, dass der Preis für eine europäische Überweisung die Kosten einer nationalen Überweisung für den Kunden nicht übersteigen dürfte, stellte die Institute vor große technische Herausforderungen und damit verbundene Investitionen. Dies hat den Wettbewerb um den durch starke Economies of Scale geprägten Zahlungsverkehr um eine europäische Dimension erweitert und verschärft.

Durch die MiFID beabsichtigte die EU, eine Vereinheitlichung der Standards im Bereich von Finanzinstrumenten zu erlangen. Gerade für die deutschen Banken führte das Finanzmarktrichtlinienumsetzungsgesetz (FRUG) zu einer weiteren Erhöhung des administrativen Aufwands sowie zu neuen Informations-, Dokumentations- und Transparenzanforderungen. In Folge der Finanzmarktkrise gibt es darüber hinaus eine Reihe von Verbraucherschutzinitiativen, die voraussichtlich zu einer weiteren Verschärfung der Anforderungen zur Dokumentation von Wertpapierberatung sowie zum Wegfall der gesonderten Verjährungsfristen führen werden. Sogar eine vollständige Aufzeichnung telefonischer Beratungsgespräche zu Beweiszwecken wird diskutiert.

Zusätzlich zu den europäischen Regularien beeinflussen internationale Entwicklungen wie z.B. *Basel II* die deutsche Kreditwirtschaft. Neben dem Einfluss auf die Risikoprüfung, das Kredit-Pricing und die generelle Kreditvergabe hat Basel II auch auf die Behandlung von operationellen Risiken aufmerksam gemacht. Zwar ist man sich der Existenz operationeller Risiken seit Jahren bewusst, aber nun sind Banken auch verpflichtet, diese Risiken zu dokumentieren, zu bewerten und mit Eigenkapital zu unterlegen.

Ausgelöst durch mehrere Finanzskandale gelten darüber hinaus für in den USA börsennotierte deutsche Finanzkonzerne verschärfte Anforderungen an die Buchführung durch den *Sarbanes-Oxley Act*.

Noch nicht abschätzbar, jedoch mit potenziell großem Einfluss auf die Struktur und die Regularien des Bankenmarkts, ist die im Rahmen der G20 diskutierte „Neue Finanzmarktarchitektur“. Hier wird besonderer Wert auf eine Stärkung und internationale Vernetzung der Finanzmarktaufsicht sowie eine Regulierung der Anreiz- und Bonussysteme gelegt. Diese sollen insbesondere um Risikokomponenten erweitert und auf langfristige Erfolge ausgerichtet werden. Inwieweit auch Hedge-Fonds der Regulierung unterworfen werden, ist noch nicht entschieden.

1.2.3 Demografische Entwicklung

Eine zunehmend älter werdende Bevölkerung in Verbindung mit einer sich umkehrenden Bevölkerungspyramide aufgrund des anhaltenden Rückgangs der Geburtenrate führt zu einer erheblichen Mehrbelastung der staatlichen Kranken-, Pflege- und Rentenversicherungen. Neben den negativen Implikationen für die volkswirtschaftliche Entwicklung eröffnet diese Tendenz erhebliches Potenzial für Versicherungs- und Vorsorgeprodukte. Als Beispiel ist die „Riester-Rente“ zu nennen, wobei deren positive Auswirkung auf das Neugeschäft der Banken und Versicherungsunternehmen umstritten ist. Nichtsdestotrotz wird das zunehmende Bewusstsein der Kunden für die Notwendigkeit einer privaten Altersvorsorge zu einer steigenden Nachfrage nach diesen Produkten führen.

Darüber hinaus beginnen Finanzdienstleister, Rentner und Pensionäre als attraktive Kundengruppen zu identifizieren und mit speziell entwickelten Produkten zu umwerben, wie z.B. der Reverse Mortgage. Mit diesem Produkt können sich Rentner und Pensionäre im Alter Kredit verschaffen, indem dieser meist nach dem Ableben der betroffenen Person durch den Verkauf der beliehenen Immobilie getilgt wird.

Weiterhin nimmt die Stärke der Geburtenjahrgänge ab. Dies hat zur Folge, dass die Zahl der Personen, die nach der Schule oder dem Studium auf den Arbeitsmarkt treten, ebenfalls sinkt. Viele Banken beschäftigen sich intensiv mit der Fragestellung, wie es ihnen zukünftig gelingen wird, in dem erwarteten Kampf um die Talente erfolgreich zu sein. So werden beispielsweise Partnerschaften mit Hochschulen eingegangen, um die Möglichkeit zu erhalten, das Unternehmen den Studierenden vorzustellen und sie dafür zu gewinnen.

1.2.4 Soziokulturelle Trends

Ein generell gestiegenes Bildungsniveau, ein selbstbewussterer Umgang der Kunden mit ihrer Bank (bzw. ihren Banken) und eine durch das Internet herbeigeführte umfassende Transparenz von Produkten und Konditionen haben dazu beigetragen, dass sich der deutsche Finanzdienstleistungsmarkt von einem Verkäufer- hin zu einem Käufermarkt entwickelt hat. Der verbesserte Informationsstand der Kunden und das stark gewachsene Privatvermögen erfordern ein deutlich komplexeres Portfolio von Leistungen der Banken. Darüber hinaus erwarten die Kunden vermehrt individualisierte und gleichzeitig kostengünstige Problemlösungen. „Kunden sind nicht mehr wie selbstverständlich ‚Eigentum' der Banken und Sparkassen, Hausbankbeziehungen erodieren."[13]

Hinzu kommt, dass die Bankenbranche gesamthaft im Rahmen der Finanzmarktkrise an Vertrauen und Reputation in der Bevölkerung verloren hat. Vor dem Hintergrund der aktuellen Finanzmarktkrise wird leicht aus den Augen verloren, dass das Vertrauen der Anleger in diesem Jahrzehnt bereits durch das Platzen der New-Economy-Blase beschädigt worden ist. Die zuvor leicht aufkeimende Aktienkultur bei privaten Investoren in Deutschland, die sich im Jahr 2000 in einer Zahl von über 6,2 Millionen direkten Aktionären äußerte, war bereits durch das Ende des damaligen Hype beschädigt worden. Unter dem Einfluss der beiden Krisen ging die Zahl der direkten Aktionäre in Deutschland zum Ende des 1. Halbjahrs 2009 auf rund 3,4 Millionen und damit unter das Niveau der frühen 1990er Jahre zurück.[14] Neben den Berichten über Fehlberatungen, z.B. mit Lehman-Zertifikaten, wirkt jedoch auch die Diskussion über hohe Bonus- und Abfindungszahlungen trotz Finanzmarktkrise in der Bevölkerung nach. Gerade weil Vertrauen und Reputation im Bankgeschäft von zentraler Bedeutung sind, müssen die Institute nach Wegen suchen, um wieder ein positiveres Bild zu schaffen. Vertrauen und Reputation werden nur schwer zurückzugewinnen sein. Das Ausmaß der Auswirkungen auf die Kundenloyalität und die Attraktivität von Banken als Arbeitgeber ist heute noch nicht abschätzbar.

1.2.5 Technologische Entwicklung

Die enormen Entwicklungen im Bereich der Informations- und Kommunikationstechnologien (IT) haben das gesamte Bankwesen massiv verändert. Die Bearbeitungszeiten von Kundenaufträgen wurden durch IT stark reduziert, globaler Handel rund um die Uhr ermöglicht und Transaktionskosten drastisch gesenkt. Das Internet hat einen neuen Vertriebskanal für Bankprodukte geschaffen und die internen Geschäftsprozesse revolutioniert. Es führte auch zu einer Aufhebung räumlicher und zeitlicher Restriktionen, denn Auftragserstellung und -abnahme konnten räumlich und zeitlich entkoppelt werden. Die Möglichkeiten, die neue Technologien bieten, sind aber nur eine Seite der Medaille. So stellt das Zusammenspiel mehrerer Vertriebskanäle (stationärer Vertrieb, Selbstbedienung, Internetbanking) eine Wettbewerbsvoraussetzung und keinen Wettbewerbsvorteil mehr dar. Die zusätzlichen Investitions- und Betriebskosten für neue IT-Systeme stellen nicht nur für kleine Institute eine erhebliche Belastung dar.

Bill Gates deutet mit seiner Aussage „Banking is essential for a modern economy, banks are not" auf die Möglichkeiten der Substitution traditioneller Banken durch IT- und Telekommunikationsunternehmen hin. Im Internet-basierten Handel gewinnen eWallet-Lösungen wie z.B. Click&Buy oder PayPal an Bedeutung.[15] Für Banken bedeutet dies, dass ein steigender Anteil ihres Zahlungsverkehrsgeschäfts an bankfremde Bezahldienstleister im Internet verloren gehen wird. Auch elektronische Kreditplattformen wie Smava könnten den Banken Geschäft entziehen.

Neben den neuen Vertriebs- und Kundenservicemöglichkeiten, die die technologische Entwicklung den Banken bieten, müssen die Potenziale auch für effizientere Geschäftsabläufe und bessere Steuerungsmöglichkeiten genutzt werden. So kann ein elektronisches Dokumentenablagesystem nicht nur Papier und Stauraum einsparen, sondern ermöglicht auch einen schnelleren Transport der Unterlagen im Wertschöpfungsprozess sowie eine geringere Fehleranfälligkeit durch die Vermeidung von Medienbrüchen. Zudem können die Dokumente rund um die Uhr von allen Internetanschlüssen eingesehen und gegebenenfalls sogar bearbeitet werden. Und auch bei der Navigation einer Bank durch die aktuelle Finanzmarktkrise können neue Technologien hilfreich sein. Die Krise scheint zu zeigen, dass insbesondere diejenigen Banken mit relativ geringen Ausfällen zu kämpfen hatten, die in ihrem Risikomanagement technisch besonders gut ausgestattet waren. Dies ermöglichte den Instituten, schneller als andere ihre Risikoposition zu bestimmen und vor der Konkurrenz korrigierende Maßnahmen zu ergreifen. Die Kosten für eine angemessene IT-Infrastruktur einer Bank werden im Zuge der Aufarbeitung der Krise durch neue Regularien steigen. Gegebenenfalls könnte daraus eine Markteintrittsbarriere entstehen könnte.

1.3 Der deutsche Bankensektor im internationalen Vergleich

Der deutsche Bankenmarkt weist, verglichen mit den europäischen Nachbarländern, eine Reihe von Besonderheiten auf. In Gesprächen mit Bankern aus anderen Ländern muss meist die besondere Struktur des deutschen Bankensektors erläutert werden. Zwar gibt es in anderen Ländern (z.B. Italien, Spanien) ebenfalls Sparkassen und Genossenschaften, aber die eindeutige Trennung – gerade in rechtlicher Hinsicht – in drei unabhängige Säulen ist ein Charakteristikum des deutschen Markts. Seit Jahren fordern insbesondere die Vertreter des privaten Bankgewerbes Reformen, die vor allem den Sparkassensektor aufbrechen und somit säulenübergreifende Fusionen und Akquisitionen zulassen sollen. Diese Forderungen werden zwar regelmäßig von Vertretern der beiden anderen Säulen des deutschen Kreditgewerbes zurückgewiesen. Dennoch herrscht weitgehend Einigkeit darüber, dass die heutigen Strukturen die Entstehung von größerer Effizienz erschweren.

Zur Verdeutlichung sollen die folgenden drei, mit dem deutschen Bankensystem eng verbundenen Problembereiche diskutiert werden:

- Starke Zersplitterung,
- ausladende Filialnetze und
- ungenügende Rentabilität.

1.3.1 Deutschland – ein stark zersplitterter Bankenmarkt

In Deutschland gibt es zurzeit ca. 2.000 Banken und somit ungefähr je 41.000 Einwohner eine eigene Bank.[16] Das mag zwar auf den ersten Blick nicht besonders problematisch klingen. Betrachtet man jedoch, was hinter jeder einzelnen Bank an regulatorischen Mindestanforderungen und damit Fixkosten steht, so erkennt man, dass jede dieser 2.000 Banken eine mindestens aus zwei Personen bestehende Geschäftsführung, eigene Stabsabteilungen (insb. Controlling, Risikomanagement und Treasury), eine eigene Verwaltung und (zumindest teilweise) eigene IT-Systeme benötigt. Dies stellt nicht nur für kleine und mittelgroße Institute einen erheblichen Kostenblock dar.

Da im Sparkassensektor und insbesondere im Genossenschaftsbereich noch immer eine Vielzahl von kleinen Instituten existiert, wird in diesen Sektoren auch für die nächsten Jahre mit einem weiteren Konzentrationsprozess – verbunden mit einer

Reduktion der absoluten Zahl von Kreditinstituten – zu rechnen sein. Seit 1990 ist die Zahl der Kreditgenossenschaften von ca. 3.400 auf 1.197 am Ende des Jahres 2008 zurückgegangen. Die Zahl der Sparkassen sank im selben Zeitraum von ca. 770 auf 438. Jedoch gab es nicht nur in diesen beiden Sektoren einen Rückgang. Die Zahl der Regionalbanken und sonstigen Kreditbanken verminderte sich von über 200 Instituten im Jahr 1990 auf 164 zum Ende des Jahres 2008.

Abbildung 1.1
Entwicklung der Marktanteile der Top 5 im europäischen Vergleich

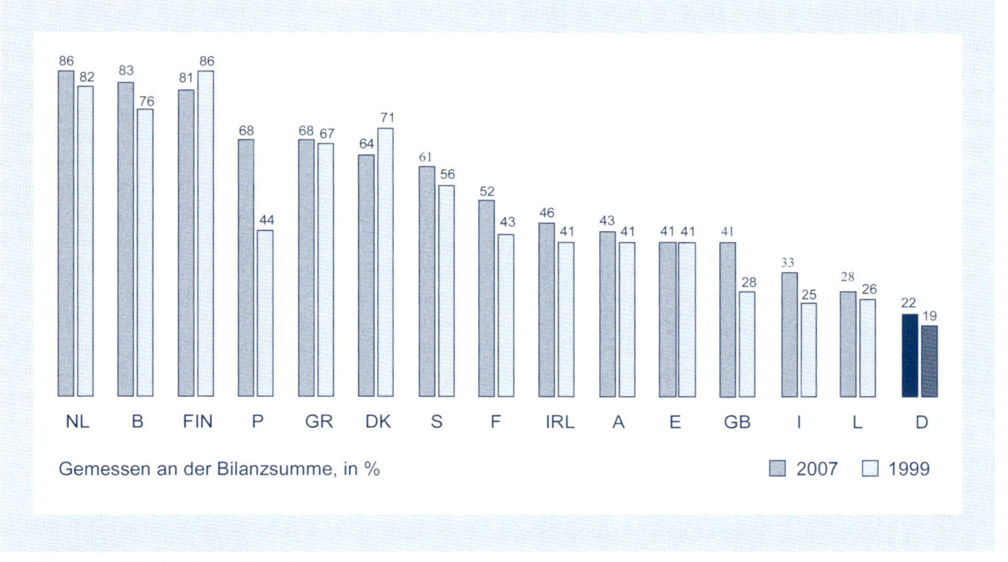

Quelle: EZB (2008), eigene Berechnungen.

Dass der deutsche Bankenmarkt dringend einer Konsolidierung bedarf, lässt sich aus Abbildung 1.1 noch nicht zwingend schlussfolgern. Sie zeigt jedoch, dass, verglichen mit unseren europäischen Nachbarn, in Deutschland offensichtlich polypolistische Strukturen den Markt charakterisieren. Während in Portugal, den Niederlanden und Belgien eindeutig von einem Oligopol der fünf größten Banken gesprochen werden kann, befinden sich die übrigen Länder auf dem Weg oder an der Schwelle zu derartigen Strukturen. Deutschland jedoch, mit einer Top-5-Konzentration von ca. 22%, hat noch erhebliches Konsolidierungspotenzial, bevor man ernsthaft von einer Gefährdung des Wettbewerbs sprechen kann. Mit der Finanzmarktkrise könnte nun der Anstoß zu einer stärkeren Konsolidierung im deutschen Markt gegeben worden sein. Im Sektor der Privatbanken könnte nun mit dem Zusammenschluss von Commerzbank und Dresdner Bank sowie der Verbindung von Deutscher Bank und Postbank ein deutlich höherer Marktanteil der Top-5 erreicht werden. Zum Ende des Jahres 2007 haben diese vier Institute zusammen rund 36 Mio. Privatkunden betreut und würden sich damit zwischen die Genossenschaftsbanken (30 Mio. Kunden) und die Sparkassen (50 Mio. Kunden) setzen.[17] Auch Landesbanken werden fusionieren müssen. Die Diskussion über die Notwendigkeit von zurzeit sieben unabhängigen Landesbanken werden so offen wie noch nie geführt. Im genossenschaftlichen Sektor sind bereits nur noch zwei Spitzeninstitute vorhanden, die sich immer wieder in Fusionsgesprächen befinden. Der Rückgang der Genossenschaftsbanken zeigt zudem, dass hier bereits seit Jahren eine Konsolidierung im Gange ist.

Abbildung 1.2 Wenig effiziente Strukturen auf dem deutschen Markt

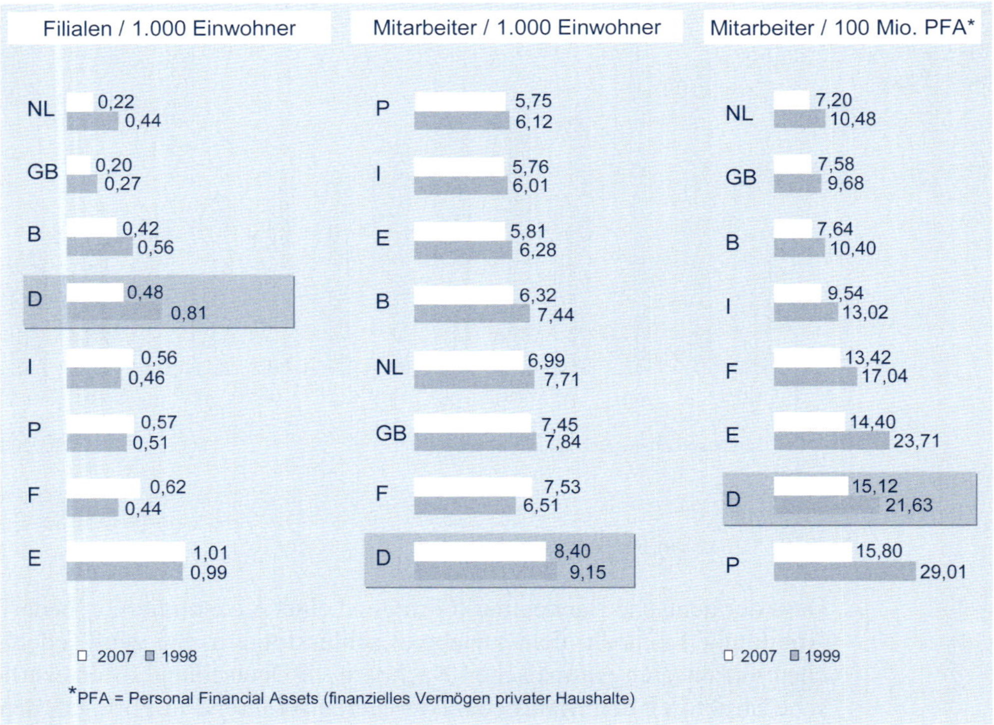

Quelle: EZB (2008), Eurostat, eigene Berechnungen.

1.3.2 Deutschland – overbranched?

Über viele Jahre wurde der deutschen Kreditwirtschaft vorgehalten, ein ineffizientes und zu dichtes Zweigstellennetz vorzuhalten. Über die letzten zehn Jahre ist die Anzahl der Bankfilialen in Deutschland jedoch um über 20.000 gesunken, so dass die Vergleichskennziffer von 0,48 Filialen pro 1.000 Einwohner bzw. ca. 2.000 Einwohnern je Filiale im Vergleich zu anderen europäischen Flächenstaaten nun im mittleren Bereich liegt (Abbildung 1.2). Vergleiche auf Basis der untersuchten

Kennzahlen erlauben keine Festlegung auf eine absolute Zahl als Effizienzgrenze. Das liegt u.a. an der unterschiedlichen Größe und Struktur der Staaten. Deutschland sollte als Flächenland mit ökonomisch stark unterschiedlichen Regionen, ähnlich wie Frankreich oder Italien, nicht auf nationaler sondern auf regionaler Ebene betrachtet werden. Der Vorwurf, Deutschland sei overbranched, ist somit bei nationaler Sichtweise nicht mehr haltbar. Vergleicht man jedoch die zweite und dritte Kennzahl der Abbildung 1.2, so bleibt festzuhalten, dass die Anzahl von Mitarbeitern in Relation zu Einwohnern und Vermögen im europäischen Vergleich noch immer relativ hoch ist. Dies ist jedoch weniger auf die Anzahl der Bankfilialen als vielmehr auf die hohe Anzahl der Banken und die dadurch entstehenden Redundanzen zurückzuführen (vgl. Abschnitt 1.3.1).

1.3.3 Deutschland – ein unrentabler Markt?

Trotz aller zu berücksichtigender regionaler Besonderheiten in einem Flächenstaat ist die geringe Rentabilität deutscher Kreditinstituten zu einem erheblichen Teil auf die hohe Zahl von Banken und den stark zersplitterten Markt zurückzuführen. Die polypolistische Marktstruktur sowie der starke Einfluss des Staats über Landesbanken und Sparkassen führen seit Jahren zu einem Preiskampf und insbesondere im Kreditmarkt zu sehr niedrigen Margen. Dass die deutschen Banken international gesehen immer noch wenig rentabel arbeiten, erkennt man an den hohen Werten der *Aufwand-Ertrags-Quoten*[18] (Cost Income Ratio, CIR). Während diese Quote bei den großen Wettbewerbern in fast allen europäischen Ländern zwischen 45% und 65% liegt, hatten einige deutsche Institute bereits vor der Finanzmarktkrise über mehrere Jahre nicht einmal ihre Kosten verdient. Die Restrukturierungsmaßnahmen sowie der wirtschaftliche Aufschwung bis zum Beginn der Finanzmarktkrise hatte die Lage für viele Banken verbessert (Abbildung 1.3). Wie sich mittlerweile gezeigt hat, waren die positiven Renditeentwicklungen der Jahre 2004 bis 2007 aber vielfach mit hohem Risiko erkauft worden, das in der Finanzmarktkrise existenzbedrohend wurde. Die CIR der bereits veröffentlichten Ergebnisse des Jahres 2008 liegt vielfach über 100%. Dass strukturelle Probleme wie z.B. geringe Zinsmargen (aufgrund des erwähnten Preiskampfs) oder höhere Arbeitslöhne einen starken Einfluss auf die relativ schlechte Rentabilität der deutschen Banken haben, wird in Kapitel 1.5 gezeigt.

Aufgrund der polypolistischen Struktur erschiene es nachvollziehbar, wenn der deutsche Bankenmarkt für ausländische Institute uninteressant wäre. Dem spricht jedoch entgegen, dass immer wieder ausländische Banken in den Markt eintreten bzw. eintreten wollen. Neben den stabilen wirtschaftlichen, gesellschaftlichen und rechtlichen Verhältnissen sowie der gut ausgebauten Infrastruktur muss es weitere Gründe für die Attraktivität dieses scheinbar unrentablen Markts geben. Ein entwickelter Kapitalmarkt und ein im europäischen Vergleich sehr großes Vermögen privater Haushalte machen den Markt zusätzlich interessant. Dieses Argument wird auch von der Zahl der US-Dollar-Millionäre in Deutschland gestützt. Für das Jahr 2008 belegte Deutschland mit rund 810.000 Millionären weltweit den dritten Platz hinter Japan (1,5 Mio.) und den USA (3,0 Mio.).[19]

Abbildung 1.3
Rentabilität in verschiedenen Bankengruppen

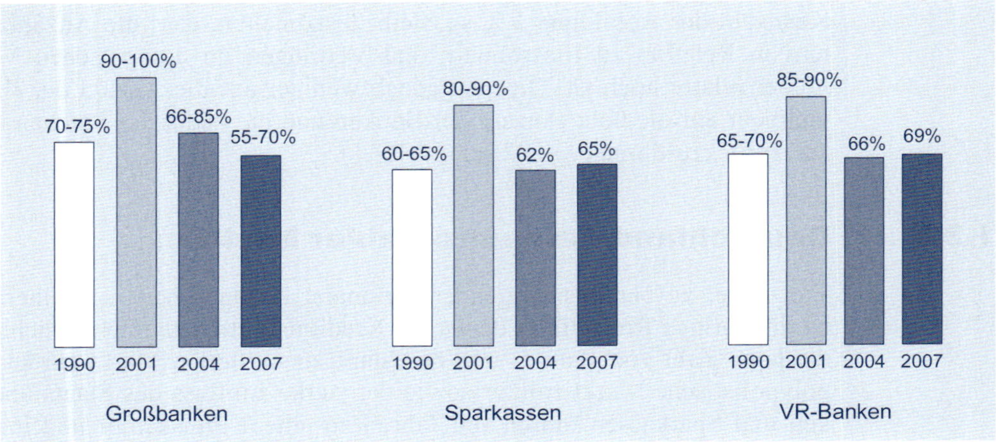

Quelle: Unternehmens- und Verbandsangaben, eigene Berechnungen.

Hinsichtlich des Privatkundengeschäfts werden ausländische Institute insbesondere durch die hohe Sparquote in Deutschland angezogen. Wie aus Abbildung 1.4 erkennbar ist, liegt Deutschland im internationalen Vergleich bei diesem Wert an vorderster Stelle. Dies ist keine Momentaufnahme, sondern ein längerfristiger Trend. So nahm die Sparquote in Deutschland auch in den Jahren 2002 bis 2006 stetig zu, während in beiden europäischen Durchschnittswerten (EU, Euro Area) sowie in den meisten größeren Volkswirtschaften ein Rückgang zu verzeichnen war.

Das Potenzial des deutschen Privatkundenmarkts wird auch durch den Blick auf die Bankkredite an private Haushalte sowie die Bankeinlagen bestätigt. In beiden Bereichen lag die Bundesrepublik innerhalb Europas im Jahr 2008 auf dem ersten Platz. Das Volumen der Bankkredite erreichte 1.406 Mrd. Euro und war damit signifikant höher als in Großbritannien (999 Mrd. Euro) und Frankreich (921 Mrd. Euro). Auf der Einlagenseite führte Deutschland die Liste mit 2.823 Mrd. Euro ebenfalls vor Großbritannien (2.350 Mrd. Euro) und Spanien (1.657 Mrd. Euro) an.[20]

Abbildung 1.4
Sparquote der privaten Haushalte in % (2007)

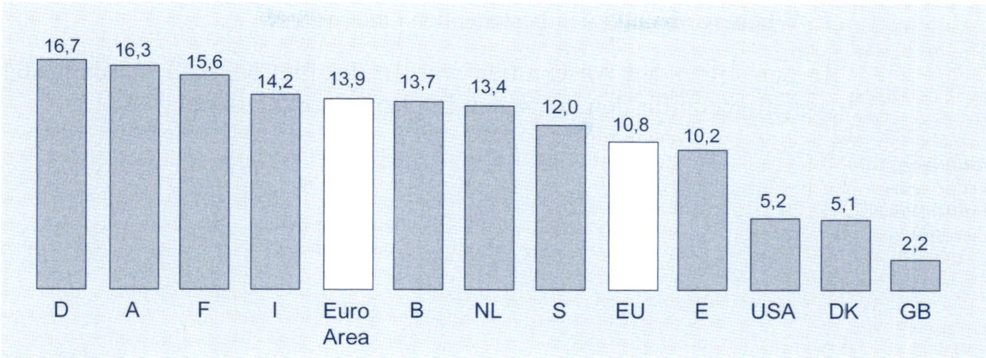

Quelle: Eurostat.

1.4 Wettbewerbskräfte auf dem deutschen Bankenmarkt

Das *Modell der fünf Wettbewerbskräfte* von Porter dient der fundierten Analyse der Kräfte, die auf dem Markt einer Branche wirken.[21] Dieses Modell (Abbildung 1.5) soll im Folgenden genutzt werden, um die Situation auf dem deutschen Bankenmarkt zu beschreiben.

Im Vergleich zur allgemeinen Umwelt hat das unmittelbare Branchenumfeld einen wesentlich direkteren Einfluss auf Erfolg bzw. Misserfolg eines Unternehmens. Da die Ausprägungen des Branchenumfelds einem ständigen Wandel unterworfen sind, ist es Aufgabe des Managements bzw. der zuständigen Stabsabteilungen, diese Analyse kontinuierlich zu betreiben, um auf Änderungen innerhalb einer Branche rechtzeitig reagieren zu können. Darüber hinaus versetzt sich die Bank so in die Lage, einen sich abzeichnenden Wandel aktiv gestalten zu können. Die Wettbewerbsintensität und das Ertragspotenzial einer Branche können als Funktion von fünf Wettbewerbskräften betrachtet werden:

1. Bedrohung der Marktposition durch neue Anbieter
2. Verhandlungsmacht der Abnehmer
3. Bedrohung durch Produkte und Dienstleistungen, die die eigenen angebotenen Leistungen substituieren können
4. Verhandlungsmacht der Lieferanten

5. Wettbewerb unter den bestehenden Unternehmen

In den folgenden Abschnitten werden die fünf Marktkräfte dargestellt und jeweils anschließend für den deutschen Bankensektor beurteilt.

Abbildung 1.5
Wettbewerbskräfte innerhalb einer Branche

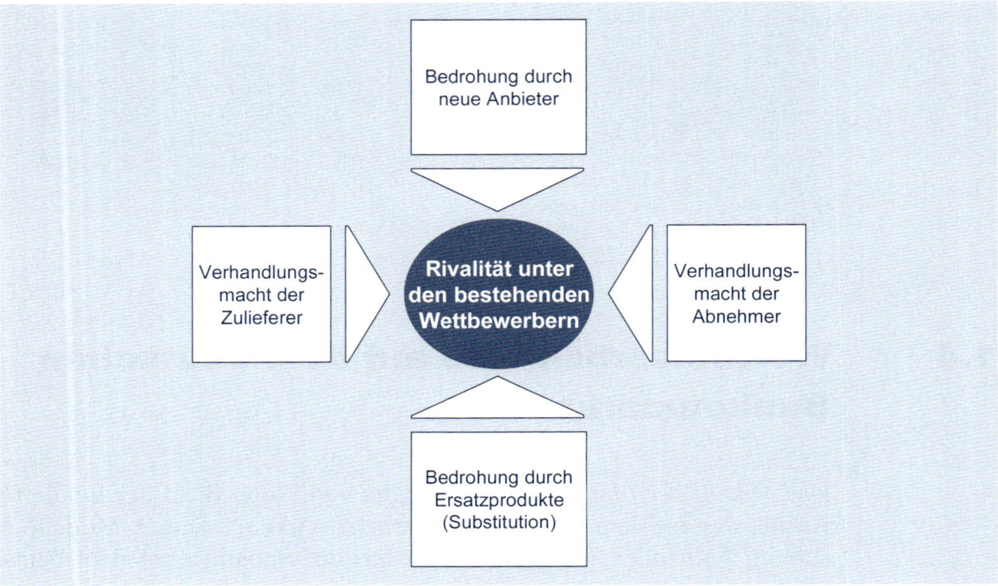

1.4.1 Bedrohung durch neue Anbieter

Empirische Untersuchungen haben gezeigt, dass Unternehmen immer wieder Schwierigkeiten hatten, neue Wettbewerber rechtzeitig zu erkennen und darauf entsprechend zu reagieren.[22] Dies ist höchst problematisch, da neue Mitbewerber eine häufig unterschätzte Gefahr für die bestehenden Unternehmen darstellen. Die entscheidende Ursache hierfür liegt in einer ökonomisch leicht zu erklärenden Kette von Marktreaktionen. Die neuen Anbieter erhöhen nicht nur die Produktionskapazität, sondern meist auch das Angebot des gesamten Anbietersektors. Dies wiederum führt bei einer stagnierenden Nachfrage zu sinkenden Preisen bei häufig geringerem Absatz, somit auch zu sinkenden Erträgen und damit zu einem sinkenden Gewinn. Letztlich stellen neue Anbieter die bestehenden Mitbewerber vor die Wahl zwischen sinkenden Erträgen verbunden mit niedrigeren Gewinnen oder einer Steigerung von Effektivität und Effizienz des eigenen Unternehmens. Besonders aggressiv wird der Neueintritt empfunden, wenn dieser gleichzeitig mit der Einführung einer neuen

Wettbewerbsdimension verbunden ist, wie z.B. der Markteintritt von Online-Banken und die damit gekoppelte verstärkte Nutzung des Internet als Distributionskanal.

Für Unternehmen, die über den Eintritt in einen bestehenden Markt nachdenken, sind insbesondere zwei Faktoren entscheidend:

1. Markteintrittsbarrieren Diese Barrieren stellen strukturelle Rahmenbedingungen des jeweiligen Markts dar und bedeuten für neue Wettbewerber einen ökonomischen Nachteil, der je nach Größe der Barriere den möglichen Erfolg negativ beeinflusst. An dieser Stelle soll nur auf die wichtigsten Formen von *Markteintrittsbarrieren* eingegangen werden.

Die wohl bedeutendste Barriere stellen die so genannten *Economies of Scale* dar, denn die großen, etablierten Marktteilnehmer erzielen bei der Produktion entscheidende Größendegressionseffekte. Die Konsequenz für neue Marktteilnehmer ist daher ein höherer Produktionsaufwand im Vergleich zu den bestehenden Anbietern oder übermäßig große Absatzrisiken, wenn sie mit einer entsprechend großen Menge in den Wettbewerb treten. Dies führt in beiden Fällen zum Widerstand der existierenden Wettbewerber, da diese um Marktanteile fürchten. Ein weiterer Kostenvorteil wird über die *Lernkurve (Economies of Experience)* erzielt. In vielen Branchen, in denen Wissen eine wichtige Ressource bei der Leistungserstellung darstellt, bieten umfangreiche, jahrelange Erfahrungen nicht nur Wettbewerbsvorteile für die etablierten Unternehmen, sondern führen mitunter auch zu erheblichen Markteintrittsbarrieren, da neue Wettbewerber nicht über das entsprechende Know-how verfügen und dieses oft nur teuer einkaufen können.

Eine weitere Markteintrittsbarriere, insbesondere im Bankgewerbe, stellen Kapitalanforderungen dar, die mit dem entsprechenden Geschäftsfeld verbunden sind. Dies können zum einen wirtschaftlich notwendige Großinvestitionen sein, die ein Unternehmen im Vorfeld tätigen muss oder zum anderen – wie im Bankgeschäft – gesetzliche Eigenkapitalanforderungen. Als Stichwort sei hier die Unterlegungspflicht von Kredit- und Marktpreisrisiken sowie operationellen Risiken genannt. Diese Barriere steht in engem Zusammenhang mit der Regulierungspolitik. Denn insbesondere in der Bankwirtschaft spielen Behörden als Teil der Exekutive eine entscheidende Rolle bei der Erteilung von Lizenzen. So gilt in Deutschland ein Gewerbeverbot mit Erlaubnisvorbehalt für das Bankgewerbe, wobei die entsprechenden Prüfungen und die Erlaubniserteilung durch die BaFin ausgeübt werden.

Der Aufbau eines stationären Vertriebskanals stellt eine Barriere vor allem bei Handelsunternehmen und Finanzdienstleistern dar, da es nur mit erheblichem finanziellen Aufwand möglich ist, ein flächendeckendes Filialnetz vollständig neu aufzubauen.

Inwieweit regulatorische Maßnahmen als Folge der Finanzmarktkrise direkt (z.B. über höhere Kapitalanforderungen) oder indirekt (z.B. über höhere Anforderungen an Systeme resultierend in höheren Kosten) zu einer Erhöhung der Markteintrittsbarrieren führen, bleibt abzuwarten.

2. Widerstand der existierenden Wettbewerber Die Erwartung eines erheblichen Widerstands durch bereits auf dem Markt agierende Unternehmen hemmt ebenfalls mögliche Neueintritte. Wie bereits erwähnt, könnte ein solcher Markteintritt Wettbewerber mit großen Marktanteilen dazu bewegen, mit dem Einsatz der eigenen umfassenden Ressourcen den neuen Wettbewerber entscheidend zu schwächen oder aus dem Markt zu drängen (z.B. Microsoft und Netscape auf dem Markt für Internet-Browser). Mögliche Instrumente hierzu wären ein Preiskampf oder groß angelegte Marketingkampagnen. Eine Option, um derartige Abwehrmaßnahmen zu verhindern, stellt der Eintritt als Nischenanbieter dar, denn hierbei ist es dem Unternehmen möglich, langsam und konsequent Reputation und Größe aufzubauen, um anschließend auch den Kernmarkt zu erschließen. Hanson und Dowling führen in diesem Zusammenhang das Beispiel Honda und den Markteintritt in den US-amerikanischen Motorradmarkt an.[23] Hierbei hat sich Honda zunächst auf den Markt für kleine Motorräder konzentriert, in dem Marken wie Harley-Davidson nur wenig vertreten waren. Nachdem die eigene Marktstellung gefestigt war, konnten gezielt die großen Marken in deren Märkten attackiert werden.

Auf dem deutschen Bankenmarkt besteht die Gefahr für etablierte Unternehmen darin, dass neue und meist auch finanzstarke Wettbewerber versuchen, in den Wettbewerb einzutreten. Zum einen handelt es sich um einen stark fragmentierten Markt, auf dem in Zukunft eine weitere Konsolidierung zu erwarten ist. Zum anderen findet man in Deutschland einen stark entwickelten Finanzmarkt vor, dessen Kundenstruktur insbesondere aufgrund des großen Vermögens der privaten Haushalte für Banken interessant ist (Abbildung 1.6).

In den letzten Jahren wurden die bestehenden Kreditinstitute vor allem durch zwei Gruppen in ihrer Marktposition bedroht. Zum einen stellten Online-Banken und Discount Broker eine erhebliche Bedrohung dar, da diese aufgrund ihrer niedrigen Kostenbasis hochrentabel arbeiten können. Darüber hinaus attackierten sie die etablierten Wettbewerber nicht nur in den herkömmlichen Dimensionen des Wettbewerbs, sondern vor allem in neuen Vertriebskanälen, dem Internet- und Telefonvertrieb. Aufgrund der starken Finanzkraft der etablierten Banken und den daher möglichen großen Investitionen in die Internettechnologie muss man heute sagen, dass diese neuen Wettbewerber nicht zu der existenzbedrohenden Bedeutung geworden sind, die man ihnen anfangs beigemessen hat. Einzelnen Direktbanken ist es jedoch gelungen, sich einen großen Kundenstamm aufzubauen und so mit einzelnen Produkten einen signifikanten Marktanteil zu gewinnen. Durch ihren Markteintritt haben Direkt- und Online-Banken den gesamten Markt stark beeinflusst und das Verhalten traditioneller Banken grundsätzlich verändert.

Abbildung 1.6
Vermögen privater Haushalte

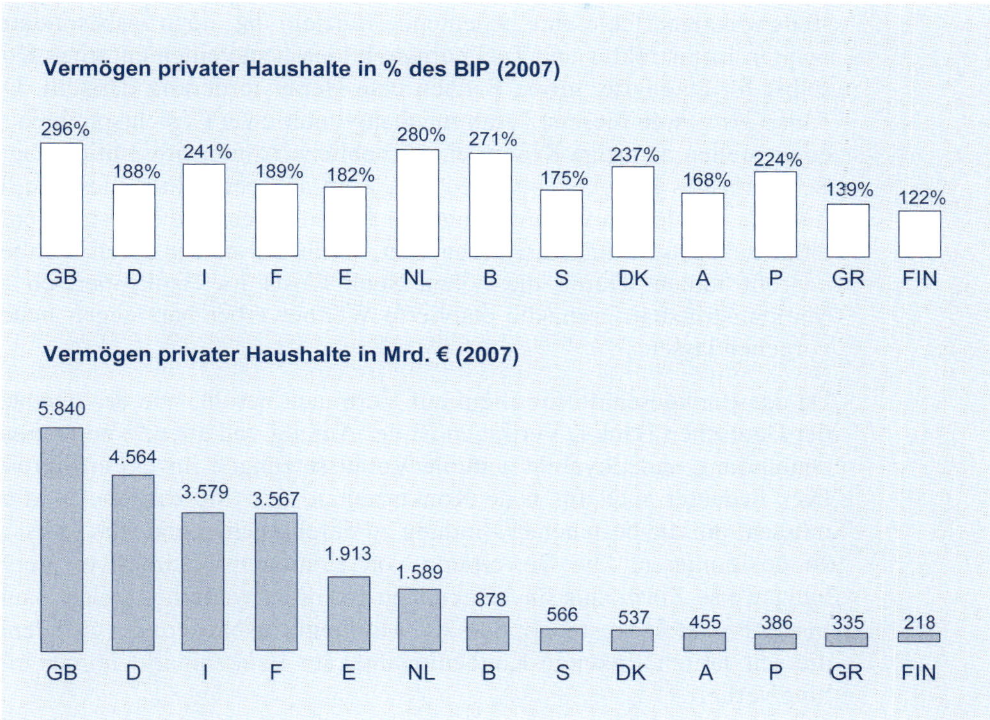

Quelle: Eurostat, eigene Berechnungen.

Die zweite Gruppe bilden internationale Finanzdienstleister, die sich über Akquisitionen ein Standbein im deutschen Markt sichern wollen. Hier sind z.B. die Akquisition der Hypovereinsbank (HVB) durch den italienischen UniCredit, der Allgemeinen Deutschen DirektBank (DiBa) durch die niederländische ING-Group, der Kauf der BfG-Bank durch die schwedische SEB Group, der Erwerb der Privatbankhäuser Delbrück und Bethmann-Maffei durch die niederländische ABN Amro sowie der Citibank Privatkunden durch den französische Crédit Mutuel zu nennen. Finanzkräftige internationale Bankengruppen stellen vor dem Hintergrund der zu erwartenden Konsolidierung eine ernstzunehmende Konkurrenz dar. Großen Finanzkonzernen wird es möglich sein, Skaleneffekte sowohl national als auch international zu erzielen und damit eine der Eintrittsbarrieren des deutschen Bankensektors zu überwinden.

Trotz der Bedrohung der Etablierten muss an dieser Stelle erneut auf die bestehenden Markteintrittsbarrieren eingegangen werden, da diese neben den regulatorischen Rahmenbedingungen eine weitere Ursache dafür sind, dass im Verhältnis zur Attraktivität des Markts relativ wenig neue Anbieter auf den Markt drängen. Wie erwähnt stellen Skaleneffekte eine bedeutende Barriere dar, denn insbesondere die Investitionen in Infrastruktur und Technologie bilden heute einen enormen Kostenblock, der selbst für etablierte, große Banken eine Herausforderung darstellt. Der Begriff der *Sunk Costs* ist in diesem Zusammenhang unter zwei Gesichtspunkten zu sehen: Zum einen stellen derartige Kosten eine erhebliche Anfangsinvestition dar, die bei einem Scheitern des Projekts „verloren" ist. Zum anderen führen sie dazu, dass etablierte Institute, die in den vorangegangenen Jahren erhebliche Investitionen dieser Art getätigt haben, sehr aggressiv reagieren, wenn sie sich in ihrer Wettbewerbsposition bedroht fühlen. Durch die hohen Sunk Costs im Bankenbereich bestehen hohe Marktaustrittsbarrieren, die etablierte Wettbewerber hart gegen neue Mitbewerber vorgehen lassen.

Da das Bankgeschäft vor allem auf Vertrauen beruht, wie das ehemalige Leitmotto der Deutschen Bank („Vertrauen ist der Anfang von allem") unterstreicht, sind Kundenbindung und Loyalität zentrale Voraussetzungen für ein erfolgreiches Geschäft. Dies bedeutet auch für neue Konkurrenten, dass sie erhebliche Mittel aufwenden müssen, um die bestehende Bindung zu durchbrechen und sich selbst als Alternative zu positionieren. Die Bewerbung von Konten mit attraktiver Verzinsung beziehungsweise Zinsbonus für Neukunden ist mittlerweile bei vielen Banken verbreitet. Insgesamt ist festzustellen, dass die Markteintrittsbarriere der Kundenbindung durch die seit Jahren sinkende Kundenloyalität im Bankenmarkt immer mehr an Bedeutung verliert.

Zusammenfassend muss die Gefahr für die etablierten Institute, insbesondere aus dem Bereich der internationalen Finanzdienstleister, als signifikant angesehen werden. Die vorhandenen Markteintrittsbarrieren lassen vor allem Markteintritte über Akquisitionen als geeignet erscheinen.

1.4.2 Verhandlungsmacht der Abnehmer

Die Abnehmer versuchen entweder die Kosten für die abzunehmenden Leistungen zu drücken oder eine höhere Qualität der Produkte bei gleichem Preis zu erhalten. Inwieweit dies gelingt und somit die Ertragslage des liefernden Unternehmens verschlechtert, hängt vor allem von der Verhandlungsmacht des jeweiligen Abnehmers ab. Diese bestimmt sich insbesondere aus vier Faktoren:[24]

- Die Menge an Produkten, die der einzelne Abnehmer im Verhältnis zur gesamten Produktionsmenge des Lieferanten oder der gesamten Branche erwirbt, spielt eine wichtige Rolle.
- Ein steigender Anteil des Produkts an den gesamten Kosten der Leistungserstellung des Abnehmers erhöht sein Interesse und somit auch seine hierfür eingesetzten Mittel, dieses Produkt mit einem besseren Preis-Leistungs-Verhältnis von einem anderen Unternehmen zu beziehen oder durch ein anderes Produkt zu substituieren.
- Niedrige *Switching Costs* verbessern ebenfalls die Verhandlungsposition, da die Substitution des zu erwerbenden Produkts relativ günstig zu realisieren ist. Somit ist nicht nur die Abhängigkeit vom individuellen Zulieferer geringer, sondern auch die Abhängigkeit vom Produkt.
- Für den Fall, dass die Produkte einer Branche relativ standardisiert sind, erhöht dies die Gefahr, dass Abnehmer die Möglichkeit eines eigenen Markteintritts in Erwägung ziehen – insbesondere über Akquisitionen (*Rückwärtsintegration*).

In den letzten zehn Jahren ist in Deutschland in vielen Marktsegmenten ein deutlicher Trend beobachtbar: Der Markt hat sich immer stärker von einem Verkäufer- hin zu einem Käufermarkt entwickelt. Dies zeigt, dass die Macht der Kunden erheblich größer geworden ist. Heute haben nicht mehr nur einige wenige große Firmen und sehr vermögende Privatkunden eine erhebliche Verhandlungsmacht, sondern auch weite Teile der Retail-Kundschaft. Der stark fragmentierte Bankensektor unterstützt dies, da abgesehen von ländlichen Regionen, in denen einzelne Banken oder Sparkassen teilweise marktbeherrschende Positionen innehaben, ein erheblicher Konkurrenzkampf unter den bestehenden Anbietern zu beobachten ist. Die Abnehmermacht steigt dabei mit dem möglichen Volumen, d.h. bei Firmenkunden mit dem Umsatz und bei privaten Kunden mit deren privatem Vermögen.

Ein weiterer Grund für die wachsende Macht der Abnehmer besteht in der durch das Internet geschaffenen Markttransparenz und dem zunehmenden Wissen der Kunden über Produkte und Konditionen. Dies bedeutet für die Banken, dass sie bei der Produktentwicklung, Kundenansprache und Angebotserstellung viel stärker die Konkurrenz beobachten bzw. die Bedürfnisse der Kunden genauer identifizieren müssen.

Darüber hinaus unterstützen die sinkenden Kosten bzw. der sinkende Aufwand (Switching Costs) eines Wechsels der Bankverbindung die steigende Abnehmermacht. Während Banken z.B. durch Kontoauflösungsgebühren und Kosten beim Depotübertrag jahrelang die Wechselbarrieren hochgehalten hatten, ist diese Vorgehensweise mittlerweile rechtlich unterbunden worden. Die Online-Kontoeröffnung ist ein Beispiel für den reduzierten Aufwand beim Wechsel der Bank.

1.4.3 Bedrohung durch substituierende Produkte und Dienstleistungen

Substitutionsprodukte und -dienstleistungen stellen eine erhebliche Bedrohung für existierende Marktteilnehmer dar. Diese umfassen beispielsweise Leistungen, die von Branchenfremden hergestellt werden, aber aufgrund ihrer Beschaffenheit die eigenen Produkte und Dienstleistungen ersetzen können. Insbesondere niedrigere Preise oder bessere Qualität erhöhen die Wahrscheinlichkeit, dass Abnehmer derartige Substitute erwerben. Die oben genannten Switching Costs können jedoch im Einzelfall einen guten Schutz gegen derartige Substitutionen darstellen, da der Wechsel für den Abnehmer im Vergleich zu den möglichen Kosteneinsparungen oder Qualitätsverbesserungen zu teuer wäre.

Anlageprodukte von Versicherungsunternehmen bilden ein mögliches Substitut für Bankdienstleistungen. Als Beispiele können Lebensversicherungen und Rentenversicherungen angeführt werden. Diese stellen, insbesondere wenn sie über unabhängige Finanzberater vertrieben werden, Alternativen dar. Anfang der 1990er Jahre haben Banken auf diesen Trend häufig mit der Gründung eigener Versicherungsgesellschaften reagiert oder zumindest Kooperationsvereinbarungen geschlossen, um über Provisionen an diesem Geschäft zu profitieren. Von dieser Allfinanz-Idee war auch die Akquisition der Dresdner Bank durch die Allianz Group im Jahr 2001 geprägt, da mögliche Substitute vollständig in die Angebotspalette der neuen Tochter integriert wurden (und vice versa).

Ein weiterer Bereich, in dem Leistungen der Banken durch die anderer Dienstleister ersetzt werden können, ist der Bereich der Unternehmenskredite. Hier ist zu beobachten, dass in den letzten Jahren auch deutsche Unternehmen immer stärker den Kapitalmarkt zur Aufnahme von Fremdkapital genutzt haben. Da dieser Trend in der Zukunft voraussichtlich anhalten wird, müssen die Banken darauf reagieren. Insbesondere die Großbanken sind hier tätig geworden, indem sie das Geschäftsfeld Investment Banking ausgebaut haben, um über Beratungs- oder Vermittlungsmandate bei Kapitalmarkttransaktionen Ertrag generieren zu können. Diese Geschäfte gehen jedoch mit einer wesentlich volatileren Entwicklung der Erträge (Provisionen) einher als das klassische Kreditgeschäft mit festgelegten, laufenden Zinserträgen.

Wie bereits im Abschnitt 1.2.5 beschrieben, bilden eWallet-Lösungen wie z.B. PayPal ein mögliches Substitut für Teile des klassischen Zahlungsverkehrs der Kreditinstitute.

1.4.4 Verhandlungsmacht der Zulieferer

Um in ihrer eigenen Wettbewerbssituation bestehen zu können, versuchen Lieferanten entweder die eigenen Kosten zu reduzieren oder den Ertrag zu steigern. Ersteres können sie vor allem durch effizientere Geschäftsprozesse und Herstellungsverfahren, letzteres insbesondere durch eine Erhöhung der Preise erreichen. Ihre Fähigkeit, entsprechend dieser Prinzipien zu agieren, wird bei folgenden Charakteristika verstärkt:[25]

- Die Branche der Zulieferer ist stärker konzentriert als die der Abnehmer und einige, wenige Großunternehmen dominieren den Markt.
- Die Zahl möglicher Substitute ist gering.
- Die Abnehmer nehmen, gemessen am gesamten Output des Zulieferers bzw. der Industrie, nur geringe Mengen ab.
- Das Produkt, das in den anderen Markt geliefert wird, hat eine Schlüsselrolle innerhalb des Leistungserstellungsprozesses in der anderen Branche.
- Es bestehen hohe Switching Costs.
- Der Lieferant bietet das Produkt in einer großen Vielfalt und Differenzierung an. Dadurch kann, vor allem bei gleichzeitiger Existenz erheblicher Kapitalressourcen, die Gefahr eines Markteintritts durch den Zulieferer entstehen (*Vorwärtsintegration*).

Zwar beziehen Banken von verschiedensten Unternehmen Leistungen, aber diese Lieferanten befinden sich selten in der Situation, dass sie wirklich Verhandlungsmacht besitzen. Die Gruppe, der bisher am häufigsten eine signifikante Verhandlungsmacht zuerkannt wurde, bilden die Mitarbeiter. Insbesondere in Boomzeiten können hoch qualifizierte Mitarbeiter eine große Verhandlungsmacht besitzen, wie sich z.B. in den Jahren vor dem Ausbruch der Finanzmarktkrise zeigte, als im Investment Banking hohe Gehälter und Halteprämien gezahlt wurden, um den Verbleib bestehender Mitarbeiter zu sichern. Die Aussage „Banking is a people´s business" macht deutlich, dass das Humankapital für den Erfolg und den Misserfolg einer Bank eine, wenn nicht sogar die entscheidende Rolle spielt. Über die individuelle Macht der einzelnen Angestellten hinaus, besitzen die Gewerkschaften und Arbeitnehmervertreter im Bankgewerbe Einfluss. Im Vergleich zu anderen Branchen (z.B. Handel, Automobilindustrie) ist dieser aber deutlich geringer.

In den letzten Jahren haben auch andere Lieferanten an Verhandlungsmacht gewonnen. Dies trifft insbesondere auf Anbieter im Bereich der Informations- und Kommunikationstechnologie zu. Diese ist neben dem Personal für einen großen Teil der

Kosten einer Bank verantwortlich. Ähnliches gilt für das Outsourcing von Geschäftsprozessen an spezialisierte externe Dienstleister (vgl. Kapitel 4). In diesem Fall ist zu berücksichtigen, dass die Anbieter dieser Leistungen ebenfalls an Bedeutung gewinnen und somit ihre Verhandlungsposition stärken können. Jedoch sind in den meisten dieser Märkte mehrere Mitbewerber vorhanden, so dass deren Verhandlungsposition zumindest während der Selektionsphase nicht als dominierend bezeichnet werden kann. Sobald ein komplexer und entscheidender Geschäftsprozess jedoch an einen Vertragspartner ausgelagert ist, entstehen häufig hohe Switching Costs, die die Lieferantenbeziehung zu einem Quasi-Monopol machen können.

1.4.5 Rivalität unter den bestehenden Wettbewerbern

Die aktive Teilnahme eines Unternehmens am Wettbewerb innerhalb einer Branche ist häufig mit erheblichen Reaktionen der anderen Marktteilnehmer verbunden. Dies führt dann zu dem intensiven Wettbewerb, den man in vielen Branchen beobachten kann. Die Dimensionen, in denen sich der Wettbewerb innerhalb einer Branche typischerweise abspielt, sind der Preis, die Qualität und Innovationen. Somit zielen einzelne Unternehmen darauf ab, die eigenen Produkte und Dienstleistungen von denen anderer Anbieter derart abzugrenzen, dass sie für den Kunden einen Zusatznutzen enthalten und komparative Vorteile entstehen.

Faktoren, die den Wettbewerb innerhalb einer Branche entscheidend erhöhen können, sind u.a.:

- Viele Anbieter oder wenige Unternehmen mit gleicher Marktmacht charakterisieren den Markt.
- Der Markt als Ganzes wächst nur langsam, denn in dieser Situation kann ein Unternehmen nur auf Kosten der Entwicklung der Konkurrenten wachsen.
- Die Produkte auf einem Markt unterscheiden sich nur geringfügig.
- Ein Ausbau der Kapazitäten ist aufgrund von zu nutzenden Skaleneffekten nur in großem Umfang möglich. Denn dies bedeutet, dass entsprechende Erweiterungen mit erheblichen Marktungleichgewichten zwischen Angebot und Nachfrage verbunden sind. Diese wiederum könnten nur durch massive Preissenkungen oder durch Reduktion der Angebotsmenge gelöst werden.
- Auf dem Markt existieren Austrittsbarrieren. Beispielsweise veranlassen hohe Sunk Costs oder politisch-rechtliche Rahmenbedingungen (z.B. Subventionen) Unternehmen, die nur wenig profitabel oder sogar defizitär innerhalb einer Branche arbeiten, den Markt dennoch nicht zu verlassen.

Die Abbildung 1.7 veranschaulicht die Einflussfaktoren, die eine Bank bei der strategischen Positionierung im deutschen Bankenmarkt berücksichtigen muss. Die beiden flankierenden Blöcke Margen- und Kostendruck erinnern nicht nur an die Aspekte Verhandlungsmacht der Abnehmer und Lieferanten, sondern sind tatsächlich ein Ergebnis des Wettbewerbskampfs dieser beiden Gruppen.

Abbildung 1.7
Raum für die Strategiewahl eines deutschen Kreditinstituts

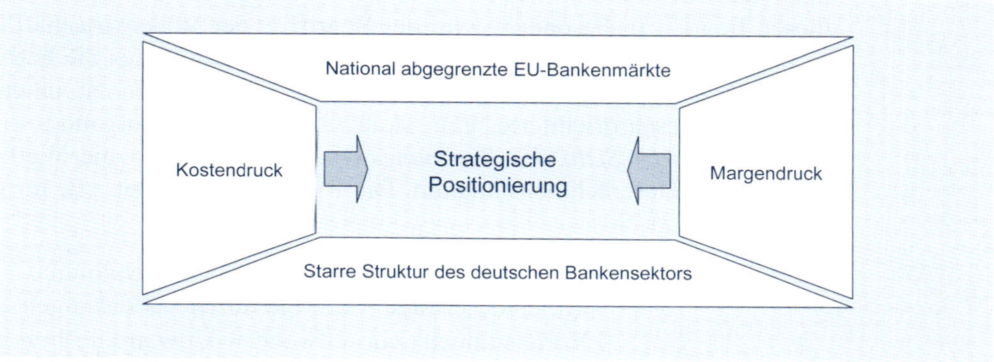

Quelle: Müller, K.-P. (2003), S. 231.

Während die Rivalität in der Vergangenheit, geprägt durch die hohe Zersplitterung des Markts, zumindest innerhalb des Sparkassen- und des Genossenschaftssektors relativ gering war, wird aufgrund der stärkeren Konsolidierung innerhalb des deutschen und europäischen Sektors sowie der weiteren Markteintritte ausländischer Konkurrenten eine deutliche Intensivierung des Wettbewerbs stattfinden. So schwierig er im Umfeld der Finanzmarktkrise auch umzusetzen sein wird, so bedeutet der Kauf der Dresdner Bank durch die Commerzbank einen großen Schritt für die Konsolidierung des privaten Bankensektors. Gleiches gilt für die Beteiligung der Deutschen Bank an der Postbank und möglicherweise an Sal. Oppenheim.

Ein weiterer Aspekt wird den Wettbewerb der Banken untereinander in den nächsten Jahre hinweg beeinflussen: die Staatsbeteiligungen und Bürgschaften im Rahmen des Finanzmarktstabilisierungsgesetzes. Zum heutigen Zeitpunkt ist nur schwer absehbar, wie dies die Wettbewerbsstrukturen verschieben wird. Bereits im Februar 2009 hatte sich der DSGV medienwirksam über die „Kampfkonditionen" von staatlich gestützten Banken beschwert. Welchen Einfluss die Politik zukünftig auf das operative Geschäft z.B. der Commerzbank ausüben wird, ist noch völlig offen. Der Staatseinfluss auf den deutschen Bankenmarkt ist jedoch weit über das bereits bestehende Maß (Regulierung, Sparkassen und Landesbanken) hinaus angestiegen. Die Reprivatisierung der gestützten Institute wird somit zu einer der großen Herausforderungen – nicht nur für den deutschen Bankenmarkt – der nächsten Jahre.

1.5 Wertschöpfung und Produktivität in Banken

1.5.1 Definition von Wertschöpfung

Sowohl in der Literatur zur Unternehmensplanung als auch zum Prozessmanagement wird oft der Begriff *Wertschöpfung* benutzt. Es gibt mehrere Ursprünge für diesen Begriff. Insbesondere wird der Begriff in der Volkswirtschaftlichen Gesamtrechnung (VGR) verwendet. In diesem Buch steht allerdings die betriebswirtschaftliche Wertschöpfung im Mittelpunkt. Diese ist weiterhin zu unterteilen in eine Rechnungswesen-orientierte, eine strategische und eine organisatorische Betrachtungsweise. Aus *Sicht des Rechnungswesens* repräsentiert die Wertschöpfung das Resultat der Unternehmenstätigkeit. Die Berechnung erfolgt z.B. für eine Bank wie folgt:[26]

Wertschöpfung = Bruttoproduktionswert (Zinserträge + Gebühren
+ Provisionserträge + Erträge für Dienstleistungen)
– Vorleistungen (Zinsaufwand + Aufwand für bezogene Leistungen + Provisionsaufwand + Personalaufwand
+ Leasing/Mietaufwand)
– Nettozuführung zur Risikovorsorge

Die Wertschöpfung bezieht sich bei dieser Definition auf das gesamte Unternehmen; sie kann aber nicht einzelnen Organisationseinheiten zugerechnet werden. Damit ist diese Begriffsauffassung für die Beantwortung strategischer und organisatorischer Fragestellungen ungeeignet.

Das Verständnis von Wertschöpfung aus *strategischer Sicht* geht insbesondere auf Porter zurück, der erstmals das Konzept einer ganzheitlichen *Wertkette* (auch *Wertschöpfungskette*) beschrieb.[27] Hierbei handelt es sich um eine modellhafte Darstellung der verschiedenen Stufen, die zur Wertschöpfung und damit zur Schaffung eines konkreten Mehrwerts für den Kunden beitragen. Aus seiner Sicht können Wettbewerbsvorteile durch eine bessere Gestaltung der Wertkette im Vergleich zu den Wettbewerbern erzielt werden. Die Wertkette kann z.B. durch schlankere Prozesse oder weniger Schnittstellen optimiert werden.

Bei diesem Ansatz entsteht Wertschöpfung aus bezogenen Inputs (Vorleistungen) und durch die Nutzung eigener Ressourcen. Ein Wert kann nur entstehen, wenn Nachfrager nach einer Leistung in dieser einen geldwerten Nutzen erkennen.[28] Die Differenz zwischen den Kosten für erbrachte Leistungen und dem erzielten Wert ist die Gewinnspanne. Um etwa eine Kostenführerstrategie umsetzen zu können, muss die Kosten-Wertschöpfungs-Relation günstiger als bei den Konkurrenten sein. Die so verstandene Wertschöpfung kann auch für Organisationseinheiten berechnet werden.

Porter differenziert die Aktivitäten in seiner Wertkette am Beispiel der industriellen Fertigung in primäre (*Kernprozesse*) und sekundäre Aktivitäten (*Unterstützungsprozesse*). In jedem Element der Primäraktivitäten, d.h. Eingangslogistik, Auftragsabwicklung etc., wird ein spezifischer Mehrwert geschaffen, der – ergänzt um eine bestimmte Gewinnspanne für das Unternehmen – schließlich an den Kunden weitergegeben wird. Unterstützt werden die wertschöpfenden Aktivitäten durch die sekundären Bereiche, wie z.B. Personalmanagement und Beschaffung.

Das Modell der industriellen Wertschöpfungskette lässt sich in ähnlicher Form auch auf den *Bankbetrieb* übertragen. Die Abbildung 1.8 verdeutlicht die Anwendung des Modells auf eine im Mengengeschäft tätige Bank.

Abbildung 1.8 Bankbetriebliche Wertkette am Beispiel des Retail Banking

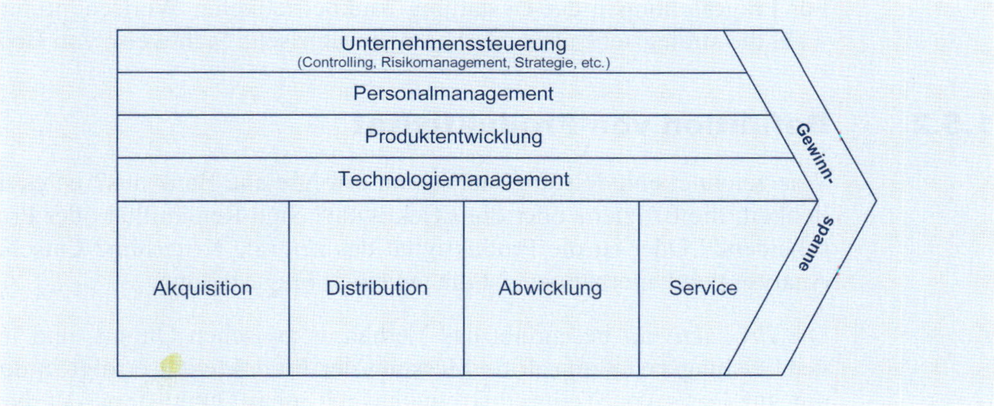

Porter bezieht die Wertschöpfung auf das Gesamtunternehmen. Dieser Ansatz ist für viele Fragestellungen, insbesondere bei Sourcing-Themen, hilfreich. Er lässt aber keine Beurteilung auf Einzelprozessebene zu.

Soll Wertschöpfung auf einzelne Prozesse bezogen werden, muss der Begriff aus *organisatorischer Sicht* betrachtet werden.[29] Danach entsteht Wertschöpfung, wenn eine (Prozess-)Leistung für einen (internen oder externen) Marktteilnehmer einen geldwerten Nutzen darstellt. Dabei entstehen allerdings mehrere Probleme. Erstens ist nicht immer eindeutig erkennbar, welches Ausmaß diese Wertschöpfung hat. Unterschiedliche Leistungsempfänger werden aufgrund individueller Wertpräferenzen bei genau gleichen Prozessergebnissen unterschiedlichen Nutzen wahrnehmen. Ein Beispiel ist die unterschiedliche Nutzenwahrnehmung einer Anlageberatung bei verschiedenen Personen. Zweitens erzeugen einige Gruppen von Produkten und Leistungen aufgrund ihrer Bedeutung für den Einzelnen größeren Nutzen als andere.[30] So ist die Nutzenwahrnehmung bei der fehlerfreien Ausführung einer Überweisung eine andere als bei der Anlageberatung. Das dritte Problem liegt darin, dass der für einen Marktteilnehmer generierte geldwerte Nutzen nicht bestimmt werden kann. In der Literatur wird deshalb eine Hilfsgröße, der Wertschöpfungsbeitrag, vorgeschlagen. Anhand standardisierter Merkmale werden Eigenschaften definiert, bei denen man annimmt, dass sie im positiven Fall für die Mehrzahl der Leistungsempfänger einen geldwerten Nutzen darstellen. Die relative Nützlichkeit eines Prozesses für einen Leistungsempfänger wird dann durch den *Wertschöpfungsbeitrags-Faktor* ausgedrückt.[31] Entscheidend sind eine klare Differenzierung der betrachteten Analyseebenen (Prozess, Teilprozess, Subprozess), die Definition von Kriterien zur Ermittlung des Wertschöpfungsbeitrags und die Betrachtung der Aufgaben sowie der Schnittstellen im Prozess.

Für Fragestellungen der Gestaltung bankbetrieblicher Wertschöpfungsketten ist sowohl die strategische als auch die organisatorische Sichtweise von Bedeutung.

1.5.2 Definition von Produktivität

Was zeichnet eine leistungsstarke und erfolgreiche Bank aus? Ist es die Wirtschaftlichkeit, die Effizienz oder die Effektivität? Sind Rentabilität oder Profitabilität entscheidend? Oder ist die Produktivität das zentrale Kriterium? Entscheidend bei der Analyse von Unternehmen ist die jeweilige Fragestellung.

Die *Produktivität* beschreibt das Verhältnis zwischen Output- und Inputmenge bei der Leistungserstellung. Eine Messung der Produktivität erfolgt in der Praxis meist nur auf Basis von Teilproduktivitäten, d.h. dem Output-Input-Verhältnis einzelner Faktoren. Aufgrund der Nicht-Addierbarkeit einzelner Faktoren ist die Ermittlung einer Gesamtproduktivität nicht möglich. Üblicherweise werden für die einzelnen Komponenten der Produktionsfaktoren, insbesondere Arbeit und Betriebsmittel, Teilproduktivitäten ermittelt. In der Bankbranche könnte die Arbeitsproduktivität beispielsweise über die Anzahl der Kreditanträge, die von einem Mitarbeiter in einer Stunde bearbeitet werden, gemessen werden. Die Bestimmung der Produktivität kann auch unter Einbezug von Preiskomponenten erfolgen. Die monetäre Bewertung der Faktoren erfolgt jedoch nur als „Hilfsrechnung“ und bietet die Möglichkeit der Aggregation verschiedener Faktoren mit unterschiedlichen Maßeinheiten. Institutsübergreifende Produktivitätsvergleiche bereiten in der bankbetrieblichen Praxis jedoch große Probleme, da meist keine eindeutigen und übergreifend akzeptierten Definitionen bezüglich der zu betrachtenden Mengen vorliegen.

Neben der Produktivität gibt es weitere Kriterien, die die Leistungsfähigkeit von Unternehmen, Unternehmensteilen und Prozessen erfassen. Zur Abgrenzung der Begrifflichkeit Produktivität werden im Folgenden Effizienz, Wirtschaftlichkeit, Rentabilität und Profitabilität vorgestellt und definiert.

Die *Effizienz* beurteilt die Faktorkombination zur Erreichung eines vorgegebenen Ziels hinsichtlich ihrer Güte. Der Begriff Effizienz wird in der Praxis oft als Synonym für Produktivität verwendet, was aber definitorisch nicht korrekt ist.[32] Eine Faktorkombination zur Produktion eines Gutes ist effizient, wenn diese die ökonomisch günstigste Kombination – im Vergleich zu einem Standard – darstellt. Effizient handeln bedeutet, ein gegebenes Ziel mit geringstem Aufwand zu erreichen, entsprechend des ökonomischen Minimalprinzips.[33] Falls das nicht der Fall ist, ist diese Kombination ineffizient. Der Begriff der Effizienz wurde insbesondere durch Peter Drucker geprägt: „Efficiency is doing things right; effectiveness is doing the right things." Diese relativ weite Definition von Effizienz durch Drucker mag ein Grund für den ungenauen Gebrauch des Effizienzbegriffs sein. In der Wissenschaft findet üblicherweise die Definition nach Pareto-Koopmanns Anwendung: „Full (100%) efficiency is attained for an object [...] if and only if none of its inputs or outputs can be improved without worsening some of its other inputs and outputs."[34] Demnach ist ein Kreditinstitut nur dann effizient, wenn es im Vergleich zu anderen, vergleichbaren Objekten die technischen Möglichkeiten und Inputfaktoren bestmöglich ausnutzt (*Technical Efficiency*), die Ressourcen bestmöglich verwendet (*Allocative Efficiency*) und zudem in der optimalen Größenordnung produziert (*Scale Efficiency*). Die Effizienz stellt demnach ein relatives Konzept dar. Zur Messung sollte der Erfolg bei der Umwandlung von Input in Output gegen einen Standard verglichen werden. Grundsätzlich bildet der Best-Practice-Fall den Vergleichsstandard. Klar abzugrenzen vom Begriff der Effizienz ist die Effektivität, die sich im weitesten Sinne mit Qualitätsaspekten beschäftigt.

Die *Wirtschaftlichkeit* beschreibt, inwieweit ein Unternehmen dem Wirtschaftlichkeitsprinzip oder ökonomischen Prinzip genügt, d.h. ein bestimmter Erfolg wird mit dem niedrigsten Mitteleinsatz (*Minimalprinzip*) erwirtschaftet bzw. ein bestimmter Mitteleinsatz führt zu einem größtmöglichen Erfolg (*Maximalprinzip*). Für den Vergleich der Wirtschaftlichkeit zwischen Unternehmen greift ein einfacher Kennzahlenvergleich meist zu kurz. Denn ob sich unter den Vergleichsobjekten wirklich auch die ökonomisch günstigste Kombination (auch *Best Practice* genannt) befindet, ist nicht sichergestellt.

Die *Rentabilität* beschreibt das Verhältnis einer Erfolgsgröße zum eingesetzten Kapital einer Rechnungsperiode. Die Verzinsung des Kapitals steht im Vordergrund. Hier sind grundsätzlich verschiedene Kapitalgrößen denkbar, wie das investierte

Kapital oder das Eigenkapital. Im Bankenbereich bildet die Eigenkapitalrendite die wichtigste Kennzahl. Üblicherweise wird die Rentabilitätskennziffer als Return on Equity (ROE) bezeichnet. Bei der Ermittlung wird der Ertrag (Rendite vor Steuern) oder Gewinn (Rendite nach Steuern) ins Verhältnis zum durchschnittlichen bilanziellen Eigenkapital der Bank gesetzt.

Dem Begriff der *Profitabilität* kommt eine Sonderrolle zu. Obwohl in der gängigen Literatur keine Definition dieses Begriffs zu finden ist, wird er häufig in der Wirtschaftspresse und in der Unternehmensberichterstattung verwendet. Die Bedeutung des Begriffs Profit geht auf die Wirtschaftstheorie des Marxismus zurück und erscheint damit negativ belegt. Als Synonym wird oft der Begriff Gewinn verwendet.

Während sich die Kriterien Wirtschaftlichkeit, Rentabilität und Profitabilität für die finanzwirtschaftliche Analyse von Unternehmen oder Unternehmensteilen eignen, bieten sich die Kriterien Produktivität und Effizienz für die wertschöpfungsorientierte Beurteilung von Unternehmen, Unternehmensteilen und Geschäftsprozessen an.

1.5.3 Produktivität versus Cost Income Ratio

Die Bestimmung der eigenen Wettbewerbsfähigkeit steht auf der Agenda jedes Bankmanagers. Es geht darum, die eigene Leistungsfähigkeit mit der Leistungsfähigkeit der Konkurrenten zu vergleichen. Diese Art von Vergleichen wird als *Benchmarking* bezeichnet. Der Einsatzbereich für Leistungsvergleiche ist vielfältig und die Durchführung keineswegs trivial. Schließlich sollen zwei gleichartige Objekte fair miteinander verglichen werden.

Benchmarking-Studien dienen der Durchführung eines solchen Vergleichs. Häufig werden hierbei Dritte – wie Unternehmensberatungen oder Universitäten – eingebunden. Die Gründe dafür reichen von der Unterstützung bei der Moderation bis hin zur Sicherstellung der Anonymität der verschiedenen Teilnehmer. Leistungsvergleiche erfolgen in der Regel kennzahlenbasiert. Dieses Vorgehen erlaubt einen Vergleich auf Basis weniger, allerdings hoch verdichteter Kennzahlen.[35] Darüber hinaus haben sich im Bankenbereich einige zentrale Kennzahlen, wie die Eigenkapitalrendite (ROE) und die Cost Income Ratio (CIR) für den Leistungsvergleich etabliert. Ob diese Kennzahlen jedoch immer für die spezifischen Fragestellungen geeignet sind, ist eine andere Frage. Nachfolgend wird die Aussagekraft der CIR diskutiert.[36]

Die CIR wird oft zur kritischen Diskussion der Produktivität der deutschen Kreditinstitute herangezogen. Es wird argumentiert, dass eine vergleichsweise hohe CIR eine Maßzahl für eine geringe Produktivität der Kreditinstitute sei.[37] Die CIR ist eine Kennziffer, die Aufwand und Ertrag eines Kreditinstituts zueinander ins Verhältnis setzt. Sie misst in Prozent, wie viel Aufwand ein Kreditinstitut für 1 Euro Ertrag im Betrachtungszeitraum leisten musste.[38] Alle Kreditinstitute weisen die Verhältniskennzahl CIR in ihrer Ergebnisberichterstattung aus, teilweise unter anderen Bezeichnungen wie beispielsweise *Efficiency Ratio*. Diesen Begriff nutzen auch Rating-Agenturen wie Fitch. Auch die Bundesbank verwendet diese Kennziffer zur Beurteilung von Banken.[39] Die Abbildung 1.9 zeigt die Berechnung der CIR anhand eines Zahlenbeispiels.

Abbildung 1.9
Berechnung der CIR

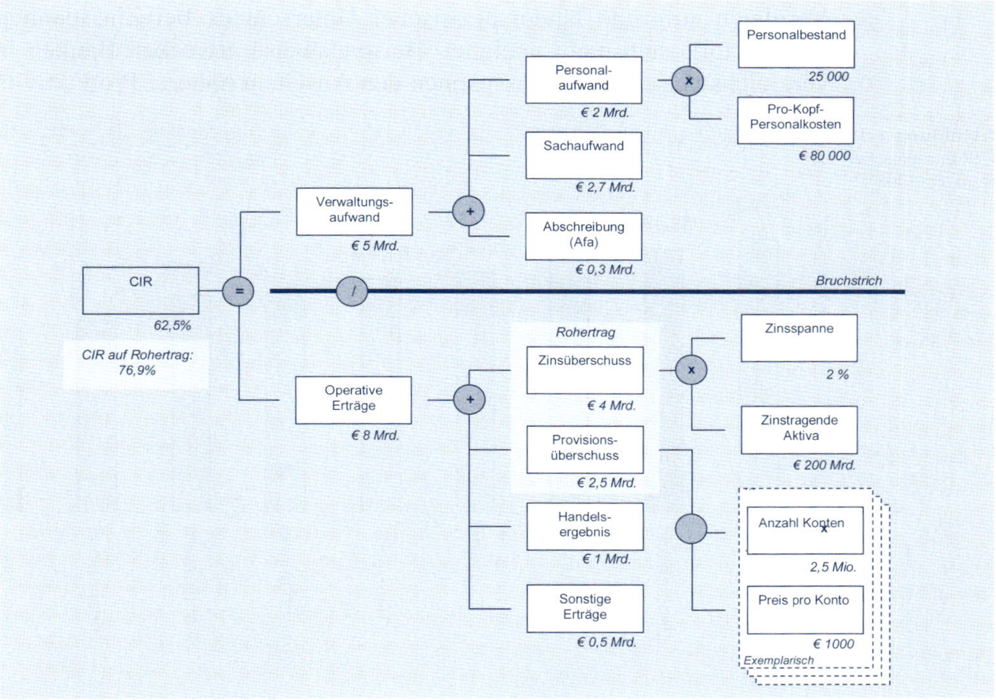

Quelle: ProcessLab.

Die Abbildung 1.10 zeigt die durchschnittlichen CIR-Werte von Banken ausgewählter europäischer Länder und Regionen für das Geschäftsjahr 2008. Europäische Kreditinstitute meldeten für dieses Jahr eine durchschnittliche CIR von 66,8%. Die Spitzenpositionen nehmen spanische und portugiesische (45,5%) bzw. irische Institute (47,9%) ein. Die Schlusslichter bilden Deutschland (69,4%) und Frankreich (71,7%). Doch lässt sich aus diesen Zahlen wirklich schließen, dass deutsche und französische Kreditinstitute zu den schwächsten Instituten bezüglich Produktivität gehören?

Ein Vergleich von Banken auf Basis der CIR ist einfach und schnell durchzuführen und bringt ein intuitiv nachvollziehbares Ergebnis. Bei näherem Betrachten zeigt sich jedoch, dass die Inputfaktoren der CIR Elemente enthalten, die nicht von den Banken beeinflusst werden können. Das Ziel bei der Produktivitätsmessung einer Bank sollte das Niveau der Leistungserstellungskapazität sein. Daher dürfen Marktfaktoren nicht in die Berechnung der Produktivität einfließen. Allerdings verzerren *Preiskomponenten* (wie z.B. Zinsspannen, Provisionen und Faktorkosten) die Aussagekraft der CIR erheblich. Daher ist insbesondere ein internationaler CIR-Vergleich aufgrund länderspezifischer Unterschiede bei Zinsspannen, Provisionen und Faktorkosten nicht geeignet. Beispielsweise erwecken Banken in Ländern mit vergleichsweise hohen Zinsspannen den Anschein höherer Produktivität.

Abbildung 1.10
CIR europäischer Banken (2008)

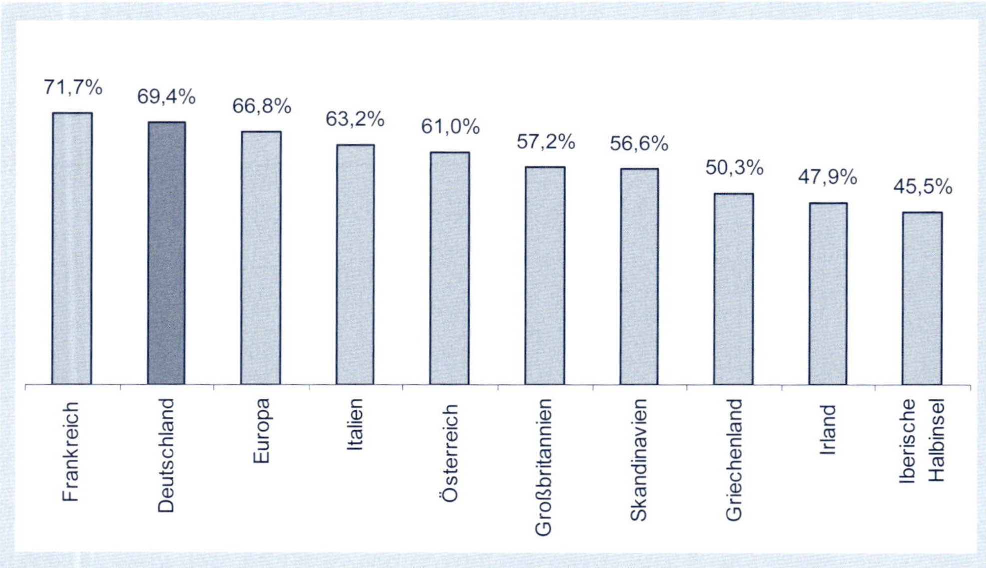

Quelle: Deutsche Bank AG (2009).

Die Aussagekraft der CIR wird von Faktoren beeinträchtigt, die unabhängig von der Leistungserstellung zu betrachten sind, aber Einfluss auf die Ertrags- und Aufwandsseite einer Bank, und somit auch auf die Höhe der CIR, haben. Hierzu zählen u.a. (a) das jeweilige Geschäftsmodell, (b) der regionale Fokus und damit verbundene Unterschiede in Zinsspannen, Provisionen und Faktorkosten, (c) zyklische Konjunkturveränderungen, (d) Einmalaufwendungen bzw. -erträge, die in die CIR-Berechnung einfließen, (e) die Risikoneigung der Bank und damit einhergehende Auswirkungen von Risikoprämien auf die Zinsspannen sowie (f) das individuelle Bilanzmanagement.

Zur Ermittlung der Produktivität von Banken bedarf es einer Kennzahl, die den Erfolg der tatsächlichen Leistungserstellung misst. Die direkte Ermittlung einer mengenorientierten Produktivität ist aufgrund fehlender öffentlich verfügbarer Informationen in der Bankwirtschaft jedoch kaum möglich. Allerdings kann eine Bereinigung der CIR um Preiskomponenten auf der Ertrags- und Aufwandsseite schon zu einer objektiveren Einschätzung der Produktivität von Banken im internationalen Vergleich führen.[40] Im Folgenden wird beispielhaft demonstriert, in wie weit sich die durchschnittlichen CIR europäischer Länder nach einer Bereinigung um internationale Unterschiede in Zinsspannen und Personalkosten für das Geschäftsjahr 2008 verändern. Die Daten deutscher Banken bilden hierbei den Bezugspunkt. Es wird in der Bereinigung demnach angenommen, dass alle europäischen Banken dieselben Zinsspannen und dasselbe Lohnkostenniveau wie deutsche Institute aufweisen. Die Ergebnisse liefern so vergleichbare CIR europäischer Banken aus der Perspektive deutscher Institute.

Abbildung 1.11 zeigt die CIR der einzelnen Länder nach der Bereinigung um Zinsspannen[41]. Nun stehen Frankreich (62,2%) und Deutschland (69,4%) an der Spitze der Produktivität europäischer Banken. Spanische und portugiesische Institute (74,0%) sowie irische Banken (86,6%) finden sich dagegen im Mittelfeld der Produktivität europäischer Banken wieder. Die Schlusslichter nach der Bereinigung um Zinsspannenunterschiede bilden Griechenland (115,5%) und Österreich (137,6%).

Abbildung 1.11
CIR bereinigt um Zinsspannenunterschiede (2008)

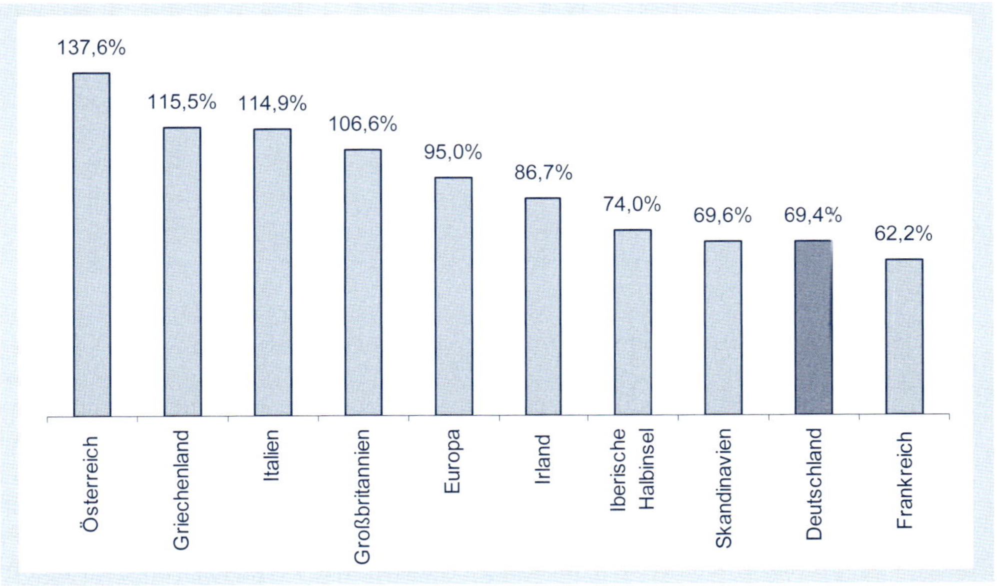

Quelle: Deutsche Bank AG (2009), Berechnung durch ProcessLab.

In einem weiteren Schritt wird die CIR um die lokalen Unterschiede bezüglich der Personalkosten bereinigt. Abbildung 1.12 zeigt die durchschnittliche CIR europäischer Länder nach der Bereinigung um Zinspannen- und Personalkostenunterschiede. Nun liegt Deutschland mit der besten durchschnittlichen CIR (69,4%) vorn, gefolgt von französischen (76,2%) und skandinavischen Instituten (77,1%). Italien, Griechenland und Österreich weisen dagegen CIR-Werte von 127,0%, 143,5% bzw. 146,5% auf. Wenn deutsche Zinsspannen und Personalkosten unterstellt werden, beträgt z.B. die durchschnittliche CIR österreichischer Banken 146,5%; das bedeutet, dass rund 1,46 Euro pro 1 Euro Ertrag aufgewendet werden müssen. Bei gegebener Kostenstruktur und deutschen Zinsspannen und Personalkosten wären diese Banken im Durchschnitt unrentabel.

Abbildung 1.12
CIR bereinigt um Zinsspannen- und Personalkostenunterschiede (2008)

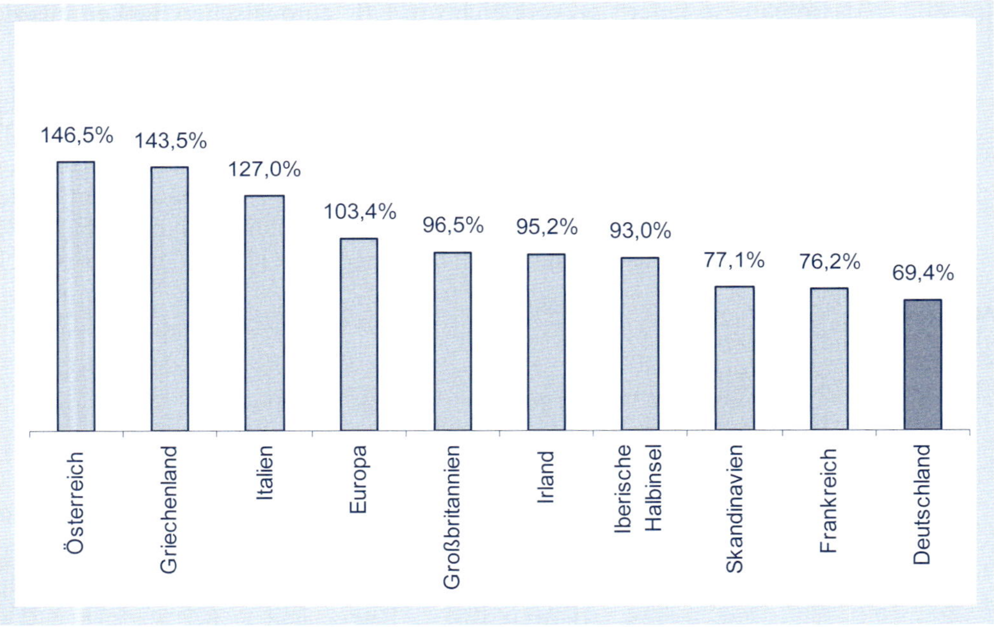

Quelle: Deutsche Bank AG (2009), Berechnung durch ProcessLab.

Aus diesen Ausführungen lässt sich erkennen, dass die unbereinigte CIR zur Messung der Produktivität von Banken ungeeignet ist. Die Berechnungen zeigen, dass eine Bereinigung um Zinsspannen- und Lohnkostenunterschiede das Bild erheblich verändert. Die bereinigte CIR ermöglicht immerhin die Ermittlung einer Rangfolge der Produktivität von Banken. Eine Bewertung gegenüber dem Best-Practice-Fall im Sinne einer Effizienzmessung ist durch den Vergleich von Cost Income Ratios nicht möglich. Die fehlende Indikatorfunktion der CIR für die Effizienz von Banken wurde auch bereits empirisch belegt.[42]

Eine einfache Verhältniszahl wie die CIR kann somit keine abschließende Aussage über einen komplizierten Sachverhalt liefern. In Zeiten der Harmonisierung des europäischen Bankenmarkts und einer voranschreitenden Konvergenz der Margen bekommen die Kosten der Leistungserstellung eine zunehmende Bedeutung. Ein ausgeprägtes Verständnis über die eigene Produktivität und Effizienz der Leistungserstellung kann die Kreditinstitute bei der Wahl des geeigneten Wertschöpfungsmodells unterstützen. Ein alternativer Ansatz zur Bewertung der eigenen Produktivität und Effizienz ist ein direkter Vergleich von Prozessen. Vergleiche der Leistungsfähigkeit von Prozessen über ein Benchmarking sind heute für Kreditinstitute kaum zu finden. Hier besteht großer Handlungsbedarf.[43]

Legt man die hier gezeigten Überlegungen zu Grunde und prognostiziert eine stetige Verringerung der Zinsspannendifferenzen zwischen den europäischen Ländern für die nächsten Jahre, so müssen auch ausländische Kreditinstitute aufhorchen. Der komfortable Ertragspuffer aus den hohen Zinsmargen wird sich langsam auflösen. Für deutsche Banken ist die Verbesserung von Produktivität und Effizienz in der Leistungserstellung eine wirksame Maßnahme, um in den nächsten Jahren zu den erfolgreichsten Banken in Europa zu werden.

Übungsfragen

- Skizzieren Sie die wesentlichen Problempunkte der Krisen der letzten Jahre für die deutschen Kreditinstitute.
- Wie hat sich der Einfluss des Staats auf die Bankenlandschaft durch die Finanzmarktkrise verändert?
- Erläutern Sie die fünf Wettbewerbskräfte nach Porter. Nennen Sie Beispiele aus dem Bankenbereich.
- Ist Deutschland „overbanked“ und/oder „overbranched“? Welche Kriterien können zur Beurteilung dieser Frage herangezogen werden?
- Wie wirkt sich die demographische Entwicklung auf Banken aus?
- Welche Aussagekraft hat die CIR? Warum ist die Kennzahl nicht als Maßzahl für die Produktivität und Effizienz einer Bank zu verwenden?

Lösungshinweise zu den Übungsfragen sowie weiteres Material und ergänzende Aufgaben finden Sie unter www.wsm-in-banken.de

Anmerkungen

[1] Bojanowsky, A. (2002).
[2] Mattern, F. / Streit, C. (2003).
[3] Knipper, H.-J. (2004).
[4] Kort, K. (2005).
[5] Dams, J. (2006).
[6] IKB Deutsche Industriebank AG (2007).
[7] Vgl. Lehman Brothers Holdings Inc. (2008).
[8] Vgl. Bank for International Settlements (2009).
[9] Dibelius, A. (2008).
[10] Vgl. Commerzbank AG (2009).
[11] Vgl. o.V. (2009a).
[12] Vgl. SoFFin (2008).
[13] Steffens, U. (2002), S. 83.
[14] Vgl. Deutsches Aktieninstitut e.V. (2009).
[15] Vgl. PayPal (2008).
[16] Versteht man jedoch z.B. die große Zahl der Genossenschaftsbanken mental als „eine Bank", ändert sich das Ergebnis drastisch. Diese Überlegung zeigt, dass Deutschland nicht unreflektiert als „overbanked" bezeichnet werden sollte.
[17] Vgl. o.V. (2009b).
[18] Zur Kritik an der Cost-Income-Ratio als Effizienzkennzahl insbesondere im internationalen Vergleich s. Abschnitt 1.5. Als Rentabilitätskennziffer innerhalb des deutschen Bankenmarkts scheint sie jedoch geeignet.
[19] Vgl. Capgemini and Merrill Lynch Global Wealth Management (2009).
[20] Vgl. Initiative Finanzstandort Deutschland (2009).
[21] Vgl. Porter, M.E. (2008).
[22] Vgl. Geroski, P.A. (1999).
[23] Vgl. Hanson, D. / Dowling, P. (2002).
[24] Vgl. ebenda.

[25] Vgl. ebenda.

[26] In Anlehnung an Bokranz, R. / Kasten, L. (2003). Die dort gezeigte Berechnung der Bruttowertschöpfung wurde in diesem Buch um die Berücksichtigung der Nettozuführung zur Risikovorsorge erweitert.

[27] Vgl. Porter, M.E. (1985).

[28] Vgl. Bokranz, R. / Kasten, L. (2003).

[29] Vgl. ebenda.

[30] Hier sei auf das Kano-Modell (siehe auch Abschnitt 4.2) verwiesen, dass Produkte und Leistungen in drei verschiedenen Typen entsprechend ihres Potenzials zur Schaffung von Kundenzufriedenheit einteilt.

[31] Zur Berechnung des Wertschöpfungsbeitrags-Faktors siehe Bokranz, R. / Kasten, L. (2003), S. 292 ff.

[32] Vgl. Coelli, T.J. et al. (2005).

[33] Vgl. Wöhe, G. / Döring, U. (2008).

[34] Cooper, W.W. et al. (2004), S.4.

[35] Vgl. Rose, P. / Hudgins, S. (2006) für eine Reihe wichtiger Kennzahlen zur Analyse von Banken.

[36] Eine ausführliche Darstellung findet sich bei Burger, A. / Frohmüller, K.P. / Moormann, J. (2008).

[37] Vgl. z.B. Spath, D. (Hrsg.) / Engstler, M. / Vocke, C. (2005).

[38] Die CIR ist der Kehrwert der Aufwandsrentabilität. Letztere misst, wie viel Ertrag mit einem 1 Euro Aufwand erwirtschaftet wurde.

[39] Der Bericht „Die Ertragslage der deutschen Kreditinstitute" wird jährlich in der September-Ausgabe des Monatsberichts der Deutschen Bundesbank veröffentlicht.

[40] Vgl. Burger, A. / Frohmüller, K.P. / Moormann, J. (2008).

[41] Zinsspanne (auch Net Interest Margin) = Zinsüberschuss/Zinstragende Aktiva. Bei der Bereinigung der CIR wurde die Zinsspanne aller Länder auf das deutsche Niveau von 0,82% in 2008 angepasst. Die Veränderung des Zinsüberschusses führt zu einer Neuberechnung der CIR. Alle anderen Ertragsgrößen und der Verwaltungsaufwand bleiben unverändert.

[42] Vgl. Bikker, J.A. (1999).

[43] Einen Ansatz dazu zeigen Burger, A. / Moormann, J. (2009).

Literatur

Balk, B.M. (2001): Scale efficiency and productivity change, in: The Journal of Productivity Analysis, 15. Jg., Nr. 3, S. 159-183.

Bank for International Settlements (2009): The role of valuation and leverage in procyclicality, Committee on the Global financial System, Paper No. 34, April 2009, Basel.

Bikker, J.A. (1999): Efficiency in the European Banking Industry: An exploratory Analysis to rank countries, Nr. 18, De Nederlandsche Bank, Amsterdam.

Bojanowski, A. (2002): Rank und schlank – Strategische Partnerschaften stärken die Wettbewerbsfähigkeit, in: Bank der Zukunft, FAZ-Sonderbeilage Nr. 83, S. B5.

Bokranz, R. / Kasten, L. (2003): Organisations-Management in Dienstleistung und Verwaltung, 4. Aufl., Wiesbaden: Gabler.

Burger, A. / Frohmüller, K.P. / Moormann, J. (2008): Produktivität in Banken: Warum die CIR in die Irre führt, in: BankArchiv 56, S. 860-869.

Burger, A. / Moormann, J. (2009): Detecting Intrinsic Inefficiency on Process Level: Benchmarking of Transactions in Banking, in: Workshop BPI 2008, Mailand, LNBIP 17, Berlin: Springer, S. 146-157.

Capgemini and Merrill Lynch Global Wealth Management (2009): World Wealth Report 2009.

Coelli, T.J. / Rao, D.S.P. / O'Donell, C.J. / Battese, G.E. (2005): An Introduction to Efficiency and Productivity Analysis, 2. Aufl., New York: Springer.

Commerzbank AG (2009): Pressemitteilung vom 7. Oktober 2009: EU-Kommission gibt grünes Licht für Eigenkapitalzufuhr, Frankfurt, www.commerzbank.de, Zugriff: 01.08.2009.

Cooper, W.W. / Seiford, L.M. / Zhu, J. (2004): Data Envelopment Analysis: History, Models and Interpretations, in: Cooper, W.W. / Seiford, L.M. / Zhu, J. (Hrsg.), Handbook on Data Envelopment Analysis, Boston/MA: Kluwer Academic, S. 1-39.

Dams, J. (2006): Bankenbranche weiter unter Druck, in: Die Welt, 03.07.2006.

Deutsche Aktieninstitut e.V. (2009): Zahl der Aktionäre und Aktienfondsanlager im ersten Halbjahr stabilisiert, DAI-Kurzstudie 2/2009, 05.08.2009, Frankfurt/M.

Deutsche Bank AG (2009): European Banks - Running the Numbers: Spring Edition, DB Global Markets Research, London.

Dibelius, A. (2008): „Tiefgreifende Änderungen Fehlanzeige", in Handelsblatt, 15. September 2008, Nr. 179, S 22.

Eurostat (2009): Household saving rate higher in the EU than in the USA despite lower income, Statistics in Focus 29/2009, Luxemburg.

EZB (2008): EU banking structures: October 2008, in: http://www.ecb.int/pub/pdf/other/eubankingstructures2008en.pdf, Zugriff: 05.06.2009.

Farell, M. (1957): The Measurement of Productive Efficiency, in: Journal of the Royal. Statistical Society, 120 Jg., Nr. 3, S. 253-281.

Geroski, P.A. (1999): Early warning of new rivals, in: Sloan Management Review, 40. Jg., Nr. 3, S. 107-116.

Hanson, D. / Dowling P. (2002): Strategic Management, 4. Aufl., Southbank Victoria: Nelson Thomson Learning.

IKB Deutsche Industriebank AG (2007): Pressemitteilung vom 16. Oktober 2007: PricewaterhouseCoopers-Bericht liegt vor – IKB treibt Neuausrichtung voran, Düsseldorf, www.ikb.de, Zugriff: 05.08.2009.

Initiative Finanzstandort Deutschland (2009): Finanzstandort Deutschland, Bericht 5 – 2009, Juli 2009, Frankfurt.

Knipper, H.-J. (2004): Deutschen Banken fehlt die Vision, in: Handelsblatt, 31.12.2004.

Kort, K. (2005): Die Branche erholt sich und streicht stellen, in: Handelsblatt, 30.03.2005.

Lehman Brothers Holdings Inc. (2008): Lehman Brothers Holdings Inc. Annual Report 2007, 29.01.2008, New York.

Mattern, F. / Streit, C. (2003): Ein brisantes Papier, in: www.manager-magazin.de/unternehmen/artikel/0,2828,233093,00.html, Zugriff: 13.07.2006.

Müller, K.-P. (2003): Die Strukturkrise der deutschen Finanzindustrie – Diagnose: Wie hoch ist das Fieber wirklich?, in: Die Bank, o. Jg., Nr. 4, S. 544-546.

o.V. (2009a): Zwangsverwaltung für angeschlagene Banken? Handelsblatt, 06.08.2009, Nr. 149, S. 3.

o.V. (2009b): Hereinspaziert!, Financial Times Deutschland, 23.04.2009, S. 23.

PayPal (2008): Studie eCommerce 2008, in: https://www.paypal-deutschland.de/presse/media/0/12217257973620/20080917_berichtsband_paypal_ecommerce_2008.pdf, Zugriff: 20.06.2009.

Porter, M.E. (1985): Competitive Advantage, New York: Free Press.

Porter, M.E. (2008): Wettbewerbsstrategie, 11. Aufl., Frankfurt/M.: Campus.

Rose, P. / Hudgins, S. (2008): Bank Management and Financial Services, 7. Aufl., Irwin/ID: McGraw-Hill.

SoFFin - Sonderfonds Finanzmarktstabilisierung (2008): www.soffin.de, Zugriff: 05.08.2009.

Spath, D. (Hrsg.) /Engstler, M. / Vocke, C. (2005): Bank & Zukunft. Trends und Entwicklungen im Front- und Backoffice von Banken in Deutschland, Stuttgart: Fraunhofer IRB.

Wöhe, G. / Döring, U. (2008): Einführung in die Allgemeine Betriebswirtschaftslehre, 23. Aufl., München: Vahlen.

Kapitel 2

Vision und Strategie

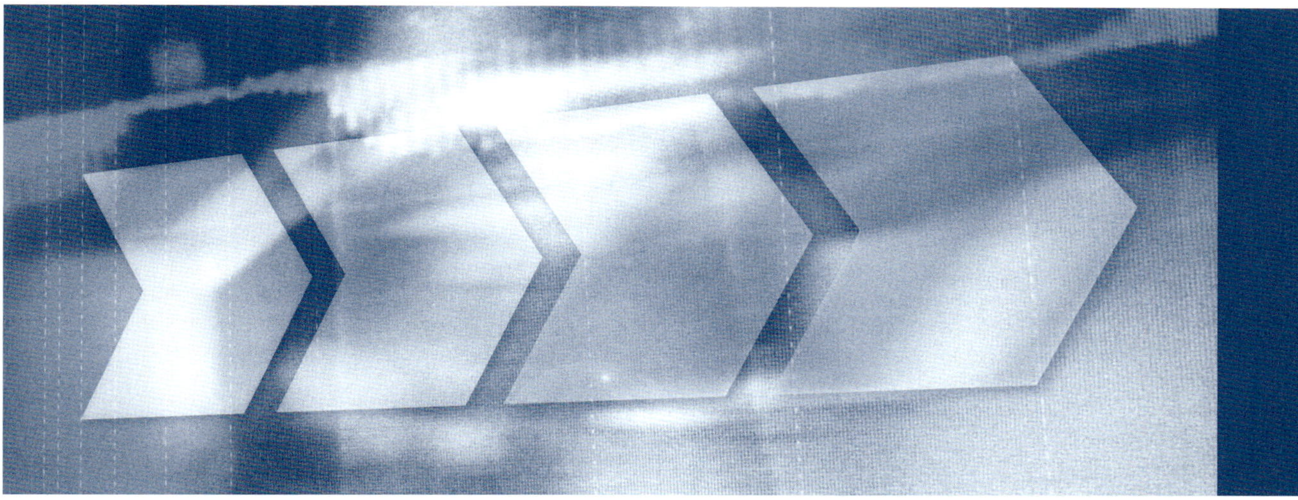

2 Vision und Strategie

Lernziele

- Ein Grundverständnis für die verschiedenen strategischen Denkschulen und ihre grundlegenden Gemeinsamkeiten bzw. Unterschiede entwickeln.
- Die Begriffe Vision und Strategie kennen, erläutern und in den Prozess der Unternehmensentwicklung einordnen können.
- Den markt- und den ressourcenbasierten Ansatz der Strategieentwicklung unterscheiden und anwenden können.
- Wettbewerbsstrategien identifizieren und systematisieren sowie Auswirkungen auf Unternehmensorganisation und -kultur ableiten können.
- Den Prozess der Strategieentwicklung verstehen und erklären können.

2.1 Warum muss sich eine Bank strategisch ausrichten?

In der ersten und zweiten Auflage dieses Buches wurde bereits gezeigt, dass die Geschäftsleitungen der deutschen Kreditinstitute vor großen Herausforderungen stehen. Diese galt und gilt es zu meistern. Wie sich diese Herausforderungen im Konkreten darstellen, wurde in der ersten Auflage des Buches mit dem Auszug aus einem Bericht des Handelsblatts exemplarisch erklärt. Gegenstand waren die ersten Amtsmonate des damaligen Vorstandsvorsitzenden der HypoVereinsbank (HVB), Dieter Rampl:

„Schlecht steht es zu diesem Zeitpunkt, im Januar dieses Jahres [2003], um die zweitgrößte Bank Deutschlands: Tiefrote Zahlen, eine ziemlich dünne Kapitaldecke, massiver Druck der Rating-Agenturen, der Absturz an den Börsen, ein dramatischer Kursverfall der HVB-Aktie. Eine schwierigere Aufgabe hat die deutsche Wirtschaft nicht zu vergeben. ‚Der Job ist nicht vergnügungssteuerpflichtig', sagt Rampl bei seiner Ernennung. (…) Er musste entlassen, verkaufen, abwickeln. (…) ‚Er ist auf stürmischer See runter in den Maschinenraum und hat an den richtigen Schrauben gedreht', meint ein Mitarbeiter. Rampl brachte in einer Hauruck-Aktion ein Viertel der österreichischen Tochter Bank Austria zurück an die Börse, eine Milliarde Euro kamen dadurch in die Kasse. Das gesamte Geschäft der gewerblichen Immobilienfinanzierung spaltete er ab, es notiert jetzt als unabhängige Bank an der Börse. Es ging teilweise zu wie im Schlussverkauf: Die Schweizer Bank von Ernst, die Nürnberger Norisbank, die Privatbankhäuser Bethmann und Maffei, die holländische FGH Bank – alles wurde zu Geld gemacht. Das Geschäft in den USA und in Asien wurde eingestellt. (...) Die große Herausforderung hat Rampl noch vor sich. ‚Jetzt muss er eine neue Strategie bringen, sonst hat er ein Problem', sagt ein anderer Top-Banker. ‚Die Bank hat wirklich kein Kostenproblem mehr, jetzt muss an der Ertragsseite gearbeitet werden', fordert Aufsichtsrat Grünewald.“ [1]

In der zweiten Auflage wurde ein weiterer Artikel aus dem Sommer 2006 – also nach der Übernahme der HVB durch die UniCredit Gruppe – hinzugefügt. Der wichtigste Teil dieses Artikels ist im Folgenden abgedruckt:

„Unicredit-Chef Alessandro Profumo legt die Messlatte für das Deutschlandgeschäft der HypoVereinsbank (HVB) niedriger als für den Rest der Gruppe. Zielvorgabe bis 2008 sei eine Eigenkapitalrendite nach Steuern von 15 Prozent, sagte HVB-Chef Wolfgang Sprißler am Rande einer Investorenkonferenz in München.

Die gesamte Unicredit-Gruppe soll 2008 eine Rendite von 17 Prozent und damit das Niveau erreichen, das sie vor der 20 Mrd. Euro schweren Übernahme der zweitgrößten deutschen Bank vergangenen November hatte. Mit dem Zugeständnis zieht Unicredit die Konsequenz aus der schwächeren Ausgangsposition der HVB sowie dem „besonders wettbewerbsintensiven Markt“, wie Profumo der FTD sagte. Für die HVB ist die Vorgabe trotzdem ehrgeizig. Sie hatte die Marke von 15 Prozent im letzten Jahrzehnt immer wieder angepeilt, aber nie erreicht. In Deutschland schafft nur die Deutsche Bank eine solche Rendite. Die HVB erzielte 2005 sechs Prozent.

Den Renditesprung der Tochter will Unicredit durch Wachstum und Kostensenkungen schaffen. Wie bei Bekanntgabe der Übernahme vor einem Jahr angekündigt, fallen bis 2008 gut 4000 Stellen in Deutschland weg. Konzernweit werden 11.800 der 133.700 Stellen gestrichen. Zudem soll die HVB, wie der Gesamtkonzern, ihren Umsatz bis 2008 im Durchschnitt jährlich um acht Prozent steigern. 2005 hatte das deutsche Geschäft stagniert. Akquisitionen sind in der Zielvorgabe nicht enthalten, aber denkbar.“[2]

Die in den beiden Artikeln erwähnten grundsätzlichen Herausforderungen der Finanzdienstleistungsindustrie wurden von der Vielzahl an Kreditinstituten in Deutschland bzw. in Europa in den letzten Jahren mit unterschiedlichem Erfolg angegangen. Seit dem Sommer 2007 mussten bzw. müssen die entsprechenden Unternehmensführungen aber vor allem Antworten auf die Krise an den Finanzmärkten finden, die im ersten Kapitel dieses Buches näher beschrieben wurde. Die strategische Herausforderung, die aus dieser Krise resultiert, wird im beigefügten Ausschnitt eines Artikels vom 05. Januar 2009 sehr deutlich:

„Nach all den Hiobsbotschaften der vergangenen Monate kann man zum Jahresauftakt [2009] das Glas auch einmal halb voll sehen. Weltweit haben alle Akteure an den Finanzmärkten begriffen, dass die Krise eine neue Ära für die Bankenbranche eingeläutet hat. Der Staat ist mit seinen Hilfspaketen eingesprungen, die Zentralbanken haben sich als Feuerwehren bewährt und die Selbstheilungskräfte sind in Gang gekommen. Einen zweiten Zusammenbruch wie im Fall der US-Investmentbank Lehman Brothers wird man voraussichtlich nicht mehr erleben, die Auswirkungen wären – das hat dieser einzigartige „Praxistest" außerhalb der Theorie gezeigt – zu verheerend. Die Abschreibungen auf Wertpapiere und Übernahmekredite als Folge der Finanzkrise haben ihren Zenit überschritten, weltweit dürften hier rund zwei Drittel der Belastungen durch sein, schätzen Experten.

Die zweite große Belastungsprobe für die Kreditinstitute werden 2009 die steigenden Forderungsausfälle in der Rezession – die eigentliche Überlebensfrage stellt sich aber mit der Strategie für das „richtige" Geschäftsmodell der Zukunft. „Die Frage ist für die Banken hierzulande: Wo kann ich anständige Margen erwirtschaften im extrem wettbewerbsintensiven deutschen Markt?", bringt es Sabine Lautenschläger, die Bankenexpertin der Finanzaufsicht BaFin auf den Punkt. Fest steht, dass in den nächsten Jahren die „Renaissance der Universalbank" das beherrschende Thema sein wird. Dabei dürfte das „Privat- und Firmenkundengeschäft ertragsseitig als Grundpfeiler des Gewerbes angesehen werden", wie es die Unternehmensberatung Bain formuliert.

In diese Stoßrichtung passt auch die Strategie der Deutschen Bank, die im angebrochenen Jahr mit der Übernahme der Postbank ihre Position als Branchenprimus verteidigen will. An diesem Deal dürfte es kaum noch etwas zu Rütteln geben, auch wenn über die Frage „zu teuer oder nicht?" noch einige Diskussionen zu erwarten sind. Aber wie formulierte es ein anonym bleibender Analyst jetzt so trefflich: „Wer fragt noch in ein paar Jahren, was die Übernahme gekostet hat, wenn am Ende die Strategie aufgeht?" Zunächst jedoch wird es nochmals negative Schlagzeilen hageln: das vierte Quartal 2008 war für alle deutschen Banken verheerend, es wird auch bei der Deutschen Bank ins Kontor schlagen, wobei das Investment-Banking besonders negativ auffallen dürfte.

Commerzbank-Chef Martin Blessing steht 2009 ebenfalls vor einer Mammutaufgabe. Er muss die Integration der Dresdner Bank vorantreiben – angesichts der Größe beider Häuser keine leichte Aufgabe. Dabei geht es nicht nur um den Abbau von 9000 Stellen, was etwa jedem siebten der 67000 Arbeitsplätze entspricht. Vielmehr müssen Risikomanagement, IT und Vertrieb auf einander abgestimmt und das Investment-Banking drastisch eingedampft werden. Aufgaben, die Experten zufolge wohl mehr als zwei Jahre in Anspruch nehmen dürften. Zugleich trifft die Finanzkrise die Commerzbank in einer Zeit, in der das auf Mittelstand und Privatkunden fokussierte Institut vergleichsweise wenig Speck auf den Rippen hat. Daran dürfte auch die 8,2 Mrd. Euro schwere stille Beteiligung des Bundes im Rahmen des Rettungspakets wenig ändern.

Bei der Münchener Hypo-Vereinsbank (HVB) bricht eine neue Ära an: Ab Januar übernimmt dort Theodor Weimer das Ruder und löst damit Wolfgang Sprißler ab, der mehr als 30 Jahre in der Bank und ihren Vorgängerinstituten tätig war. Einfach ist auch seine Aufgabe nicht, denn die Krise hat die Unicredit-Tochter keineswegs verschont. Alleine im dritten Quartal 2008 fiel mehr als eine Viertelmilliarde Euro Verlust an. Zudem muss das in München ansässige Investment-Banking Federn lassen – insgesamt dürften in der Sparte rund 2.500 Stellen wegfallen. Und zu allem Überfluss halten sich nach wie vor Spekulationen, die italienische Konzernmutter könnte sich irgendwann vom deutschen Privatkundengeschäft abwenden. In München wird das jedoch stets kategorisch dementiert.

Trotz der Finanzkrise bleibt der gesamte deutsche Markt „overbanked" – denn eine Bereinigung der Strukturen wird durch die Rettungsschirme des Bundes und der Garantien der Länder zumindest verzögert. „Wir haben weiter Überkapazitäten in Deutschland", konstatiert auch Stefan Best, Bankenfachmann bei der Rating-Agentur Standard & Poor's (S&P). „Downsizing" heiße deshalb das Gebot der Stunde – und das gilt in besonderem Maße für die öffentlich-rechtlichen Landesbanken. Hier wird es zumindest rund um die WestLB zu einer Konsolidierung kommen, und zwar auf Druck der EU-Kommission. Bis zum Frühjahr will sie einen neuen Mehrheitseigentümer sehen, die Gespräche über eine Teilfusion mit der Dekabank laufen und könnten den Auftakt für eine Verringerung der noch sieben selbstständigen Landesbanken bilden. So wird 2009 das Jahr des Aufbruchs: Alte Geschäftsmodelle werden von neuen abgelöst, die Spreu trennt sich vom Weizen. Zwar kommt vielleicht erst 2010 der Höhepunkt der Bankenkrise – die Weichenstellungen für das langfristige Überleben werden aber im laufenden Jahr gestellt."[3]

Zusammenfassend kann man festhalten, dass

- die Krise an den Finanzmärkten neue grundlegende, strategische Fragestellungen und Probleme für den Banken- und Versicherungssektor hervorgebracht hat
- die strategischen Herausforderungen des deutschen Finanzdienstleistungssektors, die vor dem Sommer 2007 bestanden, in unterschiedlichem Ausmaß weiterbestehen
- die Finanzmarktkrise die im zweiten Punkt genannten Herausforderungen zwar zeitweise in der öffentlichen Diskussion überdeckt hat, jedoch diese in der entstandenen Wechselwirkung noch verschärft hat.

Alles in allem unterstreichen diese Ausführungen, dass Strategien entwickelt werden müssen, die diesen komplexen Anforderungen gewachsen sind und ganzheitliche Antworten liefern, um am Markt konkurrenzfähig zu bleiben bzw. zu werden. Daher hat der folgende Satz für jede Bank – insbesondere als Folge der Finanzmarktkrise – eine zentrale Bedeutung und muss bei allen Überlegungen zur Neugestaltung die Grundlage bilden:

Nicht nur das Geschäft richtig machen, sondern auch das richtige Geschäft machen.

Generell gibt es aus strategischer Sicht zwei Möglichkeiten, ein Unternehmen bzw. eine Bank zu führen:

Im ersten Fall kann eine Bank ohne bzw. ohne kommunizierte Strategie geleitet werden. Diese Variante bezeichnet man auch als *„muddling through"*. Hierbei wendet die Unternehmensführung, häufig geprägt von einem einzelnen, dominant führenden Manager, keine oder ihre jeweils eigenen (impliziten) Strategien und Konzepte an. Häufig sind diese nicht aufeinander abgestimmt und den Stakeholdern des Unternehmens nicht kommuniziert.[4] Dies führt in der Regel. sowohl zu strategischen als auch zu organisatorischen Problemen, denn das Unternehmen verfügt in der Folge über keine klare strategische Profilierung. Die Ausrichtung ist weder nach außen noch nach innen erkennbar. Durch die daraus folgende fehlende Stringenz von Aufbau- und Ablauforganisation kommt es immer wieder zu weitreichenden Komplikationen, die ihre Ursache im unabgestimmten Handeln der maßgeblichen Akteure haben. Diese können in Form von Konflikten, Ineffizienzen, Fehleinschätzungen von Zielen und daraus resultierenden Ressourcenfehlallokationen auftreten.

Im zweiten Fall kann ein Unternehmen anhand einer verabschiedeten und kommunizierten Strategie geleitet werden. Wichtig ist hierbei, dass sich die Unternehmensleitung – basierend auf einer gemeinsamen Analyse der Ausgangslage – auf eine Vision für das Unternehmen, daraus resultierende Ziele und eine Strategie, als Mittel zur Erreichung dieser Ziele, verständigt und diese auch an alle Beteiligten kommuniziert. Somit findet eine klare strategische Fokussierung nach innen und nach außen statt, was wiederum zu einer Bündelung der Kräfte führt. Auf organisatorischer Ebene dient diese Strategie als Basis für die Struktur- und Prozessorganisation. Im Unternehmen kann dies zu mehr Motivation und wertorientierter Denkhaltung der Mitarbeiter führen. Entscheidungen über Profit-Center-Bildung, Outsourcing, Produktstraffung oder Priorisierung von wichtigen Projekten können auf Basis der Strategie koordiniert und abgestimmt getroffen werden. Diese strategische Stärke eines Unternehmens erhöht die Wettbewerbsfähigkeit und lässt dieses Vorgehen als überlegen erscheinen.

In der Realität findet man selten eine dieser beiden extremen Vorgehensweisen. Vielmehr lassen sich die tatsächlichen Strategien von Finanzdienstleistern innerhalb des Kontinuums zwischen diesen beiden Extrempunkten einordnen. In diesem Kapitel wird der Weg zu einer fundierten Strategie skizziert. Bevor jedoch im Abschnitt 2.3 die Grundelemente einer Strategie, d.h. die formalen Bestandteile der Strategieentwicklung, erläutert werden, wird im nächsten Abschnitt ein kurzer Überblick über die generellen Strategieansätze gegeben. Im Abschnitt 2.4 werden der markt- und der ressourcenbasierte Ansatz als die beiden grundlegenden Ansätze der inhaltlichen Strategieentwicklung vorgestellt. Im Anschluss daran werden die generischen Wettbewerbsstrategien und deren Weiterentwicklungen vorgestellt, bevor im Abschnitt 2.6 der Prozess der Strategieentwicklung erläutert wird.

2.2 Strategische Denkschulen

Beschäftigt man sich näher mit dem Thema *Strategie* und insbesondere der hierzu verfügbaren Literatur, stößt man auf eine enorme Anzahl von Veröffentlichungen in Form von Büchern, Artikeln, Studien und Vortragsunterlagen. Bei näherer Analyse entdeckt man jedoch, dass viele dieser Veröffentlichungen auf der klassischen Denkschule (siehe Abschnitt 2.3) beruhen. Neben dem klassischen Ansatz existieren noch weitere Denkschulen. Jedoch haben die Instrumente der klassischen Schule eine zentrale Bedeutung im heutigen Strategieentwicklungsprozess. Vorab soll dieser Abschnitt einen Überblick über die verschiedenen, auch nicht-klassischen strategischen Denkschulen geben, um eine Einordnung grundsätzlich unterschiedlicher Strategieansätze zu ermöglichen.

An dieser Stelle sei darauf hingewiesen, dass dies kein Strategiebuch ist. Zur detaillierten Auseinandersetzung mit den verschiedenen Denkschulen wird daher auf die einschlägige Literatur verwiesen.[5] Wie bei der Lektüre der folgenden beiden Abschnitte deutlich wird, findet der Strategiebegriff zwar häufig Verwendung; eine klare und eindeutige Definition ist jedoch nicht immer vorhanden. Eine Definition als Basis für die weiteren Ausführungen dieses Kapitels findet sich zu Beginn des Abschnitts 2.3.

Einen guten Überblick über die wichtigsten *strategischen Denkschulen* bieten Mintzberg, Ahlstrand und Lampel (Abbildung 2.1). Sie unterscheiden dabei drei Cluster von Denkschulen – die der vorschreibenden und der beschreibenden Strategieansätze sowie die Integration aller Ansätze in der Konfigurationsschule.

Zunächst sollen die *präskriptiven Schulen* näher betrachtet werden. Innerhalb dieser Schulen ist die Designschule nicht nur zeitlich die erste, sondern auch die nach wie vor einflussreichste. Beispielsweise entspringen die SWOT-Analyse, die im Abschnitt 2.4.1 vorgestellt wird, sowie die Umweltanalyse dieser Denkschule. Die Designschule sieht die Harmonisierung der internen Fähigkeiten und der externen Rahmenbedingungen vor. Wie die Bezeichnung vermuten lässt, basiert die zweite Schule auf einer Formalisierung dieses Ansatzes durch einen systematischen, strategischen Planungsprozess. Die Positionierungsschule basiert zwar auf den meisten Grundannahmen und dem Grundmodell der beiden vorangegangen Schulen, betont jedoch den Inhalt der Strategie deutlich stärker als konzeptionelle und formale Strategieentwicklungsaspekte. Sie begrenzt die Zahl möglicher Strategien auf jene, die als „Marktposition“ definiert einen Vorteil gegenüber möglichen Konkurrenten bedeuten. Zu dieser Denkschule gehören unter anderem Porters Modell der Wettbewerbsanalyse, sowie sein Modell der generischen Wettbewerbsstrategien, das im Abschnitt 2.5 vorgestellt wird.

Abbildung 2.1
Strategische Denkschulen nach Mintzberg / Ahlstrand / Lampel

Präskriptive Denkschulen	**Die Designschule**	Strategieentwicklung als *konzeptioneller Prozess*
	Die Planungsschule	Strategieentwicklung als *formaler Prozess*
	Die Positionierungsschule	Strategieentwicklung als *analytischer Prozess*
Deskriptive Denkschulen	**Die Unternehmerschule**	Strategieentwicklung als *visionärer Prozess*
	Die kognitive Schule	Strategieentwicklung als *mentaler Prozess*
	Die Lernschule	Strategieentwicklung als *sich herausbildender Prozess*
	Die Machtschule	Strategieentwicklung als *Verhandlungsprozess*
	Die Kulturschule	Strategieentwicklung als *kollektiver Prozess*
	Die Umweltschule	Strategieentwicklung als *reaktiver Prozess*
Integrative Denkschule	**Die Konfigurationsschule**	Strategieentwicklung als *Transformationsprozess*

Die *deskriptiven Schulen* fokussieren sich auf den Prozess der Strategieentwicklung. Die Unternehmerschule unterscheidet sich nicht allzu stark vom Ansatz der Designschule. Jedoch siedelt sie nicht nur die Strategieentwicklung beim Unternehmensleiter an, sondern bezieht ihn und dessen geistige Prozesse und Zustände explizit ein und rückt somit dessen Vision in den Mittelpunkt. Beginnend mit der Vision wendet sich die kognitive Schule insgesamt der Gedankenwelt des Strategen zu und bedient sich vor allem Erkenntnisse der kognitiven Psychologie. Hierbei gibt es in Literatur und Realität einen Spannungsbogen zwischen der objektiven Betrachtung der Wirklichkeit und der subjektiven Interpretation. Zur Bewältigung der durch diese Schule identifizierten Komplexität von Strategien rückt die Lernschule das Lernen über die Zeit in den Mittelpunkt und bezweifelt hierbei die meisten Grundannahmen der präskriptiven Denkschulen. Prahalad und Hamel haben in diesem Zusammenhang den Begriff der Kernkompetenz geprägt, auf den im Abschnitt 2.4.2 noch näher eingegangen wird, und betrachten diesen als Folge des „kollektiven Lernens der Organisation, insbesondere in Bezug auf die Koordinierung diverser Produktionsfähigkeiten und die Integration verschiedener Technologieströme“[6]. Die vierte deskriptive Denkschule ist die Machtschule. Sie „streift die Glacéhandschuhe vollends ab und definiert die Strategieentwicklung als Prozess der unverhüllten Einflussnahme, in dem Macht und Politik eingesetzt werden, um Strategien durchzusetzen, die bestimmten Interessen dienen.“[7] Die Kulturschule kann als Spiegelbild zur Machtschule verstanden werden, da sie die soziale Bedeutung der Kultur als Ausgangspunkt und zentrale Antriebskraft der Strategieentwicklung sieht. Alle vorangegangenen Ansätze behandelten die Umwelt als externen Faktor; die Umweltschule verkehrt diese Sicht nun ins Gegenteil und sieht die Umwelt als den entscheidenden Akteur bei der Strategieentwicklung und die Organisation lediglich als Reakteur.

Die *Konfigurationsschule*, in Abbildung 2.1 als integrative Denkschule bezeichnet, sieht alle übrigen neun Schulen als relevant an jedoch unter der Nebenbedingung, dass diese nur unter bestimmten Rahmenbedingungen, wie Zeit und Situation, ihre Bedeutung haben. Unter der Annahme, dass Organisationen verschiedene Zustände annehmen, wie z.B. Wachstums- oder Reifephase, gibt es auch Phasen der Veränderung zwischen eben diesen Zuständen. Mintzberg et al. bezeichnen dies als Zeiten der Kohärenz oder der Veränderung und folgerichtig die Zustände als Konfigurationen und die Veränderung mittels Strategieentwicklungsprozess als Transformation.[8]

2.3 Grundelemente einer Strategie

2.3.1 Strategisches Grundmodell

Um den Rahmen für diesen und die folgenden Abschnitte zu setzen, soll zunächst der *Strategiebegriff* definiert werden: „A strategy is a comprehensive plan of action that sets critical directions for an organization and guides the allocation of its resources. It is an action focus that represents a “Best Guess” regarding what must be done to ensure long-run prosperity for the organization or one of its subsystems. (...) In practice, the choice of strategy is a complex and even risky task. Any strategy defines the direction in which an organization intends to move in a competitive situation. It is a choice made by decision makers that specifies how they plan to match the organization’s strengths and weaknesses with opportunities and threats in the environment.”[9]

Die Aufgabe der Strategieentwicklung für eine Bank besteht somit in der Erarbeitung genereller Zielsetzungen und Handlungsmöglichkeiten des Instituts unter dem Gesichtspunkt der Erschließung, Sicherung und Fortentwicklung von Wettbewerbsvorteilen. Der Begriff der Wettbewerbsvorteile ist gleichbedeutend mit den Begriffen *Erfolgspotenzial (EP)* und *Erfolgsposition*.

Abbildung 2.2 Grundelemente der Strategieentwicklung

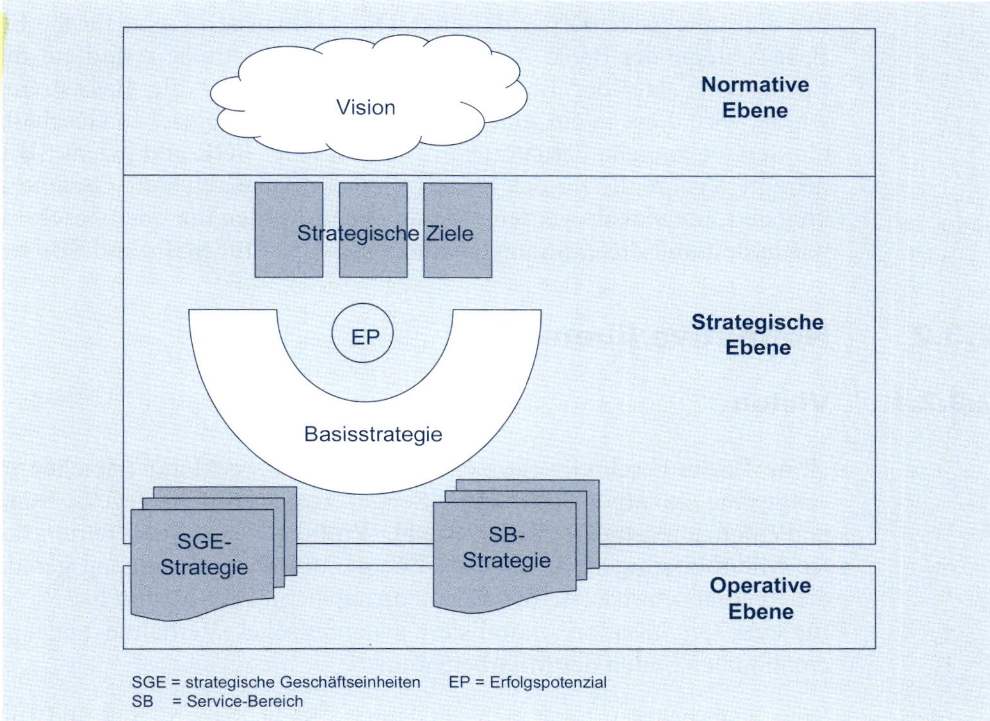

Einen guten Ausgangspunkt zur Strukturierung der wesentlichen Strategieelemente bietet das St. Galler Konzept eines integrierten Managements. Die Abbildung 2.2 zeigt ein an diesen Ansatz angelehntes Vorgehensmodell. Den Ausgangspunkt bildet die Vision des Unternehmens. Bei der Vision handelt es sich nach dem St. Galler Managementkonzept um die „normative Ebene", wohingegen die strategischen Ziele, die Erfolgspotenziale und die Basisstrategie (Unternehmensstrategie) die „strategische Ebene" konstituieren. Diese ist wiederum Ausgangspunkt für Strategien in der „operativen Ebene", also in den strategischen Geschäftseinheiten (SGEs) und den Servicebereichen (SBs)[10]. Diese drei Ebenen beschreiben die voneinander abgrenzbaren und vom Management zu bearbeitenden Problemfelder.[11] Nach Bleicher stellt das St. Galler Managementkonzept eine Provokation zu einem strukturierten, auf Selbstreflexion der Beteiligten beruhenden Dialog über grundlegende Fragen des Managements dar, der durch das Ergebnis dieses Prozesses im Leitbild seinen Niederschlag findet. [12]

Die am Anfang der Strategieentwicklung zu erarbeitende Vision befasst sich mit dem Ursprung und der Leitidee der unternehmerischen Tätigkeit. Die Vision wird in der Regel einem zu entwickelnden Leitbild vorangestellt. Auf Basis der Vision werden die strategischen Ziele definiert. Diese bilden den Fokus für die Entwicklung der Basisstrategie der Bank. Alle Elemente der Basisstrategie sind auf die Nutzung des Erfolgspotenzials der Bank auszurichten. Nachdem die Basisstrategie entwickelt wurde, wird diese in einzelne Strategien für die strategischen Geschäftseinheiten und die Servicebereiche heruntergebrochen. In jeder SGE und jedem SB muss nun wieder eine Vision, die für den jeweiligen Geschäftsbereich die Gesamtbankvision konkretisiert, entwickelt werden. Anschließend werden die oben beschriebenen Schritte wiederholt und Ziele, Strategien und Ressourcen für SGEs und SBs festgelegt.

2.3.2 Normative Ebene

2.3.2.1 Vision

„Eine *Vision* beschreibt, was ein Kreditinstitut am Markt erreichen möchte. Sie erzeugt eine ‚kreative Spannung' (Senge) zwischen dem gegenwärtigen Ist-Zustand und einem angestrebten Soll-Zustand. Wird die Vision von Führungskräften und vielen Mitarbeitern geteilt, kann die Energie aus dieser Spannung genutzt werden, um die Realität schrittweise der Vision anzunähern. Eine Vision hat Richtungscharakter für eine Organisation, mobilisiert synergetisches Verhalten und spricht auch die emotionalen Seiten der Mitarbeiter an.“[13]

Kein Unternehmen kann sich auf längere Sicht ohne Vision und Imagination eine gute strategische Position im globalen Wettbewerb verschaffen. Die Vision bildet das Selbstverständnis eines Unternehmens und den dazugehörigen Unternehmenszweck.

Das folgende Zitat verdeutlicht die herausragende Bedeutung der Vision in einer globalisierten Wirtschaftswelt: „Traditionally, corporate visions have reflected the values and goals of the society in which they were conceived. Today, with the dominant presence of global firms, corporate visions no longer remain domestic, but are themselves transnational. (…) Business leaders have chosen to transcend national boundaries in ways that remain outside the realm of politicians and government diplomats. (…) Global companies, more than nations, already face the difficult questions involved in integrating visions based on divergent national and cultural values. Their success in defining and implementing transnational visions will determine the future of global companies, and, more importantly, society's potential for success."[14]

Entscheidend für eine Vision ist die Vorgabe der Richtung des Unternehmens, ohne dabei starre Regularien für deren Erreichung zu setzen. Dem langen Zeithorizont und dem Charakter der Offenheit sollte hierbei eine primäre Bedeutung zukommen. Durch die Vision können vom Management neue Werte in die Unternehmenspolitik und -kultur eingebracht werden. Es ist nicht das Ziel der Reise, sondern gibt die Richtung vor. Einen solchen Polarstern gilt es somit auch den Mitarbeitern zu vermitteln. Die Boston Consulting Group definiert die Vision als ein „konkretes Zukunftsbild, nahe genug, dass wir die Realisierbarkeit noch sehen können, aber schon fern genug, um die Begeisterung der Organisation für eine neue Wirklichkeit zu wecken."[15]

Bei einer Vision handelt es sich um ein im Zeitablauf unlimitiertes Dokument. Die Vision einer Bank sollte nicht ständig verändert werden. Den Unternehmenszweck einer Bank definierend und auch das Tätigkeitsgebiet abgrenzend benötigt eine Bank eine Vision mit langfristiger Zielsetzung. Diese Zielsetzung sollte knapp, d.h. in ein bis drei Sätzen, formuliert werden und die Richtung vorgeben, in die die Bank in Zukunft entwickelt werden soll. Um zu überzeugen muss eine Vision klar und leicht verständlich geschrieben sein. Eine Vision soll außerdem gute Mitarbeiter anziehen und die Bank in der Öffentlichkeit so darstellen, wie sie gesehen werden will. Daher können auch Ansprüche von bzw. an Interessengruppen wie z.B. Anteilseignern, Mitarbeitern und Kunden Teil der Vision sein. Letztlich umschreibt die Vision die angestrebte Rolle der Bank im zukünftigen Marktumfeld und bildet somit die Grundlage für die Unternehmensentwicklung.

Um den Charakter von Visionen deutlich zu machen, sollen die folgenden Beispiele für Visionen international agierender Banken herangezogen werden.

Credit Suisse Group[16]

It is our vision at Credit Suisse to become the world's premier and most admired bank, renowned for our expertise in private banking, investment banking and asset management, and valued for our advice, innovation and execution.

ING[17]

Setting the standard in helping our customers manage their financial future.

Deutsche Bank AG[18]

We compete to be the leading global provider of financial solutions for demanding clients creating exceptional value for our shareholders and people.

2.3.2.2 Unternehmenskultur

Im Zusammenhang mit der Vision ist der Begriff der *Unternehmenskultur* von besonderer Bedeutung. Mit diesem Begriff bezeichnet man die Gesamtheit der in einem Unternehmen vorherrschenden Normen, Wertvorstellungen, Traditionen, Mythen, Überlieferungen und Denkhaltungen, die das Verhalten der Mitarbeiter aller Stufen und somit das Erscheinungsbild eines Unternehmens prägen. Sie ist die „Summe der Selbstverständlichkeiten des Denkens und Handelns."[19] Unternehmenskultur zielt auf das ab, was in einem Unternehmen tatsächlich gelebt wird, und nicht bloß auf das, was verkündet wird. Es wird somit versucht, das tatsächliche Denken in einem Unternehmen zu beschreiben, das den Grund für die Handlungen der Mitarbeiter liefert. In erster Linie beinhaltet die Unternehmenskultur somit die Wertvorstellungen und Verhaltensweisen der Menschen in dem Unternehmen. Eine Unternehmenskultur ist in langer Zeit gewachsen und stark von Vision und Vorbild der Unternehmensleitung geprägt. Die Unternehmenskultur in Unternehmen, die sich durch Hierarchien mit strikten Stellenbeschreibungen, Kompetenz- und Verantwortungsdefinitionen auszeichnen, ist selten durch innovatives, kunden- und qualitätsorientiertes Handeln geprägt.[20]

Abbildung 2.3
Von der Vision zu den Unternehmenszielen

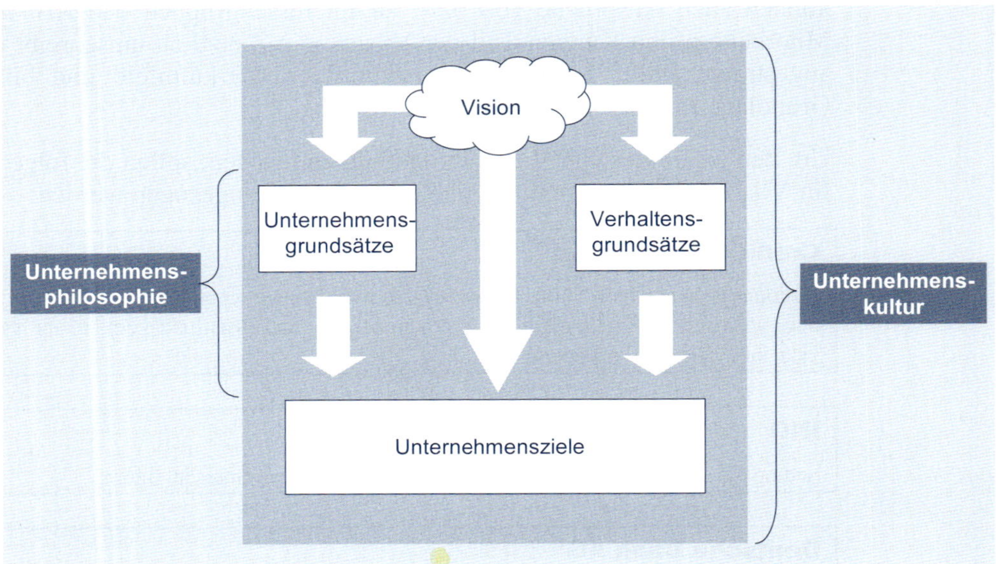

Wie die Abbildung 2.3 zeigt, wird die Unternehmensphilosophie, die Unternehmens- und Verhaltensgrundsätze umfasst, aus der Vision abgeleitet. Nach Auffassung von Nieschlag, Dichtl und Hörschgen kann die *Unternehmensphilosophie* als derjenige Teil einer Unternehmenskultur verstanden werden, der die Wertbasis unternehmerischen Denkens und Handelns umfasst.[21] Sie ist das Ziel- und Wertesystem des Unternehmens. Aus der Unternehmensphilosophie und der Vision werden im nächsten Schritt die Unternehmensziele bestimmt. Die Gesamtheit aus Vision, Unternehmens- und Verhaltensgrundsätzen sowie Unternehmenszielen bildet die Unternehmenskultur.

2.3.2.3 Unternehmensleitbild

Eine sich ständig verändernde Umwelt erfordert auch ein sich permanent anpassendes Unternehmen. Dieser dauernde Wandel verursacht eine Verunsicherung sowohl von Mitarbeitern als auch von Kunden. Eine wesentliche Kommunikationsaufgabe der Unternehmensführung besteht darin, die vorhandene Unsicherheit zu beseitigen oder zumindest zu reduzieren. Nach Bleicher bieten sich *Unternehmensleitbilder* als „Transfermedien zwischen Absichten und Akzeptanz, wie zwischen Prinzipien und Praxis an."[22] Somit besteht die wesentliche Aufgabe in der Orientierungsfunktion, um Menschen als Träger von Verhalten anzusprechen und sie in ihrem Handeln zum Wohle des Ganzen zu beeinflussen.

Nach Ulrich muss ein Leitbild folgenden Anforderungen genügen:[23]

- Allgemeingültigkeit
- Wahrheit
- Wesentlichkeit
- Realisierbarkeit
- Langfristige Gültigkeit
- Konsistenz
- Vollständigkeit
- Klarheit

Durch das Leitbild wird versucht, die Abstraktheit der Unternehmenskultur zu konkretisieren. Unter einem Leitbild kann man die Gesamtheit der Grundprinzipien verstehen, die den Maßnahmen zur Erreichung der Unternehmensziele gemeinsam zugrunde liegen. Es zeigt das Vorhaben eines Unternehmens und stellt Einstellungen, Verhaltensweisen und Wertaussagen dar. Es ist wichtig, dass die Aktivitäten der einzelnen Mitarbeiter einer Bank auf das Leitbild ausgerichtet sind und die Mitarbeiter das Leitbild im Rahmen ihrer Möglichkeiten unterstützen. Ein Leitbild definiert den Sinn einer Organisation und beschreibt, wie Geschäftseinheiten und Servicebereiche in die Struktur eines Unternehmens eingegliedert sind.[24]

Beispielhaft werden zwei Leitbilder großer, international agierender Banken aufgeführt. Zum einen wird das Leitbild der Deutschen Bank herangezogen, dass sich aus der bereits zitierten Vision ableitet, und zum anderen die Business Principles der amerikanischen Investmentbank Goldman Sachs. Die unterschiedliche Gestaltung, Ausrichtung und Inhalte dieser beiden Beispiele machen deutlich, dass Leitbilder individuell für jedes Unternehmen und bezogen auf dessen besondere Situation entwickelt werden müssen.

Deutsche Bank AG[25]

Performance
We are committed to a result-oriented culture.

Trust
We behave reliably, fairly and honestly.

Teamwork
We benefit from the diversity of our business and our people by working together to achieve success.

Innovation
We are constantly challenging conventional wisdom and developing new solutions to meet customer requirements.

Customer focus
We place customers at the centre of our activities and they drive all that we do.

Goldman Sachs[26]

Business Principles

1. Our clients´ interests always come first. Our experience shows that if we serve our clients well, our own success will follow.

2. Our assets are our people, capital and reputation. If any of these is ever diminished, the last is the most difficult to restore. We are dedicated to complying fully with the letter and spirit of the laws,

rules and ethical principles that govern us. Our continued success depends upon unswerving adherence to this standard.

3. Our goal is to provide superior returns to our shareholders. Profitability is critical to achieving superior returns, building our capital, and attracting and keeping our best people. Significant employee stock ownership aligns the interests of our employees and our shareholders.

4. We take great pride in the professional quality of our work. We have an uncompromising determination to achieve excellence in everything we undertake. Though we may be involved in a wide variety and heavy volume of activity, we would, if it came to a choice, rather be best than biggest.

5. We stress creativity and imagination in everything we do. While recognizing that the old way may still be the best way, we constantly strive to find a better solution to a client's problems. We pride ourselves on having pioneered many of the practices and techniques that have become standard in the industry.

6. We make an unusual effort to identify and recruit the very best person for every job. Although our activities are measured in billions of dollars, we select our people one by one. In a service business, we know that without the best people, we cannot be the best firm.

7. We offer our people the opportunity to move ahead more rapidly than is possible at most other firms. Advancement depends on merit and we have yet to find the limits to the responsibility our best people are able to assume. For us to be successful, our men and women must reflect the diversity of the communities and cultures in which we operate. That means we must attract, retain and motivate people from many backgrounds and perspectives. Being diverse is not optional; it is what we must be.

8. We stress teamwork in everything we do. While individual creativity is always encouraged, we have found that team effort often produces the best results. We have no room for those who put their personal interests ahead of the interests of the firm and its clients.

9. The dedication of our people to the firm and the intense effort they give their jobs are greater than one finds in most other organizations. We think that this is an important part of our success.

10. We consider our size an asset that we try hard to preserve. We want to be big enough to undertake the largest project that any of our clients could contemplate, yet small enough to maintain the loyalty, intimacy and the esprit de corps that we all treasure and that contribute greatly to our success.

11. We constantly strive to anticipate the rapidly changing needs of our clients and to develop new services to meet those needs. We know that the world of finance will not stand still and that complacency can lead to extinction.

12. We regularly receive confidential information as part of our normal client relationships. To breach a confidence or to use confidential information improperly or carelessly would be unthinkable.

> 13. Our business is highly competitive, and we aggressively seek to expand our client relationships. However, we must always be fair competitors and must never denigrate other firms.
>
> 14. Integrity and honesty are at the heart of our business. We expect our people to maintain high ethical standards in everything they do, both in their work for the firm and in their personal lives.

2.3.3 Strategische Ebene

2.3.3.1 Strategische Ziele

Im nächsten Schritt werden die Ziele, die die Bank auf Basis der Vision bzw. des Leitbilds erreichen will, festgelegt. Allgemein kann man sagen, dass strategische Ziele eine Absichtserklärung des Managements eines Unternehmens sind, mit denen ein zukünftiger Zustand angestrebt wird. Konkreter dargestellt lassen sich strategische Ziele in drei Gruppen gliedern.

Das Streben nach Ausweitung oder Bewahrung des Marktanteils, nach absolutem Wachstum oder auch nach Vergrößerung des Bekanntheitsgrads wird durch *Marktziele* ausgedrückt. Die Festlegung einer angestrebten Eigenkapitalrendite, Wertsteigerung oder CIR erfolgt durch *Ertragsziele*. Die dritte Gruppe, die *Leistungsziele*, kann man in prozess- und in potenzialbezogene Ziele gliedern. Die prozessbezogenen Leistungsziele können die Reduktion der Kosten, die Beschleunigung der Abwicklung oder die Erhöhung der Reaktionsfähigkeit zum Gegenstand haben, während sich die potenzialbezogenen Ziele mit dem Ausbau bzw. Umbau der Produktpalette, der Bedienung bestimmter Marktsegmente, dem Aufbau bzw. der Reduktion des Personals oder der Erhöhung der Kundenzufriedenheit befassen. Resultat der Leistungsziele sind beispielsweise Innovationsvorhaben oder die Optimierung von Geschäftsprozessen.

Damit die Ziele ihren Zweck erfüllen, müssen sie vier Kriterien erfüllen. Sie müssen messbar, quantifizierbar, anspruchsvoll und realistisch sein. Zudem müssen sie so konzipiert sein, dass sich aus ihnen im Rahmen der Planung in den Geschäftseinheiten und Servicebereichen operative Ziele ableiten lassen.

2.3.3.2 Erfolgspotenzial und Erfolgsfaktoren

Ein *Erfolgspotenzial* ist der unternehmerische Möglichkeitsbereich, der es einer Bank oder einer Geschäftseinheit erlaubt, im Vergleich zur Konkurrenz längerfristig überdurchschnittliche Ergebnisse zu erzielen. „Ein Stratege denkt (…) in Erfolgspotenzialen, das heißt, ihn interessiert in erster Linie, welche Gewinnmöglichkeiten sich durch neue Produkte, neue Technologien, neue Vertriebswege oder Ähnliches in der Zukunft eröffnen. Dabei ist sein Handlungsspielraum praktisch grenzenlos. Nicht einmal der Unternehmenszweck ist für den langfristig denkenden, visionären Manager unantastbar."[27]

Um das Verständnis von Erfolgspotenzialen zu erleichtern, werden im Folgenden Beispiele aus verschiedenen Branchen gezeigt.

Tempo

„Haben Sie mal ein Tempo für mich?" Diese Frage hat bestimmt jeder schon einmal gestellt. Aber selten reagiert jemand entsetzt oder beleidigt, wenn man ihm ein Taschentuch von einer anderen Firma anbietet. Procter & Gamble hat es geschafft, eine Identität ihres Produkts mit einem alltäglichen Gegenstand herzustellen.

Coca-Cola

Coca-Cola ist „in". Durch aktive Werbung hat man aus einem Getränk ein Lebensgefühl gemacht. Coca-Cola ist somit zum Lifestyle-Produkt geworden – eine Entwicklung, der bereits viele Unternehmen gefolgt sind oder es zumindest versuchen. Wiederum liegt das Erfolgspotenzial in der geschickten Nutzung des mit dem erwähnten Lebensgefühl gekoppelten Produktnamens.

R + V Versicherung und DekaBank:

Die R+V Versicherung nutzt die Vertriebskraft der Genossenschaftsbanken, um ihre Versicherungsprodukte zu verkaufen, während die DekaBank ihre Investmentfonds insbesondere über das große Netz der Sparkassen vertreibt. Beide haben somit über die mit ihnen eng verbundenen Eigentümer bzw. Verbundpartner jeweils Zugang zu einer bedeutenden Zahl potenzieller Kunden in Deutschland.

Erfolgspotenziale sind eher abstrakt und mit einer gewissen Unsicherheit verbunden, da sie zukunftsbezogen sind. Dagegen sind *(kritische) Erfolgsfaktoren (KEF, EF)* bereits bestehende, für den Unternehmenserfolg entscheidende Merkmale eines Geschäftsfelds oder bestimmter Geschäftsprozesse. Da auch Erfolgsfaktoren dem in Kapital 1 angesprochen Wandel unterliegen, müssen sie ständig auf Aktualität hin überprüft werden. In Anlehnung an die Arbeit von Bokranz und Kasten sollen hier zwei Kategorien kritischer Erfolgsfaktoren unterschieden werden.[28] Zum einen gibt es allgemeingültige und zum anderen prozess-/geschäftsfeldspezifische Erfolgsfaktoren. Erstere sind insbesondere dazu geeignet, zur Erfüllung von Kundenerwartungen beizutragen (z.B. niedriges Preisniveau). Letztere sind dadurch charakterisiert, dass sie nur für bestimmte Prozesse bzw. Geschäftsfelder bedeutend sind (z.B.

Schnelligkeit einer Überweisung, niedrige Kosten der IT-Infrastruktur im Transaction Banking).

Wie im dritten Kapitel erläutert wird, haben Peters und Waterman mit ihrem *7-S-Modell* eine ausführliche Analyse der allgemeinen Gruppen von kritischen Erfolgsfaktoren durchgeführt. Im Rahmen ihrer Arbeit haben die Autoren acht Merkmale identifiziert, die besonders erfolgreiche und innovative Unternehmen auszeichnen. Diese werden im Folgenden vorgestellt, da sie eng mit der Strategie verbunden sind:[29]

- *A bias for action*: Erfolgreiche Unternehmen arbeiten systematisch und lösungsorientiert, wobei die Lösungen auch außerhalb des bekannten Rahmens gesucht werden.
- *Close to the customer*: Die Unternehmen überzeugen durch ihre Qualität, die u.a. durch ihre Fähigkeit, auch von ihren Kunden zu lernen, erreicht wird.
- *Autonomy and entrepreneurship*: Es werden Freiräume für Kreativität geschaffen und eine risikoaffine Umgebung bewusst gefördert.
- *Productivity through people*: Die eigenen Mitarbeiter gelten als entscheidende Ressource für zukünftige Effektivitäts- und Effizienzsteigerungen.
- *Hands-on, value driven*: Die Unternehmenskultur wird bewusst gelebt und bildet den entscheidenden Erfolgsfaktor.
- *Stick to the knitting*: Trotz der oben erwähnten Kreativität und Risikobereitschaft zeichnen sich erfolgreiche Unternehmen dadurch aus, dass sie sich hauptsächlich in ihrem angestammten Kerngeschäft bewegen.
- *Simple form, lean staff*: Die Organisation der Unternehmen ist schlank und überschaubar (siehe dazu Kapitel 4).
- *Simultaneous loose-tight properties*: Es ist Teil der Unternehmens- und Führungskultur, dass Manager so viel wie nötig führen und so wenig wie möglich kontrollieren.

2.3.3.3 Basisstrategie

Bausteine für die Konzeption einer Unternehmensstrategie sind strategische Geschäftsfelder und Geschäftseinheiten. Ein *strategisches Geschäftsfeld (SGF)* entsteht aus einer sinnvollen Zusammenfassung von Produkt-Markt-Kombinationen. Geschäftsfelder, die hinsichtlich ihrer Erfolgsfaktoren sowie der Merkmale Produkt, Markt und Ressourcen Ähnlichkeiten aufweisen, werden zu einer *strategischen Ge-*

schäftseinheit (SGE) zusammengefasst. Eine SGE ist nach Auffassung Hinterhubers eine Unternehmenseinheit, „an die der Prozess der Formulierung und Ausführung spezifischer Strategien von der Unternehmensleitung delegiert wird“.[30] Eine SGE ist somit ein abgrenzbarer produkt- und marktbezogener Geschäftsbereich, für den sich unabhängig von anderen Geschäftsbereichen eine eigene Marktstrategie planen und durchführen lässt.

Abbildung 2.4 zeigt eine Reihe möglicher Erfolgsfaktoren und deren Ausprägungen für einzelne Geschäftsbereiche eines Kreditinstituts. Je ähnlicher die Ausprägungen der Erfolgsfaktoren sind, desto eher können einzelne strategische Geschäftsfelder zu SGEs zusammengefasst werden.

Abbildung 2.4
Ausprägungen von Erfolgsfaktoren

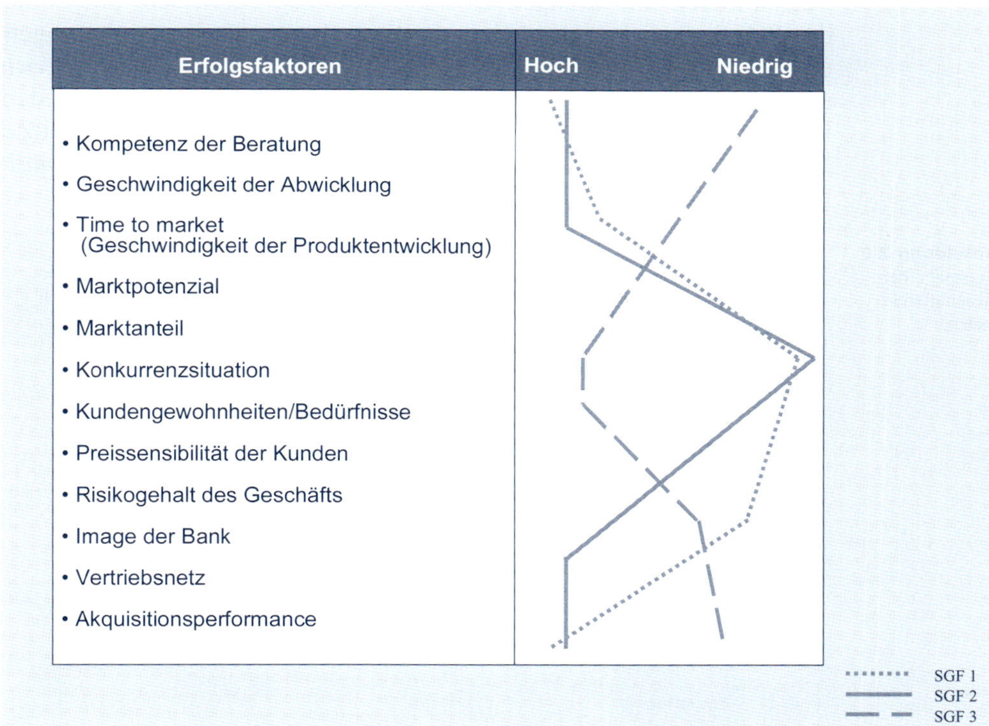

Nach Hinterhuber muss die Unternehmensführung unter anderem folgende Aspekte bei der Konstruktion von SGEs beachten:

- die Anzahl der zu schaffenden SGEs,
- die relative und absolute Größe der SGEs,

- das Ausmaß ihrer Überlappung,
- die Grenzen, innerhalb derer es zweckmäßig ist, Märkte, Vertriebssysteme, Produktionsstrukturen und Forschungs- und Entwicklungseinrichtungen zu trennen oder zusammenzulegen,
- die Präferenzen der Unternehmungsleitung und Abgrenzung der strategischen Geschäftseinheiten der Konkurrenten.31

Das bedeutet, dass eine SGE eine eigenständige Marktaufgabe und identifizierbare Wettbewerber aufweisen sollte. Darüber hinaus sollte sie eine geringe Anzahl von Kombinationen aus unterschiedlichen Abnehmergruppen, Abnehmerfunktionen und Technologien mit wenigen Überschneidungen aufweisen, um Strategien klar und deutlich formulieren zu können. SGEs sollten daher in sich homogen jedoch untereinander möglichst heterogen sein sollten. Die Anzahl der strategischen Geschäftseinheiten sollte gering gehalten werden um den Führungsaufwand zu minimieren. Hierzu sollten den einzelnen SGEs mehrere Untereinheiten angegliedert sein. Abbildung 2.5 zeigt die Zusammenführung von *Produkt-Markt-Kombinationen* zu SGEs für ein modellhaftes Kreditinstitut.

Abbildung 2.5 Beispiel einer Geschäftsfeldmatrix

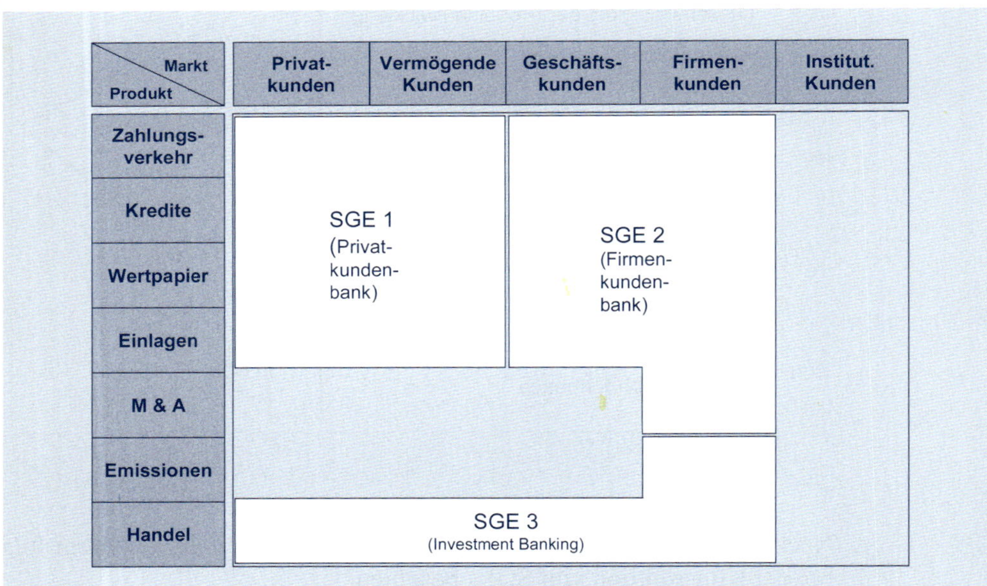

Bei der Strukturierung eines Unternehmens auf Basis von Produkt-Markt-Kombinationen werden zur Unterstützung der dadurch entstehenden SGFs und SGEs Servicebereiche benötigt, um eine effiziente Arbeit übergreifender Funktionen zu gewährleisten. Weitere Gründe für von den SGFs organisatorisch separierte SBs können auch Effektivität sowie rechtliche und regulatorische Rahmenbedingungen sein.

Nachdem die SGEs und die SBs festgelegt wurden, werden für jede Einheit spezifische Ziele und Strategien entwickelt und Maßnahmen geplant. Die Strategie auf Ebene der SGEs ist die „Fortbildung des ursprünglich leitenden Gedankens entsprechend den stets sich ändernden Verhältnissen, mit dem Ziel, auf Dauer haltbare, für den Abnehmer wichtige und von diesem auch wahrnehmbare Wettbewerbsvorteile zu verwirklichen.“[32] Die Formulierung von SGE-Strategien und die Kontrolle der dafür benötigten Ressourcen fallen in den Aufgabenbereich der für die SGE verantwortlichen Führungskräfte.

Der Ansatz der SGE-Bildung ermöglicht eine zielgruppenorientierte Marktbearbeitung. Die wesentlichen Vorteile durch die Strukturierung eines Unternehmens nach SGEs sind:[33]

- Erfolgsverantwortlichkeit der SGE,
- schnelleres Erkennen von Marktchancen,
- bessere Marktbearbeitung,
- intensivere Kundenbeziehungen,
- Entlastung der Unternehmensleitung,
- erhöhte Flexibilität und
- schnelleres Erkennen und Ausnutzen von Kostensenkungspotenzialen.

Die wesentliche Gefahr bei der Unternehmensstrukturierung nach SGEs liegt darin, dass die vorrangige Ausrichtung der Organisation an externen, wettbewerbsbezogenen Kriterien zu einer Vernachlässigung der internen Voraussetzungen und Anforderungen führen kann, die meist mit einer unverhältnismäßig hohen Bedeutung von Marketinggesichtspunkten bei der Formulierung von Geschäftsfeldstrategien einhergeht.[34] Um dies zu verhindern ist es entscheidend, dass es die Unternehmensführung als ihre ureigenste Aufgabe ansieht, die einzelnen SGEs zu definieren, zu steuern und sich hierbei immer wieder mit der Ausgangssituation des Unternehmens zu befassen.

Dieser grundsätzliche Konflikt zwischen externen Anforderungen und internen Notwendigkeiten bildet auch die Basis für die beiden grundlegenden Möglichkeiten der inhaltlichen Strategieentwicklung, dem marktbasierten und dem ressourcenbasierten Ansatz.

2.4 Markt- versus ressourcenbasierter Ansatz

Im Allgemeinen kann man zwei grundlegend verschiedene Herangehensweisen bei der Entwicklung von Strategien unterscheiden. Im ersten Fall stützt sich die Entwicklung der Strategie auf die Analyse der Umwelt, deren Gegebenheiten und Anforderungen. Im zweiten Fall wird die Analyse der internen Ressourcen, Fähigkeiten und Kernkompetenzen als Ausgangsbasis verwendet, um diejenige Strategie zu finden, die optimal zu den Charakteristika des Unternehmens passt.

Generell lässt sich keine Aussage darüber machen, welcher der beiden Ansätze besser ist. Wie oft bei strategischen Entscheidungen sollte darüber situativ entschieden werden. Es ist jedoch ratsam, bis zu einem gewissen Grad stets beide Bereiche, sowohl die internen Voraussetzungen als auch die externen Anforderungen zu überprüfen, um eine zum Markt und zum Unternehmen passende Strategie zu entwickeln.

„To achieve strategic competitiveness and earn above-average returns, a company analyses its external environment, identifies opportunities in it, determines which of its internal resources and capabilities are core competencies, and selects an appropriate strategy to implement. This array of actions is required of all companies – those competing through more traditional means, as well as those seeking above-average returns as Internet-based ventures."[35]

2.4.1 Marktbasierter Ansatz

Dieser auf Porter zurückgehende Ansatz umfasst drei Bestandteile:[36]

- Analyse des allgemeinen ökonomischen Umfelds,
- Analyse der Industrie und
- Analyse der Wettbewerber.

Da in Kapitel 1 des Buches die Umweltanalyse und Porters Five Forces bereits erläutert und auf den deutschen Bankensektor angewendet wurden, wird an dieser Stelle nur auf die Analyse der Wettbewerber eingegangen. Diese stellt den letzten

Schritt im Rahmen des marktbasierten Ansatzes dar und richtet sich auf alle Konkurrenten, mit denen das Unternehmen im direkten Wettbewerb steht, insbesondere auf diejenigen, die eine starke Marktstellung innehaben. Vier Faktoren sollten die Analyse der relevanten Wettbewerber bestimmen:

- Die Unternehmensziele der Wettbewerber
- Die Unternehmensstrategie der Wettbewerber
- Die Einschätzung der Marktsituation durch Wettbewerber, insbesondere hinsichtlich der Chancen und Risiken
- Die Fähigkeiten und Kernkompetenzen der Wettbewerber[37]

Ziel muss es sein, eine umfassende Analyse bezüglich der Positionierung und der zukünftigen Aktivitäten der Konkurrenten sowie ein Profil möglicher Reaktionen der Wettbewerber auf eigene strategische Entscheidungen zu erhalten. Hierzu ist es notwendig, umfangreiche Nachforschungen durchzuführen und eine Wissensbasis über die Konkurrenz aufzubauen, die es ständig zu aktualisieren gilt. In diesem Zusammenhang sei kurz auf die Brisanz hinsichtlich ethisch und moralischer Grenzen verwiesen, die im Rahmen dieser Wissensgewinnung zu beachten sind, damit die Grenze zur Industriespionage nicht überschritten wird.[38]

Abschließend soll mit einem Exkurs zur *SWOT-Analyse* ein Instrument zur Eigen- und Wettbewerberanalyse im Zusammenhang mit der Lage der Branche vorgestellt werden.

Exkurs: SWOT-Analyse[39]

Der Zweck einer bankbetrieblichen SWOT-Analyse liegt darin, ein aktuelles Bild des Instituts mit seinen Stärken (**S**trengths) und Schwächen (**W**eaknesses) sowie mit seinen Entwicklungsmöglichkeiten (**O**pportunities) und Entwicklungshemmnissen (**T**hreats) zu erhalten. Das Bild wird sowohl von internen Gegebenheiten als auch von externen Einflüssen bestimmt.[40] Die Abbildung 2.6 liefert einen Anhaltspunkt für das Vorgehen.

Risiken und Chancen sind von der Bank nicht beeinflussbar. Die Unternehmensführung ist hier gefordert, die strategischen Möglichkeiten der Konkurrenz zügig einzuschätzen, um auf veränderte externe Bedingungen adäquat reagieren zu können. Das heißt, die Zielrichtung der Handlungen und Maßnahmen ist vorgegeben und der Entscheidungsspielraum der Geschäftsleitung eingeschränkt.

Abbildung 2.6
SWOT-Analyse in Banken

Stärken	• Auf welche Ursachen sind vergangene Erfolge zurückzuführen? • Welches sind die Erfolgspotenziale der eigenen Bank in der Zukunft? • Welche Synergieeffekte können mit neuen Strategien besser genutzt werden?	• Welche Schwachpunkte gilt es zu beseitigen und künftig zu vermeiden? • Welches Produkt ist besonders umsatzschwach?	Schwächen
Chancen	• Welche Möglichkeiten stehen offen? • Welche Trends gilt es zu analysieren und zu nutzen?	• Welche Schwierigkeiten hinsichtlich der gesamtwirtschaftlichen Situation oder Markttrends liegen vor? • Was machen die Wettbewerber? • Ändern sich die rechtlichen Rahmenbedingungen für Arbeit, Produkte und Serviceleistungen?	Bedrohungen

Anders verhält es sich hinsichtlich der Stärken und Schwächen. Diese Faktoren sind allein von internen Entscheidungen des Bankmanagements abhängig. Es liegt an der Bank, ihre Stärken und Schwächen relativ zu ihren Konkurrenten zu definieren und auszubauen bzw. zu vermindern. Hilfreich ist hier das Konzept der Kernkompetenzen, das im folgenden Abschnitt erläutert wird.

Das Management sollte, als Grundstein für das Erzielen nachhaltiger Wettbewerbsvorteile, Maßnahmen ergreifen, die sowohl eine positive Differenzierung von Konkurrenten ermöglichen als auch Schwächen der Mitbewerber als Ausgangspunkt eigener Offensivstrategien ausnutzen.

2.4.2 Ressourcenbasierter Ansatz

Bis in die 1990er Jahre war die Analyse der internen Ressourcen von Unternehmen stark unterentwickelt. Während der 1970er und 80er Jahre lag der Schwerpunkt der Strategieentwicklung auf dem bereits beschriebenen marktbasierten Ansatz. Besonders Hamel und Prahalad trugen in den 1990er Jahren durch ihre Arbeiten über Kernkompetenzen zur Verbreitung des *ressourcenbasierten Ansatzes* bei.[41] Der Betrachtungswinkel für die Analyse des potenziellen Unternehmenserfolgs hat sich in diesem Zusammenhang von der Analyse marktgegebener Bedingungen auf die individuellen Ressourcen und Potenziale eines Unternehmens verschoben. Dieser Ansatz geht von einer heterogenen Verteilung der Ressourcen und Potenziale auf die Unternehmen aus. Diese sind vor allem auch in ihrer speziellen Kombination für jedes Unternehmen individuell und nicht frei übertragbar.

Die Unternehmensressourcen lassen sich in folgende Typen gliedern:

- Materielle Vermögensgegenstände: Finanzielle, organisatorische, physische und technische Ressourcen eines Unternehmens, wie z.B. Produkte, Dienstleistungen, Standorte und Patente.
- Immaterielle Vermögensgegenstände (inklusive Human Resources): Hierzu zählen nicht bilanziell erfasste Werte eines Unternehmens, wie z.B. Innovationskraft, Kreditwürdigkeit (Rating), Wissen und Erfahrung der Mitarbeiter, Unternehmenskultur und Reputation des Unternehmens bei Kunden.
- Organisatorische Potenziale: Die Fähigkeit vorhandene Ressourcen, also materielle und immaterielle Vermögensgegenstände, zu integrieren und zu kombinieren, um das gewünschte Ergebnis zu erzielen. Integrierte Ressourcenbündel nennt man Kompetenzen.

Nach erfolgreicher Analyse der Ressourcen stellt sich die Frage, welche Kompetenzen den entscheidenden Beitrag zum Erfolg des Unternehmens leisten können und daher die Basis einer zu entwickelnden Strategie bilden sollten.

Kompetenzen können dann *Kernkompetenzen* sein, wenn sie

- einen überproportionalen Beitrag zum Kundennutzen oder zur Effizienz der Leistungserbringung bieten oder
- die Basis für einen Markteintritt bilden.

Hinterhuber definiert sie auch als „integrierte und durch organisationale Lernprozesse koordinierte Gesamtheit von Know-how, Fähigkeiten, Prozessen, Technologien und Einstellungen, die

- für den Kunden erkennbar wertvoll sind,
- gegenüber der Konkurrenz einmalig sind,
- schwer imitierbar sind und
- potenziell den Zugang zu einer Vielzahl von Märkten eröffnen."[42]

Diese Auffassung von Kernkompetenzen leitet sich aus der Definition von Hamel und Prahalad ab, die Kernkompetenzen als „systematisch gebündelte Kombinationen aus individuellen Technologien und Produktionsfertigkeiten, die der Vielzahl der Produktlinien einer Unternehmung zugrunde liegen“, betrachten.[43]

Es wird eine strategische Architektur im Unternehmen benötigt, um den Aufbau von Kernkompetenzen zu ermöglichen. Nach Hinterhuber entstehen Kernkompetenzen vor allem aus organisationalen Lernprozessen. Alle Prozesse in einem Unternehmen tragen zum Funktionieren des Unternehmens bei, Kernkompetenzen jedoch bestimmen über ihren Erfolg. „Die Bündelung von Ressourcen und Prozessen bestimmt die Kernkompetenzen und die Kernkompetenzen bestimmen den Kundennutzen und die Wertsteigerung der Unternehmung.“[44]

Kernkompetenzen erstrecken sich über alle Geschäftsbereiche. Als Basis für Kernprodukte dienen sie auch der Bildung von günstigen Variationen und ermöglichen durch ständig neue Produkte das Wecken neuer Bedürfnisse. Folge der Kernkompetenzen ist somit, dass sich das Unternehmen marktorientiert und nicht produktorientiert gliedern sollte.

Falls die eigenen Kernkompetenzen für einen Wettbewerbsvorteil nicht ausreichen, besteht die Möglichkeit, durch Neuaufbau oder Zukauf von komplementären Kompetenzen neue Kernkompetenzen zu erhalten, um einen Wettbewerbsvorteil zu erlangen. Umgekehrt können zur Steigerung der Profitabilität einer Bank unprofitable Bereiche verkauft oder an einen externen Dienstleister ausgelagert werden, wenn diese keine Kernkompetenz darstellen.

2.5 Generische Wettbewerbsstrategien

2.5.1 Einleitung in das Modell von Porter

Nachdem die formalen Bestandteile einer Strategie und zwei unterschiedliche Ansätze zur Strategieentwicklung erläutert worden sind, wird nun ein Modell vorgestellt, anhand dessen sich ein Unternehmen im Wettbewerb positionieren kann. Im Anschluss sollen zwei Weiterentwicklungen des Porterschen Ansatzes skizziert werden, die aus der Kritik seines Konzepts entstanden sind.

Porter unterscheidet drei Strategietypen. Diese Typen sind seiner Meinung nach erfolgversprechende Ansätze, um im Wettbewerb mit anderen Unternehmen zu bestehen. Es handelt sich dabei um die *umfassende Kostenführerschaft*, die *Differenzierung* und die *Konzentration auf Schwerpunkte* (Abbildung 2.7). Diese grundlegenden (generischen) Strategietypen sind darauf ausgerichtet, Wettbewerbsvorteile zu erzielen und somit die Basis für überdurchschnittliche Gewinne zu legen.

Abbildung 2.7 Generische Wettbewerbs-strategien

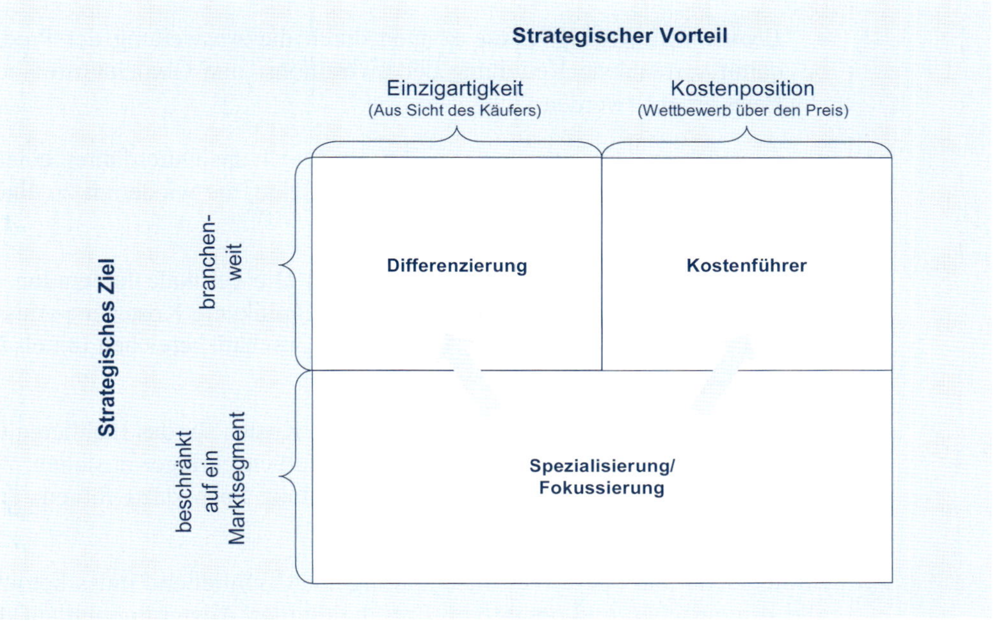

Quelle: Porter, M.E. (1992).

2.5.2 Umfassende Kostenführerschaft

Die erste der drei generischen Wettbewerbsstrategien ist die *umfassenden Kostenführerschaft*. Sie beruht auf einer Reihe von Maßnahmen, die ergriffen werden müssen, um einen umfassenden Kostenvorsprung innerhalb einer Branche zu erlangen. Obwohl Qualität und Service nicht vernachlässigt werden dürfen, da die Kostenführerschaft nicht zu Lasten der Qualität der angebotenen Leistung erreicht werden soll, spielen die niedrigen Kosten im Verhältnis zur Konkurrenz die bedeutendere Rolle. Ziel des Unternehmens muss es sein, selbst in einem starken Wettbewerb durch seine Kostenstruktur einen überdurchschnittlichen Ertrag erwirtschaften zu können bzw. gegen die Rivalität seiner Konkurrenten in einem bestimmten Umfang geschützt zu sein.

Um jedoch die Kostenführerschaft bzw. den umfassenden Kostenvorsprung zu erlangen, sind Effizienzvorteile erforderlich. Zum Erreichen dieser Position bedarf es einer kostenbewussten Unternehmenskultur. Die Kostensituation eines Unternehmens ist ein Resultat aller Aktivitäten in den einzelnen Bereichen der *Wertschöpfungskette*. Somit sollten unter anderem die folgenden Kostentreiber bei der Umsetzung dieser Wettbewerbsstrategie beachtet werden:

- *Economies of Scale*: Diese können durch die Ausweitung der Produktion und die damit verbundene Verteilung der Investitions- und Gemeinkosten auf eine breitere Basis erreicht werden.
- *Learning and Experience Curve Effects*: Durch das Durchführen einer Tätigkeit über einen längeren Zeitraum entstehen Lerneffekte, die wiederum zu einer Senkung der Kosten führen.
- *Vertikale Integration* versus *Outsourcing*: Die vertikale Integration in den Bereich der Zulieferer oder der Abnehmer kann signifikante Kostenersparnisse ermöglichen ähnlich wie andererseits die Abgabe von Geschäftsbereichen mittels Outsourcing an spezialisierte Dienstleister.
- *First-Mover-Vorteile* bzw. *-Nachteile*: Die Kosten für das Etablieren einer Marke als Folge des First-Mover-Effekts können deutlich geringer ausfallen. Allerdings kann die teilweise rasante technische Entwicklung auch dazu führen, dass der spätere Markteintritt kostengünstiger ist.

Strategische und operative Entscheidungen: Abschließend muss betont werden, dass alle strategischen und operativen Entscheidungen Auswirkungen auf die Kostensituation haben, wie z.B. die Ausweitung oder Reduktion der Produktpalette oder das Angebot von so genannten Zusatzdienstleistungen. Ein Kostenvorsprung schützt gegen alle fünf Wettbewerbskräfte (vgl. Abschnitt 1.4). Denn aufgrund des Kostenvorsprungs erzielt das Unternehmen auch dann noch Gewinne, wenn die Mitbewerber bereits mit Verlusten arbeiten. Mächtige Abnehmer können das Preisniveau nur auf das Niveau des zweiteffizientesten Unternehmens am Markt drücken und somit die Marge nicht vollkommen vereinnahmen. Preissteigerungen von Lieferanten können sich daher nicht derart negativ auswirken wie bei anderen Konkurrenten, da der Kostenführer verglichen mit dem Wettbewerb relativ größere Preissteigerungen durch seine Marge auffangen kann, bevor er sich Preiserhöhungen bedienen muss. Darüber hinaus schafft das „führende“ Unternehmen durch seine niedrigen Kosten eine hohe Markteintrittsbarriere und zwingt mögliche neue Mitbewerber dazu, entweder mit einer sehr großen Absatzmenge auf den Markt zu kommen, um entsprechende Economies of Scale zu erzielen, oder so lange eine durchschnittliche Gewinnsituation zu akzeptieren, bis Erfahrungswerte zu vergleichbaren Effizienzsteigerungen führen. Mit Blick auf mögliche Substitute verfügt der Kostenführer auch hier über eine überlegene Ausgangssituation, da er über einen größeren Anpassungsspielraum verfügt, um mit Preissenkungen die Preis-Wert-Beziehung im Vergleich zum Substitut bewahren zu können.

Die größte Gefahr dieser Strategie liegt darin, dass Wettbewerber aufgrund von technischen Innovationen oder einfacher Imitation der Wertschöpfungskette des Kostenführers den Vorsprung innerhalb kürzester Zeit zunichte machen oder gar in eine eigene Führungsposition umwandeln. Außerdem ist es möglich, dass eine auf dieser Strategie basierende aggressive Preissenkungspolitik letztlich dazu führt, dass die Profitabilität des Unternehmens eher verringert als erhöht wird. Denn die ausschließliche Fokussierung auf Kosteneinsparungspotenziale kann ein Unternehmen für die Bedürfnisse seiner Kunden blind werden lassen. Somit werden gegebenenfalls entscheidende Entwicklungen am Markt verpasst. Unternehmen mit der Strategie der Kostenführerschaft sind z.B. Aldi, Media-Markt, Ryan Air, Citibank Privatkunden und die Postbank.

2.5.3 Differenzierung

Die zweite Strategie besteht nach Porter darin, ein für den Kunden werthaltiges Charakteristikum der Leistung zu schaffen, das in der gesamten Branche als einzigartig angesehen wird. Man spricht auch davon, das Produkt oder die Dienstleistung eines Unternehmens zu differenzieren. Ansatzpunkte für eine *Differenzierung* können beispielsweise der Markenname, das Design, die Technologie oder auch ein angebotener Zusatznutzen sein. Eine Differenzierung sollte auf besonderen strategischen Stärken, die in allen Bereichen der Wertschöpfungskette liegen können, aufsetzen und eine Profilierung durch exklusive Kombination von Leistungsmerkmalen und Zusatznutzen ermöglichen. Diese Kombination führt dazu, dass das Unternehmen seine Leistung aufgrund des daraus entstehenden Preisspielraums mit einer Prämie auf den durchschnittlichen Marktpreis verkaufen kann. Damit können Unternehmen einen Wettbewerbsvorteil aufbauen, um sich besser als die Konkurrenz zu entwickeln und überdurchschnittliche Gewinne zu erzielen.

Im Folgenden seien einige Bereiche innerhalb der Wertschöpfungskette genannt, in denen differenzierende Eigenschaften erzielt werden können. Es ist entscheidend, die Bedürfnisse der Kunden und deren Wertschätzung gegenüber bestimmten Attributen der Leistung zu verstehen:

- Forschung und Entwicklung: Dieser Bereich sollte stets versuchen, die Qualität, Leistungsfähigkeit oder das Design zu verbessern, um eine Vorreiterrolle einnehmen zu können.

- Einkauf von weiterzuverarbeitenden Produkten und Leistungen: Hier gilt es, auf außergewöhnliche Qualität zu achten.
- Produktionssysteme: Diese sollten dem neuesten Stand der Technik entsprechen, damit die erbrachten Leistungen möglichst fehlerfrei sind.
- Distribution: Hier muss die Liefergeschwindigkeit, -qualität und -verlässlichkeit im Vordergrund stehen.

Eine Differenzierungsstrategie ist auf den gesamten Markt gerichtet, obwohl sie nur einen Teil der Nachfrage absorbieren wird. Denn nicht alle Branchenkunden, die das einzigartige Charakteristikum als werthaltig einstufen, werden in der Lage sein oder sich dazu bereit erklären, den höheren Preis für das entsprechende Produkt oder die Dienstleistung tatsächlich zu zahlen. Ein hoher Marktanteil ist – verglichen mit der Strategie der Kostenführerschaft – nicht primäres Ziel. Da allerdings die Differenzierung häufig mit einem exklusiven Ruf oder Image einhergeht, wird ein hoher Marktanteil möglicherweise nicht nur als nicht notwendig, sondern sogar als damit unvereinbar erachtet. Auch die Strategie der Differenzierung bedarf einer guten Kostenkontrolle. Die zur Differenzierung benötigten Inputfaktoren erhöhen in der Regel signifikant die Kostenposition, insbesondere die variablen Stückkosten. Zwar vereinnahmt das Unternehmen für seine Leistung eine Prämie, jedoch entstehen nicht nur höhere Einkaufskosten, sondern es kommt meist auch zu einem Anstieg der Stückgemeinkosten, da die Gesamtausbringungsmenge im Vergleich zur Kostenführerschaft geringer ausfällt und überdies zum Erreichen von Exklusivität und Innovationsfähigkeit häufig größere Forschungsaufwendungen nötig sind.

Ebenso wie mit der Strategie der Kostenführerschaft kann es einem Unternehmen auch mit der Differenzierungsstrategie gelingen, sich gegen den Wettbewerb abzuschirmen. Die Strategie bindet die Abnehmer aufgrund der Einzigartigkeit an das Produkt oder die erbrachte Dienstleistung und verringert somit die Preissensitivität der Kunden. Durch diese niedrige Preissensitivität wird die Gewinnspanne des Unternehmens erhöht und es erhält daraufhin eine Position, die nicht zwingend einen Kostenvorsprung erfordert. Durch die Kundenloyalität entsteht ein enormer Druck auf Konkurrenten und mögliche neue Wettbewerber, die bestehende Einzigartigkeit des Unternehmens bzw. seiner Leistung zu übertreffen. Das Unternehmen ist praktisch immun gegenüber jeglicher Art von Preiskampf, solange die Einzigartigkeit der Leistung nicht gefährdet ist. Dies resultiert in einer enormen Eintrittsbarriere für den relevanten Markt, da neue Wettbewerber entweder, wie oben angedeutet, die Einzigartigkeit der Leistung übertreffen oder ähnlich differenzierte Produkte zu niedrigeren Preisen anbieten müssen. Ähnliches gilt auch für eventuelle Substitute. Die höheren Gewinnspannen und die geringe Sensitivität der Abnehmer gegenüber Preiserhöhungen schwächt die Verhandlungsmacht der Zulieferer. Es sind vielmehr die Differenzierer, die Druck auf die Zulieferer ausüben können, um höherwertige Leistungen und Produkte zur Weiterverarbeitung zu erhalten.[45]

Das größte Risiko der Differenzierungsstrategie liegt in der Prämie, denn sollten die Kunden der Ansicht sein, dass diese in Relation zum gelieferten Zusatznutzen zu hoch ist, wird dies zu einem deutlichen Nachfragerückgang führen. Ein solches verändertes Kundenverhalten kann zwei Gründe haben: Entweder übersteigt die angebotene Einzigartigkeit die tatsächlichen Bedürfnisse oder bei den Kunden setzt ein Lerneffekt ein, der den gebotenen Mehrwert in der Wahrnehmung der Kunden sinken lässt. Eine große Gefahr stellen Hersteller von Imitaten dar, da diese oft denselben Zusatznutzen (z.B. den Markennamen) bieten, jedoch zu deutlich niedrigeren Preisen und meist verbunden mit deutlich schlechterer Qualität.[46] Im Falle derartiger Entwicklungen müssen die differenzierenden Unternehmen schnellstmöglich reagieren, um ihre Marktstellung nicht zu gefährden. Hierzu können je nach Situation Preisnachlässe oder eine erneute Erhöhung des Zusatznutzens angebracht sein. Unternehmen mit der Strategie der Differenzierung sind z.B. Daimler, Apple, McKinsey & Company, die Deutsche Bank oder auch Goldman Sachs.

2.5.4 Konzentration auf Schwerpunkte

Im Gegensatz zu der reinen Kostenvorsprungs- bzw. Differenzierungsstrategie, die auf den gesamten Markt zielen, beschränkt sich die *Konzentrationsstrategie* darauf, eine bestimmte Zielgruppe bevorzugt zu bedienen. Diese Unternehmen fokussieren sich auf einzelne Marktnischen, die entweder über bestimmte Kundengruppen, Vertriebskanäle, Produkte oder über ausgewählte Regionen definiert werden können. Das Unternehmen möchte das anvisierte strategische Ziel effektiver und effizienter erreichen als die Konkurrenz, die sich auf den Gesamtmarkt ausrichtet. Jedoch führt diese Konzentration nach Porter zu einem Zielkonflikt zwischen Rentabilität und maximalem Umsatz, der gelöst werden muss.[47] Die folgenden drei Gründe können es für ein Unternehmen sinnvoll erscheinen lassen, eine derartige *Fokussierungsstrategie* (Spezialisierung, Nischenstrategie) zu verfolgen:

- Unzureichende Bearbeitung der Nische durch die Konkurrenz,
- größere Effizienz bei der Bedienung dieser Nische als Wettbewerber oder
- zu hohe Spezifität der Nische für branchenweit operierende Wettbewerber.

Zur Bearbeitung einer Marktnische bedient sich ein Unternehmen wiederum entweder eines Kostenvorsprungs oder einer Differenzierung. Fokussiert es sich hierbei mittels Kostenführerschaft, so zielt es in der Regel auf diejenigen Abnehmer ab, die von den großen Wettbewerbern weniger effizient versorgt werden können. Das schwedische Einrichtungshaus IKEA hat sich in diesem Zusammenhang klar profiliert, indem es weltweit zufrieden stellende Qualität, ansprechendes Design und Funktionalität zu günstigen Preisen für bestimmte Zielgruppen (z.B. junge Familien mit niedrigem bis mittlerem Einkommen) anbietet. Im Falle einer Differenzierungsstrategie im Zusammenhang mit der Konzentration auf Schwerpunkte bietet ein Unternehmen Produkte an, die für ein kleines Marktsegment maßgeschneidert sind. Diese Strategie kann dann erfolgreich sein, wenn dies entweder zu Preisen gelingt, zu denen die großen Mitbewerber derart kleine Stückzahlen nicht ökonomisch produzieren können oder wenn die Anforderungen an das Produkt über die Möglichkeiten des branchenweiten Differenzierers hinausgehen. Als Beispiele hierfür seien die Automobilhersteller des Luxussegments wie Ferrari, Lamborghini oder Rolls-Royce genannt.

Die Vorteile der beiden Ausrichtungen innerhalb der Fokussierungsstrategie sind je nach Typ der Fokussierung identisch zu den ersten beiden Wettbewerbsstrategien, wobei sich der Umfang des Wettbewerbs auf die Nische beschränkt. Somit sehen sich Unternehmen, die sich auf eine Nische konzentrieren, ähnlichen Risiken ausgesetzt wie bei den ersten beiden Optionen. Drei zusätzliche Risiken gilt es zu beachten: Mitbewerber, denen es gelingt, sich auf ein noch kleineres Marktsegment zu spezialisieren, können eine erhebliche Gefahr für die Fokussierer darstellen. Darüber hinaus stellen insbesondere große, branchenweit operierende Unternehmen aufgrund ihrer Kapitalbasis eine Bedrohung dar, sobald sie eine Nische als attraktiv einstufen. In der heutigen, sich schnell verändernden Welt liegt das dritte Risiko darin, dass sich die Kundenbedürfnisse innerhalb des Segments denen annähern, die in der gesamten Branche dominieren. Dadurch würde der Fokussierer seinen Wettbewerbsvorteil verlieren und müsste direkt mit den großen, etablierten Unternehmen der Branche konkurrieren.

2.5.5 Vergleich der drei Alternativen

Die von Porter formulierten generischen Wettbewerbsstrategien sollen auf verschiedene Weise vor den fünf Wettbewerbskräften schützen. Es bestehen jedoch grundsätzlich zwei Risiken bei der Verfolgung dieser Strategien. Zum einen kann die Umsetzung oder das Durchhalten der gewählten Strategie schlicht misslingen. Zum anderen können Entwicklungen in einer Branche der eigenen Strategie entgegenwirken und sie somit zunichte machen. In der Tabelle 2.1 werden die wichtigsten Risiken der einzelnen Strategietypen dargestellt.

Tabelle 2.1 Risiken der verschiedenen Strategietypen

Kostenführer	Differenzierung	Spezialisierung
• Technologische Veränderungen, die vergangene Investitionen zunichte machen • Unfähigkeit, notwendige Produkt- oder Marketing-änderungen zu erkennen	• Kostenunterschied zu Billiganbietern wird zu groß • Bedarf der Abnehmer an differenzierenden Faktor sinkt • Nachahmung	• Kostenunterschied zwischen breiten Anbietern und konzentrierten Unternehmen weitet sich aus • Konkurrenten finden Untermärkte innerhalb des Zielmarkts

Um die generischen Strategietypen erfolgreich umsetzen zu können, bedarf es geeigneter Mittel und Fähigkeiten sowie organisatorischer Regelungen, Kontrollverfahren und Anreizsysteme. Jedoch empfiehlt Porter allen Unternehmen, sich dauerhaft auf eine der Strategien als Hauptziel zu konzentrieren.[48] Die Begründung liegt in der empirischen Beobachtung einer U-förmigen Beziehung zwischen Rentabilität und Marktanteil (Abbildung 2.8).

Abbildung 2.8 Positionierung aufgrund von Rentabilität und Marktanteil

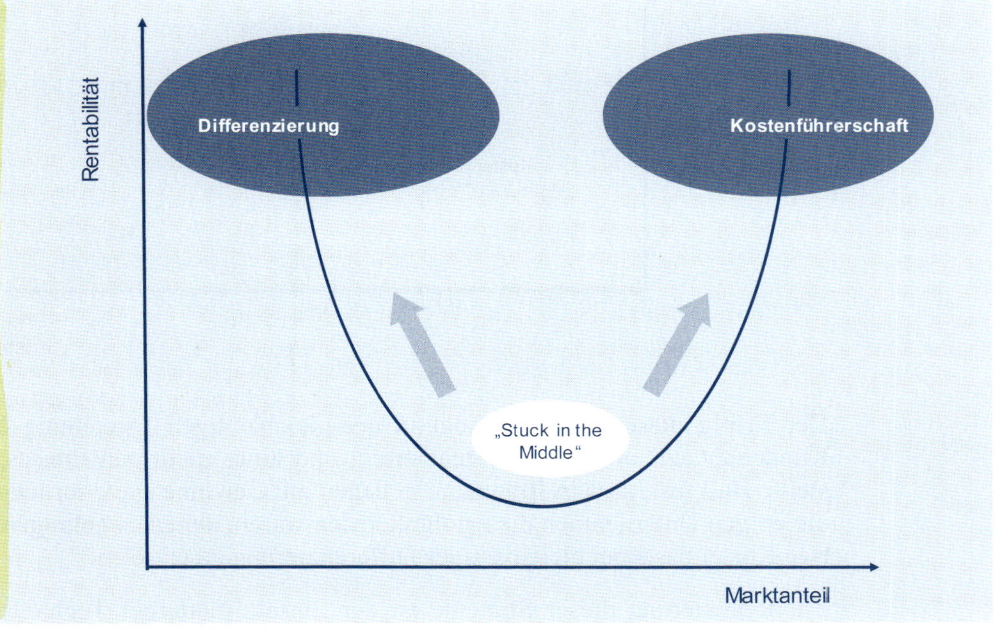

Unternehmen, die sich nicht klar auf eine Strategie fokussiert haben, sind sozusagen „Stuck in the Middle“ und haben eine aus Rentabilitätsgesichtspunkten unbefriedigende Position. Wie die Pfeile in der Abbildung andeuten, können diese Unternehmen nur dann wieder überdurchschnittliche Gewinne generieren, wenn sie sich für eine Strategie – Differenzierung oder Kostenführerschaft – entscheiden.

2.5.6 Weiterentwicklungen des Modells

Im folgenden Abschnitt wird auf zwei Weiterentwicklungen eingegangen, die auf dem oben geschilderten Modell von Porter aufbauen. Zunächst wird ein Ansatz erläutert, der nicht direkt auf Porter zurückgeht, sondern eine spezifische Weiterentwicklung darstellt, die Porter selbst noch als unrentabel ausgeschlossen hatte – die Strategie der *Differenzierung bei gleichzeitiger Kostenoptimierung* (Abbildung 2.9).

Abbildung 2.9 Positionierung aufgrund von Leistungs-/ Serviceniveau und Preis/Kosten

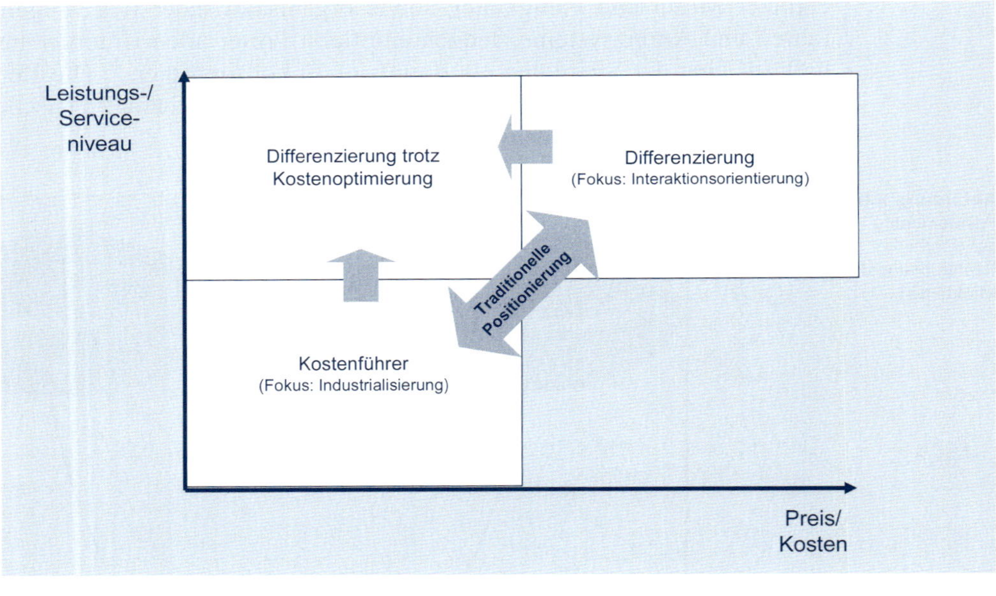

Der Erfolg dieser Strategie liegt in der gleichzeitigen Erreichung eines erhöhten Kundennutzens aus der Differenzierung und eines niedrigen Preises. Bereits 1980 stellte Hall fest, dass in Branchen, in denen die Gewinne stark zurückgegangen sind, diejenigen Unternehmen die erfolgreichsten waren, denen es gelungen ist, eine niedrige Kostenbasis bei gleichzeitiger Differenzierung zu erzielen.[49]

Zur Realisierung dieser Strategie ist der Einsatz moderner Technologien von entscheidender Bedeutung. Beispielhaft seien genannt:

- *Flexible Manufacturing Systems* versetzen ein Unternehmen in die Lage, flexibel und schnell auf ein verändertes Kundenverhalten zu reagieren, ohne dabei auf Kostenvorteile aus der Massenproduktion verzichten zu müssen.

- *Information Networks* ermöglichen es Unternehmen, über eine Vernetzung von internen und externen Bestandteilen der Wertschöpfungskette zu mehr Flexibilität und zu höherer Geschwindigkeit zu gelangen.

- *Total Quality Management* soll die Produktqualität und die Produktivität der internen Wertschöpfung erhöhen, z.B. über ein konsequentes Geschäftsprozessmanagement und die Ausrichtung aller betrieblichen Aktivitäten an Qualitätszielen.

Trotz der Chancen, die dieser Ansatz bietet, besteht die Gefahr, dass dem Unternehmen die Umsetzung dieser Strategie misslingt und sich das Stuck-in-the-Middle-Problem einstellt. Oftmals reichen die internen Kapazitäten nicht aus, um sowohl die Kosten zu kontrollieren und Kostensenkungspotenziale zu nutzen als auch gleichzeitig die Leistungen zu differenzieren.[50]

Die zweite Weiterentwicklung stellt die *Porter'sche Wertschöpfungskette* dar. Mit diesem Modell, das bereits im ersten Kapitel vorgestellt wurde, versucht Porter der Kritik entgegenzutreten, die Schaffung von Wettbewerbsvorteilen in seiner Darstellung der generischen Wettbewerbsstrategien nicht ausreichend dargelegt zu haben. Die Idee der Wertschöpfungskette zielt darauf ab, durch eine wettbewerbs- und kundennutzenorientierte Analyse die Aktivitäten des Unternehmens hinsichtlich der Befriedigung von Kundenbedürfnissen sowie der Generierung eines Mehrwerts zu untersuchen.

2.6 Prozess der Strategieentwicklung

Nach der kurzen Einführung in die verschiedenen Denkschulen zum Thema Strategie, der Vorstellung des an das St. Galler Managementkonzept angelehnte Grundmodell und dessen Einzelelemente, und der Erläuterung der Unterschiede zwischen dem ressourcen- und dem marktbasierten Ansatz sowie der verschiedenen generischen Wettbewerbsstrategien, kann nun der Prozess der *Strategieentwicklung*, -implementierung und -überprüfung beschrieben werden.

Insbesondere die angelsächsische Literatur unterscheidet bei der *Strategieentwicklung* zwischen der *Corporate-Level-* und der *Business-Level-Strategie*.[51] Die Corporate-Level-Strategie ist als Bindeglied zwischen den unterschiedliche Märkte bedienenden Geschäftseinheiten anzusehen. Dagegen verfolgen die einzelnen SGEs Business-Level-Strategien, die meist auf den generischen Wettbewerbsstrategien basieren. Porter beschreibt die Zielsetzung der Strategie auf Corporate-Level wie folgt: „The corporate whole (should) add up to more than the sum of its business parts."[52] Die folgende (keinesfalls abschließende) Auflistung gibt einen Überblick über die Inhalte einer Corporate-Level-Strategie:

- Diversifikation nach SGEs und Regionen bzw. Ländern,
- Fusionen und Übernahmen,
- Kooperationen und strategische Allianzen,
- Restrukturierung und Desinvestition sowie
- internationale Strategie.

Der in Abbildung 2.10 dargestellte Prozess der Strategieentwicklung kann aufgrund seiner Allgemeingültigkeit und seines hohen Abstraktionsgrads als Basis für die Entwicklung sowohl einer Corporate-Level- als auch einer Business-Level-Strategie herangezogen werden.

Den Ausgangspunkt eines Strategieentwicklungsprozesses stellt die Identifikation der bestehenden (oder vielleicht nicht bestehenden) Strategie dar. Diese gilt es im zweiten Schritt zu evaluieren. Hierbei muss die Strategie dahingehend überprüft werden, ob und inwiefern sie geeignet ist, den von der Umwelt vorgegebenen Rahmenbedingungen standzuhalten und Wettbewerbsvorteile für das Unternehmen zu erhalten bzw. zu entwickeln. Ferner muss beurteilt werden, inwieweit die internen Ressourcen, Fähigkeiten und Kernkompetenzen optimal eingesetzt werden können. Hierzu kann sich der vorgestellten Instrumente Umweltanalyse, Porters Five Forces oder der SWOT-Analyse bedient werden.

Sollte ein Unternehmen nach Abschluss der ersten beiden Schritte nicht zu der Überzeugung gelangen, dass die bestehende Strategie die internen Ressourcen optimal einsetzt und sich das Unternehmen adäquat im veränderten Wettbewerbsumfeld positioniert, müssen im nächsten Schritt neue strategische Optionen entwickelt und wiederum hinsichtlich ihrer Eignung beurteilt werden. In dieser Phase muss die Kreativität der beteiligten Mitarbeiter bewusst gefördert und ein Denken über bestehende Grenzen hinweg ermöglicht werden. Ähnlich wie die bestehende Strategie werden die verschiedenen Optionen einheitlichen Beurteilungsverfahren unterzogen, um ihre Konsistenz hinsichtlich interner Voraussetzungen und externer Anforderungen zu überprüfen.

Abbildung 2.10 Zirkulärer Prozess der Strategieentwicklung

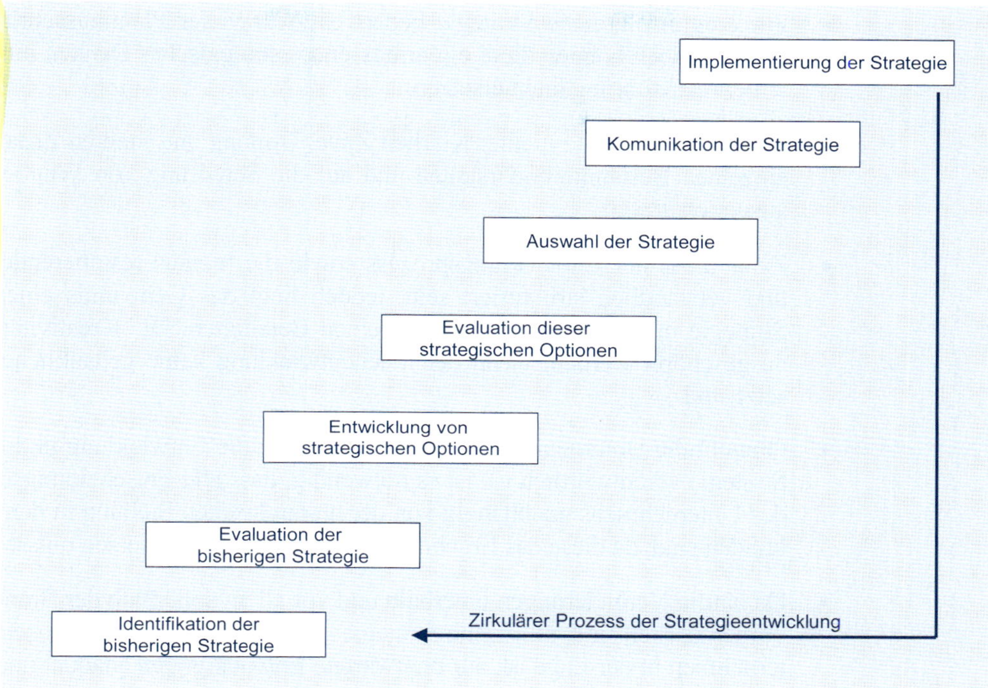

Auf Basis dieser Bewertung entscheidet die Unternehmensführung über die zukünftige Strategie. Diese Entscheidung sollte dann adäquat und umfassend an die nachgeordneten Führungskräfte und übrigen Mitarbeiter kommuniziert werden. Der Prozess der Strategieentwicklung ist immer wieder neu anzustoßen, um die Strategie des Unternehmens sowie der einzelnen Geschäftseinheiten permanent zu überprüfen und weiterzuentwickeln. Die Frequenz, mit der dieser Prozess wiederholt wird, und auch die Tiefe, in der die Strategie definiert wird, hängt wesentlich von der Branche ab, in der ein Unternehmen operiert, sowie von der Entwicklungsphase, in der sich das Unternehmen gerade befindet. Technologieunternehmen müssen aufgrund der Entwicklungsgeschwindigkeit innerhalb der Branche wesentlich häufiger ihre Strategie überprüfen und anpassen als Unternehmen, die in einem weniger volatilen Marktumfeld operieren. Ähnlich verhält es sich mit Start-Ups im Vergleich zu etablierten Unternehmen.

Saloner et al. haben einige Grundprinzipien für die Entwicklung einer adäquaten Strategie aufgestellt:[53]

- Für eine erfolgreiche Strategie bedarf es zwar vieler Planungsschritte und -instrumente, jedoch können diese ein umfassendes strategisches Denken innerhalb der Unternehmensführung nicht ersetzen.
- Eine Strategie sollte in aller Klarheit Ziele, Umfang und inneren Zusammenhang der einzelnen Bestandteile darstellen und auf die Schaffung von Wettbewerbsvorteilen ausgerichtet sein.
- Zwar muss der Entwicklungsprozess sowie die hieraus resultierende Strategie klar und verständlich strukturiert sein, jedoch liegt das Geheimnis einer erfolgreichen Strategie in der Kreativität der einzelnen Beteiligten. Die Kreativität kann nur voll ausgeschöpft werden, wenn der Ideenentwicklung keine gedanklichen Grenzen gesetzt sind.
- Obwohl die Unternehmensführung letztlich für die Entwicklung und Umsetzung der Strategie verantwortlich ist, ist es notwendig, dass alle Entscheidungsträger innerhalb des Unternehmens unabhängig von der hierarchischen Stellung in den Prozess eingebunden sind, da diese das Ergebnis, d.h. die Strategie, umsetzen müssen.
- Da häufig Veränderungen innerhalb und vor allem außerhalb der Branche nur schwer vorherzusehen sind, muss eine Strategie stets so flexibel formuliert sein, dass das Unternehmen in der Lage ist, auf unerwartete Entwicklungen adäquat und zeitnah zu reagieren.
- Die Strategie und die Organisation eines Unternehmens sind eng miteinander verwoben. Somit müssen Ablauf- und Aufbauorganisation stets in Einklang mit der Strategie gebracht werden.

Der letzte Punkt wird im folgenden Kapitel ausführlich thematisiert. Daher erfolgen hier nur einige grundlegende Überlegungen zum engen, inneren Zusammenhang von Strategie und Organisation. Die Umsetzung und Durchführung der Gesamtstrategie bedarf der Unterstützung und des koordinierten Einsatzes einer Vielzahl von Führungskräften und Mitarbeitern in einem Unternehmen. Da jede Strategieänderung auch Änderungen in den funktionalen Bereichen und regionalen Einheiten mit sich bringt, müssen die Organisationsstruktur und die Geschäftsprozesse der Strategie angepasst werden. Massiver Einfluss geht von der Art der Zusammenfassung der Produkt-Markt-Kombinationen zu strategischen Geschäftseinheiten aus. Dazu kann es keine Standardlösung geben. Das perfekte, allzeit gültige Organisationsmodell existiert nicht.

Während Strategien verhältnismäßig leicht geändert werden können, sind organisatorische Strukturen nur schwer veränderbar. Jede Organisation tendiert daher zu einer gewissen Starrheit. In einem mental starren Unternehmen wird die mangelnde Übereinstimmung von Strategie und Organisation zur Überlebensfrage. Aus diesem Grund ist es wichtig, eine Organisation zu schaffen, die Probleme selbstständig erkennt und angeht. Alle Änderungen in der Strategie und in den Schwerpunkten unternehmerischer Tätigkeit müssen eine Anpassung der Organisation zur Folge haben. Sollte diese Anpassung nicht stattfinden, entsteht nach Hinterhuber eine *„organisatorische Lücke"* (Abbildung 2.11), durch die der gewünschte Erfolg ausbleibt. Eine ständige Überprüfung der Beziehung zwischen Vision, Strategie, Organisation und Unternehmenskultur ist damit zwingend erforderlich. Ein Unternehmen kann auf Dauer nur erfolgreich sein, wenn die Organisation sowohl mit der Strategie als auch mit den Bedürfnissen, Wünschen und Vorstellungen der Mitarbeiter übereinstimmt.[54]

Abbildung 2.11
Organisatorische Lücke

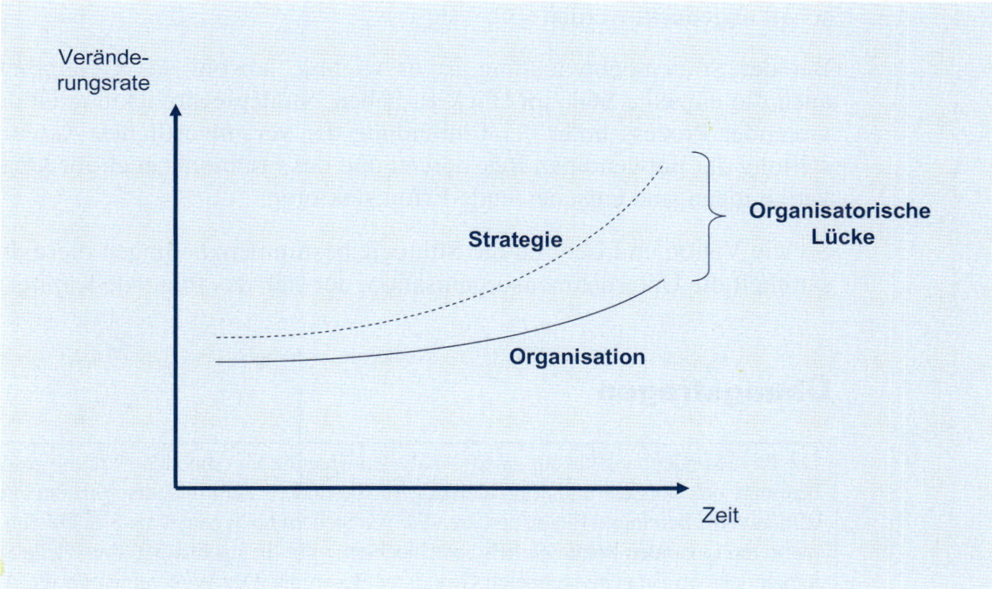

Strategien müssen Anforderungen erfüllen, um für das Unternehmen eine optimale Ausgangsposition zu schaffen, die zu einem Wettbewerbsvorteil und zu überdurchschnittlichen Gewinnen führt. Eine Strategie muss nach Ehrmann

- problembezogen entwickelt,
- präzise formuliert,
- realistisch und

- in sich konsistent sein.

Einzelne Elemente müssen vollständig und klar verständlich sein.[55] Es muss eindeutig erkennbar sein, in welcher Weise die Strategie einen Beitrag zum Erreichen der übergeordneten Ziele leistet und somit das Unternehmen der Vision näherbringt.

Zusammenfassend ist zu sagen, dass ein Finanzdienstleister eine Strategie definieren und kommunizieren muss, die die oben genannten Anforderungen erfüllt. Hierzu bedarf es eines tiefgehenden Verständnisses der eigenen Ressourcen und Fähigkeiten, sowie einer umfassenden Analyse der Gegebenheiten, Herausforderungen und Möglichkeiten des Marktes.

Darauf aufbauend gilt es eine Entscheidung zu treffen, inwieweit der Markt als Ganzes oder nur eine Nische mit einer Strategie der Differenzierung oder Kostenführerschaft abgedeckt werden soll.

Bei der Strategieentwicklung ist es wichtig, sowohl das Gesamtunternehmen als auch die einzelne SGE im Blick zu haben. Strategieentwicklung ist dabei ein revolvierender Prozess unter der Einbindung der verantwortlichen Akteure. Die Bereitstellung der notwendigen Ressourcen und des Freiraums auch für kreative und innovative Ideen sind entscheidende Erfolgsfaktoren.

So wie Vision und Leitbild die Strategie bestimmen, bedingen diese drei in ihrer Gesamtheit die Unternehmensorganisation, der sich das folgende Kapitel widmen wird.

Übungsfragen

Die Privatkundenbank hat auf einem Analysten-Meeting für erhebliche Unruhe gesorgt. Die CIR lag bereinigt um Sonder- und Einmaleffekte (insbesondere aufgrund der Finanzmarktkrise) bei über 95% und die bereinigte Eigenkapitalrendite vor Steuern bei weniger als 5%. Da sich diese Werte seit mehreren Quartalen kontinuierlich verschlechtern, gibt die nachhaltige finanzielle Situation des Unternehmens im Branchenvergleich Grund zur Besorgnis. Des Weiteren ist für die Analysten seit geraumer Zeit nicht ersichtlich, ob die Bank besondere Produkte oder Leistungen vorweisen kann, die das Haus signifikant von den Wettbewerbern unterscheiden könnten. Der Marktanteil des Unternehmens wurde nur als Durchschnitt über alle Produkte angegeben und liegt in Deutschland bei 2%.

In Fachkreisen wird von dringendem Restrukturierungsbedarf gesprochen. Dem Vorstand der Privatkundenbank ist die momentane Situation bekannt und daher hat er Sie als Unternehmensberater beauftragt. Sie erfahren innerhalb der ersten Tage unter anderem, dass die Mitarbeiter in der Bank sehr verstimmt sind und ihnen sowie den Anteilseignern die Ausrichtung der Bank unklar ist. Auch sind die Verantwortlichkeiten intern nicht eindeutig geregelt und es bestehen signifikante Überlappungen zwischen den einzelnen Divisionen der Bank. In der Folge kommt es zu Machtkämpfen in der Bank, die ebenfalls Einfluss auf das Unternehmensergebnis haben.

- Erläutern Sie der Geschäftsleitung, was Kernkompetenzen sind und zeigen Sie die Bedeutung von Kernkompetenzen im Rahmen einer Bankstrategie auf.
- Wozu raten Sie der Bank im Hinblick auf die bei dem Analysten-Meeting entstandene Unruhe? Gehen Sie insbesondere auf die Rentabilität und die Marktanteile ein. Erläutern Sie Ihren Vorschlag.
- Welche Rolle spielt das Unternehmensleitbild für die Unternehmenskultur einer Bank?
- Was sind strategische Geschäftseinheiten? Erläutern sie anhand eines Beispiels deren Bedeutung. Welche Vorteile bringt die Bildung von strategischen Geschäftseinheiten mit sich und was muss man bei deren Konstruktion beachten?
- Die Geschäftleitung bittet Sie, eine Entscheidungsvorlage mit den Vor- und Nachteilen der grundlegenden Wettbewerbsstrategien im Finanzdienstleistungssektor sowie eine klare Empfehlung auf Basis des aktuellen Marktumfelds vorzubereiten.

Lösungshinweise zu den Übungsfragen sowie weiteres Material und ergänzende Aufgaben finden Sie unter www.wsm-in-banken.de

Anmerkungen

[1] Busse, C. (2003), S. 10.
[2] Vgl. Maier, A. / Hegmann, G. (2006).
[3] Köhler, P. / Nagl, H.G. (2009).
[4] Unter Stakeholdern versteht man Anteilseigner, Mitarbeiter, Kunden, Lieferanten sowie die Öffentlichkeit.
[5] Zur detaillierten Auseinandersetzung sei insbesondere auf Whittington, R. (2001) und Mintzberg, H. et al. (1999) verwiesen.
[6] Prahalad, C.K. / Hamel, G. (1990), S. 82.

[7] Mintzberg, H. et al. (1999), S. 266.
[8] Vgl. ebenda.
[9] Schermerhorn, J.R. (1993), S. 222.
[10] Dazu zählen z.B. Personalmanagement, Controlling, IT, Operations.
[11] Vgl. Ulrich, H. (1984).
[12] Vgl. Bleicher, K. (1994).
[13] Köppen, J. von (2004), S. 544.
[14] Adler, N.J. (2002), S. 167.
[15] The Boston Consulting Group (1988).
[16] Credit Suisse (2009).
[17] ING (2009).
[18] Deutsche Bank (2009).
[19] Vgl. Holleis, W. (1987).
[20] Vgl. Beyer, H. / Fehr, U. / Nutzinger, H.G. (1995).
[21] Vgl. Nieschlag, R. / Dichtl, E. / Hörschgen, H. (2002).
[22] Bleicher, K. (1994), S. 11.
[23] Vgl. Ulrich, H. (1987).
[24] Vgl. Kaplan, R.S. / Norton, D.P. (2001), S. 66 ff. Kaplan und Norton nutzen den Begriff „Mission“ anstelle von „Leitbild“.
[25] Deutsche Bank AG (2009).
[26] Goldman Sachs Group, Inc. (2009).
[27] Achenbach, W. / Steffens, U. / Strohhecker, J. (2004), S. 401.
[28] Vgl. Bokranz, R. / Kasten, L. (2003).
[29] Vgl. Peters, T.J. / Waterman, R.H. (2003).
[30] Hinterhuber, H.H. (1990), S. 57.
[31] Vgl. Hinterhuber, H.H. (2004a) und Hofer, C.W. / Schendel, D.E. (1980).
[32] Hinterhuber, H.H. (1990), S. 57.
[33] Vgl. Ehrmann, H. (2007).
[34] Vgl. Vahs, D. (2001).
[35] Hanson, D. / Dowling, P. (2002), S. 124.
[36] Vgl. Porter, M.E. (2008).
[37] Auf die Bedeutung dieser Begriffe wird im folgenden Abschnitt eingegangen.
[38] Für weitere Informationen zu dieser ethisch-moralischen Dimension sei auf die Ausführungen von Hanson, D. / Dowling, P. (2002) sowie Karlöf, B. / Östblom, S. (1995) verwiesen.
[39] Vgl. Hitt, M.A. / Ireland, R.D. / Hoskisson, R.E. (1999).
[40] Vgl. Thompson, A.A., Jr. / Strickland, III, A.J. (2003).
[41] Vgl. Prahalad, C.K. / Hamel, G. (1990).

[42] Hinterhuber, H.H. (2004b).
[43] Prahalad, C.K. / Hamel, G. (1990).
[44] Hinterhuber, H.H. (2004b), S. 121.
[45] Vgl. Hanson, D. / Dowling, P. (2002).
[46] Allerdings ist die Vorgehensweise illegal und kann strafrechtlich verfolgt werden.
[47] Vgl. Porter, M.E. (2008).
[48] Vgl. Porter, M.E. (2008).
[49] Vgl. Hall, W.K. (1980).
[50] Vgl. Hanson, D. / Dowling, P. (2002); Porter, M.E. (2008).
[51] Vgl. Hanson, D. / Dowling, P. (2002); Saloner, G. / Shepard, A. / Podolny, J. (2001).
[52] Porter, M.E. (1987).
[53] Vgl. Saloner, G. / Shepard, A. / Podolny, J. (2001).
[54] Vgl. Hinterhuber, H.H. (2004b).
[55] Vgl. Ehrmann, H. (2007).

Literatur

Achenbach, W. / Steffens, U. / Strohhecker, J. (2004): Strategisches Management, in: Bankakademie e.V. (Hrsg.), Kompendium Management in Banking & Finance, 3., überarb. Aufl., Frankfurt/M.: Bankakademie-Verlag, S. 399-516.

Adler, N.J. (2007): International Dimensions of Organizational Behavior, 5. Aufl., Cincinnati, Ohio: South-Western.

Beyer, H. / Fehr, U. / Nutzinger, H.G. (1995): Unternehmenskultur und innerbetriebliche Kooperation, Wiesbaden: Gabler.

Bleicher, K. (1994): Orientierungsrahmen für eine integrative Managementphilosophie: Leitbilder, in: Entwicklungstendenzen im Management, 2. Aufl., Stuttgart: Schäffer-Poeschel.

Bokranz, R. / Kasten, L. (2003): Organisations-Management in Dienstleistung und Verwaltung, 4. Aufl., Wiesbaden: Gabler.

Busse, C. (2003): Der bayerische Duz-Banker, in: Handelsblatt, Nr. 244, 18.12.2003.

Credit Suisse Group (2009): www.credit-suisse.com, Zugriff: 03.01.2009.

Deutsche Bank AG (2009): www.db.com, Zugriff: 03.01.2009.

Ehrmann, H. (2007): Unternehmensplanung, 5. Aufl., Ludwigshafen: Kiehl.

Goldman Sachs Group (2009): www.gs.com, Zugriff: 03.01.2009.

Hall, W.K. (1980): Survival strategies in a hostile environment, in: Harvard Business Review, 58. Jg., Nr. 5, S. 75-87.

Hanson, D. / Dowling P. (2002): Strategic Management, 4. Aufl., Southbank: Thomson Learning.

Hinterhuber, H.H. (1990): Wettbewerbsstrategie, 2. Aufl., Berlin: de Gruyter.

Hinterhuber, H.H. (2004a): Strategische Unternehmensführung: II. Strategisches Handeln, 7. Aufl., Berlin: de Gruyter.

Hinterhuber, H.H. (2004b): Strategische Unternehmensführung: I. Strategisches Denken, 7. Aufl., Berlin: de Gruyter.

Hitt, M.A. / Ireland, R.D. / Hoskisson, R.E. (1999): Strategic Management: Competitiveness and Globalization, Cincinnati, Ohio: South-Western.

Hofer, C.W. / Schendel, D.E. (1980): Strategy Formulation: Analytical Concepts, St. Paul, Minn.: West Publishing.

Holleis, W. (1987): Unternehmenskultur und moderne Psyche, Frankfurt/M.: Campus.

ING Groep N.V. (2009): www.ing.com, Zugriff: 03.01.2009

Kaplan, R.S. / Norton, D.P. (2001): Die strategiefokussierte Organisation, Führen mit der Balanced Scorecard, Stuttgart: Schäffer-Poeschel.

Karlöf, B. / Östblom, S. (1995): Benchmarking: a signpost to excellence in quality and productivity, Chichester, NY: Wiley.

Köhler, P. / Nagl, H.G. (2009): Aufbruch in eine neue Zeit, in: Handelsblatt vom 05.01.2009.

Köppen, J. von (2004): Bankstrategie und Bankpolitik, in: Bankakademie e.V. (Hrsg.), Kompendium Management in Banking & Finance, 3. Aufl., Frankfurt/M.: Bankakademie-Verlag, S. 519-578.

Maier, A. / Hegmann, G. (2006): Unicredit erlaubt HVB weniger Rendite, in: www.ftd.de/unternehmen/finanzdienstleister/93391.html, Zugriff: 10.07.2006.

Mintzberg, H. / Ahlstrand, B. / Lampel, J. (1999): Strategy Safari: eine Reise durch die Wildnis des strategischen Managements, Wien: Ueberreuter.

Nieschlag, R. / Dichtl, E. / Hörschgen, H. (2002): Marketing, Berlin: Duncker und Humblot.

Peters, T.J. / Waterman R.H. (2003): Auf der Suche nach Spitzenleistungen, 9. Aufl., Landsberg/Lech: Moderne Industrie.

Prahalad, C.K. / Hamel, G. (1990): The Core Competence of the Corporation, in: Harvard Business Review, 68. Jg., Nr. 3, S. 75-91.

Porter, M.E. (1987): From competitive advantage to corporate strategy, in: Harvard Business Review, 65. Jg. Nr. 3, S. 43-59.

Porter, M.E. (2008): Wettbewerbsstrategie, 11. Aufl., Frankfurt/M.: Campus.

Saloner, G. / Shepard, A. / Podolny, J. (2001): Strategic Management, Chichester, NY: Wiley.

Schermerhorn, J.R. (1993): Management for Productivity, New York: Wiley.

The Boston Consulting Group (1988): Vision und Strategie, 1988, in: Die 34. Kronberger Konferenz, München.

Thompson, A.A., Jr. / Strickland, III, A.J. (2003): Strategic Management: Concepts and Cases, 13. Aufl., Boston, Mass.: McGraw-Hill.

Ulrich H. / Dyllick, T. / Probst, G. (1984): Management, Bern: UTB.

Ulrich, H. (1987): Unternehmenspolitik, Bern: UTB.

Vahs, D. (2005): Organisation, 5. Aufl., Stuttgart: Schäffer-Poeschel.

Whittington, R. (2001): What is strategy and does it matter?, 2. Aufl., London: Thomson.

Kapitel 3

Klassische Formen der Aufbauorganisation

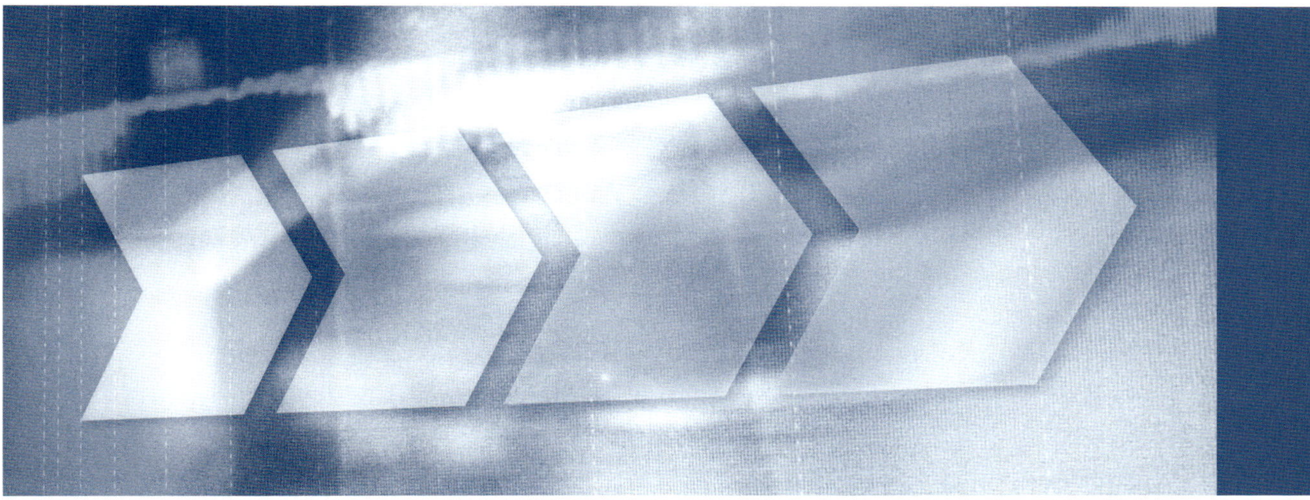

3 Klassische Formen der Aufbauorganisation

Lernziele

- Die Umsetzung der Strategie durch eine kompatible Aufbauorganisation nachvollziehen können.
- Bestimmungsfaktoren der Aufbauorganisation kennen lernen.
- Vorgehensweise und Grundelemente der klassischen bankbetrieblichen Aufbauorganisation verstehen.
- Unterschiedliche traditionelle Konzepte der Aufbauorganisation beurteilen können.

Die Aufbaustruktur – Mehr als nur ein Organigramm

Es ist der alte Traum, den sie schon seit Studienzeiten gemeinsam träumen. Einige ehemalige Kommilitonen, mittlerweile alle auf ihren Gebieten erfolgreich, treffen sich nach Jahren und beginnen an ihrem Wunsch, der eigene Chef zu sein, zu arbeiten. Das nötige Kapital für das eigene Unternehmen haben sie sich in ihren bisherigen Jobs erarbeitet und auch das nötige Know-how stellt kein Problem dar. Die Firma wird gegründet und ein innovatives Produkt ist schnell entwickelt. Jeder kümmert sich um den Bereich, in dem er aus seinem bisherigen Berufsleben die besten Voraussetzungen mitbringt. Alles läuft unkompliziert über direkte Kommunikation zwischen den Gründern. Entscheidungen werden direkt getroffen.

Wie nicht anders zu erwarten, schlägt das Produkt alle Verkaufsrekorde. Schon bald sehen sich die Gründer in der Situation, die Nachfrage nicht mehr alleine decken zu können. Es werden Mitarbeiter eingestellt und so bleibt das Unternehmen auf Wachstumskurs. Auch im folgenden Jahr wächst das Unternehmen weiter. Entsprechend der rasant steigenden Nachfrage werden permanent neue Mitarbeiter eingestellt.

Inzwischen beschäftigen die Gründer so viele Angestellte, dass sie mehr mit der Kommunikation mit ihren Mitarbeitern als mit der Kommunikation untereinander beschäftigt sind. Jeder Gründer sieht die besondere Bedeutung seines Aufgabenbereichs für das Unternehmen; natürlich ist der jeweils eigene Verantwortungsbereich der wichtigste. Die direkte Kommunikation aus den Gründungszeiten findet aufgrund der begrenzten Zeit kaum noch statt. Jedoch macht jeder weiterhin das, was seinen persönlichen Stärken entspricht.

Zur großen Überraschung aller steht bei der Erstellung des nächsten Jahresabschlusses ein hoher Verlust in den Büchern. Die Gründe dafür sind schnell gefunden. Zum einen wurden gleiche Projekte von verschiedenen Bereichen angestoßen, ohne dass die Existenz der Projekte bereichsübergreifend bekannt war. Der Aufwand für die Projekte war erheblich, was wiederum hohe Kosten verursacht und Ressourcen gebunden hat.

Noch schwerer wiegt, dass die Zufriedenheit der Kunden nachgelassen hat. Die durch die Fokussierung auf den eigenen Bereich ausgelöste sinkende Produktqualität hat zu diesem Verlust an Kundenvertrauen und damit auch an Umsatz geführt. Anstatt die Kundenwünsche zu beobachten, wurden Ziele für die eigenen Bereiche verfolgt. Doch auch die Erstellung des Jahresabschlusses macht erhebliche Probleme, da die Geschäftsdaten in jedem Bereich unterschiedlich strukturiert wurden.

Nach der Konsultation eines externen Beraters entschließen sich die Gründer erstmalig eine Organisationsstruktur zu definieren, um wieder profitabel zu werden. Ihr Ziel ist es, eine Ordnung der chaotischen Strukturen zu erreichen und die anfallenden Aufgaben sowie die zugehörigen Verantwortlichkeiten klar zuzuordnen. Die Kommunikation soll verbessert werden, damit die Arbeitsteilung reibungslos verläuft. Es werden einheitliche Reporting-Vorschriften vereinbart und zur Kontrolle ein Vorstand bestimmt. Dieser soll die strategische Ausrichtung des gesamten Unternehmens und die Koordination zwischen den einzelnen Bereichen verantworten. Der einzelne Mitarbeiter kann aus der neu erstellten Struktur nun auch seinen persönlichen Platz in dem Unternehmen erkennen und die Kommunikation wird nun in definierte Bahnen gelenkt.

3.1 Von der Strategie zur Organisation

„Just as every firm's strategy is likely to be distinctive, so will be its need for an appropriate fitting organization. The organization – structure, systems, staff – represents the bricks and mortar that implement and sustain a strategy. Each firm will likely require a customized set or arrangement of organizational ‚building blocks' that best fits its strategy. In other words, the choice of how to design and build an organization will depend heavily upon the firm's strategy. (...) Effective strategy implementation depends on a close fit between the firm's strategy and the shape or structure of the organization supporting it. Thus, any given strategy will require a particular form of organizational structure to best lend support to implementation."[1]

Die Bedeutung einer klar definierten und kommunizierten Strategie für ein Unternehmen und insbesondere für eine Bank war Thema des zweiten Kapitels. Damit einher geht die Entscheidung über das zu betreibende Geschäft. Das obige Zitat zeigt, wie wichtig eine zur Strategie passende Aufbauorganisation ist. Die *Aufbau-*

organisation (auch *Strukturorganisation*) soll die Strategie des Unternehmens unterstützen und muss für jedes Unternehmen maßgeschneidert werden. Sie regelt die Verteilung von Aufgaben, Kompetenzen und Verantwortlichkeiten innerhalb der Organisation. Dabei gibt es nicht die eine „richtige" Aufbaustruktur für ein Unternehmen.

In diesem Kapitel werden die wichtigsten klassischen Ansätze der Aufbauorganisation betrachtet. Die Frage, nach welchen Kriterien man traditionell Unternehmen strukturiert, wird ebenso diskutiert wie die Grundlagen der aufbauorganisatorischen Gestaltung. Darüber hinaus wird die vertikale bzw. horizontale Betrachtung von klassischen Unternehmensstrukturen den Schwerpunkt dieses Kapitels bilden.

3.2 Bestimmungsfaktoren der Aufbauorganisation

Die Größe und das Wachstum eines Unternehmens sind, wie das einleitende Beispiel gezeigt hat, zweifellos wichtige Determinanten der Aufbauorganisation. Die Struktur eines kleinen Bankhauses ist noch leicht zu überblicken, während dies bei einer international tätigen Großbank deutlich schwieriger sein dürfte. Bereits bei einer regionalen Ausdehnung des Unternehmens kann die Aufbauorganisation zu einem weit verzweigten und hochkomplizierten Netz werden. Auch schnelles Wachstum erschwert es, den Überblick über ein Unternehmen zu behalten.

Eine ganz besondere Rolle kommt der *Unternehmenskultur* zu.[2] Auf die Bedeutung der Unternehmenskultur beim Wechsel der Organisationsstruktur deuten auch Asch und Salaman mit der Aussage hin, dass die Verbesserung der Performance durch Strukturveränderungen limitiert sind, da sie immer stark von der Einstellung der Mitarbeiter abhängen.[3] Zum anderen muss auch die Geschichte und die Entstehung des Unternehmens als bedeutender Bestimmungsfaktor angesehen werden. Hier fließt auch die Struktur der Anteilseigner ein. Als Beispiel kann hier die „neue" Commerzbank nach der Übernahme der Dresdner Bank angeführt werden. Hier entsteht aus zwei traditionsreichen Banken mit unterschiedlichen Kulturen ein neues Kreditinstitut, das u.a. den deutschen Staat und die Allianz SE als Anteilseigner hat. Diese Punkte werden die Gestaltung der Aufbauorganisation mit prägen.

Gesetzliche und regulatorische Vorgaben sind gerade bei Banken eine bedeutende Determinante der Aufbauorganisation. Man denke dabei z.B. an die Vorschriften zur Eigenkapitalausstattung oder die Trennung von Markt- und Marktfolgeeinheiten. Die von einer Bank bedienten Marktsegmente und Produktbereiche können bei der Entscheidung für eine Aufbaustruktur insofern wichtig sein, als diese unter anderem die notwendige Kundennähe bestimmen. Ein auf das Geschäft mit vermögenden Privatkunden ausgerichtetes Bankhaus benötigt dabei beispielsweise deutlich mehr Kundenbetreuer je Kunde als ein auf das Breitengeschäft zielender Finanzdienstleister.

Das Anspruchsniveau der Produkte ist ebenfalls mitbestimmend für die Aufbaustruktur eines Unternehmens. Setzt eine Bank z.B. auf eine Kostenführerstrategie (vgl. Kapitel 2), so vertreibt sie relativ wenige, stark standardisierte Produkte. Für den Vertrieb muss die Produktkomplexität möglichst gering sein, damit die Produkte leicht verständlich sind und mit geringem Aufwand verkauft werden können. Umfangreiche Abstimmungsprozesse für Entwicklung und Vertrieb erübrigen sich. Individuelle, komplexere Produkte müssen hingegen oft in einem Team entwickelt werden.

Der Grad der Zentralisierung, also der Grad zu dem Entscheidungen von einem Manager der ersten Führungsebene getroffen werden, kann nicht pauschal festgelegt werden. Klassische Ansätze in der Pyramidenform sehen eine stark zentralisierte Entscheidungsfindung vor. Jedoch ist weiterhin eine Tendenz zur Delegation festzustellen. Die Entscheidungsmacht wird zunehmend an die Mitarbeiter mit direktem Kundenkontakt verlagert (*Empowerment*) und die Entscheidungsfindung somit dezentralisiert. Durch die Informationstechnologie kann das Management trotzdem von zentraler Stelle die Entscheidungen kontrollieren.

3.3 Bestimmt die Struktur den Erfolg eines Unternehmens?

Der Stellenwert der Aufbauorganisation unterscheidet sich in der Literatur zur Unternehmensorganisation zum Teil erheblich. Im Folgenden werden drei Modelle näher betrachtet. Der älteste Ansatz stammt von Chandler aus den 1960er Jahren, das „*7-S-Modell*" von Peters und Waterman aus den 1980ern. Das „*Neue 7-S-Modell*" von D'Aveni stellt eine Weiterentwicklung der Ergebnisse von Peters und Waterman dar. Alle Modelle versuchen über Branchengrenzen hinweg zu erklären, welche Faktoren bestimmte Unternehmen erfolgreicher machen als andere.

3.3.1 Alfred D. Chandler: Structure follows Strategy

Chandlers Werk „Strategy and Structure“ aus dem Jahr 1962 ist ein Klassiker der Strategie- und Organisationsliteratur. Chandler nimmt an, dass existierende Unternehmensstrukturen die Folge von verschiedenen Arten des Wachstums seien. Die Planung und Ausführung eines bestimmten Wachstumskurses betrachtet er als Ziel einer Strategie. Struktur definiert er als die Umsetzung dieser Ausweitung der Aktivitäten und Ressourcen des Unternehmens.[4]

Vor diesem Hintergrund ist das viel zitierte Chandler-Statement „Structure follows Strategy“ gut verständlich. Sobald ein Unternehmen seine Strategie ändert, führt dies zu einer Veränderung der Unternehmensaktivitäten und folglich auch zu einer Anpassung der Struktur des Unternehmens. Geschieht dies nicht, so kommt es zu Ineffizienzen, da zu viele, zu wenige oder falsche Ressourcen zur Verfügung stehen.

Entscheidet sich ein Unternehmen z.B. für die Ausweitung der Aktivitäten in einem neuen Markt, muss die Struktur entsprechend angepasst werden. Um die Vermarktung des Produkts in dem neuen Markt sicherzustellen, müssen die Verantwortlichkeiten (Ressourcen, Erträge etc.) geklärt werden. Ein Büro in dem neuen Gebiet muss aufbauorganisatorisch in die bestehenden Strukturen eingegliedert werden. Es müssen u.a. Berichtslinien definiert und die IT-Struktur angepasst werden. Insbesondere im Finanzsektor müssen regulatorische Anforderungen geprüft und erfüllt werden.

Das „Structure follows Strategy“-Modell wird auch heute noch oft verwendet. Folgt man diesem Modell, muss zunächst die „richtige“ Strategie gefunden werden, um danach die Struktur des Unternehmens entwickeln zu können.[5]

3.3.2 Peters und Waterman: Das 7-S-Modell

Nachdem Chandlers Ansatz lange Zeit als „allgemeine Wahrheit“[6] angesehen wurde, entwickelten Peters und Waterman ein neues Modell zur „Leistungsfähigkeit von Organisationen“. Die Ergebnisse haben sie in ihrem 1982 erschienenen Buch „In Search of Excellence“ veröffentlicht. Die Kritik am Modell von Chandler sehen sie hauptsächlich darin, dass die Umsetzung und die ständige Neuanpassung der Strategie zu dem Problem führt, Strukturen implementieren zu müssen und gleichzeitig anpassungsfähig zu bleiben[7]

In ihrer Studie ermitteln Peters und Waterman sieben Determinanten, die den Erfolg der bestgeführten amerikanischen Unternehmen bestimmen (Abbildung 3.1). Diese lassen sich in *Soft* und *Hard Facts* unterteilen und gehen über die Komponenten

Struktur und Strategie hinaus. Peters und Waterman legen besonderen Wert auf die Soft Facts. Diese „weichen“ Faktoren waren von vorangegangenen Modellen kaum berücksichtigt worden, obwohl sie wesentlichen Einfluss auf den Erfolg des Unternehmens haben.

In ihren Untersuchungen stellen Peters und Waterman fest, dass die *Strategie* klare Ziele vorgeben und eindeutig sein sollte. Bei den *Strukturen* stellen sich die kundenorientierten Organisationen mit einer flachen Hierarchie als besonders erfolgreich heraus. Mit *Systemen* bezeichnen Peters und Waterman die in dem Unternehmen genutzten Hilfsmittel zur Leistungserstellung. Den Grad der Automatisierung, die Kontrollsysteme und die Schnittstellen sind ihrer Ansicht nach erfolgskritisch. Während diese Hard Facts quasi zu einem bestimmten Stichtag umgestellt werden können, müssen sich die Soft Facts erst über Jahre oder gar Jahrzehnte entwickeln. Die Verteilung von drei Hard zu vier Soft Facts zeigt auch die große Bedeutung, die Peters und Waterman den „weichen“ Faktoren beimessen.

Abbildung 3.1
Das 7-S-Modell

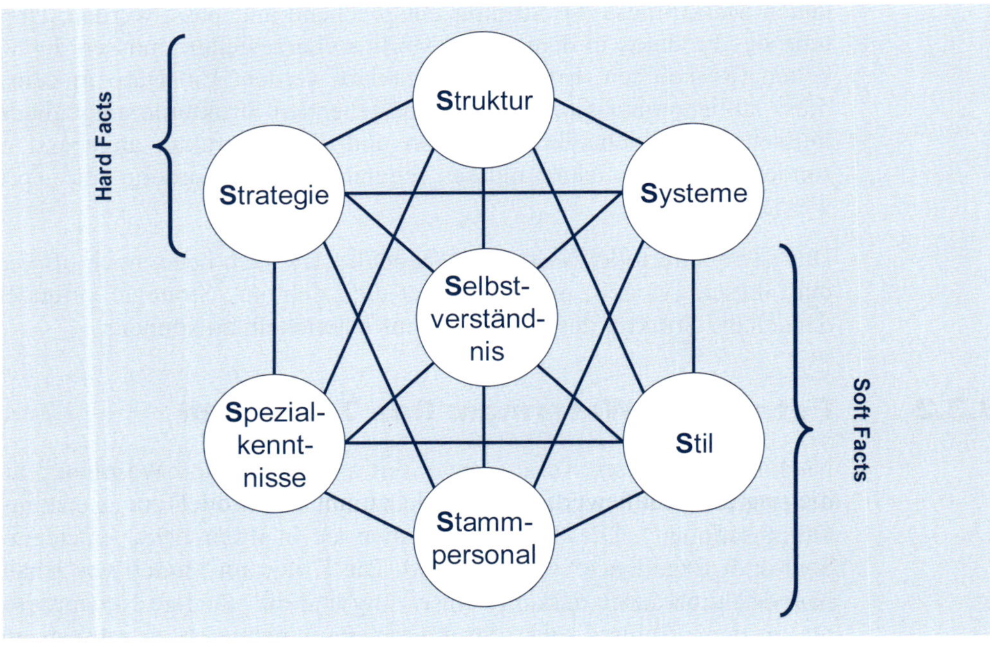

Quelle: In Anlehnung an Peters/Waterman (2000), S. 32.

Das *Selbstverständnis* des Unternehmens steht im Mittelpunkt des gesamten Modells. Dieses Selbstverständnis leitet sich aus den Werten und der Vision des Unternehmens ab (vgl. Kapitel 2). Dazu gehören z.B. die Förderung des unternehmerischen Denkens oder die Kundenorientierung. Der im englischsprachigen Original verwendete Terminus „Superordinated Goals“ (übergeordnete Ziele) drückt die Intention dieser Determinante etwas präziser aus.

Als *Spezialkenntnisse* werden besondere Fähigkeiten und Erfahrungen sowie die Kernkompetenzen, die das Unternehmen erfolgreich machen, verstanden. Diese sind natürlich eng mit den Mitarbeitern verbunden. Das *Stammpersonal* stellt mit seinen fachlichen Qualifikationen den Kern der Mitarbeiter dar. Mit dem Erfolgsfaktor *Stil* wird der Führungsstil der Vorgesetzten berücksichtigt. Dabei fanden Peters und Waterman heraus, dass die Mitarbeiterführung und -förderung sowie die Teamorientierung den Erfolg des Unternehmens positiv mitbestimmen.

Im Vergleich zu Chandlers Ansatz leistet das 7-S-Modell eine umfassendere Darstellung der erfolgskritischen Faktoren eines Unternehmens. Die große Relevanz der Soft Facts für den Erfolg ist eine entscheidende Erkenntnis aus der dem Modell zugrunde liegenden Untersuchung. Aufgrund der höheren Zahl von Faktoren wird das Modell von Peters und Waterman jedoch auch komplexer. Die Faktoren sind alle interdependent.

3.3.3 Richard D'Aveni: Das Neue 7-S-Modell

Mit seinem 1995 veröffentlichten Artikel „Coping with Hypercompetition: Utilizing the New 7-S's framework“ ging D'Aveni noch einen Schritt weiter als Peters und Waterman und entwickelte sein Neues 7-S-Modell.[8]

Als Grund für die Anpassung des Peters/Waterman-Modells führt D'Aveni eine neue Stufe der Wettbewerbsintensität an – die so genannte *Hypercompetition*. Die Verschärfung des Wettbewerbs in allen Branchen, die technischen Innovationen sowie die Globalisierung sind für ihn die Auslöser dieses aggressiven und feindlichen Konkurrenzkampfs. „Hypercompetition results from the dynamics of strategic manoeuvring among global and innovative combatants."[9] Die dynamische Neupositionierung der Wettbewerber am Markt nimmt durch die Hypercompetition an Häufigkeit und Aggressivität zu. Es entsteht ein Umfeld des ständigen Ungleichgewichts und Wechsels. Der Grad der Unsicherheit, Dynamik und Heterogenität der Marktteilnehmer wird immer größer und das Niveau der Feindseligkeit steigt ebenfalls an. In dieser Umgebung verschwindet jeder Wettbewerbsvorteil, den sich ein Unternehmen aufgebaut hat, innerhalb kurzer Zeit. Der Aufbau von Wettbewerbsvorteilen und Eintrittsbarrieren bietet vor der Hypercompetition keinen langfristigen Schutz mehr.

Die Lösung für die dadurch auftretenden Probleme sieht D'Aveni darin, Abfolgen von kurzfristigen Vorteilen zu erarbeiten, die die Zerstörung von Vorteilen der Mitbewerber zum Ziel haben. Strategien sind auf kurzfristige Vorteile ausgelegt und müssen deswegen immer wieder geändert werden. Unternehmen werden daher immer häufiger restrukturiert. „Structure follows Strategy" ist unter diesen Umständen nicht mehr möglich.

Den Unterschied zu dem Modell von Peters und Waterman sieht er in einer Strategie des Auffindens und Aufbauens von temporären Vorteilen. Dieses Ziel wird nicht durch Erhalt von Vorteilen und Stabilisierung des Gleichgewichts zwischen den Wettbewerbern, sondern durch eine Erschütterung (Disruption) des Markts erreicht. Das Unternehmen wird nicht mehr strukturiert, um an das äußere Umfeld angepasst zu sein, da die aktuellen Umstände nicht langfristig anhalten werden. Die Struktur muss so gestaltet werden, dass das Unternehmen die Kraft zu einer Reihe von Initiativen und zur Veränderung behält. Um die Erschütterung des Markts zu ermöglichen, sind die in Abbildung 3.2 gezeigten Faktoren entscheidend. Diese Faktoren sollen es dem Unternehmen ermöglichen, sich innerhalb kurzer Zeit in viele verschiedene Richtungen zu entwickeln. Durch die Destabilisierung des aktuellen Zustands kann eine Reihe zeitweiliger Vorteile gegenüber den Konkurrenten erreicht werden. Die sieben Faktoren können zu drei Gruppen zusammengefasst werden: Vision, Fähigkeiten zur Markterschütterung und Störtaktiken.

Die Vision beschäftigt sich zunächst mit dem Verstehen der *Stakeholder Satisfaction*. Um Möglichkeiten für zeitweilige Vorteile erkennen und realisieren zu können, müssen die Bedürfnisse der Anteilseigener verstanden werden. Den wichtigsten Stakeholder stellt der Kunde dar. Mitarbeiter und Investoren haben sich den Kundenbedürfnissen unterzuordnen. *Strategic Soothsaying* („Wahrsagen") fordert vom Unternehmen, die Bedürfnisse der Kunden zu identifizieren und zu wecken, bevor diese Wünsche den Kunden selbst überhaupt bewusst sind. Auch bisher nicht entdeckte Kundengruppen sollen erschlossen und Veränderungen in Kundenbedürfnissen vorhergesagt werden. Somit wird es dem Unternehmen möglich, zukünftige Wünsche und Bedürfnisse der Kunden besser zu erfüllen als die Konkurrenten. Der Ansatz schafft einen zeitlichen Vorteil gegenüber den Wettbewerbern. Allerdings ist die Vorhersage von Kundenwünschen keinesfalls einfach und von großer Unsicherheit geprägt.

Die Fähigkeiten zur Erschütterung bestehen aus den Faktoren *Speed* und *Surprise*. Geschwindigkeit ist in der Hypercompetition dringend notwendig, da es dem Unternehmen nur so möglich ist, schnell von einem kurzlebigen Vorteil zum nächsten zu gelangen. Mit solchen schnellen Zügen kann ein Unternehmen eigene Vorteile schneller erreichen und Vorteile anderer schneller zunichte machen. Überraschungen führen dazu, dass das Unternehmen Vorteile länger nutzen kann, bevor sie von anderen nachempfunden werden. Sie helfen aber auch dabei, Vorteile anderer Unternehmen aufzuheben, wenn das Konkurrenzunternehmen sich in Sicherheit wiegt und völlig unvorbereitet ist.

Störtaktiken folgen den Visionen und nutzen das von den Fähigkeiten zur Erschütterung bereitgestellte Potenzial, um einen dynamischen Prozess von Aktionen und Interaktionen mit den Konkurrenzunternehmen zu schaffen. Die *Regeln* werden einseitig *geändert*, *Signale* zur Verwirrung oder zur Abschreckung der Konkurrenten und gleichzeitige oder aufeinander folgende *strategische Vorstöße* sollen die Reaktionen der Konkurrenten beeinflussen, formen oder anpassen.

Abbildung 3.2
Das Neue 7-S-Modell von D'Aveni

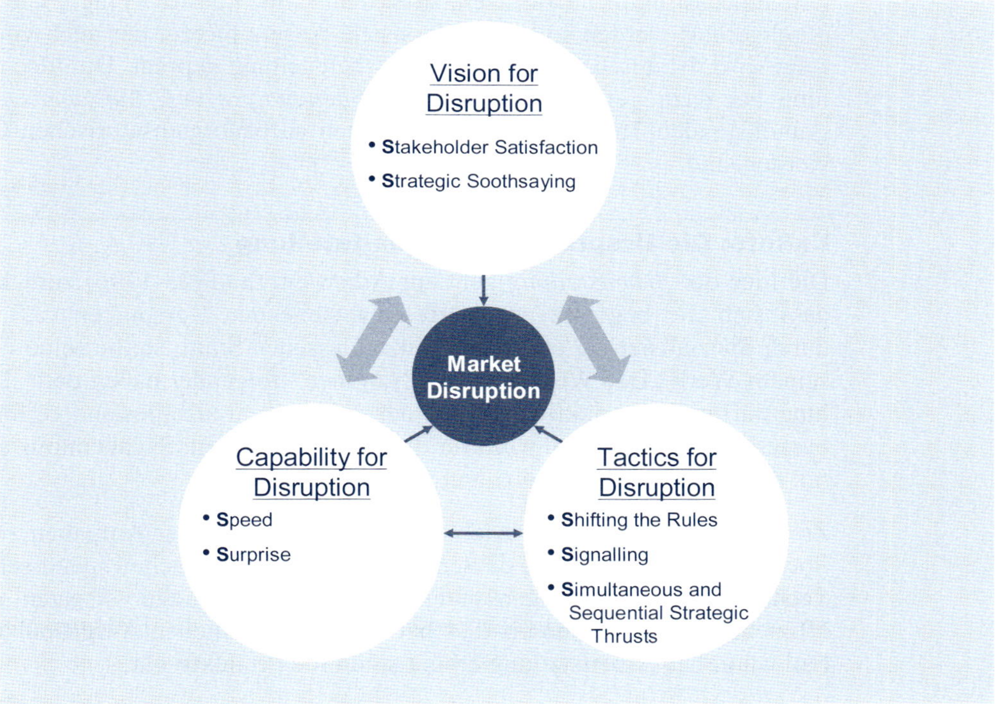

Quelle: In Anlehnung an D'Aveni, R. (1995), S. 49.

Im Vergleich der drei Modelle stellt das Neue 7-S-Modell die höchsten Ansprüche an die Aufbauorganisation eines Unternehmens. Die extrem anpassungsfähige Struktur muss sich zur Erreichung der kurzfristigen Wettbewerbsvorteile ständig in einem Optimierungsprozess befinden. Dadurch wird eine kontinuierliche Strukturadjustierung notwendig. Das Chandler-Modell geht im Gegensatz dazu von einem längerfristigen unveränderten Bestehen der Organisationsstruktur aus. Organisatorische Änderungen folgen strategischen Neuausrichtungen. Peters und Waterman stellen eine Zwischenstufe dieser beiden Extreme dar.

3.4 Grundlagen der klassischen aufbauorganisatorischen Gestaltung

Versucht man nun die im Abschnitt 3.2 skizzierten Determinanten in eine reale Unternehmensstruktur umzusetzen, stößt man schnell auf die Frage, wie dies praktisch durchgeführt werden soll. Der klassische Ansatz hierzu, der auch von Banken verfolgt wird, ist durch den Begriff der Arbeitsteilung geprägt. Die Idee der Arbeitsteilung hat dazu geführt, dass die *Aufgabenanalyse* und *Aufgabensynthese* zu den grundlegenden Tätigkeiten der klassischen aufbauorganisatorischen Gestaltung geworden sind.

Exkurs: Die Ursprünge der Arbeitsteilung

Die Idee der *Arbeitsteilung* geht auf Adam Smith (1723-1790) zurück. Er erkannte, dass sich die begrenzt zur Verfügung stehenden Ressourcen (z.B. Arbeitskraft) durch Spezialisierung effizienter nutzen lassen.[10] Smith stellte seine Erkenntnisse in seinem Werk „Der Wohlstand der Nationen" folgendermaßen dar: „Die Arbeitsteilung dürfte die produktiven Kräfte der Arbeit mehr als alles andere fördern und verbessern. Das gleiche gilt wohl für die Geschicklichkeit, Sachkenntnis und Erfahrung, mit der sie überall eingesetzt und verrichtet wird."[11]

Ziel der Arbeitsteilung ist nach Smith die Zerlegung der Aufgaben zum Zweck der Spezialisierung. Als Folge dessen können sich die Menschen spezifische Kenntnisse, Techniken und Erfahrungen aneignen, die sie in die Lage versetzen, ihre Aufgaben effizienter zu bearbeiten als dies bei einer ganzheitlichen Aufgabenbewältigung der Fall wäre. Die Arbeitsteilung erhöht somit die Produktivität.

Diese Gedanken wurden von Frederick Winslow Taylor (1856-1915) weiterentwickelt. Er versuchte die Unternehmensführung durch Zeit- und Bewegungsstudien zu einer exakten Wissenschaft zu entwickeln und wollte die Vorteilhaftigkeit der Arbeitsteilung durch empirische Studien belegen (*Taylorismus*, *Scientific Management*). Die Effizienz konnte nach seinen Vorstellungen alleine dadurch gesteigert werden, dass die Arbeit in viele separate, vorprogrammierte Teilschritte zerlegt und danach wieder zu einer optimal passenden organisatorischen Einheit zusammengefügt wurde. Als Ergebnis erwartete Taylor, dass die organisatorische Einheit Höchstleistungen erbringen könne. In diesem Zusammenhang kommt dem Arbeiter lediglich eine mechanische Rolle zu. Durch die Einführung des Stück- oder Akkordlohns wurde der Arbeiter umso besser entlohnt, je mehr Arbeitseinheiten er pro Zeiteinheit verrichtete.[12]

Zum bekanntesten Beispiel der praktischen Anwendung des tayloristischen Prinzips wurde das Modell T von Ford. Henry Ford (1863-1947) führte zur Herstellung dieses Autos als erster das Fließband ein und machte sein Modell T damit zum ersten massengefertigten Automobil der Welt. Das Fließband gilt als Symbol für eine hoch standardisierte und bis ins Kleinste aufgespaltene Arbeitsweise, bei der jeder Arbeiter zum Teil nur einen einzigen Arbeitsschritt ausführt.

3.4.1 Die Aufgabe als Ausgangspunkt

Als Grundlage der klassischen Aufbauorganisation muss zunächst der Begriff der *Aufgabe* als der zentrale Punkt von Aufgabenanalyse und Aufgabensynthese geklärt werden. Unter einer Aufgabe wird eine eindeutige Beschreibung der Handlungen verstanden, die zum Erreichen einer Absicht oder eines Zwecks notwendig sind. Diese Handlungen sind dadurch gekennzeichnet, dass sie geplant stattfinden.

Abbildung 3.3 Elemente einer Aufgabe

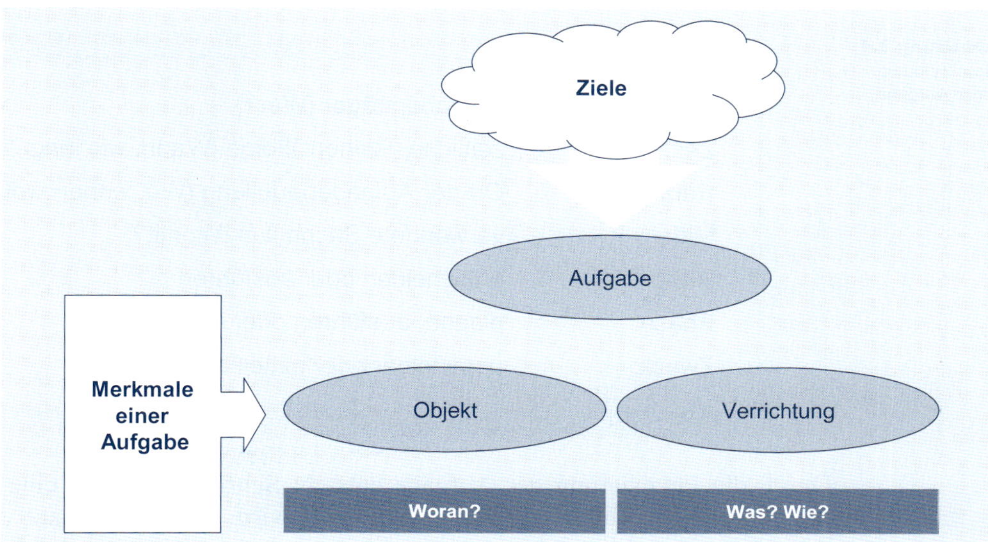

Aufgabenanalyse und Aufgabensynthese gehören zusammen und sehen als erstes das Herunterbrechen der Gesamtaufgabe (übergeordnete Aufgabe) des Unternehmens in überschaubare und handhabbare Einzel-, Teil- und Elementaraufgaben vor. Diese Teile der Gesamtaufgabe werden im zweiten Schritt in möglichst gut zueinander passende Kombinationen zusammengeführt, womit dem Prinzip der Arbeitsteilung entsprochen wird. Von jedem Mitarbeiter kann entsprechend seiner individuellen Stärken ein ganz spezieller Teil der Gesamtaufgabe erbracht werden. Die Beschreibung einer Aufgabe muss mindestens zwei Elemente enthalten (Abbildung 3.3): Erstens ein Objekt (Woran wird etwas getan?) und zweitens eine Verrichtung (Was wird getan? / Wie wird es getan?).

Eine Aufgabe hat nicht zwangsläufig genau ein Objekt und genau eine Verrichtung. Sie kann auch aus Kombinationen mehrerer Objekte und Verrichtungen bestehen. So werden z.B. bei der Aufgabe „Kontoeröffnung" ein Kontoeröffnungsantrag (1. Objekt) und ein Geldwäschegesetz-Formular (2. Objekt) ausgefüllt (1. Verrichtung) und weitergeleitet (2. Verrichtung).

Die Angabe des Objekts und der Verrichtung stellen die Mindestbeschreibung einer Aufgabe dar. Diese Mindestbeschreibung kann durch weitere Merkmale ergänzt und präzisiert werden. Als Beispiele für eine erweiterte Beschreibung führen Bokranz et al. die in Abbildung 3.4 dargestellten Merkmale an.[13]

Abbildung 3.4 Beschreibung einer Aufgabe

Verantwortung:	Aufgabenträger (Wer?)
Zeit:	zeitliche (Reihen-)Folge (Wann, wie lange?)
Raum:	Ort der Aufgabenerfüllung (Wo, woher, wohin?)
Mittel:	verwendete Sachmittel (Womit?)
Rang:	entscheiden oder ausführen
Phase:	planen, ausführen oder kontrollieren
Zweck:	unmittelbar oder mittelbar

Durch die Präzisierung der Aufgabe entsteht Schritt für Schritt eine Beschreibung des Ablaufs. In dieser Ablaufbeschreibung wird – im Gegensatz zur Aufbaubeschreibung – nicht nur das „Was" sondern auch das „Wie" beschrieben. Hieraus ist erkennbar, dass zumindest die traditionelle Aufbauorganisation das Grundgerüst für die Ablauforganisation (siehe Kapitel 7) darstellt.

3.4.2 Aufgabenanalyse

Die *Aufgabenanalyse* ist der erste Schritt zur Koordination einer Organisationsstruktur, in dem die Gesamtaufgabe in Teil-, Einzel- und Elementaraufgaben zerlegt wird. Die Fragen, die nun zuerst gestellt werden müssen, sind „Welches sind die primären Aufgaben des Unternehmens?“ und „Wie können diese in einzelne Schritte zerlegt werden?“. Um Koordination und Arbeitsteilung vornehmen zu können, sind detaillierte Kenntnisse der zu erfüllenden Aufgaben eines Unternehmens notwendig.

Durch eine Aufgabenanalyse wird die übergeordnete Aufgabe solange zerlegt, bis die unterste Grenze – die kleinste Aufgabe – erreicht ist. Diese kleinste Aufgabe, die ungeteilt einer Person als Aufgabenträger zugeordnet werden kann, nennt man *Elementaraufgabe*. Elementaraufgaben sind dadurch gekennzeichnet, dass sie nicht mehr sinnvoll weiter zerlegt werden können. Durch die Aufgabenanalyse entsteht eine Baumstruktur, an deren unterem Ende die Elementaraufgaben stehen (Abbildung 3.5).[14]

Abbildung 3.5
Vorgehensweise einer Aufgabenanalyse

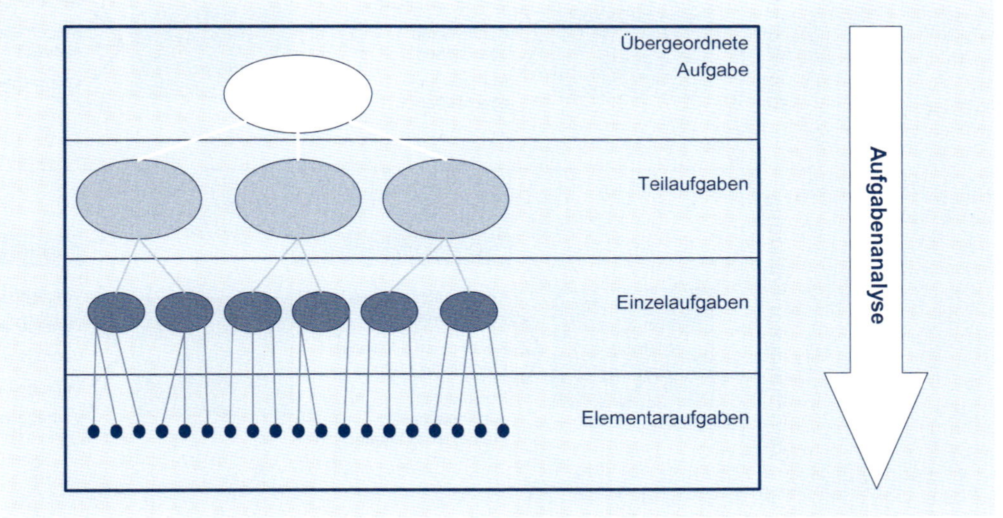

Nachdem die Gesamtaufgabe auf Elementaraufgaben heruntergebrochen wurde, müssen die einzelnen Elementaraufgaben nun wieder sinnvoll gebündelt werden. Die Aufgabenanalyse unterscheidet dabei zwischen zwei Orientierungsprinzipien – der objekt- und der verrichtungsorientierten Gliederung. Die objektorientierte Gliederung betrachtet die unterschiedlichen Objekte, an denen eine einzige Handlung verrichtet wird. So gibt es z.B. verschiedene Formulare (Objekte), die ausgefüllt werden müssen (Verrichtung). Genau umgekehrt ist dies bei der verrichtungsorientierten Gliederung; hier kann ein Objekt auf verschiedene Arten bearbeitet werden. Beispielsweise kann Bargeld (Objekt) eingezahlt (Verrichtung 1), ausgezahlt (Verrichtung 2) oder in eine Fremdwährung gewechselt (Verrichtung 3) werden.

Beide Orientierungsprinzipien unterscheiden bei der Verzweigung zwischen dem Und-Prinzip und dem Oder-Prinzip. Dabei entsteht nach dem Und-Prinzip eine Sowohl-als-auch-Verknüpfung. Das Oder-Prinzip führt zu einer Alternativ-Verknüpfung. An jeweils einem Punkt der Gliederung kann immer nur eines dieser beiden Prinzipien Anwendung finden. In Abbildung 3.6 werden die vier möglichen Prinzipien der Aufgabenanalyse dargestellt.

Abbildung 3.6
Prinzipien der Aufgabengliederung

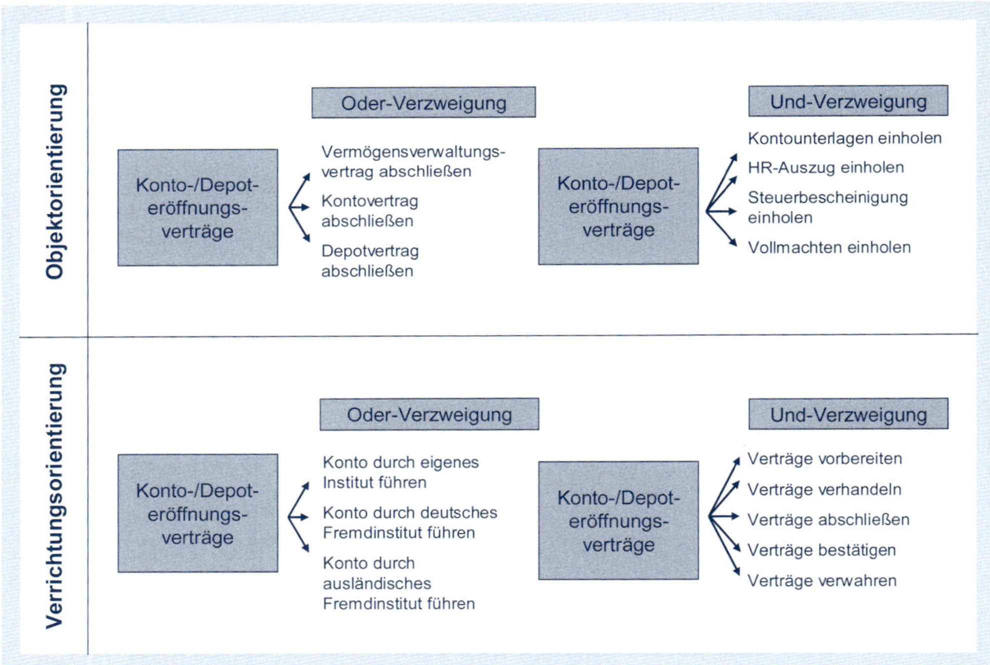

Quelle: In Anlehnung an Bokranz, R. / Hildebrandt, B. / Wehling, J. (1995), S. 42.

3.4.3 Aufgabensynthese

Die *Stelle* ist das Basiselement der Aufbauorganisation. In einer Stelle werden verschiedene Elementaraufgaben, die durch einen Mitarbeiter bearbeitet werden sollen, zusammengefasst. Diesen Teil der Gestaltung der Organisationsstruktur nennt man *Aufgabensynthese*.

Exkurs: Von der Stelle zur Stellenbesetzung

Stellen bilden durch ihre gegenseitigen Verbindungen die organisatorische Struktur eines Unternehmens. Als Grundelemente der Aufbauorganisation entstehen sie aus Kombinationen der Elementaraufgaben der Aufgabenanalyse. Eine allgemeingültige Aussage dazu, welche Elementaraufgaben in einer Stelle zusammengefasst werden sollten, ist nicht möglich. Jedoch sollten Stellen „beherrschbar" sein, was durch eine Zusammenfassung von gleichartigen Elementaraufgaben geschehen kann. Bei dieser Vorgehensweise sollte aber beachtet werden, dass die Motivation eines Mitarbeiters durch die Monotonie der Arbeit nachlassen kann.[15]

Nach der Art der Aufgabe lassen sich Stellen nach Laux und Liermann in die folgenden drei Kategorien einordnen.[16] Ausführungsstellen sind Stellen, bei denen die operative Tätigkeit im Vordergrund steht. Diese Tätigkeiten enthalten gewöhnlich kaum Objekt-, Organisations- und Kommunikationsentscheidungen. Im Gegensatz dazu konzentrieren sich bei Leitungsstellen (auch Instanzen genannt) Kompetenzen für Objekt- und Organisationsentscheidungen. Wie bei den Stablinienorganisationen gezeigt wird, sind in Stabstellen hauptsächlich Kommunikationsaufgaben zu finden (Abschnitt 3.4). Sie verfügen im Allgemeinen über keine Kompetenz für Objekt- und/oder Organisationsentscheidungen. Die Aufgabe von Stabstellen liegt in der Vorbereitung und Überwachung von Entscheidungen. Sie sollen den operativen Stellen beratend zur Seite stehen und vor allem die Leitungsstellen bei der Informationsbeschaffung und -verarbeitung entlasten. Durch die „Ansammlung" von Wissen in den Stäben können hier Spezialprobleme gelöst, Handlungsalternativen ausgearbeitet und Konsequenzen von Entscheidungen beurteilt werden.

Betrachtet man die einzelnen Elementaraufgaben einer Stelle, so kann man aus ihnen recht schnell die so genannte Stellenbeschreibung ableiten. Sie definiert die Aufgaben, die vom Stelleninhaber zu verrichten sind. Dabei werden u.a. die folgenden Fragen beantwortet:[17]

- Was tut die Person, die die Stelle inne hat?
- Wie sieht die Aufgabenerfüllung aus? Welche Methoden, Hilfsmittel, Kontrollmechanismen etc. werden angewandt?
- Warum existiert diese Stelle?
- Mit wem arbeitet der Stelleninhaber zusammen?

Bei der Zusammensetzung einer Stelle aus verschiedenen Elementaraufgaben existiert die Möglichkeit, die Stelle auf eine bestimmte Person zuzuschneiden oder sie allgemein zu formulieren. Der erste Fall ist eher bei höheren Ebenen der Hierarchie zu finden. Hier wird eine Position nach Fähigkeiten und Erfahrungen eines bereits bekannten zukünftigen Stelleninhabers zugeschnitten. Die aus dieser Vorgehensweise resultierende Gefahr bei der Stellenbesetzung besteht darin, dass der Mitarbeiter unter Umständen unverzichtbar wird. Scheidet er aus dem Unternehmen aus, muss möglicherweise die gesamte Struktur seiner Ebene neu organisiert werden. Im zweiten Fall, bei dem die Stelle auf eine abstrakte, noch zu suchende Person ausgerichtet wird, entstehen diese Probleme nicht. Durch die allgemeine Formulierung der Stellenbeschreibung muss ein Arbeitnehmer mit auf die Stelle passenden Qualifikationen gefunden werden.

Die Bündelung der aus der Aufgabenanalyse entstandenen Elementaraufgaben nach bestimmten Kriterien ist ein Teil der Aufgabensynthese. Die Kriterien können z.B. Kompetenzen, Ganzheitlichkeit der Aufgabenerfüllung oder gesetzliche und regulatorische Vorgaben sein. Die Elementaraufgaben werden so angeordnet, dass bei einem möglichst hohen Grad der Arbeitsteilung eine sinnvolle Anordnung entsteht. Das Wort „sinnvoll“ ist hier von erheblicher Bedeutung. So könnte beispielsweise festgelegt werden, dass Einzahlungen in einer Stadt nur in einer einzigen Zweigstelle angenommen werden, da so die Aufgabe „Geld entgegennehmen“ die beste Arbeitsteilung erfahren würde.

Abbildung 3.7 Vorgehensweise einer Aufgabensynthese

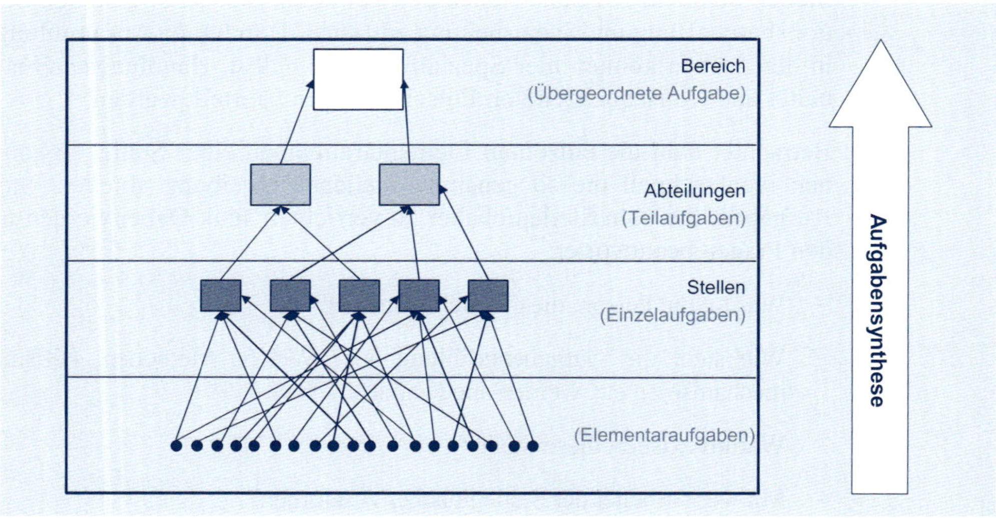

Dies ist jedoch nicht möglich, da es den Ansprüchen der Kunden nicht entspricht. Sind die Elementaraufgaben gebündelt, werden sie im zweiten Schritt der Aufgabensynthese bestimmten Stellen zugeordnet, die dann mit Mitarbeitern zu besetzen sind (Abbildung 3.7). Bei der Besetzung der Stellen ist auf die erforderliche Qualifikation der Aufgabenträger zu achten. Die entstehenden ausführenden Stellen werden meist einer leitenden Stelle untergeordnet. Dadurch werden die Arbeitsplätze zu einer Gruppe oder Abteilung zusammengefasst. Schließlich entsteht durch die nächste Zusammenfassung ein Bereich.

3.5 Konzepte der Aufbauorganisation

Im folgenden Abschnitt wird auf klassische Konzepte der Aufbauorganisation eingegangen, deren Grundstrukturen auch stark in Banken verbreitet sind. Nach einem Exkurs zu informellen Strukturen werden zunächst vertikale Organisationsformen betrachtet. Darauf folgt die horizontale Betrachtung aufbauorganisatorischer Strukturen, bevor ein Exkurs am Ende des Kapitels neuere Organisationsformen vorstellen wird.

Exkurs: Formelle/informelle Strukturen und Fayol'sche Brücke

In der Organisationstheorie unterscheidet man zwischen der Aufbau- und der Ablauforganisation. Nach Wöhe verbindet erstere die organisatorischen Grundelemente wie Stellen, Abteilungen etc. zu einer Organisationsstruktur.[18] Aus theoretischer Sicht schafft die Aufbauorganisation Institutionen, während die Ablauforganisation Arbeitsabläufe beschreibt. Die Organisation eines Unternehmens durch Aufbau- und Ablaufgestaltung wird als „formelle Organisationsstruktur“ bezeichnet.

Die Kommunikation müsste bei einer strikten Anwendung der formellen Strukturen immer über den Dienstweg erfolgen. Dies bedeutet, dass zwei Stellen auf der gleichen Hierarchieebene immer über einen oder mehrere Vorgesetzte kommunizieren müssten, bis die Information bei einem gemeinsamen Vorgesetzten ankommt und von hier wieder „nach unten“ gegeben wird. Laux und Liermann führen dazu aus, dass „die Kommunikationswege (...) nicht zwingend mit den hierarchischen Dienstwegen übereinstimmen“[19] müssen. Als Folge der strikten Einhaltung des Dienstwegs kann es dazu kommen, dass einzelne Instanzen permanent mit Informationsaufnahme und -weitergabe beschäftigt sind, was zu einer Überforderung dieser Stellen führen kann. Dies macht die Kommunikation langsamer und teurer. Nachrichten können durch den langen Weg – bewusst oder unbewusst – verkürzt oder gar verändert beim Empfänger ankommen. Als Lösung dieses Problems kann es daher sinnvoll sein, einen direkten Kommunikationsweg zwischen den Stellen einer Ebene zu schaffen. Diese Verbindungen werden als *Fayol'sche Brücken* bezeichnet. Allerdings darf dabei nicht die Gefahr der fehlenden Information der Vorgesetzten übersehen werden. Geht die Kommunikation nämlich direkt zwischen den Stellen vor sich, so ist der Vorgesetzte nicht zwangsläufig in den Informationsfluss involviert.

Fayol'sche Brücken gehören zur „informellen Organisationsstruktur". Diese informellen Strukturen entstehen meist unbewusst und über eine längere Zeit. Als Ursachen führt Wöhe menschliche Faktoren wie Sympathie, Antipathie, gemeinsame Interessen und den unterschiedlichen sozialen Status der Mitarbeiter an.[20] Informelle Strukturen können insbesondere in Zeiten des Umbruchs wichtig sein. Während solcher Phasen ermöglichen sie den Mitarbeitern eines informellen Netzwerks im Unternehmen, schneller mit neuen Situationen umzugehen. Durch solche informellen Arrangements können Aufgaben oft schneller und spontaner erledigt werden. Die Nachteile informeller Strukturen, abgesehen vom möglichen Informationsdefizit in der Berichtslinie, entstehen insbesondere für Außenseiter. Dies können neue Mitarbeiter oder auch nicht in die informellen Strukturen integrierte Personen sein. In Folge dessen werden sich diese Personen weniger einbezogen und somit unzufrieden fühlen. Ein weiterer offensichtlicher Nachteil liegt in dem Spannungspotenzial zwischen zwei gleichzeitig existierenden Strukturen. So kann es vorkommen, dass einem Auftrag aus der formellen Struktur weniger Bedeutung beigemessen wird als einem aus der informellen. Aus diesem Grund ist es für Vorgesetzte sehr wichtig, informelle Strukturen schnell und richtig zu erkennen.[21]

3.5.1 Vertikale Betrachtung

Wenn von der vertikalen Betrachtung der aufbauorganisatorischen Struktur von Unternehmen gesprochen wird, sind damit die Über- und Unterordnungsverhältnisse im Unternehmen gemeint. Die vertikale Betrachtung gibt also die Verhältnisse der einzelnen Stellen in der Organisation zueinander an. Typischerweise hat die Struktur die Form einer Pyramide, bei der der Vorstand an der Spitze angesiedelt ist, da dieser die größte Entscheidungskompetenz im Unternehmen hat. Darunter befinden sich die verschiedenen Bereiche, Abteilungen etc. Somit ist die vertikale Betrachtung eine Gliederung, die die verschiedenen Hierarchiestufen im Unternehmen wiedergibt.

3.5.1.1 Einlinienorganisation

Die Einlinienorganisation verfolgt das Prinzip der einheitlichen Auftragserteilung. Jeder Stelle ist genau eine Stelle übergeordnet. Wie in der Abbildung 3.8 erkennbar ist, entsteht so eine eindeutige Zuordnung, in der jeder Stelleninhaber seine übergeordnete Stelle genau kennt und somit weiß, woher die Aufgaben kommen bzw. wem Bericht erstattet werden muss.

Die Vorteile dieser Organisationsform liegen auf der Hand. Erstens entstehen durch diese Anordnung klare Verantwortungsverhältnisse. Der Aufgabenträger ist genau einem Vorgesetzten gegenüber in der Verantwortung. Dieser beurteilt die Leistung des Mitarbeiters. Zum zweiten wird durch diese Organisation ein klarer Dienstweg festgelegt. Es kann von jeder Stelle in der Organisation aus genau festgestellt werden, welcher Weg eingehalten werden muss, um mit einer anderen Stelle in Kontakt zu treten. Auch ist für jede Stelle eine genaue Einordnung in die gesamte Organisation möglich.

Abbildung 3.8 Einlinienorganisation

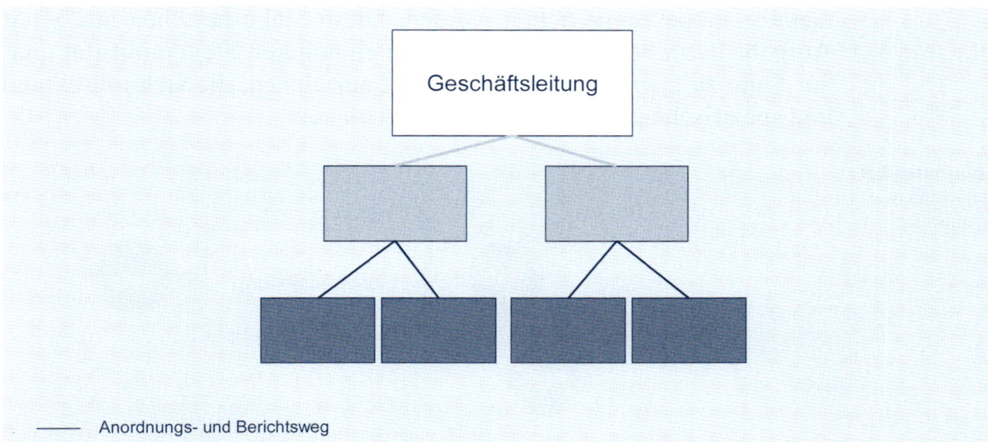

Der letztgenannte Vorteil ist bei schnellen Veränderungen, denen Banken aktuell ausgesetzt sind, jedoch auch ein Nachteil. Die Wege von einer Stelle weit unten in einem Organigramm zu einer anderen auf der gleichen Ebene sind hier sehr lang, da immer der Weg über alle Vorgesetzten gewählt werden muss. Dadurch wird die Organisation unflexibel. Die strikte Einhaltung der Dienstwege steht der Anpassung an das sich ständig verändernde Umfeld im Weg.

Ein weiteres Problem, das bei dieser Form der Aufbauorganisation auf höher gelegene Stellen zukommt, liegt darin, dass an diesen Stellen die Notwendigkeit zur

Problemlösung gehäuft auftritt. Probleme zwischen zwei Stellen auf der untersten Ebene werden solange nach oben gegeben, bis sie an eine Instanz kommen, der beide unteren Stellen untergeordnet sind. Somit neigt diese Organisation dazu, neue Probleme nicht schneller auf der unteren (Arbeits-)Ebene, sondern weiter oben zu einer Lösung zu bringen. Es entsteht dort ein „Problemstau", da sich an den oberen Stellen immer mehr Probleme anhäufen, die eigentlich schon auf einer niedrigeren Hierarchie-Ebene hätten gelöst werden können. Als weitere Nachteile sind die Betonung von Hierarchiedenken und Positionsmacht sowie die ausgeprägte Abhängigkeit der nachgeordneten von den vorgesetzten Stellen zu nennen.[22]

3.5.1.2 Stab-/Linienorganisation

Die Stab-/Linienorganisation (Abbildung 3.9) baut auf der Struktur der Einlinienorganisation auf. Auch hier wird eine Stelle direkt einer anderen über- bzw. untergeordnet. Der Unterschied zur Einlinienorganisation liegt jedoch darin, dass zur Beratung und Entlastung der höher angesiedelten Stellen („Entscheidungsträger") so genannte „Stäbe" eingerichtet werden. Diese Stäbe bestehen aus Mitarbeitern, deren Aufgabe darin besteht, den zugeordneten höheren Stellen mit Rat und Unterstützung zur Seite zu stehen. Man findet dort Spezialisten, die sich mit aktuellen Problemen und spezifischen Aufgabenstellungen befassen.

Abbildung 3.9
Stab-/Linienorganisation

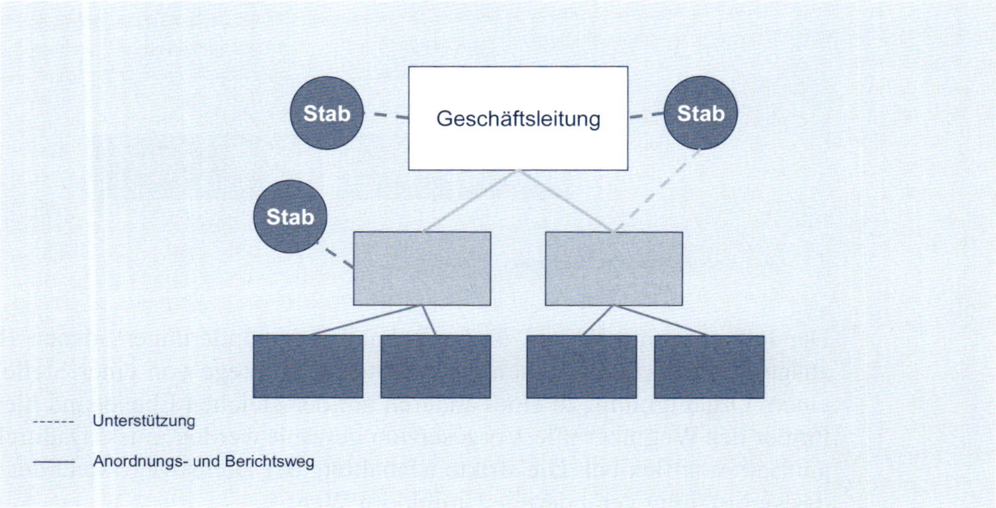

Der Vorteil der Stab-/Linien- gegenüber der Einlinienorganisation besteht darin, dass entstehende Probleme komplett an eine Stabsabteilung abgegeben werden können. Damit werden die Stelleninhaber in den Linien entlastet und können sich auf operative Aufgaben konzentrieren.

In den mit Spezialisten besetzten Stabsstellen findet ein Pooling von Fachwissen statt, durch das möglichst schnell gute Lösungen und Ratschläge für die Entscheidungsträger gefunden werden. Hierin liegt jedoch auch ein Problem der Organisationsform. Da die Mitarbeiter der Stabsabteilungen nicht am täglichen Geschäft teilnehmen, kann es passieren, dass sie zwar die theoretisch beste, jedoch in der speziellen Situation nicht die optimale Lösung finden.

Ein weiterer Nachteil der Stab-/Linienorganisation liegt in der fehlenden Durchsetzungskraft der Stäbe. Die hier erarbeiteten Lösungsansätze und Vorschläge sind von der Wertschätzung des jeweiligen Entscheidungsträgers abhängig. Misst ein Entscheidungsträger der Arbeit des Stabs wenig Bedeutung bei, so bleiben auch beste Ratschläge ungenutzt. Andererseits führt das blinde Vertrauen von Entscheidungsträgern in die Stäbe zu einem Phänomen, das als „Macht der Stäbe" bezeichnet wird. Im Extremfall lenken dabei nicht mehr die Manager die Geschicke des Unternehmens sondern die Stabsabteilungen.[23]

3.5.1.3 Mehrlinienorganisation

Die Grundstruktur der Mehrlinienorganisation (Abbildung 3.10) ist der Einlinienorganisation sehr ähnlich. Jedoch werden außer der direkten Verbindung zur jeweils übergeordneten Stelle noch Querverbindungen hinzugefügt. Es handelt sich also um eine Art Einlinienorganisation mit zusätzlichen Querfunktionen. Letztere sollen zur Lösung bestimmter Sonderfragen beitragen (Fachthemen, regionale Zuständigkeiten, etc.). Somit besteht für diese besonderen Aufgaben ein separater Anordnungsweg, während für das Tagesgeschäft der aus der Einlinienorganisation bekannte Anordnungsweg besteht.

Der wesentliche Vorteil der Mehrlinienorganisation liegt in der durch die Querfunktionen entstehenden Flexibilität. So können die Kommunikationswege bei Anfragen verkürzt werden, was nicht nur eine schnellere Bearbeitung eines Vorgangs, sondern auch eine Kosteneinsparung zur Folge hat. Durch die erleichterte Kommunikation können die verschiedenen Abteilungen auf dem formellen Weg miteinander arbeiten. In Folge dessen kann es zu einer besseren Nutzung der fachlichen Ressourcen kommen.

Bedingt durch die unterschiedlichen Auftraggeber auf derselben Hierarchieebene kann es bei der Mehrlinienorganisation jedoch Unklarheiten bezüglich der unmittelbaren Zuständigkeit der Vorgesetzten geben. Bei auftretenden Problemen wendet sich der Inhaber der unterstellten Stelle tendenziell an den Vorgesetzten, zu dem er den besseren persönlichen Kontakt hat. Dieser muss jedoch nicht zwangsläufig der richtige Ansprechpartner sein. Dies bietet ein Konfliktpotenzial zum einen zwischen dem Inhaber der untergeordneten Stelle und seinen Vorgesetzten sowie zwischen den beiden auf einer Ebene befindlichen Vorgesetzten. Der umfangreiche Abstimmungsbedarf in dieser Organisationsform führt zu Zeit- und Reibungsverlusten. Die Abgrenzung von Aufgaben, Verantwortungen und Kompetenzen stellt sich in der Mehrlinienorganisation als schwierig dar.[24]

Abbildung 3.10
Mehrlinien-organisation

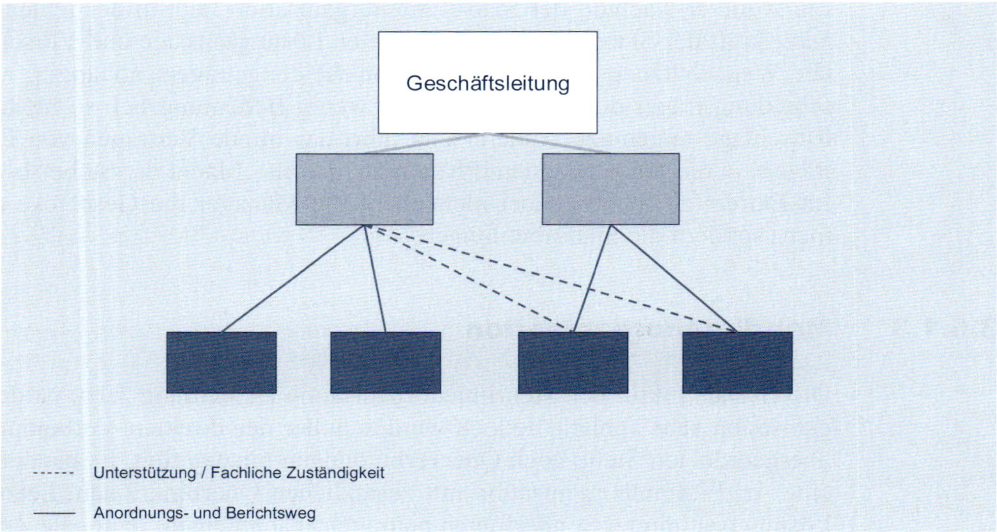

3.5.2 Horizontale Betrachtung

Durch Über- und Unterordnung von Stellen einer Organisation entsteht zwischen diesen eine Hierarchie. Bei der horizontalen Betrachtung steht das Verhältnis von Stellen, die auf der gleichen hierarchischen Ebene angesiedelt sind, im Vordergrund. Daher wird im Folgenden immer nur eine Ebene der Organisation betrachtet. Es soll dabei eine Gliederung für diese Ebene gefunden werden, die möglichst gut zur Erreichung der Unternehmensziele beiträgt. Grundsätzlich stehen eindimensionale und mehrdimensionale Organisationsstrukturen zur Verfügung.

3.5.2.1 Funktionale Organisationsstrukturen

In einer funktionalen Organisationsstruktur hat jede Einheit die Verantwortung für bestimmte firmenweite Aktivitäten (Abbildung 3.11). Dabei ist eine Funktion eine Zusammenfassung von Aufgaben um Wert zu schaffen. Zu ihnen gehören in einem Fertigungsunternehmen z.B. Forschung und Entwicklung (F&E), Produktion, Einkauf, Vertrieb und Verwaltung.[25] Die funktionale Organisationsstruktur gestattet es Unternehmen, einen hohen Spezialisierungsgrad in Schlüsselaktivitäten zu erlangen. Da die Ressourcen für die einzelnen Funktionen in speziellen Abteilungen gebündelt werden, können Synergieeffekte erzielt werden. Dies trägt zur Kostenreduktion bei. Die Kompetenz und die wertschaffenden Fähigkeiten werden in den einzelnen Funktionen zusammengefasst, um so die Effizienz zu steigern.

Die funktionale Struktur ist bei kleinen und weniger komplexen Organisationen mit einem oder wenigen Produkten eine adäquate Organisationsstruktur. Sie funktioniert am besten in einem relativ stabilen Marktumfeld, das es dem Unternehmen erlaubt, eine konstante Strategie umzusetzen.[26]

Die Hauptvorteile der funktionalen Organisation liegen in der effizienten Nutzung der Ressourcen (*Economies of Scale*). Die einzelnen Funktionen werden zu „Großproduktionsstätten" für die jeweilige Leistung. Die Problemlösung in den Abteilungen kann auf einem sehr hohen Niveau durchgeführt werden, da das gesamte Spezialwissen hier zusammengefasst ist. Innerhalb der Funktionen kann nochmals eine Spezialisierung der Fähigkeiten stattfinden, um das Know-how weiter zu vertiefen.[27]

Abbildung 3.11 Funktionale Organisationsstruktur

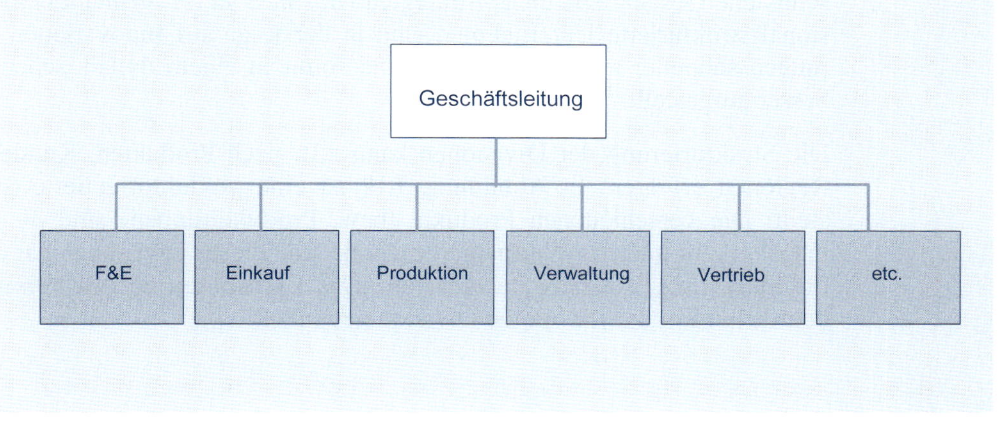

Nachteil der funktionalen Organisationsstruktur ist die mangelnde Kommunikation und Koordination zwischen den einzelnen Funktionen. Eine Möglichkeit gegen dieses Problem vorzugehen, sind regelmäßige Besprechungen zwischen den Mitarbeitern der Funktionen, um den Gedankenaustausch zu fördern. Jedoch sind solche Besprechungen keine Garantie dafür, dass der Gedankenaustausch auch in ausreichendem Maß stattfindet.

Findet gar keine Kommunikation zwischen den Abteilungen statt, so besteht die Gefahr, dass diese ein egozentrisches Bild des Gesamtunternehmens entwickeln. Die eigene Abteilung erscheint als Mittelpunkt des Unternehmens und nicht mehr als ein Teil, der zum Gesamten beiträgt. Mangelnde Kommunikation kann die Innovationsfähigkeit beeinträchtigen und das Unternehmen daran hindern, sich erfolgreich an einen Wandel des Umfelds anzupassen. So erreichen beispielsweise Kundenwünsche, die dem Vertrieb wahrscheinlich bestens bekannt sind, nie die F&E-Abteilung. Dies führt dazu, dass neue Produkte unter Umständen nicht den Marktanforderungen entsprechen und die verfehlte Produktpolitik den Unternehmenserfolg beeinträchtigt.

3.5.2.2 Divisionale Organisationsstrukturen

Während eine funktionale Organisationsstruktur oft in kleineren Unternehmen zu entdecken ist, sind divisionale Strukturen eher in großen Unternehmen mit breiter Produktpalette oder heterogenen Kundengruppen vorzufinden. Anstatt alle Ressourcen zu einer bestimmten Funktion zusammenzufassen, werden bei der divisionalen Struktur selbstbestimmte Einheiten gebildet, die für die komplette Leistungserstellung verantwortlich sind. Diese werden *Divisionen* genannt.[28] Solche Strukturen werden auch in komplexen Situationen genutzt, in denen das Unternehmen verschiedene Geschäftsbereichs-Strategien (*Business Level Strategies*) anwendet. Divisional strukturierte Unternehmen sind in der Lage auf Innovationen und Veränderungen schneller zu reagieren und sind somit in einem dynamischen Marktumfeld besser aufgestellt.[29]

Die Strukturierung der Divisionen kann z.B. nach Produkten, Kundengruppen und Regionen erfolgen. In Abbildung 3.12 ist eine produktorientierte Struktur dargestellt. Die verschiedenen Produkte (bzw. Produktgruppen) sind hier Kredit, Zahlungsverkehr und das Wertpapiergeschäft. Jede dieser Divisionen hat eine Abteilung für Marketing, Vertrieb, Personal etc. Das Fachwissen zu den verschiedenen Produkten wird in der jeweiligen Division gebündelt.

Abbildung 3.12
Divisionale Organisationsstruktur nach Produktbereichen

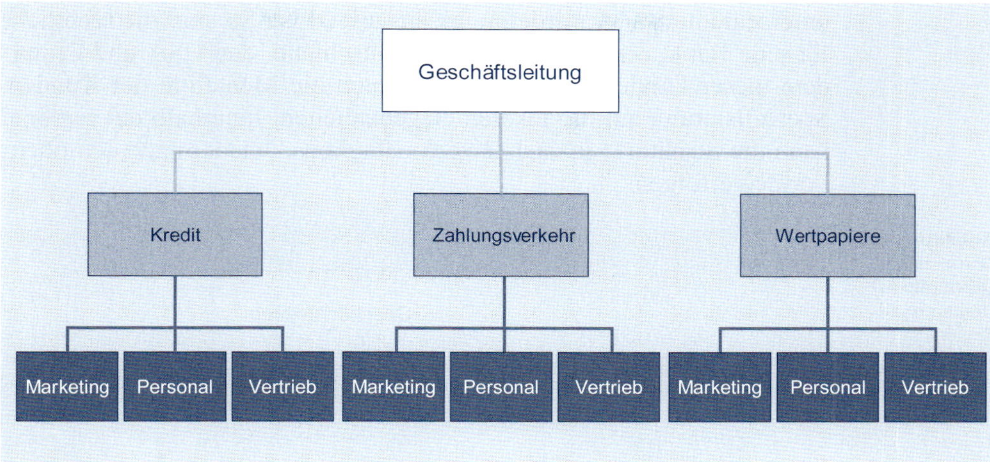

Um den Kundenbedürfnissen besser gerecht zu werden, kann alternativ eine kundenorientierte Struktur eingeführt werden (Abbildung 3.13). Unterschieden wird z.B. zwischen Privatkunden, Private-Banking-Kunden und Firmenkunden. Innerhalb dieser drei Divisionen gibt es wieder die verschiedenen Produktkategorien wie Kredit, Zahlungsverkehr und Wertpapiere.

Abbildung 3.13
Divisionale Organisationsstruktur nach Kundengruppen

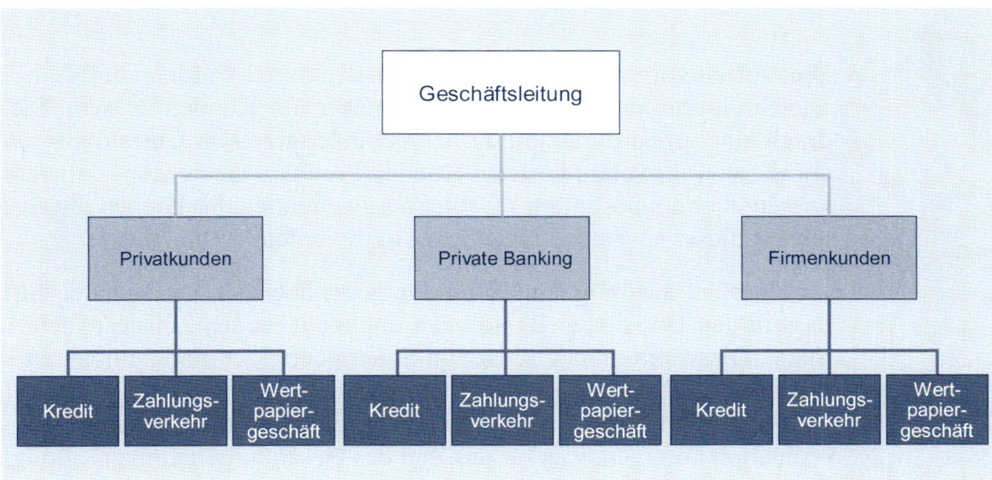

Eine weitere Grundform der divisionalen Organisationsstruktur ist die nach Regionen gegliederte Struktur (Abbildung 3.14). Bei einem multinationalen Unternehmen ist es sehr wahrscheinlich, dass das Unternehmen auf den verschiedenen Märkten unterschiedlichen Anforderungen ausgesetzt ist. So sind die rechtlichen Regelungen für eine Bank, die ihr Geschäft in Deutschland, den USA und China betreibt, in jedem dieser Länder unterschiedlich. Auch die Mentalität der Kunden erfordert eine Spezialisierung auf die lokalen Gegebenheiten. Innerhalb der regionalen Divisionen kann die Struktur – je nach Zweckmäßigkeit – wieder nach den oben beschriebenen Formen erfolgen.

Abbildung 3.14 Divisionale Organisationsstruktur nach Regionen

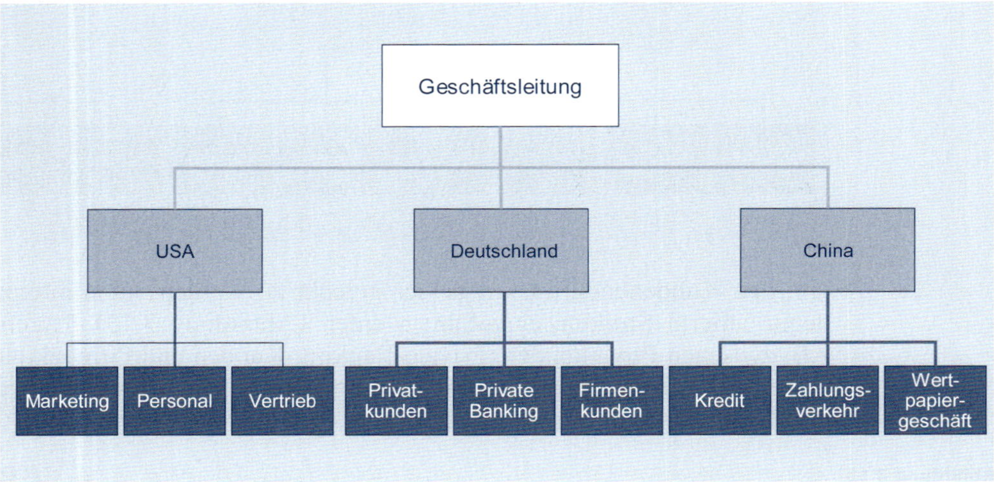

Die Vorteile divisionaler Organisationsstrukturen wurden zum Teil bereits erwähnt. Die Strukturen ermöglichen es, z.B. näher am Kunden zu sein. Sie zeichnen sich durch eine größere Flexibilität bei Veränderungen im Umfeld aus, da jede Division auf die von ihr verantworteten Kunden/Produkte/Gebiete spezialisiert ist. Das Fachwissen über ein bestimmtes Gebiet wird gebündelt. So können die Geschäftsaktivitäten auf dieses spezielle Gebiet fokussiert werden.

Im Hinblick auf mögliche Nachteile gegenüber der funktionalen Struktur fällt auf, dass in den Divisionen Ressourcen dupliziert werden, insbesondere im Bereich der Stäbe. Dies führt zum Verlust von Synergieeffekten und zu höheren Kosten. Zudem ist die Spezialisierung in den Divisionen nicht so tief wie in der funktionalen Struktur. Außerdem kann es zwischen den Divisionen zu Wettbewerb und schlechter Koordination kommen, was für das Ziel des Gesamtunternehmens abträglich ist.[30]

3.5.2.3 Gemischte Organisationsstrukturen

Eine Kombination aus funktionalen und divisionalen Strukturen kann ebenfalls implementiert werden und ist gerade in Großbanken häufig vorzufinden. Diese Art der Organisationsstruktur wird als hybride Struktur oder Mischform bezeichnet. Als Beispiel ist in der Abbildung 3.15 die hybride Struktur einer Bank dargestellt. Um den Bedürfnissen der Kunden gerecht zu werden, findet man hier als erstes die beiden Divisionen für Privat- bzw. Firmenkunden. Zur effizienten Bündelung von Spezialwissen wurden die Funktionen Risikocontrolling, Marketing und Personal eingeführt und stehen der gesamten Bank zur Verfügung. Aufgrund der rechtlichen Besonderheiten wurde zudem eine regionale Division für das Asiengeschäft gebildet und mit dem Zahlungsverkehr wurde eine Produktdivision für das gesamte Unternehmen hinzugefügt.

Hybride Strukturen sind gewöhnlich in größeren Organisationen zu finden und stellen den Versuch dar, den verschiedenen Anforderungen der einzelnen Bereiche der Organisation so gut wie möglich zu entsprechen. Der Ansatz spielt vor allem bei international tätigen Unternehmen eine Rolle. Häufig spiegelt sich in einer solchen gemischten Organisationsstruktur auch die historische Entwicklung des Unternehmens wider. Im Hinblick auf Vor- und Nachteile gilt für die einzelnen Funktionen und Divisionen das jeweils Erwähnte. Über die gesamte Organisation hinweg können in den einzelnen Funktionen und Divisionen auf diesem Weg die unterschiedlichen Vorteile realisiert werden.

Abbildung 3.15 Gemischte Organisationsstruktur

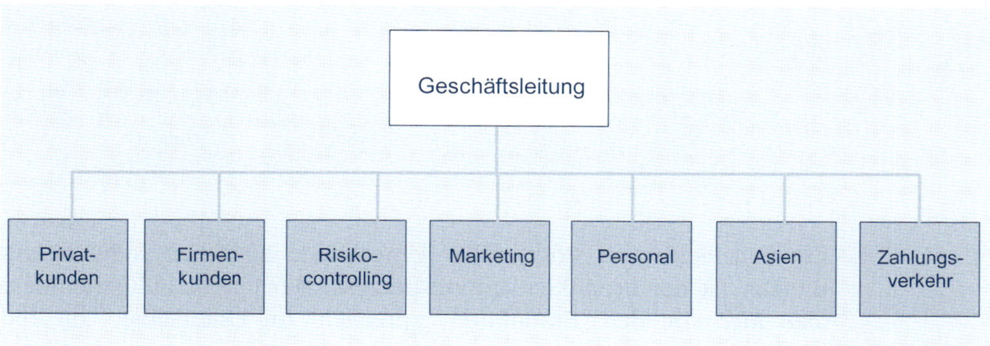

3.5.2.4 Funktionale und divisionale Organisationsstrukturen in Banken

In den vorangegangenen Abschnitten über funktionale und divisionale Strukturen wurde bereits an einigen Stellen auf die Besonderheiten von bankbetrieblichen Aufbauorganisationen hingewiesen. Die Unterschiede zu Industrieunternehmen sollen im Folgenden genauer betrachtet werden.

Eine idealtypische Struktur eines Industrieunternehmens ist in der Abbildung 3.16 dargestellt. Im Rahmen der Aufgabensynthese entstehen funktionale Strukturen durch die Aggregation von Aufgaben. Da Banken – wie auch andere Dienstleistungsunternehmen – im Vergleich zu Industrieunternehmen stark abweichende Aufgaben wahrnehmen, spiegelt sich dies auch in ihrer Struktur wider. Die Funktion „Einkauf" betreut in einem Industrie- oder Handelsunternehmen die Lieferanten des Unternehmens und sorgt für die Beschaffung der notwendigen Materialien und Ressourcen. Bei einer Bank stellt sich jedoch die Frage, wer ihre Lieferanten sind. Zwar bezieht auch eine Bank Produkte wie Büromaterial und ähnliches, jedoch nimmt dies keine so bedeutende Stellung in der Wertschöpfungskette ein.

Abbildung 3.16 Beispiel der Struktur eines typischen Industrieunternehmens

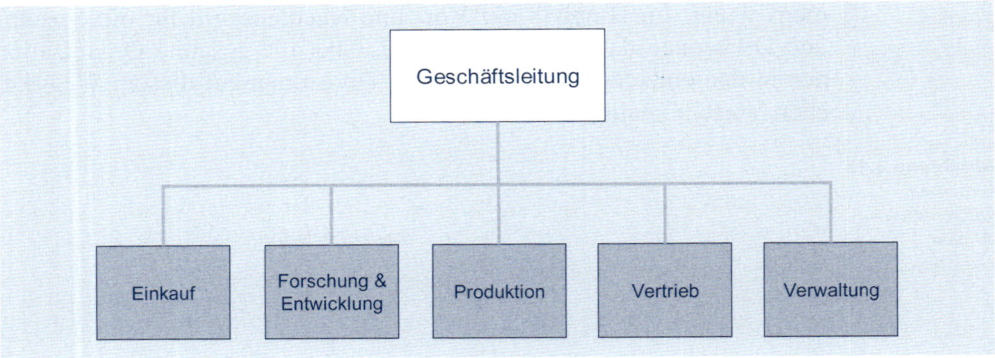

Ein entscheidender struktureller Unterschied zwischen Industrieunternehmen und Banken ist der Produkterstellungsprozess. Bei einem Industrieunternehmen würde man hier von der „Produktion" sprechen. Im Unterschied zur Industrie können Bankprodukte nicht (oder nur eingeschränkt) auf Lager produziert werden, sondern werden unter Mitwirkung des Kunden an Ort und Stelle erstellt und „customized". Die benötigten Ressourcen für diese Leistungserstellung müssen nicht erst bei einem Lieferanten eingekauft und dann verarbeitet werden. Nichtsdestotrotz kann man die Abwicklung eines Bankgeschäfts als Produktion verstehen. Somit ersetzt die Funktion „Abwicklung“ in einer Bank die Funktion „Produktion“ eines Industrieunternehmens.

Die Funktion „Forschung und Entwicklung“ aus der Abbildung 3.16 ist in einer Bank häufig nicht explizit vorhanden. Meistens ist stattdessen eine Produktentwicklungsabteilung zu finden. Die Funktionen „Vertrieb“ und „Verwaltung“ existieren auch in einer Bank. Daher wurden diese in Abbildung 3.17, die eine für ein Kreditinstitut modifizierte Aufbauorganisation zeigt, übernommen. Bemerkenswert ist an dieser Stelle noch, dass der Vertrieb in einer Bank eine deutlich größere Rolle einnimmt, als in einem Industrieunternehmen. Ein Filialmitarbeiter in einer Bank ist an der Erstellung des Produkts mit dem Kunden beteiligt, während der Vertrieb in einem Industrieunternehmen das fertige Produkt präsentiert. Entsprechend ist die Anzahl der Vertriebsmitarbeiter in Banken deutlich höher.

Abbildung 3.17
Modifizierte Aufbauorganisation einer Bank

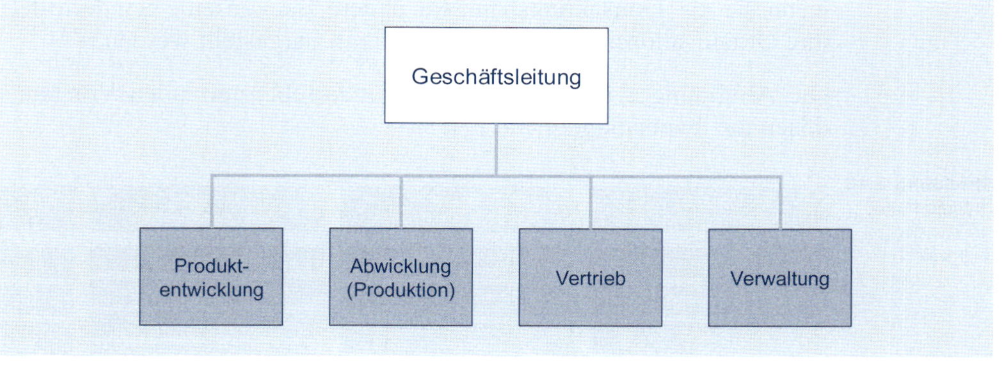

3.5.2.5 Kritik an den eindimensionalen Organisationsstrukturen

Funktionale und divisionale Organisationsstrukturen stellen die so genannten eindimensionalen Strukturen dar. Die Nachteile gegenüber den im Folgenden erläuterten mehrdimensionalen Strukturen liegen primär in ihrer Inflexibilität. Sie sind oft starr und können deshalb nur schlecht an veränderte Umweltbedingungen angepasst werden.

Die Strukturen sind auf Aufgaben ausgelegt, die sich häufig wiederholen und ohne größere Absprachen ausgeübt werden können. Bei innovativen Aufgaben, die eine enge Zusammenarbeit und Kooperation erfordern, entstehen somit Abgrenzungs- und Zuständigkeitsprobleme. Die Zusammenarbeit ist häufig mangelhaft, da jede Abteilung die Probleme nur aus der eigenen Sicht betrachtet. Abteilungen optimieren somit nur ihren Bereich und nicht den Erfolg des gesamten Unternehmens.

Bei den eindimensionalen Strukturen verfügt nur die Unternehmensleitung über eine umfassende Sicht auf das Unternehmen. Folglich werden abteilungs- oder bereichsübergreifende Entscheidungen auch nur vom Management getroffen. Dies führt häufig zu einem zunehmenden Problem- und Entscheidungsstau auf der Leitungsebene. Sowohl bei funktions- als auch bei divisionsorientierten Strukturen werden die oberen Instanzen zur übergreifenden Kommunikation benötigt. Als Folge davon steigt der Koordinationsaufwand im Falle eines Unternehmenswachstums überproportional.

Exkurs: Die Organisationsstruktur der dwpbank

Die Deutsche WertpapierService Bank AG (dwpbank) ist eine Transaktionsbank für Wertpapierabwicklung. Sie betreute im Jahr 2007 für 400 Finanzinstitute rund 8,6 Millionen Wertpapierdepots und wickelte 50 Millionen Transaktionen ab.[31] Auch wenn sie als Transaktionsbank für andere Banken eine Sonderrolle einnimmt, soll ihre Organisationsstruktur hier beispielhaft dargestellt werden.

Die Abbildung 3.18 zeigt die vier standortübergreifenden Vorstandsressorts, nach denen die dwpbank gegliedert ist.[32]

Abbildung 3.18 Organisationsstruktur der dwpbank

Quelle: Deutsche WertpapierService Bank AG (2009).

Mit dieser Struktur soll eine klare Aufgabenstellung und eine enge Zusammenarbeit zwischen den Bereichen ermöglicht werden. Im Ressort Vertrieb sind sämtliche kundenbezogenen Aufgaben nach Sektoren bzw. Key Accounts angesiedelt. Dies umfasst Akquisition, Schulung sowie Betreuung und laufende Services.

Im Bereich Wertpapierservice erfolgt die Abwicklung der Transaktionsdienstleistungen vom Ordermanagement bis zur Depotverwaltung. Mit Blick auf die modifizierte Organisationsstruktur aus der vorangegangen Abbildung kann hier von der Produktion gesprochen werden.

Die Verantwortung für den reibungslosen Ablauf der Produktion sowie die Weiterentwicklung des Wertpapierabwicklungssystems liegt im Ressort Informationstechnologie. Als weitere Aufgaben sind hier auch die Weiterentwicklung der zentralen IT-Plattform sowie Migrationsprojekte angesiedelt.

Abschließend sind im Bereich Unternehmenssteuerung die wesentlichen Zentralbereiche zusammengefasst. Durch die hier vertretenen Funktionen erfolgen Verwaltung, Kontrolle, Weiterentwicklung und Führung des Unternehmens dwpbank.

3.5.2.6 Mehrdimensionale Organisationsstrukturen: Matrix- und Tensororganisation

Wie der Name schon andeutet, besitzen mehrdimensionale Organisationen eine zusätzliche zweite oder sogar dritte Dimension. Eine zweidimensionale Struktur bezeichnet man als *Matrixorganisation*, eine dreidimensionale als *Tensororganisation*. Die Wurzeln der mehrdimensionalen Organisationsstrukturen liegen in den 1960er und 1970er Jahren, als Flugzeugfirmen eine neue, technisch überlegene Generation von Flugzeugen entwerfen wollten. Probleme bei der Kommunikation und Koordination zwischen Funktionen (z.B. Forschung & Entwicklung, Test-Abteilungen, Maschinenbau etc.) und den bereits bestehenden Produktdivisionen in den eindimensionalen Organisationsstrukturen führten zur Entwicklung der Matrixorganisation.[33]

Die Matrixorganisation besteht aus zwei Ebenen. Das bedeutet, dass z.B. in der ersten Dimension produktorientierte Divisionen mit verschiedenen Funktionen in der zweiten Dimension kombiniert werden. Dies ist in Abbildung 3.19 dargestellt. Ziel ist es, die Vorteile der beiden eindimensionalen Strukturen zu verknüpfen. Den Namen Matrixorganisation erhält diese Struktur, da die formale Zusammenlegung von funktionaler und divisionaler Organisationsstruktur einer Matrix gleicht.

Das Besondere an der Matrixstruktur ist die Anordnung der Aktivitäten entlang zweier Autoritätslinien. Es wird nicht mehr nur nach Funktionen oder Divisionen strukturiert, sondern beide Organisationsformen werden gleichzeitig genutzt. Dies führt dazu, dass der einzelne Mitarbeiter zwei Vorgesetzten Bericht erstatten muss. Die Zuteilung der Verantwortung für den Mitarbeiter an die Führungskräfte muss daher auch in der Matrixorganisation eindeutig geregelt sein. Die geteilten Kompetenzen führen auch zu einer geteilten Verantwortung. Dadurch könnten Fehler auf den jeweils anderen Vorgesetzten geschoben werden. Aus diesem Grund muss klar definiert sein, wer die Verantwortung für welchen Teil der Leistungserstellung trägt.

Abbildung 3.19 Matrix-organisation

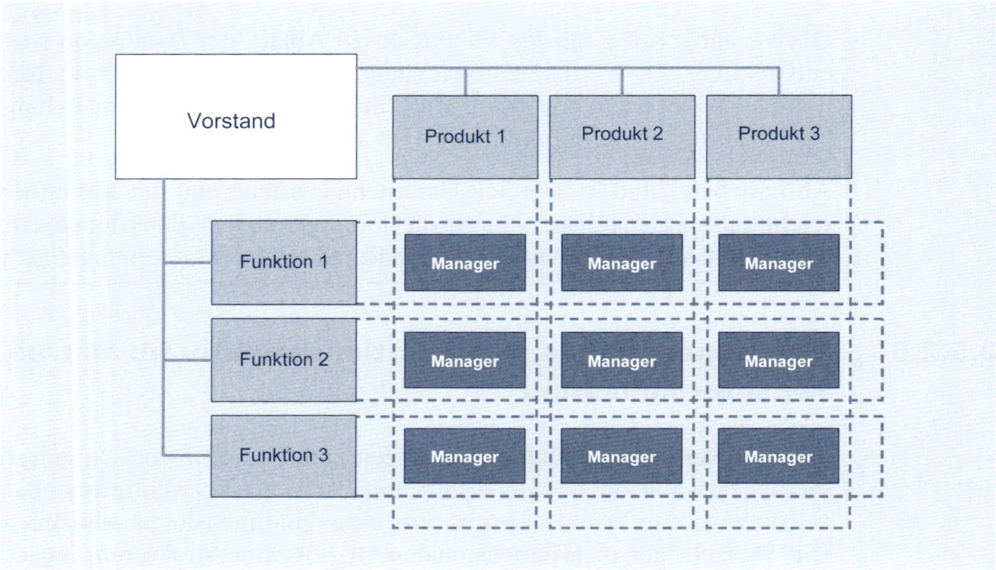

Der Vorteil der Matrixstruktur ist die bessere Aufnahmefähigkeit für Innovationen sowie eine verbesserte Problemlösungsfähigkeit. Tritt im operativen Geschäft ein Problem bei einem der Produkte auf, kann sich der Kundenbetreuer mit einem Produktmanager in Verbindung setzen, der dann das Problem lösen muss. Ist die Matrixorganisation nach Produkten und Kunden geordnet, entsteht durch diese Struktur auch ein Interessenausgleich zwischen den Produkt- und Kundengruppen, da jeder Kundenmanager direkten Kontakt zum jeweiligen Produktmanager hat. Die Kommunikation wird erleichtert und die Geschäftsleitung entlastet, da die verschiedenen Abteilungen direkt miteinander in Verbindung treten und nur strittige Themen nach oben eskaliert werden. Bei der Lösung von Problemen sind somit Kundenbetreuer und Produktspezialisten beteiligt, was zum einen das Fachwissen der Personen an den richtigen Stellen nutzt, zum anderen die Behandlung von komplexen Problemen durch die verschiedenen Sichtweisen beherrschbar macht.[34]

Die hohe Komplexität ist hingegen einer der Nachteile der Matrixorganisation. Ein hoher Koordinationsaufwand ist nötig, um die vielen verschiedenen Abteilungen miteinander zu verbinden. Die Matrixorganisation ist somit schwieriger zu steuern und die Struktur eines solchen Gebildes ist nur schwer zu verändern. Die Organisation ist zwar innovativer und aufnahmefähiger für neue Themen, der Umbau der Organisation selbst ist allerdings komplizierter. Durch die intensivere Kommunikation entsteht außer den Vorteilen auch ein höheres Konfliktpotenzial. Dies kann durch fehlende Bereitschaft zur Zusammenarbeit oder durch eine ungenaue Abgrenzung von Aufgaben, Verantwortlichkeiten oder Kompetenzen entstehen. Ein Konfliktpunkt, der auch nicht außer Acht gelassen werden sollte, ist der Konkurrenzkampf um die gemeinsamen Ressourcen. So ist es beispielsweise möglich, dass ein Mitarbeiter ein bestimmtes Produkt bevorzugt bearbeitet und aus diesem Grund andere Produkte vernachlässigt.[35]

Peters und Waterman sehen in den resultierenden „hoffnungslos komplizierten und letzten Endes funktionsunfähigen Managementstrukturen"[36] den Grund dafür, dass die Matrixorganisation oft kritisch betrachtet wird. Auch Pitts und Lei messen der Matrixorganisation keine große Bedeutung mehr bei.[37] Sie führen dies auf die Versuche zahlreicher Firmen zurück, bei denen die meisten die Matrixorganisation aufgrund der genannten Nachteile wieder abschafften oder diese erst gar nicht komplett einführten. Allerdings gibt es gerade in Banken zahlreiche Beispiele für Matrixorganisationen. So berichten viele Filialmanager von Großbanken sowohl an den Regionalverantwortlichen als auch an den Geschäftsbereichsleiter Privat- bzw. Firmenkundengeschäft. In der Praxis existieren Matrixorganisationen häufig, allerdings wird oftmals einer der beiden Berichtswege als nachgelagert definiert.

Der zweite mehrdimensionale Organisationstyp ist die Tensororganisation (Abbildung 3.20). Sie ist vom Prinzip mit der Matrixorganisation identisch, jedoch wird hier noch eine zusätzliche dritte Ebene eingeführt.[38] Die Matrixorganisation wird also um eine dritte Dimension erweitert. In Bezug auf die Vor- und Nachteile gelten für die Tensororganisation die gleichen Aussagen wie für die Matrixorganisation. Der Koordinationsaufwand wird durch die dritte Ebene jedoch noch größer und auch das Konfliktpotenzial steigt weiter an. Auf der anderen Seite wird die Kommunikation im Unternehmen verbessert, was auch die Aufnahmefähigkeit von Innovationen stärkt.

Die abgebildete Tensororganisation ist primär entlang der Produkte, sekundär entlang der Funktionen und tertiär regional strukturiert. Dadurch entsteht ein Würfel mit zahlreichen Verknüpfungen zwischen den einzelnen Bereichen. In der Tensorstruktur werden sowohl die Vorteile als auch die Nachteile der Matrixstruktur durch die zusätzliche Ebene potenziert. Die Komplexität des Unternehmens wird damit immer größer und die Steuerung weiter erschwert.

Abbildung 3.20
Tensor-
organisation

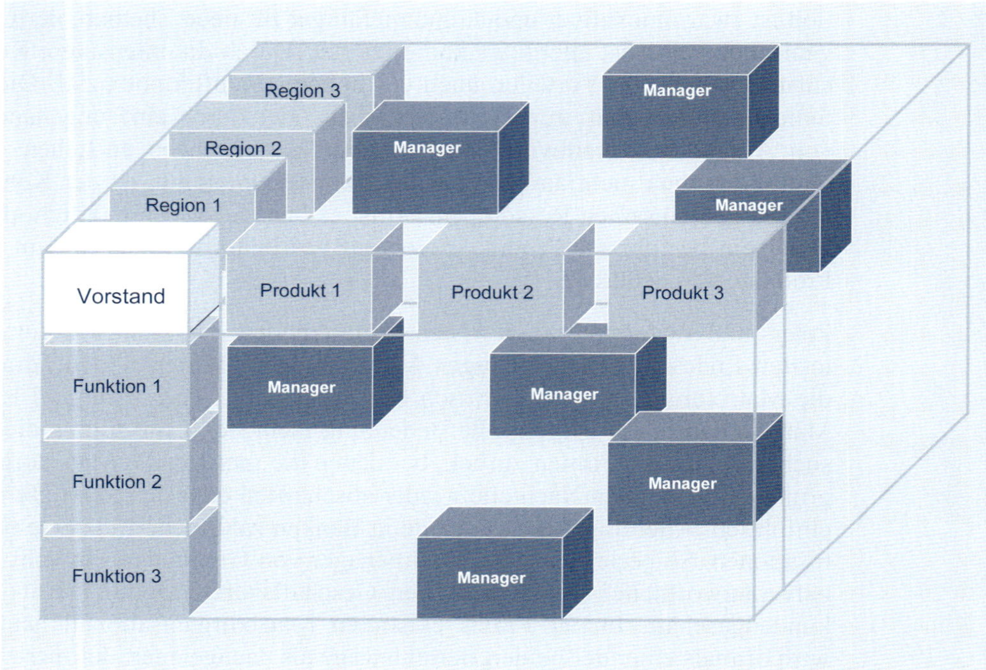

Exkurs: Neuere Organisationsformen

Die Flexibilität der Aufbaustruktur spielt eine große Rolle. Dies ist unter anderem an den Ausführungen des ersten Kapitels sowie den Feststellungen des Neuen 7-S-Modells zu erkennen. Alle in diesem Kapitel vorgestellten Organisationsformen weisen eine gewisse Starrheit und Inflexibilität auf. Durch die mehrdimensionalen Organisationsformen versucht man diese Starrheit zu überwinden. Wie aber aus der Kritik der mehrdimensionalen Strukturen zu erkennen ist, geschieht dies – wenn überhaupt – nur durch eine Zunahme der Strukturkomplexität. Somit ist die Struktur des Unternehmens entweder relativ unflexibel oder sehr komplex. Die im Folgenden diskutierten Ansätze versuchen, eine flexible Organisationsform und eine geringe Komplexität miteinander zu verbinden. Eine genauere Betrachtung der Netzwerkorganisation, der virtuellen Organisation sowie des fraktalen Unternehmens wird in Kapitel 6 vorgenommen.

Team-Organisation

Das wichtigste Merkmal von *Team-Organisationen* besteht nach Büschgen darin, dass die Entscheidungen nicht mehr von einer Person, sondern von einem ganzen

Team getragen werden.[39] Der Grund für diese Übertragung von Befugnissen an ein Team entsteht aus der Auffassung, die Entscheidungsfindung und -durchsetzung im Team erhöhe die Effizienz im Unternehmen. Diese Steigerung entsteht aus der geringeren Reibung innerhalb des Unternehmens und resultiert aus der Überwindung von hierarchischen Strukturen. Ein weiterer Grund für die Steigerung der Effizienz liegt in der Erwartung, dass das Wissen der Mitarbeiter in einem Team nicht nur addiert, sondern durch die Verknüpfung von Informationen vervielfacht wird. Das Risiko von Fehlentscheidungen kann durch die breitere Basis von Informationen und Erfahrungen des Teams verringert werden. Ist die Gruppe weitgehend autonom in ihren Entscheidungen, so wird die Motivation des einzelnen Mitglieds erhöht und das Arbeitsklima innerhalb des Teams verbessert. Es entsteht eine „Gemeinschaft", deren Ziel die beste Lösung zur gegebenen Problemstellungen ist. Ziel von teamorientierten Organisationen ist die Erhöhung der Flexibilität des Unternehmens sowie eine bessere Anpassungsfähigkeit an neue Umweltbedingungen. Auch eine größere Nähe zum Markt soll durch die Teamorganisation erreicht werden. Ein Nachteil der Teamorganisation ist der höhere Zeitaufwand bei Entscheidungen. Durch die langwierige Entscheidungsfindung in der Gruppe gilt die Teamorganisation als zeitintensiv. Ein weiterer Kritikpunkt ist die geteilte Verantwortlichkeit. So sind alle Teammitglieder gemeinsam für das Ergebnis verantwortlich, was zu Problemen bei der zu erbringenden Leistung führen kann. Ein Verlust an Individualität und Kreativität der einzelnen Mitarbeiter kann aus einer zu hohen Konformität zum Team führen, die sich nachteilig auswirkt. Ferner kann bei den Arbeitsergebnissen des Teams eine klare und kontinuierliche Linie fehlen.

Bei der Umsetzung von Teamstrukturen schlägt Schermerhorn eine funktionale Struktur vor, bei der unterhalb der verschiedenen Funktionsmanager Teams sitzen.[40] Diese Teams sollen, anstatt der einzelnen Abteilungen, zu einer besseren zwischenfunktionalen Kommunikation führen.

Netzwerkorganisation

Die Koordination der Arbeitsteilung findet in der *Netzwerkorganisation* nicht mehr zwischen den Organisationseinheiten innerhalb eines Unternehmens, sondern über den Markt statt.[41] Autonom agierende Einheiten bilden ein Gefüge aus kooperativen Bindungen, das durch leistungs- und informationsverknüpfende Vernetzung charakterisiert ist und die gemeinsame Zielerreichung verfolgt. So steht in der Mitte einer Netzwerkstruktur meist eine Steuerungszentrale, die mit verschiedenen Leistungserstellern verknüpft ist. Die Leistungsersteller sind wiederum mit Vertriebseinheiten verbunden. Bei einer Bank sind die Vertriebseinheiten beispielsweise auf verschiedene Kundensegmente fokussiert. Ihre Aufgaben umfassen die Akquisition von Kunden und den Vertrieb der verschiedenen Produkte der Leistungsersteller. Produktentwicklung, Produktanpassung und produktspezifische Abwicklung sind die Aufgaben der Leistungsersteller. Die erstellten Produkte werden hauptsächlich an die zugehörigen Distributionseinheiten (Vertriebseinheiten) abgesetzt, können jedoch auch anderen Vertriebsbanken und Distributionskanälen (bei Investmentfonds z.B. Versicherungs- oder Vermögensberatungsgesellschaften) angeboten werden. Für die Steuerung und Verwaltung sowie die Koordination und Überwachung des gesamten Netzwerks ist die Steuerungszentrale verantwortlich. In einer Bank können Abteilungen wie das Risikomanagement und die strategische Koordination der Gesamtbank in dieser Steuerungszentrale angesiedelt werden. Das Ziel der Netzwerkorganisation ist es, die Prozesse im Unternehmen effektiver zu gestalten. Die organisatorische Differenzierung erfolgt über eine verrichtungsorientierte Zerlegung der Wertschöpfungskette im Unternehmen. Durch die Möglichkeit der Organisationseinheiten, ihre Leistung auch am Markt anzubieten, können Größen- und Spezialisierungsvorteile wahrgenommen werden. Um einen rationellen Einsatz der Ressourcen zu gewährleisten, wird die Leistungserstellung von denjenigen Organisationseinheiten erbracht, die den anderen Einheiten gegenüber einen komparativen Wettbewerbsvorteil haben. Über einen längeren Zeithorizont sollen die Kooperationen weitgehend konstant sein und zu einer verbesserten Adaption bei dynamischen Entwicklungen im Umfeld führen.

Virtuelle Unternehmensorganisation

Den höchsten Grad an Flexibilität bieten virtuelle Organisationsstrukturen. Im Fokus dieser Strukturen stehen eine starke Problemorientierung und eine hohe Fähigkeit zu Strukturveränderungen. Während die Netzwerkstrukturen von langfristigen Kooperationen ausgehen, werden bei einem virtuellen Unternehmen ständige Veränderungen bei der Auswahl und Zusammenarbeit der Kooperationspartner beabsichtigt. Die Umformung des Beziehungsgeflechts wird dabei immer an den nächsten Problemen orientiert.[42] Der Begriff „virtuell“ weist auf die hohe Bedeutung von Informations- und Kommunikationstechnologie (I&K-Technologie) bei dieser Struktur hin. Die Produkte werden dem Kunden z.B. ohne physische Präsenz eines Beraters über das Internet angeboten. Da ein virtuelles Netzwerk durch laufende Variationen der Netzwerkteilnehmer – je nach Problemstellung – immer unterschiedlich und kurzfristig angelegt ist, verschwimmen die Grenzen der involvierten Unternehmen. Es ist deshalb für die jeweiligen Teilnehmer des Netzwerks von großer Bedeutung, als eigenständiges, einzelnes Unternehmen wahrgenommen zu werden, um weiterhin im Außenverhältnis als selbstständig angesehen zu werden. Büschgen definiert sechs Strukturspezifika für die virtuelle Unternehmensorganisation.[43]

- Eine virtuelle Organisation zeichnet sich durch Immaterialität aus. Kommunikation durch I&K-Technologien steht sowohl in der B2B- als auch in der B2C-

Kommunikation im Vordergrund. Eine physische Begegnung zwischen den Partnern findet nur in den seltensten Fällen statt.

- Eine virtuelle Koordination leistet die Erstellung der Geschäftsprozesse durch die temporäre Zusammenführung der benötigten Funktionsspezialisten, bei der die Spezialisten jedoch alle an ihren angestammten Plätzen verbleiben.
- Auf eine Schaltzentrale, wie sie bei der Netzwerkorganisation im Mittelpunkt steht, wird bei der Virtuellen Organisation zu Gunsten eines polyzentrischen Aufbaus verzichtet. Die an der Leistungserstellung beteiligten Unternehmen sind gleichrangige Partner und koordinieren sich nach eigenen Interessen selbst.
- Die Teilnehmer handeln nach einem Opportunitätskriterium, das auf eine kurzfristige Nutzenmaximierung abzielt. Die Verbindungen zwischen den Unternehmen durch elektronische Medien bleiben dabei nur bis zur Erreichung des Ziels bestehen. Dadurch wird die dauerhafte Konstellation von Unternehmen in Frage gestellt.
- Für virtuelle Unternehmensorganisationen besteht ein hohes Kreativitätserfordernis, da der Erfolg des Netzwerks vom Erkennen der Handlungsalternativen durch die Mitarbeiter und deren Ausnutzung durch die Mitarbeiter abhängt.
- Die Katalysatorfunktion des Managements zeigt sich darin, dass die Unternehmensführung in dieser hierarchiefreien Struktur nicht Weisungsgeber, sondern primär Moderator ist.

Übungsfragen

- Welche Determinanten bestimmen die Aufbaustruktur eines Unternehmens? Bitte begründen Sie ihre Antwort.
- Erläutern Sie anhand eines fiktiven Beispiels aus dem Bankbereich die Vorgehensweise bei der Aufgabensynthese und -analyse.
- Welche Modelle der vertikalen Aufbauorganisation gibt es? Wo liegen ihre Vor- und Nachteile?
- Die Strategie einer Bank sieht eine Differenzierungsstrategie (siehe Kapitel 2) vor. Um diese Strategie so gut wie möglich zu unterstützen, soll eine Anpassung der Aufbauorganisation vorgenommen werden. Welche horizontale Aufbauorganisation würden Sie der Bank vorschlagen? Weshalb sehen Sie gerade bei dieser Struktur

Vorteile? Beantworten Sie diese Fragen auch für den Fall, dass das Unternehmen eine Kostenführerschaftsstrategie vorzieht!

- Die Matrix- und Tensororganisation werden in der Literatur kritisiert. Stellen Sie die Vor- und Nachteile der Strukturen dar und erläutern Sie, ob diese Kritik aus Ihrer Sicht gerechtfertigt ist.

Lösungshinweise zu den Übungsfragen sowie weiteres Material und ergänzende Aufgaben finden Sie unter www.wsm-in-banken.de

Anmerkungen

[1] Pitts, R.A. / Lei, D. (2005), S. 302 ff.
[2] Vgl. Stein, J.H. / Terrahe, J. (1995).
[3] Vgl. Asch, D. / Salaman, G. (2002).
[4] Vgl. Chandler, A.D. (1970).
[5] Vgl. Pitts, R.A. / Lei, D. (2005).
[6] Peters, T.J. / Waterman, R.H. (2003), S. 26.
[7] Ebenda.
[8] Vgl. D'Aveni, R. (1995).
[9] Ebenda, S. 46.
[10] Vgl. Picot, A. / Reichwald, R. / Wigand, R.T. (2003).
[11] Smith, A. (1999), S.12.
[12] Vgl. Probst, G.J.B. (1992).
[13] Vgl. Bokranz, R. / Hildebrandt, B. / Wehling, J. (1995).
[14] Vgl. ebenda.
[15] Vgl. Wöhe, G. / Döring, U. (2008).
[16] Vgl. Laux, H. / Liermann, F. (2005).
[17] Vgl. Probst, G.J.B. (1992).
[18] Vgl. Wöhe, G. / Döring, U. (2008).
[19] Laux, H. / Liermann, F. (2005), S. 192 f.
[20] Vgl. Wöhe, G. / Döring, U. (2008).
[21] Vgl. Schermerhorn, J.R. (1993).
[22] Vgl. Vahs, D. (2005).

[23] Vgl. ebenda.
[24] Vgl. ebenda.
[25] Vgl. Pitts, R.A. / Lei, D. (2005).
[26] Vgl. Schermerhorn, J.R. (1993).
[27] Vgl. ebenda.
[28] Vgl. Pitts, R.A. / Lei, D. (2005).
[29] Vgl. Schermerhorn, J.R. (1993).
[30] Vgl. ebenda.
[31] Vgl. Deutsche WertpapierService Bank AG (2008).
[32] Vgl. Deutsche WertpapierService Bank AG (2009).
[33] Vgl. Pitts, R.A. / Lei, D. (2005).
[34] Vgl. Vahs, D. (2005).
[35] Vgl. ebenda.
[36] Peters, T.J. / Waterman, R.H. (2003), S. 74 f.
[37] Vgl. Pitts, R.A. / Lei, D. (2005).
[38] Vgl. Vahs, D. (2005).
[39] Vgl. Büschgen, H.E. (1999).
[40] Vgl. Schermerhorn, J.R. (1993).
[41] Vgl. Büschgen, H.E. (1999).
[42] Vgl. ebenda.
[46] Vgl. ebenda, S. 109 f.

Literatur

Asch, D. / Salaman, G. (2002): The challenge of change, in: European Business Journal, 14. Jg., Nr 3., S. 133-143.

Bokranz, R. / Hildebrandt, B. / Wehling, J. (1995): Organisation im Bankbetrieb, Wiesbaden: Gabler.

Büschgen, H.E. (1999): Grundlagen des Bankmanagements, 2. Aufl., Frankfurt/M.: Knapp.

Chandler, A.D. (1970): Strategy and Structure. Chapters in history of the industrial enterprise, Cambridge, Mass.: MIT Press.

D´Aveni, R.A. (1995): Coping with hypercompetition: Utilizing the New 7S´s framework, in: Academy of Management Executive, 9. Jg., Nr. 3, S. 45-60.

Deutsche WertpapierService Bank AG (Hrsg.) (2008): Unser Ziel ist Ihr Erfolg, Frankfurt am Main: Unternehmensbroschüre.

Deutsche WertpapierService Bank AG (2009): www.dwpbank.de/Deutsch/Unternehmen/Organisationsstruktur/Unternehmensbereiche, Zugriff: 12.05.2009.

Laux, H. / Liermann, F. (2005): Grundlagen der Organisation: die Steuerung von Entscheidungen als Grundproblem der Betriebswirtschaftslehre, 6. Aufl., Berlin: Springer.

Peters, T.J. / Waterman R.H. (2003): Auf der Suche nach Spitzenleistungen, 9. Aufl., Landsberg/Lech: Moderne Industrie.

Picot, A. / Reichwald, R. / Wigand, R.T. (2003): Die grenzenlose Unternehmung: Information, Organisation und Management, 5. Aufl., Wiesbaden: Gabler.

Pitts, R.A. / Lei, D. (2005): Strategic Management, 4. Aufl., Mason, Ohio: South-Western.

Probst, G.J.B. (1992): Organisation: Strukturen, Lenkungsinstrumente und Entwicklungsperspektiven, Landsberg/Lech: Moderne Industrie.

Schermerhorn, J.R. (1993): Management for Productivity, New York: Wiley.

Smith, A. (1999): Der Wohlstand der Nationen, 8. Aufl., München: Deutscher Taschenbuchverlag.

Stein, J.H. / Terrahe, J. (Hrsg.) (1995): Handbuch Bankorganisation, 2. Aufl., Wiesbaden: Gabler.

Vahs, D. (2005): Organisation – Einführung in die Organisationstheorie und -praxis, 5. Aufl., Stuttgart: Schäffer-Poeschel.

Wöhe, G. / Döring, U. (2008): Einführung in die allgemeine Betriebswirtschaftslehre, 23. Aufl., München: Vahlen.

Kapitel 4

Konzept des Lean Banking

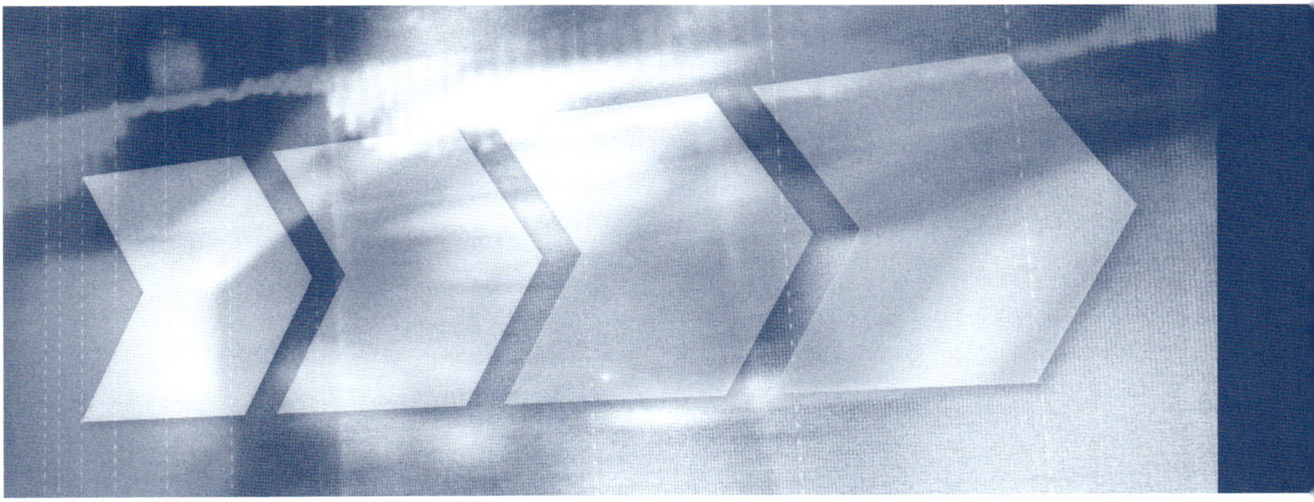

4 Konzept des Lean Banking

Lernziele

- Die Philosophie der Lean-Management-Idee verstehen.
- Lean Banking als ganzheitliches Konzept kennen lernen.
- Mögliche Anwendungsfelder der Lean-Philosophie identifizieren können.

Banken galten über einen langen Zeitraum hinweg nicht als der innovationsfreudigste Wirtschaftszweig in Deutschland. Sie folgten mit deutlicher Zeitverzögerung einer Entwicklung, die ihren Ursprung in der japanischen Automobilindustrie hatte. Als Lean Production[1] entstanden, hat sich dieses Konzept über Lean Management zum *Lean Banking* fortentwickelt. Dem weit verbreiteten Begriff der „schlanken" Bank liegt eine ungenaue Übersetzung des Begriffs „Lean" zu Grunde. „Lean" heißt richtig übersetzt „mager". Dieses Wort ist jedoch im Deutschen eher negativ belegt und vermag daher nicht das Verständnis von „schlank" zu vermitteln. Aus diesem Grund wird hier der Begriff der „schlanken" Bank genutzt.

Im deutschsprachigen Bereich haben vor allem Bierer, Fassbender und Rüdel das Konzept des Lean Banking bekannt gemacht.[2] Sie formulierten bereits 1992 als Ziele dieses Konzepts eine fünfzigprozentige Kostenreduktion bei gleichzeitiger Steigerung des Kundennutzens. Wie schon aus der industriellen Lean Production bekannt, bedient man sich keiner punktuellen Optimierung, sondern eines ganzheitlich optimierenden Vorgehens. Die innovative Kraft dieses Konzepts zeigt sich darin, dass nicht mehr länger an Symptomen, sondern an den Ursachen gearbeitet wird. Dynamisches Denken wird beispielsweise durch die Konzentration auf operative Kennzahlen gefördert – im Gegensatz zu den immer noch weit verbreiteten, aus Bestandsgrößen abgeleiteten Finanzkennzahlen.

Eine erste Orientierung zum Thema des Lean Banking bietet der folgende Auszug aus einem Artikel, der im März 2003 im Mitarbeitermagazin FORUM der Deutschen Bank erschien.

Der Weg zur schlanken Bank:

Vergleicht man die Deutsche Bank vor einem Jahr mit der heutigen Organisation, so präsentiert sich der Konzern wesentlich schlanker und effizienter. (…)

„Der Abschied von der Allfinanzstrategie Ende 2001 gab den Startschuss für die größte, von Desinvestitionen sowie selektiven Akquisitionen geprägte Portfolio-Veränderung in der Geschichte der Deutschen Bank“, so Frank Krings, Managing Director Corporate Development (AfK) [Abteilung für Konzernentwicklung]. „Der Ausstieg aus dem Versicherungsgeschäft umfasste eine Serie von Transaktionen, unter anderem den Verkauf des Deutschen Herold und der Versicherungsaktivitäten in Italien, Spanien und Portugal.“ Daneben trennte sich die Bank von weiteren traditionellen Geschäftsfeldern wie dem gewerblichen Hypothekengeschäft, der gewerblichen Absatzfinanzierung in den USA, ihrem Global-Securities-Service-Geschäft, dem Passiven Asset Management sowie dem US-Konsumentengeschäft. Die IT-Outsourcing-Aktivitäten sowie der Verkauf von Sinius rundeten die Palette der Portfoliomaßnahmen ab.

So konsequent sich die Bank einerseits von Randgeschäftsfeldern trennte, investierte sie auf der anderen Seite frei werdende Mittel in erklärte Kerngeschäftsfelder: „Durch Akquisitionen wie Scudder und RREEF haben wir unser Asset-Management-Geschäft massiv gestärkt. Das Private Wealth Management haben wir durch den Erwerb von Rüd, Blass & Cie weiter ausgebaut“, sagte AfK-Director Till Staffeldt. Neben den sichtbaren Zukäufen werde ebenso in Mitarbeiter, in Systeme sowie Research investiert, um Kerngeschäftsfelder zu stärken. (…) Nach welchen Kriterien werden Bereiche zu Kerngeschäftsfeldern? „Im Wesentlichen sind es Bereiche, in denen die Bank bereits eine herausragende Marktstellung erreicht hat oder in absehbarer Zeit erreichen könnte“, sagt Chris Minter, als Managing Director mitverantwortlich in der AfK für die Formulierung der Konzernstrategie. „Im Mittelpunkt stehen das Wertbeschaffungspotenzial und der Kapitalverbrauch.“ Die in 2002 ausgegliederten Geschäftsfelder hatten zusammen eine durchschnittliche Aufwand/Ertrags-Relation von über einhundert Prozent und somit operative Verluste eingefahren. Zwar verzichte die Bank bei jedem Geschäft, das verkauft wird, auch auf Erträge, „gleichzeitig vermitteln wir durch eine konsistente Kommunikation der strategischen Initiativen dem Kapitalmarkt glaubhaft, dass wir die frei werdenden Mittel durch eine bessere Ressourcenallokation effizienter als bisher einsetzen können“, so Chris Minter.

Auch wenn dieses Beispiel sicherlich nicht das einzige im deutschen Bankensektor ist, so ist es doch eines der wenigen, das die Umsetzung eines umfassenden Programms unter dem Lean-Banking-Aspekt beschreibt. Dass die Anwendung des Lean-Banking-Konzepts seit dessen Entwicklung nicht nur in Deutschland und anderen Industrieländern erfolgreich war, zeigt ein Blick nach Chile. Hier weist der Bankensektor Kernelemente der Lean-Banking-Philosophie auf und wird auf Grund seiner „schlanken“ Struktur als Kernerfolgsfaktor innerhalb der chilenischen Wirtschaft bezeichnet. Als Beispiele sind insbesondere moderne Filialkonzepte, Nutzung neuester Technologie, sowie umfangreiches Outsourcing – auch in der Form eines gemeinsamen Anbieters für mehrere Banken im Besitz eines Teils der Institute – zu nennen. Dies alles führt dazu, dass chilenische Banken häufig bessere Cost-Income-Ratios aufweisen als internationale Wettbewerber.[3]

Wie bereits im ersten Kapitel dieses Buches beschrieben, befand und befindet sich die deutsche Bankwirtschaft in einer Phase gewaltiger Herausforderungen und Umbrüche. Steigende Kosten und sinkende Erlöse führen zu sinkenden Margen. Der erhöhte Anspruch der Kunden bezüglich Beratung und Service führte bei vielen Banken zu einem starken Kostenanstieg speziell im Mengenkundengeschäft. So bildeten suboptimal ausgelastete Filialen einen enormen Kostenblock. Filialschließungen im zweistelligen Prozentbereich waren somit unausweichlich.

Auch wenn die meisten Banken in den letzten Jahren erhebliche Fortschritte auf der Kostenseite erzielt haben und mittlerweile vermehrt die Erlösseite optimieren, bleiben die Anforderungen an Effizienz und Effektivität weiterhin unerfüllt und bekommen im Rahmen des anvisierten Ertragswachstums noch eine zusätzliche Dynamik. Die aktuellen Fusionen bzw. Übernahmen im deutschen Bankensektor werden weitere umfangreiche Maßnahmen zur Effizienzsteigerung zur Folge haben. Auch werden die Auswirkungen der Finanzmarktkrise den Druck auf Finanzdienstleister erhöhen, effektiver und effizienter zu werden. Somit ist es nicht verwunderlich, dass das Beratungsunternehmen Bain & Company in einem Papier zu den Folgen der Krise für deutsche Banken insbesondere operativen Handlungsdruck identifiziert hat und Schritte postuliert, die auch Teil des Lean-Banking-Konzepts sind.[4]

4.1 Theoretische Grundlagen

Die Entwicklung der Konzepte der *Lean Production* und des *Lean Management* gehen auf Vergleiche zwischen industriellen Prozessen in den USA und Europa auf der einen Seite sowie Japan auf der anderen Seite zurück. Eine Studie des Massachusetts Institute of Technology (MIT) über die Automobilindustrie führte 1990 den Begriff „Lean" in die Wirtschaftswissenschaften ein.[5] Das Ergebnis der Studie war, dass in Japan qualitativ hochwertigere Automobile mit geringerem Personaleinsatz auf geringerer Fläche bei gleichzeitig niedrigeren Investitionen innerhalb kürzerer Zeiträume entwickelt und produziert werden. Die Japaner produzierten demnach kostengünstiger, schneller und teilweise sogar mit einer höheren Qualität als der Wettbewerb.

Auf Basis derartiger Effizienzunterschiede haben Womack und Jones fünf Prinzipien für die „schlanke" Unternehmung definiert, die als Leitlinien für die folgenden Ausführungen zu verstehen sind[6]:

- Bestimme den ökonomischen Wert jedes Produkts aus Sicht des Kunden.
- Definiere die Wertschöpfungskette je Produkt und fokussiere Dich ausschließlich auf wertschöpfende Aktivitäten.
- Beseitige Unterbrechungen um einen kontinuierlichen Wertschöpfungsprozess zu schaffen.
- Lass die Bedürfnisse des Kunden die Produktion bestimmen (Pull-Prinzip).
- Strebe nach absoluter Perfektion.

Tabelle 4.1
Philosophische" Grundlagen der Lean Production

Jidoka	Muda	Kaizen
• Nutze alle menschlichen Ressourcen; gewinne alle Mitarbeiter für Aktivitäten, die die Wettbewerbsfähigkeit deines Unternehmens verbessern können. • Bindung der Mitarbeiter an das Unternehmen.	Generell: • Vermeide alle Verluste und Verschwendungen. Vier für Banken relevante Mudas: • Vermeide Tätigkeiten ohne Werterhöhung. • Reduziere Hierarchieebenen auf ein Mindestmaß. • Schaffe Systeme zur Fehlerreduktion. • Beziehe Kunden in eigene Aktivitäten ein und betrachte Mitarbeiter als interne Kunden.	• Setze schnell und konsequent um; in kleinen Schritten, aber in einem niemals endenden Zyklus.

Ähnliche Effizienzunterschiede, wie oben für die Automobilindustrie beschrieben, wurden zwischen deutschen und japanischen Großbanken festgestellt, die bei etwa einem Drittel der Mitarbeiter das doppelte Bilanzvolumen erreichen.[7] Natürlich sind diese Ergebnisse aufgrund struktureller Unterschiede nicht direkt übertragbar und Bilanzsummen nur ein eingeschränkter Indikator für den Umsatz einer Bank. Der Grad der Produktivitätsunterschiede war allerdings dermaßen groß, dass eine nähere Untersuchung der Hintergründe geboten schien. Das Lean-Konzept beruht jedoch keineswegs allein auf Kostenreduktionen. Im Gegenteil, es kann in Teilbereichen sogar zu höheren Aufwendungen kommen. Allerdings führt das ganzheitliche Konzept, das ein Umdenken in allen Bereichen und von jedem einzelnen Mitarbeiter fordert, zu Produktivitätssteigerungen und kann Lösungen für viele Probleme des Bankgewerbes aufzeigen.

Wesentliche Grundgedanken des Lean-Ansatzes leiten sich aus dem japanischen Lebens- und Arbeitsverständnis ab. Dazu zählen die Vorstellungen von *Jidoka*, *Muda* und *Kaizen* (Tabelle 4.1).

Aufgrund der herausragenden Bedeutung der aus dem Japanischen stammenden, philosophischen Grundlagen des Lean-Konzepts sollen insbesondere die Bestandteile des *Kaizen* genauer untersucht werden. Sie sind in Abbildung 4.1 dargestellt, die das ineinander greifende Konzept veranschaulicht.

Abbildung 4.1
Die zehn Prinzipien des Kaizen

In den meisten Banken bedarf es einer Veränderung des Blickwinkels. Aufgrund des Wandels des Finanzdienstleistungsmarkts von einem Verkäufer- zu einem Käufermarkt – man kann davon ausgehen, dass die Finanzmarktkrise diesen Trend mittelfristig noch verstärken wird – darf sich der Blick nicht mehr länger von innen nach außen richten; vielmehr muss sich die Blickrichtung genau umkehren. Hierzu muss eine klare Fokussierung auf den Kundennutzen zentraler Bestandteil einer veränderten Unternehmens- und Beratungsphilosophie innerhalb der Bank sein. Dieser klare Kundenfokus bildet den zentralen Ansatzpunkt des Kaizen. Hierzu sind alle Prozesse zu eliminieren, die nicht unmittelbar Zusatznutzen für ein Produkt schaffen oder die Kundenzufriedenheit erhöhen. Denn all diese Prozesse verursachen unnötige Kosten.

Im nächsten Schritt wird die Implementierung eines stetigen und umfassenden Verbesserungsprozesses gefordert. Grundlage dieses Prinzips ist die Überzeugung, dass nur kontinuierliche Innovationen und Anpassungen im Produktbereich einen Wettbewerbsvorteil ermöglichen und gleichzeitig die Prozesskosten sowie das Fehlerrisiko minimieren. Ein notwendiger Bestandteil der Umsetzung dieses Prinzips ist eine Kultur der Offenheit, in der Mitarbeiter zeitnah über alle wesentlichen Entwicklungen des Unternehmens informiert werden. Hierbei sollte beachtet werden, dass die Informationsflüsse nicht nur Top-down erfolgen, sondern auch Bottom-up, so dass die Anliegen der einzelnen Mitarbeiter Gehör finden. Dies fördert einen offenen und proaktiven Umgang mit Problemen. Der einzelne Mitarbeiter wird hierzu in die Lage versetzt, auf Fehler hinzuweisen bzw. eigene Fehler offen einzugestehen, ohne dass er Restriktionen befürchten muss. Somit werden ständige Innovationen und Adjustierungen ermöglicht. Diese Kultur der Offenheit hängt maßgeblich von der Entwicklung und Integration angemessener Informations- und Kommunikationsstrukturen sowie -systemen ab.

Das Arbeiten in Arbeitsgruppen mit dem Ziel, aus einer Kombination verschiedener Erfahrungswerte und Arbeitsansätze bestmögliche Ergebnisse zu erzielen, ist im Grundsatz schon seit langem in der westlichen Arbeitswelt angekommen. Jedoch ist die Umsetzung unverändert stark von den individualistischen Grundprinzipien des westlichen Arbeitsverständnisses geprägt. Der wirkliche Nutzen von Teamarbeit kann jedoch nur dann erreicht werden, wenn der Einzelne den Erfolg der Gruppe über den eigenen stellt und seine persönliche und berufliche Entwicklung an die erfolgreiche Zusammenarbeit knüpft. Hierzu sollte man sich einer in asiatischen Ländern weit verbreiteten Form der Selbstdisziplin bedienen, die eben diese Teamarbeit höher bewertet als das Vorankommen des Individuums. Dies erfordert einen gewissen Grad der Konformität, eine hohe Kompromissbereitschaft und den Willen des Einzelnen, in entsprechendem Umfang auf Individualität zu verzichten. In komplexen Systemen, wie beispielsweise in Großkonzernen oder in großen Banken, fordert Kaizen darüber hinaus, dass bereichs- und hierarchieübergreifende Teams gebildet werden, um somit ein im Sinne des Gesamtsystems optimales Ergebnis zu erzielen.

Das Prinzip der Mitarbeiterbeteiligung meint nicht etwa nur die Arbeitnehmerbeteiligung im Sinne des deutschen Arbeitsrechts oder die rein monetäre Beteiligung am Unternehmenserfolg. Es bedeutet stattdessen, dass jeder einzelne Mitarbeiter im Rahmen seiner Aufgaben als Unternehmer im Unternehmen Entscheidungen treffen und umsetzen kann. Dies erfordert eine adäquate Ausbildung und Information des Mitarbeiters sowie die Übertragung entsprechender Entscheidungskompetenzen.

Damit diese miteinander zusammenhängenden Prinzipien erfolgreich angewendet werden können, sollte die Unternehmenskultur vorrangig auf zwischenmenschliche Beziehungen ausgerichtet sein. Dies gilt nicht nur nach außen gegenüber den Kunden, sondern insbesondere nach innen. Um eine reibungslose interne Kommunikation und eine erfolgreiche Teamarbeit zu verwirklichen, müssen die interpersonellen Fähigkeiten des Individuums, d.h. seine emotionale Intelligenz, gefördert aber auch gefordert werden.

Bei der Übertragung der industriellen japanischen Unternehmensphilosophie sind vor allem zwei Hürden zu beachten.

Das erste Hindernis ist kultureller Art. Die Aspekte des Lean-Konzepts sind in der japanischen Kultur gewachsen und dort in Unternehmens- und Führungsformen integriert. Vor allem die „weiche" Komponente des Lean-Konzepts, bei der es um Führung und Mitarbeiter geht, ist schwer übertragbar, da deutsche Arbeitnehmer einen deutlich höheren Grad an Eigenständigkeit und Individualismus aufweisen als japanische. Hier stellt sich eine ganz besondere Herausforderung für die entsprechenden Führungskräfte. Diese müssen ein entsprechendes Umfeld und abgestimmte Anreizsysteme schaffen. Des Weiteren müssen sie die notwendige Selbstdisziplin aktiv von den Mitarbeitern einfordern bzw. die Bereitschaft und Fähigkeit sich entsprechend einzufügen bereits bei der Einstellung berücksichtigen. Ziel kann es jedoch nicht sein, den Europäer „umzuerziehen". Vielmehr muss das ganzheitliche Lean-Konzept an die hiesigen Gegebenheiten angepasst werden. Deutsche Kreditinstitute dürfen sich deshalb nicht darauf beschränken, japanische Unternehmenskulturen zu imitieren, denn dadurch können bestenfalls bestehende Rückstände aufgeholt, aber keine Vorsprünge erzielt werden.

Zweitens kann das Konzept nicht ohne Probleme aus der Industrie auf das Bankgewerbe übertragen werden. Während es in der Industrie hauptsächlich um die Optimierung des Produktionsprozesses geht, steht bei Banken insbesondere der Vertriebsprozess im Vordergrund. Der Wertschöpfungsprozess der Banken ist nicht kumulativ, „sondern uno actu als gleichzeitiger Leistungserstellungs- und Leistungsabsatzprozess unter Mitwirkung des Kunden"[8] zu verstehen. Dies erklärt bereits einige grundlegende Unterschiede zwischen Lean Production und Lean Banking.

Exkurs: Change Management

Wie im ersten Kapitel erwähnt, kann insbesondere im Bankgewerbe eine Entkopplung von Raum und Zeit bei der Dienstleistungserstellung beobachtet werden. Sonntag geht für die heutige Arbeitswelt noch einen Schritt weiter und meint, dort gar eine Auflösung von Raum, Zeit und Struktur zu erkennen.[9] Während früher Hierarchie, starre Strukturen, Kontrolle und vor allem eine Trennung von Arbeit und Freizeit den beruflichen Alltag charakterisierten, sieht man heute eine Veränderung, die mit den Worten „Arbeite wo, wann und wie Du willst!“ beschrieben werden kann. Nicht nur diese Entwicklung, sondern vielmehr eine Vielzahl von Veränderungen in unserer sozialen Umwelt, in der ökonomischen Lage und im unternehmerischen Alltag haben in den letzten Jahren dazu geführt, dass sich viele Dinge im Wandel bzw. im ständigen Fluss befinden. Das Sprichwort *„Nichts ist beständiger, als der stete Wandel“* scheint in manchen Unternehmen sogar zur Doktrin unternehmerischen Denkens und Handelns geworden zu sein. Die daraus entstehenden Veränderungsprozesse haben normalerweise primär eine Steigerung von Effektivität und Effizienz zum Ziel. Dies bedeutet, dass diesen Zielen alle anderen Bestandteile der organisatorischen Restrukturierung untergeordnet werden – somit auch die Mitarbeiter.

Empirische Untersuchungen haben jedoch gezeigt, dass es bei strategischen Restrukturierungsprojekten vor allem zwei Problemfelder gibt, die häufig zum Scheitern führen:

- Umsetzungsdefizite sind die wahren Ursachen für ein Scheitern, nicht konzeptionelle Fehlplanungen.
- Gründe für Misserfolge sind nicht primär auf der Sachebene, sondern auf der kulturellen Ebene zu suchen.

Dementsprechend sollten sich Manager nicht nur auf die minutiöse Planung einer Veränderung, sondern auch auf die mutige und integrative Umsetzung des Konzepts konzentrieren. Darüber hinaus müssen neben betriebswirtschaftlichen Fähigkeiten auch „Soft Skills“ angewendet werden, um die kulturellen Friktionen und Verwerfungen zu erkennen und mit ihnen umgehen zu können. Der Schwerpunkt muss darauf liegen, dass die Betroffenen die Veränderungen akzeptieren und bereit sind, diese aktiv zu begleiten und die veränderte Struktur dann auch zu leben.

Grote stellt die folgenden Handlungsempfehlungen auf, die es dem Change Manager ermöglichen sollen, Veränderungsprozesse und ihre Implikationen besser zu verstehen und umzusetzen[10]:

- Die Unternehmensführung muss eine klare Vision entwickeln und diese kommunizieren.

- Die Veränderungsprozesse sollten an der Spitze beginnend umgesetzt werden, damit das Management seine Vorbildfunktion erfüllen kann.
- Der Veränderungsprozess sollte den Mitarbeitern verständlich kommuniziert und vor allem erklärt werden. Darüber hinaus sollte ihnen ein persönlicher Nutzen geboten werden; Erfolge müssen ebenfalls kommuniziert werden.
- Die betroffenen Mitarbeiter sollten z.B. über eine projektbezogene Arbeitsweise in den Prozess eingebunden werden.
- Denjenigen, die zu den Verlierern der Veränderung gehören, sollte man nicht nur die Hintergründe erklären, sondern ihnen auch eine adäquate Unterstützung zuteil werden lassen.
- Während der Umsetzung sollte der Prozess regelmäßig überprüft werden, um eventuell notwendige Maßnahmen zeitnah ergreifen zu können.

Abbildung 4.2
Der Change-Management-Prozess

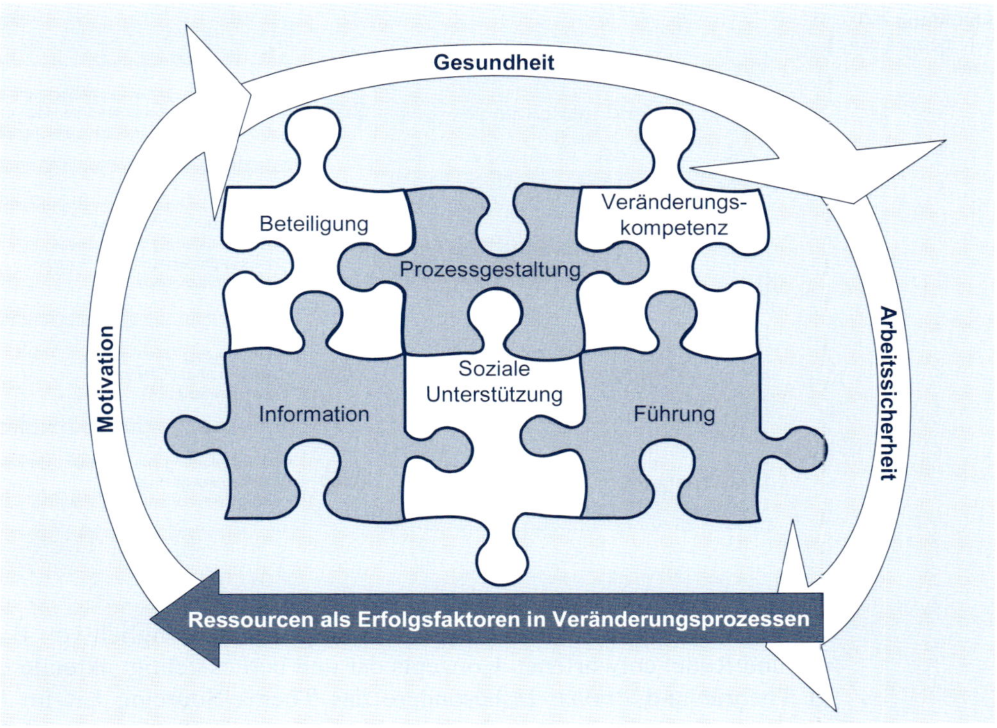

Wie diese Empfehlungen verdeutlichen, bedarf es für eine optimale Implementierung von strukturellen Veränderungen vor allem einer emotionalen Intelligenz beim Change Manager. Diese emotionale Intelligenz erfordert eine ausgeprägte Sensibilisierung für kulturelle Probleme, damit Widerstände bestmöglich erkannt und angegangen werden können.

Die Abbildung 4.2 zeigt Erfolgsfaktoren und ihr Zusammenwirken zu Gunsten einer optimalen Umsetzung des Veränderungsprozesses.

4.2 Schritte zur Lean Bank

Im Weiteren wird auf die einzelnen Aspekte des Lean Banking eingegangen. Die relevanten Themengebiete auf dem Weg zur schlanken Bank sind in der Abbildung 4.3 zusammengefasst.

Abbildung 4.3
Schritte zur Lean Bank

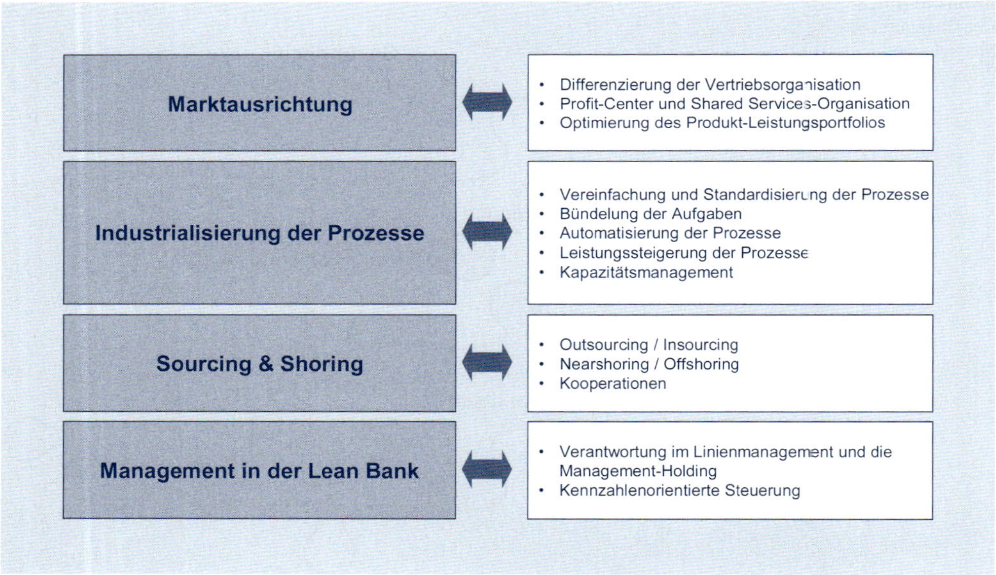

Diese Struktur stellt eine Weiterentwicklung des ursprünglich von Bierer, Fassbender und Rüdel entworfenen Konzepts dar und berücksichtigt aktuelle Entwicklungen in Theorie und Praxis. Insbesondere das Thema Sourcing hat im Bankenumfeld enorm an Bedeutung gewonnen. Um der gestiegenen Bedeutung und der Vielschichtigkeit dieses Themas Rechnung zu tragen, wird diesem ein eigenes Unterkapitel gewidmet. Darüber hinaus beschäftigt sich Kapitel 11 insbesondere mit den Themen Sourcing und Shoring.

Das Lean-Banking-Konzept befasst sich vor allem mit der Weiterentwicklung des Privatkundengeschäfts, das hier die Bereiche Retail Banking, Private Banking und Private Wealth Management umfassen soll. Allein diese heute gängigen Begriffe repräsentieren die Umsetzung des Lean-Banking-Konzepts in den 1990er Jahren, wie die folgenden Ausführungen zeigen werden. Darüber hinaus ist ein weiteres Ziel dieses Kapitels, die Anwendbarkeit des Konzepts auf andere Bereiche des Bankgeschäfts zu verdeutlichen.

4.2.1 Marktausrichtung

Eines der schwerwiegendsten Probleme der vergangenen Jahre war die starke Produktorientierung der Banken. Sie waren und sind zum Teil noch immer bestrebt, alle Produkte allen Kunden an jedem Ort zu verkaufen, was erhebliches Know-how in allen Filialen voraussetzt. Der gesamte Beratungsprozess orientiert sich eher an Produkten als an den eigentlichen Kundenbedürfnissen. Darüber hinaus haben diverse Studien von Unternehmensberatungen Anfang der 1990er Jahre gezeigt, dass nicht nur das Ertragspotenzial von Individualkunden deutlich höher ist als das von Mengenkunden, sondern dass überdies der Zeitaufwand für die Beratung eines Mengenkunden bei komplexeren Angeboten größer ist als bei Individualkunden.

Das Lean-Banking-Konzept fordert daher einerseits eine Senkung der Kosten – ein Ziel, das selten soviel Aktualität besaß wie zu Beginn des neuen Jahrtausends und nach der Finanzmarktkrise – und andererseits eine Erhöhung des Kundennutzens. Diese beiden Ziele sollen durch eine erhöhte *Marktorientierung* erreicht werden. Hierzu fordern Bierer, Fassbender und Rüdel eine konsequente Ausrichtung nach Hauptgeschäftssparten „mit differenzierten Filialsystemen, entflochtenen Overhead-Funktionen und Profit-Center-artigen Servicefunktionen ergänzt durch verstärktes Outsourcing“[11]. In diesem Abschnitt werden die ersten drei Themen in einer aktualisierten und erweiterten Form im Vordergrund stehen. Danach wird auf das Thema Optimierung des Produkt-Leistungsportfolios eingegangen, da dieses weitere Einspar- aber auch Qualitätssteigerungsmöglichkeiten bietet.

Eine effektive und effiziente Umsetzung dieses Konzepts verlangt eine konsequente Implementierung der notwendigen Prozesse und Strukturen entlang der gesamten Wertschöpfungskette. Wie die letzten Jahre gezeigt haben, nimmt die Umsetzung unterschiedliche Formen an. Von einer Binnendifferenzierung im Sparkassensektor bis hin zu der Ausgründung des Mengengeschäfts in eine eigenständige Tochter, wie sie z.B. die Deutsche Bank mit der Etablierung der Deutsche Bank 24 AG im Jahr

1999 durchgeführt hatte, waren verschiedene Ansätze zu beobachten. Trotz Reintegration der Marke unter die Dachmarke Deutsche Bank AG, darf nicht vergessen werden, dass die Deutsche Bank auch heute noch den Großteil ihres Privat- und Geschäftskundenstamms aus dem Nachfolgeunternehmen der Deutsche Bank 24 AG, der Deutsche Bank Privat- und Geschäftskunden AG, heraus betreut.

4.2.1.1 Differenzierung der Vertriebsorganisation

Der Lean-Banking-Ansatz präferiert die konsequente Separierung des Individualkundengeschäfts vom Mengenkundengeschäft, da es bereits in der Vertriebsorganisation, der Produktpalette und der Beratung einer klaren Differenzierung bedarf.

Exkurs: Kundensegmentierung[12]

Die Banken sehen sich zunächst einer undurchsichtigen Masse von Kunden gegenüber, deren individuelle Bedürfnisse sie möglichst genau erkennen und befriedigen sollten. Eine auf den Kunden fokussierte Bank muss ihre Kunden kennen und verstehen. Um dies gleichzeitig mit dem Einsatz begrenzter Ressourcen gewährleisten zu können, ist eine Marktsegmentierung notwendig. Meffert definiert Marktsegmente als in Bezug auf ihr Marktverhalten intern homogene und untereinander heterogene Untergruppen.[13] Das Ziel einer Marktsegmentierung ist eine bessere und individuellere Erfüllung der Kundenbedürfnisse in den jeweiligen Segmenten.

Folgende Kriterien können einer Marktsegmentierung zu Grunde liegen:

Geografische Kriterien
- Makrogeografisch: Land, Stadt
- Mikrogeografisch: Ortsteil, Straße

Psychografische Kriterien
- Persönlichkeitsmerkmale: Lebensstil, Risiko
- Produktspezifisch: Nutzenerwartung, Einstellung

Soziodemografische Kriterien
- Demografisch: Geschlecht, Alter
- Sozioökonomisch: Beruf, Einkommen

Verhaltensorientierte Kriterien
- Preisverhalten, Mediennutzung
- Einkaufsstättenwahl, Produktwahl

Im Zusammenhang mit den psychografischen Kriterien sind die *Sinus-Milieus*, die eine Segmentierung anhand des Lifestyle bilden, besonders erwähnenswert. Während dieser Sinus-Milieu-Ansatz Aufschluss über mögliche Schnittstellen und Zugangswege zum Kunden sowie dessen Risikoeinstellung und Beratungs- und Produktanforderungen gewährt, berücksichtigt er z.B. nicht die individuellen Bedürfnisse des Einzelnen aufgrund seiner familiären Situation oder Vermögensstruktur. Diese Kriterien werden eher bei einer Segmentierung nach soziodemografischen Kriterien berücksichtigt.

Weit verbreitet sind z.B. im Privatkundengeschäft am Beratungsbedarf orientierte Segmente (z.B. Mengen-, Beratungs- und Individualkunden). Die Deutsche Bank hat beispielsweise die in der Tabelle 4.2 zusammengestellten Zielgruppen bei der Neuorganisation des Unternehmensbereichs „Private & Business Clients" identifiziert:[14]

Tabelle 4.2 Zielgruppen der Deutschen Bank

Zielgruppen der Deutschen Bank		
Junge Starter	Moderne Familien	Moderne Singles
Freie Berufe	Dynamische Investoren	Vermögende Privatkunden
Vermögensaufbauende Privatkunden		Familienunternehmen

Im Bereich der Firmenkunden sind häufig umsatzabhängige Segmentierungen in Geschäftskunden, Mittelstand bis hin zu globalen Unternehmen mit diversen Untergliederungen anzutreffen. Einen anderen Ansatz bildet die Segmentierung nach Branchen. Bei Betrachtung der Entwicklungen insbesondere im Mittelstandsgeschäft der Banken in den vergangenen Jahren, erscheinen diese Ansätze zu kurz gegriffen und eine am Beratungsbedarf ausgerichtete Segmentierung analog zu dem Privatkundengeschäft sinnvoll. Denn in vielen Bereichen sind alte Kunden-Cluster aufgrund des hohen Innovationsgrads oder des hohen Anteils der Auslandsumsätze am Gesamtumsatz nicht mehr zielführend. Vielmehr bedarf es einer konsequenten Ausrichtung am Beratungsbedarf und der entsprechenden Auswahl des Beratungspersonals für das jeweilige Segment.

Es bleibt anzumerken, dass jede Bank einen individuellen Mittelweg zwischen der Aufteilung des Markts in eine unüberschaubare Anzahl von Segmenten sowie der völligen Nichtsegmentierung finden muss. Je differenzierter die Kundensegmente sind, umso schwieriger wird die Einstufung eines Neukunden. Diese ist aber letztlich entscheidend für den Erfolg der Kundenbeziehung. Ein falsch zugeordneter Kunde wird unpassende Informationen und Beratung hinsichtlich seiner Bedürfnisse und Ansprüche erhalten und schnell unzufrieden werden. Darüber hinaus sind Regeln für die (bidirektionale) Migration von Kunden zwischen den Segmenten festzulegen, die den Kundennutzen optimieren und gleichzeitig die Gefahr des Kundenverlusts beim Segmentsübertritt minimieren.

Zur Segmentierung der Kunden wurde im Banking meist eine Dreiteilung vorgeschlagen. Bierer, Fassbender und Rüdel konzentrieren sich in ihren Ausführungen auf die beiden Segmente Retail-Kunden und Private-Banking-Kunden. Das dritte Segment (mittlere bis große Firmenkunden sowie Institutionelle) ist in der Lean-Banking-Diskussion meist vernachlässigt worden.[15] Wie im obigen Exkurs bereits erwähnt bedarf jedoch insbesondere das letztere Segment einer deutlich stärkeren Analyse und Neustrukturierung des Beratungsansatzes.

Die erst in den 1980er Jahren gegründete Banco Commercial Português (BCP) hat den ursprünglichen Lean-Banking-Ansatz wohl am umfassendsten umgesetzt, indem sie jedes einzelne Kundensegment unter einer eigenen Marke und mit einem eigenen Vertriebskonzept betreut. Sie gilt als beispielhaft, auch wenn klar ist, dass sich die Voraussetzungen für eine relativ junge Bank stark von denen eines Kreditinstituts, das bereits seit einem Jahrhundert am Markt aktiv ist, unterscheiden. Im folgenden Exkurs wird mit dem Umbau des UniCredit zur Multispezialbank ein aktuelleres Beispiel näher beschrieben, das dem Vorbild der BCP folgte.

Exkurs: Umbau des UniCredit

Der UniCredit galt noch bis vor wenigen Jahren als schwerfällige Bank, denn sie bestand aus sieben eigenständigen Instituten. Dabei handelte es sich um Credito Italiano, Rollo Banca sowie die Sparkassen von Verona, Turin, Treviso, Triest und Trient. Problematisch war die fehlende eindeutige Positionierung des UniCredit am Markt, denn alle Banken der Gruppe bedienten alle Kundensegmente – vom Mengengeschäft bis zu großen Firmenkunden. Im Jahr 2001 wurde deshalb eine umfassende Neustrukturierung des Konzerns beschlossen, die bis Ende 2002 umgesetzt wurde.

Ziel dieser Neustrukturierung war es, den UniCredit im Markt als eine „Multispezialbank" zu positionieren. Hierzu wurden die sieben Banken verschmolzen und anschließend in drei Spezialbanken mit eigener Rechtspersönlichkeit aufgeteilt. Diese drei Spezialbanken fokussieren sich seitdem exklusiv auf eines der Kundensegmente Mengengeschäft (*Retail Division*), vermögende Privatkunden (*Private Banking & AM Division*) und Unternehmen (*Corporate/SMEs Division*). Die drei Banken sind für das operative Geschäft selbst verantwortlich und werden über eine Management Holding zusammengehalten (vgl. Abschnitt 4.2.4.1). Diese neue Organisationsstruktur des UniCredit unterscheidet sich beispielsweise von der Zwei-Säulen-Struktur der Deutschen Bank, weil alle Divisionen rechtlich und wirtschaftlich eigenständige Gesellschaften sind. Sie haben daher nicht mehr den Charakter interner Abteilungen.[16]

Hinter dem Konzept der Multispezialbank steht der Gedanke, dass spezialisierte Institute höhere Wachstumsraten aufweisen und rentabler sind als Universalbanken. Auch sollte die Neustrukturierung es ermöglichen, akquirierte Unternehmen einfacher in den Konzern zu integrieren. Somit folgte der UniCredit mit der Umsetzung des Multispezialbankkonzepts dem Beispiel der BCP.

In der Abbildung 4.4 wird die vereinfachte Organisationsstruktur des UniCredit vor und direkt nach dem Umbau dargestellt.[17] Es ist an dieser Stelle zu erwähnen, dass der Unicredit seit dieser Umstrukturierung nicht zuletzt durch die Integration weiterer Akquisitionen die eigene Organisationsstruktur weiterentwickelt hat. Unter anderem wurden die SBs noch deutlicher von den SGEs getrennt.

Abbildung 4.4
Organisationsstruktur des UniCredit

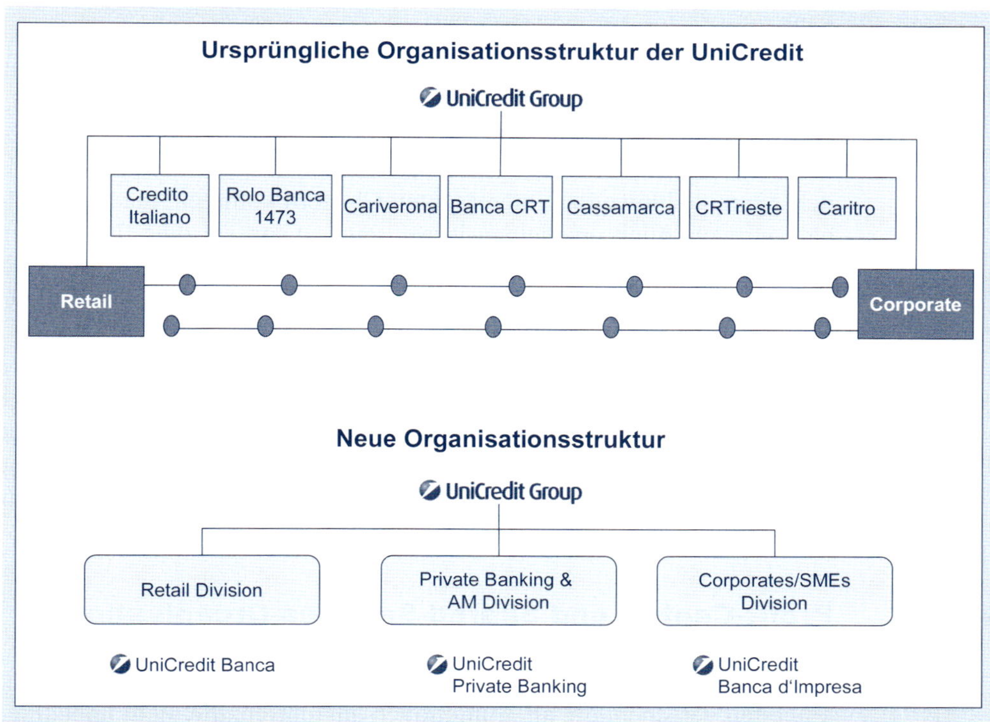

Wie die Entwicklungen der vergangenen Jahre gezeigt haben, ist die Differenzierung der Filialsysteme alleine nicht zielführend. Vielmehr bedarf es einer Differenzierung der gesamten Vertriebsorganisation orientiert am Beratungsbedarf und am Kaufverhalten der Kunden. Hierbei müssen die Perspektiven Produkte und Vertriebskanäle strikt voneinander getrennt werden.

Die Differenzierung der Vertriebsorganisation erfordert nicht zwingend eine Betreuung der Kunden mittels komplett separierter Vertriebskanäle, sondern die Differenzierung innerhalb des Vertriebskanals. So sollte eine Bank zunächst allen Kunden alle Vertriebskanäle zur Verfügung stellen, jedoch bei der Auswahl der Berater und der Produkte, die angeboten werden, eine entsprechende Segmentierung vornehmen. Zum Beispiel fragt ein Mengenkunde andere bzw. weniger Anlageprodukte nach als ein Private-Banking-Kunde. Eine Baufinanzierungsberatung sieht hingegen für beide Kundengruppen ähnlich aus. Dies bedeutet, dass bei der Anlageberatung unterschiedliche Produkte und unterschiedliche Berater notwendig sind, während die Baufinanzierungsberatung für beide durch das gleiche Kompetenzteam erfolgen kann.

Zusätzlich müssen bei der Differenzierung der Vertriebsorganisation verschiedene Vertriebskanäle über Kundensegmente hinweg so ausgebaut werden, dass sie eine optimale Kundennähe bei gleichzeitiger Erhöhung der Effizienz ermöglichen. Denn bei der Frage nach Nutzung der verschiedenen Vertriebskanäle wird es über Kundensegmente hinweg zu interessanten Clustern kommen, die bestimmte Vertriebskanäle wirtschaftlich erscheinen lassen, auch wenn sie dies für einzelne Kundensegmente nicht wären. Auch wenn vor einigen Jahren noch ein Ausbau von Filialnetzen als unwahrscheinlich galt, so haben mittlerweile mehrere Banken die Gründung neuer Filialen angekündigt. Hierbei werden in Zukunft auch völlig neue Konzepte Anwendung finden, wie sie zum Beispiel durch die Deutsche Bank in Berlin in der „Filiale der Zukunft – Q110" erprobt werden. Jenseits der klassischen Filiale werden nicht nur Telefon- und Internet-Banking weiter ausgebaut, sondern auch zunehmend ein mobiler Vertrieb installiert, der eine optimale Ergänzung zu dem bestehenden Filialsystem darstellt und gerade in ländlichen Regionen bedarfsgerechte Kundennähe sicherstellt.

4.2.1.2 Profit-Center- und Shared-Services-Organisation

Traditionell waren die meisten Banken regional gegliedert und mit starken Zentraleinheiten versehen, die alle Funktionen ausführten, die nicht unbedingt in der Fläche benötigt wurden. Bereiche wie Personal, Marketing, Organisation und IT waren also zentral angesiedelt; deren Kosten wurden auf die Regionen mehr oder weniger transparent nach dem „Gießkannenprinzip“ verteilt (Abbildung 4.5). Aus Sicht der Kosten- und Leistungsrechnung erscheint die Bildung dieser „Wasserköpfe“ problematisch, da ein großer, der Leistung nicht direkt zurechenbarer Gemeinkostenanteil verteilt werden muss.

Um die Forderung nach einer konsequenten Implementierung eines marktorientierten Ansatzes umfassend erfüllen zu können, muss die Differenzierung der Vertriebsorganisation auch im Bereich der Overhead-Funktionen entsprechend fortgesetzt werden. Daher müssen nicht nur in den kundennahen Bereichen konsequent *Profit-Center*-Strukturen umgesetzt werden, sondern auch in den unterstützenden Bereichen. Dies führt zu einer besseren Kostendisziplin und einer leistungsgerechten Gemeinkostenverteilung. Hierzu müssen marktähnliche Strukturen und auf diese Weise Kunden-Lieferanten-Beziehungen auch in der Innenorganisation eingerichtet werden.

Abbildung 4.5
Verteilung der Overhead-Kosten bei einer traditionellen Bank

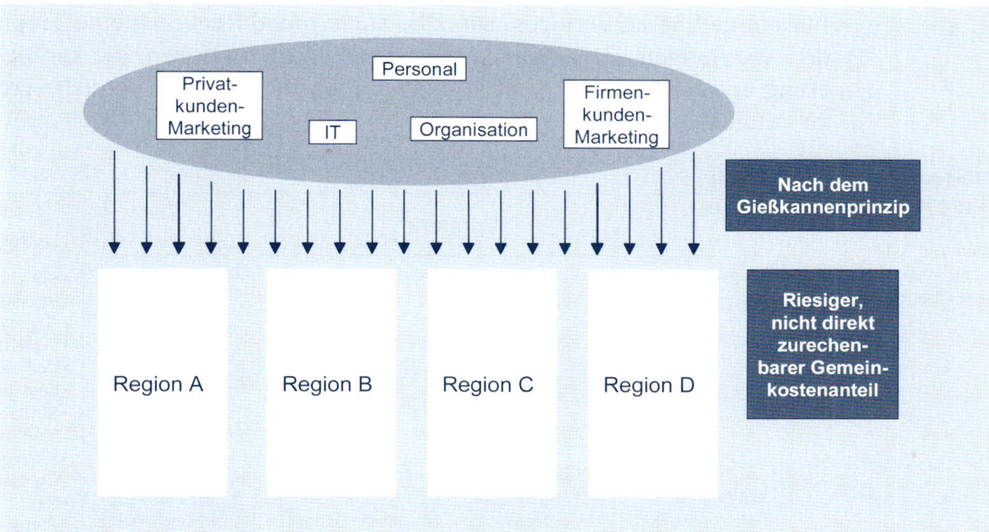

Overhead-Funktionen, die zur Steuerung der Gesamtbank notwendig sind oder die aus Effizienz- und Effektivitätsgründen gemeinsam genutzt werden, werden zentral durch *Corporate Center* und *Shared-Services-Organisationen* erbracht. Alle weiteren Funktionen werden direkt in den Hauptgeschäftssparten angesiedelt. Als Beispiele für Corporate-Center können die Bereiche Treasury, strategische Konzernentwicklung und Investor Relations genannt werden. Die nicht zur Gesamtbanksteuerung gehörenden Teile der Steuer- und Rechtsabteilung bzw. vor allem IT und Operations sind zur Übertragung in Shared-Services-Organisationen besonders gut geeignet. Hierbei wird nicht nur die Trennung entlang der Wertschöpfungskette konsequent zu Ende geführt, sondern auch das Gesamtbanksystem flexibler und gleichzeitig über die Erzielung von Skaleneffekten effizienter gestaltet. Zeitaufwendige Abstimmungsprozesse zwischen Divisionen werden durch die neuen Bereiche, die direkt in die Divisionen übertragen werden, sowie durch die Corporate Center stark reduziert.

Bei der in Abbildung 4.6 gezeigten Struktur ist der Schritt der *Divisionalisierung* in Geschäftsfelder vollzogen. Einige der Overhead-Funktionen, die für jeden Geschäftsbereich stark unterschiedliche Aufgaben zu erfüllen bzw. Wissen bereitzustellen haben, wie z.B. die Geschäftsbereichsentwicklung (Business Development), sind in den Geschäftsfeldern angesiedelt. Dort gibt es eigene, auf die spezifischen Belange des jeweiligen Geschäftsfelds abgestimmte Stabsabteilungen. Die Bereiche, die zur Gesamtbanksteuerung nötig sind, werden direkt dem Vorstand unterstellt, wohingegen die Shared-Services-Bereiche Dienstleistungen für alle Bereiche erbringen. Für einige Shared Services, wie z.B. Steuern und Recht, ist eine Trennung innerhalb der Abteilungen vorzunehmen. Aufgaben und Funktionen, die zur Gesamtbanksteuerung erbracht werden, sind von denen, die für Geschäftsbereiche erbracht werden, zu trennen.

Abbildung 4.6
Beispiel einer divisionalisierten Bank mit teilweise entflochtenem Overhead

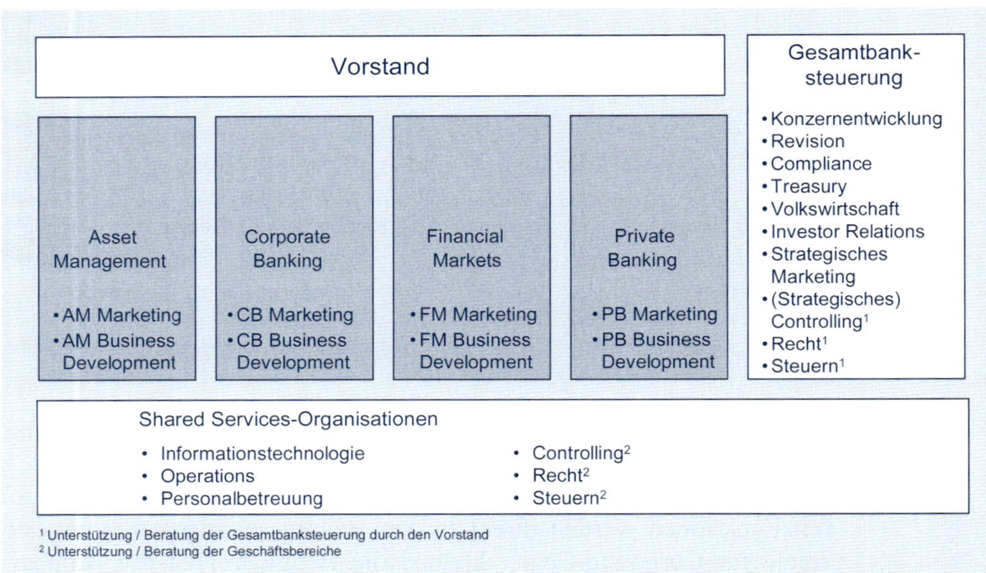

Marketing-Abteilungen sind ein Beispiel für eine Zwischenlösung zwischen Corporate Center und Geschäftsbereich. Sie sind zwar häufig in die Geschäftsfelder eingegliedert, unterstehen aber dennoch dem Zentralbereich Marketing oder Unternehmenskommunikation, um ein ganzheitliches Auftreten der Gesamtbank zu gewährleisten. Eine solche organisatorische „Zwitterstellung" versucht, die Vorteile der Divisionalisierung mit denen der Zentralisierung zu kombinieren. In diesem Fall sind aber zusätzliche Kosten der Zentralabteilung und entstehende „Reibungsverluste" durch Abstimmungsprozesse und der mögliche zusätzliche Nutzen gegeneinander abzuwägen.

Voraussetzung für den Erfolg dieses Ansatzes ist, dass es möglichst wenige Schnittstellen zwischen den verschiedenen Teilbanken gibt. Vorhandene Schnittstellen müssen präzise definiert sein, so dass Zuständigkeiten für einzelne Kunden eindeutig geklärt sind und Reibungsverluste minimiert werden. Nimmt ein Kunde Leistungen verschiedener Teilbanken in Anspruch, so sind diese zwischen den Einheiten über marktnahe Verrechnungspreise auszugleichen. Die Verwendung dieser Preise muss auch der Anspruch für Shared-Services-Organisationen sein. Für Bereiche, die zur Gesamtbanksteuerung notwendig sind, werden weiterhin klassische Kriterien zur Kostenallokation – wie z.B. Gesamtkosten-/ertragsbasis des Geschäftsbereichs verwendet. Für die Ermittlung der marktnahen Verrechnungspreise sind verschiedene Optionen wie beispielsweise einmalig ermittelte Kostensätze auf Basis des erwarteten Anteils der genutzten Ressourcen oder Tagessätze und detaillierte Zeitmitschriften möglich. Darüber hinaus kann die virtuelle oder tatsächliche Ausgründung der Bereiche in eine eigene Gesellschaft zur Erhöhung von Transparenz und Effizienz beitragen. Hierbei ist es entscheidend, dass dieser Schritt zur klaren Definition von Dienstleistungsverträgen mit detaillierten Beschreibungen der zu erbringenden Leistungen und anzuwendenden Preisermittlungsverfahren genutzt wird. Die Shared-Services-Organisation erbringt auf dieser Basis Leistungen, wie jeder andere Marktanbieter. Inwieweit diese Organisationseinheit wirklicher Konkurrenz vom Markt auszusetzen ist, ist eine Entscheidung, die vom gesamten Geschäftsmodell und den Kernkompetenzen abhängt.

Die Deutsche Bank ist bei der Entflechtung der Overhead-Funktionen noch einen Schritt weiter gegangen. Im Jahr 2001 wurde das Geschäftsfeld Retail Banking inklusive der zuständigen Stäbe wie Personal, Organisation, Verwaltung, Marketing und IT vollständig in die rechtlich selbstständige Tochter Deutsche Bank 24 AG ausgegliedert. In dieser Konsequenz war die rechtliche Verselbstständigung von Kerngeschäftsfeldern bis dato im deutschen Bankenmarkt nicht umgesetzt worden. Seit diesem Zeitpunkt wurden beide Bereiche jedoch wieder deutlich stärker in den Gesamtkonzern eingebunden. So entstand die heutige Zwei-Säulen-Struktur, die nach den zwei „Mega-Kundengruppen" Corporate Investment Banking (CIB) und Private Clients and Asset Management (PCAM) ausgerichtet ist und sowohl gewisse

Stabsfunktionen innerhalb der einzelnen Geschäftsbereiche vorhält als auch auf Shared-Services-Organisationen und Bereiche zur Gesamtbanksteuerung zurückgreift.

4.2.1.3 Optimierung des Produkt-Leistungsportfolios

Zwischen den Problemen, die insbesondere das Retail Banking aber auch das Geschäft mit den kleinen und mittleren Unternehmen (KMU) seit mehr als einem Jahrzehnt prägen, bestehen Interdependenzen, die eine Art Teufelskreis entstehen lassen (Abbildung 4.7). Große Produktpaletten verhindern eine adäquate Standardisierung und Automatisierung. Tätigkeiten werden auf unterschiedliche Art und Weise und zudem manuell ausgeführt, was zu einer großen Zahl von Fehlern führen kann. Gleichzeitig erfordert eine große Produktpalette eine Vielzahl von Spezialisten, deren Kapazitätsauslastung durch die ungleichmäßige Nachfrage der Beratungsleistung stark schwankt. Dies führt zu ungleichen Leistungen gegenüber den Kunden.

Abbildung 4.7 Teufelskreis im klassischen Bankgeschäft

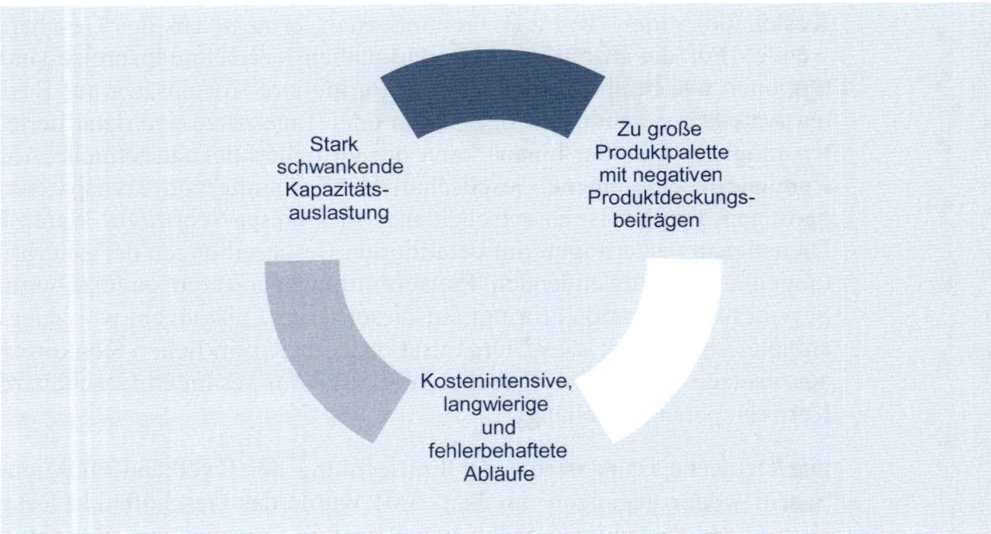

„Die Lean Bank sprengt diesen Teufelskreis mit einem integrierten Ansatz. Die Produktkomplexität wird reduziert, dadurch lassen sich Abläufe besser standardisieren und automatisieren. In Verbindung mit einer Bündelung von Aufgaben werden die Prozesskosten gesenkt und die Qualität sowie die Schnelligkeit erhöht.“[18] Das Thema Reduktion der Produktkomplexität durch Optimierung des Produkt-Leistungsportfolios wird in diesem Abschnitt detailliert behandelt. Die anderen beiden Themengebiete Standardisierung und Automatisierung von Prozessen sowie Kapazitätsmanagement werden in den Folgeabschnitten erläutert.

Viele Banken, insbesondere in Deutschland, verfügen über eine zu große Produktpalette. Gerechtfertigt wird diese Tatsache meist mit dem Anspruch, allen Kunden in allen Situationen das passende Produkt anbieten zu müssen. Die daraus resultierende breite Produktpalette muss im Sinne des Lean Banking eingeschränkt werden, um sowohl Kosten zu senken als auch den Kundennutzen zu erhöhen. Die Erhöhung des Kundennutzens wiederum vergrößert die Preisspielräume, was zu einer Erhöhung des Produktdeckungsbeitrags führt.

Viele Kreditinstitute versuchten in den letzten Jahren durch die Implementierung einer integrierten IT den Anstieg der produktproportionalen Kosten zu stoppen. Hierbei handelt es sich um die Kosten, die allein durch die Anzahl der Produkte bestimmt werden. Mögliche Kostentreiber sind unter anderem die Entwicklung von speziellen Softwareprogrammen, Vertriebsschulungen oder ein erhöhter Beratungsaufwand.

Anhand der Beispiele einiger Banken, denen eine effiziente Systemintegration gelungen ist, kann man jedoch ableiten, dass dies nur ein Schritt auf dem Weg zur Komplexitätsreduktion sein kann. Denn Banken wie die Citibank oder die BCP haben sich neben der Nutzung von elektronischen Datenverarbeitungssystemen auch der Straffung und Verkleinerung der Produktpalette bedient. Hier gilt der Grundsatz der Einfachheit. Die Reduktion der Produktpalette führt laut Müller und Guigas zu positiven Effekten auf Kunden- und Bankseite (Tabelle 4.3).

Tabelle 4.3 Auswirkungen der reduzierten Angebotspalette

Welche Auswirkungen hat die Reduzierung der Angebotsvielfalt?	
Für die Kunden	**Für die Bank**
• Leichteres Verständnis der Angebote • Klarerer Überblick über die Vermögensverhältnisse • Weniger Abneigung gegen unverständliche Produkte • Mehr Zufriedenheit mit der eigenen Bank	• Klarere Marketingstrategie, konsequente Werbeaussagen • Geringere Pflege für Anwendungsprogramme • Weniger Schulungsaufwand, geringerer interner Informationsaufwand • Einfachere Beratung • Weniger Formulare, deutlich reduzierter Änderungsaufwand • Einfachere Verkaufsförderung • Weniger Fehler

Quelle: Müller, H. / Guigas, S. (1995), S. 95.

Folglich sollte eine Bank ihren Kunden ein Produktportfolio anbieten, das aufgrund seines modularen Aufbaus die Wünsche eines typischen Privatkunden abdeckt und über eine angemessene Kombination einzelner Bestandteile auf die individuellen Bedürfnisse eines Kunden zugeschnitten werden kann. Von entscheidender Bedeutung für den Aufbau dieses Portfolios ist die bereits erwähnte Segmentierung der Zielkundengruppen. Weiteres Potenzial zur Senkung der Kosten bei gleichzeitiger Steigerung des Kundennutzens bietet die Etablierung gebündelter wertschöpfender Produkte (Investmentfonds, Cash Management usw.), die zur Automatisierung von Standardentscheidungen beitragen.

Bei der Identifizierung des optimalen Produkt-Leistungsportfolios kann insbesondere das von Noriaki Kano entwickelte und nach ihm benannte *Kano-Modell* genutzt werden. Dieses Modell hat die Erhöhung der Kundenzufriedenheit, die Vermeidung unnötiger Kosten und eine Verbesserung der Produktentwicklung zum Ziel. Kano unterscheidet verschiedene Arten von Kundenanforderungen, die die Kundenzufriedenheit beeinflussen. Diese Anforderungen unterteilen sich in Basisanforderungen, Leistungs- und Qualitätsanforderungen sowie Begeisterungsanforderungen.

Wie in Abbildung 4.8 dargestellt sind Basiseigenschaften selbstverständliche, grundlegende Eigenschaften eines Produkts bzw. einer Leistung, die dem Kunden erst bei Nichterfüllung bewusst werden. Das bedeutet, dass eine Bank keine Zufriedenheit beim Kunden auslöst, wenn sie z.B. eine Überweisung korrekt ausführt, sondern nur das Risiko eingeht, dass bei einer verspäteten Ausführung Unzufriedenheit beim Kunden entsteht. Leistungs- und Qualitätsanforderungen sind dem Kunden bewusst und werden von diesem auch aktiv angesprochen. Es besteht ein proportionaler Zusammenhang zwischen Grad der Erfüllung und der Zufriedenheit des Kunden, der sich auch in der Kundenbindung niederschlägt. Ein gutes Beispiel hierfür sind Guthaben- oder Kreditzinsen. Bei der dritten Kategorie, den Begeisterungsanforderungen, handelt es sich um latent vorhandene Anforderungen, die dem Kunden nicht bewusst sind bzw. mit denen er nicht rechnet. Obwohl es sich hierbei um einen unerwarteten Zusatznutzen handelt, haben diese Anforderungen den größten Einfluss auf die Kundenzufriedenheit, da der Zusammenhang überproportional ist. Ein gutes Das Versprechen der Citibank, dass ein Kunde bei einem zuvor vereinbarten Beratungstermin nicht länger als fünf Minuten warten muss, ist ein Beispiel hierfür. Verspätet sich der Berater nur unwesentlich, erhält der Kunde ein Präsent (z.B. eine Flasche Sekt oder einen Kinogutschein). Die Begeisterung des Kunden ergibt sich hierbei weniger aus der Tatsache, dass versucht wird, das Wartezeitversprechen einzuhalten, sondern durch das unerwartete Geschenk bei Nichteinhaltung. Im Allgemeinen haben speziell Finanzdienstleister einen großen Nachholbedarf, unerwarteten Zusatznutzen für den Kunden zu generieren.

Abbildung 4.8
Kundenanforderungen im Kano-Modell

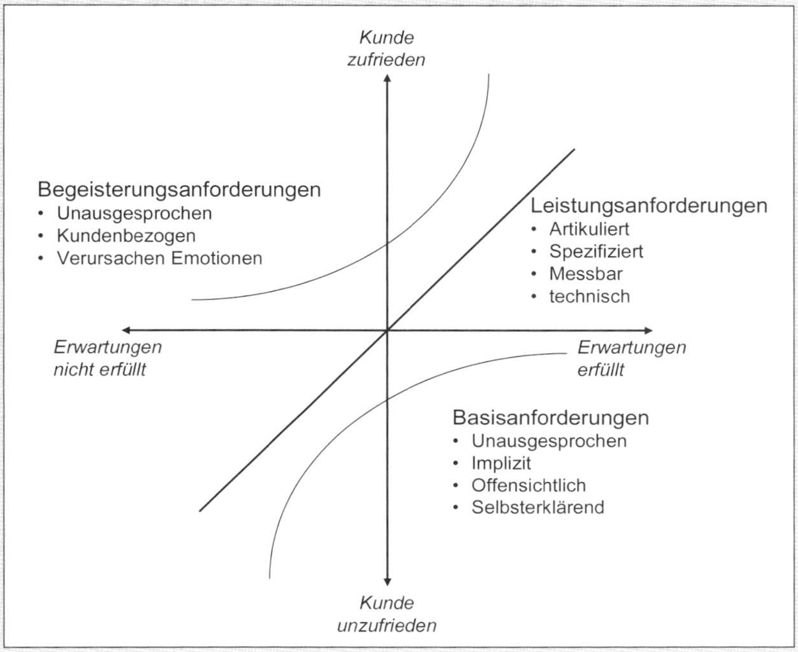

Die Vorteile der *Kano-Analyse* liegen darin, dass über ein umfassendes und differenziertes Verständnis der Kundenanforderungen Wettbewerbsvorteile aufgebaut werden können, indem die Reaktionsschnelligkeit und -genauigkeit gesteigert wird und die Produktentwicklung fokussiert erfolgen kann. Jedoch gilt es zu berücksichtigen, dass sich eine aufwändige Analyse nur bei komplexen Produkten lohnt. Befragte Kunden kennen selbst ihre eigenen Anforderungen nicht immer vollständig. Zudem verändern sich diese im Zeitablauf. Eine Anforderung, die heute noch Begeisterung hervorruft, kann schon morgen eine Leistungsanforderung sein und übermorgen als selbstverständlich angesehene Basisanforderung gelten.

Generell ist das Kano-Model sehr gut geeignet, die Grundlage für eine Optimierung des Produkt-Leistungsportfolios zu schaffen. Auf Basis dieser Kategorisierung der Anforderungen ist es eine Entscheidung des Managements Ressourcen und insbesondere Investitionen zielführend einzusetzen. So steht bei Basisanforderungen die Sicherstellung der Leistungsfähigkeit im Vordergrund, wohingegen bei Leistungsanforderungen und insbesondere Begeisterungsanforderungen Wettbewerbsvorteile zu generieren sind. Ein schlankes, aber umfassendes Produkt-Leitungsportfolio sollte das Ziel jeder Bank sein. Es muss einerseits möglichst alle wichtigen Bedürfnisse der Kunden befriedigen, andererseits aber auch Ressourcen ökonomisch nutzen und die Standardisierung und Automatisierung der zu Grunde liegenden Prozesse ermöglichen.

4.2.2 Industrialisierung der Prozesse

4.2.2.1 Vereinfachung, Standardisierung und Automatisierung der Prozesse

Seit Jahren wird in Deutschland von einer Entpersonalisierung des Retail Banking gesprochen. Beschwerden über die Computerisierung der Kundenschnittstellen sowie über mangelnde Individualität der Beratung nehmen zu. Wenn man jedoch den aktuellen Stand in Deutschland betrachtet, stellt man fest, dass trotz der Kritik vieler Kunden die Prozesse noch große Standardisierungs- und Automatisierungspotenziale aufweisen.

Eine genauere Analyse der japanischen Bankwirtschaft hat gezeigt, dass der grundlegende Unterschied zur deutschen Bankenwelt nicht in der Umsetzung lag, sondern in der strategischen Herangehensweise. Während sich die deutschen Banken vorwiegend mit der Automatisierung bestehender Prozesse beschäftigt haben, stellten die japanischen Konkurrenten der Standardisierung und Automatisierung zunächst eine komplette Neustrukturierung und Vereinfachung der Prozesse voran. Die folgenden Ausführungen beziehen sich auf den in Abbildung 4.9 exemplarisch dargestellten Zahlungsverkehrsprozess.

Abbildung 4.9
Teilprozesse im Zahlungsverkehr

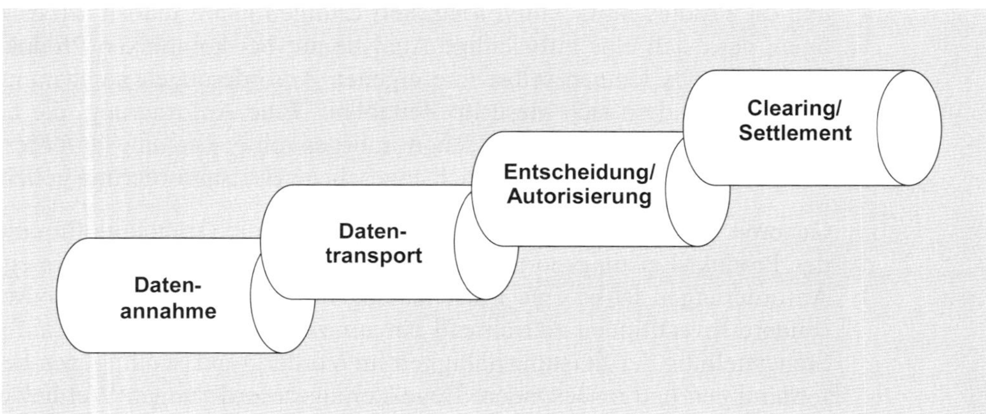

Während deutsche Banken das Prinzip der Arbeitsteilung zur Perfektion weiterentwickelten und durch Systeminvestitionen versuchten, modernste Technik in die Prozesse einzubinden, haben japanische Banken zwar auch in die Modernisierung der Systeme investiert, gleichzeitig jedoch vor allem über vier Prozessveränderungen die Effizienz und den Kundennutzen erhöht.[19]

1. Die mittlerweile auch in Deutschland verbreiteten Selbstbedienungsterminals werden in Japan schon deutlich länger und deutlich umfassender eingesetzt. Hiermit gelang es den japanischen Banken, die Datenannahme für 70% der Filialtransaktionen elektronisch abzuwickeln und somit die Kundenschnittstelle weitgehend zu automatisieren. An dieser Stelle sei aber darauf verwiesen, dass die deutschen Banken insbesondere bei der Leistungsbreite, die mittlerweile über Terminals abgewickelt werden können, in den letzten Jahren deutliche Fortschritte erzielt haben. außerdem fanden japanische Banken deutlich bessere Rahmenbedingungen vor als ihre deutschen Wettbewerber, da die Technikaffinität in der japanischen Bevölkerung höher ist als in der deutschen.

2. Die überwiegend elektronische Annahme von Kundenaufträgen bildet die Voraussetzung für das Ersetzen des Papiertransports durch einen reinen Datentransport. Um dieses Konzept umfassend umzusetzen, bedient man sich einer geringeren Arbeitsteilung als in Deutschland. Denn alle Kundenaufträge, die in Papierform in der Filiale abgegeben werden, werden durch direkte Systemeingabe des Filialmitarbeiters oder durch Einsatz von optischen Zeichenerkennungssystemen in Datensätze umgewandelt und an die entsprechende verarbeitende Abteilung weitergeleitet. Basierte diese Umwandlung zunächst auf einfachen Codierzeilen, so bieten mittlerweile insbesondere Scanner und intelligente Systeme zur Erkennung von Handschriften (Intelligent Character Recognition, ICR) bessere Möglichkeiten.

3. Der manuellen Autorisierung von Transaktionen, die mitarbeiter- und somit kostenintensiv ist, stellt man eine automatisierte Autorisierung bzw. Disposition bei elektronisch entgegengenommenen Kundenaufträgen entgegen.

4. Bei der Analyse des japanischen Zahlungsverkehrs fällt sofort die Laufzeit für Überweisungen von ein bis zwei Stunden auf – verglichen mit ein bis drei Tagen in Deutschland. Dies wird über ein besonderes Online-Clearing-System realisiert, bei dem das eigentliche Clearing zwischen den Banken erst am nächsten Tag erfolgt, während die Kundenbelastung und -gutschrift in Echtzeit abgewickelt wird.

Bierer, Fassbender und Rüdel fordern daher, dass deutsche Banken zwei Schlussfolgerungen aus diesen Erkenntnissen für ihre Prozessinnovation und -integration ziehen müssten:

1. Zunächst sollten Entwicklung, Implementierung und Integration neuartiger Servicekanäle vorangetrieben und umfassend innerhalb der entsprechenden Zielgruppen vermarktet werden.

2. Es sollten Dispositions-, Autorisierungs- und Verarbeitungsprozesse in den Bereichen Zahlungsverkehr, Kredit- und Wertpapiergeschäft konsequent identifiziert, vereinfacht und standardisiert bzw. automatisiert werden.

Wie bereits dargelegt, haben deutsche Banken in den letzten Jahren erhebliche Beträge in moderne Technologien sowie die Standardisierung bzw. Automatisierung von Prozessen investiert. Viele Banken haben das Internet für die elektronische Annahme von Transaktionen und teilweise für eine standardisierte Beratung erschlossen. Während praktisch alle Banken und Sparkassen den Abruf von Kontoständen, die Überweisungsabwicklung und den Wertpapierkauf/-verkauf ermöglichen, gehen einzelne Institute mit ihren kundengruppenspezifischen Portalen eine Stufe weiter. Einige Firmenkundenportale ermöglichen z.B. Festgeldanlagen, Avalbeauftragungen, Akkreditiveröffnungen oder Cash Management online. Gleichzeitig sollen diese Portale dem Kunden durch Informationen zu Themen wie z.B. Export/Import oder Anlagekonditionen einen Mehrwert bringen.

Die Vereinfachung und Neustrukturierung von Prozessen muss noch deutlich stärker in den Vordergrund rücken, denn die Automatisierung von ineffizienten Prozessen hebt nur einen Teil des Effizienzpotenzials. Hierbei muss ein Mittelweg zwischen hoher Effizienz, Kundenanforderungen sowie rechtlichen und regulatorischen Vorgaben gefunden werden.

4.2.2.2 Bündelung der Aufgaben

Die Entwicklungen im Bereich der Arbeitsteilung sind in Banken vor allem durch die Idee des Taylorismus geprägt worden (vgl. Kapitel 3). Ein Beispiel hierfür ist die Trennung von Front- und Back-Office-Tätigkeiten. Die Folgen für Effektivität und Effizienz sind fatal. Anstatt schnellerer Abwicklung, geringerer Kosten und einer niedrigeren Fehlerhäufigkeit, insbesondere im Bereich der Kreditbewilligung, sind de facto die Durchlaufzeiten gestiegen. Vielfach werden immer noch Papier und keine Daten transportiert. Die gesamte Abwicklung schließt mehrere Mitarbeiter und teilweise Führungskräfte ein, was zu hohen Kosten und einer niedrigen Effizienz führt. Eine hohe Fehlerquote resultiert häufig daraus, dass niemand unmittelbar für das Ergebnis verantwortlich ist.

Eine mögliche Lösung hierfür bietet das *Case-Manager-Prinzip*. Dieses Prinzip nährt sich in weiten Teilen aus den Ideen von Job Enrichment und Job Enlargement.

Über adäquate Vertriebsunterstützungssysteme wird der einzelne Mitarbeiter in die Lage versetzt, einen Vorgang von Anfang bis Ende abzuwickeln. Diesem Mitarbeiter werden nicht nur höhere Kompetenzen eingeräumt, sondern auch die entsprechende Verantwortung für seine Entscheidungen übertragen. Um möglichst fehlerfreie und somit risikoarme Entscheidungsprozesse zu gewährleisten, werden dem Kundenbetreuer nicht nur Beratungssysteme, sondern auch Entscheidungsunterstützungssysteme zur Verfügung gestellt. Damit der Betreuer und die Systeme effizient arbeiten können, ergibt sich erneut der Zwang, die Produktkomplexität zu verringern. Das Case-Manager-Prinzip führt darüber hinaus zur Ausrichtung des gesamten Unternehmens an Geschäftsprozessen (vgl. Kapitel 7).

Die Vereinfachung der Prozesse führt zu einer Reduktion der Bearbeitungszeiten und setzt neue Kapazitäten frei – „und dies im Kreditgeschäft ohne Auswirkungen auf das Ausfallrisiko, weil sich in der Praxis zeigt, dass die Einschaltung zusätzlicher Kontrollstufen aufgrund unklarer Verantwortung bzw. Verantwortlichkeit des einzelnen Mitarbeiters dieses Risiko eher erhöht hat.“[20] So führen der Abbau von Hierarchien im Kreditgenehmigungsprozess und die Bündelung von Kompetenzen bei der bearbeitenden Stelle zum Abbau von Reibungsverlusten, da der Prozess durch weniger Schnittstellen unterbrochen ist. Hierbei sind der Vereinfachung aber durch das 4-Augen-Prinzip und gesetzliche Mindestanforderungen (MaRisk) Grenzen gesetzt.

4.2.2.3 Prozesssteuerung

Ziel jeder industriellen Arbeitsorganisation ist die optimale Steuerung des Zusammenspiels der Arbeitskräfte und der damit angestrebten Maximierung des Prozessergebnisses. Dabei ist zu beachten, dass Prozesse vielen internen und externen Einflüssen unterliegen: Marktschwankungen, veränderte Personalverfügbarkeit oder neue technische Möglichkeiten sind nur einige Beispiele. Die Leistungsfähigkeit von Prozessen hängt daher wesentlich von deren Anpassungsfähigkeit an veränderte Umweltbedingungen ab.[21] Die Anpassung kann mittel- bis langfristig durch die Veränderung der Prozessgestaltung, kurzfristig durch Maßnahmen zur Steuerung des Durchlaufs der Geschäftsvorfälle erfolgen. Gestaltung und Steuerung stehen hierbei in einem engen Zusammenhang, da beides auf Basis geeigneter Steuerungs- und Optimierungsparameter geschehen muss.[22]

Nachfolgend werden die drei wichtigsten Steuerungs- und Optimierungsparameter Durchsatz, Qualität und Auslastung betrachtet:

Mit dem Begriff *Durchsatz* wird die Anzahl erbrachter Leistungen pro Zeiteinheit beschrieben. Der Durchsatz ist maßgeblich von den verfügbaren Kapazitäten (Mitarbeiter, IT-Systeme), der Anzahl der zu bearbeitenden Geschäftsvorfälle, den Bearbeitungs-, Liege- und Transportzeiten sowie der Fehlerhäufigkeit abhängig.[23] Die Verbesserung des Durchsatzes ist daher nicht zwangsläufig mit einer Erhöhung der Kapazitäten gleichzusetzen, sondern kann durch Qualitätsverbesserungen und/oder Prozessveränderungen – und den damit verbundenen verkürzten Zeiten und geringeren Fehlermöglichkeiten – erreicht werden.

Die *Qualität* einer Finanzdienstleistung setzt sich aus der Qualität des eigentlichen Produkts (Eigenschaften des Geldgeschäfts; z.B. Höhe, Laufzeit und Besicherung des Kredits) und der dazu gehörenden Dienstleistung (z.B. Geschwindigkeit und Bequemlichkeit einer Kreditzusage und -auszahlung) zusammen. Die Qualität kann mittels der Fehleranzahl bei der Leistungsbereitstellung (hinsichtlich vereinbarter Zeiträume, zugesagter Medien oder definierter Orte) bezogen auf die Gesamtzahl der Fehlermöglichkeiten bei den Geschäftsvorfällen in einer Periode beschrieben werden.

Physische Güter können auf Lager produziert werden; Dienstleistungen kennen kein Lager, sie kennen nur Fristen bzw. Service-Standards (z.B. Kreditentscheidung innerhalb von 10 Tagen). Schwankungen im Arbeitsanfall (durch Aktionsangebote), in der Kapazitätsbereitstellung (aufgrund von Urlaub oder Krankheit) oder im Durchsatz (durch veränderte Bearbeitungs-, Liege- und Transportzeiten) erfordern daher Reservekapazitäten, um die Dienstleistungen fristgerecht zu erstellen. Mit der daraus resultierenden schwankenden *Auslastung* sind Leerstandskosten verbunden. Die Optimierung der Liegezeiten, Generalisierung von Qualifikationen oder Differenzierung der Produkte (z.B. Day Trading und Intraday Trading) kann den Auslastungsgrad kurzfristig verbessern. Mittelfristig sind eine auf Skalierbarkeit ausgerichtete Arbeitsteilung sowie eine geringere Fertigungstiefe notwendig.

Um die Prozesse steuern und somit die Leistungsfähigkeit der Prozesse verbessern zu können, sind mit Hilfe eines *Prozess-Monitoring* zunächst die dargestellten Steuerungs- und Optimierungsparameter permanent für die einzelnen Prozesse aufzuzeichnen und hinsichtlich der daraus abzuleitenden Performance der Arbeitsabläufe zu analysieren. Werden veränderte Marktbedingungen, neue Produktdefinitionen, andere Mengengerüste, hohe Fehlerquoten oder die fortschreitende Automatisierung der Arbeitsschritte festgestellt, ist eine kontinuierliche Anpassung der Arbeitsabläufe auf Basis der Prozess-Performance-Analyse erforderlich. Dabei kann die *Automatisierung* standardisierter Tätigkeiten eine Leistungssteigerung erzeugen.

Neben dem Prozess-Monitoring ist eine *Vorgangssteuerung* für die jeweiligen Prozesse zu implementieren, so dass die Arbeitskräfte entsprechend ihrer Qualifikationsprofile mit den zu bearbeitenden Vorgängen und allen Informationen, die zur Durchführung der Aktivität erforderlich sind, automatisch versorgt werden. Der arbeitsteilige Prozess wird kontrolliert, kurzfristige Schwankungen in der Auslastung der Kapazitäten gesteuert und die Einhaltung der Qualitätsversprechen an die Kunden gesichert. Damit verbunden ist die Einrichtung von standardisierten Job-Profilen im Spannungsfeld von Vereinfachung, Generalisierung und Spezialisierung der Qualifikation der Mitarbeiter (Abbildung 4.10).[24]

Abbildung 4.10 Komponenten zur Gestaltung und Steuerung von Prozessen

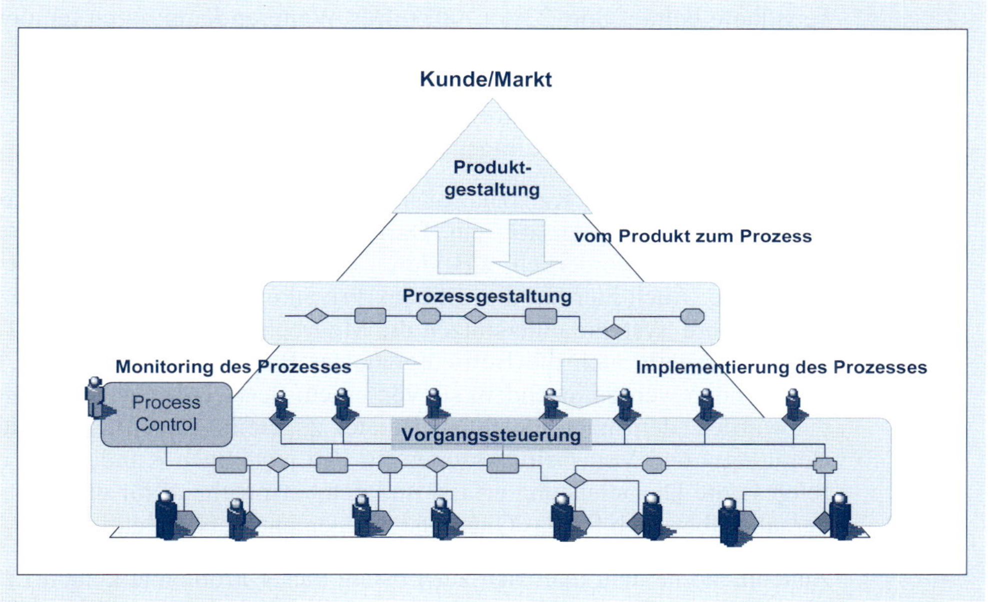

Quelle: Wölfing, D. (2006), S. 69.

4.2.2.4 Kapazitätsmanagement

In Bankfilialen wird üblicherweise die *Mitarbeiterkapazität* während des gesamten Tags auf dem Niveau gehalten, das zur Befriedigung des geschätzten Spitzenbedarfs nötig ist. In der Realität weicht der tatsächliche Bedarf jedoch – teilweise stark – vom Spitzenbedarf ab. Die resultierenden Über- und Unterkapazitäten bestehen nicht nur während eines Tages. Auch im Monats- und Jahresverlauf treten Schwankungen in der Nachfrage auf.

Dieses Problem ist nicht nur charakteristisch für das Front-Office einer Bank, sondern auch in den Back-Office-Bereichen. Die Konsequenzen aus diesem unzureichenden *Kapazitätsmanagement* sind teilweise hohe Leerlaufzeiten und dementsprechend Leerkosten.

Eine *optimale Kapazitätsauslastung* kann unter anderem durch den vermehrten und gesteuerten Einsatz von Teilzeitkräften erreicht werden. Diese Möglichkeit wird zunehmend von deutschen Banken genutzt. Während zu Beginn der 1990er Jahre 10% aller Mitarbeiter in Banken Anstellungsverträge auf Teilzeitbasis erhielten, stieg diese Quote im Jahr 2007 auf ca. 18%. Die Citibank Privatkunden AG & Co. KGaA nutzt diese Möglichkeit zu Kapazitätsauslastung noch intensiver. Die Teilzeitarbeitsquote beträgt dort 23% (2007). Des Weiteren kann durch temporäre Verschiebung von Mitarbeitern über Organisationseinheiten hinweg der erhöhte Personalbedarf zu Spitzenzeiten ausgeglichen werden. Beispielsweise orientieren sich japanische Banken bei der Filialbesetzung nicht am Spitzenbedarf, sondern am Durchschnitt und gleichen Nachfrageüberhänge mit Personal aus der Zentrale aus.

Zur Optimierung der Kapazitätsauslastung kann die Erhöhung der Teilzeitquote jedoch nur ein erster Ansatz sein. Darüber hinaus ist eine Unterstützung durch entsprechende IT erforderlich, z.B. durch den Einsatz rechnergestützter Terminvergabesysteme. Auch hier hat die Citibank Privatkunden AG & Co. KGaA eine Vorreiterrolle. Ihre Systeme unterstützen die Mitarbeiter nicht nur bei der Terminvergabe, sondern steuern auch die Befriedigung der Beratungsnachfrage im Tagesgeschäft. Die Kunden werden, nachdem sie von einem Servicemanager ins System eingemeldet wurden, dem nächsten freien Berater zugeteilt. Außerdem werden die Warte-, Beratungs- und Verarbeitungszeiten für den jeweiligen Kunden und die für ihn bereitgestellte Dienstleistung erfasst und dementsprechend für die zukünftige Terminvergabe, aber auch für das Qualitätsmanagement, verwendet.

Zunehmend bedient man sich zur Lösung dieser Problematik auch Erfahrungen und Modellen aus der produzierenden und verarbeitenden Industrie, dem Handel oder anderen Dienstleistungsbereichen, die unter der Idee der Just-in-Time-Logistik entwickelt und erfolgreich implementiert wurden.

4.2.3 Sourcing und Shoring

Wie bereits angedeutet gibt es Servicefunktionen, die zur Realisierung von Skalen- und Spezialisierungsvorteilen in so genannten Shared-Services-Organisationen gebündelt werden. Hierzu zählen insbesondere der Betrieb von Rechenzentren, die Softwareentwicklung oder das Custody-Geschäft. Durch die zentrale Bearbeitung sind nicht nur Effizienzsteigerungen möglich. Die Leistungsverrechnung zu Marktpreisen erleichtert überdies die Beantwortung der Frage nach der *Beschaffung* (im Englischen *Sourcing*) von Leistungen. Letztere können grundsätzlich intern erbracht (Eigenproduktion) oder am Markt von Dritten eingekauft werden (Fremdbezug). Interessant ist der Bezug von Leistungen über Dritte immer dann, wenn die Eigenproduktion teurer ist als der Fremdbezug. Da sich Back-Office-Leistungen in besonderem Maß zum externen Bezug eignen, wird der Fokus im Folgenden auf diese gelegt.

Im Rahmen von Sourcing-Entscheidungen sind unter anderem die Möglichkeiten des *Insourcings* und des *Outsourcings* zu prüfen. Neben der Frage der Beschaffung muss auch die Frage nach der Lokation der entsprechenden Serviceeinheiten beantwortet werden. Diese Thematik – im Folgenden als *Shoring* bezeichnet – wird im Abschnitt *Nearshoring / Offshoring* behandelt. Zusätzlich wird die Möglichkeit der *Kooperation* als Hybridform zwischen Eigenproduktion und Fremdbezug analysiert.

4.2.3.1 Outsourcing / Insourcing

Unter dem sich aus dem englischen „Outside Resource Using“ zusammensetzenden Begriff *Outsourcing* wird die Nutzung externer Ressourcen in Teilbereichen verstanden. Durch den Einkauf von Teilleistungen bei spezialisierten Serviceanbietern (*Insourcer*), wird der Bank eine Konzentration auf ihr Kerngeschäft ermöglicht. Weitere Beweggründe für Outsourcing sind Kosteneinsparungen, die Variabilisierung von Fixkosten sowie Qualitäts- und Geschwindigkeitssteigerungen. Das Gegenstück zum Outsourcing ist das Insourcing, bei dem das Kreditinstitut eine bestimmte Funktion als eigene Kernkompetenz versteht und über entsprechend skalierbare Prozesse und Systeme verfügt, um die jeweiligen Teilleistungen auch für andere zu erbringen und somit als Insourcer aufzutreten.

Einer Sourcing-Entscheidung muss eine Analyse der Geschäftsprozesse vorangehen. Bei der Evaluierung von Sourcing-Optionen kann auf den theoretischen Rahmen des *ressourcenbasierten Ansatzes* (vgl. Kapitel 2) und der *Transaktionskostentheorie* (vgl. Kapitel 5) zurückgegriffen werden. Vielfach wird die Transaktionskostentheorie zur Entscheidungsfindung herangezogen. Dieser Ansatz eignet sich jedoch besonders zur Analyse kurzfristig reversibler Entscheidungen, wie sie bei einmaligen Aufträgen oder kurzer Laufzeit vorkommen. Im Falle des Sourcings ganzer Geschäftsprozesse handelt es sich aber meist um langfristige, partnerschaftliche Abkommen über anspruchsvolle und komplexe Dienstleistungen. Hier scheint eine Unterstützung der Entscheidungsfindung durch den Ressourcenansatz und dessen Umsetzung im Konzept der Kernkompetenzen sinnvoll.[25]

Sofern es nach einer Analyse der Geschäftsprozesse zur Identifizierung von Auslagerungspotenzialen kommt, muss die strategische Entscheidung getroffen werden, ob diese tatsächlich auszulagern sind. Bei dieser Entscheidung geht es um die eigene Einschätzung einer optimalen Leistungstiefe. Diese beeinflusst „beispielsweise Höhe und Struktur der Kosten, die Qualität und Flexibilität des Leistungsangebots, den

Umfang der internen Koordinationsaufgaben und die damit gebundenen Kompetenzen und Qualifikationen sowie die Abhängigkeit von externen Dienstleistungsunternehmen."[26]

Bei der Ausgestaltung der Outsourcing-Maßnahmen gibt es verschiedene Möglichkeiten, die Kontrollierbarkeit von vormals eigenerstellten Leistungen über Hierarchie, Märkte oder Netzwerke zu beeinflussen (siehe auch Kapitel 5 und 6):

- Die Ausgliederung von Leistungsprozessen auf Konzern- oder Tochterunternehmen und dadurch die Gewährleistung einer hierarchischen Kontrolle wird als internes Outsourcing und oft auch als Schein-Outsourcing bezeichnet.
- Insbesondere Bereiche, die nicht dem Kern-Wertschöpfungsprozess zuzurechnen sind, werden häufig über den Markt durch entsprechende Vertragsbeziehungen an unabhängige Dritte ausgelagert.
- In Netzwerken[27] versuchen Unternehmen vor allem nicht standardisierbare, oft für das Unternehmen sehr wichtige Leistungen mit spezialisierten Partnern gemeinsam zu erstellen. Es handelt sich dabei um Spezialisten, zu denen eine langfristige, vertrauensvolle Beziehung aufgebaut wird. Vertragliche Beziehungen bilden hier in erster Linie den Rahmen, denn die Zusammenarbeit beruht primär auf Vertrauen und die Beziehung ist keinesfalls hierarchisch.[28]
- Darüber hinaus finden oftmals Ausgründungen in Form von Joint-Venture-Konstruktionen der Partner statt, um komplexere Leistungsbeziehungen gestalten zu können.

In Bereichen, die nicht zum eigentlichen Leistungserstellungsprozess gehören, ist das Outsourcing in Banken schon seit einiger Zeit weit verbreitet. Reinigungs- und Sicherheitsdienste, Kantinen und Fuhrpark wurden vor allem bei größeren Banken schon vor Jahren ausgelagert. Der Vorteil für die Banken liegt in der Konzentration auf die eigentlichen, wertschöpfenden Geschäftsprozesse. Durch das Outsourcing nutzt die Bank Skalen- und Lernkurveneffekte des Insourcers, d.h. sie bezieht die Leistungen oft günstiger und erreicht gleichzeitig eine Variabilisierung ehemals fixer Kosten. Weiterhin wird das Investitionsrisiko, z.B. eines neuen Fuhrparks, auf den Insourcer verlagert.

Da diese Bereiche keine strategische Bedeutung für die Bank haben, ist der Outsourcing-Prozess recht einfach zu gestalten. Er kann über den Markt, durch ein Ausschreibungsverfahren und entsprechende Verträge zwischen den Unternehmen geregelt werden. Bei eventuellen Qualitätsmängeln bzw. der Verschlechterung der Konditionen ist ein Wechsel des Insourcers relativ schnell möglich.

Für strategisch wichtige Bereiche existieren hingegen zwei unterschiedliche Szenarien. Die erste Möglichkeit besteht darin, bei einem Spezialisten die entsprechende Leistung einzukaufen (Outsourcing). Für diejenigen Unternehmen jedoch, die in dem betreffenden Bereich (z.B. Zahlungsverkehr, Wertpapierabwicklung) einen eigenen Wettbewerbsvorteil erkannt haben, bietet sich stattdessen eine andere Vorgehensweise an. Sie können den Bereich z.B. an ein eigenes Tochterunternehmen auslagern und weiteren Unternehmen – auch Wettbewerbern – die Leistungen des Tochterunternehmens anbieten (Insourcing). Dieses Vorgehen basiert auf der unterschiedlichen Einschätzung der jeweiligen Aktivität. Während die betroffenen Bereiche und Leistungen für das eine Unternehmen zu den Kernkompetenzen gehören, sind sie für ein anderes Unternehmen eine „Commodity", die als entsprechender Service am Markt nachgefragt werden kann. Ein exzellentes Beispiel hierfür stellt die Deutsche Postbank AG dar, die unter anderem die Abwicklung des beleghaften Zahlungsverkehrs für die Deutsche Bank und die HypoVereinsbank übernommen hat. Hieran zeigt sich, dass die Zahlungsverkehrsabwicklung für diese Banken nicht zum Kerngeschäft gehört und folgerichtig in einer Outsourcing-Transaktion an ein anderes Unternehmen ausgelagert wurde. Auf der anderen Seite versteht die Deutsche Postbank genau diesen Bereich als Kerngeschäft und baut ihn daher als Insourcer weiter aus.

Im Allgemeinen sind für In- und *Outsourcer* ähnliche Fragestellungen relevant, jedoch jeweils aus der entgegengesetzten Perspektive. Bevor man sich dazu entschließt einen Bereich durch Insourcing weiter auszubauen, ist es entscheidend, ausführliche Analysen über den Markt für diese Dienstleistungen, mögliche Wettbewerber, Leistungen und Preise durchzuführen und sich auch mit der eigenen Infrastruktur und deren Skalierbarkeit zu beschäftigen. Der Outsourcer hingegen muss die relevanten Leistungen und Prozesse eingehend analysieren und verschiedene Szenarien, die alle Möglichkeiten von In- bis Outsourcing aber auch zukünftige Planungen und vor allem Investitionserfordernisse umfassen, entwickeln. Sollte die Entscheidung zum Outsourcing gefallen sein, muss eine Analyse möglicher Insourcer durchgeführt werden. Diese beginnt mit Vorverhandlungen und endet mit einer ausführlichen, beidseitigen Due Diligence und abschließenden Vertragsverhandlungen.

Da viele Kreditinstitute völlig unterschiedliche Systeme unterhalten, erfordert die Migration von der einen auf die andere Plattform große Aufmerksamkeit und Planung. Die Übernahme von Dienstleistungen für andere Kreditinstitute birgt somit sowohl für den Out- als auch den Insourcer erhebliche Risiken, die gemanagt werden müssen. Sie kann signifikante Investitionen zu Beginn der Zusammenarbeit auf beiden Seiten erforderlich machen. Es muss somit von beiden Beteiligten ein realisierbarer Geschäftsplan entwickelt und eine umfassende Risikoanalyse durchgeführt werden.[29]

Deutsche Kreditinstitute waren in Bezug auf In- bzw. Outsourcing im internationalen Vergleich lange Zeit eher konservativ. Mittlerweile gibt es jedoch zahlreiche Beispiele, wie die bereits erwähnte Abwicklung des Zahlungsverkehrs oder die Gründung einer Reihe von Transaktionsbanken im Wertpapierabwicklungsbereich (u.a. dwp-bank, ITS, Xchanging Transaction Bank). Der IT-Dienstleister EDS betreibt die gesamte IT für das Bankhaus Sal. Oppenheim und IBM ist für einen Großteil der IT-Infrastruktur der Deutsche Bank verantwortlich. Das Processing im Kreditkartengeschäft wird in Deutschland überwiegend von der GZS für andere Institute ausgeführt.

Bei großer Bedeutung der eingekauften Leistung für den eigenen Wertschöpfungsprozess müssen langfristige Verträge mit den Drittanbietern geschlossen werden. Das Verhältnis zwischen dem auslagernden Unternehmen und dem Leistungsanbieter gleicht oft einer langfristigen Zulieferer-Produzenten-Beziehung, wie sie in der Industrie häufig zu finden ist. Für das Bankgewerbe mit seiner traditionell hohen Wertschöpfungstiefe (= Fertigungstiefe) sind diese Beziehungen relativ neu und bedürfen anderer Managementkompetenzen. So bestand der Einkauf bei Banken bis vor wenigen Jahren noch aus dem Erwerb von Büromaterialien. Mittlerweile müssen aber auch komplexe IT-Systeme und -Dienstleistungen beschafft bzw. Verhandlungen mit Outsourcing-Partnern geführt werden, die immer zentralere Bereiche der Bank betreffen. Die Informationsverarbeitung stellt das „Nervensystem“ einer Bank dar und ist daher ein hoch sensibler Teil der Wertschöpfungskette. Auch seitens der Insourcer ist ein Umdenken erforderlich. Es ist notwendig, neue Abteilungen einzurichten und Mitarbeiter aus- bzw. weiterzubilden, die sich mit dem Verkauf der Dienstleistungen und der Betreuung der Kunden sowie dem Monitoring der Leistungserbringung gemäß den Dienstleistungsverträgen beschäftigen.

Abschließend stellt sich die Frage, wie weit man hinsichtlich des Outsourcing gehen will. Was muss eine Bank selbst erstellen, um noch eine Bank zu sein? Gibt es Grenzen bzw. was bleibt übrig, wenn eine Bank ihre Kernkompetenzen auslagert? Wie ist dies im Hinblick auf das Kreditwesengesetz (KWG) und die Bankenaufsicht zu beurteilen?

§ 25a Abs. 2 KWG regelt die Möglichkeiten des Outsourcing. Beim Outsourcing müssen die Ordnungsmäßigkeit der Bankgeschäfte, die Steuerungs- und Kontrollmöglichkeiten der Geschäftsleitung sowie die Prüfungs- und Kontrollmöglichkeiten durch die BaFin gewährleistet sein. Aufgaben, die der direkten Kontrolle des Geschäftsbetriebs dienen, sowie Controlling, Risikomanagement und die interne Revision sind nicht auslagerbar. Alle anderen Bereiche sind grundsätzlich auslagerfähig.

Outsourcing-Maßnahmen unterliegen generell einer aufsichtsrechtlichen Meldepflicht.[30]

Beim Outsourcing von Geschäftsprozessen sind derzeit die Direktbanken am weitesten fortgeschritten, da sie als Neugründungen auf keine vorhandenen, internen Organisationsstrukturen Rücksicht nehmen oder einzelne Führungspersonen in ihren Kompetenzen beschneiden müssen.

Eine Exploration von Moormann und Frank führte zu folgenden Ergebnissen:[31]

- Direktbanken sehen zwar die Kontoeröffnung zu großen Teilen als Kernkompetenz; Teilaufgaben wie z.B. die Datenerfassung können jedoch ausgelagert werden. Diese Auslagerung ist meldepflichtig.
- Die Wertpapierabwicklung sehen die Direktbanken nicht als Kernkompetenz an und auch aus Sicht der BaFin sind Back-Office-Tätigkeiten auslagerungsfähig, aber meldepflichtig.
- Hinsichtlich des Produktmanagements gibt es vielfältige Möglichkeiten der Auslagerung. Allerdings bieten sich hier enorme Differenzierungspotenziale, die die meisten Direktbanken auch nutzen.
- Im Technologiebereich findet bereits heute ein massives Outsourcing statt. Uneinig sind sich die Direktbanken, ob das Call-Center, als mögliche Kernkompetenz, auslagerungsfähig ist. Zahlreiche IT-Dienstleistungen werden fremdbezogen, so dass sich die eigene IT-Abteilung zum „Lösungsintegrator" entwickelt. Rechtlich gesehen sind IT-Funktionen auslagerbar, aber ebenfalls meldepflichtig.

Die BaFin hat durch die Neufassung der MaRisk zum 01. November 2007 die Outsourcing-Standards umfassend modernisiert. Die Grenzen des Outsourcing bei Banken gelten seitdem als weit (und ausreichend) gesteckt. Allerdings behindert eine banktypische, konservative Grundhaltung das Outsourcing. So ist vor allem zu gewährleisten, dass es durch das Outsourcing nicht zu einem Vertrauensverlust bei den Kunden kommt. Entweder muss das Outsourcing geheim gehalten werden oder offen als Kundenvorteil durch Qualitätssteigerung oder Kostenreduktion herausgestellt werden. Zweifel an der Verlässlichkeit und Seriosität des Outsourcing-Partners darf es nicht geben. Eine weitere Behinderung des Outsourcing ist, dass einige Banken die eigenen Geschäftsprozesse nicht kennen und sich ihnen daher nicht die Möglichkeit bietet, Potenziale zu identifizieren und auslagerbare Leistungen zu definieren.

Exkurs: Verkauf wesentlicher Teile des Geschäftsbereichs Wertpapierdienste der Deutsche Bank AG an die State Street Corporation

„Die Deutsche Bank und die State Street Corporation haben verbindliche Verträge über den Verkauf wesentlicher Teile des Geschäftsbereichs Wertpapierdienste der Deutschen Bank an State Street unterzeichnet. Der von State Street gezahlte Kaufpreis beläuft sich auf bis zu 1,5 Mrd. US-Dollar, vorbehaltlich möglicher Anpassungen. Der Preis wird in bar oder in einer Kombination aus Barzahlung und Aktien gezahlt werden.

Die Veräußerung betrifft folgende Bereiche der Deutschen Bank: Global Custody (mit einem verwalteten Vermögen von ungefähr 2,2 Billionen Euro), Global Fund Administration Services (einschließlich Depotbank Services), Wertpapierleihe und Globale Performance Messung (einschließlich WM Company). Hinzu kommt die inländische Wertpapier-Verwahrung und -Abwicklung in den Vereinigten Staaten und in Großbritannien. Die weltweit insgesamt 3.200 Mitarbeiter werden von State Street übernommen. Das inländische Wertpapierverwahrgeschäft in Kontinentaleuropa, Asien und Lateinamerika wird nicht veräußert.

Die Deutsche Bank wird in ausgewählten Märkten bevorzugter sub-custodian von State Street sein. Der Deutschen Asset Management (DeAM), einschließlich der DWS, einem der führenden Investment Manager Europas, wird State Street, vorbehaltlich aufsichtsrechtlicher Genehmigungen und treuhänderischer Verpflichtungen von Deutsche Asset Management, weltweit Wertpapierdienstleistungen für den größten Teil des verwalteten Vermögens in Europa, Amerika und Asien/Pazifik zur Verfügung stellen. Unter dem langfristigen Vertrag wird State Street Dienstleistungen im Bereich Wertpapierverwahrung, Vermögensverwaltung und globale Wertpapierleihe anbieten, mit der Möglichkeit, das Mandat auf die anderen angeschlossenen Unternehmen der DeAM auszuweiten.

Es wird erwartet, dass die Transaktion, für die noch entsprechende Genehmigungen der zuständigen Aufsichts- und Kartellbehörden erforderlich sind, in den kommenden vier Monaten abgeschlossen wird."[32]

Diese Transaktion zwischen der Deutsche Bank AG und der State Street Corporation, Boston, aus dem Jahr 2002 ist Teil einer globalen Entwicklung. Der General Manager der State Street Bank Deutschland, Bergenroth, beschreibt in einem Artikel weitere teilweise radikale Outsourcing-Potenziale insbesondere für Banken und Asset-Management-Unternehmen.[33]

Die Ausgangssituation, in der sich die Asset Manager zum Zeitpunkt der Veröffentlichung des Artikels befanden, war geprägt von den schwachen Finanz- und Kapitalmärkten, die wiederum mit einem geringen Wachstum der verwalteten Vermögen verbunden waren. Die aktuelle Situation der Finanzmärkte im Zeichen der Finanzmarktkrise ist somit durchaus vergleichbar. Asset Manager suchen auf Grund der angespannten Situation der Finanzmärkte seit Jahren dringend nach Kostensenkungspotenzialen sowie Möglichkeiten, sich wieder mehr auf ihre eigentliche Stärke, die Vermögensverwaltung, zu konzentrieren. Dies ist vor allem deshalb wichtig, weil die Anforderungen der Kunden immer umfassender werden und insbesondere der Bereich alternativer Investments starke Nachfrage erfährt. Überdies bilden derzeit die Geschäftskontinuität und die Erfüllung der gesetzlichen Investmentrichtlinien den Fokus der Unternehmensführung, womit ein Wunsch nach Reduktion der technologischen und operationellen Risiken einhergeht.

Daher fordert Bergenroth unter anderem eine Neudefinition der Wertschöpfungskette im Asset Management hin zu flexibleren und reaktionsfähigeren Strukturen. Die Grundidee hinter diesen Überlegungen ist das Konzept der Kernkompetenzen. Während sich die Asset Manager auf ihre Kernkompetenzen Vermögensverwaltung, Produktentwicklung oder auch Distribution konzentrieren sollen, werden die Randaktivitäten, wie spezifische administrative Tätigkeiten an global agierende Wertpapierdienstleister ausgegliedert. Jedoch soll es in Zukunft bei derartigen strategischen Partnerschaften kaum noch Tabus geben. So kann sich Bergenroth unter anderem vorstellen, dass komplette Middle- und Back-Offices einschließlich der Fondsbuchhaltung ausgelagert werden.

Insbesondere für große Asset Manager werden die Spezialisten individuelle und auf die besonderen Bedürfnisse dieser Unternehmen zugeschnittene Dienstleistungen anbieten, die letztlich zu einer Qualitätssteigerung, einer besseren Reaktionszeit und sinkenden Kosten führen. Diesen Spezialisten wird es allein aufgrund ihrer Größe gelingen, über die Möglichkeiten eines einzelnen Unternehmens hinaus gehende Skaleneffekte und Synergien zu erzielen.

Die fortschreitende Technologisierung führt zu einem hohen Investitionsbedarf in allen Bereichen der Vermögensverwaltung. Jedoch bedeutet dies für alle Institute einen erheblichen Kapitalbedarf in den Bereichen des Middle- und Back-Office, der häufig nicht in Relation zur Profitabilität dieser Bereiche steht. Somit ist das Outsourcing dieser Randaktivitäten zugleich auch Bestandteil von Investitionsvorhaben bzw. -notwendigkeiten. Die Marktführer in diesen Bereichen können diese Investitionskosten leichter tragen und somit einen Effizienz- und Effektivitätsstandard bieten, der für Asset Manager einen klaren Mehrwert bietet. Beispielhaft für derartige Investitionen seien hier globale Handelssysteme genannt, die auch einen direkten elektronischen Marktausgleich bieten. Diese können bei grenzüberschreitenden Investments Effizienzen dadurch realisieren, dass integrierte Plattformen für mehrere Vermögensklassen zum Einsatz kommen und somit die kombinierte und optimierte Abwicklung von Wertpapier- und Devisentransaktionen ermöglichen.

Dank der fortschreitenden Technologisierung verfügen die Spezialisten heute über Systeme, die eine vollelektronische Abwicklung kompletter Geschäftsprozesse (Straight Through Processing, STP) in ausgewählten Funktionsbereichen des Front-, Middle- und Back-Office integrativ und automatisiert ermöglichen (Abbildung 4.11).

Abbildung 4.11 Integration der Wertschöpfungskette im Asset Management

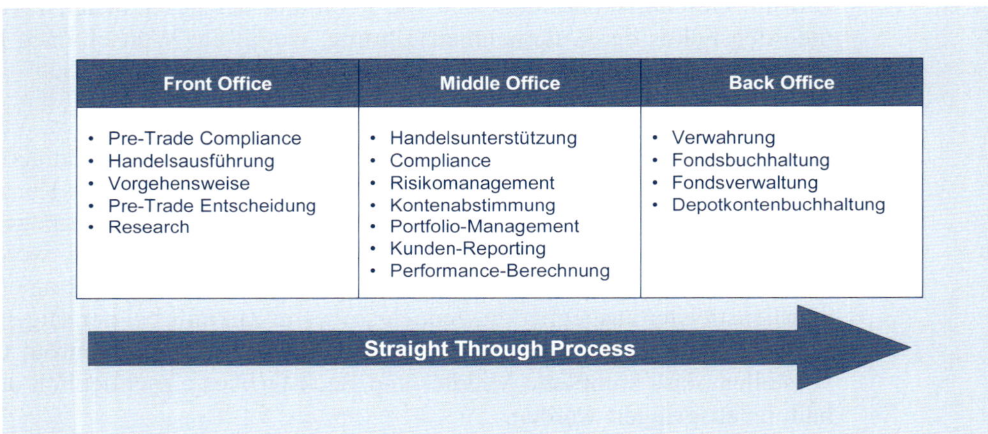

Quelle: Bergenroth, T. (2000), S. 46.

Die Verwaltung gemeinsamer Referenzdaten bietet ferner die Möglichkeit, der Käuferseite Leistungen wie Buchhaltung, Portfoliobestandsführung, Performance-Messung und optional das Kunden-Reporting anzubieten.

Zusammenfassend kann man sagen, dass – auch wenn der Artikel von Bergenroth aus dem Jahr 2000 stammt – die aufgestellten Forderungen unverändert wenn nicht sogar verstärkt gültig sind. Somit sind im Bereich der Vermögensverwaltung und Wertpapierdienstleistung auch in den nächsten Jahren zahlreiche Veränderungen von Organisationsstrukturen zu erwarten, die zu einem Aufbrechen der Wertschöpfungskette führen dürften. Insbesondere die spezialisierten Wertpapierabwickler werden starkes Interesse daran haben, die erneut schwierige Situation an den Finanz- und Kapitalmärkten zu nutzen, um Asset Manager von dem strategischen Potenzial derartiger Transaktionen zu überzeugen.

4.2.3.2 Nearshoring / Offshoring

Neben Überlegungen zum In- bzw. Outsourcing stellt sich die Frage nach der Lokation der Leistungserbringung. Auch wenn dieser Aspekt in der Literatur häufig nur mit Blick auf das Outsourcing von Leistungen diskutiert wird, stellt sich die Frage auch für die Fälle der Eigenproduktion und des Insourcing. Bei der Wahl der Lokation werden die drei Möglichkeiten onshore, nearshore und offshore unterschieden.

Bei Onshore-Lösungen erfolgt die Leistungserbringung durch räumlich nahe gelegene Einheiten wie beispielsweise innerdeutsche Niedriglohnstandorte. Bei Nearshore-Lösungen werden Ressourcen – aus deutscher Perspektive – vor allem aus dem europäischen Ausland (und hier insbesondere aus den Staaten Mittel- und Osteuropas) genutzt. Beim *Offshoring* wird die Leistungserbringung aus dem europäischen Raum meist in Länder der asiatisch-pazifischen Region verlagert. Um einen 24-Stunden-Betrieb zu ermöglichen, bietet sich auch eine Kombination aus On-, Near- und Offshore-Lösungen an.

Während Onshore-Lösungen meist nur marginale Kostenreduktionen, wie z.B. geringere Mieten o.ä. bewirken, ermöglichen Nearshore-Lösungen bereits erhebliche Kosteneinsparungen, da z.B. in Osteuropa insbesondere die Lohnkosten deutlich geringer sind. Die Einsparpotenziale werden noch einmal deutlich größer, wenn man Offshore-Lokationen in Betracht zieht. Insbesondere in Indien trifft man zusätzlich zu den extremen Lohnunterschieden noch auf eine sehr große Gruppe exzellent ausgebildeter, motivierter Mitarbeiter, die das Offshoring von komplexeren Leistungen wie der IT-Entwicklung erst ermöglichen. Vorteilhaft für *Nearshoring*-Konzepte wirken sich die kürzere Distanz, kürzere Reisezeiten, gleiche Zeitzonen und einfachere Kommunikation durch ähnliche kulturelle Gegebenheiten sowie geringere Sprachbarrieren aus. Darüber hinaus beschreiben Meyer und Wölfing Probleme, die insbesondere mit indischen Offshore-Unternehmen beim IT-Sourcing entstehen. Kostenvorteile durch deren fabrikmäßige Fertigung können erst genutzt werden, wenn klar strukturierte Vorgaben vom Auftraggeber erbracht werden. Durch die detaillierte Ausarbeitung und Kommunikation solcher Vorgaben entstehen wiederum neue Kosten, die die Kostenvorteile erheblich reduzieren können. Um diesem Problem zu begegnen, schlagen Meyer und Wölfing ein hybrides Modell vor, bei dem vor Ort (z.B. in Indien) ein „Brückenkopf" des europäischen Auftraggebers etabliert wird, der im ständigen Kontakt mit dem ursprünglichen Auftraggeber eine anforderungsgerechte Leistungserbringung sicherstellt.[34]

Bei all diesen Überlegungen sind finanzwirtschaftliche Planungen durch eine umfassende Risikoanalyse zu ergänzen. Diese beschäftigt sich mit Fragen der Stabilität der Leistungserbringung, insbesondere auch gegenüber dem Endkunden der Bank. Darüber hinaus gilt es, im osteuropäischen aber auch asiatischen Raum die Stabilität der wirtschaftlichen und politischen Systeme aber auch die Gefahr von Terrorakten zu beurteilen. Die Terroranschläge von Mumbai aus dem Jahr 2008 haben noch einmal die Risiken vor Augen geführt, die es zu managen gilt. Insbesondere beim Offshoring nach Asien stellt die Sprachbarriere für kontinentaleuropäische Unternehmen und Kreditinstitute eine weitere Schwierigkeit dar. Hierbei ist es entscheidend, dass Bankkunden jederzeit mit Ansprechpartnern ihres Kreditinstituts über mögliche Anliegen kommunizieren können, die der jeweiligen (Onshore-)Sprache mächtig sind. Ferner gilt es auch, die ausreichende Kommunikationsfähigkeit innerhalb eines Unternehmens bzw. eines Unternehmensnetzwerks sicherzustellen, um eine hohe Qualität der Geschäftsprozesse zu garantieren.

4.2.3.3 Kooperationen

Unter *Kooperation* wird die Zusammenarbeit von zwei oder mehr Unternehmen verstanden. Bei der Organisation ökonomischer Aktivitäten wird zwischen den Polen *Markt* und *Hierarchie* unterschieden; Kooperationen werden als Hybrid aus beiden angesehen (vgl. Kapitel 6). Dagegen verweist Schober darauf, dass Kooperationen aufgrund ihrer besonderen Charakteristika als dritte Form neben Markt und Hierarchie stehen. Beim Markt wirkt der Preis als Koordinationsinstrument der ökonomischen Aktivitäten, wohingegen in der Hierarchie die Weisung diese Rolle einnimmt. Darauf aufbauend argumentiert er, dass Preis und Weisung die Koordinationsinstrumente der Kooperation sein müssten, sofern die Kooperation ein Hybrid zwischen diesen beiden Polen wäre. Diese Funktion nimmt nach Schober jedoch das Vertrauen zwischen den Partnern ein. Hier folgen wir aber der üblichen Auffassung, dass Kooperationen zwischen Markt und Hierarchie anzusiedeln sind. Die erhöhte Bedeutung von Vertrauen und die Definition als Hybridform schließen sich unseres Erachtens nicht aus.

Kooperationen werden absichtlich eingegangen und alle Partner investieren entsprechend viel Zeit und Ressourcen in deren Aufbau, da das Ziel einer längerfristigen Zusammenarbeit besteht. Im Gegensatz zu anderen Formen bedeutet der Schritt in die Kooperation jedoch nicht die Aufgabe der Entscheidungsfreiheit. Die Partner behalten die Möglichkeit, als rechtlich und wirtschaftlich selbstständige Unternehmen zu agieren. Die partielle Zielkonvergenz stellt die Grundlage für eine Kooperation dar. Diese führt zu einem Nebeneinander von Kooperation und Konkurrenz, da die Partner davon ausgehen, dass sie diese Ziele besser gemeinsam als im Alleingang erreichen können. Jedoch birgt eine Kooperation aufgrund ihrer Struktur und der ebenfalls vorhandenen partiellen Zieldivergenzen auch besondere Risiken, denn alle Partner gehen eine wechselseitige Abhängigkeit ein. Zur Minimierung dieser

Risiken und Optimierung der Zusammenarbeit müssen entsprechende Kontrollmechanismen vereinbart werden. Die daraus resultierenden Kontrollkosten sind gewöhnlich höher als in der ökonomischen Organisationsform der Hierarchie.[35]

Im Zusammenspiel aus Kooperation und Konkurrenz, aus Zielkonvergenz und -divergenz wird deutlich, dass hier rechtliche Regelungsmöglichkeiten an ihre Grenzen gelangen und somit Vertrauen zwischen den Partnern und die ernsthafte Absicht, beidseitigen Nutzen zu erwirtschaften, die entscheidende Grundlage für erfolgreiche Kooperationen darstellen.

Abbildung 4.12
Varianten und Beispiele von Kooperationsrichtungen

		Stellung im Wertschöpfungsprozess		
		horizontal	vertikal	lateral
Geografische Ausdehnung	regional	Regionale Marketingkooperationen	Regionale Partnerschaften zwischen Erzeuger und Handel	
	national	Nationale Kooperationen in Kern- und Supportbereichen	Joint Venture zwischen Autohersteller und Zulieferer	Shop-in-Shop-Lösungen (Voraussetzung: Beteiligung)
	international	Internationale F&E-Kooperationen		

Quelle: Schober, H. (2004), S. 35.

In Abbildung 4.12 werden verschieden Kooperationsformen auf Basis ihrer Richtung unterschieden. Die geografische Ausdehnung und die Stellung im Wertschöpfungsprozess dienen als Dimensionen zur Unterscheidung der Kooperationsformen.

Als weiteres Unterscheidungskriterium neben der Richtung der Kooperation gilt es, die Bindungsintensität der Zusammenarbeit zu betrachten. Damit ist vor allem die rechtliche Bindewirkung der Vereinbarungen gemeint. Hierbei sind grundsätzlich alle Formen denkbar und es gilt somit für jede Situation individuell das richtige Maß zu finden. An dieser Stelle sollen drei verschiedene Formen kurz beschrieben werden, die auf einem Kontinuum zwischen vertragloser Zusammenarbeit und streng reguliertem Gemeinschaftsunternehmen die häufigsten Arten darstellen:

- **Freie Zusammenarbeit ohne vertragliche Grundlage:** Hierbei handelt es sich um eine lose Zusammenarbeit zweier oder mehrerer Kooperationspartner, die nicht vertraglich geregelt ist und sowohl auf formeller als auch informeller Basis stattfindet.

- **Strategische Allianzen:** Bei strategischen Allianzen gehen Unternehmen meist eine vertragliche Bindung ein, die die gemeinsame Zusammenarbeit regelt. Motive für strategische Allianzen sind oft die Kompensation eigener Schwächen, die gemeinsame Nutzung von knappen Ressourcen oder die Erzielung eines Zeitvorteils, insbesondere im Bereich der Forschung und Entwicklung.

- **Joint Ventures:** In diesem Falle gründen die Kooperationspartner ein Gemeinschaftsunternehmen, das die Basis für die Erreichung der Kooperationsziele bildet. Hierbei sind im Allgemeinen alle Rechtsformen denkbar. Motive hierbei sind insbesondere die Erreichung eines gemeinsamen Lernprozesses sowie die Risikominimierung bzw. -verteilung. Im Bankensektor wurden derartige Kooperationen in den letzten Jahren nicht nur bei der Erschließung neuer Märkte (wie beispielsweise China) eingesetzt, sondern auch bei der Optimierung von Back-Office-Funktionen.

Die dargestellten Konzepte In- und Outsourcing, On-, Near- und Offshoring sowie Kooperationen schließen sich nicht gegenseitig aus, sondern können komplementär verwendet werden.

4.2.4 Management in der Lean Bank

Strukturelle Veränderungen in Großorganisationen bedürfen nicht nur eines effektiven Managements des Wandels, sondern vor allem einer offenen Kommunikation, der es gelingt, alle Mitarbeiter unabhängig von der Hierarchie oder Funktion in diesen Wandel erfolgreich einzubinden. Die offene Kommunikation muss zum Ziel haben, dass die Mitarbeiter die strategischen und operativen Ziele der Bank nicht nur kennen, sondern ihnen die Ziele auch über Verantwortungszuordnung und Steuerung individuell zugeordnet werden.

4.2.4.1 Verantwortung im Linienmanagement und die Management-Holding

Um eine hohe Reaktionsfähigkeit und größtmögliche Kundennähe zu gewährleisten muss die Verantwortung des Linienmanagers, z.B. des Niederlassungs- bzw. Filialleiters aber auch des Abteilungsleiters im Kreditrisikomanagement, deutlich erhöht werden. Dies kann durch die Übertragung von Kompetenzen aus den klassisch meist zentral gemanagten Bereichen wie Marketing, Controlling oder Personal oder der Verlagerung von Kompetenzen auf Basis des Subsidiaritätsprinzips von oben nach unten geschehen. Natürlich führt diese Kompetenzverlagerung nicht zu einem völligen Verschwinden dieser Abteilungen in der Zentrale bzw. der höheren Hierarchieebenen, es verringert jedoch deren Einfluss auf das operative Geschäft auf ein Mindestmaß.

Der einzelne Manager wird somit zum Unternehmer im Unternehmen, der jedoch wiederum Teile seiner Kompetenzen und Verantwortung an Nachgeordnete delegieren soll, um den gewünschten Effekt für alle Hierarchieebenen zu erreichen. Eine mögliche Fortführung dieses Gedankens wäre die Übernahme von Franchise-Strukturen im Bankensektor. Hierzu gibt es jedoch in Deutschland noch kein praktisches Beispiel, da insbesondere aufsichtsrechtliche Bedenken dem entgegenstehen. Beispiele wie die Citibank in Belgien oder Abbey National in Großbritannien zeigen aber die grundsätzliche Eignung des Ansatzes.

Die *Management-Holding* stellt daher eine konsequente Weiterführung der Idee der adäquaten Zuweisung von Verantwortung an das Linienmanagement bzw. des gesamten Lean-Banking-Ansatzes dar. Denn „die Management-Holding ist eine dezentrale Form der Geschäftsbereichsorganisation. Die geschäftsführenden Bereiche sind rechtlich selbstständige Tochtergesellschaften, die über einen hohen Grad an wirtschaftlicher Selbstständigkeit verfügen."[36]

Abbildung 4.13 Strategische und operative Führung von Geschäftseinheiten

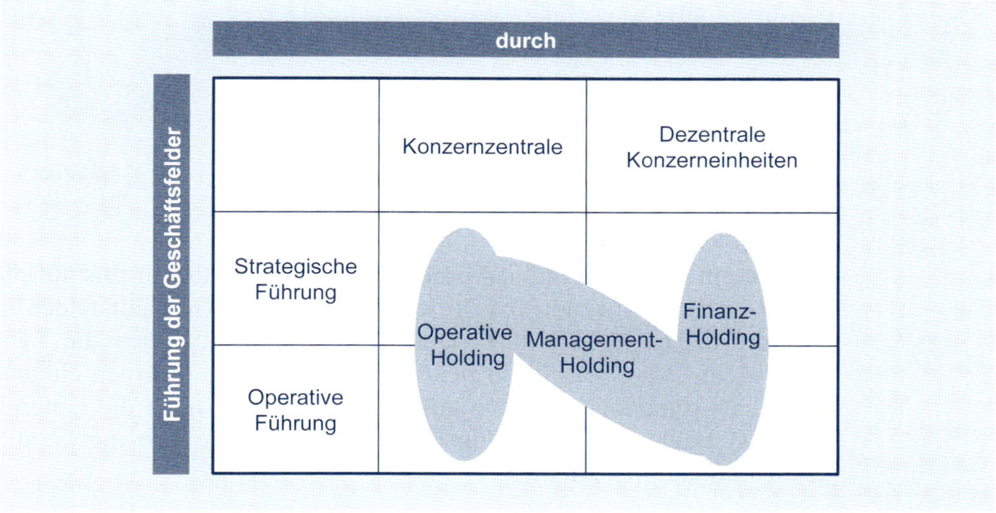

Quelle: Hungenberg, H. (1992), S. 350.

Weitere Merkmale der Holding-Struktur sind die Flexibilität und Kooperationsfähigkeit, die sich in der Eigenständigkeit der Geschäftsfelder zeigen. Diese Eigenständigkeit erleichtert damit auch den Zu- und Verkauf von Unternehmensteilen und ermöglicht strategische Veränderungen in einem viel größeren Umfang. Die Abbildung 4.13 zeigt die Positionierung des Management-Holding-Konzepts. Zusätzlich wird in Abbildung 4.14 der schematische Aufbau einer Management-Holding verdeutlicht.

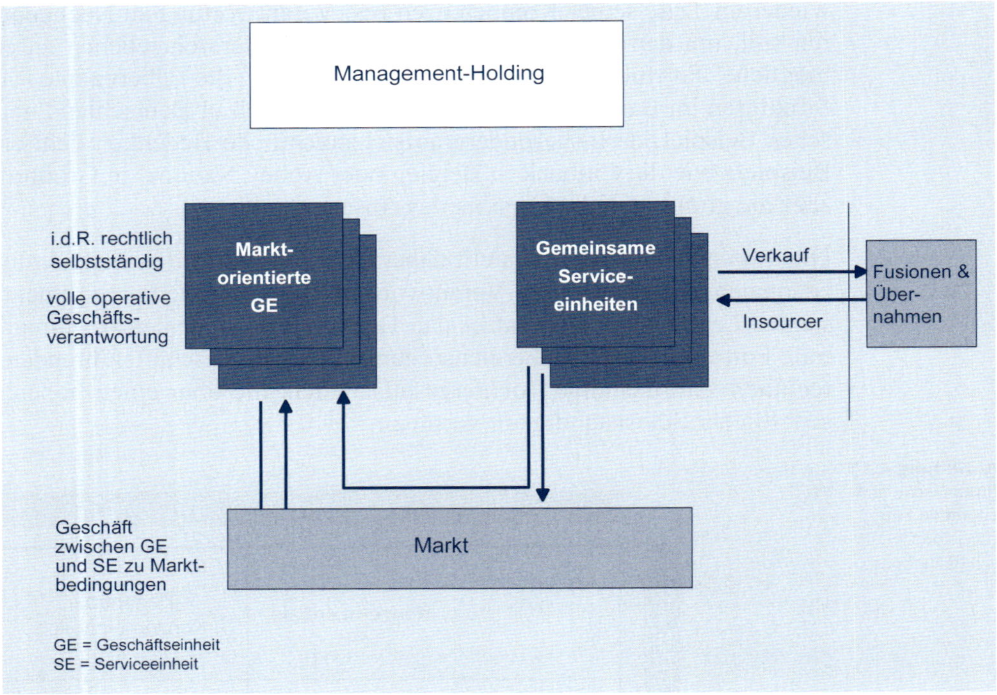

Abbildung 4.14 Schematischer Aufbau einer Management-Holding

Bei diesem Konzept sind somit alle Overhead-Funktionen (bis auf die zur Gesamtbanksteuerung notwendigen) entflochten und in die Geschäftsfelder bzw. in Shared-Services-Organisationen integriert. Gegebenenfalls werden die Leistungen durch Outsourcing bei Spezialisten oder verbundenen Unternehmen eingekauft. Von den zentralen Abteilungen bleiben auf diese Weise nur noch die Unternehmensleitung und das strategische Portfoliomanagement sowie die dazu notwendigen, unterstützenden Funktionen erhalten.

Geschäftsfelder werden rechtlich verselbstständigt und tragen die volle operative Geschäftsverantwortung. Die Geschäftsfelder können Serviceleistungen von gemeinsamen Serviceeinheiten zu Marktbedingungen erwerben. Eines der Merkmale der Management-Holding ist, dass Strategie und operatives Geschäft getrennt sind. Die Strategieentscheidungen fallen auf der Holding-Ebene, während auf der Ebene der Tochterunternehmen die operativen Entscheidungen getroffen werden.

So lässt sich festhalten, dass die Management-Holding Vorteile großer Unternehmenseinheiten (wie Kapitalkraft oder Hebung von Effizienzpotenzialen) mit denen kleinerer Einheiten (wie höherer Flexibilität und Schnelligkeit) verbindet und die Verantwortung im operativen (Linien-)Management ansiedelt.

4.2.4.2 Kennzahlenorientierte Steuerung

Abschließend ist es wichtig, die Übergabe der Verantwortung in das Linienmanagement bzw. die mögliche Einführung einer Management-Holding auch bei der Steuerung der Divisionen und Führungskräfte bzw. Mitarbeiter nachzuvollziehen. Hierzu ist es entscheidend eine *kennzahlenorientierte Führung* der Mitarbeiter und Manager zu etablieren. Hinter dieser Forderung steht die Idee, dass der Deckungsbeitrag oder die Zinsmarge als Ziele für die Vertriebstätigkeit eines Mitarbeiters nicht motivierend wirken, da sie zu abstrakt und von der eigentlichen Alltagstätigkeit entfernt sind. Vielmehr muss das Anreizsystem so gestaltet sein, dass es für den Mitarbeiter in seiner täglichen Arbeit „greifbar" wird und sich somit motivierend auswirken kann. Es sollten daher Konzepte entwickelt werden, die insbesondere finanzwirtschaftliche Ziele für den einzelnen Mitarbeiter derart in operative Ziele umwandeln, dass er sie auch selbst im Interesse der Gesamtbank beeinflussen kann. Zum Beispiel gibt es hierzu Ansätze, die Leistungskennziffern in einen filialinternen Wettbewerb integrieren. Bestimmte Produkte bringen dem jeweiligen Verkäufer Punkte, die er sammeln kann. Die Summe der gesammelten Punkte wiederum determiniert den „Tabellenplatz" – so wird Verkaufen zum spielerischen Wettkampf. Das Management hat die Möglichkeit, über die Definition der Punkte pro verkauftem Produkt den Vertriebsmix zu steuern. Auch Sonderwochen mit doppelten Punkten auf besonders attraktive Produkte sind möglich. Weiterhin ist von jedem Unternehmen individuell zu entscheiden, ob Punkte pro Team oder pro Mitarbeiter gesammelt werden sollen. Durch die Ausgestaltung der Gewinne können verschiedenste personalpolitische Konzepte realisiert werden. Es ist z.B. möglich, den Bonus an den „Tabellenplatz" zu knüpfen, oder ein Incentive für den Ersten oder beliebig viele andere zu vergeben. Ein System, bei dem am Ende alle einen „Preis" bekommen, würde seinen Zweck allerdings verfehlen. Ähnliches gilt, wenn ein System zu sehr auf kurzfristigen Erfolg ausgerichtet ist. Zwar soll das System verkaufsfördernd wirken, aber ein Verkaufen um jeden Preis mit negativen Effekten für die langfristige Kundenbeziehung gilt es zu verhindern. Daher erscheint es sinnvoll, Leistungskennziffern zu identifizieren, die indirekt zu höherem Erfolg für die Bank führen (z.B. Kundenzufriedenheit, Teilzeitquote, SB-Nutzung).

Es ist daher entscheidend, ein umfassendes System der kennzahlenorientierten Steuerung einzuführen, dass finanzwirtschaftliche, aber auch andere Faktoren (wie Kundenzufriedenheit) mit einbezieht. Der Ansatz der *Balanced Scorecard* versucht, die oftmals dominierende Analyse und Betrachtung ausschließlich finanzwirtschaftlicher Kenngrößen zur Unternehmenssteuerung durch zusätzliche Perspektiven zu ergänzen. Aufbauend auf Vision und Strategie des Unternehmens sind Kennzahlen zu identifizieren und auf die einzelnen strategischen Geschäftsfelder herunterzubrechen, die zusammenhängend die folgenden Aspekte abdecken (Abbildung 4.15).[37]

Abbildung 4.15
Perspektiven einer Balanced Scorecard

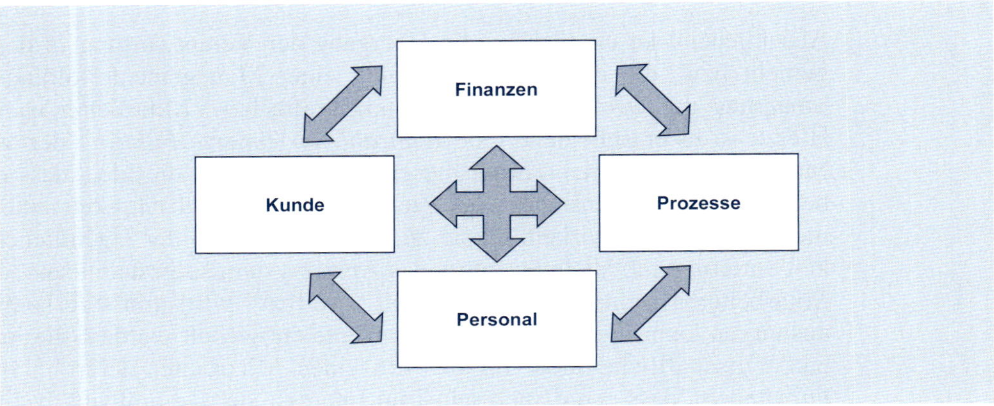

- *Finanzorientierte* Perspektive: Wie rentabel (z.B. auf Basis des ROE) arbeitet das Unternehmen?
- *Kundenorientierte* Perspektive: Wie zufrieden sind die Kunden? Wie hoch ist die durchschnittliche Kundenbindung und Fluktuation?
- *Personalorientierte* Perspektive: Sind die einzelnen Mitarbeiter zufrieden, motiviert und innovativ? Wie hoch ist die Anzahl von Kündigungen oder Krankheitstagen?
- *Prozessorientierte* Perspektive: Wie effizient sind die Geschäftsprozesse im Hinblick auf Durchlaufzeiten und Prozesskosten? Wie flexibel sind sie bezüglich veränderter Kundenanforderungen?

Bei der Gestaltung und Umsetzung einer Balanced Scorecard ist eine Erhebung, Strukturierung und Analyse der relevanten Geschäftsprozesse erforderlich, um die einzelnen, steuerungsrelevanten Kennzahlen ermitteln zu können. Die genaue Ausgestaltung des Anreiz- und Steuerungssystems wird darüber hinaus das Ergebnis von Verhandlungen mit den Arbeitnehmervertretern sein.

4.3 Allheilmittel Lean Banking?

Ist Lean Banking nun also die Managementinnovation, die so hohe Produktivitätssteigerungen ermöglicht, dass die deutsche Bankenbranche international wieder wettbewerbsfähig wird bzw. um die Finanzmarktkrise und ihre Folgen zu überwinden? Oder ist es ein Schlagwort, das als Begründung für unliebsame Kostenreduktionen herhalten muss?

„Das Verständnis von Lean Banking als Führungsphilosophie kann deshalb dazu verleiten, ihm Omnipotenz zuzusprechen, ja es zum geradezu metaphysischen Konzept der Maximierung des Kundennutzens bei gleichzeitiger Kostenminimierung zu erklären – was gemäß ökonomischem Basiswissen der Quadratur des Kreises entspräche – und damit Lean Banking wieder zum reinen Schlagwort abzuwerten.“[38] Die einzelnen Aspekte des Konzepts sind für sich gesehen nicht neu, der integrative Ansatz des ganzen Konzepts bildet allerdings den Mehrwert, der es erlaubt, Lean Banking als eine „Unternehmensphilosophie“ zu bezeichnen und der auch erklärt, warum dieses Konzept in letzter Zeit erneut an Bedeutung gewonnen hat.

Das Lean-Banking-Konzept ist also weder ein reines Kostensenkungsprogramm noch eine neue Form der Aufbau- oder Ablauforganisation. Vielmehr ist das Lean-Konzept dies alles. Aber noch viel entscheidender ist der integrative Ansatz, dessen Haupterrungenschaft im Umdenken liegt, in der absoluten Kundenausrichtung und dem Qualitätsgedanken.

So kann die Produktivität durch die Konzentration auf wenige Schlüsselelemente enorm gesteigert werden. Hierbei soll nicht verleugnet werden, dass dies große Veränderungen in den Banken zur Folge hatte und haben wird. Wertschöpfungsorientierung, kontinuierliche Verbesserung, Dienstleistungsorientierung und Einfachheit sowie die Wertschätzung der Mitarbeiter als Erfolgsfaktoren sind die Schlüsselelemente, die es zu verinnerlichen und umzusetzen gilt. Dabei ist das Lean-Konzept nicht durch eine einmalige Einführung realisiert. Auf dem Kaizen-Grundgedanken basierend ist es vielmehr ein Prozess, der einen kontinuierlichen Wandel benötigt. Mitarbeiter müssen flexibel bleiben, um die permanenten Verbesserungen zu gestalten. Dies erfordert einen besonderen Typ Mitarbeiter. Ob jede Bank an jeder Position ausreichend Mitarbeiter mit der nötigen Offenheit zur Verfügung hat, ist allerdings zweifelhaft. Darüber hinaus ist fraglich, was mit den restlichen Mitarbeitern geschehen soll, die diese Lernbereitschaft und Flexibilität nicht mitbringen.

Auch an dieser Stelle zeigt sich, dass die beschriebene „schlanke“ Bank eher als visionärer Idealtyp zu verstehen ist. Jede einzelne Bank wird im Prozess des „Schlankwerdens“ ihre eigene Wettbewerbssituation, das vorhandene Humankapital und die bereits gemachten Erfahrungen analysieren und mit in den Veränderungsprozess einbringen. Es wäre sicher falsch, langjährige Erfahrungsschätze und Werte einfach zu verwerfen. Ein Hinterfragen ist jedoch unverzichtbar.

Roland Berger Strategy Consultants nannte das Lean Management eine der wenigen Managementneuerungen des letzten Jahrzehnts neben vielen Scheininnovationen.[39] Trotz aller Chancen ist das Lean-Konzept kein Allheilmittel. Lean Banking ist keine Strategie an sich, sondern nur ein Instrument zur Umsetzung von Strategien, die durch eine Analyse der eigenen Stärken und Schwächen vor dem Hintergrund von Marktpotenzialen zu definieren sind.

Der folgende Exkurs macht die Anwendung vieler Lean-Banking-Elemente an einem konkreten Fall deutlich.

Exkurs: Die SchmidtBank – Lean Banking als Weg aus der Krise[40]

Ausgangslage

Die traditionsreiche Privatbank mit einer 175jährigen Historie war im Jahr 2001 in eine ernsthafte Liquiditätskrise geraten, so dass die Bankenaufsicht im November 2001 eingreifen musste. Der Weiterbetrieb wurde lediglich durch eine Auffanggesellschaft der vier damaligen Großbanken sowie der Bayerischen Landesbank ermöglicht.

Im Raum Oberfranken und Oberpfalz hatte sich das Kreditinstitut mit rund 400.000 Kundenverbindungen als feste Größe im Privatkunden- und mittelständischen Firmenkundengeschäft positioniert. Es zeichnete sich vor allem durch seine Regionalität und Kundennähe aus, die durch eine sehr hohe Kundenloyalität honoriert wurde.

Als Familienunternehmen geführt, begab sich die SchmidtBank in den 90er Jahren auf einen Expansionskurs durch den Einstieg in das Private Banking und das Kapitalmarktgeschäft, die Ausdehnung des Geschäftsgebiets auf Sachsen und Thüringen und ein volumenmäßig stark angestiegenes Kreditgeschäft. Weiterhin diversifizierte sich die Bank in das Online-Brokerage-Geschäft über die Tochter Consors. Nur durch aggressive Bilanzpolitik konnte der damit einhergehende Ressourcenverbrauch scheinbar gedeckt werden.

Doch nach dem Einbrechen der Aktienmärkte und dem Anstieg der Insolvenzquote waren die finanziellen Möglichkeiten ausgeschöpft. Nach Feststellung der nötigen Wertberichtigungen bei Krediten, Beteiligungen und Immobilien sowie des operativen Geschäftsergebnisses wurde per 31.12.2001 ein Fehlbetrag von knapp 1,3 Mrd.

Euro ermittelt. Eine umfassende und tief greifende Restrukturierung wurde erforderlich.

Übungsfragen

- Recherchieren Sie die damaligen makroökonomischen Rahmenbedingungen für die Finanzdienstleistungsindustrie.
- Analysieren Sie die strategischen Fehlentscheidungen, die die Familie Schmidt getroffen hatte und überlegen Sie sich, wie die in diesem Kapitel beschriebenen Konzepte zu einer langfristigen Sanierung der SchmidtBank beitragen können.

Einleitung von Sofortmaßnahmen

Nach dem die Ergebniskrise bekannt wurde, erfolgte zunächst die Einleitung einer Reihe bewährter und unmittelbarer GuV- und bilanzwirksamer Sofortmaßnahmen. Diese umfassten u.a. einen sofortigen Einstellungs- und Investitionsstopp, die Kürzung von Tantiemen und Boni sowie die Streichung bzw. Kürzung von Marketing-, Werbe-, Reise- und Fahrtkostenbudgets.

Strategisches Zukunftskonzept festlegen

Als nächster Schritt wurde ein strategischer Zukunftsplan für die Bank definiert, was sich durch fehlende Transparenz in der Praxis schwieriger gestaltete als erwartet. So mussten zunächst die Ursachen der Krise und die bestehenden Ertrags- und Kostenstrukturen verstanden werden, um die relevanten Hebel zu erkennen.

Um die Bank sanieren zu können, musste ein tragfähiger Kern identifiziert werden. In einem ersten Schritt wurden (gedanklich) die strategischen von den nicht strategischen Assets getrennt. In einer „Bad Bank" wurden alle nicht strategischen bzw. nicht geschäftsnotwendigen Vermögensgegenstände gebündelt, die ertragsmaximierend abgearbeitet bzw. verwertet werden mussten. Mit diesem Schritt wurde die „Good Bank" von Altlasten befreit.

Auf Basis der bereinigten Datenlage wurde im zweiten Schritt die Sanierungsfähigkeit des strategischen Kerns der „Good Bank" überprüft. Dazu wurde zunächst eine tragfähige Positionierung der SchmidtBank erarbeitet. Übergreifendes Ziel war es, als leistungsstarke und kundenorientierte Regionalbank wahrgenommen zu werden, bei der die Qualität der Kundenbeziehung im Vordergrund steht.

Das zugrunde liegende Geschäftsmodell umfasst folgende Elemente:

Kunden: Im Privatkundengeschäft Konzentration auf Beratungs- und Individualkunden bei kosteneffizienter Bedienung von Servicekunden; im Firmenkundengeschäft Konzentration auf Mittelstands- und Geschäftskunden.

Produkte: Straffung der Produktpalette im Abgleich mit den Zielkundensegmenten.

Regionen: Kein Rückzug aus den Regionen, aber flächendeckende Straffung des Filialnetzes.

Wertschöpfung: Fokussierung der Wertschöpfung auf den Vertrieb von Finanzdienstleistungsprodukten; Vorhalten einer eigenen Produktion nur für Kernprodukte.

Das Zukunftskonzept bildete die Basis für den gesamten Restrukturierungsprozess. Denn ohne glaubwürdige Perspektive hätten die Kapitalgeber die für eine erfolgreiche Restrukturierung notwendigen finanziellen Mittel nicht zur Verfügung gestellt.

Schaffung eines finanziellen Fundaments

Nachdem die Bank ihr Eigenkapital (mehrfach) verloren hatte, war eine Rekapitalisierung zur Erfüllung der Eigenkapitalrichtlinien erforderlich. Nach der Akzeptanz des Restrukturierungsplans glich der Einlagensicherungsfonds des Bundesverbands deutscher Banken den Verlust aus und verbürgte sich für über eine halbe Milliarde Euro für notleidende Kredite. Das übernehmende Bankenkonsortium führte zusätzlich eine Kapitalerhöhung in Höhe von 249 Mio. Euro durch. Nach dem Eigentumsübergang von der Familie Schmidt auf das Bankenkonsortium folgte die Rechtsumwandlung in eine AG.

Etablierung der „Bad Bank"

Um die Restrukturierung möglichst zügig umsetzen zu können, wurde die bei der SchmidtBank „Abwicklungsbank" genannte „*Bad Bank*" mit eigenem Rechnungskreis konstituiert. Sie war auf einen Zeitraum von ca. 4-5 Jahren angelegt.

Die Ziele waren:

- Der rasche und ertragsmaximale Abbau der notleidenden Kredite, die immerhin 40% des gesamten Kreditportfolios ausmachten. Hierbei ist darauf hinzuweisen, dass die notleidenden Kredite aus dem Bereich aller Kompetenzstufen stammten. Die ganze Risikokultur der Bank hatte demnach eine falsche Entwicklung eingeschlagen.

- Der Verkauf bzw. die Abwicklung der nicht geschäftsnotwendigen Beteiligungen, unter denen Consors, FrankenInvest und die SchmidtBank Schweiz die größten Positionen waren.
- Möglichst vorteilhafte Verwertung der Immobilien, die aufgrund der Filialnetzstraffung nicht mehr benötigt wurden.

Strukturelle Sanierung des Kerngeschäfts

Dieser Punkt bildet die Kernaufgabe der Sanierung, bei dem es um die Wiederherstellung der Profitabilität des strategischen Kerns der SchmidtBank ging. Die dramatische Ausgangslage erforderte eine Reihe von harten Einschnitten mit der Konsequenz der Anpassung aller Organisationsstrukturen und Kapazitäten.

Filialnetzstraffung: Das Filialnetz der Bank war überdimensioniert und die Überkapazitäten belasteten die GuV erheblich. Die Sanierung erforderte eine potenzialorientierte Ausrichtung der Filialbank und eine Konzentration auf profitable Standorte zur Bündelung der Vertriebskraft, ohne sich vollständig aus der Fläche zurückzuziehen. So wurden 50 von 120 Filialen geschlossen. Durch die gezielte Standortselektion und ein Kundenüberleitungsprogramm gelang eine erhebliche Reduktion der Filialkosten bei minimalem Rückgang der Erlöse.

Redimensionierung der Zentralbereiche: Die ebenfalls überdimensionierten Zentralbereiche wurden verschlankt. Durch die Bündelung von Einheiten (z.B. Rechnungswesen/Steuern) und die Zentralisierung von Aufgaben sowie das Outsourcing von Teilbereichen (z.B. der Gehaltsabrechnung) konnten Synergieeffekte erreicht werden. Die Wertschöpfungstiefe wurde optimiert.

Outsourcing des IT-Betriebs: Da mit dem vorhandenen Core-Banking-System bereits auch andere Banken als Mandanten betreutet wurden, entschied man sich, diesen Teilbereich auszulagern und zu verkaufen. So gelang es bereits nach viereinhalb Monaten, mit Accenture einen Käufer zu finden, der die Systeme und Mitarbeiter übernahm sowie eine dreijährige Arbeitsplatzgarantie abgab.

Bündelung des Back-Office: Die Ausgangssituation war geprägt durch hohe Sachkosten und ineffiziente, stark dezentrale Prozesse. Durch die Reduktion von drei auf ein Dienstleistungszentrum gelang die Bündelung marktunterstützender Tätigkeiten wie Zahlungsverkehr, Auslandsgeschäft und Nachforschungen. Die eigene Wertschöpfung wurde auf ein Mindestmaß reduziert und weitere Bereiche ausgelagert.

In einem weiteren Schritt wurden die Produktvielfalt und -varianten reduziert und die Voraussetzung für eine systematische Optimierung der Back-Office-Prozesse geschaffen.

Überarbeitung der Kreditprozesse: Dies war ein entscheidender Punkt, da ein wesentlicher Teil des Verlusts in Höhe von 700 Mio. Euro auf die hohen Wertberichtigungen zurückzuführen war. Es wurden pragmatische Frühwarnsysteme implementiert und eine Spezialisierung der Mitarbeiter sowohl branchen- als auch kompetenzabhängig betrieben. So wurden Vertrieb und Risikobeurteilung getrennt und letztere zentralisiert, um einen Erfahrungspool zu bilden.

Neuausrichtung des Vertriebs: Zur Verbesserung der Ertragssituation wurde auch der Vertrieb neu ausgerichtet. Hierbei wurden zwei Konzepte verfolgt. Zum einen sollte ein Betreuungskonzept entwickelt und implementiert werden, das eine potenzialgerichtete Ausschöpfung der Kunden der Bank ermöglichte. Zum anderen sollten Vertriebskooperationen genutzt werden, um eine schnelle Realisierung von Kostenvorteilen bei gleichzeitiger Erhöhung der Servicequalität und Minderung des eigenen Risikos zu ermöglichen.

Die Basis für das Betreuungskonzept bildete die Kundensegmentierung. Im Privatkundengeschäft wurden die drei Gruppen Service-, Beratungs- und Individualkunden identifiziert. Im Mittelstand segmentierte man in die Bereiche Geschäftskunden, Mittelstand und gehobener Mittelstand. Zur Entlastung der Filialen werden Standardanfragen und Transaktionsabwicklungen nun über das neu eingerichtete SchmidtBank Service Center abgewickelt.

Zur Optimierung der eigenen Wertschöpfungskette und zur Qualitätssteigerung wurden Vertriebskooperationen mit einer Reihe von Partnern geschlossen.

Aufbau einer kundenorientierten Organisationsstruktur

Zur Verbesserung der Transparenz und zur Schaffung klarer Verantwortlichkeiten wurde die Gesamtbankorganisation neu entworfen. Dabei wurde die Bank in drei Vorstandsressorts gegliedert: Das Ressort „Firmenkunden und Treasury“, das Ressort „Privatkunden und Dienstleistungen“, dem neben dem Bereich IT auch das Filialnetz zugeordnet ist, sowie das Ressort „Zentralbereiche und Abwicklungsbank“, in dem sich u.a. die Vorstandsstäbe befinden.

Auch das Filialnetz wurde neu organisiert: Im Sinne des neuen Betreuungsansatzes wurde die Regionalstruktur zugunsten einer kundensegmentorientierten Struktur ersetzt.

Personalmaßnahmen und Motivation

Aufgrund der strategischen Fokussierung und des Abbaus von Überkapazitäten mussten ca. 40% der Belegschaft abgebaut werden. Dabei gelang es in Kooperation mit dem Betriebsrat, dass 80% des notwendigen Abbaus über Aufhebungsverfahren geregelt werden konnten und nur die restlichen 20% von betriebsbedingten Kündigungen betroffen waren.

Mindestens genauso wichtig war die Motivation der verbliebenen Mitarbeiter. Denn ihr Engagement war eine entscheidende Determinante auf dem Weg der Sanierung. Dies gelang durch ein umfassendes Kommunikations- und Schulungskonzept.

Intensive Kommunikation

Neben der internen Kommunikation auf allen Ebenen und regelmäßigen Filialbesuchen und Telefonkonferenzen war die externe Kommunikation integraler Bestandteil des Sanierungskonzepts. Der kontinuierliche Kontakt mit Kunden, Medien und Meinungsführern in der Region war entscheidend, um Ursachen, Erkenntnisse und Pläne zu diskutieren sowie regelmäßig Informationen und Fortschritte zu kommunizieren.

Diese Kommunikationsmaßnahmen haben auf der Grundlage von Offenheit, Klarheit und Professionalität das für die Abarbeitung eines Restrukturierungsprozesses notwendige Vertrauen nach innen und nach außen geschaffen. Diese Vertrauensbildung war Aufgabe des neuen Vorstandssprechers.

Nota Bene: Die Filialen der SchmidtBank wurden 2004 an die Commerzbank veräußert und der Markenname SchmidtBank seitdem nicht verwendet.

Übungsfragen

- Identifizieren Sie die Lean-Banking-Ansätze im Sanierungsprogramm der SchmidtBank und vergleichen Sie diese mit Ihren eigenen Vorschlägen aus der ersten Frage.
- Bewerten Sie die Ausgangslage der drohenden Insolvenz als Basis für die Restrukturierungsmaßnahmen.
- Diskutieren Sie die Chance für eine erfolgreiche Sanierung.
- Sehen Sie weitere Verbesserungspotenziale der SchmidtBank auf der Grundlage der in diesem Kapitel vorgestellten Konzepte?

- Identifizieren Sie eine große, mindestens national agierende Bank, die von der Finanzmarktkrise besonders betroffen war. (i) Recherchieren Sie die damit verbundenen Ursachen und Probleme, (ii) nennen Sie Lean-Banking-Ansätze, die hier zur Lösung der Probleme angewendet werden können, und (iii) entwickeln Sie ein 2-seitiges Konzeptpapier, mit dem Sie den Vorstand dieses Instituts von Ihrer Herangehensweise überzeugen würden.

Lösungshinweise zu den Übungsfragen sowie weiteres Material und ergänzende Aufgaben finden Sie unter www.wsm-in-banken.de

Anmerkungen

[1] Lean Production wird verstanden „als ein von der Industrie verfolgtes Konzept…, welches auf Markt- und Kundennähe, Qualitätsverbesserung, hohe Innovationsgeschwindigkeit, Produktivitätserhöhung und Wertschöpfung ausgerichtet ist.“ (Klingenberg, 2005, S. 134).
[2] Hierzu ist anzumerken, dass der Begriff, nicht jedoch sein Inhalt, im angelsächsischen Sprachraum weitestgehend unbekannt ist.
[3] Vgl. Hansen, F. (2004).
[4] Vgl. Bain & Company (2008).
[5] Vgl. Womack, J. / Jones, D.T / Roos, D. (1994).
[6] Vgl. Womack, J.P. / Jones, D.T. (1996).
[7] Vgl. Büschgen, H.E. (1994).
[8] Ebenda, S. 6.
[9] Vgl. Sonntag, K. (2003).
[10] Vgl. Grote, M. (2004).
[11] Bierer, H. / Fassbender, H. / Rüdel, T. (1992), S. 501.
[12] Für eine weitergehende Analyse der Marktsegmentierung vgl. Meffert, H. / Burmann, C. / Kirchgeorg, M. (2008).
[13] Vgl. Meffert, H. / Burmann, C. / Kirchgeorg, M. (2008).
[14] Vgl. Lebert, R. (2002).
[15] Vgl. Büschgen, H.E. (1994).
[16] Vgl. Kort, K. (2005).
[17] Abbildung ohne die damalige New Europe Division der UniCredit.

[18] Bierer, H. / Fassbender, H. / Rüdel, T. (1992), S. 503.
[19] Im Folgenden halten sich die Autoren eng an die Überlegungen von Bierer, H. / Fassbender, H. / Rüdel, T. (1992).
[20] Büschgen, H.E. (1994), S. 12.
[21] Vgl. Wölfing, D. (2006).
[22] Für eine detaillierte Analyse siehe Luhn, M. (2002).
[23] Vgl. Schreiner, P. (2005).
[24] Vgl. Wölfing, D. (2006).
[25] Vgl. Martinez, M. / Sorrentino, M. (2000).
[26] Picot, A. / Maier, M. (1992), S. 15.
[27] Zu den theoretischen Grundlagen und der Entwicklung von Netzwerkstrukturen siehe auch Kapitel 5 und Kapitel 6.
[28] Vgl. Jennings, D. (1996); Sydow, J. (1992).
[29] Zum aktuellen Stand des Sourcing vgl. Achenbach, W. / Moormann, J. / Schober, H. (2004) sowie Kaib, B. (2008). Zum IT-Sourcing vgl. Wurdack, A. / Tegtmeier, D. (2004).
[30] Eine ausführliche Kommentierung des Sourcing aus aufsichtsrechtlicher Sicht nimmt Szivek, E. (2004) vor. Eine juristische Analyse findet sich bei Eyles, U. (2000).
[31] Vgl. Moormann, J. / Frank, A. (2000).
[32] Deutsche Bank AG (2002).
[33] Vgl. Bergenroth, T. (2000).
[34] Vgl. Meyer, E. / Wölfing, D. (2003).
[35] Vgl. Schober, H. (2004).
[36] Bühner, R. (1992), S. 33.
[37] Vgl. Kaplan, R. / Norton, R. (1997).
[38] Büschgen, H.E. (1994), S. 3.
[39] Vgl. Balzer, A. / Student, D. (2003).
[40] Vgl. Wieandt, P. (2003).

Literatur

Achenbach, W. / Moormann, J. / Schober, H. (Hrsg.) (2004): Sourcing in der Bankwirtschaft, Frankfurt/M.: Bankakademie-Verlag.

Bain & Company (2008): Die Krise und ihre Folgen für deutsche Banken, München: Bain & Company.

Balzer, A. / Student, D. (2003): „Schickt die Staatsanwälte doch in die Aufsichtsräte!“, in: Manager Magazin, Nr. 4, 2003, S. 60.

Bergenroth, T. (2000): Neudefinition der Wertschöpfungskette – Wertpapierdienstleistungen im Umbruch, in: Zeitschrift für das gesamte Kreditwesen, 53. Jg., Nr. 7.

Bierer, H. / Fassbender, H. / Rüdel, T. (1992): Auf dem Weg zur schlanken Bank, in: Die Bank, Nr. 9, S. 500-506.

Bühner, R. (1992): Management-Holding: Unternehmensstruktur der Zukunft, Landsberg/Lech: Moderne Industrie.

Büschgen, H. E. (1994): Lean banking – Eine strategische Herausforderung?, in: Mitteilungen und Berichte des Instituts für Bankwirtschaft und Bankrecht an der Universität zu Köln, Abteilung Bankwirtschaft, Nr. 72, Köln.

Deutsche Bank AG (2002): Pressemitteilung vom 05.11.2002.

Eyles, U. (2000): Funktionsauslagerung (Outsourcing) bei Kredit- und Finanzdienstleistungsinstituten. Bank- und wertpapieraufsichtsrechtliche Rahmenbedingungen, in: Wertpapermitteilungen, Zeitschrift für Wirtschafts- und Bankrecht 54, Nr. 18, S. 1217-1268.

Grote, M. (2004): Change Management: Organisations- und Personalentwicklung in Banken, 2. Aufl., Frankfurt/M.: Bankakademie-Verlag.

Hansen, F. (2004): The Lean Banking Behind Chile's Comback, in: Business Credit, July/August 2004.

Jennings, D. (1996): Innovations-Motor outsourcen?, in: Schweizer Bank 11, Nr. 8, S. 46-48.

Kaib, B. (Hrsg.) (2008): Outsourcing in Banken, 2. Aufl., Wiesbaden: Gabler.

Kaplan, R.S. / Norton, R.S. (1997): Balanced Scorecard, Stuttgart: Schäffer-Poeschel.

Klingenberg, F. (2005): Lean Banking – Fokussierung auf das Teamkonzept, in: Bartmann, D. / Penzel, H.-G. / Petzel, E. (Hrsg.), Die Industrialisierung des Bankbetriebs, Weinheim: Wiley, S. 133-143.

Kort, K. (2005): Nie ohne einen Plan B, Handelsblatt, 01.06.2005. S.20.

Lebert, R. (2002): Deutsche Bank baut Privatkundengeschäft um, in: Financial Times Deutschland, 13.09.2002, S. 20.

Luhn, M. (2002): Flexible Prozessrechnung für ein Geschäftsprozessmanagement, Lohmar: Eul.

Martinez, M. / Sorrentino, M. (2000): Outsourcing von IT-Dienstleistungen im Bankgewerbe: Die Grenzen des Transaktionskosten-Konzepts, in: Banking and Information Technology 1, Nr. 2, S. 18-30.

Meffert, H. / Burmann C. / Kirchgeorg M. (2008): Marketing, 10. Aufl., Wiesbaden: Gabler.

Meyer, E. / Wölfing, D. (2004): Offshore-Sourcing in der Anwendungsentwicklung, in: Achenbach, W. / Moormann, J. / Schober, H. (Hrsg.), Sourcing in der Bankwirtschaft, Frankfurt/M.: Bankakademie-Verlag, S. 191-205.

Moormann, J. / Frank, A. (2000): Grenzen des Outsourcing: Eine Exploration am Beispiel von Direktbanken, in: Hochschule für Bankwirtschaft, Arbeitsbericht Nr. 24, Frankfurt/M.

Picot, A. / Maier, M. (1992): Analyse und Gestaltungskonzepte für das Outsourcing, in: Information Management, 7. Jg., Nr. 4, S. 14-27.

Schober, H. (2004): Dekonstruktion der Wertkette in Banken: Outsourcing oder Kooperation?, in: Achenbach, W. / Moormann, J. / Schober, H. (Hrsg.), Sourcing in der Bankwirtschaft, Frankfurt/M.: Bankakademie-Verlag, S. 23-44.

Schreiner, P. (2005): Gestaltung kundenorientierter Dienstleistungsprozesse, Wiesbaden: Deutscher Universitäts-Verlag.

Sonntag, K. (2003): Personale Ressourcen und Kompetenzen – Erfolgsfaktor im Change Management, Vortrag im Rahmen der Conference 2003 an der Frankfurt School of Finance & Management, Mai 2003, Frankfurt/M.

Sydow, J. (1992): Strategische Netzwerke, Habil., Wiesbaden: Gabler.

Szivek, E. (2004): Sourcing aus aufsichtsrechtlicher Sicht, in: Achenbach, W. / Moormann, J. / Schober, H. (Hrsg.), Sourcing in der Bankwirtschaft, Frankfurt/M.: Bankakademie-Verlag, S. 45-65.

Wieandt, P. (2003): Turnaround der SchmidtBank, Vortrag im Rahmen der Conference 2003 an der Frankfurt School of Finance & Management, Mai 2003, Frankfurt/M.

Wölfing, D. (2006): Six Sigma und Business Process Management im Kontext industrieller Bankprozesse, in: Achenbach, W. / Lieber, K. / Moormann, J. (Hrsg.), Six Sigma in der Finanzbranche, 2. Aufl., Frankfurt/M.: Bankakademie-Verlag, S. 59-77.

Wurdack, A. / Tegtmeier, D. (2004): Sourcing von IT-Leistungen, in: Moormann, J. / Fischer, T. (Hrsg.), Handbuch Informationstechnologie in Banken, 2., vollst. erneuerte u. erweit. Aufl., Wiesbaden: Gabler, S.613-626.

Womack, J.P. / Jones, D.T. / Roos, D. (1994): Die zweite Revolution in der Autoindustrie. Konsequenzen aus der weltweiten Studie aus dem Massachusetts Institute of Technology, 8. Aufl., Frankfurt/M.: Campus.

Womack, J.P. / Jones, D.T. (1996): Lean Thinking – Banish Waste and Create Wealth in your Corporation, London: Simon & Schuster.

Kapitel 5

Neue Institutionenökonomik

5 Neue Institutionenökonomik

Lernziele

- Die Bedeutung von Informationen im Kontext der Organisationstheorie einschätzen können.
- Die Gründe für die Herausbildung von Markt und Unternehmen (Hierarchie) verstehen.
- Die Prämissen der Neuen Institutionenökonomik kennen lernen.
- Die Bedeutung von Transaktionskosten für Institutionen verstehen.
- Die Parameter einer marktlichen und unternehmensinternen Koordination kennen lernen.

In diesem Kapitel wird der theoretische Hintergrund der Organisation und Koordination von Arbeitsteilung betrachtet. Es legt damit die Grundlage für den im folgenden Kapitel zu vollziehenden Schritt zum „grenzenlosen Unternehmen".

Während im dritten Kapitel insbesondere die klassischen Möglichkeiten zur innerbetrieblichen Arbeitsteilung dargestellt wurden, befassen sich die Ausführungen des vierten Kapitels u.a. mit der unternehmensübergreifenden Arbeitsteilung. Das Konzept des Lean Banking regt an, gewisse Unternehmensfunktionen oder sogar ganze Geschäftsprozesse auszugliedern und deren Leistungen oder Produkte anschließend über den Markt zu beziehen. Durch die unternehmerische Konzentration auf Kernkompetenzen erfolgt letztlich nichts anderes als die Zerlegung von Arbeitsschritten zum Zwecke der unternehmensübergreifenden Spezialisierung. Diese Vorgehensweise scheint im heutigen dynamischen Wettbewerbsumfeld berechtigt und wird auch von Banken verfolgt. Aufgrund der stets betonten Überlegenheit marktlicher Koordinationsformen stellt sich somit die Frage von Coase: „Why is there any organisation?"[1] Mit anderen Worten: Werden Unternehmen klassischer Ausprägung überhaupt noch gebraucht? Und wenn ja, warum gibt es sie?

5.1 Märkte und Hierarchien

5.1.1 Der Markt – die Lösung aller Probleme?

Der eben zitierte Coase, der für sein 1937 veröffentlichtes Werk „The Nature of the Firm" 1991 den Nobelpreis für Wirtschaftswissenschaften erhielt, legte mit seinem Artikel, dessen Aussagen später von vielen namhaften Ökonomen aufgegriffen wurden, den Grundstein für eine neue ökonomische Strömung, die so genannte „*Neue Institutionenökonomik*" (NIÖ).[2] Coase ging der Frage nach, welche Existenzberechtigung ein Unternehmen als Organisation trotz der scheinbaren Überlegenheit des Markts überhaupt besitzt.[3] Er beschrieb, dass sich neben den bisher dargestellten Erkenntnissen über die Eigenschaften marktlicher Koordination weitere Implikationen aus dieser Koordinationsform ergeben, die die Existenz von Organisationen rechtfertigen.

5.1.2 Information zwecks Koordination

„... wenn sich nur die Arbeit in ausreichend viele separate, vorprogrammierte Teilschritte zergliedern lässt, die danach wieder wirklich optimal zusammengefügt werden, dann erhalten wir eine organisatorische Einheit mit echter Höchstleistung."[4]

Der Fokus der Betrachtungen lag, wie das Zitat von Taylor verdeutlicht, lange Zeit darauf, Produktivitätsverbesserungen durch Arbeitsteilung und verstärkte Spezialisierung zu erzielen. Doch ein mit höchster Produktivität hergestelltes Teilprodukt ist nicht nutzenoptimal, sofern es vom Gesamtprodukt getrennt ist. Beispielsweise ist eine Autotür relativ nutzlos, sofern sie von dem zugehörigen Auto separiert ist. Sowohl im Unternehmen als auch im Markt haben sich daher mit der Koordination der unternehmensinternen Prozesse bzw. dem Tausch auf Märkten Mechanismen herausgebildet, um auch fremderstellte Leistungen zu einem Gesamtoutput „zusammenfügen" zu können. In der Praxis kann der Tausch beispielsweise als Zukauf von Gütern verstanden werden, die zwar nicht selbst erstellt werden, aber trotzdem in den Leistungsprozess oder in den Angebotskatalog eingehen sollen. Die Mechanismen (Tausch und Koordination) zur Zusammenfügung der einzelnen Leistungen und Güter sind somit wesentliches und untrennbares Element der Arbeitsteilung.

Dabei sind für eine möglichst reibungslose Zuordnung und Abwicklung der einzelnen Teilleistungen bei Koordination und Tausch zweckorientierte Informationen hinsichtlich der einzelnen Komponenten entscheidend.[5] Sofern ein PKW-Hersteller also Türen für sein Fahrzeug über den Markt beziehen will, benötigt er beispielsweise Informationen darüber, welcher der Anbieter die gewünschte Qualität oder Anzahl produzieren kann. Im internen Bereich spielen im Wesentlichen Managementaufgaben, wie die Koordination bzw. die Zuweisung der Aufgaben und Prozesse, eine Rolle.

Die Informationsbeschaffung über alternative Zulieferer im Markt oder die Koordination von Mitarbeitern, z.B. in Form von Aufgabenzuordnung, verbrauchen Ressourcen und verursachen somit Kosten (z.B. die Opportunitätskosten für Mitarbeiter, die sich mit der Informationssuche beschäftigen). Diese Kosten werden auch *Transaktionskosten* genannt.[6]

Als *Transaktion* wird der vertraglich vereinbarte Austausch von Verfügungsrechten bezeichnet. Verfügungsrechte gliedern sich in Eigentums-, Handlungs-, Verfügungs- und Weisungsrechte und können sowohl Güter als auch Leistungen betreffen.[7] Beispielsweise werden durch Kauf oder Miete eines Gegenstands „nur“ die Verfügungsrechte über dieses Gut ausgetauscht. Innerhalb eines Unternehmens kann ein Verfügungsrecht die vertraglich geregelte Durchsetzungsmacht eines Arbeitgebers sein, der von seinem Mitarbeiter die Bearbeitung der zugewiesenen Aufgaben verlangt. Verfügungsrechte werden im Abschnitt 5.2 ausführlich betrachtet.

Bisher kann festgestellt werden, dass Arbeitsteilung und Spezialisierung entscheidende Mittel zur Effizienzsteigerung sind. Eindrucksvoll zeigt dies das Beispiel des Ford Modell T.

„Die Zukunft hat begonnen: An einem Schleppseil wird im Oktober 1913 das Chassis eines Ford Modell T durch die Werkshalle der Autofabrik in Detroit gezogen. Entlang der Strecke sind die Teile bereitgestellt, die von den Arbeitern im ‚Vorbeifahren' montiert werden. Die Geburtsstunde des Fließbandes, eine Revolution nimmt ihren Anfang.“[8] Der Preis des auch als „Tin Lizzy“ bekannten Ford T wurde allmählich von 850 auf US-$ 360 gesenkt.[9]

Um die in Arbeitsteilung hergestellten Güter und Leistungen zu einem Gesamtoutput zusammenzufügen, bedarf es der Koordination (durch Unternehmen) bzw. des Tauschs (über Märkte). Die reibungslose Abwicklung von Koordination und Tausch basiert auf möglichst vollständigen Informationen.

Verträge stellen Instrumente dar, die die Koordination und den Tausch regeln. Es ist für das weitere Verständnis von großer Bedeutung, den institutionenökonomischen Vertragsbegriff genauer darzustellen, da vertragliche Regelungen bei der Klärung der Frage nach der Bedeutung von Unternehmen eine entscheidende Rolle spielen.

5.1.3 Vom Vertrag zur Institution

5.1.3.1 Verträge

Die NIÖ betrachtet das gesamte wirtschaftliche Geschehen als Gefüge von Vertragsbeziehungen. Verträge umfassen alle Verpflichtungen zu gegenseitigen Leistungen der Tauschpartner. Je nach Form bestehen sie nicht nur aus expliziten, d.h. formal konkretisierten Regelungen (z.B. Miet- und Pachtverträge), sondern auch aus impliziten, d.h. nicht formalen Absprachen wie lokalen Moralvorstellungen und Verhaltensweisen (z.B. Tischregeln).

Durch ihre Regelungen liefern Verträge den Individuen Rahmenbedingungen, die es ihnen ermöglichen, Reaktionen und Verhaltensweisen anderer Akteure besser antizipieren zu können. Sie wirken somit den durch Arbeitsteilung bedingten Informationsmängeln entgegen und helfen, auftretende Unsicherheiten der Transaktionsprozesse zu minimieren. Inwieweit sie dies leisten können, hängt vom Vollständigkeitsgrad der Verträge ab.

Vollständige Verträge. Diese Vertragsform schließt eine Informationsasymmetrie unter den Akteuren aus, so dass Koordination und Tausch friktionsfrei erfolgen können. Sie entspringt der neoklassischen Lehre. Das Mittel des Preismechanismus gewährt eine optimale Zuordnung der Güter und Leistungen. Diese können den Wünschen und Wertvorstellungen der Wirtschaftssubjekte entsprechend zugeordnet werden. Aufgrund der Annahme vollständiger, expliziter Vertragsregelungen beansprucht der Gütertausch keine Ressourcen. Dem Produktivitätsanstieg durch Arbeitsteilung und Spezialisierung stehen explizit keine einschränkenden (Transaktions-) Kostenfaktoren entgegen.[10]

Relationale Verträge. Wegen dieser rein theoretischen und zugleich praxisfernen Beschreibung der ökonomischen Zustände versucht die NIÖ, die neoklassische Theorie an dieser Stelle zu ergänzen. Sie geht deshalb grundsätzlich von relationalen Verträgen aus. Diese sind dadurch charakterisiert, dass sie nur Teile einer Transaktion explizit regeln. Die verbleibenden Komponenten sollen durch implizite Übereinkünfte, also durch nicht formalisierte Beziehungen (z.B. gemeinsame Wertvorstellungen), abgedeckt werden.[11] Inwieweit die Vertragspartner auf expliziten Vertragsbestandteilen bestehen oder sich auf implizite Komponenten verlassen, hängt insbesondere von dem Vertrauensverhältnis der Parteien ab. Wenn die Vertrauensbeziehung zwischen Handelspartnern gut ist, kann der Abnehmer beispielsweise viel besser einschätzen, ob sich ein Zulieferer an das (implizite) Versprechen der Termintreue halten wird.

In Abhängigkeit vom Grad der Vertrauensbeziehung müssen die Handelspartner einschätzen, ob es sich lohnt, zusätzliche Kosten für Vertragsspezifikationen auf sich zu nehmen, um bestimmte Eventualitäten explizit zu regeln. Bei relationalen Verträgen hängt die Höhe der Transaktionskosten somit davon ab, inwieweit es den Vertragsparteien gelingt, die expliziten Vertragsbereiche durch Vertrauensbeziehungen zu ergänzen.

Die Vertrauensbeziehungen wachsen meist mit der Dauer der Geschäftsbeziehung und sind für die Qualität relationaler Verträge von entscheidendem Wert. Vor dem Hintergrund vergangener Erfahrungen oder der Aussicht auf zukünftige Gewinnchancen sind somit bei relationalen Verträgen nicht nur die unmittelbaren Aspekte von Transaktionen wichtig, sondern vielmehr gewinnen vertrauenstiftende, moralisch faire Verhaltensweisen an Bedeutung.

Doch selbst bei sehr guten Vertrauensbeziehungen können die impliziten Absprachen in der Regel keine vollständige Ergänzung der expliziten Vertragsbestandteile leisten. Daher gelten relationale Verträge grundsätzlich als unvollständig,[12] d.h. den Zustand einer völlig friktionsfreien Koordination kann es unter diesen Annahmen nicht geben.

5.1.3.2 Institutionen

Verträge bilden die Grundlage für *Institutionen*.[13] „Institutionen lassen sich dabei definieren als die Menge von Funktionsregeln, die man braucht, um festzulegen, wer für Entscheidungen in einem bestimmten Bereich in Frage kommt, welche Handlungen statthaft oder eingeschränkt sind, welche Aggregationsregeln verwendet werden, welche Verfahren eingehalten werden müssen, welche Information geliefert oder nicht geliefert werden muss, und welche Entgelte den einzelnen entsprechend ihren Handlungen zugebilligt werden.“[14]

Diese Funktionsregeln können als Verträge verstanden werden. Institutionen bezeichnen somit Mechanismen zur Organisation arbeitsteiliger Prozesse (z.B. Unternehmen und Markt, aber auch Sprache, Geld u.ä.) und ihrer Folgewirkungen.[15] *Unternehmen (Hierarchie)* können somit als Gefüge langfristig angelegter Verträge und wirtschaftlich abhängiger Einheiten gesehen werden, bei denen im Extremfall der gesamte Wertschöpfungsprozess im Binnenbereich des Unternehmens abläuft. *Märkte* hingegen sind durch kurzfristige Vertragsbeziehungen charakterisiert. Hier treten die Akteure häufig nur für die Dauer eines einzelnen Geschäfts mit den Handelspartnern in Beziehung. Die Handelspartner sind hierbei rechtlich und wirtschaftlich unabhängig.[16]

Bei Vernachlässigung der Transaktionskosten stellt der Markt die effizienteste Koordinationsform arbeitsteiliger Prozesse dar, da er gegenüber dem Unternehmen Vorteile im Bereich der Produktionskosten hat (z.B. durch mehrere Auswahlmöglichkeiten hinsichtlich Preis und Qualität).[17] In einer solchen „neoklassischen" Welt könnten alle von Spezialisten hergestellten Güter und Leistungen aufgrund von vollkommener Information und Voraussicht reibungsfrei ausgetauscht und koordiniert werden. Diese Ansicht vermag jedoch nur ein sehr abstraktes Bild der Realität zu zeichnen. Aus diesem Grund legt die NIÖ den Koordinations- und Tauschbeziehungen relationale Verträge zugrunde und bezieht damit Transaktionskosten explizit in ihre Überlegungen ein. Als Ergebnis der Berücksichtigung von Transaktionskosten kann es zu Effizienzverlusten auf Märkten kommen, die somit nicht immer die optimale Koordinationsform darstellen. Coase beantwortet aus diesem Grund die Eingangsfrage nach der Notwendigkeit von Unternehmen wie folgt:

„The main reason why it is profitable to establish a firm would seem to be that there is a cost of using the price mechanism. (...) The way in which industry is organised is thus dependent on the relation between the cost of carrying out transactions on the market and the cost of organising the same operations within that firm which can perform this task at the lowest cost."[18]

5.2 Die Theorien der Neuen Institutionenökonomik

Ziel der NIÖ ist, Struktur, Verhaltenswirkungen, Effizienz und Wandel von Organisationen zu analysieren.[19] Sie stellt dabei selbst kein eigenes Theoriegebäude dar, sondern umfasst drei eigenständige Theorien, die sich überschneiden, ergänzen und teilweise aufeinander beziehen.[20] Dies sind die *Property-Rights-Theorie*, die *Principal-Agent-Theorie* und die *Transaktionskostentheorie*.

Bevor die einzelnen Theorien charakterisiert werden, sollen im folgenden Abschnitt die wesentlichen Prämissen der drei Theorien, die individuelle Nutzenmaximierung (Opportunismus) und die begrenzte Rationalität, dargestellt werden.

5.2.1 Verhaltensannahmen der Akteure

Individuelle Nutzenmaximierung *(Opportunismus)*. Individuen verfolgen die Ziele, von denen sie sich persönlich den größten Nutzen versprechen. Dies wird zum Problem, wenn die Akteure die eigenen Ziele durchsetzen, obwohl sie in Konflikt mit den Zielen anderer Individuen stehen. In diesem Fall resultieren für die anderen Individuen Nachteile, die von den Verursachern zu ihrem eigenem Vorteil hingenommen werden. Dies ist typischerweise bei der Zweckentfremdung von Unternehmensressourcen, z.B. der Nutzung des Telefons für private Gespräche, der Fall.

Begrenzte Rationalität. Simon charakterisiert menschliches Verhalten als „intendedly rational, but only limitedly so."[21] Somit sind Menschen zwar bemüht, rationale Entscheidungen zu treffen; ihre Möglichkeiten sind jedoch aufgrund unvollständigen Wissens sowie einer beschränkten Informationsverarbeitungskapazität begrenzt. Letztlich bedeutet dies, dass Menschen Entscheidungen treffen müssen, ohne alle entscheidungsrelevanten Informationen einbeziehen bzw. verarbeiten zu können. Diese aufgrund unvollständiger Informationen getroffenen Entscheidungen sind suboptimal, die geschlossenen Verträge daher unvollständig.

5.2.2 Property-Rights-Theorie

Die *Property-Rights-Theorie* (*Theorie der Verfügungsrechte*) beschäftigt sich mit Verfügungsrechten, die bestimmen, inwiefern den Wirtschaftssubjekten Rechte zur Nutzung bestimmter Ressourcen zustehen (z.B. Rechte zur Nutzung bestimmter Büromaterialien oder unterschiedliche Nutzerprofile am Computer). Dabei erwarten die anderen Mitglieder der Institution eine Einhaltung dieser Rechte. Eine Nicht-Einhaltung kann entsprechend sanktioniert werden.

Durch die Einräumung bzw. den Ausschluss bestimmter Rechte können Anreizwirkungen erzeugt werden, die die Individuen in ihrem Verhalten beeinflussen. So wird die Motivation eines Unternehmers wesentlich davon abhängen, inwieweit er sich den Gewinn, den er aus seinem Unternehmen erwirtschaftet, einbehalten darf.[22] Die Theorie der Property Rights untersucht, in welcher Weise sich die Verteilung der Verfügungsrechte auf das Verhalten der Individuen auswirkt.[23]

Dabei werden die Verfügungsrechte in vier Kategorien gegliedert.[24] Diese so genannten Teilrechte erlauben es,

- ein Gut zu nutzen,
- seine Form und Substanz zu verändern,
- es an Dritte zu veräußern (Kapitalisierungs- bzw. Liquidationsrecht) und
- sich daraus entstehende Gewinne anzueignen bzw. sich zur Übernahme resultierender Verluste zu verpflichten.

Die Teilrechte an einem Gut müssen den Akteuren nicht vollständig zugeordnet sein. So hat ein Angestellter zwar das Recht, bestimmte Bürogegenstände zu nutzen; er ist aber nicht dazu berechtigt, sie zu verkaufen. Dieselben Teilrechte können jedoch verschiedenen Personen zugeteilt sein.[25] Je mehr Akteure dabei Teilrechte an einem einzelnen Gut halten, desto „verdünnter" sind die Property Rights.[26] Verdünnte Property Rights können zum Problem werden, wenn die Handlung eines einzelnen Akteurs negative Wirkungen für andere Individuen zur Folge hat und der Verursacher dabei nicht sanktioniert wird oder werden kann.[27] Man bezeichnet solche Wirkungen als *externe Effekte*.[28]

Externe Effekte können zu einem Marktversagen führen. Um dies zu verhindern und externe Effekte auszugleichen, kann versucht werden, diese den Verursachern zuzuordnen und sie im Fall von negativen externen Effekten mit Kosten zu belegen. Häufig sind dies Abgaben oder Steuern. Die Kompensation der externen Effekte bezeichnet man als *Internalisierung*. Als Beispiel kann die Einführung von Emissionsrechten in handelbarer Zertifikatsform genannt werden, die zur Bildung eines Marktpreises und damit einhergehend zur Internalisierung der externen Effekte führen.

Externe Effekte entstehen häufig durch Opportunismus. Das folgende Beispiel soll dies verdeutlichen:

In der Franchisekette „Happy Coffee" profitieren alle Franchisenehmer von der überregional bekannten Marke der Kette. Dieser steht bei den Kunden für besten Kaffeegenuss und original italienisches Aroma. Der neue Franchisenehmer Humbug senkt die Kaffeequalität durch ein Strecken des teuren italienischen Markenkaffees und vergrößert dadurch seine Gewinnspanne. Sein Handeln bewirkt negative externe Effekte für alle anderen Franchisenehmer, es beschädigt den Namen der ganzen Kette. Humbug handelt opportunistisch, denn er profitiert als Einziger von seinem Verhalten, muss jedoch so gut wie keine negativen Folgen fürchten. Als Trittbrettfahrer nutzt er die Reputation der Kette aus. Dies kann nur funktionieren, so lange sich keine (oder nur wenige) Franchisenehmer zu Lasten der Gemeinschaft bereichern. Individuell handeln sie rational. Kollektiv wäre dieses Verhalten jedoch irrational, da es zur Zerstörung des positiven Images der Marke führen würde.

Zur Eindämmung derartigen Verhaltens sowie der externen Effekte können Systeme oder Strukturen entwickelt werden, die einen fairen Ausgleich der Situation und somit eine Internalisierung ermöglichen. Die Akteure können versuchen, den entstandenen Schaden zu quantifizieren und ihn dem Verursacher in Rechnung zu stellen. Sollte die Höhe des Schadens bewertbar, der Verursacher aber unbekannt sein, wären Nutzungskontrollen nötig. Außerdem besteht die Möglichkeit, die Rechtebündel eindeutig zuzuordnen, so dass verdünnte Property Rights gar nicht erst auftreten.

Diese Maßnahmen gäben den Individuen einen Anreiz zur verantwortlichen Ressourcennutzung, da negative Effekte unmittelbar auf sie zurückfielen.[29] Andererseits steigen die Transaktionskosten mit zunehmendem Grad der Internalisierung. Dies können z.B. die Opportunitätskosten der Arbeitszeit der eingesetzten Mitarbeiter oder die Kosten für Information und Kommunikation sein.[30] Aus theoretischer Sicht entstehen Transaktionskosten durch Herausbildung, Zuordnung, Übertragung und Durchsetzung der Verfügungsrechte.[31]

Daher gilt es, Kosten und Nutzen möglicher Maßnahmen zu analysieren und zwischen den Kosten möglicher Schäden und den entstehenden Transaktionskosten zur Eindämmung dieser Schäden abzuwägen. Dies wird als Trade-off-Beziehung bezeichnet (Abbildung 5.1). Die eindeutige Spezifizierung von Verfügungsrechten an Ressourcen bzw. die Quantifizierung und Zuordnung der Kosten ist also nur dann sinnvoll, wenn der dadurch entstehende Aufwand die Einsparungen nicht aufzehrt.[32]

Abbildung 5.1 Trade-off zwischen Wohlfahrtsverlusten durch externe Effekte und Transaktionskosten

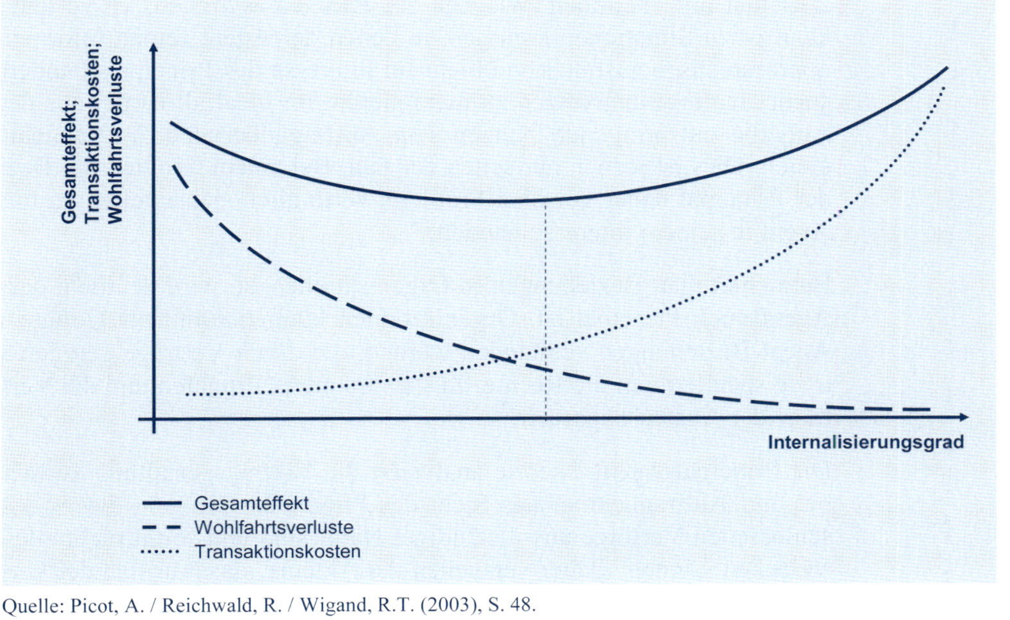

Quelle: Picot, A. / Reichwald, R. / Wigand, R.T. (2003), S. 48.

Die Property-Rights-Theorie ist dazu geeignet, Verfügungsrechte in Unternehmen zu analysieren. Grundsätzlich gibt sie dabei die Empfehlung, die Verteilung der Verfügungsrechte so zu strukturieren, dass die Handlungsfolge für die Akteure auch persönlichen Nutzen stiftet. So würden durch eine eindeutige Zuordnung der Rechte entsprechende Handlungen mit größerer Motivation und Sorgfalt verfolgt werden, da Negativ- und Positivfolgen unmittelbar auf die verursachenden Akteure zurückfallen würden.[33] Der im Zusammenhang mit dem Lean Banking (vgl. Kapitel 4) beschriebene Trend zur Profit-Center-Bildung im Zuge der Verantwortungsdelegation kann als Internalisierung der Verfügungsrechte interpretiert werden.

5.2.3 Principal-Agent-Theorie

Den Mittelpunkt der *Principal-Agent-Theorie* (*Agenturtheorie*) bildet die arbeitsteilig bedingte Beziehung zwischen Auftraggeber (*Principal*) und Auftragnehmer (*Agent*), die über Verträge abgebildet wird. Beispiele sind Beziehungen zwischen Arbeitgeber und Arbeitnehmer, Käufer und Verkäufer, Aufsichtsrat und Vorstand oder Fremdkapitalgeber und Geschäftsführer. Der Principal beauftragt den Agenten damit, Aufgaben für ihn zu erledigen. Für den Auftraggeber hat dies den Vorteil, dass er sich die durch die Arbeitsteilung bedingte Spezialisierung des Agenten zu Nutze machen kann. Gleichzeitig besteht jedoch das Problem, dass die auftragsspezifischen Informationen zwischen den Parteien asymmetrisch verteilt sind. Dadurch kann es zu Situationen kommen, in denen der Agent seinen Informationsvorsprung opportunistisch ausnutzt und nicht im Interesse des Principals handelt, sondern versucht, den eigenen Nutzen zu maximieren. Im Idealfall ist der aus der übertragenen Aufgabe entspringende Nutzen von Auftraggeber und Auftragnehmer deckungsgleich. Dies ist jedoch nur selten der Fall. Bei einem Großteil der Beziehungen steht der Principal daher vor dem Problem, vertraglich sicherstellen zu müssen, dass der Agent in seinem Interesse handelt.[34]

Betrachtet man Beziehungen in Organisationen, so wird deutlich, dass nahezu jeder Agent auch Principal ist. Organisationen können somit als Gefüge von Principal-Agent-Beziehungen verstanden werden, die durch Verträge geregelt sind. Die Verträge spezifizieren die Rechte, Zuständigkeiten, Pflichten und die Verteilung der Erträge der Austauschpartner.[35]

Die Principal-Agent-Theorie analysiert die Vertragsgestaltung zwischen Auftraggeber und Auftragnehmer aus Sicht des Principals. Sie geht davon aus, dass die geschlossenen Verträge unvollständiger Natur sind und somit nicht alle Eventualitäten abdecken können. Daher versuchen die Akteure, das Ausmaß der Unvollständigkeit durch Kontroll-, Anreiz- und Informationsmechanismen zu minimieren. Für diese Aktivitäten entstehen Kosten. Es muss also abgewogen werden, inwieweit sich Eindämmungsmaßnahmen lohnen. Somit sind die Kosten, die zur Vervollständigung der Verträge erforderlich wären, ein wesentlicher Grund für die Unvollständigkeit der meisten Verträge.[36]

Diese Kosten (*Agency Costs*) werden von Jensen und Meckling in die folgenden drei Bestandteile zerlegt:[37]

- Überwachungs- und Kontrollkosten des Principals: Diese Kosten entstehen dem Principal bei der laufenden Überwachung und Kontrolle seines Agenten. Ein Beispiel dafür sind die Kosten für den Aufsichtsrat, der das Management überwacht.

- Signalisierungs- und Garantiekosten des Agenten: Der Agent nimmt diese Kosten auf sich, um dem Principal anzuzeigen, dass er in seinem Interesse handelt. Hierzu zählen beispielsweise Kosten der Berichterstattung.

- Verbleibender Wohlfahrtsverlust: Diese Kosten entstehen durch die Verfehlung der Erwartungen des Principals an den Agenten.[38] D.h. sie entstehen durch die Lücke, die verbleibt, wenn unvollständige Verträge nicht vollends durch die beschriebenen Mechanismen komplettiert werden können (z.B. durch Missverständnisse in der Zielsetzung oder mangelnden Interessenausgleich).

Da eine vollständige Lösung des Principal-Agent-Problems nur unter vollständiger Information möglich ist,[39] empfiehlt die Principal-Agent-Theorie die Wahl derjenigen Institutionsform, der es gelingt, die Agency-Kosten zu minimieren.[40]

Aus der Informationsasymmetrie zwischen den Vertragspartnern erwächst eine Reihe von Problemen, die in die drei Kategorien Hidden Characteristics, Hidden Action und Hidden Intention eingeteilt werden.[41]

Hidden Characteristics. Dieses Problem entsteht vor oder während des Vertragsabschlusses aufgrund des Spezialisierungsvorteils des Agenten, da dem Principal nicht alle Informationen hinsichtlich der Produkteigenschaften oder der persönlichen Charakteristika des Agenten kostenlos und frei zugänglich zur Verfügung stehen.[42] Eine solche Situation erschwert die optimale Auswahl eines Handelspartners, da der Agent seinen Informationsvorsprung schon vor Vertragsschluss opportunistisch ausnutzen kann.[43] Beispielsweise ist anzunehmen, dass ein Kreditnehmer seine finanzielle Situation gegenüber der Bank möglichst positiv darstellen wird, um seine eigenen Interessen durchzusetzen.

Zur Reduktion des opportunistischen Verhaltens auf Seiten des Agenten existieren verschiedene Mechanismen. Unter *Signalling* versteht man Aktivitäten des Agenten, um dem Principal seine Charaktereigenschaften anzuzeigen. Beim *Screening* liegt die Initiative beim Principal. Er kann sich Informationen über den Agenten beschaffen und so versuchen, die Informationslücke zu schließen. Praktisch können Screening-Aktivitäten, z.B. bei der Neubesetzung einer Stelle, durch Assessment Center oder Interviews erfolgen. Beide Mechanismen zielen darauf ab, Informationsasymmetrien abzubauen. Das Instrument der *Self Selection* hingegen zielt darauf ab, die Interessen der Akteure einander anzugleichen. Der Principal offeriert dem Agenten eine Auswahl an Vertragsmodalitäten, die den Agenten in unterschiedlicher Ausprägung in das Schicksal des Principals einbinden. Dies ist z.B. bei Versicherungen mit Selbstbeteiligung der Fall. Self Selection reduziert die Zielkonflikte zwischen den Akteuren.[44] Darüber hinaus kann der Principal aus der Wahl des Agenten Rückschlüsse auf dessen Motivation ziehen.

Hidden Action. In dieser Situation wurde die Wahl des Vertragspartners bereits getroffen. Im Zentrum der Betrachtung steht also die Phase zwischen Vertragsabschluss und Vertragsende.[45] Die Hidden-Action-Problematik entsteht, da der Principal zwar das Ergebnis der Handlungen des Agenten erkennt, ihm die Mittel und Wege, die der Agent genutzt hat, jedoch unbekannt bleiben bzw. er diese nicht beurteilen kann. So ist es möglich, dass der Agent mit der von ihm gewählten Alternative zwar ein für den Principal zufrieden stellendes Ergebnis erreicht hat, der Principal jedoch nicht weiß, ob das erreichte Ziel auf die Qualitäten des Agenten oder lediglich auf günstige Umweltzustände zurückzuführen ist. Außerdem besteht die Möglichkeit, dass neben der gewählten Strategie noch weitere Wege zur Verfügung standen, die für den Principal vorteilhafter gewesen wären.

Zwischen Vertragsabschluss und Ergebniskontrolle durch den Principal entsteht also ein zeitlicher Handlungsspielraum, den der Agent opportunistisch ausnutzen kann. Indem der Agent seinen eigenen Nutzen maximiert, handelt er häufig nicht im Interesse des Principals.[46]

Auch hier kann der Principal den opportunistischen Handlungen des Agenten entgegenwirken, indem er Kontroll- und Berichtssysteme (Monitoring) etabliert. Darüber hinaus kann er den Agenten am Erfolg beteiligen, um ihm so einen Anreiz für die bestmögliche Ausführung zu geben.

Hidden Intention. Aufgrund irreversibler Vorleistungen (z.B. Investitionen in IT-Schnittstellen), die der Principal erbringt, um mit dem Agenten in eine Vertragsbeziehung treten zu können, gerät der Principal in eine Abhängigkeit vom Agenten, die dieser opportunistisch ausnutzen kann. Um die Interessen der Akteure anzugleichen, können beide Parteien an der Investition beteiligt werden oder die Vertragsbeziehungen langfristig gestaltet werden. In beiden Fällen wären die Partner an einer gemeinsamen, erfolgreichen Zusammenarbeit interessiert.[47]

Zusammenfassend ist festzustellen: Je weniger Kenntnisse der Principal über das Aufgabengebiet des Agenten hat, desto mehr ist er auf eine vertrauensvolle Zusammenarbeit angewiesen, da er nicht ohne Aufwand kontrollierend oder steuernd in die Arbeit des Agenten eingreifen kann.[48] Bei einem mangelnden Vertrauensverhältnis erfordert eine solche Situation erhebliche Aufwendungen des Principals, die eine effiziente Zusammenarbeit nahezu unmöglich machen. Dementsprechend liegen die

Hauptanwendungsfelder dieser Theorie im Bereich der Gestaltung von Informations- und Anreizsystemen (Abbildung 5.2).[49]

Abbildung 5.2
Principal-Agent-Theorie im Überblick

Informationsasymmetrie / Unterscheidungskriterien	Hidden Characteristics	Hidden Action	Hidden Intention
Informationsproblem des Principals	Qualitätseigenschaften der Leistung des Vertragspartners unbekannt	Anstrengung des Vertragspartners nicht beobachtbar bzw. nicht beurteilbar	Absichten des Vertragspartners unbekannt
Problemursache oder wesentliche Einflussgröße	Verbergbarkeit von Eigenschaften	Überwachungsmöglichkeiten und -kosten	Ressourcenabhängigkeit
Zeitpunkt	Vor Vertragsabschluss	Nach Vertragsabschluss	Nach Vertragsabschluss
Problem	Adverse Selection	Moral Hazard	Hold up
Art der Problembewältigung	Beseitigung der Informationsasymmetrie durch Signalling/Screening, Self-Selection; Interessenangleichung	Interessenangleichung; Reduzierung der Informationsasymmetrie (Monitoring)	Interessenangleichung

Quelle: Picot, A. / Reichwald, R. / Wigand, R.T. (2003), S. 59.

5.2.4 Transaktionskostentheorie

Transaktionskosten entstehen aufgrund eines Mangels an zweckorientierten Informationen. Williamson unterscheidet zwischen ex ante und ex post anfallenden Transaktionskosten.[50] Erstgenannte beziehen sich auf die Transaktionsphase, die vor dem eigentlichen Vertragsschluss liegt. Hier entstehen Kosten z.B. für die Suche und die Bereitstellung von Informationen. Die Ex-post-Kosten fallen hingegen erst nach Vertragsschluss an, z.B. für die Überwachung der Verträge oder eine Anpassung der Vertragsmodalitäten.[51] Im Verlauf einer Transaktion können vier Phasen identifiziert werden, die in der Abbildung 5.3 anhand einer Käufer-Verkäufer-Beziehung veranschaulicht werden.

Phase 1 – Information und Selektion

In dieser Phase steht nicht nur die Informationsbeschaffung, sondern auch der Informationsaustausch zwischen potenziellen Marktpartnern im Vordergrund. Dabei geht es u.a. um Produktspezifikationen, Preise, Konditionen, Angaben über den Geschäftspartner sowie Qualitätsanforderungen. Diese Informationen sind für den Nachfrager elementar – ohne sie kann keine Transaktion stattfinden. Nachfrager werden also mögliche Anbieter kontaktieren, um die entscheidungsrelevanten Informationen zu erfragen. Die Anbieter werden ihrerseits versuchen, die Informations- und Selektionsaktivitäten der potenziellen Kunden durch Bereitstellung von Informationen optimal zu unterstützen. In der Informations- und Selektionsphase steht ein anbietendes Unternehmen in der Regel in Konkurrenz zu Anbietern von gleichen oder Substitutionsprodukten.

Abbildung 5.3
Transaktionsphasen und -kosten

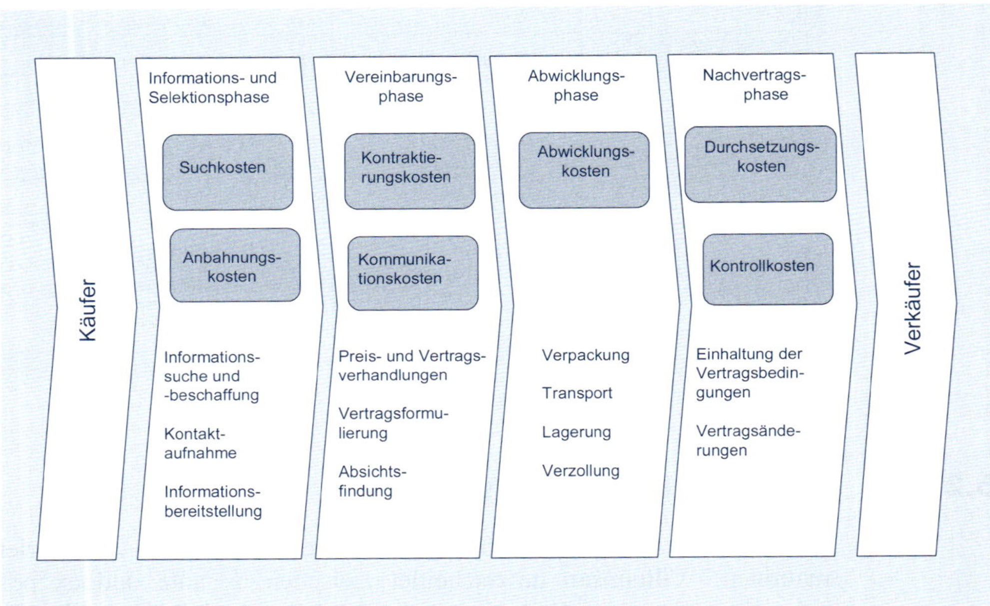

Phase 2 – Vereinbarung

Hat der Nachfrager einen oder mehrere Anbieter in die engere Wahl gezogen, beginnt die Vereinbarungsphase.[52] Der Nachfrager tritt mit dem oder den Anbietern in Verhandlungen. Die Marktteilnehmer lernen sich kennen. Der Nachfrager entscheidet sich für einen Anbieter und vergibt seinen Auftrag, womit die Voraussetzungen für die Abwicklung der Transaktion geschaffen werden. Fragen zu Garantie- und Serviceleistungen sowie Liefer- und Zahlungsbedingungen werden geklärt und vertraglich fixiert.

Phase 3 – Abwicklung

In der Abwicklungsphase geht es um die Erfüllung der von den Kontrahenten eingegangenen Verpflichtungen. Der Auftrag wird in dieser Phase durchgeführt, d.h. die Produkte werden erstellt und versandt bzw. die Dienstleistung wird erbracht.

Phase 4 – Nachvertragsphase

In der Nachvertragsphase entstehen Kosten für die Überwachung und Sicherstellung der Einhaltung der Vertragsbedingungen oder für die Durchsetzung und Durchführung eventueller Vertragsänderungen.

Neben der Organisationsform, in der die Transaktionen stattfinden, haben auch die Eigenschaften einer Transaktion selbst Einfluss auf die Höhe der Transaktionskosten.[53] Beide Einflussfaktoren werden nachfolgend analysiert, um anschließend die Auswirkungen von Organisationsform und Transaktionscharakteristika auf die Höhe der Transaktionskosten zu erörtern.

5.2.4.1 Determinanten von Transaktionskosten

Williamson charakterisiert die Einflussgrößen auf die Transaktionskosten mittels des so genannten *Organizational Framework*.[54] Danach werden die Transaktionskosten u.a. von der Spezifität, der strategischen Bedeutung, der Unsicherheit und der Komplexität einer Transaktion bestimmt.

Spezifität. Diese Determinante bezieht sich auf die Flexibilität einer Investition. Je höher die Spezifität einer Investition ist, desto höher ist der Nutzenverlust bei einer anderen als der ursprünglich angestrebten Verwendung.[55] Dies kann sich beispielsweise auf Investitionen wie die Entwicklung von Individualsoftware beziehen. Sobald diese für ein Unternehmen konfiguriert ist, erweist sich eine alternative Verwendung als äußerst kostenintensiv, da sich die Software nur unter hohem Aufwand für andere Zwecke anpassen lässt. Williamson unterscheidet verschiedene Arten von Spezifität:

- Standortspezifische Investitionen (z.B. ein Automobilzulieferer, der sein Werk unmittelbar am Werksgelände des Abnehmers errichtet hat),
- anlagenspezifische Investitionen (Maschinen, die nur ein Produkt herstellen können),
- Investitionen in spezifisches Humankapital (beispielsweise das Wissen eines Beraters über die Prozesse eines Unternehmens),

- abnehmerspezifische Investitionen (z.B. eine Produktionserweiterung, die nur zur Bedienung eines einzelnen Kunden vorgenommen wird),
- Investitionen in die Reputation (Marketing, Branding-Maßnahmen) sowie
- terminspezifische Investitionen (z.B. Saisonware).

Bei hoher Spezifität stellt sich insbesondere das Problem des „Lock-in". Damit werden Abhängigkeitsbeziehungen beschrieben, die entstehen können, wenn Partner im Zug ihrer Kooperation die Schnittstellen, Prozesse oder Organisationsstrukturen aufeinander abstimmen. Aufgrund dieser spezifischen Anpassungen können Wechsel der Handelspartner nur mit großem Aufwand erfolgen. In diesem Fall ist die Investition im Nachhinein spezifisch geworden.

Strategische Bedeutung. Bei der Überlegung, die Herstellung eines Produkts auszulagern, ist unbedingt auch die strategische Bedeutung (Beitrag zur Wettbewerbsposition des Endprodukts) zu berücksichtigen. Sofern eine Leistung oder ein Gut eine hohe strategische Bedeutung hat und gleichzeitig stark spezifisch ist, so ist es wahrscheinlich, dass es sich bei den dem Gut zugrunde liegenden Fähigkeiten um Kernkompetenzen handelt.[56] Bei Sportwagenherstellern trifft dies beispielsweise für die Entwicklung des Motors zu. Während ein Unternehmen andere, für die Qualität des Endprodukts „Sportwagen" nicht entscheidende Komponenten (z.B. Autoradio) von Zulieferern beziehen kann, ziehen es viele Hersteller vor, die Entwicklung und Produktion des Motors intern durchzuführen, um die eigenen Wettbewerbsvorteile zu schützen.

Unsicherheit. Die Transaktionskostentheorie versteht Unsicherheit im Sinne einer unvorhersehbaren Dynamik der Umweltbedingungen. Je höher die Unsicherheit, desto häufiger können sich vertragsrelevante Faktoren wie Liefertermine, Preise, Mengen oder sonstige Konditionen ändern.

Komplexität. Die Komplexität eines Produkts bezieht sich auf das Ausmaß an Informationen, die nötig sind, um ein Produkt hinreichend zu spezifizieren, damit mögliche Käufer eine qualifizierte Auswahl treffen können. Beispielsweise sind standardisierte Güter, Rohstoffe aber auch Wertpapiere relativ leicht zu beschreiben, während etwa der Abschluss von Firmenversicherungen oder der Erwerb von individualisierter Spezialsoftware deutlich komplexer sind. Hohe Komplexität wird oft bei sehr spezifischen Gütern angenommen. Trotz vieler Überschneidungen sind die Faktoren der Komplexität und der Spezifität voneinander unabhängig.[57]

Unsicherheit und Komplexität werden in Kombination mit der begrenzten Rationalität der Akteure zum Problem. Da die Vielfalt entscheidungsrelevanter Informationen die Verarbeitungskapazität der Individuen übersteigt, treffen diese möglicherweise suboptimale Entscheidungen.[58]

Neben den genannten einzelwirtschaftlichen Determinanten der Transaktionskosten spielen auch Aspekte des institutionellen Umfelds, wie die rechtliche und technologische Infrastruktur sowie die Transaktionshäufigkeit, eine wichtige Rolle.[59] So können Transaktionskosten durch neue, effizientere Produktionstechniken, die weniger Ressourcen verbrauchen, gesenkt werden. Für die Transaktionshäufigkeit gilt: Je höher diese ist, desto eher lohnen sich Investitionen zur Abwicklung der entsprechenden Transaktion, da sich der Kapitaleinsatz schneller amortisiert.

Als *Informationsverkeilung* (Abbildung 5.4) charakterisiert Williamson eine Situation, in der die Informationen asymmetrisch verteilt sind und Handelspartner ihren Informationsvorsprung opportunistisch ausnutzen.[60] Diese Problematik wurde schon im Zusammenhang mit der Principal-Agent-Theorie beschrieben.

Abbildung 5.4 Einflussgrößen auf die Transaktionskosten und ihr Zusammenspiel

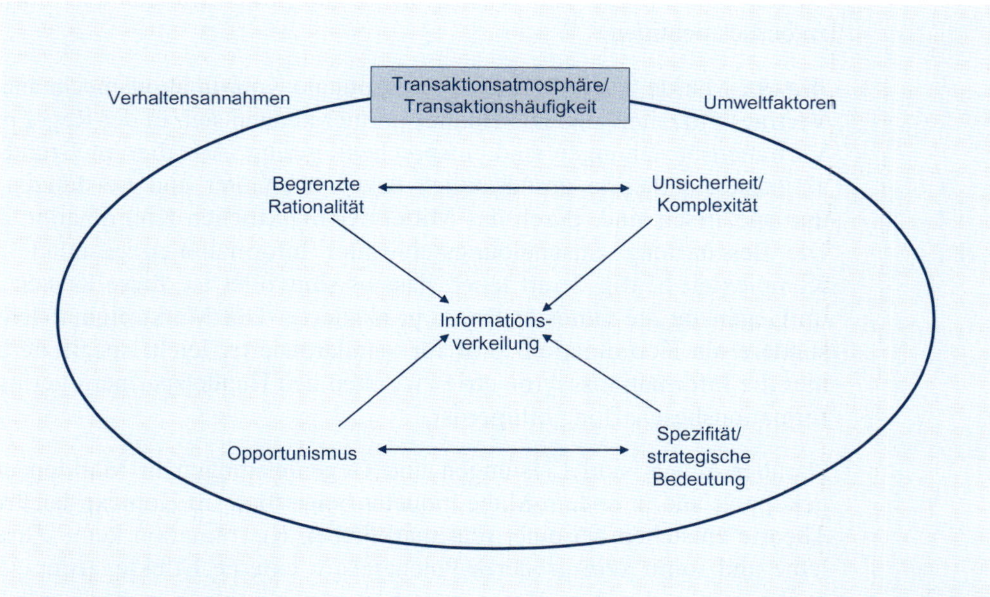

Quelle: Picot, A. / Reichwald, R. / Wigand, R.T. (2003), S. 50.

Analog sind auch an dieser Stelle die Vertrauensbeziehungen zwischen den Handelspartnern von besonderer Bedeutung. Die Vertrauensbeziehungen hängen wiederum von der gewählten institutionellen Organisationsform ab.[61] Die Qualität einer Organisationsform ist danach zu beurteilen, inwieweit sie die Transaktionskosten bei gegebenen Einflussgrößen reduziert. Es ist das Ziel der Transaktionskostenanalyse, eben jene Organisationsform zu finden.

5.2.4.2 Institutionen und Transaktionskosten

Neben Markt und Unternehmen (Hierarchie) sind auch hybride Formen möglich. Markt und Unternehmen bilden in ihren reinen Formen die extremen Pole eines Kontinuums. Damit sind sie besonders gut geeignet, um die grundlegenden Charakteristika alternativer Organisationsformen zu verdeutlichen. Für die folgende Analyse sollen daher nur diese extremen Formen von Organisation und Koordination herangezogen werden. Hybride Organisationsformen liegen im Spektrum zwischen Markt und Unternehmen (Abbildung 5.5). Für sie gelten die Eigenschaften von Markt und Unternehmen in unterschiedlich starker Ausprägung, je nachdem, welchem der beiden Pole sie näher stehen. Bei der Analyse hybrider Organisationsformen ist somit immer die genaue Ausprägung des Arrangements im jeweiligen Fall zu berücksichtigen.

Markt. Märkte zeichnen sich durch spontane Koordinationsmechanismen und kurze Vertragslaufzeiten aus. Die Handelspartner kennen sich in der Regel nicht näher; die Vertrauensbeziehungen sind entsprechend gering. Aus diesem Grund rät die Transaktionskostentheorie grundsätzlich davon ab, Güter und Leistungen, die komplex und spezifisch sind, durch das Mittel der marktlichen Koordination auszutauschen. Die Beschaffung entscheidungsrelevanter Informationen gestaltet sich bei hoher Komplexität häufig derart teuer, dass es sinnvoller ist, diese Kosten zu sparen und im Gegenzug die Güter intern zu produzieren. Der Markt eignet sich jedoch insbesondere als Koordinationsform für standardisierte, leicht spezifizierbare Güter, da hier die Informationsasymmetrie zwischen den Handelspartnern geringer und die Informationsbeschaffung billiger ist.

Darüber hinaus sind Leistungen und Gegenleistungen in Märkten eng aneinander gekoppelt und in hohem Maße monetär bewertbar. Im Kontext der Property-Rights-Theorie entstehen bei einer rein marktlichen Koordination keine Zurechnungsprobleme und somit kein größeres Potenzial für externe Effekte. Jeder Akteur wird bestrebt sein, vorhandene Ressourcen bestmöglich einzusetzen. Dieser Trend wird dadurch verstärkt, dass die Produkte, die auf Märkten gehandelt werden, aufgrund der Publizität in der Regel vergleichbar sind. Diese höhere Produkttransparenz führt zu stärkerem Wettbewerb.

Durch üblicherweise kürzere Kontraktlaufzeiten besitzen Märkte ein hohes Maß an Flexibilität. Sollten die Marktpreise sinken oder neue Anbieter erscheinen, so ist –

anders als in einem Unternehmen, das als ein Konstrukt aus langfristigen Vertragsbeziehungen gesehen werden kann – ein Wechsel zu einem anderen Anbieter jederzeit möglich.

Abbildung 5.5 Make-or-Buy-Entscheidung aus transaktionskostentheoretischer Sicht

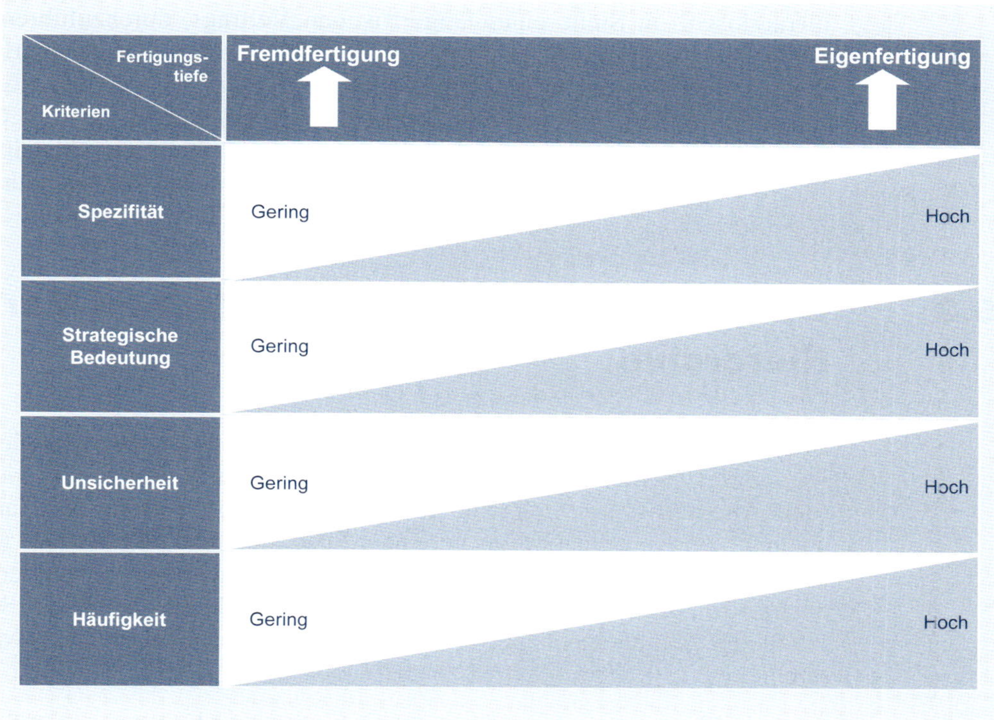

Unternehmen (Hierarchie). Die Beziehungen in Unternehmen zeichnen sich dadurch aus, dass die Koordination über Weisungsbeziehungen erfolgt. Auf diesem Weg soll beispielsweise die Zuordnung der Aufgaben geregelt werden. Als besonderer Kostenblock fallen dabei fixe Transaktionskosten zur Errichtung und Aufrechterhaltung der Verwaltung (z.B. für Mitarbeiter) an.[62]

Weiterhin ergeben sich aus der Entkopplung von Leistung und Gegenleistung oft Probleme der Messbarkeit und Zurechenbarkeit der Aktivitäten. Dies begünstigt opportunistisches Verhalten und treibt somit die Transaktionskosten in die Höhe.

Vorteile ergeben sich bei der unternehmensinternen Koordination bei regelmäßigen Tätigkeiten, die nur leichten Veränderungen unterworfen sind. Die benötigten transaktionsspezifischen Investitionskosten amortisieren sich bei derartigen Produkten besonders schnell.

Aufgrund langfristig gewachsener Vertrauensbeziehungen ist anzunehmen, dass sich die Vertragspartner in hierarchischen Strukturen seltener opportunistisch verhalten. Die Transaktionskostentheorie empfiehlt deshalb, spezifische sowie komplexe Transaktionen nicht über kurzfristige Marktbeziehungen abzuwickeln, sondern eher hierarchisch, im Sinne eines längerfristigen Vertrags, durchzuführen. Wesentliche Vorteile der unternehmensinternen Koordination gegenüber der marktlichen Koordination liegen somit in der Eindämmung opportunistischen Verhaltens. Zur generellen Abwägung zwischen marktlicher oder unternehmensinterner Lösung sind die in der Abbildung 5.5 dargestellten Kriterien zu beachten. Die Abwägung zwischen Eigen- und Fremdfertigung nennt man auch Make-or-Buy-Entscheidung.

5.3 Gestaltungsmöglichkeiten zwischen Markt und Hierarchie

Bei der Entscheidung zwischen Eigenfertigung und Fremdbezug stellen *hybride Koordinationsformen* als Zwischenform zwischen Markt und Hierarchie eine interessante Alternative dar. Sie bieten die Möglichkeit, die Vorteile des Markts mit denen der internen Koordination zu vereinen. So ermöglichen es hybride Koordinationsformen, den unterschiedlichen Transaktionsvorgängen die „passenden" Koordinationsformen zuzuordnen. Abbildung 5.6 gibt einen Überblick über das Spektrum institutioneller Arrangements sowie möglicher Hybridformen zwischen Markt und Hierarchie.

Aus vertragstheoretischer Sicht sollten diejenigen Aktivitäten, die die Kernkompetenzen (hohe Spezifität und strategische Bedeutung) betreffen, unternehmensintern mittels langfristiger Vertragsbeziehungen koordiniert werden, um die Gefahr opportunistischen Verhaltens zu reduzieren. Dagegen können standardisierte und einfach zu beschreibende Produkte über kurzfristige Verträge extern bezogen werden. Die vertragstheoretische Sichtweise ist jedoch sehr eng gefasst und für eine realitätsnahe Betrachtung nicht sonderlich geeignet, da sie alle Koordinationsformen, die nicht einem der beiden Extreme (Markt oder Hierarchie) in der jeweiligen reinen Form entsprechen, als *hybrid* bezeichnet. In der Theorie der Kernkompetenzen verwischen die Grenzen eines Unternehmens deshalb erst dann, wenn das Unternehmen andere Partner in die Entwicklung der Kernkompetenzen einbezieht. Aus Sicht der Transaktionskostentheorie weichen die Schnittstellen zwischen Markt und Unternehmen dann auf, wenn externe Partner in die Erfüllung hoch spezifischer und strategisch relevanter Aufgaben einbezogen werden, die ursprünglich im Verantwortungsbereich des Unternehmens liegen.[63]

Abbildung 5.6
Entscheidungsalternativen bei der Gestaltung der Fertigungstiefe

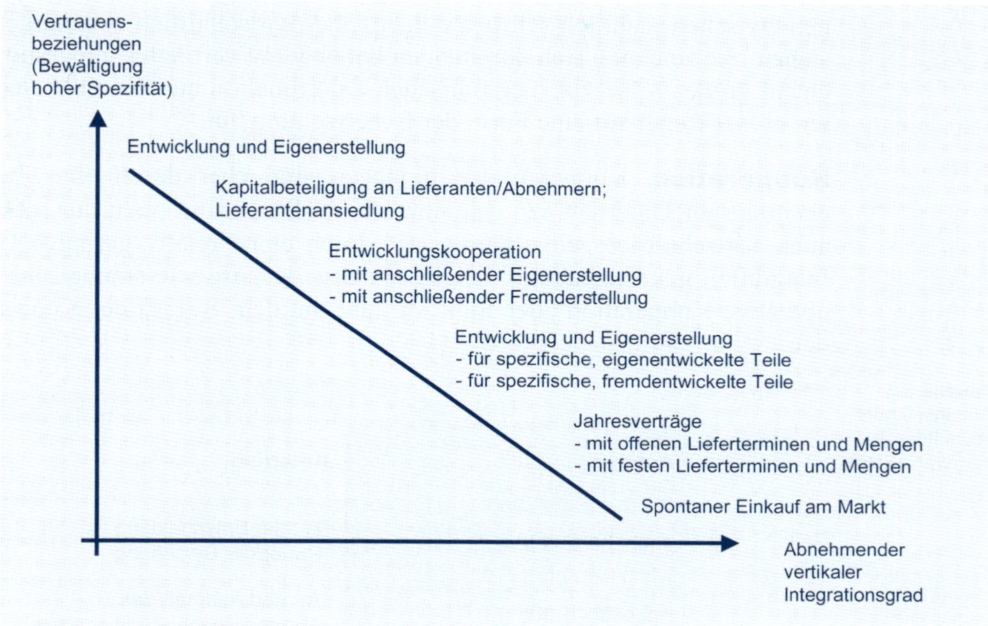

Quelle: In Anlehnung an Picot, A. / Reichwald, R. / Wigand, R.T. (2003), S. 53.

Wie die unterschiedlichen Betrachtungsweisen zeigen, existiert bisher noch keine einheitliche Definition hybrider Koordinationsformen. Eine konkrete Positionierung im Spektrum zwischen Markt und Hierarchie konnte deshalb bisher nicht vorgenommen werden. Bestehenden Ansätzen ist jedoch gemein, dass sie sich bei der Abgrenzung von hierarchie- bzw. marktnäheren Koordinationsformen auf das Ausmaß des vertikalen Integrationsgrads beziehen. Tabelle 5.3 enthält unterschiedliche Kriterien für die Beurteilung des Integrationsgrads.

Das Ausmaß der Abhängigkeit von Geschäftpartnern ist ein oft genutztes Kriterium für den Integrationsgrad. Während hierarchienahe Koordinationsformen eher durch größere Abhängigkeitsverhältnisse gekennzeichnet sind, zeichnet sich die marktnahe Koordination tendenziell durch geringere Abhängigkeitsbeziehungen aus. Auf Basis dieser Kriterien lassen sich hybride Koordinationsformen in die Formen *Beherrschung* und *Kooperation* unterteilen:[64]

Beherrschung. Wenn ein Unternehmen eine einseitige Machtposition für sich erzeugen kann, hat es die Möglichkeit zur Beherrschung des Handelspartners. Beherrschungsformen sind dadurch gekennzeichnet, dass mittel- bis langfristige Beziehungen zwischen rechtlich selbstständigen, aber wirtschaftlich abhängigen Partnern bestehen. Sie zeichnen sich durch einen hohen Grad vertikaler Integration und entsprechend großer Nähe zur hierarchischen Koordination aus. Kapitalbeteiligungen deuten in der Regel auf eine Form der Beherrschung hin.

Kooperation. Kooperationen hingegen sind eher durch eine Zusammenarbeit ebenbürtiger Unternehmen gekennzeichnet. Diese sind nicht nur rechtlich, sondern auch wirtschaftlich selbstständig und durch einen relativ geringen Grad vertikaler Integration gekennzeichnet. Häufig werden Begriffe wie strategische Partnerschaft, operative Kooperation oder Joint Venture mit dem Begriff der Kooperation verbunden.

Tabelle 5.1 Kriterien für die Beurteilung des Integrationsgrads

Autoren	Kriterium
Imai / Itami (1984)	• Art der Entscheidung, Dauer der Beziehung
Kappich (1989)	• Art und Ausmaß des Absicherungsbedürfnisses gegen opportunistisches Verhalten
Benjamin / Malone / Yates (1986)	• Ausmaß der Ad-hoc-Auswahl der Geschäftspartner
Schneider (1988)	• Form der Einflussnahme auf Geschäftspartner

Quelle: Picot, A. / Reichwald, R. / Wigand, R.T. (2003), S. 302.

Die grundsätzliche Vorteilhaftigkeit einer marktlichen Koordination wird im Allgemeinen durch eine immer schnellere Veränderung der Umweltbedingungen begründet. In einer solchen Umwelt steigt die Bedeutung von Flexibilität enorm an.

Auch die deutschen Banken haben die Notwendigkeit flexibler Strukturen erkannt und streben den Wandel hin zu dynamischeren Strukturen an (siehe Kapitel 4, 6 und 11). Die von Coase angeregte Diskussion über das Verhältnis und die Einflussgrößen von Markt und Unternehmen ist offensichtlich aktueller denn je. Sie beschäftigt heute nicht nur Wissenschaftler an vielen Universitäten, sondern auch die Vorstände deutscher Kreditinstitute.

Die Aktualität dieses Themas ist u.a. auf die rasante Entwicklung der Informations- und Kommunikationstechnologie zurückzuführen. Aufgrund des enormen Einflusses von Technologie auf Transaktionskosten rückt die IT immer stärker in den Fokus der Betrachtung. In diesem Zusammenhang ist insbesondere die Abwicklung von Transaktionen über elektronische Märkte und Medien (Electronic Commerce) von Interesse, da hier enorme (Transaktions-)Kostensenkungs- sowie Qualitätsverbesserungspotenziale vermutet werden.

Übungsfragen

- Erklären Sie den Unterschied zwischen vollständigen und relationalen Verträgen sowie die Problematik, die sich aus der Zugrundelegung relationaler Verträge ergibt.
- Erläutern Sie die Trade-off-Beziehung der Property-Rights-Theorie.
- Sie sind Mitglied des Vorstands der Happy-Coffee-Franchisekette. Nachdem Sie von dem Vorgehen des Herrn Humbug erfahren haben, möchten Sie mit Abwehrmechanismen derartiges Verhalten in Zukunft verhindern. Erarbeiten Sie hierzu ein Konzept.
- Welche gemeinsamen Annahmen über das Verhalten der Akteure liegen den Theorien der NIÖ zu Grunde? Erläutern Sie die Auswirkungen auf Transaktionen.
- Nennen Sie die vier Phasen einer Transaktion und beschreiben Sie sie am Beispiel eines Produkterwerbs. Gehen Sie dabei auf die jeweils relevanten Transaktionskosten sowie mögliche Gegenmaßnahmen in den einzelnen Phasen ein.
- Diskutieren Sie das Konzept der Agency Costs. Erläutern Sie die Kostenbestandteile an einem Bankbeispiel.
- Was versteht man unter hybriden Organisationsformen?

Lösungshinweise zu den Übungsfragen sowie weiteres Material und ergänzende Aufgaben finden Sie unter www.wsm-in-banken.de

Anmerkungen

[1] Coase, R.H. (1937).
[2] Der Begriff der „Neuen Institutionenökonomik“ wurde jedoch erst 1975 von Williamson geprägt.
[3] Vgl. Picot, A. / Maier, M. (1992).
[4] Taylor, F., zitiert in: Peters, T.J. / Waterman, R.H. (2000), S. 27.
[5] Vgl. Picot, A. / Reichwald, R. / Wigand, R.T. (2003).
[6] Vgl. ebenda.
[7] Vgl. Richter, R. / Furubotn, E. (2003).
[8] o.V. (1989), o.S.
[9] Vgl. ebenda.
[10] Vgl. Richter, R. / Furubotn, E. (2003).
[11] Vgl. ebenda.
[12] Vgl. ebenda.
[13] Vgl. Kieser, A. (2006), S. 284.
[14] Richter, R. / Furubotn, E. (2003), S. 7.
[15] Vgl. Picot, A. / Reichwald, R. / Wigand, R.T. (2003).
[16] Vgl. ebenda.
[17] Vgl. Malone, T.W. / Yates, J. / Benjamin, R.I. (1987).
[18] Coase, R.H. (1972), S. 63.
[19] Vgl. Kieser, A. (2006).
[20] Vgl. Picot, A. / Reichwald, R. / Wigand, R.T. (2003); Kreikebaum, H. / Gilbert, D.U. / Reinhardt, G.O. (2002).
[21] Simon, H.A. (1959).
[22] Vgl. Picot, A. / Reichwald, R. / Wigand, R.T. (2003).
[23] Vgl. Kieser, A. (2006).
[24] Vgl. Furubotn, E.G. / Pejovich, S. (1972).
[25] Vgl. Picot, A. / Reichwald, R. / Wigand, R.T. (2003).
[26] Vgl. Furubotn, E.G. / Pejovich, S. (1972).
[27] Umgekehrt können diese Handlungen auch zu positiven Effekten führen, bei denen keine Vergütung erfolgt.
[28] Vgl. Picot, A. / Reichwald, R. / Wigand, R.T. (2003).
[29] Vgl. ebenda.
[30] Vgl. Picot, A. / Reichwald, R. / Wigand, R.T. (2003).
[31] Vgl. Tietzel, M. (1981).
[32] Vgl. Kieser, A. (2006).
[33] Vgl. ebenda.
[34] Vgl. Picot, A. / Reichwald, R. / Wigand, R.T. (2003).

[35] Vgl. Cheung (1983).
[36] Vgl. Hart, O.D. / Holmström, B.R. (1987).
[37] Vgl. Jensen, M.C. / Meckling, W.H. (1976).
[38] Vgl. Kieser, A. (2006).
[39] Vgl. Ross, S.A. (1973).
[40] Vgl. Kieser, A. (2006).
[41] Vgl. auch Spremann, K. (1990).
[42] Vgl. Arrow, K.J. (1985).
[43] Vgl. Kieser, A. (2006).
[44] Vgl. Picot, A. / Reichwald, R. / Wigand, R.T. (2003).
[45] Vgl. Kieser, A. (2006).
[46] Vgl. Erlei, M. / Leschke, M. / Sauerland, D. (1999), S. 112 ff.
[47] Vgl. Picot, A. / Reichwald, R. / Wigand, R.T. (2003).
[48] Vgl. Kieser, A. (2006).
[49] Vgl. Picot, A. / Reichwald, R. / Wigand, R.T. (2003).
[50] Vgl. Williamson, O.E. (1985).
[51] Vgl. Kieser, A. (2006).
[52] Vgl. Schmid, B. / Lindemann, M. (1997).
[53] Vgl. Kieser, A. (2006).
[54] Vgl. Williamson, O.E. (1975).
[55] Vgl. Klein, B. / Crawford, R.G. / Alchian, A.A. (1978).
[56] Vgl. Prahalad, C.K. / Hamel, G. (1990).
[57] Vgl. Malone, T.W. / Yates, J. / Benjamin, R.I. (1987).
[58] Vgl. Picot, A. / Reichwald, R. / Wigand, R.T. (2003).
[59] Vgl. ebenda.
[60] Vgl. Williamson, O.E. (1975).
[61] Vgl. Kieser, A. (2006).
[62] Vgl. Williamson, O. E. (1975).
[63] Vgl. Picot, A. / Reichwald, R. / Wigand, R.T. (2003).
[64] Vgl. ebenda.

Literatur

Arrow, K.J. (1985): The economics of Agency, in: Pratt, J. W. / Zeckhauser, R.J. (Hrsg.), Principals and Agents: The structure of Business, Boston, Mass.: Harvard Business School Press, S. 37-51.

Cheung, S.N.S. (1983): The contractual nature of the firm, in: Journal of Law and Economics, 26. Jg., Nr. 1, S. 1-21.

Coase, R.H. (1937): The Nature of the Firm, in: Economica, 4. Jg., Nr. 16, S. 386-405.

Coase, R. H. (1972): Industrial Organisation: A Proposal for Research, in: Fuchs, V.F. (Hrsg.): Issues and Research Opportunities in Industrial Organization, Cambridge, Mass., S. 59-73.

Erlei, M. / Leschke, M. / Sauerland, D. (1999): Neue Institutionen-Ökonomik, Stuttgart: Schäffer-Poeschel.

Furobotn, E.G. / Pejovich, S. (1972): Property Rights and Economic Theory: A survey of recent literature, in: Journal of Economic Literature, 10. Jg., Nr. 4, S. 1137-1162.

Hart, O.D. / Holmström, B.R. (1987): The theory of contracts, in: Bewley, T.F. (Hrsg.), Advances in Economic Theory, Cambridge, Mass., S. 71-155.

Jensen, M. C. / Meckling, W.H. (1976): Theory of the firm: Managerial Behavior, Agency Costs and Ownership Structure, in: Journal of Financial Economics, 3. Jg., Nr. 4, S. 305-360.

Kieser, A. (2006): Organisationstheorien, 6. Aufl., Stuttgart: Kohlhammer.

Klein, B. / Crawford, R.G. / Alchian, A.A. (1978): Vertical Integration, Appropriable Rents, and the Competitive Contracting Process, in: Journal of Law and Economics, 21. Jg., Nr. 2, S. 297-326.

Kreikebaum, H. / Gilbert, D.U. / Reinhardt, G.O. (2002): Organisationsmanagement internationaler Unternehmen: Grundlagen und moderne Netzwerkstrukturen, 2. Aufl., Wiesbaden: Gabler.

Malone, T.W. / Yates, J. / Benjamin, R.I. (1987): Electronic Markets and Electronic Hierarchies, in: Communications of the ACM, 30. Jg., Nr. 6, S. 484-497.

o.V. (1989): Das erste Fließband lief regelrecht „am Schnürchen“, in: Die Rheinpfalz, Nr. 177, 3.8.1989, o.S.

Peters, T.J. / Waterman R.H. (2003): Auf der Suche nach Spitzenleistungen, 9. Aufl., Landsberg/Lech: Moderne Industrie.

Picot, A. / Maier, M. (1992): Analyse und Gestaltungskonzepte für das Outsourcing, in: Information Management, 7. Jg., Nr. 4, S. 14-27.

Picot, A. / Reichwald, R. / Wigand, R.T. (2003): Die grenzenlose Unternehmung: Information, Organisation und Management, 5. Aufl., Wiesbaden: Gabler.

Prahalad, C.K. / Hamel, G. (1990): The Core Competence of the Corporation, in: Harvard Business Review, 68. Jg., Nr. 3, S. 75-91.

Richter, R. / Furubotn, E. (2003): Neue Institutionenökonomik, 3. Aufl., Tübingen: Mohr Siebeck.

Ross, S.A. (1973): The economic theory of agency – The principal's problem, in: American Economic Review, 63. Jg., Nr. 2, S. 134-139.

Schmid, B. / Lindemann, M. (1997): Elemente eines Referenzmodells Elektronischer Märkte, Arbeitsbericht, Institut für Wirtschaftsinformatik der Universität St. Gallen.

Simon, H. A. (1959): Administrative Behaviour: A Study of Decision-Making Processes in Administrative Organization, New York: MacMillan.

Spremann, K. (1990): Asymmetrische Information, in: Zeitschrift für Betriebswirtschaft, 60. Jg., Nr. 5/6, S. 561-586.

Tietzel, M. (1981): Die Ökonomik der Property-Rights: Ein Überblick, in: Zeitschrift für Wirtschaftspolitik, 30. Jg., Nr. 3, S. 201-243.

Williamson, O.E. (1975): Markets and Hierarchies: Analysis and Antitrust Implications. A study in the Economics of Internal Organisation, New York: The Free Press.

Williamson, O.E. (1985): The Economic Institutions of Capitalism: Firms, Markets, Relational Contracting, New York: The Free Press.

Kapitel 6

Entwicklung neuer Wertschöpfungsarchitekturen

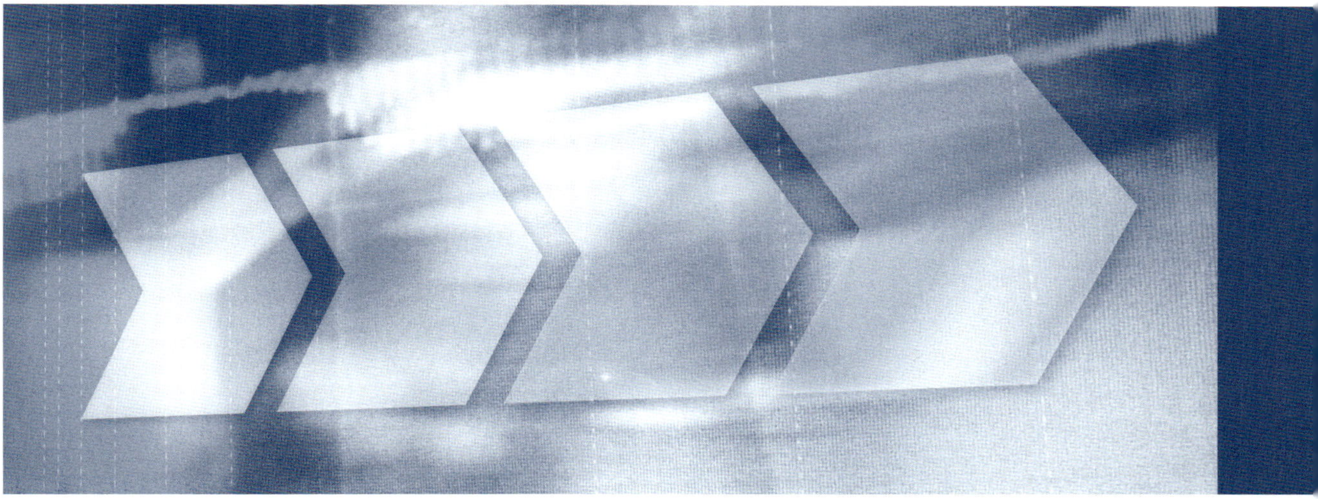

6 Entwicklung neuer Wertschöpfungsarchitekturen

Lernziele

- Die Bedeutung von Informations- und Kommunikationstechnologien für moderne Organisationsformen beurteilen können.
- Den Einfluss elektronischer Märkte auf marktliche und hierarchische Transaktionskosten kennen und erläutern können.
- Fraktale Unternehmen, Netzwerkstrukturen und virtuelle Unternehmen als flexible Formen der Unternehmensorganisation verstehen.
- Die Kerngedanken zur Dekonstruktion der Wertschöpfungskette im Bankgeschäft skizzieren können.

6.1 Notwendigkeit flexibler Organisationsstrukturen

„Wettbewerb ist heute ein 'Bewegungskrieg', in dem der Erfolg abhängig ist von der Vorherahnung von Markttendenzen und der schnellen Reaktion auf sich wandelnde Kundenbedürfnisse. Erfolgreiche Wettbewerber gehen blitzschnell in Produkte, Märkte und manchmal sogar in eine ganze Branche hinein – und wieder aus ihr heraus. Ein Prozess, der eher einem hyperaktiven Videospiel gleicht als einem Schachspiel. In einer solchen Umwelt ist die Quintessenz der Strategie nicht die Struktur der Produkte und Märkte eines Unternehmens, sondern die Dynamik seines Verhaltens."[1]

Flexibilität und Beweglichkeit werden zu Schlüsselbegriffen für die moderne Organisationsgestaltung. Dies zeigt besonders die dynamische Entwicklung des Internet und anderer neuer Technologien. Durch sie eröffnen sich Unternehmen wenig erforschte Märkte und neue Distributionsformen.[2] Byrne beschreibt das Unternehmen der Zukunft folgendermaßen: „It [the corporation] must be predicated on constant change, not stability, organised around networks, not rigid hierarchies, built on shifting partnerships and alliances, not self-sufficiency, and constructed on technological advantages, not bricks and mortar."[3] Ähnlich lautet eine Empfehlung von Peters: „Die Konstruktion und dann immer wieder kehrende Rekonstruktion von Netzen solcher autonomer Elemente/Einheiten/Geschäftsfelder ist die einzig plausible Antwort auf einen verrückten Markt von heute."[4]

Nachdem im Kapitel 5 mit den Theorien der Neuen Institutionenökonomik ein Grundstein für das Verständnis organisatorischer Zusammenhänge gelegt wurde, werden in diesem Kapitel Konzepte für flexible Organisationsstrukturen diskutiert. Moderne Informations- und Kommunikationstechnologien (IT, I&K) sind hierbei ein entscheidender Schlüssel zur Dynamisierung der Organisationsformen.

6.2 Einfluss elektronischer Märkte auf die Organisation

Die rasante Entwicklung von Informations- und Kommunikationstechnologien hat neue Formen der Zusammenarbeit innerhalb eines Unternehmens und zwischen verschiedenen Unternehmen ermöglicht. Beispielweise reduziert der Handel auf elektronischen Marktplätzen (Electronic Commerce) die Höhe der Transaktionskosten. Es stellt sich somit die Frage, ob es zu einer Verschiebung der Relation zwischen marktlichen und hierarchischen Transaktionskosten kommt und ob diese Einflüsse die relative Vorteilhaftigkeit alternativer Organisationsformen verändert.

Transaktionen in traditionellen Märkten sind durch Informations-, Selektions-, Vereinbarungs-, Abwicklungs- und Nachvertragsphasen gekennzeichnet. Ein wesentliches (wenn auch nicht hinreichendes) Merkmal eines *elektronischen Markts* ist die Unterstützung dieser Phasen durch IT.[5]

Digitale Informationsprodukte profitieren besonders von den Entwicklungen der IT. Im Vergleich zu physischen Produkten kann die Übertragung informationsbasierter Produkte überdurchschnittlich gut durch IT unterstützt werden. Außerdem verursacht die Reproduktion dieser Güter nur minimale Kosten. Diese Entwicklung ist am Beispiel der Musikindustrie besonders gut nachzuvollziehen. Während beim Vertrieb von CDs über Online-Shops noch das physische Produkt „CD" in einem physischen Versandprozess zugestellt werden muss, ist mit Musikplattformen wie Apple iTunes und Musicload die nächste Stufe elektronischen Handels erreicht. Digitalisierte Musikstücke werden durch einen digitalen Prozess, also per Download vertrieben. So führt in diesem Beispiel jede Weiterentwicklungsstufe zu geringeren

Kosten, die als niedrigere Preise an die Verbraucher weitergegeben werden können. Außerdem steigt das Serviceniveau, da der Kunde die Musik aufgrund des Wegfalls des physischen Versands sofort zur Verfügung hat. Zusätzlich ist die physische Beschränkung des Produkts „CD" aufgehoben worden und der Kunde kann einzelne digitalisierte Musikstücke erwerben.

Für die Frage, wie sich der elektronische Handel auf die Transaktionskosten auswirkt, sind insbesondere der *Electronic Communication Effect*, der *Electronic Integration Effect* und der *Electronic Brokerage Effect* von Bedeutung.[6]

- **Electronic Communication Effect**. Durch IT können mehr Informationen in einem gleichen Zeitraum kommuniziert und die Kosten des Informationsaustauschs dramatisch gesenkt werden. So müssen beispielsweise Text-, Video- oder Audiodaten nicht mehr mit großem Zeitaufwand und hohen Kosten physisch versandt werden, sondern können kostengünstig unmittelbar über das Netz zugestellt werden. Gleiches gilt für die Informationsbeschaffung – beispielsweise durch die Nutzung von Instrumenten wie der Internetsuchmaschine Google.

- **Electronic Integration Effect**. Dieser Effekt tritt auf, wenn der Informationsaustausch nicht nur beschleunigt wird, sondern es darüber hinaus zu starken Verknüpfungen der Handelspartner kommt, die ihre Prozesse im Zuge der gemeinsamen Nutzung und Erzeugung dieser Informationen aufeinander ausrichten. Die Zusammenarbeit kann bis zu Forschungs- und Entwicklungskooperationen reichen. Diese Form der Zusammenarbeit macht die explizite Ausrichtung der eigenen Geschäftsprozesse, Strukturen und IT-Systeme auf die des Partners notwendig. Dies erfordert spezifische Investitionen im Sinne der Transaktionskostentheorie. Daher besteht grundsätzlich die Gefahr der Abhängigkeit sowie des opportunistischen Verhaltens. Es resultieren daraus aber zwei wichtige Vorteile. Neben der Effizienzsteigerung durch die Integration von Handelspartnern in unternehmenseigene Prozesse trägt die Einbindung von Entwicklung und Fertigung in die auf den Kunden ausgerichtete Logistikkette dazu bei, die Qualität der Produkte zu erhöhen. Abbildung 6.1 zeigt eine solche Integration am Beispiel der elektronischen Einkaufsplattform Covisint für die Automobilindustrie (gegründet von Daimler, Ford, General Motors und Renault). Covisint ist heute die wichtigste Schnittstelle und Kommunikationsplattform für Daimler und deren Geschäftspartner und führt mehr als 50.000 Anbieter zusammen.

- **Electronic Brokerage Effect**. Ein Broker (Intermediär) ist ein Agent, der in Kontakt mit vielen potenziellen Anbietern und Nachfragern steht. Indem er Angebote und Nachfragen filtert, unterstützt der Agent die Zuordnung von Angebot und Nachfrage. Eine elektronische Vernetzung von Anbietern und Nachfragern über eine zentrale Datenbank kann gemäß dem Electronic Brokerage Effect die gleiche Funktion erfüllen. Im Vergleich zur Abwicklung durch Menschen kann ein solches System (elektronischer Markt) eine größere Zahl von Geboten innerhalb kürzerer Zeit und in der Regel zu geringeren Kosten abwickeln. Ein Beispiel für diesen Effekt im Bankgeschäft ist das Handelssystem Xetra der Deutsche Börse AG. Dieses System kann gegenüber seinem menschlichen Pendant täglich die vierfache Zahl an Orders bei einem Fünftel der Kosten pro Order abwickeln.[7]

Abbildung 6.1
Wertschöpfungskette und Unterstützungsinstrumente

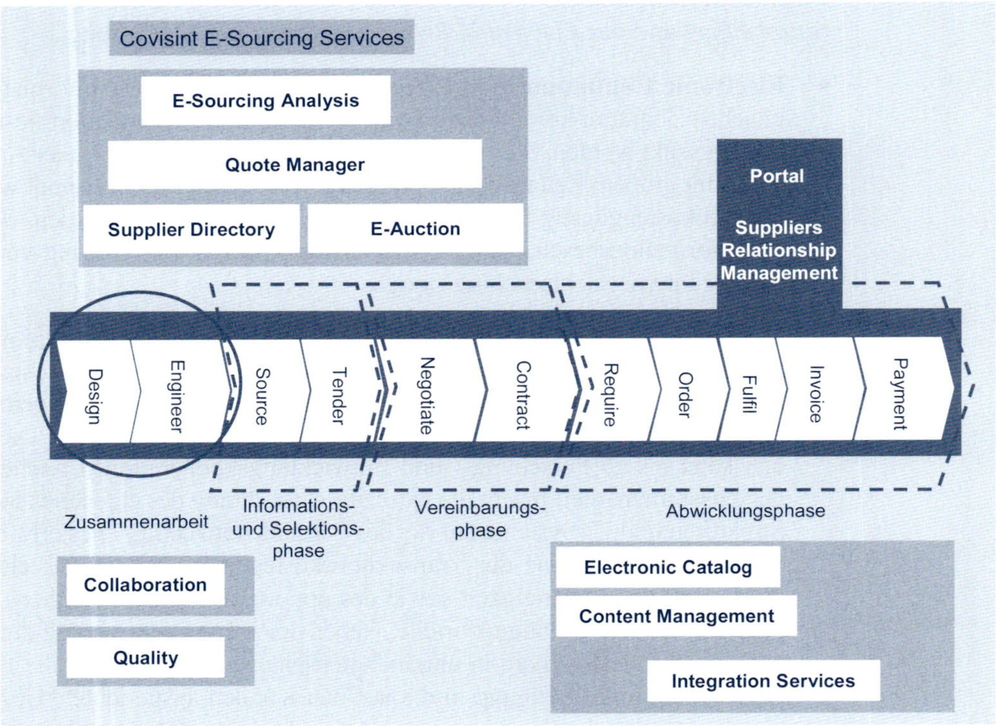

Quelle: In Anlehnung an Olrik, L. (2002).

Somit können beispielsweise zentrale Anbieter-, Käufer- oder Produktlisten an einem zentralen Ort (elektronischer Marktplatz) zur Verfügung gestellt werden. Die Tatsache, dass nicht alle Käufer einzeln kontaktiert werden müssen, ermöglicht es, dass Preise und Leistungsmerkmale der Produkte schnell und kostengünstig verglichen werden können.[8]

Elektronische Marktplätze und Produkt- und Preisdatenbanken bilden die Grundlage für eine Vielzahl von Geschäftsmodellen und Unternehmen, die sich in den letzten Jahren entwickelt haben, wie z.B. Online-Auktionshäuser, Preisvergleichsportale und Online-Hypothekenbroker. Auch auf dem Gebrauchtwagen-, Immobilien- und Stellenmarkt haben Online-Angebote stark an Bedeutung zugenommen.

Im innerbetrieblichen Bereich können durch neue Informations- und Kommunikationstechnologien zunehmend komplexe und spezifische Aufgaben bewältigt werden. So können Führungskräfte beispielsweise per Mausklick ohne großen Aufwand die Leistung ihrer Mitarbeiter und Teams überprüfen oder einsehen, wie häufig sie mit welchem Erfolg Kundenkontakt hatten.[9] Die durch verbesserte Informationsverarbeitung gewonnenen Freiräume können für andere Aufgaben genutzt werden. Die Kosten für die Koordination der Geschäftsprozesse innerhalb des Unternehmens („interne Transaktionskosten“) können dementsprechend gesenkt werden.[10] Die Möglichkeiten der technischen Unterstützung von Prozessen seien an dieser Stelle nur erwähnt; eine weitergehende Darstellung erfolgt im Kapitel 9.

Die gezeigten Beispiele machen deutlich, dass durch Einsatz neuer Technologien sowohl innerbetriebliche als auch unternehmensexterne Transaktionskosten erheblich gesenkt werden können. Damit stellt sich die Frage, ob sich diese Reduktion auf alle organisatorischen Arrangements ähnlich auswirkt oder ob sich die jeweilige Vorteilhaftigkeit von Unternehmen (Hierarchie) und Markt verändert. Malone et al. vertreten die Auffassung, dass die Transaktionskosten marktlicher Koordination durch den Einsatz von IT stärker sinken als die der hierarchischen Koordination.[11] Ein wesentliches Argument der Autoren für eine tendenzielle Bewegung von Hierarchien zu marktnahen Koordinationsformen besteht darin, dass die Transaktionskosten und damit auch die Senkungspotenziale durch IT in Märkten grundsätzlich größer sind als bei der hierarchischen, unternehmensinternen Koordination. Sie argumentieren darüber hinaus, dass sowohl hohe Komplexität als auch hohe Spezifität von Produkten mittels IT besser bewältigt werden können.[12]

Abbildung 6.2 verdeutlicht diese These. Die steigende Leistungsfähigkeit von Informations- und Kommunikationstechnologien führt zu einer Vergrößerung des Spielraums für marktliche Koordination. Durch die Verwendung von moderner IT können komplexe, mehrdimensionale Produktinformationen besser verarbeitet und zueinander in Beziehung gesetzt werden als dies durch traditionelle Formen der Kommunikation möglich war. Aus diesem Grund verschiebt sich die horizontale Linie zwischen geringer und hoher Komplexität nach oben. Produkte, die bisher als hoch komplex galten, werden aufgrund des IT-Einsatzes nun als weniger komplex eingestuft. Ein ähnlicher Effekt ergibt sich im Hinblick auf die Spezifität von Investitionen. Flexible Fertigungssysteme erlauben heute einen schnellen Wechsel der Produktionsstraßen von einem Produkt zum nächsten. Die Wechselkosten von einer Verwendung zu einer anderen können so signifikant reduziert werden. Die vertikale Linie verschiebt sich daher nach rechts.

Abbildung 6.2 Einfluss von IT auf die für die Organisationsgrenze relevanten Produkteigenschaften

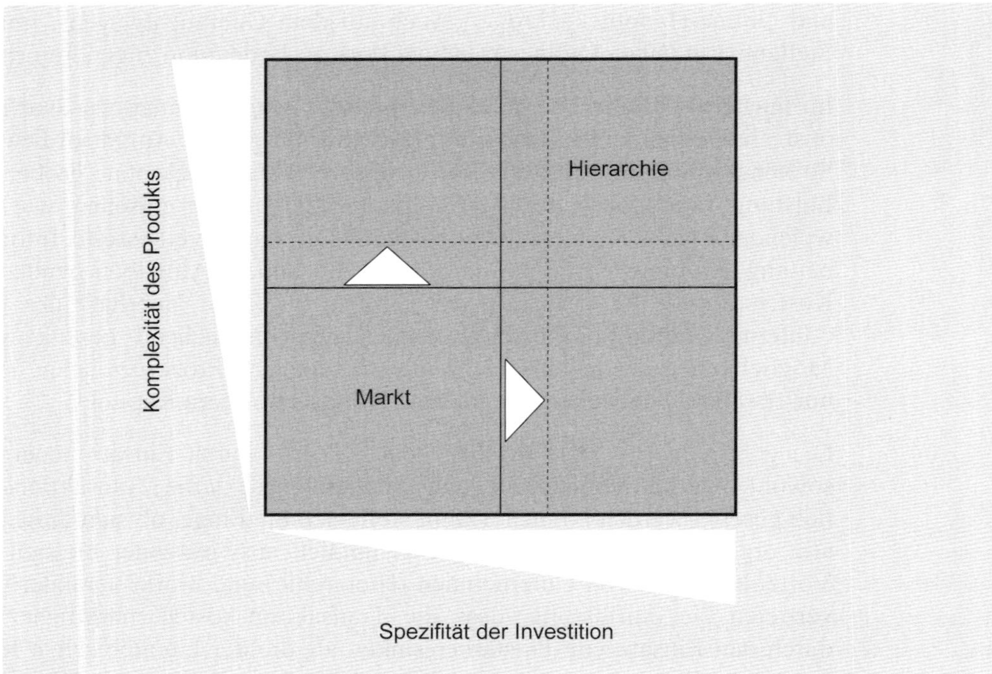

Quelle: Malone, T.W. / Yates, J. / Benjamin, R.I. (1987).

In der Tabelle 6.1 sind exemplarisch mögliche Unterstützungen durch Informations- und Kommunikationstechnologien sowie deren Effekte in verschiedenen Unternehmensbereichen aufgeführt.

Der Unterstützung von Transaktionen durch IT sind jedoch Grenzen gesetzt. Während das größte Potenzial zur Reduktion von Transaktionskosten durch neue Technologien in der Unterstützung der Informationsphase, also in der Reduktion der Suchkosten, liegt, können Vertrauensbeziehungen nur schwer durch Technologien ersetzt werden.

Ob sich langfristig elektronische Märkte oder eher hybride Koordinationsformen durchsetzen werden, hängt von den individuellen Eigenschaften der Transaktionen ab. Picot et al. vertreten die Ansicht, dass die strikte Trennung zwischen den Organisationsformen Markt und Hierarchie durch den Einsatz von IT zunehmend verwischt.[13] Diese Ansicht entspricht der „Move-to-the-Middle"-Hypothese.

Tabelle 6.1
Unterstützungspotenziale der IT bei unternehmensübergreifender Zusammenarbeit

Unternehmensbereich	I&K-unterstützte Kooperationsform	Effekte
F&E	• Austausch von Informationen • Koordinierte oder gemeinsame F&E • Aufbau und Nutzung gemeinschaftlicher Infrastrukturen	• Einsparung von Ressourcen • Zeitvorteile • Steigerung von Marktmacht • Kreativitätsförderung • Bessere Kapazitätsauslastung • Besserer Ressourcenzugang
Beschaffung	• Gemeinsamer Einkauf/ Transport • (Teil-)automatisierte Lagerhaltung	• Nutzung von Großkunden-Vorteilen (z.B. Rabatte) • Kosten-, Zeit- und Qualitätsvorteile
Produktion	• Austausch von Kompetenzen • Austausch freier Kapazitäten • Aufbau und Nutzung gemeinschaftlicher Produktionsstätten	• Kosten-, Zeit- und Qualitätsvorteile • Flexible Produktion • Nutzung von Skaleneffekten • Risikoteilung • Bessere Kapazitätsauslastung
Absatz	• Austausch von Informationen (z.B. Kundendatei) • Wechselseitige Übernahme von Distributions- und/ oder Kundendienstleistungen • Gemeinsame Werbe-, PR- oder Verkaufsförderungsaktionen • Aufbau gemeinsamer Serviceangebote (z.B. Hotline)	• Spezialisierungsvorteile • Zugang zu neuen Ressourcen • Risikominderung • Einsparung von Mitteln für wettbewerbliche Zwecke • Erhöhter Kundennutzen durch die Integration von Dienstleistungen (value added services)
Marktforschung	• Austausch von Informationen und Ergebnissen • Gemeinsame Marktuntersuchungen • Aufbau und Nutzung gemeinsamer Marktforschungseinrichtungen • Gemeinsame Entwicklung unterstützender Systeme • Gemeinsame Marktbeobachtung	• Zugang zu neuen Ressourcen • Vermeidung von Parallelforschung • Spezialisierungsvorteile • Innovationspotentiale durch die Kombinationsmöglichkeiten der Produkte bzw. Dienstleistungen

Quelle: Picot, A. / Reichwald, R. / Wigand, R.T. (2003), S. 297.

Hybride Organisationsformen als Gestaltungsmöglichkeit zwischen den Extremen des Kontinuums Markt und Hierarchie wurden bereits im Kapitel 5 vorgestellt. Im Folgenden werden ausgewählte Formen hybrider Organisationsstrukturen betrachtet. Fraktale Unternehmen werden als dynamische und flexible Strukturen verstanden, die zwar marktliche Mechanismen nutzen, jedoch innerhalb der Unternehmensgrenzen verbleiben (Abschnitt 6.3). Netzwerkunternehmen hingegen bilden unternehmensübergreifende Strukturen aus, die in den letzten Jahren sowohl in der Forschung als auch in der Praxis an Aufmerksamkeit gewonnen haben (Abschnitt 6.4). Anschließend wird die Entwicklung neuer Wertschöpfungsarchitekturen in der Bankwirtschaft dargestellt (Abschnitt 6.5).

6.3 Fraktale Unternehmen

Das Konzept der *Fraktalität* wurde erstmals am Beispiel der produzierenden Industrie auf die Wirtschaft angewendet.[14] Die Idee zielt darauf ab, interne Ressourcen flexibel und schnell dort einsetzbar zu machen, wo sie gebraucht werden. Das Konzept ist somit als Ansatz zur Optimierung der Ressourcenallokation anzusehen. Das Konzept wird hier vorgestellt, um – ergänzend zu den Ideen des Lean Banking – gedankliche Anreize für die Bankorganisation der Zukunft zu geben. Es ist darüber hinaus eine wichtige Grundlage für die Entstehung von Netzwerkstrukturen und virtuellen Organisationsformen.

6.3.1 Theoretische Grundlagen – von der Ordnung zum Chaos?

Die abendländische Wissenschaft wird seit Sokrates von einer Weltanschauung beherrscht, die von Kausalitätsprinzip und dualer Logik geprägt ist. Diese Weltanschauung fand ihren Höhepunkt in der radikalen Erkenntnistheorie Descartes, die sich in der Aussage „Cogito ergo sum – ich denke, also bin ich“ ausdrückt. So träumten Generationen von Wissenschaftlern von der völligen Erklärbarkeit der Welt, sobald man alle Gesetzmäßigkeiten erkannt hätte.

Mittlerweile mussten jedoch einige Wissenschaftsdisziplinen, wie z.B. die Physik, durch tiefe Sinnkrisen gehen, da verschiedenste Beobachtungen nicht mit den kausalistischen Prinzipien zu erklären waren. Relativitätstheorie und Quantenmechanik stehen in diesem Zusammenhang für den Beginn einer neuen Zeit. Eine Neuordnung des Weltbilds war notwendig, da die Unsicherheit komplexer Systeme eine Vorhersage des Systemverhaltens unmöglich machte. So führen kleinste Abweichungen in mathematischen Modellen der Wettervorhersage zu enormen Auswirkungen. Dieses Phänomen ist allgemein als Schmetterlingseffekt bekannt. Der Flügelschlag eines Schmetterlings kann, Modellrechnungen zufolge, zu einem Wirbelsturm auf einem anderen Kontinent führen. Dieses Beispiel verdeutlicht anschaulich die Komplexität von Systemen und lässt uns erahnen, was mit *Chaos* gemeint ist.

Die Wetterbildung in der Atmosphäre eignet sich insbesondere für die Erforschung komplexer Systeme und chaotischer Zustände. Obwohl jedes einzelne Molekül strengen Gesetzmäßigkeiten gehorcht, bilden sich Strukturen höherer Ordnung, die wiederum nicht vorhersehbar sind. Bei der Untersuchung solch komplexer Systeme kommt man zu Antworten, die sich auch auf Wirtschaftssysteme übertragen lassen.

„Ein komplexes System wird beschrieben durch seine Elemente mit all ihren Eigenschaften und Wechselwirkungen untereinander. Darüber hinaus treten Wechselwirkungen mit der Umgebung auf, reale Systeme können nicht als abgeschlossen behandelt werden. (...) Das zeitliche Verhalten der Systemelemente in Abhängigkeit von den Umgebungseinflüssen (Kontrollparametern) findet seinen Ausdruck in einer entsprechenden Anzahl nichtlinearer Differentialgleichungen. (...) Einige Zustandsparameter unterliegen schnellen zeitlichen Änderungen, während andere sich nur langsam verändern. Im Hinblick auf die Beschreibung von Makrostrukturen können die schnell veränderlichen Parameter vernachlässigt werden. Somit verringert sich die Anzahl zu lösender Gleichungen. Man kann nun zeigen, dass dieses Langzeitverhalten auch in komplexen Systemen von oft nur wenigen Parametern bestimmt wird. Diese Parameter heißen Ordnungsparameter. Ihre Gleichungen sind der Schlüssel zur Beschreibung der makroskopischen Ordnung.“[15]

Der Schlüssel zum Verständnis und letztendlich zur Lenkbarkeit komplexer Systeme liegt in den Ordnungsparametern. Diese Erkenntnis ist übertragbar auf Organisationsstrukturen, denn selbst im Chaos sind einige wiederkehrende Phänomene zu beobachten.

6.3.2 Phänomene fraktaler Strukturen

Aus Beobachtungen von Organismen und natürlichen komplexen Systemen wie der Wetterentstehung lassen sich Phänomene finden, die eine gewisse „Ordnung“, oder zumindest Struktur, im Chaos erkennen lassen. Das Phänomen der Selbstorganisation ist in vielen Systemen untersucht worden. Sehr anschaulich ist das Beispiel lebender Organismen. Die komplexen Vorgänge des Systems Leben folgen keinen einfachen Kausalketten, sondern Leben organisiert sich selbst. Cramer beschreibt diesen Gedanken wie folgt: „Um diese Ordnung im dynamischen System aufrechterhalten zu können, müssen ständig Aufbauprozesse ablaufen, die den das Leben ebenso ständig begleitenden Zerfall kompensieren.“[16]

Die Beschreibung dieses Phänomens gelang der Mathematik durch ein Maß für Strukturen hoher Komplexität: das *Fraktal*. Viele natürliche Strukturen konnten weder mit euklidischer noch mit der Differentialgeometrie erklärt werden, da diese nicht wie „glatte“ Objekte bei zunehmender Vergrößerung immer einfacher werden, sondern immer mehr Details offenbaren. Diese bilden die Grundlage der fraktalen Geometrie, die von Mandelbrot begründet wurde.[17] Mandelbrot bezeichnete die Objekte dieser Geometrie als Fraktale, abgeleitet aus dem Lateinischen fractus, was soviel heißt wie gebrochen oder fragmentiert. Das Kennzeichen von Fraktalen ist, dass jedes ihrer Teile die Gesamtstruktur enthält.

Das bekannteste Beispiel fraktaler Objekte ist die „Mandelbrot-Menge".[18] Vergrößerte Ausschnitte aus dieser Gestalt weisen immer wieder sehr ähnliche Strukturen auf. Sie sind jedoch nie gleich.

Als Hauptmerkmale fraktaler Objekte sind also die *Selbstorganisation* und die *Selbstähnlichkeit* festzuhalten. Hinzu kommt die *Dynamik*, die sich in der entstehenden Formenvielfalt bei Rückkopplungsmechanismen zeigt. Im Folgenden sollen diese Erkenntnisse in das komplexe System „Unternehmen" übertragen werden.

6.3.3 Fraktale im Unternehmen

Den Hauptmerkmalen der Fraktale – Selbstorganisation, Selbstähnlichkeit und Dynamik – kommt im fraktalen Unternehmen eine zentrale Bedeutung zu.

Warnecke charakterisiert Fraktale im Unternehmen wie folgt: „Ein Fraktal ist eine selbstständig agierende Unternehmenseinheit, deren Ziele und Leistung eindeutig beschreibbar sind.

- Fraktale sind selbstähnlich, jedes leistet Dienste.
- Fraktale betreiben Selbstorganisation:
  Operativ: Die Abläufe werden mittels angepasster Methoden optimal organisiert.
  Strategisch: In einem dynamischen Prozess erkennen und formulieren die Fraktale ihre Ziele sowie die internen und externen Beziehungen. Fraktale bilden sich um, entstehen neu, und lösen sich auf.
- Das Zielsystem, das sich aus den Zielen der Fraktale ergibt, ist widerspruchsfrei und muss dazu dienen, die Unternehmensziele zu erreichen.
- Fraktale sind über ein leistungsfähiges Informations- und Kommunikationssystem vernetzt. Sie bestimmen selbst Art und Umfang ihres Zugriffs auf die Daten.
- Bausteine im Konzept der fraktalen Fabrik.
- Die Leistung des Fraktals wird ständig gemessen und bewertet."[19]

Warnecke entwickelte auf dieser Basis das *Modell der fraktalen Fabrik* (Abbildung 6.3). Die wichtigsten Elemente werden im Folgenden skizziert.

Abbildung 6.3 Bausteine im Konzept der fraktalen Fabrik

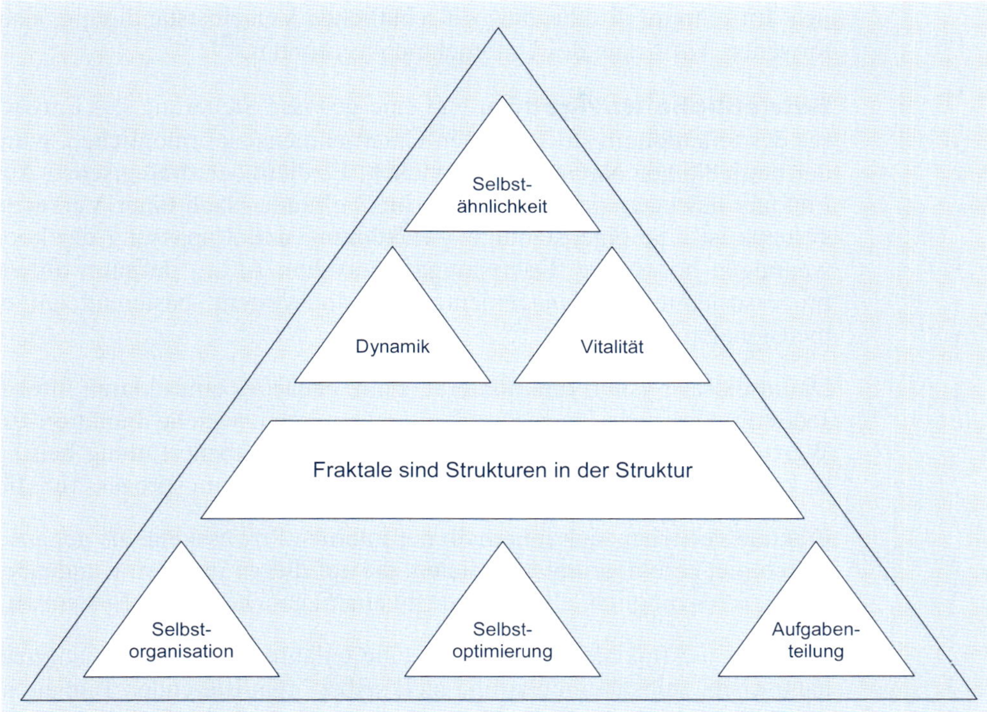

Selbstähnlichkeit. Fraktale sind Unternehmen im Unternehmen. In jeder Unternehmenseinheit sind die Unternehmensziele sowie unternehmerisches Denken und Handeln angelegt und werden auch gelebt. Ihre Aufgabe ist es, eine bestimmte Leistung komplett zu erbringen und eine Aufgabenlösung eigenständig einzuleiten.

Selbstorganisation. „Fraktale sollen sich ohne äußeren Zwang selbstständig gruppieren, um dem Ganzen zu dienen. Mit einer internen Selbstorganisation der Fraktale wird die Durchsetzung von Ideen durch selbstständiges Verbessern unterstützt, egal woher die Ideen kommen."[20] Hierzu bedarf es der Schaffung notwendiger Freiräume und der Verantwortlichkeit für das Endergebnis.

Dynamik und Vitalität. Fraktale erkennen Wandel als Wettbewerbschance und nicht als Problem. Vitalität ist das Gegenteil von Statik. Sie ist die Eigenschaft intelligenter Systeme, die es vermögen, adaptiv auf die Veränderung von Umweltbedingungen zu reagieren. „Die Bildung von überschaubaren Unternehmenseinheiten ist ein erfolgversprechender Ansatz, um marktnah und reaktionsschnell agieren zu können. Im Extremfall führt dies zur rechtlichen Verselbstständigung, also der organisatorischen Auflösung des Unternehmensverbundes."[21]

Betriebliche Navigation. Um eine gewisse Steuerung des Entwicklungsprozesses des teilautonom strukturierten Unternehmens zu ermöglichen, wurde das System der betrieblichen Navigation entwickelt. Es dient der strategischen Ausrichtung. Die Fraktale bewegen sich koordiniert im Zielraum. Nach einer Veränderung des Zielsystems ist eine eigenständige Veränderung und Anpassung der koordinierten Bewegungen notwendig. Das Navigationssystem ist „... definiert als ein dezentrales, prozessorientiertes Managementinformationssystem, basierend auf einem mehrdimensionalen Zielsystem"[22].

Damit dieses System funktionieren kann, bedarf es eines klaren Informationsflusses. Jedes Fraktal muss zu jedem Zeitpunkt wissen, welche Funktion es im gesamten Wertschöpfungsprozess hat und wie es zur Aufgabenerfüllung beitragen kann. Nur so kann ein von den Fraktalen getriebener Optimierungsprozess funktionieren.

Fraktale verstehen sich innerhalb der internen Prozesskette als gegenseitige Kunden. Durch die Vereinbarung von Zielen, die auf diesen internen Kundenbeziehungen beruhen, ist es möglich, alle Fraktale zu einem ganzheitlichen System zu integrieren.

Während die fraktale Organisation eine teilautonome Struktur aufweist, die aus dynamischen, selbstähnlichen und sich selbst organisierenden Einheiten besteht, wird der Schwerpunkt der folgenden Abschnitte auf der weiteren Auflösung des Unternehmens (bzw. der Unternehmensgrenzen) liegen. Das Ziel ist dabei stets eine noch bessere Anpassungsfähigkeit an die Umwelt. So ermöglicht die Divisionalisierung z.B. einer Lean Bank eine erheblich gesteigerte Marktnähe und Flexibilität. Die Fraktal-Bank würde darüber hinaus ihre Einheiten in kleinere, teilautonome Einheiten auflösen, die große Spielräume haben, aber auch volle Ergebnisverantwortung tragen. Einer fraktalisierten Bank gelingt es, sowohl an operativer als auch an struktureller Vitalität und Dynamik zu gewinnen, um in der immer komplexeren Umwelt erfolgreich agieren zu können.

6.4 Netzwerkunternehmen

Im Gegensatz zu bilateralen Kooperationen beschränkt sich die Zusammenarbeit bei *Netzwerkunternehmen* nicht auf einen einzigen Partner. Unternehmen gehen zur Realisierung von Netzwerken mehr oder weniger intensive Verbindungen mit anderen, rechtlich und teilweise wirtschaftlich selbstständigen Unternehmen ein, indem sie diese in den eigenen Leistungserstellungsprozess einbeziehen. Durch diese Beziehungen entstehen Verbindungen, die sowohl positive Folgen (Synergieeffekte) als auch negative (z.B. in Form einer verstärkten Abhängigkeit) haben können.

Stahl begründet das Entstehen von Netzwerkunternehmen durch die Weiterentwicklung sowohl hierarchischer als auch marktlicher Strukturen.[23] Führt die strukturelle Entwicklung von Hierarchien zu starken Redundanzen, z.B. im Rahmen der Divisionalisierung und Ausbildung autonomer Profit Center, entwickeln sich Organisationsnetzwerke. Marktnetzwerke (z.B. Franchising-Netzwerke) entstehen in „entgegengesetzter Richtung" durch die Integration hierarchischer Strukturen, wie z.B. Weisungs- und Kontrollsysteme, in grundsätzlich marktliche Strukturen.

Abbildung 6.4 Internationale Organisationseinheiten und Verbindungen von Philips

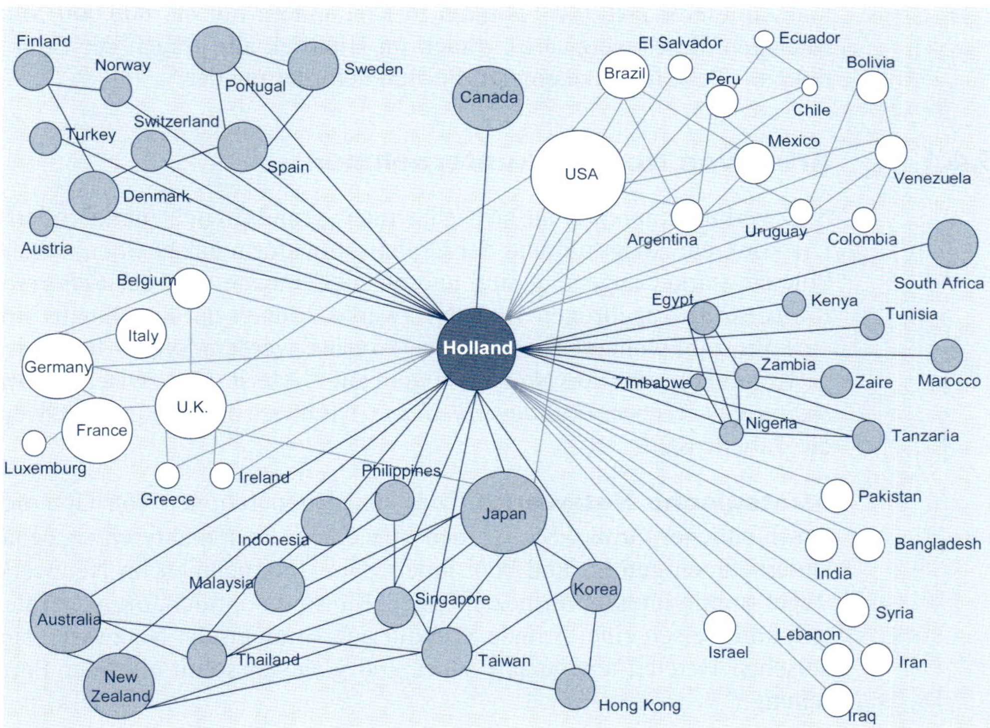

Quelle: Ghoshal, S. / Bartlett, C.A.(1990), S. 605.

Häufig werden Netzwerkunternehmen als Endergebnis der Entflechtung eines Unternehmens gesehen, das sich auf seine Kernkompetenzen konzentriert und alle anderen Bereiche durch Outsourcing ausgegliedert hat. Fink et al. betonen in diesem Zusammenhang die Bedeutung der anderen Perspektive.[24] Bei der Entwicklung neuer Geschäftsideen werden innovative Unternehmen von vorneherein überlegen, welche Kompetenzen sie selbst aufbauen müssen, da sie diese nicht kostengünstiger bzw. in besserer Qualität am Markt erwerben können. Alle übrigen Kompetenzen werden sie im Rahmen von Netzwerken ergänzen. Über Netzwerke können somit auch neue Kompetenzen hinzugewonnen werden.

Abbildung 6.4 verdeutlicht beispielhaft die Strukturen eines international agierenden Netzwerkunternehmens. Die abgebildete Struktur zeigt Netzwerkbeziehungen innerhalb der Unternehmensgrenzen.

Ein bekanntes Netzwerkunternehmen ist der Sportartikelhersteller Nike. Während Nike selbst ca. 33.000 Mitarbeiter beschäftigt, umfasst das Netzwerk der Hersteller und Zulieferer fast 700 Fabriken in 52 Ländern mit ca. 800.000 Mitarbeitern. Das Managen dieses Netzwerks – auch im Hinblick auf Fragen der Ethik und Nachhaltigkeit – stellt für Nike eine große Herausforderung dar.[25]

6.4.1 Arten von Netzwerkunternehmen

Netzwerkunternehmen an sich sind nicht grundsätzlich markt- oder hierarchienah. Die konkrete Ausgestaltung der Organisationsform entscheidet, welchem der beiden Pole sie stärker zugeneigt sind und ob sie demnach eher der *Beherrschung* oder der *Kooperation* zuzuordnen sind. Netzwerke können darüber hinaus im Hinblick auf eine Vielzahl weiterer Dimensionen typisiert werden. Sydow listet nicht weniger als 26 Kombinationen von Netzwerktypen auf.[26] Meist wird zwischen *strategischen* und *regionalen Netzwerke unterschieden.* Charakteristika beider Netzwerkarten enthält die Tabelle 6.2.[27]

Strategische Netzwerke. Dies sind Kooperationen von Unternehmen mit unterschiedlicher Größe. Sie werden von einem oder mehreren so genannten fokalen Unternehmen geführt und koordiniert. Die Unternehmen im Netzwerk haben in der Regel stabile Interaktionsbeziehungen. Sie sind räumlich, oft auch international, verteilt und weisen eine formale Struktur auf. Strategische Netzwerke sind dem hierarchischen Bereich tendenziell näher und gleichen somit eher der Form der Beherrschung.[28]

Regionale Netzwerke. Die Unternehmen werden in diesem Fall meist nicht von einem oder mehreren Unternehmen strategisch geführt. Die Interaktionsbeziehungen zwischen den Unternehmen sind weniger stabil und konfigurieren sich daher häufig neu. Diese Art von Netzwerken weist daher eine informelle Struktur und Kultur auf. Im Gegensatz zu strategischen Netzwerken sind die Beziehungen regionaler Netzwerke stärker durch Marktnähe gekennzeichnet.[29] Sie gleichen daher eher der Form der Kooperation denn der Beherrschung.

Tabelle 6.2 Charakteristika regionaler und strategischer Netzwerke

Regionale Netzwerke	Strategische Netzwerke
• Kleine und mittelgroße Unternehmen • Ohne strategische Führung durch ein einzelnes Unternehmen • Wechselnde Interaktionsbeziehungen • Räumlich konzentriert in einer Region • Eher emergente, informale Struktur und Kultur	• Unternehmen unterschiedlicher Größe • Strategisch von einem Großunternehmen geführt • Stabile Interorganisationsbeziehungen • Räumlich (häufig auch international) verteilt • Eher intentionale formale Struktur

Quelle: Heindl, H. / Pauschert, D. (1998), S. 24.

6.4.2 Potenziale netzwerkartiger Unternehmensstrukturen

Bei zunehmender Dynamik des Wettbewerbs und erhöhten Kundenansprüchen beruht die Wettbewerbsfähigkeit eines Unternehmens auf Faktoren wie kurzen Lieferzeiten, hoher Produktqualität, schnellem Reaktionsvermögen und großer Innovationskraft. In einer unbeständigen Umwelt sind Neuerungen und Innovationen, gleich welcher Art, stark von kurzfristigen Entwertungen bedroht.[30] Insbesondere hinsichtlich der Flexibilität scheinen klassische Organisationsformen mit starren Hierarchien diesen Anforderungen nicht mehr gewachsen zu sein. Die Vorteile von Netzwerkunternehmen liegen im Wesentlichen in den folgenden fünf Feldern: Nutzung von Größenvorteilen, Wissenstransfer, optimierte Ressourcenzuweisung, Flexibilität und Kompetenzgewinn.

Nutzung von Größenvorteilen. Wegen des Risikos einer schnellen Entwertung durch Veralterung aufgrund weiterer Innovationen scheuen sich Unternehmen oft davor, kapitalintensive Investitionen, wie z.B. Forschungs- und Entwicklungsleistungen (F&E), allein zu tragen. Netzwerkstrukturen ermöglichen es, diese Risiken zu teilen, indem die Unternehmen derartige Projekte gemeinsam umsetzen.[31] Neben Investitionen in Produktionsanlagen und F&E betrifft dies auch den Aufbau von spezifischem Know-how. Betrachtet man beispielsweise die Halbwertzeit von IT-Wissen, stellt sich die Frage, ob sich die „Eigenentwicklung“ des Wissens überhaupt lohnt oder ob es nicht besser wäre, benötigtes Wissen durch die Zusammenarbeit mit Netzwerkpartnern in das Unternehmen einfließen zu lassen. Des Weiteren lassen sich in Netzwerken, z.B. beim gemeinsamen Einkauf von Standarddienstleistungen, klassische Skaleneffekte realisieren.

Wissenstransfer. Im Bereich des Wissens- und Kompetenzaustauschs kann es zwecks schneller und kostengünstiger Generierung von Wissen sogar zu Kooperationen bei der Entwicklung von Kernkompetenzen kommen. Ein Beispiel dafür ist die Kooperation zwischen Philips und Sony. Bei der Entwicklung der Compact Disc hätten die Entwicklungskosten die Möglichkeiten eines einzelnen Unternehmens überschritten. Die optische Speichertechnologie, die Grundlage der Compact Disc ist, stellt heute eine Kernkompetenz von Philips dar.[32] Kooperationsbeziehungen mit anderen Unternehmen können somit auch zur Ideengenerierung beitragen. Ein weiterer Vorteil fremder Einflüsse liegt darin, die eigene „Betriebsblindheit“ aufzudecken und eingefahrene Prozesse aufzuweichen.

Optimierung der Ressourcenallokation. Bereits im vierten Kapitel wurde deutlich, dass sich bei zunehmendem Wettbewerbsdruck das Problem einer optimalen Ressourcenallokation stellt. Die Empfehlung in diesem Zusammenhang lautet, sich weiter zu spezialisieren und die Ressourcen denjenigen Aktivitäten zuzuweisen, in denen das Unternehmen Kernkompetenzen und einen Wettbewerbsvorteil besitzt. Andere Leistungen werden über externe Partner, die sich ihrerseits auf diese Leistungen spezialisiert haben, bezogen.

Flexibilität. Kooperationsbeziehungen oder Joint Ventures können dazu beitragen, dass neue Märkte schnell und mit relativ geringem Aufwand erschlossen werden können. Durch den flexiblen Marktein- bzw. -austritt gelingt es, dynamische Umweltzustände deutlich besser zu bewältigen als dies in klassischen Hierarchien der Fall ist.

Kompetenzgewinn. Durch die Zusammenarbeit mit einem lokalen Unternehmen können beispielsweise Vertriebswege und das kundenspezifische Wissen des Partners genutzt werden, um die eigenen Produkte zu vertreiben. Wichtig ist, dass die Bildung netzwerkartiger Strukturen häufig erst durch neue Technologien ermöglicht wird (z.B. Internet).

6.4.3 Herausforderungen netzwerkartiger Unternehmensstrukturen

Den Vorteilen von Netzwerkunternehmen stehen jedoch auch Hindernisse gegenüber.

Uneinheitliche Standards. Als wesentliches Hindernis gelten uneinheitliche Standards der verschiedenen Informations- und Kommunikationstechnologien. Eine Integration anderer Unternehmen in das eigene System oder vice versa gestaltet sich oft als erhebliches Problem, da die Schnittstellen der Systeme aneinander angepasst werden müssen. Dies betrifft sowohl die IT als auch die Aufbau- und Ablauforganisation. Die Anbindung an andere Unternehmen kann sich daher als kostspielig erweisen. Außerdem entstehen dadurch Abhängigkeitsbeziehungen, die von den (stärkeren) Handelspartnern opportunistisch ausgenutzt werden können. Mögliche Kostenersparnisse aus der Einführung neuer Technologien müssen daher gegenüber den Anfangsinvestitionen und den Risiken, die sich aus den Abhängigkeitsbeziehungen ergeben, abgewogen werden.

Ungenügende Vertrauensbeziehungen. Der zweite einschränkende Faktor sind die Vertrauensbeziehungen zwischen den Unternehmen. Aufgrund des Fehlens wesentlicher Attribute, wie einer einheitlichen Unternehmenskultur, stellt sich bei Netzwerkunternehmen die Frage, wie sich opportunistisches Verhalten zwischen den Netzwerkpartnern vermeiden lässt. Dies gilt insbesondere für den Bereich des Wissensaustauschs. Dabei ist es einerseits zum Wohl des Gesamtnetzwerks unbedingt erforderlich, marktrelevante Informationen auszutauschen, andererseits stellt die Angemessenheit des Informationsaustauschs bei der Zusammenarbeit – insbesondere in Bereichen, die die Kernkompetenzen tangieren – einen Drahtseilakt dar. Darüber hinaus lassen sich Prozesse, die eine kreative Zusammenarbeit oder tiefe Vertrauensbeziehungen erfordern, nur schwer durch IT unterstützen. An dieser Stelle ist weiterhin der persönliche Kontakt der Partner erforderlich. Vertrauen zwischen den Handelspartnern ist für Netzwerkunternehmen daher ein wesentlicher Erfolgsfaktor.

Mangelnde Steuerung. Als drittes Hindernis zeigt sich bei Netzwerkunternehmen das Problem des Gesamtnetzwerkmanagements. Vorstellbar und auch in der Realität zu beobachten sind Netzwerke, die von einigen wenigen Großunternehmen aufgebaut werden. Bedingt durch ihre Marktmacht können sie Standards – beispielsweise Formate und Schnittstellen im IT-Bereich – durchsetzen. Bei einem stark fragmentierten Netzwerk vieler kleiner Unternehmen wird es ein wesentlich größeres Problem darstellen, derartige Einigungen zu erzielen.

6.4.4 Erweiterung von Netzwerkunternehmen zu Value Networks

Das ursprüngliche Konzept der Wertschöpfungskette von Porter setzt sich mit der Fragestellung auseinander, wie ein bestimmter Input, z.B. Rohstoffe bei der industriellen Fertigung, in konkrete Ergebnisse (Produkte, Dienstleistungen) transformiert werden kann (vgl. Abschnitt 1.4). Über den industriell geprägten Ansatz von Porter hinaus hat die Organisationswissenschaft alternative Modelle zur Abbildung der Wertschöpfung entwickelt, die den besonderen Charakteristika der Dienstleistungsbranche Rechnung tragen. Exemplarisch sei hier das Modell des *Value Network* genannt, das Wertschöpfung als einen Prozess der Vermittlung zwischen den verschiedenen Interessen in einem Netzwerk beschreibt. So vermitteln beispielsweise Finanzdienstleister zwischen Anlegern und Kreditnehmern, Käufern und Verkäufern von Finanzprodukten im Wertpapierhandel oder Endkunden und Partnerunternehmen bei Versicherungsprodukten.[33]

Bei der Gestaltung eines Value Network sind primär die folgenden Fragestellungen zu beantworten:

- Wer soll in das Netzwerk aufgenommen werden, um dessen Wert zu erhöhen?
- Wer sind erwünschte Teilnehmer im Netzwerk und wie kann ihr erwünschtes Verhalten verstärkt werden?
- Wie sind neue Chancen zu identifizieren, um Kunden mehr Zusatznutzen innerhalb des Netzwerks anzubieten?
- Mit wem sind die Kunden des Value Network noch verbunden und wie können diese Verbindungen ausgenutzt werden?
- Welche anderen Leistungen können über das Netzwerk angeboten werden?

In Abhängigkeit vom Organisationsniveau der Vernetzungsbeziehungen im Value Network können die drei Vernetzungsschichten *Verbund-Schicht, Pool-Schicht* und *Netz-Schicht* unterschieden werden (Tabelle 6.3).[34]

Tabelle 6.3 Unterscheidung des Organisationsgrads von Value Networks

Organisationsgrad		Beispiele
hoch	Netz-Schicht	• Konsortien (z.B. bei der Kreditvergabe) • Outsourcing (z.B. dwpbank, Xchanging) • Vertriebskooperationen (z.B. Allianz und Genossen) • Wertschöpfungspartnerschaften (z.B. Postbank und Deutsche Bank) • Allfinanz-Netzwerke (z.B. Sparkassen-Finanzgruppe) • …
	Pool-Schicht	• Benchmarking-Clubs (z.B. Fit-4-Service Club FDL) • Standardisierungsgemeinschaften (z.B. Mobile-Payment-Forum) • Branchen-Verbände (z.B. Bundesverband deutscher Banken) • Berufsverbände (z.B. Deutscher Bankangestellten Verband) • Kundenclubs (z.B. SV Kundenclub der Sparkassen-Versicherung) • …
gering	Verbund-Schicht	• Verschachtelte Aufsichtsratsmandate („Interlocking Directorates“) • Beiräte (z.B. Beirat einer LZB) • Old-Boy-Networks (z.B. Alumni-Netzwerk) • Regionale Cluster (z.B. „Bankenplätze“) • …

Quelle: In Anlehnung an Reiß, M. / Zieger, T. (2006).

Verbund-Schicht. Auf dieser Schicht befinden sich faktisch existierende, jedoch nicht organisierte bzw. nicht aktiv geschaffene Netzwerke. Diese können sich aus Gründen wie gleicher regionaler Herkunft (z.B. geografische Nähe zweier Banken), kultureller Übereinstimmung (z.B. „Hard Selling“ im Vertrieb) oder Sympathie (z.B. Old-Boy-Networks) formen.

Pool-Schicht. Hier sind die offiziell organisierten, nach innen gerichteten Prozesse des Netzwerks angesiedelt. Dazu zählen u.a. die gemeinsame Wissensversorgung, das organisierte Beziehungsmanagement und Verbandsaktivitäten. Die Aktivitäten der Pool-Schicht dienen der Steigerung der Ressourcen- und Beziehungspotenziale des Netzwerks.

Netz-Schicht. Zu dieser Schicht gehören auf den externen Wertschöpfungsprozess und den netzwerkexternen Absatzmarkt fokussierte unternehmerische Partner.

Von der Verbund-Schicht zur Netz-Schicht steigt der Grad der formellen vertraglichen Vereinbarungen. Insbesondere die Schnittstelle des Value Networks zum Kunden auf der Netz-Schicht ist meist vertraglich zwischen den Netzwerkpartnern geregelt.

Die erweiterte Form des Value Network umfasst das gesamte Wertnetz über die Grenzen des Netzwerkunternehmens hinaus. Modellhaft besteht das Value Network eines Unternehmens aus vier Beziehungsfeldern. Während sich die klassische Wertschöpfungskette mit Zulieferern und Kunden in der vertikalen Achse des Netzes wiederfindet, sind Unternehmen der gleichen Wertschöpfungsstufe als Konkurrenten und Komplementoren auf der horizontalen Achse des Netzes abgetragen. Mit den Konkurrenten bildet das Unternehmen einen Verdrängungsverbund. Es steht mit ihnen im Wettbewerb um Kunden und begrenzte Ressourcen. Mit den Komplementoren steht es hingegen in einem Ergänzungsverbund. Die Zusammenarbeit fördert das Geschäft des jeweils anderen. Ein Value Network am Beispiel einer Kreditgenossenschaft zeigt Abbildung 6.9.

6.4.5 Virtuelle Unternehmen – eine Form der Netzwerkorganisation

„So schnell wie der Schnellste, so groß, wie der Größte, so billig, wie der Billigste.“[35]

„Es ist unwahrscheinlich, dass an einem zentralen Standort, wie München oder Stuttgart die besten Karosseriedesigner auf die innovativsten Airbag-Entwickler und die geschicktesten Fahrwerkskonstrukteure treffen und dabei auch noch die optimale Managementunterstützung erhalten.“[36]

Die vorangehenden Zitate verdeutlichen zum einen den Anspruch an virtuelle Unternehmen und zum anderen ihr Wertschöpfungspotenzial. Den Marktanforderungen folgend lautet auch das Ziel des virtuellen Unternehmens „erhöhte Flexibilität“.

Virtuelle Unternehmen stellen eine konkrete Ausprägung von Netzwerkunternehmen dar. Bevor jedoch auf die Potenziale und Eigenschaften virtueller Organisationen eingegangen wird, ist der Begriff des virtuellen Unternehmens zu klären. Der Begriff der Virtualität ist mittlerweile zu einem Modewort avanciert, dessen Nutzung inflationär erscheint (Virtual Communities, Virtual Enterprises, Virtual Reality etc.). Dagegen sind die Inhalte der vielfältigen Ausprägungen dieses Begriffs eher schwer zugänglich.

Unter „virtuell“ wird etwas zusammengefasst, was „nicht wirklich“, sondern nur „scheinbar“ oder „der Möglichkeit nach“ vorhanden ist. Virtualität existiert also nicht an sich, sondern nur in Verbindung mit einem konkreten, real vorhandenen Objekt (z.B. virtueller Speicher, virtuelles Unternehmen). „Virtuell“ impliziert auch immer, dass einige physische Attribute des Originalobjekts fehlen. Beispielsweise wird bei einer virtuellen Urlaubsreise physikalisch nicht der Standort gewechselt. Trotzdem lassen sich die dem physischen Objekt ursprünglich zugeordneten Möglichkeiten (virtuell) nutzen und erleben. Im Fall der Urlaubsreise wäre dies das „Erleben fremder Regionen“. Diese Möglichkeiten sind an bestimmte – in der Regel technische – Zusatzfaktoren gebunden, die die Virtualität erst ermöglichen und einen entsprechenden Nutzen mit sich bringen (hier: Ersparnis der Transportkosten).[37]

Auf dieser Basis definiert Scholz ein virtuelles Objekt folgendermaßen:[38]

Es beinhaltet

1. konstituierende Charakteristika, die sowohl das ursprüngliche (reale) Objekt als auch seine virtuelle Realisierung aufweisen und die letztlich konstitutive Definitionselemente des ursprünglichen und jetzt zu virtualisierenden Objekts sind,

2. physikalische Attribute, die üblicherweise mit dem zu virtualisierenden Objekt assoziiert sind, die aber beim virtualisierten Objekt nicht mehr vorhanden sind,

3. spezielle Zusatzspezifikationen im Sinne von Lösungswegen, die für die virtuelle Realisierung notwendig sind, und

4. Nutzeneffekte als Vorteile, die sich durch den Wegfall der physikalischen Attribute ergeben.

Ein Beispiel ist das „virtuelle Produkt“, das vor der physischen Herstellung des Endprodukts vom Kunden selbst seinen Vorstellungen entsprechend angefertigt werden kann. Dies trifft z.B. auf die individuelle Konfiguration eines PCs über den Anbieter Dell zu.

Ein weiteres Beispiel ist der virtuelle Speicher.[39] Der Speicher besteht aus zwei Komponenten: Zum einen aus dem kostengünstigen, in großen Quantitäten vorliegenden, aber relativ langsamen Festplattenspeicher (Hard Disk), zum anderen aus dem in geringerem Umfang vorhandenen, relativ teuren, aber extrem schnellen Arbeitsspeicher (Random Access Memory, RAM). Die Gründe für die Entstehung eines virtuellen Arbeitsspeichers liegen darin, dass aufgrund von Zielkonflikten zwischen Kapazität, Geschwindigkeit und Kosten ein Optimierungsproblem auftritt. Um dieses zu lösen, werden die unterschiedlichen Leistungsmerkmale der physischen Speicherkomponenten so zugeordnet, dass schnelle Prozessabschnitte von schnellen Komponenten, langsamere Prozessabschnitte von langsameren Komponenten bearbeiten werden. Das Bemerkenswerte daran ist, dass der Anwender den Eindruck erhält einen einzigen Speicher zu benutzen, der sowohl über eine hohe Zugriffsgeschwindigkeit als auch hohe Kapazitäten verfügt – ohne dass jede einzelne Speicherkomponente alle Anforderungen zugleich optimal erfüllt.[40]

Auf den Begriff des Unternehmens lässt sich diese „Idee der Ausschnittsbildung“ nur bedingt übertragen. Trotzdem sind auch heute schon Beispiele für derartige Organisationsformen vorhanden. So ähnelt z.B. eine virtuelle Anwaltskanzlei dem beschriebenen Speicherkonzept. Sie verbindet weltweit tätige, rechtlich und wirtschaftlich selbstständige Anwälte und Anwaltskanzleien miteinander, die so fast in jeder Sprache und jedem Rechtsgebiet qualifizierte Beratung bieten können. Dabei nimmt jeder Auftrag nur einen bestimmten Ausschnitt der Gesamtorganisation in Anspruch. Im Verständnis des virtuellen Unternehmens ist dieser Ausschnitt die Organisation, die sich auftragsbezogen konfiguriert und nach der Erledigung dieses spezifischen Auftrags wieder auflöst. In einer derartigen Organisation trägt jeder Akteur mit seinen Kernkompetenzen zum Erfolg des Gesamtunternehmens bei. Jede Aufgabenstellung wird somit durch eine spezifische Konfiguration dynamischer Ressourcen bewältigt.[41]

Das Beispiel macht deutlich, wie die Definition eines virtuellen Objekts auf den Bereich des virtuellen Unternehmens überführt werden kann.[42]

1. Das virtuelle Unternehmen weist die gleichen konstitutiven Charakteristika eines jeden Unternehmens auf. Es findet eine Wertschöpfung mit dem Ziel statt, ein spezifisches Produkt, z.B. in Form einer Dienstleistung, am Markt abzusetzen. Das virtuelle Unternehmen tritt dabei, wie jedes real existierende Unternehmen, aus Sicht des Kunden als Einheit auf.

2. Dem virtuellen Unternehmen fehlen jedoch spezifische (physikalische) Attribute wie eine vorhandene Unternehmenszentrale oder Verwaltung. Das virtuelle Unternehmen besitzt keine Zweigstellen, Filialen oder permanenten Kundendienst. Es fehlen jedoch nicht nur physikalische Attribute, sondern auch bestimmte institutionelle Eigenschaften. So verfügt es nicht über eine konkrete juristische Form oder andere vertragliche Absicherungen (wie z.B. Arbeitsverträge).

3. An der Stelle der fehlenden Attribute weist das virtuelle Unternehmen bestimmte Zusatzeigenschaften auf. Hier sind vor allem der verstärkte Rückgriff auf ausgereifte Informationstechnologien sowie die informationstechnische Vernetzung und das Gefühl des absoluten, gegenseitigen Vertrauens zu nennen.

4. Der Nutzeneffekt durch den Wegfall der (physikalischen) Attribute liegt für virtuelle Unternehmen vor allem in einer stark erhöhten Flexibilität und Anpassungsfähigkeit. Das virtuelle Unternehmen stellt weiterhin eine „Best of all“-Lösung dar, in der Gestalt, dass es sich nur aus den Experten für das jeweils aktuell zu bearbeitende Problem zusammensetzt. Ein weiterer Vorteil liegt darin, dass das virtuelle Unternehmen darauf verzichtet, Kompetenzen aktiviert zu halten, wenn sie für die spezifische Kundenanforderung nicht gebraucht werden.

Organisatorisch können virtuelle Unternehmen in Form von Netzwerkorganisationen konkretisiert werden. Sie stellen somit keine grundsätzlich neue Form der Organisation dar, sondern positionieren sich im Spektrum zwischen Markt und Hierarchie.

Zusammenfassend kann ein virtuelles Unternehmen als

- ein Unternehmensnetzwerk rechtlich und wirtschaftlich weitestgehend unabhängiger Organisationen konzeptionalisiert werden,
- das sich anhand konkreter Kundenaufträge,
- für die Dauer eines Projekts konfiguriert,
- auf Basis von Informations- und Kommunikationstechnologien koordiniert,
- auf die Kompetenz der beteiligten Organisationen bezieht und
- durch den weitestgehenden Verzicht auf institutionelle und physische Voraussetzungen Virtualisierung als unternehmerisches Organisationsprinzip praktiziert und gegenüber dem Kunden wie ein einziges Unternehmen (Als-ob-Organisation) auftritt.[43]

Als Netzwerkorganisation leidet auch das virtuelle Unternehmen unter den typischen Schwächen dieser Organisationsform: Es mangelt aufgrund der Heterogenität und der Vielfalt der beteiligten Unternehmen insbesondere an elementaren Voraussetzungen wie einer einheitlichen Unternehmenskultur oder Vertrauen.[44] Diese Tendenz wird bei internationalen Kooperationen noch verstärkt.

Daher ist ein virtuelles Unternehmen „… praktisch nur auf der Grundlage eines stabilen langfristigen Unternehmensnetzwerkes möglich, das sich durch relativ stabile und vertrauensvolle Beziehungen zwischen ihren Mitgliederorganisationen auszeichnet. Die virtuelle Unternehmung wird demnach als ein sich spontan zur Befriedigung konkreter Kundenanforderungen konfigurierendes Netzwerk verstanden, dem genau jene Mitgliedsorganisation (oder Teile von ihnen) des langfristigen Unternehmensnetzwerkes angehören, deren Kernkompetenzen zur Erfüllung des konkreten Kundenauftrages benötigt werden. (…) Nur innerhalb solcher latenter, langfristiger Unternehmensbeziehungen können die Voraussetzungen für spontane und durch spezifische Kundenaufträge determinierte Kooperationsbeziehungen (u.a. Vertrauen, Qualifikation, Langfristigkeit etc.) angenommen werden.“[45] Die Abbildung 6.5 zeigt die Struktur eines virtuellen Unternehmens.

Abbildung 6.5 Virtuelles Unternehmen auf Basis eines Unternehmensnetzwerks

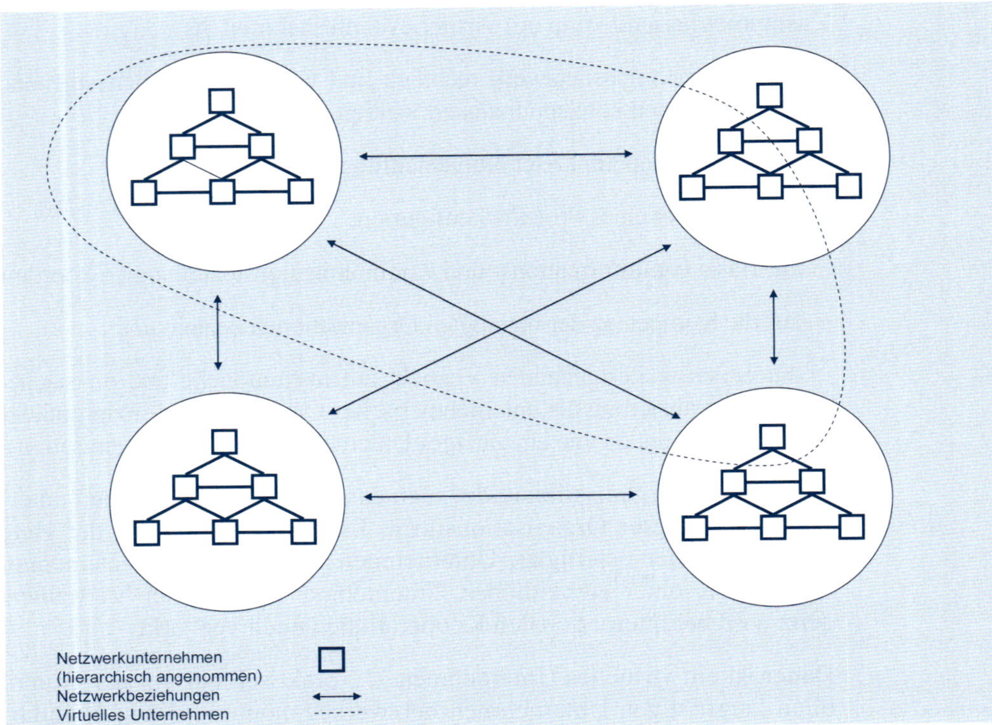

Quelle: Heindl, H. / Pauschert, D. (1998), S. 26.

6.4.6 Ökonomische Potenziale

Die Potenziale eines virtuellen Unternehmens ergeben sich insbesondere durch drei Eigenschaften:[46]

Standortunabhängigkeit. Durch Informations- und Kommunikationstechnologien werden Unternehmen in die Lage versetzt, lokales Expertenwissen aus verteilten Standorten zu nutzen und weltweiten Zugang zu Beschaffungs- und Absatzmärkten zu erhalten. Der Zugang zu weltweiten Ressourcen reduziert die Abhängigkeit von lokalen Ressourcen bzw. Absatzmärkten und erhöht damit die Flexibilität der Unternehmen.

Zeitunabhängigkeit. Durch die elektronische Annahme und Verarbeitung von Daten können Informationen jederzeit ausgetauscht und weiterverarbeitet werden. Darüber hinaus ermöglicht der kostengünstige Transfer großer Informationsmengen mittels IT die Ausnutzung der Unterschiede verschiedener Zeitzonen.

Vernetzung von Wissensressourcen. Durch die Vernetzung von Wissensressourcen ist es möglich, Spezialisten für eine einmalige Aufgabenbewältigung zu vernetzen. Jeder Experte kann so seine eigenen Kernkompetenzen zur Bewältigung der Gesamtaufgabe einbringen. Auch diese Eigenschaft virtueller Unternehmen wird durch IT unterstützt.

Die wohl wichtigste Konsequenz aus diesen Aspekten ist, dass Anbieter und Nachfrager heute technisch in der Lage sind, räumliche und zeitliche Grenzen zu überwinden. Der weltweite Zugang zu Know-how, Kapital-, Beschaffungs- und Absatzmärkten ermöglicht dem virtuellen Unternehmen vielfältige Möglichkeiten, u.a.:[47]

- **Niedrigere Kosten**: Regionale Unterschiede bei Gehältern und Mietpreisen sind häufig der Grund für eine Standortverlegung zu Lasten städtischer Ballungszentren.

- **Zeitreduktion**: Durch die Ausnutzung unterschiedlicher Zeitzonen, Feiertagsregelungen und international unterschiedlicher Arbeitsrhythmen können betriebliche Prozesse stark gestrafft werden (bei einer Aufteilung auf Europa, Japan, USA ließe sich eine Projektdauer theoretisch auf ein Drittel reduzieren).

- **Größere Flexibilität:** Die eigenen Kapazitäts- und Leistungsgrenzen können permanent an projektabhängige Anforderungen angepasst werden. Es werden nur diejenigen Ressourcen in Anspruch genommen, die auch wirklich gebraucht werden. Auch bei großer Umweltvariabilität können alle Aufgaben durch eine entsprechende Verlagerung des Schwerpunkts von Spezialisten bearbeitet werden.

- **Höhere Qualität und mehr Innovation:** Durch Expertise in den unterschiedlichen Zielmärkten können Produkte den Erwartungen der jeweiligen Kunden entsprechend angepasst werden (z.B. die Anpassung von Software an die jeweilige Landessprache). Da alle bei der Lösung einer Aufgabe (z.B. bei einer Entwicklungskooperation) beteiligten Partner durch Einsatz ihrer Kernkompetenzen ihre individuelle Erfahrung kombinieren, ermöglichen sie es, die Qualität der Produkte sowie das Potenzial für Innovationen zu steigern.

Anhand dieser Beispiele wird deutlich, dass analog der Speicherarchitektur im Zusammenspiel zwischen Hard Disk und RAM durch geschickte Kombination unterschiedlicher Komponenten mit unterschiedlichen Leistungsmerkmalen im Inneren des Systems verschiedene Erscheinungsformen (Geschwindigkeit, Größe, Kostenführerschaft etc.) nach außen dargestellt werden können. Die Auflösung von Orts- und Zeitgrenzen sowie von klassischen Unternehmensgrenzen und -strukturen versetzt das Unternehmen in die Lage, für den Markt mehr Leistungen erbringen zu können, als dies aufgrund seiner unmittelbar verfügbaren Ressourcen möglich wäre.[48]

Virtuelle Unternehmen bieten die nötige Flexibilität, um dynamischen Umweltbedingungen zu begegnen. Der Aufbau von Vertrauen ist jedoch die entscheidende Herausforderung für die Funktionsfähigkeit virtueller Unternehmen. Grundsätzlich ist es wegen der geringen vertraglichen Sicherheit, dem unter Umständen häufigen Vertragspartnerwechsel, der Koordination standortverteilter Module, der Verschiebung und Überwindung räumlicher sowie organisatorischer Grenzen schwer, Vertrauen und eine gemeinsame Kultur zwischen den Akteuren zu etablieren. Sofern keine ausreichende Vertrauensbeziehung zwischen den Handelspartnern hergestellt werden kann, werden virtuelle Organisationsformen nur dann gegenüber anderen Organisationsformen vorgezogen, wenn äußerst spezifische Tätigkeiten selten ausgeführt werden.[49] Die Durchsetzung derartiger Organisationskonzepte hängt auch davon ab, inwieweit es Technologien ermöglichen werden, insbesondere Prozesse darzustellen, die an die Stelle der Vertrauensbeziehungen treten können.

Abbildung 6.6 Organisationsformen in Abhängigkeit von Marktunsicherheit und Produktkomplexität

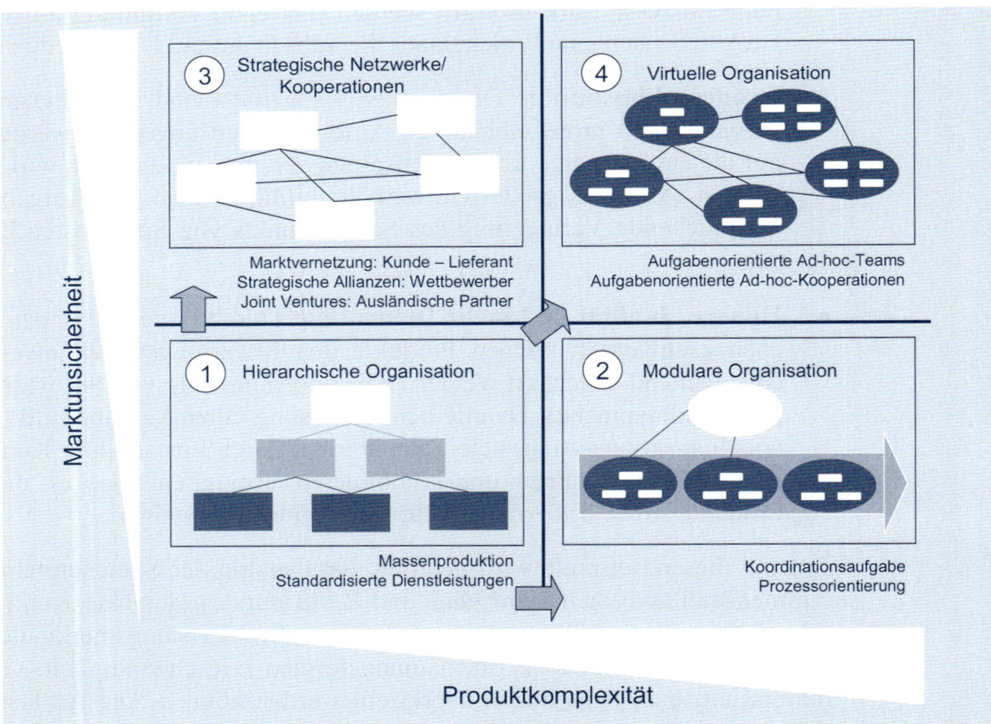

Quelle: Picot, A. / Reichwald, R. / Wigand, R.T. (2003), S. 273.

Darüber hinaus ist zu bedenken, dass flexible Strukturen, wie sie beim virtuellen Unternehmen existieren, nur dann eine geeignete Organisationsform darstellen, wenn die entsprechenden Rahmenbedingungen (unbeständige Umweltbedingungen) gegeben sind (Abbildung 6.6). So kann das Vorhalten redundanter Strukturen bei Netzwerkunternehmen (z.B. mehrere Personal- oder Bilanzabteilungen) im Gegensatz zu den aggregierten Strukturen innerhalb eines Unternehmens zu Effizienzverlusten führen. Die Flexibilitätsvorteile „disaggregierter“ Strukturen galten daher lange Zeit schlicht als zu teuer. In Abhängigkeit von Marktunsicherheit und Produktkomplexität haben hierarchische Unternehmensformen durchaus ihre Daseinsberechtigung und können vor dem Hintergrund der ökonomischen Effizienz bei niedriger Produktkomplexität sowie stabilen Marktbedingungen durchaus die bessere Alternative sein.

6.5 Wertschöpfungsarchitekturen in der Bankwirtschaft

Die Entwicklung der IT sowie die Entstehung elektronischer Marktplätze haben große Auswirkungen auf das Bankgeschäft. Banken verarbeiten in erster Linie Informationen, die leicht digitalisierbar und dadurch von den schnellen Entwicklungen im IT-Bereich in besonderem Maße betroffen sind. Das Potenzial zur Reduktion von Transaktionskosten ist für Banken (und andere Finanzdienstleister) daher enorm. Viele dieser Entwicklungen haben die Entstehung neuer *Wertschöpfungsarchitekturen* erst ermöglicht.

Der klassische Wettbewerb von Unternehmen innerhalb klar voneinander abgegrenzter Branchen hat sich zu einer Rivalität der Wertschichten innerhalb und außerhalb bestehender Sektoren gewandelt. Die Finanzbranche ist herausgefordert und gefordert, die Teilprozesse ihrer *Wert(schöpfungs)kette* unter Renditegesichtspunkten kritisch zu hinterfragen, Kernkompetenzen zu identifizieren und bestehende Wertschöpfungsarchitekturen zu überdenken.

Während die Reduktion von Transaktionskosten und damit die Verbesserung der Aufwandsseite einer Bank zwar der Ausgangspunkt für die Entwicklung neuer Wertschöpfungsarchitekturen war, so haben mittlerweile zwei weitere Aspekte an Bedeutung gewonnen. So sind neue Wertschöpfungsarchitekturen inzwischen auch entscheidend für die Generierung neuer Erträge geworden. Darüber hinaus führen sie durch die erforderliche Konzentration und Fokussierung zu einer Schärfung des Geschäftsmodells einer Bank.

Die Gründe und Rahmenbedingungen für die Veränderungen des Bankenmarkts und damit auch seiner Wertschöpfungsstrukturen sind vielfältig und wurden ausführlich im Kapitel 1 behandelt. Neben den generellen Marktveränderungen sind die Regulierung des Markts, die veränderte Kundenstruktur, die gestiegene Produktkomplexität sowie neue technologische Möglichkeiten zu nennen. Abbildung 6.7 zeigt eine Übersicht über die Rahmenbedingungen und Faktoren, die zu neuen Geschäftsmodellen führen. Insbesondere zeigt diese an eine Darstellung des Instituts für Versicherungswirtschaft der Universität St. Gallen angelehnte Abbildung den dynamischen Charakter der Entwicklung von Wertschöpfungsmodellen. Es wird deutlich, dass bei zunehmendem Wettbewerb die Zerlegung (*Dekonstruktion*) der Wert(schöpfungs)kette die logische Folge ist. Ob es darüber hinaus notwendig und sinnvoll ist, den Sprung auf eine neue Wertkette mit einem neuen Geschäftsmodell zu unternehmen, ist eine weitere spannende Frage für die Geschäftsleitung einer Bank.

Abbildung 6.7
Veränderung der Wertschöpfungsstruktur

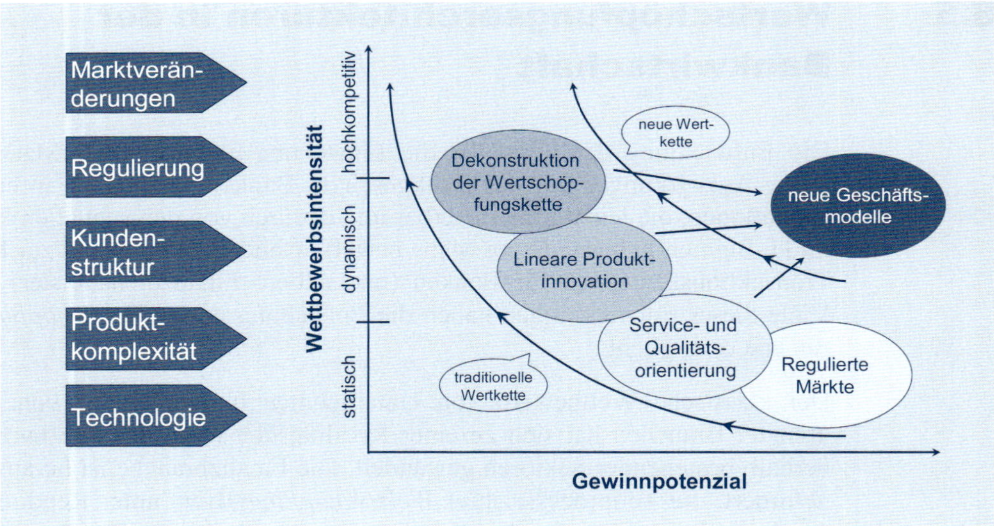

Aufsichtsrechtliche Regelungen sind für die Dekonstruktion der Wertschöpfungskette und die Entstehung innovativer Wertschöpfungsarchitekturen im Bankensektor von zentraler Bedeutung. Insbesondere der § 25a Abs. 2 KWG über die Auslagerung von Bereichen auf ein anderes Unternehmen bestimmt die Zulässigkeit und die Anforderungen an zulässige Auslagerungen bei Kredit- und Finanzdienstleistungsinstituten. Zusätzlich geben die Mindestanforderungen an das Risikomanagement (MaRisk) und die qualitativen Vorgaben aus CRD und CAD auf europäischer Ebene Anforderungen an bankbetriebliche Geschäftsprozesse vor. Um ein Verständnis für die

Entstehung neuer Wertschöpfungsarchitekturen im Banking zu erhalten, ist eine Systematisierung möglicher Architekturen erforderlich.[50]

6.5.1 Systematisierung innovativer Wertschöpfungsarchitekturen

Durch die Zerlegung der Wertkette entstehen nach Heuskel vier Grundtypen innovativer Wertschöpfungsarchitekturen: *Layer Player* (Schichtenspezialisten), *Orchestrators* (Orchestratoren), *Market Maker* (Pioniere) und *Integrators* (Integratoren).[51] Die Layer Player sind Spezialisten, die einzelne Elemente aus der integrierten Wertkette herauslösen und einen eigenen Markt durch Größenvorteile, Know-how-Vorsprung oder Eigentumsrechte über die Industriegrenzen hinweg etablieren. Orchestratoren hingegen sind „... Dirigenten, die unterschiedliche Instrumente des Symphonie-Orchesters zwar kennen, nicht aber selber spielen müssen."[52] Der Fokus der Orchestratoren ist auf wenige Kernsegmente beschränkt. Im Wertschöpfungsnetzwerk fungieren sie als Koordinator ihrer Wertkette. Market Maker verändern das traditionelle Wertschöpfungsgefüge durch technische Pionierleistungen, indem sie neue Wertschöpfungsstufen in die bestehende Wertkette einführen. Die Informationsvorteile innerhalb der eigenen Branche werden später auf weitere Industriezweige ausgedehnt. Als abschließende Wertschöpfungsarchitektur nennt Heuskel die Integratoren, die einen Großteil der Aktivitäten entlang der Wertkette selbst durchführen. Sie fungieren als Kontrolleure der gesamten Wertschöpfungskette. Die klassische Strategie der Integration vor- und nachgelagerter Wertstufen kann auch im Wertschichtenwettbewerb zu einer erfolgreichen Wachstumsstrategie werden.

Neben den vier Grundtypen nach Heuskel wird in der Literatur eine Vielzahl innovativer Wertschöpfungsarchitekturen beschrieben. Vergleiche der charakteristischen Kernkompetenzen der einzelnen Modelle zeigen jedoch große Übereinstimmungen untereinander. Die Tabelle 6.4 stellt ausgewählte Wertschöpfungsarchitekturen unterteilt nach Autoren, Institution, Ansatz, Modellen und Kernkompetenzen gegenüber und gibt Beispiele für die Finanzbranche. Es ist zu erkennen, dass alle untersuchten Wertschöpfungsarchitekten im Wesentlichen den Grundtypen nach Heuskel entsprechen. Das Gesamtbild der dargestellten Wertschöpfungsarchitekturen zeigt eine dreistufige Finanzmarktarchitektur mit den Ebenen Vertrieb, Produktentwicklung und Abwicklung sowie das Modell der Orchestratoren.

Tabelle 6.4 Innovative Wertschöpfungsarchitekturen im Vergleich[53]

Autor/en	Heuskel	Treacy/ Wiersema	Hagel/Singer	Heinrich/Leist	Beispiele in der Finanzbranche
Jahr	1999	1995	1999	2000	
Institution	Boston Consulting Group	MIT/ Customer Strategy Group	McKinsey & Company	Universität St. Gallen	
Ansatz	Wettbewerb der Wertschichten	Nutzungsstrategien basierend auf Leistungsversprechen	Ein Unternehmen, drei Geschäfte	Geschäftsnetzwerk im Informationszeitalter	
Modelle/ Kernkompetenzen	1 **Layer Player:** Ausnutzung von Skaleneffekten und Know-how	1 **Kostenführer:** Abnehmer unkompliziert und günstig bedienen	1 **Infrastrukturmanager:** Bewältigung hoher Stückzahlen oder Arbeitsgänge	1 **Shared Service Provider:** Effiziente Herstellung von Leistungskomponenten	Transaktionsbank Clearinghaus Kreditfabrik
				Exclusive Service Provider: Einzigartige Leistungen und Produkte an ein Unternehmen	Auflage eines Investmentfonds für den Vertrieb einer Bank
		2 **Kundenpartner:** Kundenbedürfnisse erkennen und Beziehungen pflegen	2 **Kundenbeziehungsmanager:** Kunden binden und Beziehungen ausbauen		Reine Vertriebsagentur ohne eigene Produkte
				Public Service Provider: Herstellung von quasi-hoheitlichen Funktionen	Zertifizierungsstelle für Leistungsfähigkeit des Insourcers
	3 **Orchestrator:** Kernsegmente, Netzwerkmanagement			3 **Service Integrator:** Kundenorientierung, Netzwerk-, Risikomanagement	Vertriebsbanken mit eigenen Produkten
	4 **Market Maker:** Ausnutzung von Informationsvorteilen	4 **Produktführer:** Prozess- und Produktinnovationen entwickeln	4 **Produktinnovator:** Prozess- und Produktinnovationen entwickeln		Refinanzierer mit Produktenwicklung
	Integrator: Optimierung der Wertkette entlang der Wertstufen				Mehrzahl heutiger Banken

1 Abwicklung 2 Vertrieb 3 Orchestrator 4 Produktentwicklung

Quelle: Ade, B. / Moormann, J. (2004), S. 156.

6.5.2 Realisierung innovativer Wertschöpfungsarchitekturen in der deutschen Bankenlandschaft

Die Dekonstruktion der Wertschöpfungskette entsteht, wie die vorangegangenen Ausführungen gezeigt haben, durch die Fokussierung der Kreditinstitute auf Kernkompetenzen wie Vertrieb, Produktentwicklung oder Abwicklung. Schlüsselqualifikationen eines Kreditinstituts beruhen dabei auf Kernprozessen, die die Kriterien der Unternehmensspezifität, Nicht-Imitierbarkeit und Nicht-Substituierbarkeit erfüllen und dem Kunden wahrnehmbaren Kundennutzen stiften.[54]

Anhand des Modells der dreistufigen Wertschöpfungsarchitektur (Abbildung 6.8) können die Charakteristika der Kernkompetenzen Vertrieb, Produktentwicklung oder Abwicklung (Transaction Banking) herausgearbeitet werden.

Abbildung 6.8
Modell der dreistufigen Wertschöpfungsarchitektur in der deutschen Bankenlandschaft

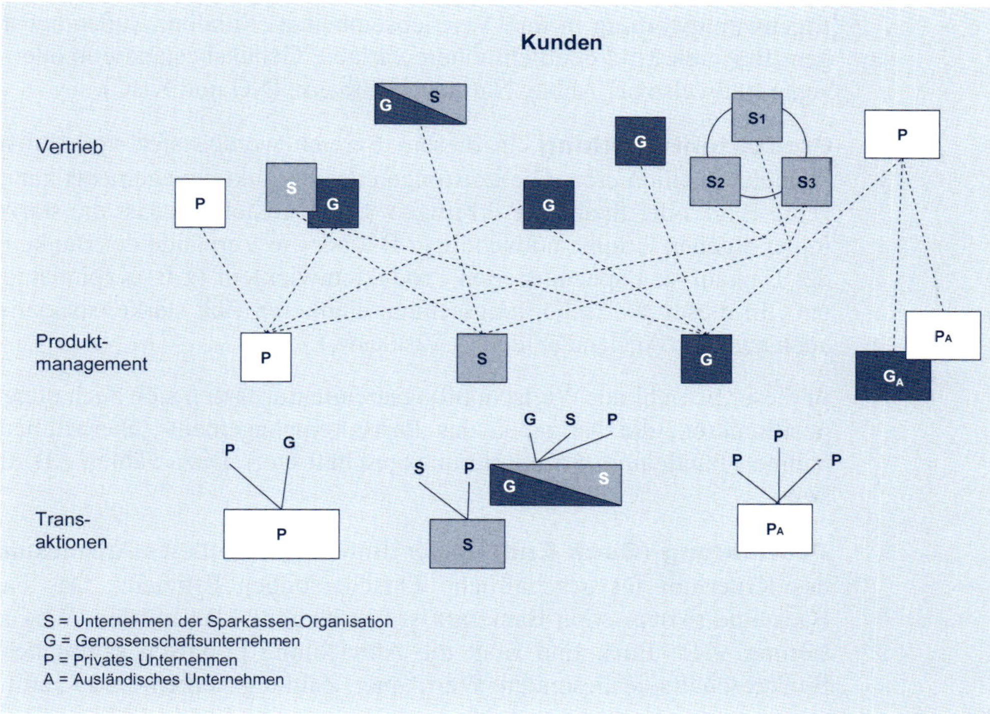

Die Kernprozesse der bankwirtschaftlichen Wertschöpfungskette – Vertrieb, Produktentwicklung und Abwicklung – lassen sich wie folgt beschreiben:

Vertrieb (Front End). In diesem Bereich bietet sich eine Zusammenarbeit nicht an. Hier geht es um den Vertrieb, die Kernaufgabe der meisten Banken (etwa sämtlicher Genossenschaftsbanken und Sparkassen). Das Kriterium lautet: Effektivität. Die Differenzierung gegenüber dem Kunden ist hier von zentraler Bedeutung. Daher muss die Identität an der Kunde-Bank-Schnittstelle gewahrt werden. Hier ist die (Front-End-bezogene) unternehmerische Eigenständigkeit wichtig – ob als Filialleiter im Konzern (hierarchische Struktur) oder als Franchisenehmer in einer McDonald´s-Kette (Marktstruktur).

Von den Vertriebsbanken – den Leistungsintegratoren – erwarten die Kunden auch andere Produkte als immer nur die der gleichen Bank („Best Advice"). Dementsprechend kaufen diese Banken ihre Produkte von der nächsten Wertschöpfungsschicht ein – und nähern sich damit den Strukturen und Verhaltensweisen von klassischen Handelsunternehmen an. Von großer Bedeutung ist es für Vertriebsbanken, mehr Eigenverantwortung in ihre Vertriebseinheiten (Filialen, Außendienst etc.) zu bringen. Beispiele sind deutlich höhere variable Gehaltsbestandteile oder Franchisekonzepte (teilweise bei Abbey National, Citibank, ING und KBC).

Produktentwicklung. In diesem Bereich werden sich verhältnismäßig wenige Anbieter positionieren. Die Leistungen des Produktmanagements kann nicht die einzelne Bank oder Sparkasse erbringen. Im Gegenteil, hier ist die starke Kooperation in der eigenen Gruppe notwendig (z.B. über die Verbände der Bankengruppen) bzw. der Einkauf von spezialisierten Produktentwicklern (z.B. Kapitalanlagegesellschaften). In dieser Wertschöpfungsschicht etablieren sich starke, spezialisierte Player – auch aus dem Ausland (Fidelity, Visa usw.).

In dieser Schicht der Wertschöpfungsarchitektur lassen sich auch diejenigen Institute positionieren, die Aufgaben des Portfoliomanagements übernehmen (Risikoübernahme, -bündelung, Strukturierungsgeschäft etc.). Dazu zählen z.B. Investmentbanken.

Abwicklung (Back End). In der dritten Schicht dieses Architekturmodells lautet das Kriterium für geschäftliche Entscheidungen Effizienz. Das bankbetriebliche Back End (Transaction Banking) ist bereits ganz klar auf dem Weg zur Industrialisierung. Zum Back End zählt die Abwicklung praktisch sämtlicher Produkte des Bankgeschäfts, insbesondere Wertpapier, Zahlungsverkehr und Kredit.

6.5.3 Kooperation als Paradigma für höhere Produktivität

Unter Berücksichtigung dieser drei sehr unterschiedlichen bankbetrieblichen Rollen ergeben sich verschiedene Zukunftsszenarien. Ein Szenario könnte zu dem Modell einer modularen und vernetzten Struktur führen. Kennzeichnend ist hier die vielfältige Kombination verschiedener Geschäftsmodelle der Kreditinstitute und weiterer Partner des Finanzdienstleistungsbereichs.

Der Zwang zur Zusammenarbeit ist aufgrund des hohen Wettbewerbsdrucks entstanden. Besonders die aktuellen Kooperationen im Back End führen zu neuen Strukturen in Form von vernetzten Systemen. Vielleicht kann man in diesem Sinne vom „Aufbrechen der Bankengruppen" sprechen; es handelt sich aber primär um die Zerlegung der klassischen bankbetrieblichen Wertschöpfungskette. Die Entscheidung hinsichtlich einer Zusammenarbeit im Rahmen einer Wertschöpfungsarchitektur sollte ausschließlich davon abhängen, was ökonomisch vorteilhaft ist. In diesem Gestaltungsfeld sind viele intelligente Modelle möglich, auch gruppenübergreifend. Es gibt bereits zahlreiche Beispiele für derartige Kooperationen:

- Wertpapierabwicklung: dwpbank (Genossenschaftsbanken, Sparkassen, und kleine private Banken); Xchanging (Deutsche Bank, Citibank Privatkunden, Sparda-Banken, Sal. Oppenheim)
- Karten-Processing: First Data (ehemals GZS)
- Schiffsfinanzierungen: HypoVereinsbank/HSH Nordbank
- Betrieb von Geldausgabeautomaten: Cash Group (Großbanken); CashPool (Citibank, SEB, Sparda-Banken); lokaler Betrieb in Frankfurt am Main: Frankfurter Volksbank/Taunussparkasse
- Abwicklung des Zahlungsverkehrs: Equens (Genossenschaftsbanken und private Banken in mehreren Ländern); Betriebs-Center für Banken (eine Tochter der Postbank) für Deutsche Bank, HypoVereinsbank und HSH Nordbank

In Zukunft wird es zwar weniger Institute geben, die aber eine heterogenere Art von Geschäftsmodellen aufweisen, weil Institute Teilaufgaben innerhalb von Netzwerken übernehmen. Insofern laufen wir auf ein vielfältigeres Bankensystem zu – ausgerichtet auf unterschiedliche Kundengruppen, Wertschöpfungsstufen, Produktpaletten usw.

Besonders deutlich ist die dreistufige Wertschöpfungsarchitektur bereits im Verbund der deutschen Genossenschaftsbanken (FinanzVerbund) zu erkennen. Der Verbund kann hierbei zumindest ansatzweise einen kulturellen Vertrauensrahmen bilden, der für ein erfolgreiches Netzwerk notwendig ist. Auf der Vertriebsebene agieren die einzelnen Genossenschaftsbanken direkt am Kunden und fungieren im Idealfall als Integratoren der Produkte der Unternehmen aus der Produktmanagementebene sowie der Transaktionsdienstleistungen aus der Transaktionsebene. In der Praxis wird das Produktmanagement je nach Größe der einzelnen Volksbank/Raiffeisenbank zurzeit jedoch in Teilen noch eigenständig durchgeführt. Da die Transaktionsbanken besonders von Economies of Scale profitieren, arbeiten sie häufig auch mit Banken außerhalb des FinanzVerbund zusammen (z.B. dwpbank). Die Entwicklung macht jedoch auch nicht vor Landesgrenzen halt. Im Bereich des Zahlungsverkehrs ist es dem Verbundanbieter (ehemals Transaktionsinstitut für Zahlungsverkehrsdienstleistungen) gelungen, im Hinblick auf die Europäisierung (SEPA) das Netzwerk zu erweitern. So wurde zuerst eine Kooperation mit Fin-Force (KBC Bank/EDS) geschlossen und wenig später der Zusammenschluss mit dem niederländischen Äquivalent Interpay (Rabobank) durchgeführt. Hieraus entstand das Unternehmen Equens. Dieses wurde 2008 durch ein Joint Venture mit der italienischen ICBPI Group erweitert.

Abbildung 6.9
Value Network einer Kreditgenossenschaft

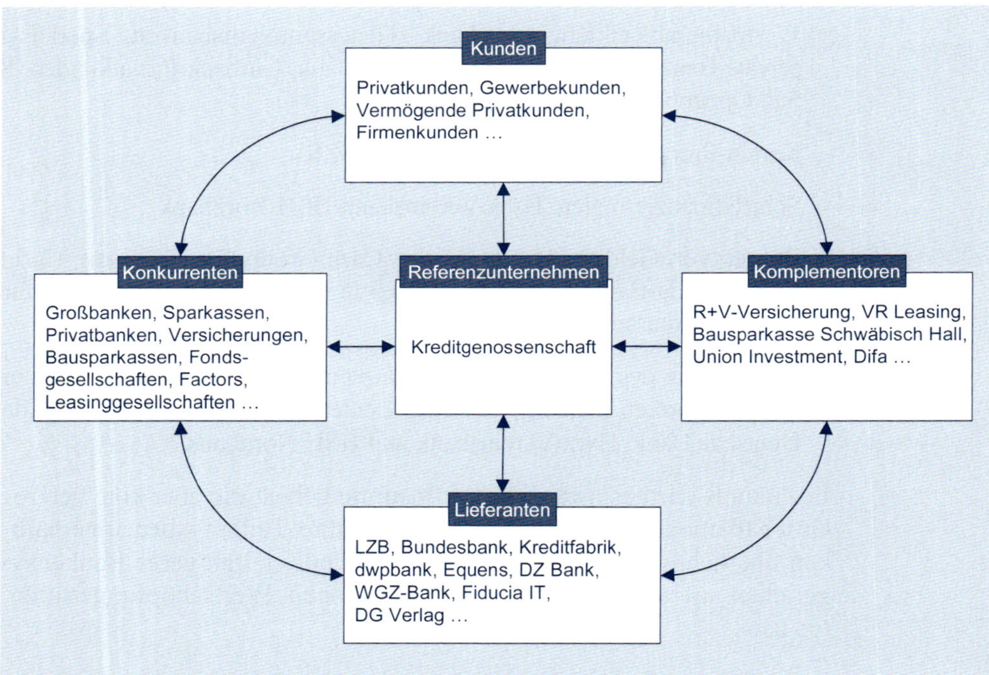

Quelle: In Anlehnung an Reiß, M. / Zieger, T. (2006).

Durch die Bündelung von Teilleistungen bzw. Angebotskomponenten unterschiedlicher Unternehmen zu Angebotspaketen kann es gelingen, die steigenden Anforderungen der Kunden an individualisierte Leistungen mit der aus Kostensicht notwendigen Standardisierung bankbetrieblicher Leistungen und Prozesse zu vereinbaren. Beispielhaft wird im Folgenden das Wertschöpfungsnetz einer Kreditgenossenschaft erläutert (Abbildung 6.9).

Das Value Network der Kreditgenossenschaft umfasst vier Beziehungsfelder. Die klassische Wertschöpfungskette mit Zulieferern und Kunden findet sich in der vertikalen Achse des Netzes wieder. Im Hinblick auf die beschriebene Dekonstruktion der Wertkette in drei Ebenen finden sich die Unternehmen der Transaktionsebene unter den Lieferanten. Auf der horizontalen Achse des Netzes sind Institute der gleichen Wertschöpfungsstufe als Konkurrenten und Komplementoren abgetragen. Mit den Konkurrenten steht die Kreditgenossenschaft im Wettbewerb um Kunden und begrenzte Ressourcen. Hier treten sowohl Großbanken und Sparkassen als direkte Bankkonkurrenten auf als auch die Komplementoren der Value Networks der Konkurrenten, wie z.B. Fondsgesellschaften. Mit den Komplementoren hingegen steht die Kreditgenossenschaft in einem Ergänzungsverbund. Komplementoren der Kreditgenossenschaft sind hauptsächlich Unternehmen, die der Produktmanagementebene der dreistufigen Wertschöpfungsarchitektur zuzuordnen sind.

6.5.4 Instrumentarium zur Gestaltung neuer Wertschöpfungsarchitekturen

Das zentrale Instrumentarium zur Gestaltung neuer Wertschöpfungsarchitekturen ist das Konzept des *Sourcing* – in allen seinen Spielarten (vgl. Kapitel 4 und 11). Outsourcing (Outside Resource Using) bzw. sein Gegenstück, das *Insourcing*, ermöglichen ganz neue Konfigurationen der Wertschöpfungskette für jedes einzelne Kreditinstitut. Um ein relevanter Player im Back End zu werden, ist es notwendig, mehr Volumen zu sammeln, um Economies of Scale (z.B. in der Zahlungsverkehrsabwicklung) zu erreichen (Postbank, Equens). Andere geben ihre komplette IT-Infrastruktur (Deutsche Bank) oder Wertpapierabwicklung (Deutsche Bank, Sparda-Banken) an Insourcer ab, weil es nicht mehr zu ihrem Rollenverständnis – im Sinne der Wertschöpfungsarchitektur – passt.

Die Reduktion der Fertigungstiefe durch die Dekonstruktion von Wertschöpfungsketten führt zu einer Aufteilung der einzelnen Bausteine der Leistungserbringung auf verschiedene kooperierende Unternehmen und somit zu Unternehmensnetzwerken. Diese verteilte Leistungserbringung stellt hohe Anforderungen an die Definition der Teilprozesse sowie deren fachlichen und technischen Schnittstellen.[55] Denn häufig ist bei der Dekonstruktion des Geschäftsprozesses die Erfahrbarkeit einer einheitlichen Leistung durch den Kunden die entscheidende Bedingung.

Bei diesem Umbau der Banken findet also nicht nur eine Dekonstruktion, sondern gleichzeitig eine Rekonstruktion statt. Dieser fortwährende Neubau von Unternehmen erinnert daher an Kindheitstage ... das Auseinanderbauen und Wiederzusammensetzen von LEGO-Steinen. Da der ganze Ansatz auf dem Denken in Geschäftsprozessen basiert, kommt dem permanenten „Business Reengineering" eine große Bedeutung zu (vgl. Kapitel 7).

In einigen Banken ist die Dekonstruktion der Wertschöpfungskette bereits weit fortgeschritten.[56] Analog der Entwicklung in der Fertigungsindustrie sinkt hierdurch auch in der Finanzbranche die Wertschöpfungstiefe.

Aufgrund vorhandener Anbieter für fast alle Bestandteile der Wertschöpfungskette kann eine Bank heute mit minimaler Wertschöpfungstiefe aufgebaut werden. Ein extremes Beispiel für das Sourcing stellt die Netbank dar, die von nur 19 Personen betrieben wird (Abbildung 6.10). Nahezu alle Bausteine der Leistungserbringung werden über den Markt bzw. über ein Netzwerk von Lieferanten bezogen.

Abbildung 6.10
Struktur der Netbank und ihrer Sourcingpartner

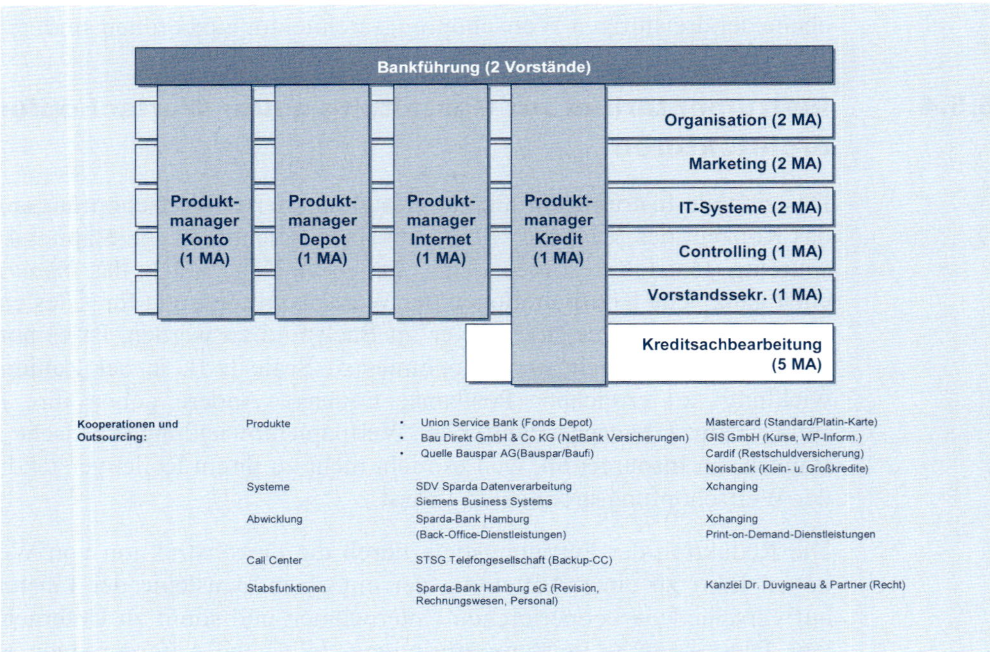

Quelle: Präsentationen der Netbank AG (2008); Zusammenstellung durch ProcessLab.

Übungsfragen

- Erläutern Sie den Einfluss von Informations- und Kommunikationstechnologien auf die Spezifität von Investitionen und die Komplexität von Leistungen bzw. Produkten.
- Bezogen auf eine spezielle Bank: Für welche Investitionen und Leistungen/Produkte erwarten Sie Veränderungen durch IT? Für welche Investitionen und Leistungen/Produkte halten Sie Veränderungen für unwahrscheinlich?
- Beschreiben Sie die typischen Charakteristika von fraktalen Unternehmen.
- Verdeutlichen Sie die Vorteile von Netzwerkorganisationen anhand von Beispielen aus einer Bank.
- Beschreiben Sie den aus theoretischer Sicht entscheidenden Vorteil von virtuellen Unternehmen.
- Ist ein virtuelles Unternehmen eher markt- oder hierarchienah einzuordnen?
- Skizzieren Sie die Grundgedanken für neue Wertschöpfungsarchitekturen im Bankgeschäft.

Lösungshinweise zu den Übungsfragen sowie weiteres Material und ergänzende Aufgaben finden Sie unter www.wsm-in-banken.de

Anmerkungen

[1] Stalk, G. / Evans, P. / Shulmann, L. (1992).
[2] Vgl. Mardesich, J. (1999).
[3] Byrne, J.A. (2000).
[4] Peters, T. (1993), S. 32.
[5] Vgl. Picot, A. / Reichwald, R. / Wigand, R.T. (2003).
[6] Vgl. Malone, T.W. / Yates, J. / Benjamin, R.I. (1987).
[7] Vgl. Picot, A. / Reichwald, R. / Wigand, R.T. (2003).

[8] Vgl. ebenda.

[9] Dies gilt in Deutschland nur bei entsprechenden Vereinbarungen mit den Arbeitsnehmervertretern.

[10] Vgl. Coase, R.H. (1937).

[11] Vgl. Malone, T.W. / Yates, J. / Benjamin, R.I. (1987).

[12] Vgl. ebenda.

[13] Vgl. Picot, A. / Reichwald, R. / Wigand, R.T. (2003).

[14] Für eine ausführliche Beschreibung der theoretischen Grundlagen fraktaler Strukturen siehe Warnecke, H.-J. (1996).

[15] Warnecke, H.-J. (1996), S. 132.

[16] Cramer, F. (2001).

[17] Vgl. Mandelbrot, B. (1987).

[18] Die Mandelbrot-Menge entsteht durch die Auswertung von Zahlenfolgen, die aus der Berechnungsvorschrift $z(n+1)=[z(n)]^2+c$ in der komplexen Zahlenebene gebildet werden. Die Gestalt dieser Menge markiert das Gebiet, in dem die Zahlenfolge beschränkt bleibt.

[19] Warnecke, H.-J. (1996), S. 141 f.

[20] Kämpf, R. / Gienke, H. (2001).

[21] Warnecke, H.-J. (1996), S. 152.

[22] Kämpf, R. / Gienke, H. (2001).

[23] Vgl. Stahl, H. (2005).

[24] Vgl. Fink, D. / Knoblach, B. / Wamser, Ch. (2005).

[25] Eine Liste sämtlicher Fabriken sowie Einblicke in die Monitoring-Tools werden auf der Website www.nikebiz.com/responsibility veröffentlicht.

[26] Vgl. Sydow, J. (2006), S. 394.

[27] Siehe dazu ausführlich Sydow, J. (1992), S. 37 ff.

[28] Vgl. auch Heindl, H. / Pauschert, D. (1998), S. 24.

[29] Vgl. ebenda.

[30] Vor diesem Hintergrund wurde bereits das fraktale Unternehmen als eine Organisationsform vorgestellt, die flexible Reaktionen auf sich verändernde Umweltzustände ermöglicht. Getrieben durch die Entwicklungen im Bereich der IT verfolgen Netzwerkunternehmen genau dieses Ziel. Im Gegensatz zum fraktalen Unternehmen bedienen sich Netzwerkunternehmen aber auch der Mittel des Marktmechanismus zur Koordination der Leistungen.

[31] Vgl. Picot, A. / Reichwald, R. / Wigand, R.T. (2003).

[32] Vgl. Prahalad, C.K. / Hamel, G. (1990).

[33] Vgl. Stabell, C.B. / Fjeldstad, O.D. (1998).

[34] Vgl. Reiß, M. / Zieger, T. (2006), S 74 f.

[35] Möslein, K.M. (2001), S. 17.
[36] Picot, A. / Reichwald, R. / Wigand, R.T. (2003), S. 400.
[37] Vgl. Scholz, C. (1994).
[38] Vgl. ebenda.
[39] Vgl. Picot, A. / Reichwald, R. / Wigand, R.T. (2003).
[40] Vgl. Heindl, H., Pauschert, D. (1998); Picot, A. / Reichwald, R. / Wigand, R.T. (2001).
[41] Vgl. Picot, A. / Reichwald, R. / Wigand, R.T. (2003).
[42] In Anlehnung an Scholz, C. (1994).
[43] Vgl. Heindl, H. / Pauschert, D. (1998).
[44] Vgl. ebenda.
[45] Ebenda, S. 26.
[46] Vgl. Möslein, K.M. (2001).
[47] Vgl. Picot, A. / Reichwald, R. / Wigand, R.T. (2003).
[48] Vgl. ebenda.
[49] Vgl. ebenda.
[50] Der folgende Abschnitt ist Teil eines Beitrags von Ade, B. / Moormann, J. (2004).
[51] Vgl. Heuskel, D. (1999).
[52] Heuskel, D. (1999), S. 65.
[53] Die Tabelle basiert auf Heuskel, D. (1999), S. 56 ff.; Treacy / Wiersema, F. (1995), S. 40ff.; Hagel, J. / Singer, M. (1999), S. 133 ff.; Heinrich, B. / Leist, S. (2000), S. 144 ff.
[54] Vgl. auch Prahalad, C.K. / Hamel, G. (1990).
[55] Eine besondere Herausforderung ist die Festlegung des optimalen Schnitts zwischen auslagerndem Unternehmen und dem Outsourcing-Anbieter. Siehe dazu Hilgert, M. / Moormann, J. (2008).
[56] Siehe z.B. Alt, R. / Bernet, B. / Zerndt, T. (2009).

Literatur

Ade, B. / Moormann, J. (2004): Dekonstruktion der Kreditwertschöpfungskette, in: Achenbach, W. / Moormann, J. / Schober, H. (Hrsg.), Sourcing in der Bankwirtschaft, Frankfurt/M.: Bankakademie-Verlag, S. 153-174.

Alt, R. / Bernet, B. / Zerndt, T. (2009): Transformation von Banken. Praxis des In- und Outsourcings auf dem Weg zur Bank 2015, Berlin: Springer.

Byrne, J.A. (2000): The 21st Century Corporation: The great Transformation, in: Business Week, 28.08.2000.

Coase, R.H. (1937): The Nature of the Firm, in: Economica, 4. Jg., Nr. 16, S. 386-405.

Cramer, F. (2001): Chaos und Ordnung. Die komplexe Struktur des Lebendigen, 5. Aufl., Stuttgart: DVA.

Davenport, T.H. (1993): Process Innovation: Reengineering Work through Information Technology, Boston, Mass.: Harvard Business School Press.

Evans, P. / Wurster, T. (2000): Blown to Bits, Boston, Mass.: Harvard Business School Press.

Fink, D. / Knoblach, B. / Wamser, Ch. (2005): Vernetzung – Ein Managementkonzept der Zukunft?, in: Stahl, H. / von den Eichen, F. (Hrsg.), Vernetzte Unternehmen: Wirkungsvolles agieren in Zeiten des Wandels, Berlin: Erich Schmidt, S. 21-38.

Ghoshal, S. / Bartlett, C.A. (1990): The Multinational Corporation as an Interorganization Network, in: Academy of Management Review, 15. Jg., Nr. 4, S. 603-625.

Hagel, J. / Singer, M. (1999): Unbundling the Corporation, in: Harvard Business Review, 77. Jg., Nr. 2, S. 133-141.

Hamel, G. / Prahalad,C.K. (1994): Competing for the Future, Cambridge, Mass.: Harvard University Press.

Hammer, M. (1990): Reengineering Work: Don´t Automate, Obliterate, in: Harvard Business Review, 68. Jg., Nr. 4, S. 1043-1112.

Hammer, M. / Champy, J. (1993): Re-engineering the Corporation. A Manifesto for Business Revolution, New York: Harper Collins.

Heuskel, D. (1999): Wettbewerb jenseits von Industriegrenzen. Aufbruch zu neuen Wachstumsstrategien, Frankfurt/M.: Campus.

Heindl, H. / Pauschert, D. (1998): Wissensmanagement in virtuellen Unternehmen, Bergische Universität Gesamthochschule Wuppertal, Arbeitspapiere des Fachbereichs Wirtschaftswissenschaft, Nr. 189, Wuppertal.

Heinrich, B. / Leist, S. (2000): Bankenarchitektur im Informationszeitalter – Zur Rolle des Geschäftsmodells, in: Österle, H. / Winter, R. (Hrsg.), Business Engineering. Auf dem Weg zum Unternehmen des Informationszeitalters, Berlin: Springer, S. 141-165.

Hilgert, M. / Moormann, J. (2008): Modellierung und Bewertung von Schnitten in unternehmensübergreifenden Geschäftsprozessen, in: Kaib, B. (Hrsg.), Outsourcing in Banken, 2. Aufl., Wiesbaden: Gabler, S. 211-234.

Kämpf, R. / Gienke, H. (2001): Fraktale Organisation, in: Gienke, H. / Kämpf, R. (Hrsg.): Praxishandbuch Produktion, Köln: Fachverlag Deutscher Wirtschaftsdienst.

Malone, T.W. / Yates, J. / Benjamin, R.I. (1987): Electronic Markets and Electronic Hierarchies, in: Communications of the ACM, 30. Jg., Nr. 6, S. 484-497.

Mandelbrot, B. (1987): Die fraktale Geometrie der Natur, Basel: Birkhäuser.

Mardesich, J. (1999): How the Internet Hits Big Music, in: Fortune, 10.05.1999, S. 96-102.

Möslein, K.M. (2001): Die virtuelle Organisation: Von der Idee zur Wettbewerbsstrategie, in: Rohde, M. / Rittenbruch, M. / Wulf, V. (Hrsg.), Auf dem Weg zur virtuellen Organisation: Fallstudien, Problembeschreibungen, Lösungskonzepte, Heidelberg: Physica.

Olrik, L. (2002): Covisint Supplier Days, in: http://www.odette.es/documentacion/Otros/COVISINT.ppt, Zugriff: 05.05.2006.

Österle, H. (2001): Enterprise in the Information Age, in: Österle, H. / Fleisch, E. / Alt, R. (Hrsg.), Business Networking, 2. Aufl., Berlin: Springer, S. 17-53.

Peters, T. (1993): Jenseits der Hierarchien: Liberation Management, Düsseldorf: Econ.

Picot, A. / Reichwald, R. / Wigand, R.T. (2003): Die grenzenlose Unternehmung: Information, Organisation und Management, 5. Aufl., Wiesbaden: Gabler.

Porter, M.E. (1985): Competitive Advantage, New York: Free Press.

Prahalad, C.K. / Hamel, G. (1990): The Core Competence of the Corporation, in: Harvard Business Review, 68. Jg., Nr. 3, S. 75-91.

Reiß, M. / Zieger, T. (2006): Strategische Partnersuche für Finanzdienstleistungsnetzwerke mit dem Extended Value Net, in: Zeitschrift für das gesamte Kreditwesen, 59. Jg., Nr. 2, S. 18-26.

Scholz, C. (1994): Die virtuelle Organisation: Konzeption und Realisation, Arbeitspapiere des Lehrstuhls für Betriebswirtschaftslehre der Universität des Saarlandes, Nr. 30, Saarbrücken.

Stabell, C.B. / Fjeldstad, O.D. (1998): Configuring Value For Competitive Advantage: On Chains, Shops and Networks, in: Strategic Management Journal, 19. Jg., S. 413-437.

Stahl, H. (2005): Vernetzung – Eine Tour d'horizon, in: Stahl, H. / von den Eichen, F. (Hrsg.), Vernetzte Unternehmen: Wirkungsvolles agieren in Zeiten des Wandels, Berlin: Erich Schmidt, S. 3-20.

Stalk, G.P. / Evans, P. / Shulman L.E. (1992): Competing on Capabilities: The New Rules of Corporate Strategy, in: Harvard Business Review, 70. Jg., Nr. 2, S. 57-71.

Sydow, J. (1992): Strategische Netzwerke, Habil., Wiesbaden: Gabler.

Sydow, J. (2006): Management von Netzwerkorganisationen – Zum Stand der Forschung, in: Sydow, J. (Hrsg.), Management von Netzwerkorganisationen: Beiträge aus der „Managementforschung", 4. Aufl., Wiesbaden: Gabler, S. 387-472.

Treacy, M. / Wiersema, F. (1995): Marktführerschaft. Wege zur Spitze, Frankfurt/M.: Campus.

Warnecke, H.-J. (1996): Die Fraktale Fabrik, Reinbek: Rowohlt.

Kapitel 7

Konzepte des Prozessmanagements

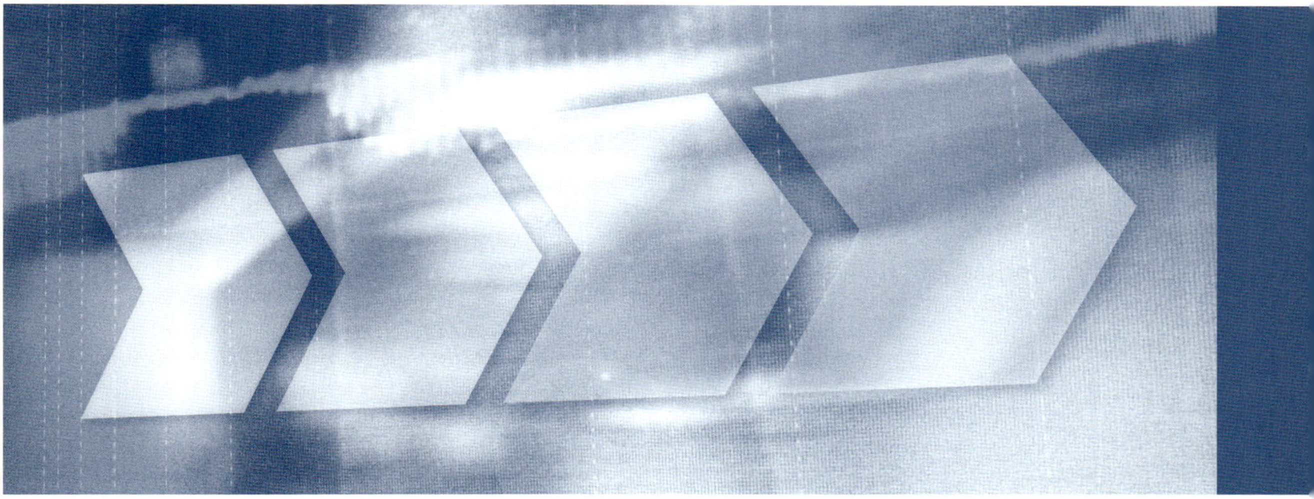

7 Konzepte des Prozessmanagements

Lernziele

- Bedeutung der klassischen Ablauforganisation sowie deren Inhalte, Aufgaben und Problembereiche in Banken verstehen.
- Auswirkungen der Prozessorientierung auf die Organisation beurteilen können.
- Charakteristika und Formen von Geschäftsprozessen sowie deren Bedeutung für die Gestaltung der Ablauforganisation verstehen.
- Die Konzepte Geschäftsprozessoptimierung, Business Reengineering und Business Engineering kennen.

7.1 Klassische Ablauforganisation

Neben der Aufbauorganisation, die im Kapitel 3 dargestellt wurde, kommt bei Finanzdienstleistern der *Ablauforganisation* eine besondere Bedeutung zu. In der Ablauforganisation wird die Aufgabenerfüllung geregelt. Dabei geht es um die Gestaltung von Arbeitsabläufen unter Einbeziehung notwendiger Sachmittel und Informationen sowie der ausführenden Aufgabenträger und damit um die zeitliche, räumliche und mengenmäßige Dimension der Organisation.[1]

Im Gegensatz zu Industrieunternehmen und anderen Dienstleistern ist die Differenzierung über die Einzigartigkeit des Produkts in der Bankenbranche nur eingeschränkt möglich. In der Wahrnehmung des Kunden unterscheiden sich Produktportfolios verschiedener Kreditinstitute nur bedingt. Ungeachtet der Versuche, eine stärkere Individualisierung des eigenen Angebots, eine Betonung des Markenimages oder eine Nutzung vielfältiger Vertriebskanäle herbeizuführen, beruht die Wettbewerbsstärke einer Bank primär auf den internen Abläufen der Leistungserstellung sowie der Schnittstelle zum Kunden. Insbesondere die Standardisierung und Reduzierung des Dienstleistungsspektrums für Privat- und Firmenkunden setzen eine effiziente, kunden- und bedarfsorientierte Gestaltung der Aufgabenerfüllung voraus, da neue Produktideen zeitnah von Wettbewerbern aufgenommen und nachgeahmt werden können.

In einem Kreditinstitut, ähnlich wie bei anderen Dienstleistungsunternehmen, überwiegen die Personalkosten die übrigen Kosten der Leistungserstellung bei weitem. Daher ist die optimierte Nutzung der Personalressourcen ein wesentlicher Hebel von Banken zur Schaffung von Kostenvorteilen. Hierdurch entsteht eine eindeutige Unterscheidung gegenüber Fertigungsunternehmen. Ein wesentliches Ziel der Ablauforganisation ist es daher, die Allokation der Personalressourcen zu optimieren (Kapazitätsmanagement).

Zusätzlich sind Banken in besonderem Maß gesetzlichen Rahmenbedingungen und Sicherheitsaspekten unterworfen. Ähnlich wie in der medizinisch-pharmazeutischen Industrie ist es Aufgabe der Ablauforganisation sicherzustellen, dass geltende Vorschriften und Beschränkungen umgesetzt und eingehalten werden. Deutlich wird dies an der Vielzahl von Anforderungen an innerbetriebliche Abläufe, die sich beispielsweise aufgrund der bestehenden Eigenkapitalerfordernisse, Haftbarkeit bei Beratungsleistungen oder der Trennung von Front- und Back-Office-Aktivitäten im Investmentbanking und Kreditgeschäft ergeben. Insbesondere die zunehmende Bedeutung operationeller Risiken – beispielsweise im Kontext von Basel II – unterstreicht die bedeutende Rolle der Ablauforganisation. Für international tätige Banken sind auch die Anforderungen des Sarbanes-Oxley-Act (SOX) von Bedeutung, die eine detaillierte Dokumentation von Prozessen erfordern.

7.1.1 Verfahrens- versus Produktinnovation

Im Gegensatz zur Produktinnovation, die bei der industriellen Fertigung dominierend ist, müssen sich Banken einen langfristigen Wettbewerbsvorteil primär durch die Optimierung von Arbeitsabläufen erarbeiten, ohne aber die Produktinnovation aus den Augen zu verlieren. Aufgrund der Immaterialität und eingeschränkten Transparenz der Bankdienstleistung werden Wettbewerbsvorteile in erster Linie durch eine konsequente Ausrichtung auf die eigenen Verfahren und die damit einhergehende erhöhte Kundenzufriedenheit erzielt.

Während im Rahmen der *Produktinnovation* die Effektivität, d.h. das Angebot der richtigen Produkte und Dienstleistungen, im Vordergrund steht, geht es bei der *Verfahrensinnovation* in erster Linie um die Effizienz, d.h. die optimale Erstellung der angebotenen Produkte und Dienstleistungen. Die Tabelle 7.1 verdeutlicht die Kernmerkmale der Verfahrensinnovation im Vergleich zur Produktinnovation.

Tabelle 7.1
Charakteristika von Produkt- und Verfahrensinnovation

Produktinnovation (Effektivität)	Verfahrensinnovation (Effizienz)
Konzentration auf Funktionalität	**Konzentration auf Schnelligkeit**
Produkteigenschaften Produktdesign	Flexibilität und Reaktionsfähigkeit, d.h. die Anpassung der Abläufe an: • neue Technologien • neue Kundenbedürfnisse und Formen der Interaktion mit dem Kunden • Veränderungen des Umgangs von Kunden mit bestehenden Leistungen und Produkten • neue gesetzliche und aufsichtsrechtliche Vorgaben • neue Formen des Markts für Finanzdienstleistungen
Optimierte Herstellkosten	**Optimierte Prozesskosten**
Optimierung der Leistungserstellung durch: • Produktservice und Problem-/ Fehlermanagement • Beachtung der Technologiezyklen (z.B. Einsatz neuester Prozessoren oder Materialien) • Produktoptimierung (z.B. Reduzierung der Fehlerrate, Erhöhung von Zuverlässigkeit und Sicherheit) • Schaffung eines positiven Images am Markt („Branding") • Optimierung der Produktportfolios (Product Lifecycle Management)	Optimierung der Leistungserstellung durch: • Effizienz und Sicherheit der Abläufe • optimale Ressourcenverwendung (Personal und Technologien) • innerbetriebliche Transparenz im Hinblick auf Zuständigkeiten und Informationsverfügbarkeit • Sicherstellung der Controlling- und Auswertungsfähigkeit von Abläufen
Schaffung eines kurzfristigen Wettbewerbsvorteils, der insbesondere im Finanzdienstleistungsbereich schnell von den Konkurrenten erkannt und adaptiert bzw. nachgeahmt werden kann	Schaffung eines langfristigen Wettbewerbsvorteils, der nicht direkt kopiert werden kann und erst durch die Reaktion des Kunden zu erkennen ist

7.1.2 Magisches Dreieck der Ablauforganisation

Bei der Gestaltung der Ablauforganisation werden vor allem drei Ziele verfolgt:

- Verbesserung der Qualität,
- Verkürzung der Durchlauf- und Bearbeitungszeit sowie
- Minimierung der Kosten

In der Tabelle 7.2 sind typische Ansätze zur Erreichung der einzelnen Ziele zusammengefasst, die bei der Gestaltung der Ablauforganisation in Banken von Bedeutung sind:

Tabelle 7.2 Ansätze der Qualitäts-, Zeit- und Kostenverbesserung

Verbesserung der Qualität	Verkürzung der Durchlauf- und Bearbeitungszeit	Minimierung der Kosten
• Schaffung einer besseren Erreichbarkeit von Vertriebs- und Serviceeinheiten für den Kunden • Individuelle, auf den jeweiligen Kundenbedarf abgestimmte Abläufe • Entlastung der Mitarbeiter von Routineaufgaben • Minimierung von Fehlerraten • Optimierung der Risiko- und Bonitätsüberwachung neuer Geschäfte • Etablierung von Beschwerdemanagement und Eskalationsmechanismen • Etablierung eines Qualitätsmanagements	• Verkürzung der Durchlaufzeit bei der Vorgangsbearbeitung • Einhaltung zugesagter Termine • Schnellere Bereitstellung von Informationen für Anlage- oder Kreditentscheidungen • Schnelleres Reagieren auf Marktentwicklungen im Handel	• Bessere Auslastung des Filialpersonals, der IT und der Infrastruktur • Schaffung von Teilzeitarbeitsplätzen zur flexiblen Reaktion auf schwankende Nachfragesituationen • Reduzierung des Eigenkapitalbedarfs für risikobehaftete Geschäfte • Reduzierung von Prozesskosten • Vermeidung von Opportunitäts- und Regresskosten bei Nichteinhaltung von Terminen

Quelle: In Anlehnung an Küpper, H.U. (1981).

Da eine gleichzeitige Umsetzung aller Ziele nach klassischem Verständnis unrealistisch ist, spricht man auch vom magischen Dreieck der Ablauforganisation, d.h. das Erreichen eines Ziels beeinflusst unmittelbar die anderen Ziele (z.B. führt die Erhöhung der Qualität zu längerer Bearbeitungszeit und steigenden Kosten). Die Ziele der Ablauforganisation sind damit konkurrierend und stellen hohe Anforderungen an die mit ihrer Umsetzung beauftragte Person oder Organisationsabteilung. Eine Optimierung der Ablauforganisation ist daher an den individuellen Zielen und Prioritäten der Bank auszurichten, wobei die unterschiedlichen Interessen von Kunden, Mitarbeitern, Management und Anteilseignern gegeneinander abzuwägen sind.

7.1.3 Definitionen und Grundsätze der Ablauforganisation

Während sich die Aufbauorganisation primär mit der Stellenbildung und der Definition von Leitungsbeziehungen zwischen Stellen und Instanzen beschäftigt, werden in der Ablauforganisation die folgenden Fragestellungen beantwortet:[2]

- Welche Aufgaben muss der Mitarbeiter im Detail erfüllen?
- Welche Bedingungen und Regeln gelten für die Bearbeitung bestimmter Aufgaben?

- Welche Ressourcen werden in welcher Reihenfolge einbezogen?
- An welchem Ort werden die Aufgaben bearbeitet bzw. welche Schnittstellen bestehen zu Kunden, anderen Organisationseinheiten oder Aufsichtsbehörden?
- Zu welchem Zeitpunkt müssen Informationen und Arbeitsergebnisse bereitgestellt werden?
- In welcher Form findet die interne und externe Kommunikation statt?

Dabei werden üblicherweise die folgenden Begriffe und Definitionen verwendet (Tabelle 7.3).

Tabelle 7.3 Begriffe der Ablauforganisation

Begrifflichkeit	Definition
Geschäftsvorfall (Ereignis, Ergebnis, Quelle)	Ereignis, das einen Arbeitsablauf auslöst, z.B. Stornierung einer Gebührenbelastung, Bareinzahlung des Kunden in der Filiale, Abschlussbestätigung eines Geschäfts im Wertpapierhandel, Buchung einer Überweisung oder Auszahlung eines Kreditbetrags
Arbeitsablauf	Zeitliche, räumliche und logische Reihenfolge von zusammenhängenden Aufgaben zu einem Geschäftsvorfall
Aufgabe (Tätigkeit, Funktion, Aktivität)	Basiselement der Ablauforganisation, bei der es sich um die dauerhaft wirksame Aufforderung handelt, Verrichtungen an einem oder mehreren Objekten zur Erreichung eines bestimmten Ziels oder Ergebnisses vorzunehmen
Aufgabenträger	Person oder Organisationseinheit, die für die tatsächliche Ausführung einer bestimmten Aufgabe verantwortlich ist
Sach- und Arbeitsmittel	Gegenstände und/oder Informationen, die zur Aufgabenerfüllung eingesetzt werden, aber nicht selbst Gegenstand der Verrichtung sind

Die Ablauforganisation setzt sich demnach mit der Gestaltung und Strukturierung von Arbeitsabläufen auseinander. Jeder Arbeitsablauf hat vier Dimensionen:[3]

- Die sachliche Dimension beschreibt, welche Objekte bearbeitet werden müssen und welche Verrichtungen am einzelnen Objekt vorzunehmen sind.
- Die räumliche Dimension gibt vor, an welchen Standorten die jeweiligen Aufgaben bearbeitet werden, wo sich die Aufgabenträger befinden, wo sich Sach- und Arbeitsmittel befinden und welche Transportwege genutzt werden.

- Die zeitliche Dimension gibt die Reihenfolge der Aufgabenerfüllung wieder und zeigt, wie häufig der Arbeitsablauf in einer Periode durchlaufen wird.
- Die Kostendimension beschreibt, welche Kosten durch den Einsatz von Ressourcen bei der Aufgabenerfüllung entstehen.

Der Begriff des Arbeitsablaufs ist vom Begriff des Geschäftsprozesses, auf den im Abschnitt 7.2 detailliert eingegangen wird, zu unterscheiden. Der Geschäftsprozess weist spezifische Merkmale und Charakteristika auf, die das Management von Geschäftsprozessen zu einem eigenen Arbeitsgebiet der Ablauforganisation haben werden lassen.

Tabelle 7.4 Grundsätze der Ablauforganisation

Grundsatz	Ziel, Interpretation, Beispiel	Typische Problematiken bei Anwendung des Grundsatzes
Grundsatz der Wirtschaftlichkeit	Anwendung des ökonomischen Prinzips durch • effiziente Arbeitsabläufe • optimierte Schnittstellen • niedrige Transaktionskosten z.B. Verwendung internetbasierter Vertriebskanäle, Reduzierung von Kontrollstufen	Konflikte mit Sicherheitsanforderungen (4-Augen-Prinzip, Handels- und Kreditüberwachung, Risikocontrolling), Ausrichtung von Kapazitäten am Spitzenbedarf, Konflikte mit geschäftspolitischen Zielen, hohe Anfangsinvestitionen neuer Lösungen
Grundsatz der Standardisierung	Schaffung von *Economies of Scale* durch • begrenzte Anzahl standardisierter Produkte und Dienstleistungen • Automatisierung von Entscheidungen (z.B. durch Scoringmodelle) • Lernkurveneffekte	Verlust bzw. Einschränkung individueller Beratung und Abdeckung des einzelnen Bedarfs, Verlust von Alleinstellungsmerkmalen, Einschränkung der Ablaufsicherheit und Einhaltung aufsichts- oder kontrollrechtlicher Vorgaben
Grundsatz der Schnelligkeit	Reduzierung der Durchlaufzeiten eines Arbeitsablaufs durch • optimale Bearbeitungsreihenfolge der Aufgaben • Verminderung von beteiligten Aufgabenträgern • Bereithaltung ausreichender Ressourcen	Keine optimale Kapazitätsauslastung, Qualitätsverlust, Ablauf- und Revisionssicherheit
Grundsatz der Sicherheit	Sicherstellung der ordnungsgemäßen Durchführung von Arbeitsabläufen durch • Reduzierung von Fehlerraten • Einhaltung von aufsichtsrechtlichen Vorgaben • Definition und Einhaltung von Compliance-Richtlinien • Etablierung von Kontroll- und Überwachungsmechanismen bei risikobehafteten Geschäften	Verlängerung von Durchlaufzeiten, Entstehung hoher Kosten, die keinen unmittelbaren Kundennutzen schaffen, Entstehung zusätzlicher Schnittstellen, Bedarf an komplexen Technologien

Die Gestaltung der Ablauforganisation folgt allgemeinen Grundsätzen (Tabelle 7.4). Diese Grundsätze stellen einen Orientierungsrahmen für die Organisationsarbeit dar.

Sie müssen mit den individuellen Zielsetzungen der jeweiligen Bank in Einklang gebracht werden. Die Schwerpunktsetzung hängt vor allem vom jeweiligen Marktsegment ab, in dem die Bank tätig ist, d.h. ein Kreditinstitut mit überwiegend standardisiertem Mengengeschäft wird bestimmte Grundsätze stärker gewichten als der internationale, am Kapitalmarktgeschäft ausgerichtete Wettbewerber. Dennoch ist die Beachtung dieser Grundsätze über alle Segmente hinweg von Bedeutung, um die Ziele der Ablauforganisation zu erreichen.[4]

7.1.4 Funktionsorientierte Gestaltung von Arbeitsabläufen

Die Funktionsorientierung ist der klassische Ansatz zur Gestaltung von Arbeitsabläufen. Bei der Funktionsorientierung folgt die Ablauforganisation der vorhergehenden Bildung von Stellen und Teams. Diese Vorgehensweise baut auf dem Ansatz von Kosiol auf, in dem ausgehend von einer Aufgabenanalyse in einem Unternehmen einzelne Aufgaben identifiziert und in der anschließenden Aufgabensynthese zu Stellen, Teams und Abteilungen zusammengefasst werden (vgl. Abschnitt 3.3).[5]

Der Funktionsorientierung liegt der klassische, tayloristische Ansatz der Arbeitsteilung zugrunde. Jeder Aufgabenträger ist lediglich für eine oder wenige bestimmte Aufgaben verantwortlich und ausschließlich zu deren Bearbeitung in den Arbeitsablauf eingebunden. Nach Abschluss der Verrichtung wird der Arbeitsvorgang an den nächsten Aufgabenträger übergeben. Stellen und Teams sind hierbei nach Funktionen aufgestellt (z.B. Kundenberatung, Kreditantragsbearbeitung, Kreditgenehmigung, Sicherheitenbearbeitung), aus denen sich jeder Arbeitsablauf zusammensetzt. Aufgaben werden nach dem Prinzip der Verrichtungsähnlichkeit (d.h. Zusammenfassung gleichartiger Verrichtungen wie Erfassung, Kontrolle etc.) den jeweiligen Aufgabenträgern zugeordnet. Die Stellenbildung orientiert sich dabei in erster Linie an Wirtschaftlichkeitsüberlegungen (z.B. Lernkurveneffekte).

Der Schwerpunkt von Organisationshandbüchern und -anweisungen liegt bei diesem Ansatz auf der vertikalen Definition von Funktionen, für die der jeweilige Aufgabenträger innerhalb eines bestimmten Arbeitsgebiets verantwortlich ist. Meist entspricht eine solche Organisationsdokumentation den Stellenbeschreibungen der beteiligten Mitarbeiter. Die Tabelle 7.5 zeigt eine typische, funktionsorientierte Arbeitsanweisung für die Abwicklung von Kundenaufträgen im Filialvertrieb einer Bank.

Tabelle 7.5
Beispiele der funktionsorientierten Aufgabenverteilung

Filialservice	Kundenberatung	Back-Office
• Kundenaufträge annehmen • Legitimation des Kunden prüfen • Vollständigkeit des Auftrags prüfen • Aufträge an Kundenberatung oder Back-Office weiterleiten • Reklamationen entgegennehmen • Reklamationen weiterleiten • Auszüge und Abrechnungen an den Kunden weiterleiten	• Beratungsgespräche führen • Handels- und Geschäftsfähigkeit des Kunden prüfen • Bonität des Kunden prüfen • Reklamationen und Nachfragen beantworten • Kundenverhalten analysieren und Anlage- bzw. Finanzierungsstrategien entwickeln	• Auftragsdaten in den entsprechenden Systemen erfassen • Erfasste Auftragsdaten prüfen • Ausführung von Kundenaufträgen überwachen • Abrechnungen erstellen • Fehler und Storni bearbeiten

Diese Form der Arbeitsablaufgestaltung hat viele Organisationen bis weit in die 90er Jahre hinein geprägt. Nach heutiger Erkenntnis führt die tayloristische Unternehmensorganisation zu extremer Komplexität und Bürokratisierung des Geschäfts, da

- die Vielzahl der Aufgabenträger vielfältige Schnittstellen und Medienbrüche während eines Arbeitsablaufs erzeugt,
- die Wertschöpfung des einzelnen Arbeitsplatzes gering ist,
- zahlreiche Aufgabenträger an der Bearbeitung eines Kundenauftrags beteiligt sind, aber keine Gesamtverantwortung für das Ergebnis des Arbeitsablaufs existiert,
- der Kunde und dessen Bedarf nicht im Mittelpunkt stehen,
- ein überproportionaler Überwachungs- und Kontrollaufwand entsteht,
- die Motivation des einzelnen Aufgabenträgers durch fehlenden Überblick und unzureichende Einbindung in den gesamten Arbeitsablauf gering ist und
- unterschiedliche Funktionsbereiche individuelle Regeln und Vorgehensweisen bei der Bearbeitung anwenden, die unter Umständen zu widersprüchlichen Entscheidungen bei der Bearbeitung von Geschäftsvorfällen führen.

Bei der klassischen Ablauforganisation besteht die Aufgabe der Organisationsarbeit daher primär aus der Analyse, Definition und Allokation der einzelnen Funktionen sowie der Spezialisierung der entsprechenden Aufgabenträger. Dieses Paradigma wurde erst durch das Management von Geschäftsprozessen abgelöst, das u.a. von den Untersuchungen Porters zu Wertschöpfungsketten in Unternehmen geprägt ist.

7.2 Grundlagen des Geschäftsprozessmanagements

Die Orientierung der Ablauforganisation in Banken an Geschäftsprozessen hat in den vergangenen Jahren erheblich an Bedeutung gewonnen. Viele Institute mussten feststellen, dass Kostensenkungen durch die Verringerung der Mitarbeiterzahl die eigentlichen Probleme nicht lösen konnten. Ein wichtiger Grund für hohe Kosten und geringe Leistungsqualität liegt in der funktionalen Organisation von Banken. Größere Unternehmen haben sich mit der Zunahme der funktionalen Verantwortung immer mehr von den Kunden entfernt. Über Jahre ist die Intransparenz der innerbetrieblichen Abläufe gewachsen. Als Folge kam es immer häufiger zu Redundanzen und Ineffizienzen. Die Produktivität nahm dadurch ab und der hohe Koordinationsbedarf gerade in großen Unternehmen erhöhte die Gemeinkosten. Zudem stand durch die Konzentration auf die Organisation des eigenen Instituts der Kunde nicht mehr im Mittelpunkt der Bemühungen.[6]

Mit der Orientierung an Geschäftsprozessen können diese Probleme verringert bzw. behoben werden. Wesentlich unterstützt wird die Geschäftsprozessorientierung in Banken durch die Weiterentwicklungen der Informationstechnologie (IT). Da es sich im Bankgeschäft im Wesentlichen um den Austausch und die Verarbeitung von Informationen handelt, trägt die IT massiv zur Steigerung der Produktivität bei der Leistungserstellung bei.

Um das Geschäftsprozessmanagement praktisch umsetzen zu können, müssen zunächst die Grundlagen von Geschäftsprozessen verstanden werden. Dazu ist insbesondere die Abgrenzung zur funktionsorientierten Organisation von Bedeutung.

7.2.1 Von der funktions- zur prozessorientierten Organisation

Bei der prozessorientierten Betrachtung werden die horizontalen Abläufe der Bank in den Vordergrund gestellt. Es steht nicht mehr die Ähnlichkeit der Verrichtungen im Mittelpunkt, sondern ein effizienter Wertschöpfungsprozess in seiner Gesamtheit.[7] Die traditionell funktionsorientierte Ablauforganisation wird damit um 90° gedreht und an (Kunden-)Prozessen ausgerichtet.

Bei der Identifizierung und Gestaltung eines Geschäftsprozesses spielt die funktionale Zuordnung einer Aufgabe zu einer bestimmten Stelle oder Abteilung keine Rolle. Vielmehr setzt sich der Prozess aus denjenigen Aufgaben zusammen, die zur Erzielung eines bestimmten Ergebnisses (z.B. bearbeiteter Kreditantrag, abgewickelte Wertpapierorder) aus Sicht des Kunden erforderlich sind. Dieses funktions- und bereichsübergreifende Denken schafft somit klare Verantwortlichkeiten für die Erledigung von Kundenaufträgen. Ein Kundenauftrag wird nicht mehr tayloristisch in möglichst ähnliche und kleine Aufgaben zerteilt, sondern fallabschließend für einen Kunden bearbeitet. Diese kundenorientierte Rundumbearbeitung bringt die Bank durch klare Verantwortlichkeiten wieder näher an den Kunden und erhöht gleichzeitig die Transparenz der Leistungserstellung. Die Abbildung 7.1 verdeutlicht die funktions- und bereichsübergreifende Prozessorientierung.

Abbildung 7.1 Geschäftsprozessorientierung als funktionsübergreifender Ansatz

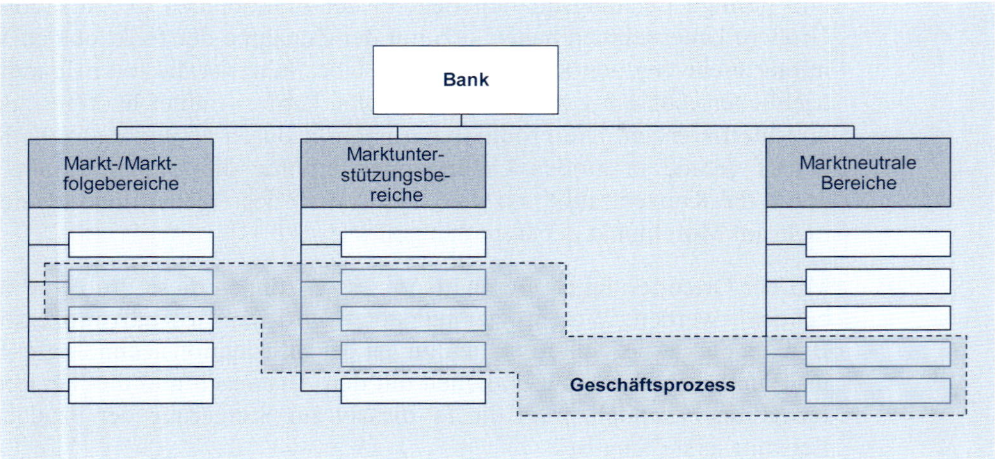

Organisationsbeschreibungen basieren hierbei nicht mehr auf der vertikalen Definition von Funktionen, sondern dokumentieren sämtliche Aufgaben, die von der Entgegennahme bis zur Erledigung eines Kundenauftrags (End-to-End) im Rahmen eines bestimmten Geschäftsprozesses anfallen.

In der Tabelle 7.6 wird exemplarisch die Bearbeitung einer Wertpapierorder als typischer Geschäftsprozess einer Bank dargestellt.

Tabelle 7.6
Geschäftsprozess „Bearbeitung einer Wertpapierorder“

Aufgabe	Kunde	Filialservice	Kundenberater	Back-Office
Wertpapierorder erteilen	■			
Wertpapierorder entgegennehmen		■		
Legitimation prüfen		■		
Vollständigkeit der Order prüfen			■	
Handels- und Geschäftsfähigkeit des Kunden prüfen				■
Orderdaten erfassen				■
Erfasste Daten prüfen und freigeben				■
Abrechnung erstellen				■
Abrechnung an Kunden weiterleiten				■
Abrechnung entgegennehmen	■			

Die Tabelle 7.7 zeigt abschließend die unterschiedlichen Herangehensweisen der beiden Paradigmen der Ablauforganisation. Während sich die funktionsorientierte Sichtweise auf einzelne Arbeitsschritte und den einzelnen Mitarbeiter beschränkt, führt die Geschäftsprozessorientierung zu einer ganzheitlichen Betrachtung des Ablaufs.

Tabelle 7.7 Gegenüberstellung von Funktions- und Geschäftsprozessorientierung

Funktionsorientierung	Geschäftsprozessmanagement
Mitarbeiter sind das Problem	Der Prozess ist das Problem
Messung von Mitarbeitern	Messung von Prozessen
Veränderung von Personen	Veränderung des Prozesses
Man kann immer einen besseren Mitarbeiter finden	Man kann den Prozess immer verbessern
Mitarbeiter motivieren	Funktionale Barrieren beseitigen
Gezielte Analyse und Optimierung von Teilaspekten	Analyse und Optimierung kompletter Geschäftsprozesse

Quelle: Harrington, H.J. (1991).

7.2.2 Charakteristika von Geschäftsprozessen

Ein Geschäftsprozess ist durch die folgenden Charakteristika gekennzeichnet:

- Er ist eine funktions- und abteilungsübergreifende Zusammenfassung von Aufgaben.
- Ein Geschäftsprozess hat mindestens ein definiertes Ereignis als Auslöser (Input).
- Ein Geschäftsprozess liefert ein fallabschließendes Ergebnis (Output).
- Der Kundenbezug steht im Vordergrund, d.h. ein Kunde ist sowohl Auslöser eines Geschäftsprozesses als auch Ergebnisempfänger.
- Bei Kunden kann es sich sowohl um extern als auch um intern angesiedelte Leistungsempfänger handeln (z.B. andere Organisationseinheiten im Unternehmen).
- Ein Geschäftsprozess kann aus mehreren Teilprozessen bestehen.
- Für jeden Geschäftsprozess existiert ein Gesamtverantwortlicher (der so genannte Process Owner).

Ähnlich dem Modell der Wertschöpfungskette von Porter können Geschäftsprozesse hinsichtlich ihrer Rolle innerhalb der Organisation unterschieden werden.

Operative Geschäftsprozesse sind unmittelbar an der Wertschöpfung beteiligt und leisten einen messbaren Beitrag zum Kundennutzen. Hierbei kann es sich z.B. um die Prozesse der Auftragsabwicklung, der Kundenakquisition oder der Reklamationsbearbeitung handeln. Als Synonyme werden in der Organisationswissenschaft die Begriffe Leistungsprozesse oder Primärprozesse verwendet.

Support-Prozesse sind hingegen nicht bzw. nicht direkt an der Wertschöpfung beteiligt. Hierbei handelt es sich um diejenigen Prozesse, die die operativen Prozesse unterstützen und z.B. für die Personalentwicklung, die Informations- und Datenbereitstellung oder die Grundversorgung der Organisation mit Kapital, Personal sowie Sachmitteln verantwortlich sind. Häufig verwendete synonyme Begriffe sind Sekundärprozesse, Unterstützungsprozesse oder Serviceprozesse.

Abschließend findet in den *Managementprozessen* die übergreifende Lenkung und Steuerung der operativen und der Support-Prozesse statt. Diese Prozesse sind indirekt an der Wertschöpfung beteiligt und umfassen in erster Linie die Aufgaben der Unternehmensplanung und -lenkung sowie die Kontrolle durch das Management. Anstelle von Managementprozessen wird auch von Führungsprozessen oder Steuerungsprozessen gesprochen. Die Abbildung 7.2 veranschaulicht den Zusammenhang der verschiedenen Geschäftsprozessarten.

Abbildung 7.2 Zusammenwirken der drei Geschäftsprozessarten

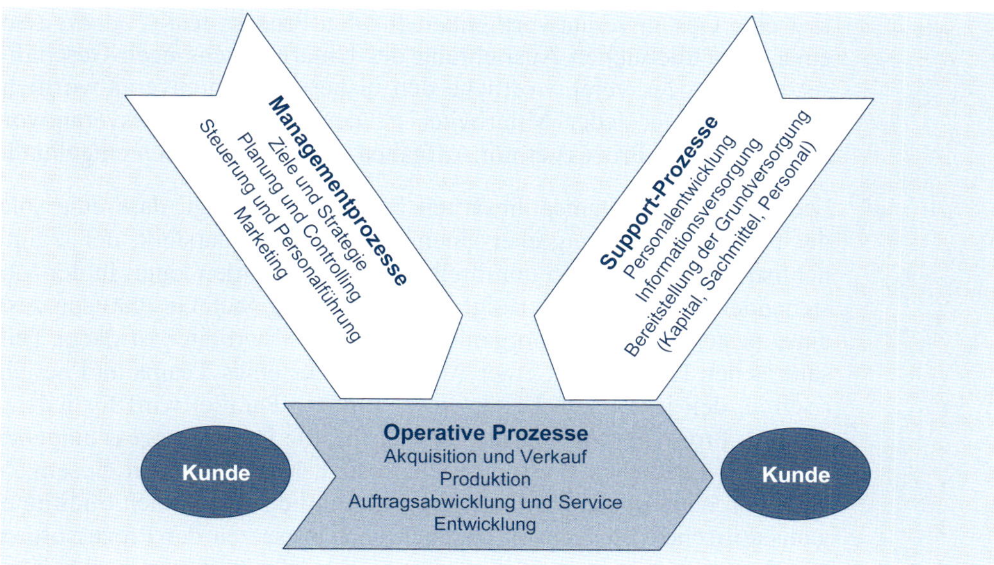

Quelle: Fischermanns, G. / Liebelt, W. (2008).

Zusätzlich lassen sich Geschäftsprozesse in Haupt- und Teilprozesse gliedern, unabhängig davon, welcher der zuvor beschriebenen Prozessarten sie angehören. Dies dient vor allem der weiteren Strukturierung der Unternehmensprozesse und wird im

Rahmen der Geschäftsprozesserhebung und -darstellung (siehe Kapitel 8 und 9) näher beschrieben.

7.2.3 Auswirkungen des Geschäftsprozessmanagements

Die Strukturierung einer Organisation nach Geschäftsprozessen wirkt sich auf unterschiedliche Aspekte des Bankbetriebs aus. Das Management von Geschäftsprozessen kann nicht isoliert von anderen Teilaspekten der Organisation stattfinden, sondern muss diese integrieren und in ein gestalterisches Gesamtkonzept einbetten. Die folgenden Ausführungen zeigen die Auswirkungen der Geschäftsprozessorientierung auf die Aufbauorganisation, die Mitarbeiter, das Controlling sowie die Informationstechnologie.

Auf direkte Weise ist die *Aufbauorganisation* von der Geschäftsprozessorientierung betroffen. Die klassische Ablauforganisation folgt der Aufbauorganisation, d.h. ein Ablauf wird durch die Abfolge von Aufgaben definiert, die über unterschiedliche, dem Prinzip der Ähnlichkeit folgend, gestaltete Organisationseinheiten verteilt sind. Der Geschäftsprozess löst sich hingegen von aufbauorganisatorischen Einheiten und legt eine Gesamtverantwortlichkeit für den Prozess fest (*Process Owner*). Im Falle einer ausschließlichen Ausrichtung des Unternehmens nach Geschäftsprozessen ersetzt der Prozessverantwortliche den bisherigen Linienverantwortlichen in der Berichtshierarchie. Jeder Mitarbeiter ist demjenigen Prozessverantwortlichen unterstellt, in dessen Prozess er mit Aufgaben oder Teilaufgaben eingebunden ist.

Die Praxis der Organisationsarbeit hat jedoch gezeigt, dass eine solche Dominanz der Prozessorientierung eher einen Ausnahmefall darstellt, der lediglich bei Unternehmensneugründungen unmittelbar realisiert werden kann. In der Mehrzahl der bestehenden Unternehmen erfolgt die Ausrichtung nach Geschäftsprozessen parallel zu einer bestehenden Linienorganisation. Jeder Mitarbeiter ist dabei Teil einer organisatorischen Einheit, d.h. einer Abteilung oder eines Teams und berichtet disziplinarisch an den jeweiligen Leiter dieser Einheit. Parallel wird für jeden Geschäftsprozess ein Process Owner festgelegt, der für alle in den Prozess eingebundenen Mitarbeiter ein fachliches Weisungsrecht besitzt. Man spricht in diesem Zusammenhang auch von einer dualen Aufbauorganisation, die sowohl nach traditionellen aufbauorganisatorischen Merkmalen als auch nach Ansätzen der Prozessorganisation aufgebaut ist.

Während heute noch oftmals Geschäftsprozesse in eine bestehende Aufbauorganisation „hineinorganisiert“ werden, werden sich in Zukunft Unternehmen primär nach den jeweiligen Prozessen aufstellen und erst im Anschluss hieran eine geeignete

Aufbauorganisation definieren. Dieser Trend wird in der Organisationswissenschaft auch mit dem Ausdruck „Structure Follows Processes“ beschrieben.

Die Partizipation in integrierten Prozessen stellt neue und veränderte Anforderungen an den einzelnen Mitarbeiter. Da jeder Prozess auf eine fallabschließende Bearbeitung eines Geschäftsvorfalls abzielt, ist der einzelne Mitarbeiter in der Regel für eine breiter angelegte, vielfältigere Anzahl von Aufgaben verantwortlich. Im Vergleich zur hohen Spezialisierung bei der funktionsorientierten Ablauforganisation muss der Mitarbeiter im Rahmen der Personalentwicklung zusätzliche Fähigkeiten aufbauen und durch entsprechende Qualifizierungsmaßnahmen unterstützt werden. Neben den fachlichen Kompetenzen ist zusätzlich die Fähigkeit zu einer selbstständigen und lösungsorientierten Arbeitsweise unabdingbar. Die Prozessorientierung führt daher zu einem Job Enrichment bzw. einem Job Enlargement.

Das Geschäftsprozessmanagement verändert auch die Anforderungen an das Controlling. Bisherige Konzepte zur Messung der Performance von innerbetrieblichen Abläufen, wie z.B. über Durchlaufzeiten, Stückzahlen oder Kostenrechnungsverfahren, sind auf die Prozessorientierung abzustimmen. Es werden verstärkt kunden- und qualitätsorientierte Kenngrößen benötigt, die der Gesamtverantwortung der Process Owner sowie der erhöhten Eigenständigkeit der in den Prozess eingebundenen Mitarbeiter Rechnung tragen. Hierzu zählen beispielsweise Kennzahlen zur Kundenzufriedenheit (z.B. Anzahl von Beschwerden und Reklamationen oder die Dauer von Kundenbeziehungen). Andererseits ist es erforderlich, die individuelle Motivation von Mitarbeitern und Führungskräften durch zielorientierte Leistungs- und Vergütungssysteme zu unterstützen (z.B. Management by Objectives). Zudem hat sich zur Kostenrechnung und -kalkulation von Geschäftsprozessen der Ansatz der Prozesskostenrechnung entwickelt, der völlig neue, objektive Analysemöglichkeiten und Steuerungsimpulse für die Organisation ermöglicht (siehe Abschnitt 9.1.2).

Schließlich hat das Geschäftsprozessmanagement Auswirkungen auf die Informationstechnologie. Bisherige Systeme zur Verarbeitung von Daten und Informationen sind überwiegend an der funktionsorientierten Arbeitsweise der einzelnen Organisationen ausgerichtet und decken meist nur spezielle Anforderungen ab bzw. leisten eine eingeschränkte Sicht auf Kunden und Vorgänge. Diese so genannten Insellösungen führten häufig zu Medienbrüchen aufgrund verschiedener Software-Anwendungen. Außerdem kam es zu doppelten oder gar mehrfachen Datenhaltungen (Redundanzen), die häufig zu Inkonsistenzen der vorhandenen Kunden- oder Geschäftsdaten führten. Abteilungsübergreifende Geschäftsprozesse bedürfen daher der Unterstützung durch prozessorientierte IT-Systeme. Dezentrale, vernetzte Systeme, die gemeinsames, paralleles Arbeiten mehrerer Mitarbeiter an einem Problem ermöglichen, finden daher verstärkt Einzug in prozessorientierte Unternehmen. Offene Informations- und Kommunikationsplattformen (intranet- oder extranetbasierte Portale), Systeme zur Abbildung von Geschäftsprozessen (Workflow-Management, Prozessdatenbanken) oder Systeme zum Customer Relationship Management (CRM) sind daher entscheidend für ein erfolgreiches Prozessmanagement.

7.3 Ansätze des Geschäftsprozessmanagements

Nach Umfang und Stärke der Optimierung bzw. nach Intensität des organisatorischen Wandels lassen sich zwei grundlegend unterschiedliche Ansätze des Geschäftsprozessmanagements unterscheiden – der evolutionäre Ansatz und der radikale Ansatz. Beide Ansätze werden im Folgenden erläutert und gegenübergestellt.

7.3.1 Evolutionärer Ansatz (Geschäftsprozessoptimierung)

Der *evolutionäre Ansatz* des Prozessmanagements wird in der Regel auch mit den Begriffen *Geschäftsprozessoptimierung*, Prozessverbesserung oder Business Process Improvement beschrieben. Der Ansatz geht auf die japanischen Managementprinzipien des *Kaizen* zurück (vgl. auch Kapitel 4). Nach Imai ist Kaizen die „Verbesserung des Status quo in kleinen Schritten als Ergebnis laufender Bemühungen.“[8] Ziel des Kaizen ist eine kontinuierliche Verbesserung um der Verbesserung selbst willen, bei der die Fähigkeiten aller Mitarbeiter zur Problemlösung genutzt werden. Zudem hat Kaizen in Japan neben dem ergebnisorientierten auch ein prozessorientiertes Denken gefördert, das im Kontrast zum rein ergebnisorientierten Denken von westlichen Managern steht. Die Verbesserung von Prozessen wird im Kaizen als eine Voraussetzung gesehen, um eine Verbesserung der Ergebnisse erwarten zu können. Somit ist der Prozess genau so wichtig wie das erwartete Ergebnis selbst.[9]

Die Gestaltung der Prozesse soll sich an den Bedürfnissen von internen und externen Kunden orientieren und zudem ist die Leistung der Prozesse kontinuierlich zu verbessern. Schmelzer und Sesselmann fassen den Fokus von Kaizen mit der Orientierung des Unternehmens an Kunden, Geschäftsprozessen und Mitarbeitern zusammen. Die internen und externen Kunden sind Zielgruppen der Verbesserung, da eine Veränderung nur dann Wert für ein Unternehmen schafft, wenn durch sie zusätzlicher Nutzen für die Kunden entsteht. Dabei sind die Geschäftsprozesse und Arbeitsschritte Gegenstand der Verbesserungen. Ihre Prozessleistung (Output) soll durch die Lösung von Problemen auf der Arbeitsebene ständig gesteigert werden. Für die Identifizierung und die Umsetzung von Verbesserungen sind die Mitarbeiter von zentraler Bedeutung, da durch ihre Erfahrungen und ihr Wissen die Veränderungspotenziale erst erkannt werden können.[10]

Die Geschäftsprozessoptimierung ist kein genau abgegrenztes Konzept. Es bildet vielmehr die Grundlage für verschiedene Verbesserungsansätze wie z.B. die Reduzierung der Durchlaufzeiten (Total Cycle Time, TCT) oder Six Sigma. Zu den Gemeinsamkeiten der unter dem Begriff Geschäftsprozessoptimierung zusammengefassten Methoden zählen die kontinuierliche Verbesserung von Prozessen und Strukturen in kleinen Schritten und die konsequente Ausrichtung der Prozesse an den Kundenanforderungen. Ausgehend von einer detaillierten Analyse der bestehenden Geschäftsprozesse steht hierbei die Optimierung des Ist-Zustands im Mittelpunkt. Die Geschäftsprozessoptimierung strebt eine evolutionäre Veränderung von bestehenden Prozessen an und versucht, Risiken oder Widerstände im Zusammenhang mit Veränderungsvorhaben zu minimieren. Bestehende Geschäftsprozesse werden nicht grundsätzlich in Frage gestellt, sondern an neuen Kundenanforderungen, neuen Produkten und Dienstleistungen oder rechtlichen Rahmenbedingungen ausgerichtet. Der Fokus der Geschäftsprozessoptimierung liegt auf denjenigen Geschäftsprozessen, die durch einen direkten Kundenkontakt ausgelöst werden. Das Ziel dabei ist eine nachhaltige Verbesserung der Wettbewerbsfähigkeit, die durch die Ausrichtung der wesentlichen Geschäftsprozesse an den Kundenanforderungen erreicht werden soll.[11] Eine ganzheitliche Veränderung von Geschäftsmodellen soll und kann mit diesem Vorgehen nicht in einem Zuge erreicht werden.

Die Umsetzung einer Geschäftsprozessoptimierung erfolgt in mehreren Phasen, die sich kaum vom Vorgehen bei anderen Transformationsprojekten unterscheiden. Die Abbildung 7.3 zeigt exemplarisch den Kreislauf der Geschäftsprozessoptimierung nach Schmelzer und Sesselmann.

Ausgangspunkt ist die Identifikation von Problemen in den Geschäftsprozessen. In diesem Schritt werden die identifizierten Prozessprobleme z.B. anhand der Bedeutung für die Kundenbeziehung gewichtet und anschließend jene Prozessprobleme ausgewählt, die als erste beseitigt werden sollen. Der zweite Schritt analysiert die Probleme in den ausgewählten Prozessen im Detail (vgl. auch Kapitel 8 und 9). Nach der Analyse werden Ziele gesetzt, die durch die Optimierung des Prozesses erreicht werden sollen. Diese beiden ersten Schritte dienen dazu, die Prozesse besser zu verstehen. Nur so ist es möglich, die wichtigsten Geschäftsprozesse eines Unternehmens in einzelne Aufgaben zu zerlegen und Verbesserungspotenziale zu erkennen. Darauf aufbauend werden im dritten Schritt die Ursachen für die Probleme beseitigt. Dabei wird aus verschiedenen Alternativen eine Lösung ausgewählt und diese dann realisiert. Nach Abschluss der Implementierung werden die Ergebnisse des optimierten Prozesses im vierten Schritt überprüft. Dabei wird zunächst die Prozessleistung (Prozessperformance) festgestellt und dann mit den vorher gesetzten Zielen abgeglichen. Die Messung der Prozessleistung und die Prüfung der Zielerreichung sollten auch nach Abschluss einer Geschäftsprozessoptimierung regelmäßig wiederholt werden, um mögliche Probleme frühzeitig zu erkennen. Im Sinne einer kontinuierlichen Verbesserung können durch diesen Schritt auch weitere Probleme in einem Prozess erkannt und direkt als Anstoß für eine erneute Optimierung der Geschäftsprozesse genommen werden. Im letzten Schritt des Optimierungskreislaufs werden die identifizierten Lösungen zunächst als Standard für den optimierten Prozess eingeführt. Danach kann die neu entwickelte Lösung auch als Standard für Prozesse mit vergleichbaren Problemstellungen genutzt werden. Im Zuge der Standardisierung können weitere Prozessprobleme erkannt werden, die den Kreislauf erneut initiieren und so zu einer kontinuierlichen Verfeinerung der Prozesse führen.

Abbildung 7.3
Fünf Phasen der Geschäftsprozessoptimierung

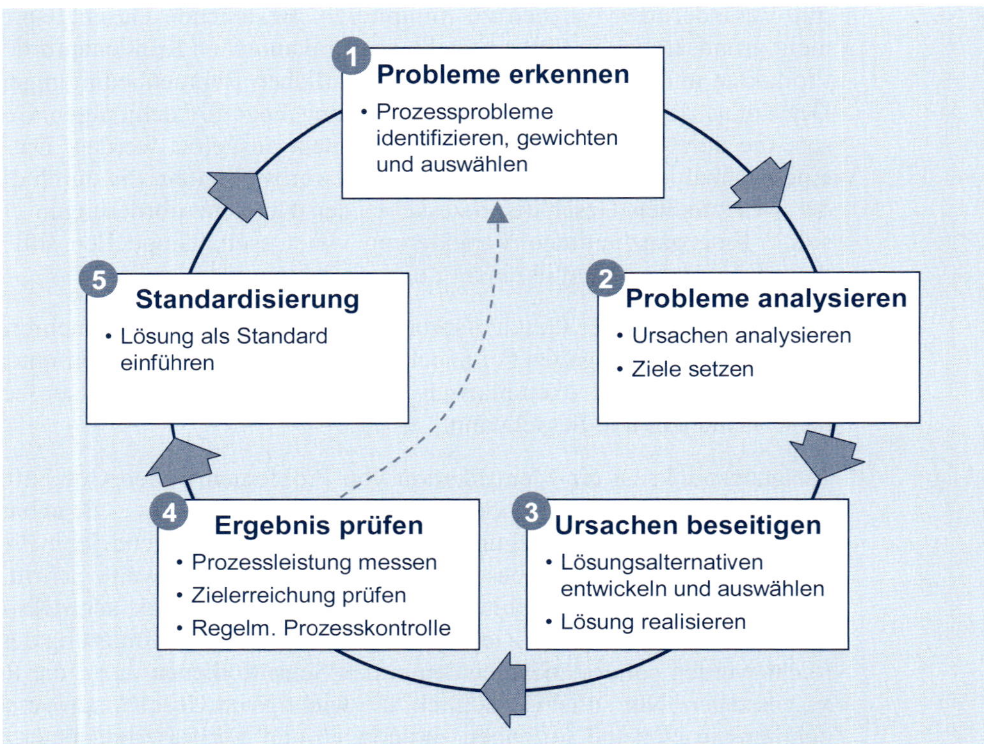

Quelle: Schmelzer, H.J. / Sesselmann, W. (2008), S. 276.

7.3.2 Radikaler Ansatz (Business Reengineering)

7.3.2.1 Definition

Das Konzept des *Business Reengineering* beruht auf den Arbeiten von Hammer und Champy aus dem Jahr 1993 und zielt auf eine radikale Veränderung von bestehenden Geschäftsprozessen ab. Dabei wird folgende Definition für Business Reengineering verwendet:

"Reengineering is the fundamental rethinking and radical redesign of business processes to achieve dramatic improvements in critical, contemporary measures of performance, such as cost, quality, service, and speed."[12]

Diese Definition des Business Reengineering enthält vier Schlüsselbegriffe zur Organisationsgestaltung:

Fundamental. Das Unternehmen muss sich auf die grundlegenden Fragestellungen des Betriebs konzentrieren.

Radikal. Bestehende Geschäftsprozesse sollen nicht verbessert, sondern komplett neu entworfen werden. Es wird gefordert, den Dingen auf den Grund zu gehen. D.h. an Stelle einer inkrementellen Verbesserung bestehender Prozesse wird eine völlige Umgestaltung des Unternehmens angestrebt.

Geschäftsprozesse. Im Zentrum aller Betrachtungen stehen die Geschäftsprozesse eines Unternehmens.

Dramatisch. Verbesserungen erfolgen in Quantensprüngen und nicht mittels Maßnahmen zur Feinsteuerung.

Das Business Reengineering ist nicht auf eine bestimmte Branche ausgelegt, sondern stellt einen grundlegenden Orientierungs- und Handlungsrahmen für jede Organisation dar. Nach seiner Veröffentlichung hat das Konzept eine große Popularität als Management-Tool erlangt und wurde in vielen Projekten und organisatorischen Neugestaltungen umgesetzt. Insbesondere wurde in diesem Zusammenhang ein tieferes Bewusstsein für die Bedeutung des Managements von Geschäftsprozessen in Unternehmen geschaffen.

7.3.2.2 Paradigmenwechsel bei der Geschäftsprozessgestaltung

Ein wesentlicher Bestandteil des Business Reengineering ist die Analyse der Ursachen ineffizienter oder fehlerbehafteter Geschäftsprozesse. Bisherige, überwiegend evolutionäre Betrachtungen von Geschäftsprozessen setzten sich nur unzureichend mit den eigentlichen Ursachen steigender Kosten und Durchlaufzeiten oder mangelnder Kundenzufriedenheit auseinander. Sie versuchten vielmehr, kurzfristige Lösungen zur Beseitigung offensichtlicher Symptome zu finden.

Die folgende Übersicht verdeutlicht, welche tiefer liegenden Gründe für solche Entwicklungen verantwortlich sind und liefert gleichzeitig entscheidende Ansatzpunkte für eine Neugestaltung der Geschäftsprozesse (Tabelle 7.8).

Tabelle 7.8
Symptome für Ineffizienzen und deren Ursachen

Identifizierte Symptome	Mögliche Ursachen
Ausufernder Informationsaustausch, redundante Datenhaltung, Mehrfacheingaben von gleichen Daten	Hohe Arbeitsteiligkeit, keine Prozessverantwortlichkeiten
Hohe Lagerbestände, überdimensionierte Reserven, überhöhte Personalbereitstellung im Filialbetrieb	Keine ausreichenden Informationen über den tatsächlichen Kundenbedarf, fehlende einheitliche Datenbasis zu Geschäftsprozessen, Daten nicht zum richtigen Zeitpunkt verfügbar
Umfangreiche Überwachungs- und Kontrollmaßnahmen	Fragmentierung von Geschäftsprozessen, lediglich partielle Einbindung von Mitarbeitern in bestimmte Prozesse
Häufiges Nacharbeiten bei einzelnen Vorgängen, mehrfaches Durchlaufen gleicher oder ähnlicher Prozessschritte	Keine einheitliche Gestaltung von Geschäftsprozessen, fehlender Gesamtüberblick
Zahlreiche Ausnahmeregelungen und Sonderfälle	Geschäftsprozesse sind unzureichend am Kundenbedarf und den Erfordernissen des Marktes ausgerichtet

Quelle: Seibt, D. (2001).

Statt inkrementeller Veränderungen zur Beseitigung der Symptome sind daher im Sinne des Business Reengineering die zugrunde liegenden Geschäftsprozesse und Paradigmen der Organisationsgestaltung kritisch zu hinterfragen.

Eine entscheidende Rolle spielt hierbei die Informationstechnologie, die als „Enabler" neuer Prozessstrukturen verstanden wird. Während die bisherigen funktionalen Ansätze zur Arbeitsablaufgestaltung Systeme, Datenbanken und IT-Anwendungen lediglich als Arbeitsmittel zur Unterstützung oder „Elektrifizierung" vorhandener Aufgaben einsetzten, wird diese Definition bei einem Business Reengineering der Organisation auf den Kopf gestellt. Stattdessen wird ermittelt, welche neuen Möglichkeiten der Prozessgestaltung sich durch die Nutzung innovativer Informationstechnologien ergeben. Durch die rasante Entwicklung von Technologien und Plattformen bieten moderne Systeme einfache und kostengünstige Funktionalitäten, die einen Paradigmenwechsel ermöglichen. Die Tabelle 7.9 zeigt einige Gestaltungsmöglichkeiten, die durch die Verfügbarkeit neuer Technologien entstehen.

Tabelle 7.9
Paradigmenwechsel durch innovative IT

Bisheriges Paradigma	Technologien	Gestaltungsmöglichkeiten
Mitarbeiter benötigen Büros und stationäre Filialen, um Zugriff auf notwendige Informationen und Daten zu erhalten	Mobile Endgeräte, Intranet- bzw. Extranet-basierter Zugriff auf Daten, „Wireless"-Technologien	Der Mitarbeiter kann jederzeit beim Kunden oder vom Home-Arbeitsplatz auf sämtliche Informationen zugreifen
Informationen und Daten müssen gezielt gesucht werden (Pull-Prinzip)	Intelligente Agenten zur Auswertung von Datenbeständen (Data Mining) und automatischer Weiterleiten von Informationen	Benötigte Informationen (z.B. abgelehnte Kreditanträge, Anlageverhalten von Kunden) werden dem Kundenberater automatisch zur Verfügung gestellt (Push-Prinzip)
Pläne und Vorgaben sind regelmäßig zu prüfen und bei Abweichungen zu überarbeiten	Frühwarnsysteme, leistungsfähige Planungssysteme zur automat. Erkennung von Abweichungen (Business Intelligence)	Lediglich bei Bedarf (z.B. Erreichen von Limiten oder anderen Risikokennzahlen) müssen Aktionen eingeleitet werden
Informationen sind nur an einem bestimmten Ort und zu einem bestimmten Zeitpunkt verfügbar	Vernetzte Datenbanken und Systeme	Mehrere Mitarbeiter können gleichzeitig auf Informationen zugreifen und Vorgänge bearbeiten
Nur Experten können bestimmte Aufgaben lösen	Wissensmanagement	Bereitstellung von Lösungen und Informationen zu bestimmten Vorgängen
Lediglich der Vorgesetzte bzw. das Management kann Entscheidungen treffen	Expertensysteme, Scoring-Lösungen, neuronale Netze	Anhand von bestimmten Dateneingaben wird z.B. die Kreditwürdigkeit eines Kunden geprüft und somit die Entscheidung auf den Berater verlagert

Quelle: Seibt, D. (2001).

Die folgenden realen Fälle zeigen – ausgehend von den Chancen der Informationstechnologie – die Möglichkeiten zur grundlegenden Neugestaltung von Geschäftsprozessen (Tabelle 7.10).

Tabelle 7.10
Neue Ansätze durch Business Reengineering

Traditioneller Ansatz	Ansatz nach dem Reengineering
Die Lieferung eines Produkts bzw. die Bereitstellung/Änderung einer Dienstleistung durch den Hersteller kann erst nach **schriftlicher Bestellung** durch den Kunden erfolgen.	Die Lieferung erfolgt automatisch nach **Unterschreiten eines Mindestlager-bestands**; das Konditionsmodell eines Kundenkontos wird nach **Analyse des persönlichen Transaktionsverhaltens** automatisch auf die günstigere Variante umgestellt.
Die Kontoeröffnung kann erst erfolgen, **wenn alle zur Kontoeröffnung notwendigen** Unterlagen bei der Bank eingegangen sind.	Die Kontoeröffnung und damit auch die Kontonummernvergabe **erfolgt sofort nach Auftragseingang**; allerdings bleibt das Konto so lange gesperrt, bis alle notwendigen Unterlagen nachgereicht werden.
Freischaltung eines Telefonanschlusses kann erst **nach Verarbeitung aller rechnungsrelevanten Kundendaten** erfolgen.	Freischaltung erfolgt **sofort nach Auftragseingang**, rechnungsrelevante Daten werden erst zu einem späteren Zeitpunkt verarbeitet.

Quelle: Hammer, M. / Champy, J. (1993).

Im Business Reengineering wird bewusst das Risiko in Kauf genommen, dass sich nach endgültiger Verarbeitung der Kundendaten möglicherweise eine unzureichende Kundenbonität herausstellt, die zur nachträglichen Ablehnung eines Antrags auf Leistungsbereitstellung führt. Die Nachteile und Kosten, die sich durch derartige Fehlentscheidungen ergeben können, wie z.B. nicht bezahlte und nicht eintreibbare Forderungen, werden dabei bewusst in Kauf genommen. Es wird davon ausgegangen, dass der Wegfall von aufwändigen Kontrollmechanismen oder die Gewinnung neuer Kunden aufgrund schnellerer und vereinfachter Bearbeitungsprozesse zu einer Überkompensierung dieser Verluste führt.

7.3.2.3 Rollen im Business Reengineering

Bei Business-Reengineering-Vorhaben handelt es sich meist um komplexe Veränderungsvorhaben, die tief in bestehende und historisch gewachsene Strukturen eingreifen. Um derartige Neugestaltungen erfolgreich umsetzen zu können, definieren Hammer und Champy unterschiedliche Rollen, die im Rahmen der Organisationsarbeit zu besetzen sind.[13] Hierbei werden unterschiedliche Aufgaben und Zuständigkeiten festgelegt, die zur gemeinsamen Zielerreichung kombiniert werden müssen.

In ähnlicher Form finden sich diese Rollen auch in der typischen Projektorganisation wieder. Die verschiedenen Rollen sind in der Abbildung 7.4 dargestellt.

Abbildung 7.4
Rollen im Business Reengineering

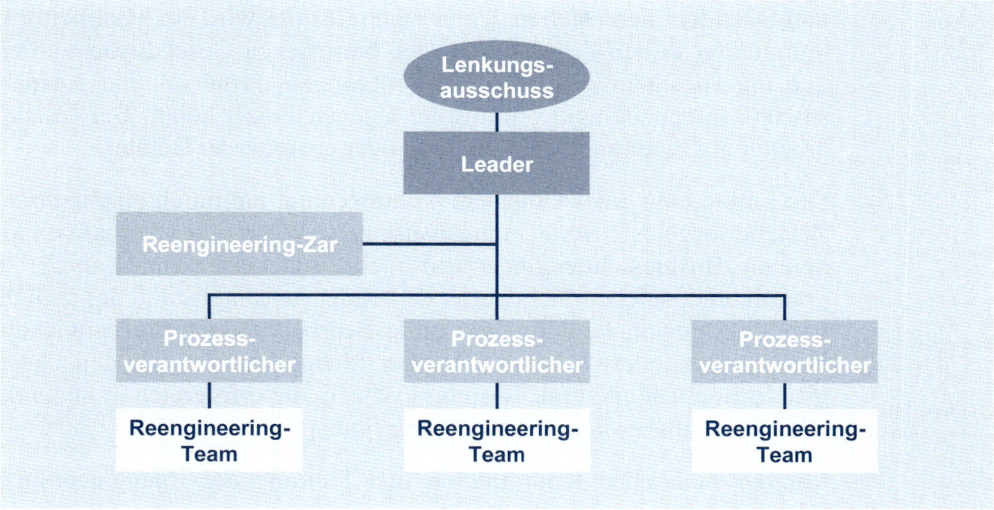

Zunächst ist ein *Leader* erforderlich, der die Gesamtverantwortung für das Business Reengineering im Unternehmen trägt und den Auftrag zum Start des Veränderungsvorhabens gibt. Hierbei sollte es sich um einen Manager aus der obersten Führungsebene des Unternehmens handeln, der über entsprechende Kompetenzen sowie die persönliche und fachliche Eignung verfügt. Seine primäre Aufgabe ist es, die Mitarbeiter und Führungskräfte von der Notwendigkeit des Business Reengineering zu überzeugen und es gegen auftretende Widerstände durchzusetzen. Meist ist die Rolle des Leaders mit einem Mitglied des Vorstands oder eines Executive Committee besetzt, das sowohl die interne Organisation als auch den Bedarf der Kunden kennt und beurteilen kann.

Der *Prozessverantwortliche* ist diejenige Führungskraft, die für den neu zu gestaltenden Geschäftsprozess die entsprechende Linienverantwortung besitzt. Da in den meisten bestehenden, nach funktionalen Aspekten aufgebauten Organisationen noch kein Prozessverantwortlicher festgelegt wurde, wird in der Regel ein Ressort-, Abteilungs- oder Teamleiter identifiziert, in dessen Geschäftsbereich der neue Prozess primär anzusiedeln ist. Auf diese Weise wird ein erster Schritt unternommen, die bestehende Linienorganisation in eine prozessorientierte „duale“ Aufbauorganisation umzuwandeln.

Anschließend ist das eigentliche *Reengineering-Team* festzulegen, das für die Durchführung der eigentlichen Analyse- und Konzeptionsarbeit zuständig ist. Bei der Zusammensetzung des Teams ist es erforderlich, eine Mischung aus Insidern und Outsidern herzustellen. Unter einem *Insider* wird ein Mitarbeiter verstanden, der unmittelbar in den Prozess bzw. den betroffenen Geschäftsbereich eingebunden ist und die einzelnen Aufgaben, Anforderungen, Problem- und Ausnahmesituationen sowie Rahmenbedingungen aus der eigenen Praxis kennt. Der *Outsider* ist ein Mitarbeiter aus einer anderen Abteilung oder ein externer Berater.

Die Einbindung eines Outsiders ist notwendig, um durch eine neutrale und vom Ist-Zustand losgelöste Betrachtungsweise neue Wege und Alternativen identifizieren zu können. Business-Reengineering-Projekte scheitern oftmals an der fehlenden Integration einer solchen Sichtweise, da Insider meist aufgrund der täglichen Konfrontation eine Gewohnheit für bestimmte Bearbeitungsschritte entwickelt und einzelne Paradigmen „erlernt“ haben. Darüber hinaus bestehen für den Outsider eher Vergleichsmöglichkeiten mit Lösungsansätzen, die erfolgreich in anderen Unternehmen oder Geschäftsbereichen Anwendung finden.

Mit der fachlichen Koordination und Führung der Reengineering-Teams ist der *Reengineering-Zar* beauftragt. Dieser erhält meist als Projektleiter den Auftrag zur Durchführung des Reengineering-Vorhabens durch den Leader. Der Reengineering-Zar ist für das Projektergebnis verantwortlich und hat gegenüber dem Reengineering-Team ein fachliches Weisungsrecht. Neben Führungs- und Berichtsaufgaben ist er mit den Zielen, Methoden und Techniken des Business Reengineering vertraut und stellt sicher, dass geeignete Ansätze zur Problemlösung angewendet werden. Meetings und Arbeitsgruppen werden in erster Linie durch den Reengineering-Zar moderiert.

Abschließend ist ein *Lenkungsausschuss* einzusetzen, der vom Reengineering-Zar über den Status und eventuelle Abweichungen von den Zielvorgaben regelmäßig unterrichtet wird. Der Lenkungsausschuss setzt sich aus dem Leader, dem Prozessverantwortlichen sowie weiteren Mitgliedern des Managements zusammen, die Entscheidungen im Zusammenhang mit dem Reengineering-Vorhaben treffen. Insbesondere werden in diesem Gremium Fortschritt und Übereinstimmung der Ergebnisse mit den definierten Zielen überwacht.

Im Konzept des Business Reengineering werden lediglich Aufgaben und Zuständigkeiten der einzelnen Rollen beschrieben. In Literatur und Praxis ist die fehlende Betrachtung der zugrunde liegenden Techniken bei Erhebung, Analyse und Design von Geschäftsprozessen zunehmend auf Kritik gestoßen. Daher werden im folgenden Abschnitt die wichtigsten methodischen Ansätze des Business Reengineering dargestellt.

7.3.2.4 Vorgehensweise bei Business-Reengineering-Projekten

Durch die tief greifende Veränderung der Geschäftsprozesse ist bei der Durchführung von Business-Reengineering-Projekten im Vergleich zur Geschäftsprozessoptimierung eine besondere Vorgehensweise notwendig. Es gibt zwar keine einheitliche „Konstruktionslehre“ für Business-Reengineering-Projekte, jedoch können aufgrund von sachlogischen Überlegungen und praktischen Erfahrungen erfolgversprechende Vorgehensweisen abgeleitet werden.[14]

Eine mögliche Vorgehensweise bei Business-Reengineering-Projekten ist die Anwendung des Ansatzes der Unternehmensberatung Diebold (heute Detecon), der in Abbildung 7.5 dargestellt wird.

Abbildung 7.5 Business-Reengineering-Phasenmodell

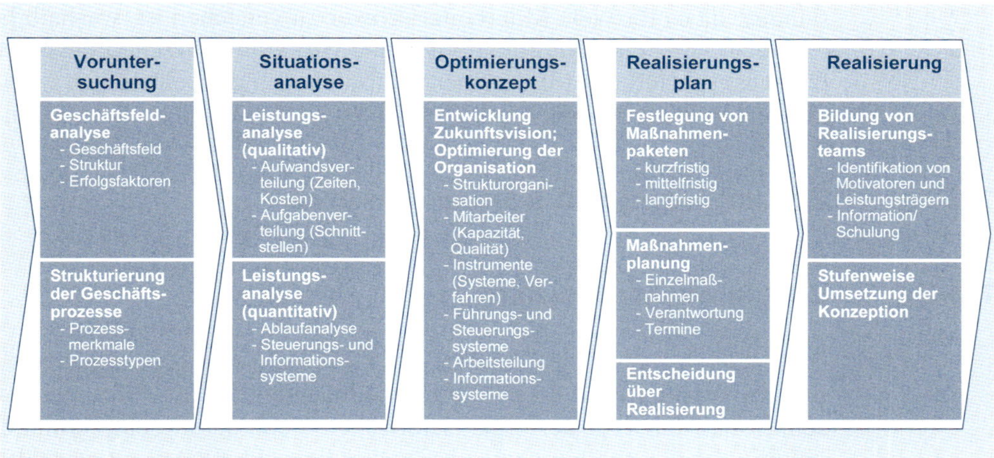

Quelle: Diebold (o.J.), in: Gadatsch, A. (2008).

Die Umsetzung eines Business-Reengineering-Projekts beginnt mit einer Voruntersuchung, die zum einen das betroffene Geschäftsfeld analysiert und zum anderen eine Strukturierung der zugehörigen Geschäftsprozesse vornimmt. Es werden Ziele erarbeitet und gemeinsam mit den Entscheidungsträgern festgelegt. In der zweiten Phase wird eine Analyse der Situation vorgenommen, in der die qualitative und quantitative Leistungsfähigkeit des Unternehmens erhoben wird. Zudem werden in dieser Phase auch die zugehörigen Informationssysteme und Informationsströme analysiert. Auf Basis der gewonnenen Daten kann nun mit der Entwicklung eines Optimierungskonzepts begonnen werden. Ausgehend von einer Zukunftsvision der Prozesse und einem Bild der optimierten Organisation werden in dieser Phase insbesondere die neue Organisationsstruktur und die dafür notwendigen Ressourcen festgelegt. Neben dem Bedarf an Mitarbeitern gehört hierzu auch die Definition der notwendigen Informations-, Führungs- und Steuerungssysteme. Nachdem das Optimierungskonzept entwickelt wurde, kann in der nächsten Phase die Planung der Implementierung beginnen. Hierzu werden Einzelmaßnahmen von unterschiedlicher Fristigkeit zu Maßnahmenpaketen zusammengefasst und ein detaillierter Projektplan für die Realisierung des gesamten Maßnahmenbündels erstellt. Auf der Grundlage dieses Plans wird dann vom Management über die Umsetzung des Projekts entschieden.

Ist der Plan verabschiedet, beginnt mit der fünften Phase der schwierigste Abschnitt des Business Reengineering. Mit der Realisierung des Business-Reengineering-Projekts werden die tief greifenden Veränderungen des Konzepts in der Organisation umgesetzt. Durch die Radikalität der Veränderungen kommt es häufig zu Widerständen, da es für viele Mitarbeiter schwer zu verstehen ist, weshalb bestehende und oft auch scheinbar gut funktionierende Strukturen verändert werden. An diesem Punkt ist speziell das Management gefordert, um die betroffenen Mitarbeiter zu motivieren und von der Notwendigkeit der Veränderungen zu überzeugen.

7.3.3 Zusammenspiel beider Ansätze

7.3.3.1 Vergleich der Ansätze

Die beiden vorgestellten Ansätze des Geschäftsprozessmanagements unterscheiden sich im Wesentlichen durch die Radikalität, mit der die Prozesse überarbeitet werden. Sofern das Ziel der organisatorischen Veränderung eine grundlegende Neugestaltung der Geschäftsprozesse ist, sollte der radikale Ansatz gewählt werden. Hierbei werden die bestehenden Geschäftsprozesse in Frage gestellt, um eine vollständige Neuausrichtung der Ablauforganisation zu ermöglichen. Statt einer schrittweisen Verbesserung von Ist-Prozessen, wie sie bei der Geschäftsprozessoptimierung angestrebt wird, werden idealtypische Lösungsmodelle entworfen, die sich von den vorhandenen Strukturen lösen und Neuland betreten. Dies beinhaltet revolutionäre Veränderungen, wie z.B. eine grundsätzliche Veränderung der Schnittstelle zum Kunden über neue und innovative Vertriebskanäle oder eine Ansprache neuer, bisher nicht erschlossener Zielgruppen. Im Gegensatz zum evolutionären Vorgehen ist die Analyse des Ist-Zustands beim Business Reengineering nur von untergeordneter Bedeutung, da die Neugestaltung der Geschäftsprozesse im Vordergrund steht. Die Abbildung 7.6 zeigt die wesentlichen Charakteristika der beiden unterschiedlichen Formen des Geschäftsprozessmanagements.

Abbildung 7.6 Charakteristika des evolutionären und radikalen Geschäftsprozessmanagements

	Radikaler Ansatz (Business Reengineering)		Evolutionärer Ansatz (Geschäftsprozessoptimierung)
Grad des Wandels	radikal, revolutionär		schrittweise, evolutionär
Schwerpunkt	die richtigen Dinge tun		die Dinge richtig tun
	Geschäft neu erfinden	Prozess neu erfinden	Prozess verbessern
Rolle von Vision und Prinzipien	Prozess konzipieren		Prozess ausrichten
Häufigkeit des Handelns	nach Bedarf		kontinuierlich
Erforderliche Zeit	kurz	mittel	lang
Risiko	hoch	mittel	gering

7.3.3.2 Chancen und Risiken

Die Chancen der Geschäftsprozessoptimierung liegen speziell in der Einbeziehung der Mitarbeiter.[15] Die Geschäftsprozessoptimierung gibt allen Beteiligten die Möglichkeit, vom Wissen der anderen Mitarbeiter zu profitieren und kontinuierlich neues Wissen und neue Erfahrungen zu erlangen. Zudem können die Mitarbeiter ihre Detail- und Ablaufkenntnisse der Prozesse einbringen und somit bereits früh in den Wandel integriert werden. Da die Veränderungen in kleinen Schritten erfolgen, wirken sie auf die Mitarbeiter wie eine natürliche Weiterentwicklung und das Konfliktpotenzial wird damit begrenzt. Bei der Realisierung der Veränderungen entstehen so keine oder nur geringe Widerstände und die Akzeptanz der Veränderung ist meist höher. Da die Veränderungen von vielen Mitarbeitern entwickelt und durchdacht werden, sind nach erfolgter Umsetzung häufig weniger Anpassungen und Nachbesserungen notwendig. Überraschungen sind somit eher die Ausnahme. Zusätzlich entsteht durch die Regelmäßigkeit der Veränderungen eine Art Lerneffekt, der dazu beiträgt, Berührungsängste gegenüber Veränderungen auf allen Hierarchieebenen abzubauen.

Bei der Anwendung der Geschäftsprozessoptimierung bestehen aber auch Risiken. Hier spielt gerade der Faktor Zeit eine wichtige Rolle. In einem dynamischen Marktumfeld kann die Prozessverbesserung durch eine Geschäftsprozessoptimierung zu langsam sein, um mit den rasanten Entwicklungen des Umfelds mithalten zu können. Aufgrund der Verbesserung in kleinen Schritten ist die Geschäftsprozessoptimierung ein Konzept, das nur relativ langsam zu durchgreifenden Verbesserungen führt. Durch lange Phasen des „Herumexperimentierens" kann sich auch die Verunsicherung unter den Mitarbeitern erhöhen. Des Weiteren birgt die Orientierung an bestehenden Geschäftsprozessen die Gefahr, dass nur an den Symptomen angesetzt und nicht zu den eigentlichen Ursachen vorgedrungen wird. Deshalb ist es auch schwierig, komplett neue Lösungen oder Prozessinnovationen zu entwickeln. Zuletzt besteht bei der Geschäftsprozessoptimierung das Risiko, dass das Vorgehen nicht koordiniert erfolgt und somit Reibungsverluste entstehen.

Hier liegt eine der Chancen des Business Reengineering. Durch die komplett neue Konzeption der Prozesse besteht die Möglichkeit, einen Prozess aus einem Guss zu etablieren. Zudem bietet dieses Vorgehen den Vorteil, dass radikale Änderungen umgesetzt und völlig neue Denkansätze integriert werden können. Die Möglichkeit, Prozessinnovationen zu erschließen und umzusetzen, wird durch das Business Reengineering vergrößert. Ein Prozess kann hier so entworfen werden, dass er keine nicht-wertschöpfenden Elemente enthält. Zudem kann bereits in der Konzeptionsphase die optimale Anwendung der verfügbaren Technologien genutzt werden. Die Erstellung von neuen Konzepten und Lösungen kann relativ schnell und ohne Rücksicht auf bestehende Strukturen erfolgen. Durch die tiefgreifenden Auswirkungen des Business Reengineering besteht zudem die Chance einer substanziellen Verbesserung und Neuausrichtung bestehender Geschäftsprozesse. Speziell in Krisensituationen kann der hieraus entstehende Zeitvorteil genutzt werden, Wettbewerbsvorteile zu generieren.

In der Radikalität des Business Reengineering liegen gleichzeitig aber auch die wesentlichen Risiken des Ansatzes. Es ist ein deutlich größerer Widerstand der betroffenen Mitarbeiter zu erwarten, deren bisherige Arbeitsweisen massiven Veränderungen ausgesetzt sind. Zudem besteht bei den Mitarbeitern eine größere Unsicherheit über die zukünftigen Abläufe und über die Konsequenzen für jeden Einzelnen. Die neuen Prozesse und Ideen werden oft nicht von den Mitarbeitern akzeptiert, da sie es gewohnt sind, Vorgänge auf eine bestimmte Art und Weise zu bearbeiten. Da Business-Reengineering-Projekte von „oben" initiiert und durchgeführt werden, können sich die Mitarbeiter auch übergangen fühlen. Dies führt zur Ablehnung der neuen und unbekannten Strukturen. Die Umsetzung von Business-Reengineering-Projekten ist im Weiteren durch das Beschreiten von völlig neuen Wegen mit einem größeren Risiko verbunden. Dies gilt insbesondere für die Projekte selbst, die häufig eine sehr hohe Komplexität aufweisen. Während der Implementierungsphase können die Prozesse zunächst eine geringere Stabilität aufweisen. Komplikationen können zudem aus unerwarteten Wirkungszusammenhängen zwischen verschiedenen Elementen der neuen Prozessstrukturen entstehen, die in der Theorie nicht erfasst wurden und erst in der Praxis erkennbar werden. Daher entstehen auch hier Reibungsverluste, bis sich die neuen Strukturen eingespielt haben. Letztlich ist häufig auch das Management ein Grund für das Fehlschlagen von Business-Reengineering-Projekten. So kann es z.B. vorkommen, dass die Einführung eines neuen Prozesses zwar vom Top-Management gewünscht wird, aber das mittlere Management dieses Ziel untergräbt. Ein weiterer Punkt, der oft falsch eingeschätzt wird, ist die Fähigkeit des Managements, die Mitarbeiter von der Notwendigkeit der Einschnitte zu überzeugen und eine ausreichende Motivation zur Umsetzung der Veränderungen zu schaffen.

7.3.3.3 Verbindung beider Ansätze

Nachdem die Geschäftsprozessoptimierung und das Business Reengineering ausführlich vorgestellt und die Unterschiede der beiden Konzepte dargelegt wurden, stellt sich die Frage, in welchen Intervallen die beiden Methoden angewendet werden. Eine wichtige Erkenntnis ist, dass sich die beiden Konzepte nicht gegenseitig ausschließen, sondern ergänzen. Ein Business Reengineering wird in relativ großen Zeitabständen und nur in besonderen Situationen (wie dem Auftreten von neuen Technologien oder der fundamentalen Veränderung von Wettbewerbsbedingungen) durchgeführt. Als Faustregel können Zeitabstände von ca. fünf Jahren angenommen werden.[16] In den Zeiten zwischen den radikalen Verbesserungen der Geschäftsprozesse sollte eine kontinuierliche Optimierung der Prozesse erfolgen, um die neu etablierten Prozesse ständig weiter zu verbessern und weiter zu entwickeln. Die Notwendigkeit des Zusammenspiels von ständiger Verbesserung durch die Geschäftsprozessoptimierung und Business Reengineering kann der Abbildung 7.7 entnommen werden.

Abbildung 7.7 Zusammenspiel von Business Reengineering und Geschäftsprozessoptmierung

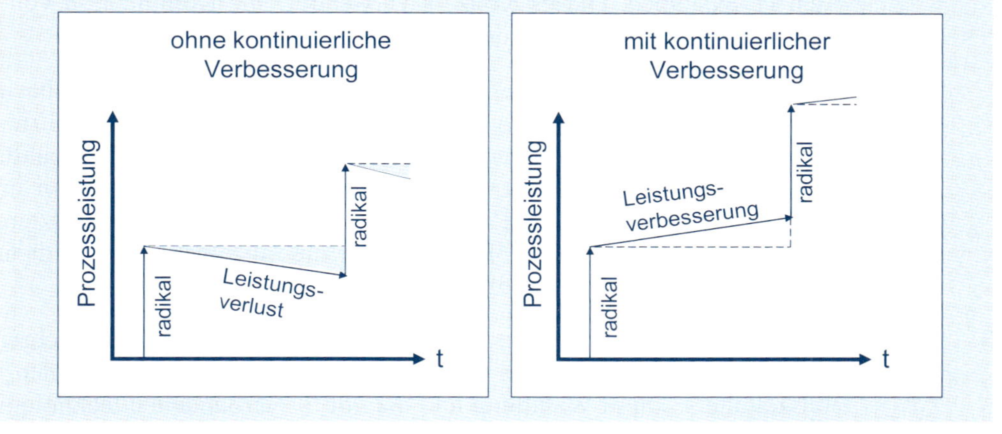

Durch ein Business Reengineering kann die Prozessleistung auf ein deutlich höheres Niveau gebracht werden. Unter der Annahme einer statischen Umwelt könnte davon ausgegangen werden, dass das neue Leistungsniveau solange Bestand hat, bis es erneut zu einer radikalen Steigerung der Prozessleistung kommt. Da das Wettbewerbsumfeld in den meisten Branchen jedoch sehr dynamisch und damit keineswegs konstant ist, tritt ab dem Erreichen des neuen Prozessleistungsniveaus ein Leistungsverlust ein. Dieser kann z.B. durch die Nachahmung der neuen Prozesse durch Wettbewerber oder einfach durch die Weiterentwicklung der zugrunde liegenden Technologie erfolgen. Um das durch radikale Veränderungen neu erreichte Prozessleistungsniveau halten und den Leistungsverlust begrenzen zu können, bedarf es einer kontinuierlichen Leistungsverbesserung (Geschäftsprozessoptimierung). Die aus dem Business Reengineering neu etablierten Prozesse können damit ständig weiter verbessert („optimiert") werden. Sobald die nächste radikale Anpassung der Geschäftsprozesse durch externe Gegebenheiten notwendig wird, stellt dieses höhere Prozessleistungsniveau den Startpunkt dar.

7.4 Transformationsansatz (Business Engineering)

Im vorhergehenden Abschnitt wurden mit der Geschäftsprozessoptimierung und dem Business Reengineering zwei Ansätze zur Verbesserung von Geschäftsprozessen vorgestellt. Beide Ansätze gehen von einem gegebenen Geschäftsmodell und einer bestehenden Strategie aus. Mit dem Konzept des *Business Engineering* soll im Folgenden ein noch weitergehendes Konzept erläutert werden – nämlich ein systematischer Ansatz zur Transformation eines Unternehmens von der Strategie bis zu den IT-Systemen. Dieses Konzept verwendet eine Kombination von radikalen und evolutionären Transformationsschritten.

Business Engineering ist definiert als „die methoden- und modellbasierte Konstruktionslehre für Unternehmen des Informationszeitalters"[17]. Mit Hilfe von Business Engineering soll die systematische Entwicklung von neuen Geschäftsmodellen vorangetrieben werden. Dazu wird die Unternehmenstransformation in einzelne, beherrschbare Schritte zerlegt und Anleitungen zur Bearbeitung letzterer gegeben. In Vorgehensmodellen für Projekte werden die einzelnen Schritte dann zur Gesamttransformation zusammengeführt.[18]

Den Ausgangspunkt hat das Business Engineering in der voranschreitenden Transformation von Unternehmen des Industriezeitalters zu Unternehmen des Informationszeitalters. Diese Wandlung und die mit ihr verbundenen technologischen und sozioökonomischen Veränderungen sind zu komplex, um unkoordiniert und ohne feste Methoden von einzelnen Personen bewältigt zu werden. Um die Geschäftspotenziale, die sich aus IT-Innovationen ergeben, optimal nutzen zu können, bedarf es eines systematischen Vorgehens. Hierzu sind Teams notwendig, die sich arbeitsteilig, minutiös und professionell mit Technologien, Strategien, Prozessen und Applikationen befassen. Vorgehensmodelle, Methoden und Werkzeuge sollen dabei helfen, den Wandel so genau wie möglich planen und durchzuführen zu können.[19]

Das Ziel von Business Engineering ist es, eine Unternehmenstransformation schnell und sicher durchzuführen und dabei den Aufwand so gering wie möglich zu halten.[20] Als interdisziplinärer Ansatz enthält das Business Engineering sowohl Elemente aus Betriebswirtschaft und Informationstechnologie als auch die für einen Transformationsprozess notwendigen Soft-Facts für das Change Management.

7.4.1 Die vernetzte Geschäftsarchitektur als Vision

Die Grundlage des Business Engineering bildet die *Geschäftsarchitektur des Informationszeitalters*, die in der Abbildung 7.8 dargestellt ist. Durch die voranschreitende technologische und organisatorische Vernetzung der Geschäftsinfrastrukturen muss der Fokus der Transformation vom eigenen Unternehmen auf das gesamte Wertschöpfungsnetzwerk erweitert werden.[21] Zudem stellt die breite Nutzung des Internet in der Bevölkerung einen weiteren bedeutenden Aspekt bei der Transformation zu einem Unternehmen des Informationszeitalters dar. Das Internet erlaubt es, den Endkunden stärker als bisher in Wertschöpfungsnetzwerke einzubinden oder Leistungen direkt nach seinen Vorstellungen zusammenzustellen. Als Vision des Business Engineering soll unternehmens- und kernkompetenzübergreifend die komplette Wertschöpfungskette unter Einbindung des Endkunden optimiert werden. Der Kunde soll nicht nur so viele Informationen wie möglich, sondern auch das Produkt samt aufeinander abgestimmter Zusatzleistungen aus einer Hand zur Verfügung gestellt bekommen.

Die abgebildete Geschäftsarchitektur des Informationszeitalters ist ein Referenzmodell auf Prozessebene, das Unternehmen bei der Vernetzung der Prozesse mit Partnern helfen soll. Die einzelnen Bestandteile der Geschäftsarchitektur werden im Folgenden kurz vorgestellt.

Abbildung 7.8 Geschäftsarchitektur des Informationszeitalters

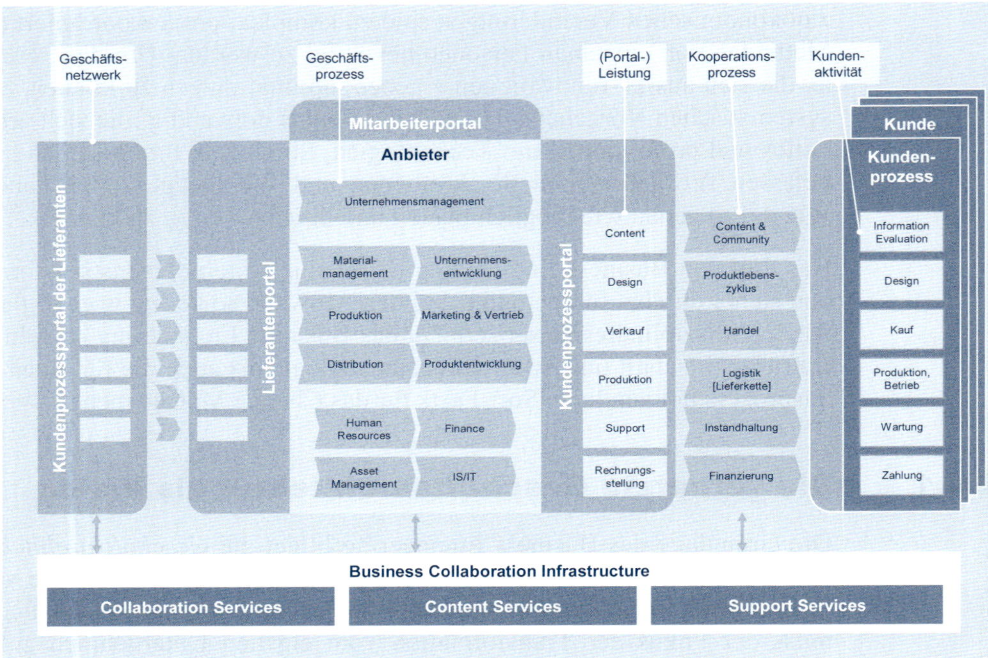

Quelle: Österle H. / Blessing, D. (2005), S. 13.

Im Mittelpunkt der Geschäftsarchitektur des Informationszeitalters steht der *Kundenprozess*, um den herum sämtliche Bemühungen des Wertschöpfungsnetzwerks angeordnet werden. Alle Aktivitäten, die zur Erfüllung des Kundenwunsches beitragen, sind hier zusammengefasst. Ein Unternehmen des Informationszeitalters setzt sich nicht durch ein „elektronifiziertes" klassisches Produkt vom Wettbewerb ab, sondern dadurch, dem Kunden einen neuen Zusatznutzen zu bieten.[22] Als Konsequenz daraus müssen Unternehmen zukünftig den Kundenprozess und die dahinter liegenden, ureigenen Bedürfnisse der Kunden besser verstehen. Bezogen auf eine Bank bedeutet dies zu erkennen, dass ein Kunde einen Konsumentenkredit nicht wegen des Kredits selbst aufnimmt. Vielmehr möchte er sich damit einen bestimmten Konsumwunsch erfüllen. Um die eigentlichen Kundenbedürfnisse erkennen zu können, muss der gesamte Kundenprozess von der Anregung bis zum Kauf und auch danach unterstützt werden.

Zu diesem Zweck soll das *Kundenprozessportal* den Kunden bei den verschiedenen Aktivitäten des Kundenprozesses unterstützen. Hier werden bestimmte Dienstleistungen und Informationen rund um das Produkt sowie das Produkt selbst durch eine einzige Anlaufstelle angeboten. Bei den bereitgestellten Dienstleistungen handelt es sich nicht nur um Informationen, die im Vorfeld des Erwerbs benötigt werden, sondern auch um Leistungen wie Zusatz- und Erweiterungsprodukte oder die Abwicklung von bestimmten administrativen Tätigkeiten im Anschluss an den Erwerb. Hierbei kann es sich beispielsweise um eine Internetplattform für den Verkauf von Autos handeln, auf der neben dem eigentlichen Konsumwunsch (Auto) auch die dazugehörigen Services wie Versicherungen, Autofinanzierung und Zubehörteile aus einer Hand angeboten werden. Für ein erfolgreiches Kundenprozessportal ist es notwendig, möglichst nutzenbringende Leistungen im Portal zusammenzustellen und damit eine kritische Masse an Leistungen, Lieferanten und Kunden zu erreichen. Zudem ist das Leistungsportfolio des Portals genau zu definieren und eine Vernetzung mit anderen Verkaufs- und Kommunikationskanälen anzustreben.[23]

Im *Geschäftsnetzwerk* werden die eigentlichen Leistungen für den Kundenprozess erstellt. Ein solches Wertschöpfungsnetz ermöglicht bei einem abnehmenden Aufwand zur Vernetzung von mehreren Unternehmen durch IT eine immer effizientere Wertschöpfungskette. Wird dadurch der Koordinationsaufwand zwischen zwei Unternehmen auf verschiedenen Kontinenten mit dem von zwei Abteilungen im selben Gebäude vergleichbar, nehmen die Vorteile von unterschiedlichen Standorten, Spezialisierungen und klarer Ergebnisverantwortung zu. Kann z.B. das Kreditrating in einem spezialisierten Unternehmen außerhalb einer Bank qualitativ besser und kostengünstiger erstellt werden, ist es sinnvoll, dieses an eben jenen Spezialisten auszulagern. Jedes Unternehmen wird sich demnach auf die Prozesse konzentrieren, die es im Vergleich zu anderen am besten beherrscht. Prozesse, die nicht zu den Kernkompetenzen zählen, werden an fremde Unternehmen ausgelagert, die in diesen Prozessen führend sind. Mit Hilfe von elektronischen Diensten muss die Integration der verschiedenen Prozesse wirtschaftlich und ohne größere Probleme ermöglicht werden. Ziel jedes Unternehmens muss es daher sein, die eigene Position in einem Geschäftsnetzwerk auszubauen und den Netzwerken mit den höchsten Potenzialen anzugehören. Eine Bank, die durch ihre Finanzierungen und Spezialservices bei vielen Autokäufern zur ersten Wahl bei Autokrediten wird, kann auf diesem Wege auch Zugang zu vielen Autohändlern erlangen und ihre Position in diesem Bereich ausbauen. Als Konsequenz müssen Unternehmen ihre Rolle in den Wertschöpfungsnetzwerken genau bestimmen, sich auf ihre Kernkompetenzen und -prozesse fokussieren sowie die Netzwerkfähigkeit des Unternehmens weiterentwickeln.[24]

Grundlage für die reibungslose Zusammenarbeit zwischen Unternehmen innerhalb eines Geschäftsnetzwerks bildet die *Business Collaboration Infrastructure (BCI)*. Mit Hilfe dieser Infrastruktur werden die Prozesse der einzelnen Unternehmen kostengünstig und mit möglichst geringer Komplexität verbunden. Die Fähigkeit, sich mit Hilfe der BCI möglichst reibungslos in die Prozesse von Lieferanten oder Abnehmern einpassen zu können, wird daher zu einem wesentlichen Wettbewerbsfaktor. Die BCI als gemeinsame Infrastruktur zwischen den Netzwerkunternehmen enthält standardisierte elektronische Dienste (Web-Services), die aus den Aufgabenbereichen Services für Geschäftsprozesse, Informationsaustausch, Integrationsservices und der IT-Basis bestehen. Dementsprechend müssen Unternehmen ihre interne Infrastruktur so gestalten, dass sie optimal zur BCI passt. Zudem müssen Unternehmen bestimmen, welche externen Infrastrukturen und Web-Services genutzt werden sollen. Letztlich müssen noch die eigenen Web-Services für den Markt gestaltet werden.[25] Diese Umgestaltung der IT-Landschaft vollzieht sich aktuell durch die Verbreitung Service-orientierter Architekturen (vgl. Abschnitt 9.3.3).

7.4.2 Gestaltungsebenen und Grundsätze

Bei der Verfolgung des Business-Engineering-Ansatzes orientiert man sich an den drei Modellierungsebenen Strategie, Prozesse und Systeme. Neben diesen fachlichen Ebenen ist die Begleitung durch ein Veränderungsmanagement erforderlich.[26]

Abbildung 7.9 Gestaltungsebenen des Business Engineering

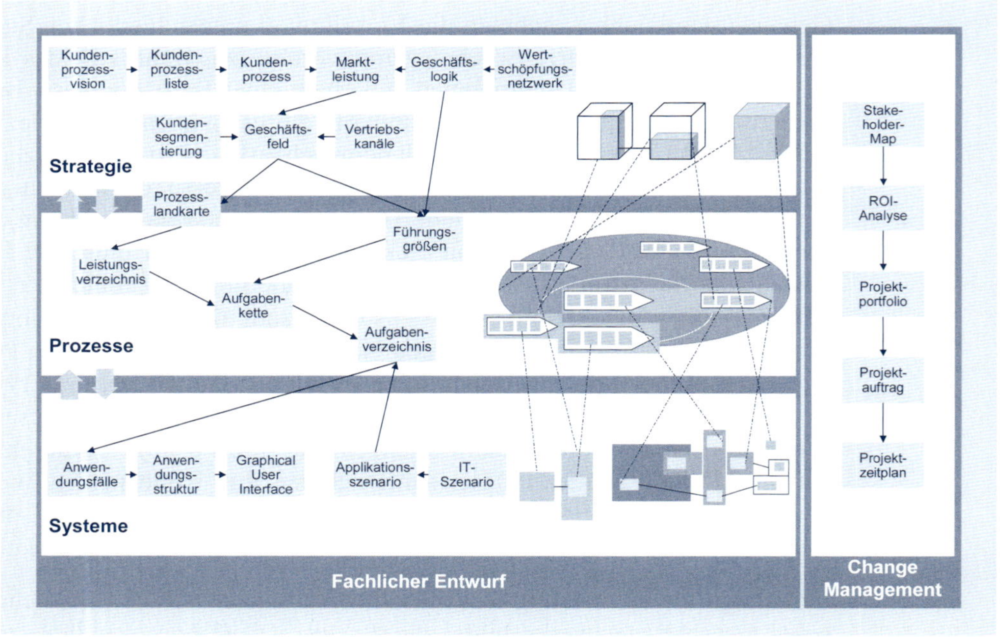

Quelle: Winter, R. (2003), S. 93.

Durch die drei Gestaltungsebenen wird eine Zielhierarchie repräsentiert (Abbildung 7.9). Die Frage des „Was?“ wird durch die strategische Positionierung eines Unternehmens bzw. eines Unternehmensbereichs thematisiert. Auf dieser Basis kann dann die Vorgehensweise (das „Wie?“) geplant werden. Wenn auch dies erfolgt ist, wird im letzten Schritt die Umsetzung mit Hilfe von geeigneten Informationssystemen erarbeitet („Womit?“).[27] Mit dieser Strukturierung wird die Transformation in kleine, beherrschbare Schritte zerlegt. Im Rahmen des Change Management wird der Transformationsprozess durch Motivation und Kommunikation unterstützt. Zusätzlich werden die Berichtswege sowie ein Führungs- und Kompensationsmodell festgelegt.

Auf der *strategischen Gestaltungsebene* werden die längerfristige Positionierung des Unternehmens im Markt und die Art und Weise der Leistungserbringung definiert. Damit verbunden sind z.B. die Festlegung der Geschäftsbereiche, Kundensegmente und Produkte, aber auch die Identifizierung möglicher Allianzen sowie die Anforderungen an die notwendigen Geschäftsprozesse.[28] Die Strategieebene gibt die Rolle vor, die im Wertschöpfungsnetzwerk angestrebt werden soll. Ausgehend von der Analyse des Kundenprozesses werden die zu erbringenden Leistungen spezifiziert. Aus Marktleistung, Kundensegmenten und Vertriebskanälen werden dann die Geschäftsfelder abgeleitet. Somit ist die Festlegung der optimalen Positionierung des Unternehmens im Wertschöpfungsnetzwerk das Ziel auf der Strategieebene.[29]

Auf der *Prozessebene* wird die Umsetzung der gewählten Strategie geplant. Dazu werden *Prozesslandkarten* für jene Geschäftsfelder entworfen, in denen die Prozesse enthalten sind, die zur Umsetzung der Strategie benötigt werden. Aus diesen ergibt sich das Verzeichnis der verfügbaren Leistungen. Die einzelnen Prozesse bestehen wiederum aus Ketten von verschiedenen Aufgaben, die in einem Aufgabenverzeichnis zusammengestellt werden. Auf diese Art kann die Umsetzung der Strategie bis hin zu einzelnen Aufgaben geplant werden. Zur Kontrolle der Wirksamkeit der Aufgabenketten werden Führungsgrößen definiert, die die Übereinstimmung der Aufgabenketten mit den Zielen des Geschäftsfelds und der Geschäftslogik gewährleisten. Zu jedem Geschäftsprozess wird eine zugehörige Prozessleistung festgelegt, die neben den Aktivitäten deren Abfolge und die Verantwortlichkeiten festlegt. Als Gestaltungsziel dieser Ebene ist die optimale Organisation und Steuerung der Wertschöpfungsprozesse anzusehen.

Die Informationssysteme sollen die vorher definierten Prozesse so gut wie möglich unterstützen. Dazu müssen für die einzelnen Teilprozesse und Aufgaben IT-Funktionen auf der *Systemebene* bereitgestellt werden. Ausgehend vom Aufgabenverzeichnis aus dem Prozessentwurf werden verschiedene Anwendungsfälle (Use Cases) abgeleitet, in denen die Anforderungen an die Applikationen im Detail beschrieben werden. Die Gestaltungsziele der Systemebene liegen zum einen darin, die Applikationen optimal für die Prozesse zurechtzuschneiden. Zum anderen soll gleichzeitig die optimale Wiederverwendung der Implementierungskomponenten erreicht werden, um möglichst effizient arbeiten zu können.[30]

Eine besondere Bedeutung innerhalb des Business Engineering hat das *Change Management*. Wie auch beim Business Reengineering gehen mit der Transformation eines Unternehmens große Veränderungen einher. Für viele Mitarbeiter bedeutet dies neue Arbeitsabläufe, andere Aufgaben oder sogar den Verlust des Arbeitsplatzes. Aus diesen Gründen können Skepsis oder Ablehnung gegen das Business Engineering entstehen, was den Erfolg der Projekte gefährden kann. Es ist daher notwendig, den Veränderungsprozess mit Verständnis für die kulturellen und geschäftspolitischen Aspekte im Unternehmen zu begleiten und Einfühlungsvermögen für die Positionen der verschiedenen Stakeholder zu zeigen. Mit Hilfe einer *Stakeholder Map* können die Interessen von Mitarbeitern und anderen Interessengruppen sowie mögliche Konfliktpotenziale verdeutlicht werden. Im Rahmen des Change Management ist auch die Beurteilung der Wirtschaftlichkeit einer Lösung notwendig. Diese kann in Form einer ROI-Analyse oder anderer Verfahren zur Messung der Wirtschaftlichkeit erfolgen. Darüber hinaus wird auch das Projektmanagement aufgebaut und überwacht. Die verschiedenen Teilprojekte sind in einem Projektportfolio zusammenzufassen und die Projektaufträge so zu verteilen, dass sich die Gesamttransformation aus den einzelnen Teilprojekten ergibt.

Innerhalb der einzelnen Projekte werden im Rahmen des Business Engineering die Grundsätze des *Method Engineering* befolgt.[31] Mit diesen Grundsätzen soll für die notwendige Stringenz der Projekte gesorgt werden. Im Mittelpunkt des Business Engineering steht das gewünschte *Ergebnis*. Daher müssen zunächst bestimmte Ergebnisse definiert werden, die durch ein Projekt erreicht werden sollen. Zum Erreichen der einzelnen Ergebnisse greift das Business Engineering auf bestimmte *Techniken* zurück. Diese unterstützen die Ergebniserstellung, indem sie die Projektteilnehmer auf kritische Fragestellungen fokussieren und Anleitungen zur Erstellung der Projektergebnisse geben. Jedes Projekt ist in einzelne *Aktivitäten* gegliedert, deren Abfolge in einem Vorgehensmodell beschrieben wird. Durch die Festlegung und Beschreibung der Aktivitäten wird ein synchrones Vorgehen ermöglicht. Bei der Ausführung der Aktivitäten wird auf die Techniken zurückgegriffen. Die Aktivitäten innerhalb eines Projekts werden durch verschiedene *Rollen* ausgeführt, die von den Projektteilnehmern wahrgenommen werden. Mit den einzelnen Rollen sind bestimmte Aufgaben, Kompetenzen und Verantwortlichkeiten bei der Durchführung des Projekts verbunden.

7.4.3 Die Umsetzung von Business Engineering mit PROMET

Zur Umsetzung von Business-Engineering-Projekten hat das Institut für Wirtschaftsinformatik der Universität St. Gallen das Methodenset PROMET (PROzess METhode) entwickelt. Diese Methode soll ein ingenieurhaftes und systematisches Vorgehen bei der Durchführung von Business-Engineering-Projekten gewährleisten. PROMET orientiert sich bei der Prozessgestaltung konsequent an den externen und internen Kunden und zerlegt die Transformation in einzelne Schritte, um die Komplexität beherrschbar zu machen. Das Vorgehen ist, ähnlich wie beim Business Reengineering, radikal und die Informationstechnologie wird als wichtigster Enabler angesehen.

PROMET umfasst ein modulares Set an Methoden, die eine durchgängige Abwicklung der Projekte von der strategischen Ebene bis zur Systemebene ermöglichen. PROMET-BPR ist das für das Business Process Redesign relevante Modul. Einzelne Methoden können über bestimmte Schnittstellen miteinander kombiniert werden. Die praktische Umsetzung eines Business-Engineering-Projekts mit PROMET erfolgt in mehreren Stufen. Diese sind in der Abbildung 7.10 dargestellt und werden im Folgenden kurz erläutert:[32]

- **Strategieanalyse:**
  Im Rahmen der Strategieanalyse ist zunächst Klarheit über die Inhalte der Grundstrategie des Unternehmens zu schaffen und danach eine (Neu-)Definition der Strategie zu erarbeiten. Zudem sind die Produkte und Dienstleistungen festzulegen und die Geschäftsfelder klar zu definieren.

- **Architekturplanung:**
  In der Phase *Architekturplanung* werden die wichtigsten Output-Leistungen identifiziert und deren Erbringung zu *Makroprozessen* gebündelt. Die Prozesse werden in die Kategorien Operative Geschäftsprozesse, Support-Prozesse und Managementprozesse eingeordnet und in einer *Prozesslandkarte* mit ihren Schnittstellen zu den Lieferanten- und Kundenprozessen dargestellt. Das Ziel der Architekturplanung ist die Identifikation der wettbewerbsentscheidenden Prozesse und die Darstellung des Leistungsaustauschs zwischen den Prozessen.

- **Prozessvision**:
  Ausgangspunkt zur Formulierung einer *Prozessvision* ist die Entwicklung eines *Sektornetzwerks*. Dieses stellt den selektierten Prozess im weiteren Umfeld des Geschäftsnetzwerks dar und gibt einen Überblick über die Rahmenbedingungen und Restriktionen, denen der Prozess ausgesetzt ist. Speziell die Prozessschnittstellen zum Kunden und zum Lieferanten sowie sämtliche Schritte des Prozesses

sind hier zu visualisieren. Aus dem Sektornetzwerk werden die Kundenbedürfnisse abgeleitet. Das Ziel der Prozessvision ist die Beschreibung des Soll-Prozesses und die Festlegung der langfristigen Grundsätze für den Prozess. Davon ausgehend werden die wichtigsten Prozessleistungen und die Prinzipien der Leistungserstellung definiert.[33]

Abbildung 7.10
Vorgehenskonzept nach PROMET

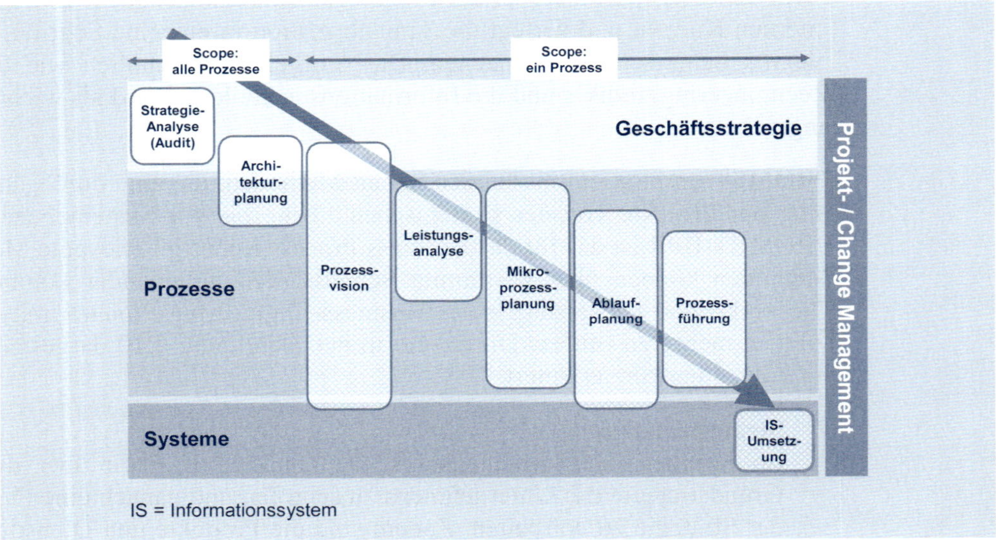

Quelle: Information Management Group IMG AG (1997).

- **Leistungsanalyse:**
  Die *Leistungsanalyse* untersucht die Input- und Output-Leistungen der ausgewählten Prozesse. Die Überprüfung der Leistungen des Ist-Prozesses zielt darauf ab, die Effizienz und Effektivität der Leistungen zu beurteilen. Mit der Aufstellung eines *Kontextdiagramms* wird der Leistungsaustausch zwischen den verschiedenen Prozessschritten und zum Kunden dokumentiert. Wichtig ist hierbei die Beschreibung der Soll-Leistungen in Hinblick auf deren Bestandteile (Inhalt), Merkmale (Qualität) und im Vergleich zum Wettbewerb (Benchmarking).

- **Mikroprozessplanung:**
  Die *Mikroprozessplanung* bricht den Makroprozess in kleinere Schritte auf und definiert Teilprozesse, die unabhängig voneinander ausgeführt werden können. Mikroprozesse fassen verbundene Leistungsteilbündel zusammen und sind wie der Makroprozess am Kunden orientiert. Beispiele für Mikroprozesse sind die

Eröffnung eines Depots, die Entgegennahme einer Wertpapierorder, die Buchung von Wertpapieren und der Versand einer Wertpapierabrechnung.

- **Ablaufplanung:**
  Im Rahmen der *Ablaufplanung* werden die Mikroprozesse in einzelne Aufgaben zerlegt. Jeder Mikroprozess besteht aus einer Kette von Aufgaben, die in einem Aufgabenkettendiagramm dargestellt werden.

- **Prozessführung:**
  Die *Prozessführung* stellt die kontinuierliche „Wartung" und Verbesserung des neuen Prozesses nach dem Ende des Projekts sicher. Zu diesem Zweck wird ein Prozessmanager bestimmt, dem die Verantwortung für den Prozess obliegt. Es werden kritische Erfolgsfaktoren und Führungsgrößen definiert, die gemessen und überwacht werden. Somit wird eine kontinuierliche Kontrolle und Verbesserung des Prozesses ermöglicht.

Übungsfragen

- Weshalb steht für Banken die Verfahrensinnovation im Mittelpunkt organisatorischer Überlegungen?
- Welchen Zielkonflikt beschreibt das magische Dreieck der Ablauforganisation?
- Grenzen Sie die Funktionsorientierung von der Prozessorientierung ab.
- Welches sind die wesentlichen Charakteristika eines Geschäftsprozesses?
- Worin unterscheiden sich der radikale und der evolutionäre Ansatz bei der Prozessgestaltung?
- Nennen Sie die Schlüsselbegriffe des Business Reengineering.
- Welche Rollen sind bei einem Business-Reengineering-Vorhaben zu besetzen?
- Strategie, Prozesse und Informationssysteme werden häufig in einem engen Zusammenhang gesehen. Wie kann dieses an einem Bankbeispiel belegt werden?
- Beschreiben Sie die Bedeutung des Change Management im Rahmen von Business-Engineering-Projekten.

Lösungshinweise zu den Übungsfragen sowie weiteres Material und ergänzende Aufgaben finden Sie unter www.wsm-in-banken.de

Anmerkungen

[1] Vgl. Schmidt, G. (2003).
[2] Vgl. Schmidt, G. (2003).
[3] Vgl. ebenda.
[4] Vgl. Kuhn, W. / Keller, H. (1994).
[5] Vgl. Kosiol, E. (1976).
[6] Vgl. Gaitanides, M. et al. (1994).
[7] Vgl. Richter, G. (1995).
[8] Imai, M. (1992), S. 27.
[9] Vgl. ebenda.
[10] Vgl. Schmelzer, H.J. / Sesselmann, W. (2008).
[11] Vgl. Gadatsch, A. (2008).
[12] Hammer, M. / Champy, J. (1993).
[13] Vgl. ebenda.
[14] Vgl. Bogaschewsky, R. / Rollberg, R. (1998).
[15] Vgl. Osterloh, M. / Frost, J. (2006).
[16] Vgl. Schmelzer, H. / Sesselmann, W. (2008).
[17] Österle, H. / Winter, R. (2003), S. 7.
[18] Vgl. Österle, H. / Blessing, D. (2003).
[19] Vgl. Österle, H. / Winter, R. (2003).
[20] Vgl. Österle, H. / Blessing, D. (2003).
[21] Vgl. Österle, H. / Winter, R. (2003).
[22] Vgl. Österle H. (2003).
[23] Vgl. Österle H. / Blessing, D. (2005).
[24] Vgl. Österle H. (2003).
[25] Vgl. Österle H. / Blessing, D. (2005).
[26] Vgl. Österle, H. / Blessing, D. (2003); Winter, R. (2003).
[27] Vgl. Winter, R. (2003).
[28] Vgl. Österle H. / Blessing, D. (2005) 2.
[29] Vgl. Winter, R. (2003).

[30] Vgl. ebenda.
[31] Vgl. Gutzwiller, T. (1994) f.
[32] Vgl. Information Management Group IMG AG (1997).
[33] Vgl. Österle H. / Blessing, D. (2005).

Literatur

Bogaschewsky, R. / Rollberg, R. (1998): Prozessorientiertes Management, Heidelberg: Springer.

Fischermanns, G. / Liebelt, W. (2008): Grundlagen der Prozessorganisation, 7. Aufl., Gießen: Schmidt.

Gadatsch, A. (2008): Grundkurs Geschäftsprozess-Management, 5. Aufl., Wiesbaden: Vieweg.

Gaitanides, M. / Scholz, R. / Vrohlings, A. / Raster, M. (1994): Prozessmanagement: Konzepte, Umsetzungen und Erfahrungen des Reengineering, München: Hanser.

Gutzwiller, T. (1994): Das CC RIM-Referenzmodell für den Entwurf von betrieblichen, transaktionsorientierten Informationssystemen, Heidelberg: Physika.

Hammer, M. / Champy, J. (1993): Reengineering The Corporation. A Manifesto For Business Revolution, London: Nicholas Brealey.

Harrington, H.J. (1991): Business Process Improvement, New York: McGraw-Hill.

Imai, M. (1992): Kaizen; Der Schlüssel zum Erfolg der Japaner im Wettbewerb, 5. Aufl., München: Langen Müller Herbig.

Information Management Group IMG AG (1997): Promet. Methodenhandbuch für den Entwurf von Geschäftsprozessen, Version 2.0, St. Gallen.

Kosiol, E. (1976): Organisation der Unternehmung, 2. Aufl., Wiesbaden: Gabler.

Kuhn, W. / Keller, H. (1994): Organisation des Bankbetriebs, Frankfurt/M.: Knapp.

Küpper, H.U. (1981): Ablauforganisation, Stuttgart: Schäffer-Poeschel.

Österle H. (2003): Geschäftsmodell des Informationszeitalters, in: Österle, H. / Winter, R. (Hrsg.), Business Engineering, 2. Aufl., Heidelberg: Springer, S. 21-43.

Österle, H. / Blessing, D. (2003): Business Engineering Modell, in: Österle, H. / Winter, R. (Hrsg.), Business Engineering, 2. Aufl., Heidelberg: Springer, S. 65-85.

Österle H. / Blessing, D. (2005): Ansätze des Business Engineering, in: HMD, 42. Jg., Nr. 241, S. 7-17.

Österle, H. / Winter, R. (2003): Business Engineering, in: Österle, H. / Winter, R. (Hrsg.), Business Engineering, 2. Aufl., Heidelberg: Springer, S. 3-19.

Osterloh, M. / Frost, J. (2006): Prozessmanagement als Kernkompetenz, 5. Aufl., Wiesbaden: Gabler.

Richter, G. (1995): Systemorientierte Ablauforganisation, in: v. Stein, J.H. / Terrahe, J. (Hrsg.), Handbuch Bankorganisation, 2., überarb. u. erweit. Aufl., Wiesbaden: Gabler, S. 337-355.

Schmelzer, H. J. / Sesselmann, W. (2008): Geschäftsprozessmanagement in der Praxis, 6. Aufl., München: Hanser.

Schmidt, G. (2003): Methode und Techniken der Organisation, 13. Aufl., Gießen: Schmidt.

Seibt, D. (2001): Materialien zur Veranstaltung Informationsmanagement B, Wintersemester 2001/2002, Universität zu Köln.

Winter, R. (2003): Modelle, Techniken und Werkzeuge im Business Engineering, in: Österle, H. / Winter, R. (Hrsg.), Business Engineering, 2. Aufl., Heidelberg: Springer, S. 87-118.

Kapitel 8

Erhebung und Darstellung von Geschäftsprozessen

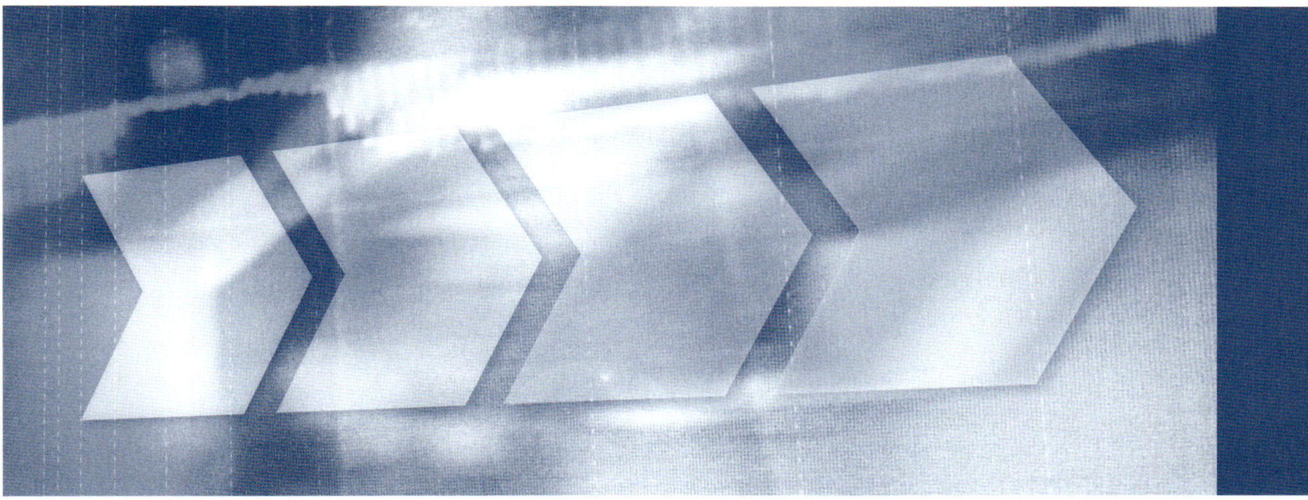

8 Erhebung und Darstellung von Geschäftsprozessen

Lernziele

- Techniken der Identifizierung von Geschäftsprozessen kennen.
- Ansätze zur Gliederung und Priorisierung der identifizierten Geschäftsprozesse verstehen.
- Inhalte und Methoden der Prozesserhebung kennen sowie deren jeweilige Vor- und Nachteile beurteilen können.
- Grundsätzliche Möglichkeiten der grafisch-strukturellen und textuellen Geschäftsprozessdokumentation kennen.
- Wichtige Werkzeuge zur Geschäftsprozessmodellierung sowie deren Einsatzbereiche kennen.

8.1 Identifizierung von Geschäftsprozessen

In vielen Banken sind bestehende Geschäftsprozesse nicht oder nur teilweise dokumentiert. Häufig sind ursprünglich dokumentierte Geschäftsprozesse nicht aktualisiert und die relevanten Informationen existieren lediglich in den Köpfen der Mitarbeiter. Aber sowohl aus betriebswirtschaftlichen als auch aus aufsichtsrechtlichen Gründen müssen die Geschäftsprozesse von Banken detailliert erhoben und dargestellt werden.

In der Praxis wurde eine Reihe unterschiedlicher Vorgehensmodelle zur prozessorientierten Organisationsgestaltung entwickelt, die verschiedene Techniken und Begrifflichkeiten für die Prozessidentifizierung beinhalten. Die hier und in den folgenden Abschnitten dargestellten Ansätze stellen daher beispielhafte, häufig verwendete Techniken des Geschäftsprozessmanagements dar, die in dieser oder ähnlicher Form bei vielen Organisationsprojekten zum Einsatz kommen.

8.1.1 Prozesslandschaft und Priorisierung

Der erste Schritt des Geschäftsprozessmanagements ist die Identifizierung der Geschäftsprozesse. In der Praxis bereitet dieser Teil oft die größten Probleme.[1] In Abhängigkeit von der jeweiligen Vorgehensweise bei der Prozessgestaltung, d.h. evolutionärer versus radikaler Ansatz, wird ein unterschiedlicher Schwerpunkt auf die Erhebung und Analyse des Ist-Zustands gelegt. Beim evolutionären Ansatz ist die Identifizierung, Erhebung und Dokumentation eine Voraussetzung für die anschließende Analyse. Nur so können, aufbauend auf den bisherigen Prozessen und Analyseergebnissen, alternative Prozessvarianten entwickelt und umgesetzt werden. Beim radikalen Ansatz entfallen die ersten Schritte einschließlich der Analyse der Ist-Prozesse. Allerdings sind auch bei diesem Ansatz in einem bestimmten Umfang Daten und Informationen von betroffenen Fachbereichen mit Hilfe entsprechender Techniken und Methoden aufzunehmen.

Der erste Schritt bei der Identifizierung von Geschäftsprozessen liegt in der Ermittlung der groben *Prozesslandschaft*. Hierzu bietet sich ein Top-down-Vorgehen an. Dabei muss die Unternehmensstrategie in Form der Vision, der Erfolgspotenziale sowie der strategischen Ziele den Ausgangspunkt bilden. Ein Geschäftsprozess ist stets durch eine Folge von Bearbeitungsschritten gekennzeichnet, die vom Kundenauftrag bis zu dessen Erledigung führen („End-to-End"). Unter einem Kunden wird sowohl ein externer als auch ein interner Kunde, d.h. eine andere Abteilung oder Stelle im Unternehmen, verstanden. Die Prozesslandschaft stellt eine Übersicht aller relevanten und miteinander verbundenen Geschäftsprozesse des jeweiligen Untersuchungsbereichs dar und dient als Grundlage für die anschließende detaillierte Erhebung der einzelnen Prozessschritte.[2]

Für die Ermittlung der Prozesslandschaft müssen die folgenden Fragestellungen betrachtet werden:

- Worin bestehen die für Kunden erbrachten Leistungen des Unternehmens?
- Welche Organisationseinheiten oder Kunden sind an der Leistungserstellung beteiligt?
- Welche Start- und Endereignisse kennzeichnen die Bearbeitung des einzelnen Auftrags?
- Welche Organisationseinheit oder welcher Kunde ist Sender oder Empfänger einer Leistung?

Die auf diese Weise abgegrenzten Geschäftsprozesse können in einer entsprechenden Tabelle oder grafisch als *Prozesslandkarte* dokumentiert werden. Die Beschreibung der Bearbeitungsschritte setzt die detaillierte Erhebung der einzelnen Prozesse voraus und erfolgt in einem nächsten Schritt. Auch bei der völligen Neugestaltung von Prozessen – wie beim Business Reengineering – erfolgt zunächst eine Definition der Prozesslandschaft, bevor die einzelnen Aufgaben und Zuständigkeiten definiert werden.

Die Tabelle 8.1 zeigt einen beispielhaften Ausschnitt aus der Prozesslandschaft im Privatkundengeschäft einer Bank.

Tabelle 8.1
Beispiel für die Prozesslandschaft im Privatkundengeschäft einer Bank

Organisations-einheit bzw. Kunde (Sender)	Input	Geschäfts-prozess	Output	Org.-einheit bzw. Kunde (Empfänger)
Externer Kunde	Antrag auf Eröffnung eines Kontokorrent-kontos	1. Kontoeröff-nungsantrag bearbeiten	Zusendung der neu erstellten Kontounterlagen	Externer Kunde
Externer Kunde	Eingang Wertpapierorder	2. Wertpapier-order ab-wickeln	Verbuchung der Transaktion auf Kundendepot	Externer Kunde
Externer Kunde	Anfrage nach einem Ver-sicherungs-angebot	3. Anfrage für Partner-produkte bearbeiten	Qualifizierung der Anfrage und Weiterleitung an Partnerunter-nehmen	Allfinanz-Partner
Vertriebs-Controlling	Anfrage nach Anzahl der ab-geschlossenen Altersvorsorge-produkte	4. Vertrags-abschlüsse auswerten	Ermittlung und Weiterleitung von Stückzahl und Volumina	Management

Quelle: Fischermanns, G. / Liebelt, W. (2008).

Alternativ werden Prozesslandschaften häufig in Form von grafischen Prozesslandkarten dokumentiert, die insbesondere zur Visualisierung komplexer Prozessverflechtungen eingesetzt werden (Abbildung 8.1).

Abbildung 8.1
Beispiel für eine Prozesslandkarte

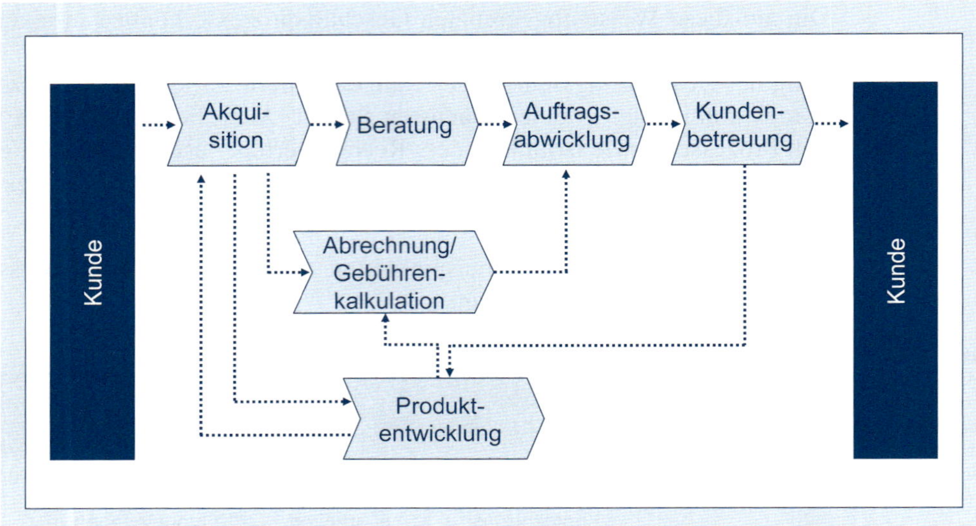

Die Geschäftsprozesse der Prozesslandschaft werden auch als *Hauptprozesse* bezeichnet, da diese auf der höchsten Abstraktionsebene dargestellt werden. Nach abgeschlossener Identifizierung werden die Hauptprozesse im nächsten Schritt in Teilprozesse zerlegt. Über die hierarchische Gliederung der Prozesse, die *Prozesshierarchie*, wird eine Komplexitätsreduktion für die anschließende Erhebung und Analyse erreicht, da jeder Teilprozess als eigene Untersuchungseinheit abgegrenzt und isoliert bearbeitet werden kann.

Ein weiterer, äußerst wichtiger Schritt ist die Zuordnung des *Geschäftsprozessverantwortlichen* (*Process Owner*). Dieser ist für die Erreichung der Prozessziele verantwortlich und erhält die notwendigen Befugnisse, um die geforderte Prozess-Performance sicherzustellen. Diese Zuordnung findet sowohl auf Hauptprozessebene als auch auf Teilprozessebene statt. „Die Ernennung des Geschäftsprozessverantwortlichen zählt zu den wichtigsten Entscheidungen des Geschäftsprozessmanagements. Nicht selten bereitet diese Personalentscheidung Schwierigkeiten, da mit ihr das Verhältnis zwischen funktionaler Aufbauorganisation und Geschäftsprozessen bzw. zwischen Aufgaben, Verantwortung und Befugnissen von Linien- und Geschäftsprozessverantwortlichen geregelt wird."[3]

Da Organisationsprojekte in der Regel sowohl zeitlich als auch im Hinblick auf die zur Verfügung stehenden Ressourcen begrenzt sind, muss eine *Priorisierung* der Geschäftsprozesse für die weitere Untersuchung vorgenommen werden. Hierbei sollen diejenigen Prozesse bevorzugt betrachtet werden, deren Veränderung die größten

Auswirkungen auf Effizienz, Wirtschaftlichkeit oder Erzielung eines maximalen Kundennutzens haben.

Die Priorisierung kann zum einen an der quantitativen Prozesskomplexität festgemacht werden (siehe Kapitel 9). Meist wird aber zuvor eine qualitative Priorisierung in Anlehnung an das so genannte *Eisenhower-Prinzip* vorgenommen. Hierbei werden zwei Prozessziele mit ausgewählten Parametern in Beziehung zueinander gestellt. In dieses Schema lassen sich die ausgewählten Prozesse einordnen und anhand der entsprechenden Parameter priorisieren. In dem folgenden Beispiel sind die identifizierten Prozesse im Hinblick auf ihren Stellenwert für die Kundenzufriedenheit sowie die Bedeutung für die Unternehmensstrategie kategorisiert. Niedrig priorisierte Prozesse sollen daher zunächst pragmatisch, d.h. in Form einzelner, inkrementeller Veränderungen ohne größeren Ressourceneinsatz verbessert werden. Bei Prozessen mit einer hohen Priorisierung empfiehlt sich eine zeitnahe detaillierte Erhebung und Analyse, da hier kritische Bereiche des Unternehmens betroffen sind und ablauforganisatorische Veränderungen einen größeren Nutzen bewirken. Die Abbildung 8.2 stellt das Kategorisierungsschema des Eisenhower-Prinzips dar.

Abbildung 8.2
Priorisierung von Prozessen in Anlehnung an das Eisenhower-Prinzip

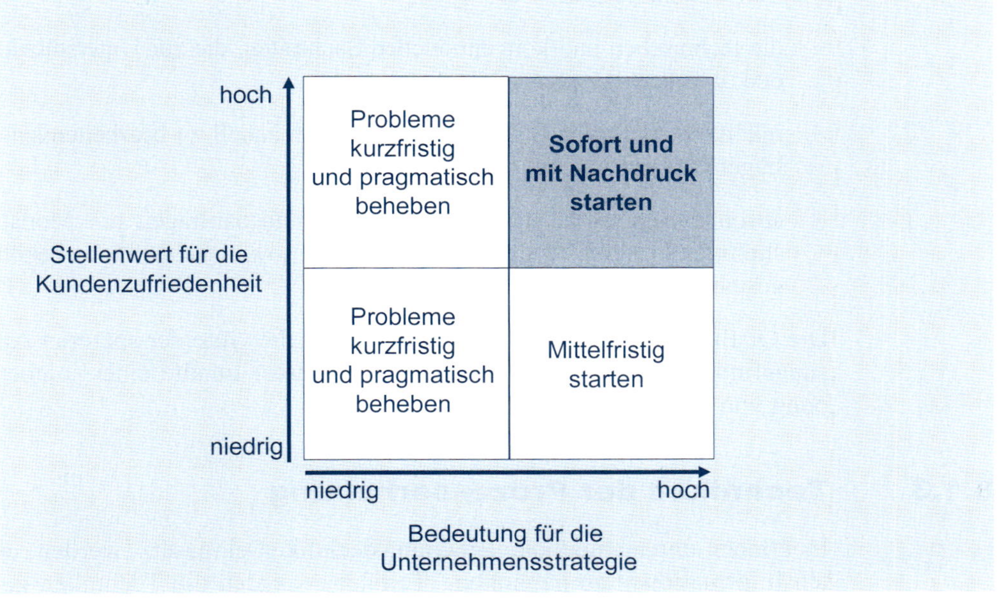

8.1.2 Inhalte einer Prozesserhebung

Nachdem die Geschäftsprozesse identifiziert und priorisiert worden sind, müssen die jeweiligen Prozesse und Prozessschritte konkret erhoben werden. Das Ziel der Prozesserhebung besteht in der detaillierten Sammlung aller relevanten Informationen für das jeweilige Organisationsprojekt. Der Detaillierungsgrad der Erhebung ist abhängig von der betrachteten Prozesshierarchie und vom Projektfortschritt. Generell gilt der Grundsatz „vom Groben ins Detail – von Außen nach Innen“.[4] Bei der Prozesserhebung werden die folgenden Informationen gesammelt:

- Die Arbeitsschritte des Prozesses,
- die einzelnen Beteiligten des Prozesses sowie deren Schnittstellen zu anderen Prozessen und Organisationseinheiten,
- präzise Feststellung von Start- und Endereignissen des jeweiligen Prozesses,
- die zeitlich-logische Abfolge der einzelnen Prozessschritte,
- Zielvorstellungen der Beteiligten,
- die technischen und konventionellen Sachmittel, die zur Unterstützung benutzt werden bzw. benutzt werden könnten,
- relative Kennzahlen (z.B. Prozentsatz der manuell zu bearbeitenden Überweisungsträger in einem Monat) sowie
- absolute Kennzahlen (z.B. Anzahl der Kundenanfragen pro Monat zu einem bestimmten Produkt, Mengen, Zeiten, Kosten sowie nachgefragte, benötigte und bereitgestellte Informationen).

Die Qualität der Erhebung ist wesentlich für die Güte der späteren Analyse und Lösungsfindung. Daher ist die Auswahl geeigneter Inhalte einer solchen Prozesserhebung von großer Bedeutung.

8.1.3 Techniken der Prozesserhebung

Es können unterschiedliche Erhebungstechniken eingesetzt werden, um die relevanten Informationen zu gewinnen.[5] Teilweise werden die Techniken getrennt voneinander, meist aber in Kombination während der gesamten Erhebungsphase eingesetzt. Jede Erhebungstechnik ist in unterschiedlichem Maße zur Aufnahme bestimmter Informationen geeignet. Das Projektteam bzw. der Projektleiter hat daher die Aufgabe, die für das Ziel der jeweiligen Untersuchung zweckmäßige Kombination verschiedener Erhebungstechniken zu wählen.

8.1.3.1 Dokumentenstudium

In der Regel beginnt jede Prozesserhebung mit einem Dokumentenstudium. Gegenstand des Dokumentenstudiums sind Kunden- und Vorgangsdokumentationen, Listen und Reports aus den bestehenden IT-Systemen, Stellen- und Aufgabenbeschreibungen, Organisationshandbücher, Arbeitsanweisungen sowie verschiedene Datenbanken. Hierbei soll sich der mit der Projektarbeit beauftragte Mitarbeiter einen Überblick über Qualität und Quantität der vorhandenen Dokumentation verschaffen und ein Grundverständnis für die fachlichen und organisatorischen Zusammenhänge gewinnen. Die gewonnenen Informationen dienen zum einen der Vorbereitung für weitere Erhebungsvorgänge als auch zur Verifizierung von bereits gesammelten Daten.

Dokumente und Datenqualität sind während des Dokumentenstudiums insbesondere im Hinblick auf folgende Kriterien zu prüfen:

- Aktualität,
- Status (Abnahme durch eine autorisierte Person),
- Aussagekraft,
- Zuverlässigkeit,
- Vollständigkeit und
- Zweck.

Insbesondere die Aktualität der Dokumente ist genauestens zu prüfen. Häufig werden IT-Systeme einmalig dokumentiert, um beispielsweise die Anforderungen an eine ISO-Zertifizierung zu erfüllen. Nach Abschluss der Prüfung und erfolgreicher Zertifizierung fühlt sich oftmals niemand für die fortlaufende Pflege der Dokumente verantwortlich, so dass die Dokumentationen schon nach wenigen Monaten nicht mehr den im Betrieb befindlichen Systemen entsprechen.

8.1.3.2 Interview

Die wichtigste Erhebungstechnik in den meisten Projekten ist die Durchführung von Interviews mit Mitarbeitern aus den jeweiligen Organisationseinheiten oder auch Kunden und externen Zulieferern.

Ein Interview stellt eine besondere Gesprächssituation dar, die durch den Interviewer (Mitarbeiter des Projektteams) gesteuert wird. Dem Erhebungsziel entsprechend werden offene oder geschlossene Fragen formuliert, die den Befragten dazu auffordern, seinen Bereich, die hierin stattfindenden Prozesse sowie seine Erwartungen und Zielvorstellungen offen zu legen.

Unterschieden wird zwischen dem standardisierten Interview, dem ein fester Fragenkatalog zugrunde liegt, dem halb-standardisierten Interview, das lediglich einen Rahmenkatalog hinsichtlich der zu besprechenden Themen vorgibt und schließlich dem nicht-standardisierten (freien) Interview. Vorteilhaft bei einem Interview ist die Möglichkeit der individuellen Anpassung an den Erhebungszweck durch die geeignete Wahl der Fragen sowie die unmittelbare Klärung von Verständnisproblemen.

Problematisch ist hingegen der psychologische Druck auf den Befragten, der aus der ungleichen Gesprächssituation resultiert und hohe Anforderungen an die Kommunikations- und Interaktionsfähigkeit des Projektmitarbeiters stellt. Ein Interview wird damit oft zum Grenzgang zwischen sachlichem Gespräch und Verhörsituation. Die Verhörsituation muss unbedingt vermieden werden. Ebenso sollten nur solche Fragen gestellt werden, die die betreffende Person auch beantworten kann.

Ein wesentlicher Erfolgsfaktor bei der Durchführung von Interviews ist die zielgerichtete Vorbereitung. Diese umfasst u.a. die methodische Vorbereitung, bei der ein Interviewplan mit folgenden Punkten zu erstellen ist:

- Ziele und Inhalte des Interviews dokumentieren,
- Kreis der zu befragenden Mitarbeiter ermitteln,
- Reihenfolge der Interviews festlegen,
- Interviewform festlegen,
- Fragenkatalog für standardisierte und halb-standardisierte Interviews erstellen sowie
- Interviewort bestimmen (ruhige Atmosphäre beachten).

Zur organisatorischen Vorbereitung ist das Interview rechtzeitig bei der befragten Person unter Angabe des Themas, des Interviewers, Termin und Dauer anzumelden.

Der Interviewte muss Gelegenheit haben, sich gut auf das Gespräch vorzubereiten und benötigte Unterlagen zusammenzustellen. Dies gibt einerseits dem Befragten ein sicheres Gefühl und führt damit zu einer entspannten und produktiven Gesprächsatmosphäre. Andererseits ist davon auszugehen, dass die Ergebnisse des Interviews durch die Möglichkeit zur intensiven Vorbereitung von deutlich höherer Qualität sein werden. Schließlich ist es die Aufgabe des Interviewers, sich rechtzeitig inhaltlich mit dem bevorstehenden Gespräch auseinander zu setzen. Eine sorgfältige Vorbereitung ist umso wichtiger, da in der Regel nicht die Möglichkeit einer Wiederholung des Interviews besteht, denn zeitliche und finanzielle Ressourcen sind im Rahmen solcher Projekte nur begrenzt vorhanden. Außerdem ist die Bereitschaft der Mitarbeiter zu einem erneuten Gespräch tendenziell gering, worunter die Qualität des Ergebnisses leidet.

Das Interview besteht in der Regel aus mehreren Phasen. Während der Einleitungsphase findet ein gegenseitiges Kennenlernen statt, bei dem die Ziele des Interviews erläutert und eine positive Gesprächsatmosphäre geschaffen wird. In der anschließenden Erhebungsphase – dem eigentlichen Kern des Interviews – liegt der Fokus auf den fachlichen Inhalten. In dieser Phase versucht der Interviewer demzufolge, alle relevanten Informationen über den betrachteten Prozess zu erhalten. Zum Abschluss des Interviews findet eine Phase des Ausklangs statt, in der die Erhebungsergebnisse kurz zusammengefasst werden und der Interviewer die nächsten Schritte vorstellt. Insbesondere die weitere Verwendung der gesammelten Daten wird dem Interviewten erläutert.

Eine besondere Bedeutung kommt der angewendeten Fragetechnik zu. Eine Orientierung für die Fragengestaltung bietet die so genannte *KROKUS-Regel* zur Gesprächsführung bei Interviews (Tabelle 8.2).

Tabelle 8.2
KROKUS-Regel

K	urze Fragen stellen
R	edundante Fragen vermeiden
O	ffene Fragen stellen
K	onkrete Fragen stellen
U	nter- und Kettenfragen vermeiden
S	uggestivfragen vermeiden

Quelle: Schmidt, G. (2003).

Im Nachgang zum Interview ist eine entsprechende Nachbearbeitung erforderlich, bei der die Gesprächsergebnisse zu dokumentieren und von der befragten Person abzunehmen sind.

8.1.3.3 Beobachtung und Multimomentstudie

Bei der Beobachtung handelt es sich um die optische Aufnahme und Interpretation der beobachteten Vorgänge,[6] die sowohl offen, d.h. für den Beobachteten sichtbar, oder verdeckt sein kann. Letzteres ist in der Praxis – nicht zuletzt aufgrund rechtlicher Restriktionen – aber eher unbedeutend.

Ein weiteres Differenzierungsmerkmal ist die Strukturiertheit. Bei einer strukturierten Beobachtung liegt ein Katalog einheitlicher Beobachtungskriterien vor. Die Vor- und Nachteile eines solchen Katalogs sind ähnlich wie bei den bereits diskutierten Interviews. Besonders sinnvoll ist eine Strukturierung, um eine Vergleichbarkeit bei einer Vielzahl von Erhebungen zu gewährleisten. Allerdings wird dem Beobachter die Möglichkeit genommen, spontan auftretende, unvorhergesehene Elemente in die Dokumentation aufzunehmen. Die unstrukturierte Beobachtung hingegen ist frei gestaltbar.

Eine besondere Form der Beobachtung stellt die so genannte *Multimomentstudie* (bzw. Multimomentaufnahme) dar, bei der aus einer Stichprobe einzelner Beobachtungen mit einer bestimmten statistischen Sicherheit (Festlegung eines Konfidenzintervalls) auf die Gesamtheit der Abläufe in einem Arbeitsbereich geschlossen wird. Hierbei wird ein Vorgang nicht über den kompletten Zeitraum (z.B. einen Tag), sondern nach einem festgelegten Zeitplan (z.B. alle 5 bis 10 Minuten) beobachtet. Der Beobachter erfasst mittels einer Strichliste jeweils die Tätigkeit, die bei jeder einzelnen Beobachtung vom Beobachteten ausgeführt wird. Danach werden die Häufigkeiten in Zeiträume umgerechnet. Wurde beispielsweise ein Kundenbetreuer in einer Filiale über einen Zeitraum von sechs Stunden beobachtet, wie er 20 x Kunden beraten und 40 x Geld ausgezahlt hat, so kann man daraus schließen, dass dieser Berater (hochgerechnet auf sechs Stunden) ca. zwei Stunden Kunden beraten hat und ca. vier Stunden mit Geldauszahlungen beschäftigt war.[7] Insbesondere für die Erhebung von quantitativen Daten (z.B. Anzahl eingehender Kundenaufträge) bietet sich die Multimomentstudie an, da der Zeitaufwand für die Datensammlung über die Fokussierung auf kritische Zeiträume, wie den Monatsultimo oder andere spezifische Stoßzeiten, reduziert wird.

8.1.3.4 Fragebogen und Selbstaufschreibung

Beim Fragebogen handelt es sich um eine spezielle Form des standardisierten Interviews, da dem befragten Mitarbeiter oder der untersuchten Organisationseinheit ein fester Katalog von Fragen vorgegeben wird.

Durch die fehlende unmittelbare Interaktion zwischen Frager und Befragtem besteht nicht die Möglichkeit, direkt in den Beantwortungsprozess eingreifen zu können, dafür kann eine Vielzahl von Mitarbeitern gleichzeitig angesprochen werden. Dies bringt nicht nur zeitliche Vorteile mit sich, sondern vergrößert gleichzeitig die Repräsentativität des eingeforderten Meinungsbildes. Insbesondere die Nutzung eines firmeneigenen Intranets vereinfacht und beschleunigt die Befragung möglichst vieler Mitarbeiter sowie die Auswertung der Ergebnisse.

Die Beantwortung eines Fragebogens setzt die Befragten nicht dem psychischen Druck eines Interviews aus und kann bei Gewährleistung der Anonymität sogar zu offeneren und daher wertvolleren Antworten führen. Die Fragen können wiederum in offener oder geschlossener Form gestellt werden, wobei letztere eine vereinfachte Auswertung ermöglicht.

Speziell für die Ermittlung eines Stellen- oder Tätigkeitsprofils wird oft die Technik der Selbstaufschreibung verwendet. Hier wird die Datenerhebung durch den Mitarbeiter des jeweiligen Untersuchungsbereichs durchgeführt, indem dieser parallel zu seiner täglichen Arbeit alle Vorgänge in einem entsprechenden Dokument festhält. Dadurch können Erhebungen über einen längeren Zeitraum hinweg durchgeführt werden bzw. auch komplexere Bereiche untersucht werden, bei denen der Einsatz anderer Techniken nicht wirtschaftlich wäre. Die Erfahrung zeigt, dass es sinnvoll ist, das Datenerhebungsformular zunächst in einer Abteilung oder einer Gruppe als Pilot zu testen, um Fehler oder Schwächen rechtzeitig feststellen zu können. Denn ist eine erste Runde von Selbstaufschreibungen fehlgeschlagen, werden die Betroffenen kaum gewillt sein, den zusätzlichen Aufwand noch einmal zu betreiben. Nach Auswertung eines Piloten kann dann der Rollout in allen zu analysierenden Einheiten erfolgen.

8.1.3.5 Laufzettelverfahren

Das Laufzettelverfahren wird insbesondere zur Ermittlung von Bearbeitungs-, Liege- und Transportzeiten eingesetzt. Dazu wird jedem physischen Vorgang (z.B. einer Kreditakte) ein Laufzettel beigefügt, auf dem der jeweilige Mitarbeiter das Datum und die Uhrzeit des Eingangs sowie der Erledigung dokumentiert. An die Stelle manueller Laufzettel sind in den vergangenen Jahren zunehmend die Protokolle der eingesetzten IT-Anwendungen getreten, die jede Aktivität eines bestimmten Benutzers präzise in Form eines elektronischen Zeitstempels (Time Stamp) festhalten. Bei der Auswertung und Nutzung der hierbei gewonnen Daten ist jedoch im Vorfeld zu prüfen, inwieweit arbeitsrechtliche Restriktionen dem Einsatz dieser Methode entgegenstehen. In der Regel ist aber eine anonymisierte Erfassung dieser Daten problemlos möglich. Die Unterstützung von Geschäftsprozessen durch IT-Systeme, wie beispielsweise Workflow-Management-Systeme, eröffnet hier viele Möglichkeiten für die Sammlung von Prozessdaten. Eine systematische Auswertung dieser voll automatisierten „elektronischen Laufzettel" im Rahmen von Business-Intelligence-Lösungen kann wertvolle Hinweise auf Optimierungspotenziale innerhalb der Prozesse geben.

Die Abbildung 8.3 zeigt einen typischen Laufzettel, dessen grundsätzlicher Aufbau auch den meisten generierten Systemprotokollen entspricht:

Abbildung 8.3
Beispiel eines Laufzettels zur Erhebung von Durchlaufzeiten

Laufzettel zur Erhebung von Durchlaufzeiten

Geschäftsprozess 224 Sonstige kurz -, mittel- und langfristige Darlehen								**Laufzettel Nr:** 01194	
Letzter zu erhebender Bearbeitungsschritt: 1. Valutierung								**Seite:** 1 **von Seiten:** 1	
OE	**Funktion**			**Beginn**		**Ende**		**Bearbeitungsschritt**	
	Stufe	Bereich	Lfd. Nr.	Datum	Uhrzeit	Datum	Uhrzeit	Nr./Kennz.	Erläuterung
3010	34	112		30.4.09	11.40	30.4.09	11.50	224 0301	Auftrag ausfüllen
3010	34	112		30.4.09	12.20	30.4.09	12.50	224 0301	Auftrag weiterbearbeiten
3010	34	112		30.4.09	15.10	30.4.09	15.30	WK	Sicherheiten
3010	34	112		04.5.09	10.15	04.5.09	12.05	224 0309	Sicherheiten prüfen
3010				05.5.09	11.10	05.5.09	11.30	T1	an Kreditabt.
4110	15	200	02	05.05.09	14.05	05.05.09	14.40	224 03 03	Antrag prüfen
4110	15	200	02	06.05.09	9.25	06.05.09	9.35	WV	Versicherungsuntl. anford.
4110	15	200	02	06.05.09	10.30	06.05.09	11.05	224 07 07	Vorbereitung Beschluß
4110	15	200	01	06.05.09	11.10	06.05.09	11.50	224 07 07	Vorbereitung Beschluß
4110				07.05.09	7.20	07.05.09	7.45	T2	An Vorstand
1000	01	001		07.05.09	13.30	07.05.09	15.00	2240702	Besprechung
1000				08.05.09	10.15	08.05.09	14.30	T2	am Kreditabt.
2610	14	210		08.5.09	15.10	08.05.09	15.45	2340405	Valutierung ausführen

8.1.3.6 Schätzungen

Eine weitere, durchaus verbreitete Erhebungstechnik ist die Schätzung. Hierunter wird das „ungefähre Bestimmen metrisch skalierter Daten"[8] verstanden, wobei als Grundlage oftmals Vergangenheitswerte herangezogen und auf der Basis statistischer Verfahren (z.B. Trendextrapolationen) Datenveränderungen in der Zukunft prognostiziert werden. In der Regel werden Schätzungen von den Experten des jeweiligen Untersuchungsbereichs durchgeführt. In der Praxis werden Schätzungen noch recht häufig verwendet. Insbesondere finanzielle, aber auch zeitliche Restriktionen im Rahmen von Projekten können gegen den Einsatz anderer Instrumente sprechen. Auch wenn eine Schätzung auf den ersten Blick weniger genau erscheinen mag als andere Verfahren, ist diese Methode dennoch vertretbar, wenn beispielsweise eine Extrapolation historischer Daten auf Basis allgemein anerkannter Zukunftsszenarien erfolgt.

8.1.3.7 Vor- und Nachteile der unterschiedlichen Erhebungstechniken

Das Dokumentenstudium verhilft dem Projektteam zu einem groben Überblick über den Prozess und die eingesetzten IT-Systeme. In der Regel ist es ein hilfreicher Einstieg für die Erhebung der Prozesse. Aufgrund häufig mangelnder Aktualität, Richtigkeit und Vollständigkeit der Unterlagen muss diese Art der Erhebung aber unbedingt durch weitere Erhebungstechniken komplementiert werden.

Das Interview ist das offenste und flexibelste Erhebungsverfahren, da der Interviewer durch die Auswahl geeigneter Fragetechniken das Gespräch und damit den Informationsfluss seitens des Befragten steuern kann. Vor dem Hintergrund, dass z.B. in einem Business-Reengineering-Projekt alle existierenden strukturellen Vorgaben hinterfragt werden sollen, ist das Interview die primäre Datenquelle. Während des Gesprächsverlaufs können bestehende Paradigmen sowie informelle Interaktions- und Kommunikationssysteme offen gelegt werden. Oftmals entwickelt der Befragte bei entsprechenden Denkanstößen eigene Lösungsmöglichkeiten und zusätzliche Impulse für den weiteren Gestaltungsprozess. Ein Nachteil dieser Erhebungsmethode ist der psychologische Druck auf die Befragten, der durch die ungleiche Gesprächssituation entsteht. Mitarbeiter können unter Umständen eine Abwehrhaltung einnehmen, was zu einer bewussten oder unbewussten Einschränkung ihrer Auskunftsbereitschaft führen kann. Der Erfolg von Interviews hängt daher entscheidend vom Interviewer ab, der einerseits durch gute Vorbereitung und flexible Reaktion auf die Gesprächssituation wertvolle Informationen erhalten kann und der andererseits eine angenehme und offene Atmosphäre schaffen muss, um eine Verhörsituation mit ihren geschilderten Nachteilen zu verhindern.

Ein bedeutender Vorteil der Beobachtung gegenüber der Befragung in Form von Interviews ist die Unabhängigkeit von Auskunftsfähigkeit und -bereitschaft der beobachteten Person. Da die Beobachtung zunächst nur einen bestimmten Arbeitsbereich isoliert erfasst, müssen weitere Beobachtungen vor- und nachgelagerter Prozesse und Geschäftsbereiche durchgeführt werden, um ein schlüssiges Bild zu erhalten. Diese Art der Erhebung wurde bislang in Kreditinstituten relativ selten genutzt. Daher stehen die beobachteten Mitarbeiter diesem Instrument eher kritisch gegenüber. Auch hier ist die Information der Beobachteten über den Umgang mit den erfassten Daten wichtig, um eine Vertrauensbasis zu schaffen und die Mitarbeiter einzubinden. Der Vorteil der Multimomentstudie gegenüber einer normalen Beobachtung ist der geringere Aufwand. Obwohl nur sehr wenige Beobachtungspunkte erfasst werden, ist die Genauigkeit der generierten Ergebnisse in der Regel sehr hoch.

Der Anwendung eines Fragebogens steht die eher statische Struktur entgegen, da die formulierten Fragen nachträglich nicht mehr verändert werden können. Die fehlende Möglichkeit des Nachfragens erschwert die Sammlung eindeutiger und zielorientierter Informationen. Sofern aber ausschließlich Mengengerüste bestimmter Sachverhalte eingefordert werden sollen, eignet sich der Fragebogen durch seine leichte Verständlichkeit und den geringeren Auswertungsaufwand. Trotzdem sollte beachtet werden, dass häufig nur ein geringer Prozentsatz an Fragebögen zur Auswertung zurück geschickt wird und dass die Manipulation durch bewusste Falschaussagen sehr leicht möglich, aber nur schwer zu erkennen ist. Eine entsprechend gute Vorbereitung und eine hohe Qualität des Fragebogens vorausgesetzt ist dieser aber ein legitimes Werkzeug für strukturierte Erhebungen.

Die Selbstaufschreibung ermöglicht die parallele Gewinnung von Daten über einen langen Zeitraum sowie verschiedene Prozesse und Geschäftsbereiche hinweg. Bei sorgsamer und ehrlicher Durchführung können genaue und wertvolle Daten gesammelt werden. Allerdings ist die Belastung der Mitarbeiter durch diese Methode nicht zu unterschätzen, denn der entstehende Mehraufwand des Betroffenen neben seinem Tagesgeschäft ist zum Teil erheblich. Nachteilig kann sich weiterhin die leichte Manipulierbarkeit der Untersuchungsergebnisse auswirken.

Das Laufzettelverfahren verdeutlicht durch das Aufzeigen von Liege- und Transportzeiten vor allem Schnittstellenprobleme innerhalb eines Prozesses. Wenn die Möglichkeit zur Datenerhebung in einem automatisierten Workflow besteht, sollten die daraus gewonnen Daten unbedingt für die Analyse des Prozesses genutzt werden, da die Erhebung automatisiert und mit minimalem Aufwand erfolgen kann.

Der Vorteil von Schätzungen ist der geringe zeitliche und finanzielle Aufwand. Die mit anderen Verfahren zusätzlich zu erzielende Genauigkeit steht häufig in keinem Verhältnis zu dem Mehraufwand. Der Nachteil ist, dass beispielsweise Trendextrapolationen immer auf historischen Daten beruhen und daher zu dramatischen Fehleinschätzungen zukünftiger Entwicklungen führen können.

Letztlich muss im Kontext des jeweiligen Organisationsprojekts entschieden werden, welche Erhebungstechniken für welche Aufgabenbereiche sinnvoll und geeignet sind. Oftmals sind stärker personalisierte Erhebungen durch Interviews oder Beobachtungen erst nach der vorausgehenden Beantwortung eines Fragebogens durch den Betroffenen oder einer Schätzung der Problemsituation für beide Seiten zielführend.

8.2 Techniken der Geschäftsprozessdokumentation

Ziel der Geschäftsprozessdokumentation ist die Abbildung der Ablauforganisation in Form von Prozessmodellen. Hierzu steht dem Organisator eine Vielzahl von standardisierten Modellierungstechniken zur Verfügung. Mit deren Einsatz soll erreicht werden, dass

- ein einheitlicher Dokumentationsstandard für verschiedene Projekte oder Organisationsanweisungen geschaffen wird,
- die Lesbarkeit und Verständlichkeit der dokumentierten Geschäftsprozesse auch für Außenstehende ermöglicht wird,
- die beschriebenen Geschäftsprozesse systematisch analysiert und ausgewertet werden können sowie
- die entwickelten Geschäftsprozessmodelle für weitere Zwecke, z.B. die automatisierte Überführung in unterstützende IT-Systeme, verwendet werden können.

Grundsätzlich wird zwischen verbalen Prozessbeschreibungen und grafisch-strukturellen Prozessmodellen unterschieden. Während sich verbale Prozessbeschreibungen mit einfachen Office-Anwendungen erstellen lassen, bedient man sich bei grafisch-strukturellen Prozessmodellen einer ausgefeilten Symboltechnik und verwendet nur ein Minimum an verbalen Erläuterungen. Zu ihrer Erstellung werden meist spezielle Modellierungswerkzeuge eingesetzt, die den Organisator bei der Dokumentation und anschließenden Auswertung der Informationen unterstützen. Abstrakte, grafisch-strukturelle Prozessmodelle dienen eher zur Erhebung, zur Analyse und zum Prozessdesign, wohingegen diejenigen Techniken, die mit starker verbaler Unterstützung arbeiten, eher zur Dokumentation in Form von Arbeits- und Organisationsanweisungen für den Anwender geeignet sind. Zwischen beiden Polen gibt es ein breites Spektrum von Mischformen.

Die hier dargestellten Dokumentationstechniken dienen in erster Linie der fachlichen Beschreibung der Ablauforganisation. Darüber hinaus existieren spezielle Modellierungstechniken aus dem Bereich der Softwareentwicklung, mit deren Einsatz Modelle zum Systemdesign erstellt werden. Diese Modelle setzen meist andere Schwerpunkte (z.B. spezifische Systemparameter, detaillierte Datenbeschreibungen oder Feldvariablen) zur Erstellung, Anpassung und Parametrisierung von IT-Anwendungen. Ein Beispiel hierfür ist die objektorientierte Modellierung mittels der Unified Modeling Language (UML). Für die Beschreibung von Geschäftsprozessen aus fachlicher Sicht ist diese allerdings nur bedingt geeignet, weil sie vor allem Anwendungsentwickler adressiert.

Grundsätzlich ist zu Beginn der Prozessdokumentation zu entscheiden, für welche Zielgruppe und zu welchem Zweck die Modelle erstellt werden. Da im Rahmen des Geschäftsprozessmanagements in der Regel zunächst Fachabteilungen und Fachanwender angesprochen werden, schaffen die fachlichen Modellierungstechniken aufgrund ihrer intuitiven Nachvollziehbarkeit meist eine höhere Transparenz. Durch den Einsatz von Modellierungswerkzeugen können fachliche Modelle jedoch meist als Grundlage für codenahe Modelle genutzt und auf einfache Weise um zusätzliche Informationen für das Design von Anwendungen oder Datenmodellen ergänzt werden.

Oft werden die zunächst aus fachlicher Sicht dokumentierten Geschäftsprozesse in einem zweiten Schritt in codenahe Modelle überführt. Moderne Modellierungswerkzeuge erfordern einen höheren Arbeitsaufwand, bieten aber umfangreichere Analysemöglichkeiten. Sie beinhalten darüber hinaus Mechanismen zur automatischen Harmonisierung der Modellwelten.

8.2.1 Nicht-grafische Dokumentationsformen

Eine nicht-grafische Dokumentationsform stellen Prozesstabellen dar. Hierbei werden in strukturierter Form einzelne Prozessschritte nacheinander und mit den zugehörigen Schnittstellen, Aufgabenträgern und Sachmitteln/Medien in Tabellen aufgeführt.

Ein großer Vorteil ist die Einfachheit der Darstellung. Es wird auch keine Modellierungssoftware benötigt, denn schon durch den Einsatz von normalen Tabellenkalkulationsprogrammen können gezielt einzelne Elemente des Geschäftsprozesses gesucht, selektiert und gefiltert werden. Eine Vielzahl ergänzender Informationen und Hinweise zu den einzelnen Prozessschritten kann kompakt dargestellt werden. Prozesstabellen erlauben außerdem eine Strukturierung von identifizierten und erhobenen Prozessen innerhalb der Organisation nach Bereichen oder Gruppen. Allerdings sind die Möglichkeiten zur Abbildung von Verschachtelungen, Schleifen und mehrfachen Prozessdurchläufen begrenzt.

Die Tabelle 8.3 enthält den Auszug aus einer Prozesstabelle. Im ersten Schritt werden die einzelnen Prozesse ähnlich dem Vorgehen bei der Prozessidentifizierung gruppiert und mit den jeweiligen Auslösern und Ergebnissen dargestellt. Ergänzend kann z.B. die Häufigkeit der Prozesse in einem bestimmten Zeitraum oder die Priorisierung in zusätzlichen Spalten dokumentiert werden.

Tabelle 8.3 Beispielhafter Auszug aus einer Prozesstabelle

Bereich	Prozess-gruppe	Prozess	Process Owner	Auslöser	Ergebnis
Privat-kunden-geschäft	Akquisition	Zielkunden identifizieren	Kunden-berater	Neues Anlage-produkt	Potenzielle Kunden mit Bedarf identifiziert
Privat-kunden-geschäft	Akquisition	Zielkunden ansprechen	Kunden-berater	Potenzielle Kunden mit Bedarf identifizieren	Beratungs-gespräche geführt
Privat-kunden-geschäft	Akquisition	Kunden-Mailing durchführen	Kunden-berater	Potenzielle Kunden mit Bedarf identifizieren	Angebote wurden an potenzielle Kunden versandt
Privat-kunden-geschäft	Akquisition	Nachfassen Kunden-Mailing	Kunden-berater	Angebote wurden an potenzielle Kunden versendet	Zu- oder Absage des potenziellen Kunden
Privat-kunden-geschäft	Abwicklung	Depot anlegen	Back-Office	Depot-eröffnungs-antrag liegt vor	Stammdaten maschinell erfasst
Privat-kunden-geschäft	Abwicklung	Informa-tionen bereitstellen	Back-Office	Stammdaten maschinell erfasst	Depotnr. und Zugangs-daten an Neukunden versandt

Im nächsten Schritt werden für einen einzelnen Geschäftsprozess die jeweiligen Prozessschritte dokumentiert. Die folgende Tabelle zeigt die Prozessschritte für den Prozess „Depot anlegen“.

Tabelle 8.4
Prozessschritte am Beispiel des Prozesses „Depot anlegen“

Prozess-schritt	Aufgaben-träger	In: Schnitt-stelle und Information	Out: Schnitt-stelle und Information	Vorlagen und Dateien	Medium und An-wendung
Depotantrag an Back-Office weiterleiten	Kunden-berater	Depotantrag	Vollständiger und geprüfter Depotantrag	Standard-vordruck	
Stammdaten des Kunden anlegen	Mitarbeiter Back-Office	Vollständiger und geprüfter Depotantrag	Stammdaten-satz		Kunden-stamm-daten-verwaltung
Depotart anlegen	Mitarbeiter Back-Office	Stammdaten-satz	Depotdaten		Kunden-stamm-daten-verwaltung
Referenz-konto anlegen	Mitarbeiter Back-Office	Stammdaten-satz	Kontodaten		Kunden-stamm-daten-verwaltung
Anlageprofil pflegen	Mitarbeiter Back-Office	Ggf. Rück-frage bei Kunden-berater	Depotantrag mit Erledi-gungsver-merk		Kunden-stamm-daten-verwaltung
Daten-erfassung prüfen	Teamleiter Back-Office	Stammdaten-satz, Depot-daten, Konto-daten	Datensätze geprüft	Tägliches Erfassungs-protokoll	Kunden-stamm-daten-verwaltung
Depoteröff-nung frei-geben	Teamleiter Back-Office	Datensätze geprüft	Depot eröffnet		Kunden-stamm-daten-verwaltung

Weitere, detailliertere Informationen zu den einzelnen Prozessschritten werden meist auf so genannten Prozessblättern erfasst. Prozessblätter sind ebenfalls nach einer festgelegten Struktur aufgebaut, können jedoch mit allen weiteren notwendigen Informationen angereichert werden. Dazu gehören beispielsweise detaillierte Arbeitsanweisungen zur Ausführung bestimmter Prüfungen.

8.2.2 Grafische Dokumentationsformen

Geschäftsprozesse können auch als grafische Modelle in strukturierter Form abgebildet werden. Die Darstellung erfolgt mittels einer Abfolge von Aktivitäten, Entscheidungssituationen und benötigten Dokumenten sowie Hilfsmitteln.

8.2.2.1 Flussdiagramm

Das in der Informatik übliche Flussdiagramm (Flowchart) eignet sich sehr gut zur Darstellung von Geschäftsprozessen. Die meisten anderen grafisch-strukturellen Prozessmodelle sind vom Flussdiagramm abgeleitet. Sie verwenden die grundlegenden Elemente und ergänzen diese um weitere, individuelle Symbole. Die Kenntnis der wichtigsten und in der Praxis üblichen Symbole des Flussdiagramms ist für die grafische Modellierung von Geschäftsprozessen hilfreich. Die am häufigsten verwendeten Symbole des Flussdiagramms sind in der Abbildung 8.4 dargestellt.

Abbildung 8.4
Symbole für Flussdiagramme

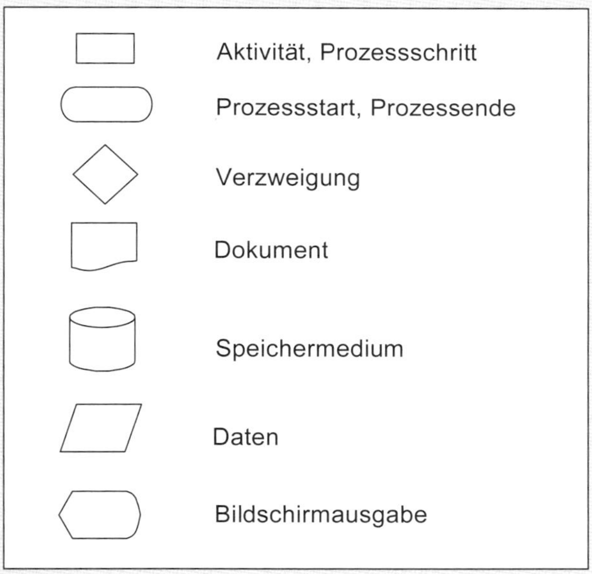

Ein als Flussdiagramm grafisch dokumentierter Geschäftsprozess kann in seiner grundlegenden Form z.B. wie folgt dargestellt werden (Abbildung 8.5).

Abbildung 8.5
Beispiel eines Flussdiagramms

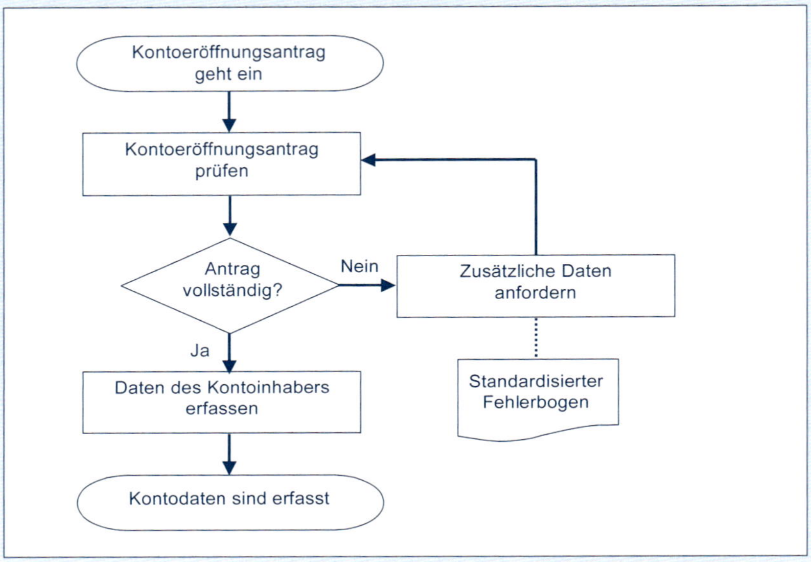

8.2.2.2 Brown-Paper-Methode

Eine besondere Form von Flussdiagrammen ist die so genannte Brown-Paper-Methode. Der Name der Methode stammt von dem häufig in Workshops verwendeten braunen Papier auf Metaplan-Wänden, auf dem Ideen und Zeichnungen hervorragend in Gruppenarbeit entwickelt und dokumentiert werden können. Diese Art der grafisch-strukturellen Prozessdokumentation verwendet eine vereinfachte Symbolik, die insbesondere bei der gemeinsamen Erhebung von Sachverhalten im Rahmen von Teammeetings eingesetzt wird. Auslösende Ereignisse, Aktivitäten oder Stärken bzw. Schwächen eines Prozesses werden auf entsprechenden Visualisierungsmedien (z.B. Metaplan-Wand, Pinnwand, Flipchart) durch Karten oder Haftnotizen festgehalten (Abbildung 8.6).

Bewusst wird bei der Brown-Paper-Methode auf die vollständige Abbildung aller Informationen zu einzelnen Prozessschritten oder die präzise Abfolge der Aktivitäten zugunsten eines stärken- und schwächenorientierten Prozessüberblicks verzichtet, der meist anschließend in eine tiefer detaillierte Prozessdokumentation überführt wird.

Abbildung 8.6
Elemente einer Prozessdokumentation mittels der Brown-Paper-Methode

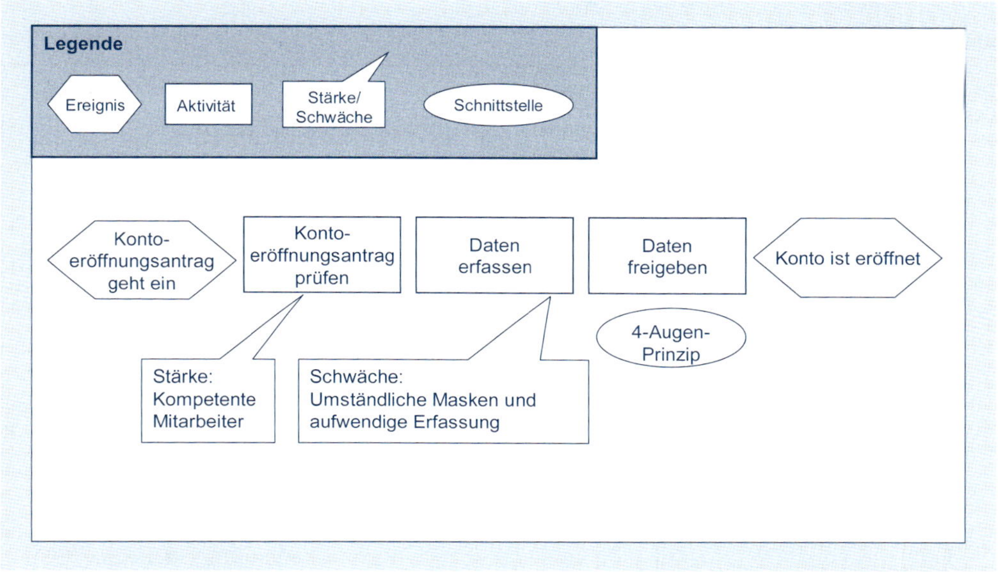

8.2.2.3 Ereignisgesteuerte Prozesskette

Sowohl in der Wissenschaft als auch in der Praxis ist die ereignisgesteuerte Prozesskette (EPK) eine weit verbreitete Modellierungssprache zur Darstellung von Prozessmodellen. Mit ihrer Hilfe können Geschäftsprozesse anschaulich und detailliert beschrieben werden. Selbst Personen ohne modellierungstechnisches Vorwissen können diese Darstellungsweise leicht verstehen und erlernen.[9]

Mittels einer EPK werden betriebliche Funktionen in der Reihenfolge ihrer Ausführung modelliert. Wichtig ist die Unterscheidung von Funktionen und Ereignissen. Eine *Funktion* wird durch ein Ereignis ausgelöst. Ein *Ereignis* wird als Eintritt eines Zustands definiert, der eine bestimme Folge auslöst (Beispiel für ein Ereignis: Wertpapierorder ist eingegangen). Die Folge des Ereignisses ist die Ausführung einer Funktion (Beispiel für eine Funktion: Wertpapierorder prüfen). Ereignisse und Funktionen sind über die logischen *Verknüpfungsoperatoren* UND (Symbol $\wedge$), inklusives ODER (Symbol $\vee$) oder exklusives ODER (Symbol X) miteinander verbunden. Wird eine EPK um weitere Symbole erweitert, so spricht man von einer *er-*

weiterten ereignisgesteuerten Prozesskette (eEPK). Zusätzliche Symbole bzw. Prozesselemente sind beispielsweise organisatorische Einheiten oder Daten-Input und Daten-Output einer Funktion.[10] Die Darstellung eines einfachen Geschäftsprozesses als eEPK wird in Abbildung 8.7 ersichtlich.

Abbildung 8.7 Beispielhafte Darstellung eines Geschäftsprozesses als eEPK

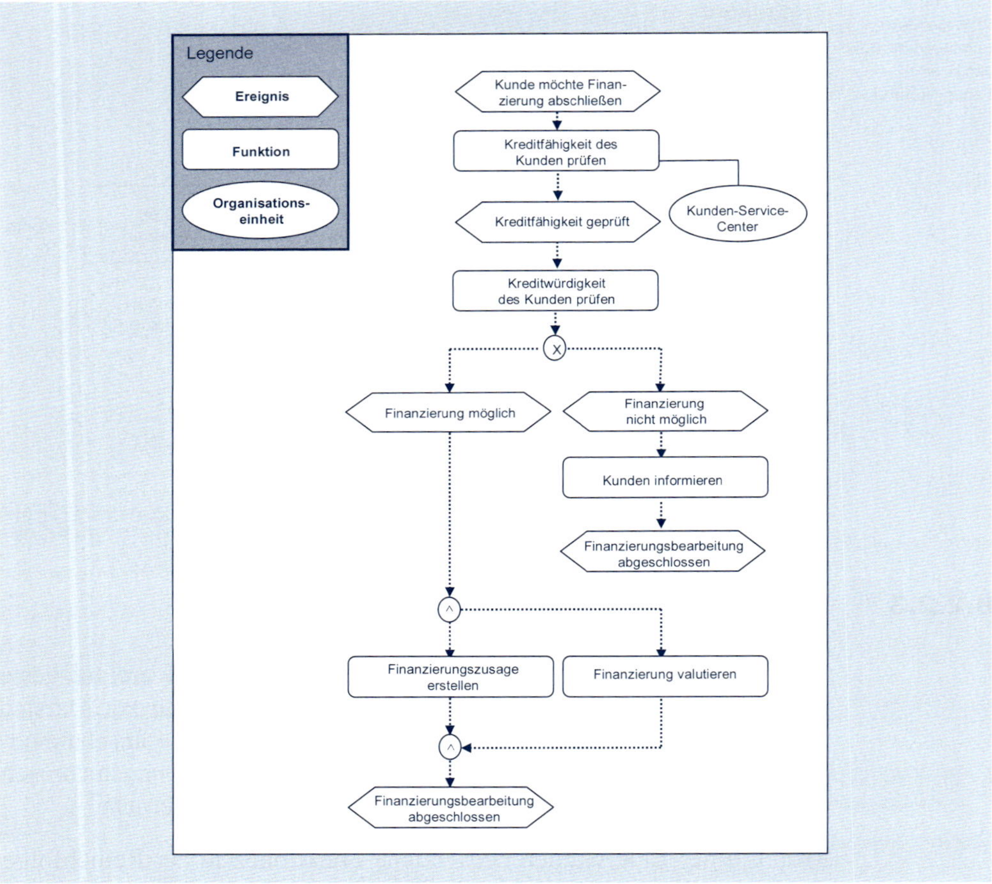

Eine Darstellung des Zusammenhangs von Ereignissen, Daten, Funktionen und Organisationseinheiten findet sich in Abbildung 8.8.

Ereignisgesteuerte Prozessketten werden beispielsweise zur fachlichen Prozessmodellierung innerhalb des *ARIS-Konzepts* verwendet. ARIS steht für *Architektur Integrierter Informationssysteme* und ist eine in der Industrie und im Finanzdienstleistungsbereich weit verbreitete Methodik zur Abbildung von Unternehmen sowie von IT-Anwendungen.[11] Zur Entwicklung und Analyse von Modellen in der ARIS-

Methodik steht das IT-basierte Geschäftsprozessmodellierungswerkzeug ARIS Business Designer zur Verfügung, das im Abschnitt 8.3.2.2 näher vorgestellt wird. Im Folgenden wird das Grundkonzept von ARIS skizziert.

Abbildung 8.8
Zusammenhänge innerhalb der erweiterten ereignisgesteuerten Prozesskette

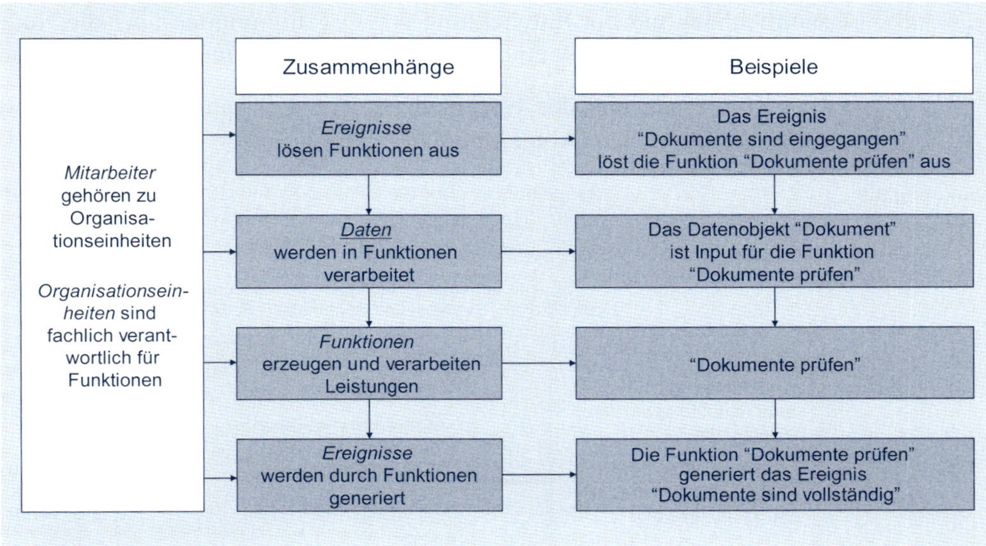

Um eine Organisation systematisch und übersichtlich darzustellen, unterscheidet man in ARIS zunächst vier verschiedene Sichten auf die Organisation, innerhalb derer unterschiedliche Informationen erhoben und abgebildet werden:

- **Leistungssicht**
  Welche Leistungen sind wesentlich und notwendig?
- **Datensicht**
  Welche Informationen sind wesentlich und notwendig?
- **Funktionssicht**
  Welche Funktionen (Tätigkeiten) werden ausgeführt?
- **Organisationssicht**
  Welche Organisationsstrukturen gibt es?

Das Zusammenspiel dieser unterschiedlichen Sichten sowie der zeitlich-logische Ablauf eines Geschäftsprozesses werden in der separaten *Prozesssicht* beschrieben. Dazu bedient sich ARIS erweiterter ereignisgesteuerter Prozessketten.

Der Hauptvorteil der Zerlegung in einzelne Sichten liegt darin, dass die Komplexität der Organisation reduziert und zusätzliche Transparenz für den Anwender geschaffen wird. Auch können die im Rahmen der einzelnen Sichten erhobenen Informationen gezielt für andere Zwecke weiterverwendet und detailliert werden, z.B. im Zusammenhang mit der Entwicklung von Organigrammen über die Nutzung der Organisationssicht oder Datenmodellen durch die Verfeinerung der Datensicht.

Das Zusammenspiel der verschiedenen Sichten kann im so genannten *ARIS-Haus* verdeutlicht werden (Abbildung 8.9).[12]

Abbildung 8.9 Struktur des ARIS-Hauses

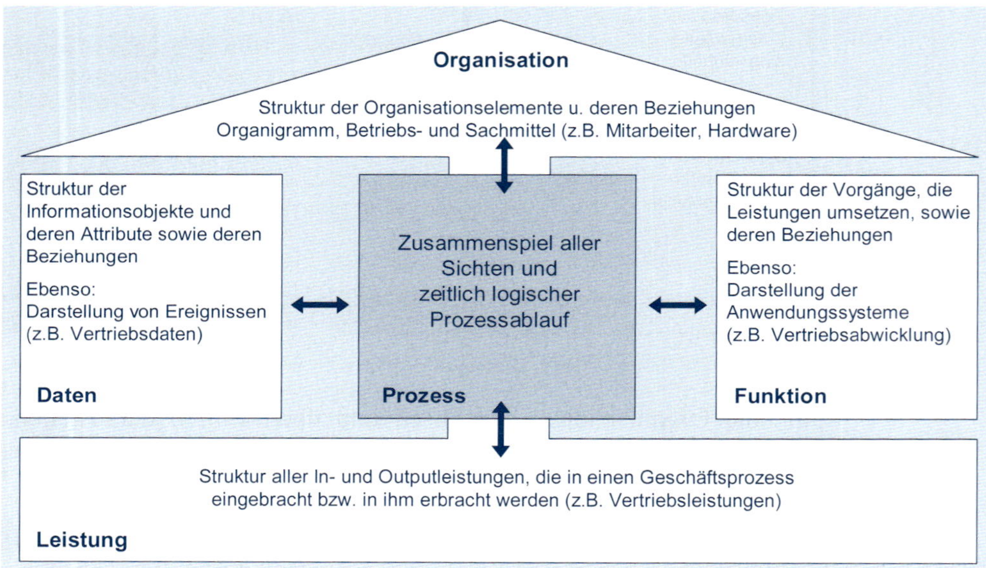

Quelle: IDS Scheer AG (2005).

8.3 Werkzeuge zur Geschäftsprozessmodellierung

Zur Entwicklung grafisch-struktureller Geschäftsprozessmodelle werden in der Praxis meist IT-basierte Modellierungswerkzeuge eingesetzt, die eine bestimmte oder mehrere Methoden zur Prozessdarstellung unterstützen. Typische Leistungsmerkmale solcher Werkzeuge sind:

- Integrierte Datenbank zur Verwaltung und Archivierung von Prozessmodellen,
- Grafisch/textueller Editor zur Erfassung der Prozessinformationen,

- Hinterlegte Modellierungskonvention, d.h. feste Vorgabe hinsichtlich der Verwendung und Anordnung von Symbolen und Elementen,
- Syntaxprüfung zur Sicherstellung einer einheitlichen und konsistenten Einhaltung der Modellierungskonvention,
- Funktionalitäten zur Analyse und dem Reporting von Geschäftsprozessen,
- Schnittstellen zu Drittsystemen, die auf die Prozessinformationen zurückgreifen, und
- Möglichkeit zur Veröffentlichung von Prozessmodellen im Internet/Intranet.

Heute existiert ein großer Markt von Anbietern im Bereich von Software-Lösungen für die Geschäftsprozessmodellierung. Während sich einige Tools explizit auf die Modellierung beschränken, dienen andere der Unterstützung des kompletten Lebenszyklus der Prozesse, d.h. sie beinhalten Erstellung, Simulation, Umsetzung und Optimierung. Tabelle 8.5 gibt einen Überblick über Modellierungssysteme und Business Process Management Tools, die aus zwei internationalen Marktbetrachtungen sowie zwei Studien aus dem deutschsprachigen Raum stammen.[13]

Tabelle 8.5 Anbieter und Produkte

Anbieter	Produkt
IDS Scheer	ARIS
Proforma (heute Metastorm)	ProVision
Mega	Mega Suite
iGrafx (früher Corel/Micrografx)	Enterprise Modeler
Telelogic (früher Popkin)	System Architect
Ibo Software	Prometheus
IBM	WebSphere Business Modeler
Microsoft	Visio
EMC	Documentum Process Suite
Casewise	Corporate Modeler

Quelle: In Anlehnung an Spath, D. / Weisbecker, A. (2008).

Weit verbreitete Standardlösungen für das Geschäftsprozessmanagement sind z.B. die iGrafx Process Suite, der ARIS Business Designer für die Unterstützung der ARIS-Methodik sowie ibo Prometheus mit individuellen grafisch-strukturellen Beschreibungstechniken. Auch wenn die Darstellung grafisch-struktureller Geschäftsprozessmodelle in Form von Flussdiagrammen über einfache Office-Anwendungen wie z.B. MS PowerPoint oder MS Visio grundsätzlich möglich ist, ist der Einsatz eines speziellen Modellierungswerkzeugs bei der Organisationsarbeit empfehlenswert. Die Vorteile gegenüber der Verwendung von einfachen Office- bzw. Grafik-Anwendungen liegen vor allem in

- der Sicherstellung einer einheitlichen Verwendung von Symbolen und Elementen durch verschiedene Nutzer,
- der Wiederverwendbarkeit erstellter Modellinformationen,
- der Möglichkeit, das Modell mit zusätzlichen Daten (z.B. Zeiten, Kosten) zu hinterlegen und damit automatisierte Analysen durchzuführen,
- der hierarchischen Ablage und Verwaltung von Prozessmodellen in einer Datenbank,
- der Arbeitserleichterung durch die auf die Belange der Organisationsarbeit abgestimmten Funktionalitäten und
- der Zeitersparnis, da eine bestimmte Methodik in das Werkzeug integriert ist und zu Projektbeginn keine neuen Standards definiert werden müssen.

Darüber hinaus erlauben die meisten IT-Modellierungswerkzeuge eine integrierte Abbildung von Ablauf- und Aufbauorganisation und sind damit universell einsetzbar.

8.3.1 Einsatzgebiete, Funktionalitäten und Abgrenzung zu anderen Werkzeugen

Neben der Unterstützung bei Design und Optimierung von Geschäftsprozessen im Rahmen von Organisationsvorhaben ergibt sich eine Vielzahl von zusätzlichen Anwendungsmöglichkeiten für Modellierungstools.

Ein häufiges Problem von Organisationsbeschreibungen oder Arbeitsanweisungen ist die Pflege und Aktualisierung. Einmal erstellte Modelle sind oft in kurzen Zeitabständen an aktuelle Gegebenheiten anzupassen, um Konsistenz und Akzeptanz der Informationen zu gewährleisten. Leistungsfähige Modellierungswerkzeuge enthalten zusätzliche Funktionalitäten zur Erzeugung von dynamischen Organisationshandbüchern und Arbeitsanweisungen aus den Prozessinformationen, die in integrierten Modelldatenbanken hinterlegt sind. Meist können diese in Intranet-, Extranet- oder ähnlicher Kommunikationsumgebungen (z.B. Lotus Notes) integriert werden, so dass die Mitarbeiter des Unternehmens sowohl vom jeweiligen Arbeitsplatz als auch von externen Standorten auf die erforderlichen Informationen zugreifen können. Die toolgestützte Modellierung von Geschäftsprozessen unterstützt damit aktiv das Wissensmanagement durch die Bereitstellung vollständiger, zielgruppengerechter und stets aktueller Informationen über die Prozessorganisation. Insbesondere für die bessere Akzeptanz der Geschäftsprozessdokumentation ist eine verlässliche Datenbasis für den Anwender in der Fachabteilung von großer Bedeutung.

Zusätzliche Unterstützung erhalten die Anwender durch die zentrale Hinterlegung von Formularen, Vordrucken oder Templates zu einem bestimmten Prozessschritt. Überall dort, wo Standards bei der Dokumentation und Erfassung von Geschäftsvorfällen festgelegt wurden, können diese in einem toolgestützten Geschäftsprozessmodell an der korrekten Stelle abgerufen und für die weitere Arbeit verwendet werden. Möglich ist auch die Hinterlegung unterschiedlicher Varianten einer Vorlage in Abhängigkeit von der konkreten Ausprägung des jeweiligen Geschäftsprozesses, z.B. unterschiedliche Vordrucke zur Selbstauskunft eines potenziellen Kreditnehmers in Abhängigkeit von der zuvor ermittelten Bonität. Die an zentraler Stelle hinterlegten Formulare können schnell angepasst werden, so dass auch hier dem Anwender stets die aktuelle Informationsbasis vorliegt.

Fortgeschrittene Geschäftsprozessmodellierungstools ermöglichen eine Interaktion mit den Prozessbeteiligten, die nach dem Aufruf einer Prozessdokumentation aufgetretene Probleme oder erkannte Verbesserungspotenziale in speziellen Dialogen erfassen kann. Die gesammelten Daten werden gespeichert und können durch den Organisator ausgewertet werden, um somit neue und zusätzliche Erkenntnisse über die Praktikabilität bzw. Funktionsfähigkeit operativer Geschäftsprozesse zu gewinnen.

Durch die Möglichkeit der Hinterlegung von quantitativen Daten, z.B. Liege- oder Bearbeitungszeiten, die im Rahmen der Prozesserhebung abgefragt oder gemessen wurden, können komplexe Geschäftsprozessanalysen maschinell durchgeführt werden. Zahlreiche am Markt erhältliche Modellierungswerkzeuge beinhalten eine solche Analysekomponente. Hierdurch können im Rahmen der Organisationsarbeit Gesamtkosten und -zeiten eines Geschäftsprozesses sowie kritische Aktivitäten und Optimierungsbedarf ermittelt werden. Dies schließt neben besonders zeit- und kostenintensiven Aktivitäten auch dynamische Simulationen von Prozessverläufen ein. Hier können unterschiedliche Mengen, die den Prozess durchlaufen (z.B. Aufträge oder Kreditakten), durchgespielt werden. Neben der Simulation unterschiedlicher Mengen besteht in der Regel die Möglichkeit, die Menge an Vorgängen über eine

Häufigkeitsannahme (z.B. Normalverteilung über das gesamte Jahr) dynamisch zu ermitteln.

Im Rahmen einer solchen Simulation wird somit eine hohe Anzahl von Prozessverläufen analysiert und hinsichtlich bestimmter Kenngrößen (u.a. Zeit, Kosten, Ressourcenverbrauch) miteinander verglichen. Hierdurch können insbesondere so genannte „Bottlenecks" identifiziert werden, d.h. Prozessaktivitäten, bei denen einem bestimmten Volumen keine adäquaten Ressourcen zur Abarbeitung gegenüberstehen, was zu erhöhten Liegezeiten und damit Verzögerungen im Prozess führt. Ein solcher Engpass kann gezielt durch zusätzliche Ressourcen, Veränderungen im Prozessdesign oder eine Optimierung der Lastenverteilung (Ausbalancierung von Prozessschritten) beseitigt werden. Eine besondere Form der dynamischen Geschäftsprozessanalyse stellt das Business Process Performance Management dar, bei dem Echtzeitdaten aus laufenden Geschäftsprozessen oder operativen IT-Systemen gewonnen und in Modellierungstools eingespeist werden. Hierauf wird in Kapitel 9 näher eingegangen.

Geschäftsprozessmodellierungstools sind insbesondere von Werkzeugen zur Softwareentwicklung, den so genannten CASE-Tools (CASE = Computer Aided Software Engineering) abzugrenzen. Hierbei handelt es sich um Werkzeuge zur Beschreibung von Geschäftsprozessen aus Sicht der Informationstechnologie. Mittels entsprechender Notationsformen ermöglichen die Tools (z.B. IBM Rational Rose) eine schnelle und automatisierte Erstellung von ausführbarem Code. Oftmals verfügen Geschäftsprozessmodellierungstools über Schnittstellen zu CASE-Tools, um die aus der Fachsicht erstellten Modelle im Rahmen von Softwareentwicklungsprojekten teilweise weiterverwenden zu können. Es sind jedoch in der Regel aufwändige Nacharbeiten am Modell erforderlich, da für die Erstellung von Anwendungen andere Attribute und oft eine höhere Granularität der Modelle erforderlich sind.

Geschäftsprozessmodellierungstools werden – im Gegensatz zu Workflow-Management-Systemen – nicht zur aktiven Kontrolle und Steuerung eines Geschäftsprozesses während der Laufzeit verwendet. Es handelt sich dabei ausschließlich um Instrumente zur Analyse, Simulation und Optimierung von Geschäftsprozessen, deren Ergebnisse in weitergehende Maßnahmen münden. Die IT-seitige Unterstützung des gesamten Prozesslebenszyklus einschließlich der Laufzeitkomponente wird unter dem Begriff „Business Process Management" (BPM) zusammengefasst und im Kapitel 9 näher beleuchtet. Der Einsatz von Geschäftsprozessmodellierungstools und damit die Verwendung standardisierter und strukturierter Modelle stellt die grundlegende Voraussetzung für das Business Process Management dar, da alle nachgelagerten Technologien und Anwendungen auf den zu Beginn erfassten Prozessinformationen aufbauen.

8.3.2 Beispiele von Modellierungswerkzeugen

In den folgenden Abschnitten werden drei am Markt führende Werkzeuge für die Geschäftsprozessmodellierung mit ihren wesentlichen Funktionalitäten und Eigenschaften vorgestellt.

In Literatur und Forschung wurde eine Vielzahl vergleichender Studien über den Markt für Geschäftsprozessmodellierungswerkzeuge durchgeführt, die Anwendungen unterschiedlicher Hersteller anhand von Kriterienkatalogen evaluieren.[14] Grundsätzlich ist bei der Auswahl und Entscheidung hinsichtlich eines bestimmten Modellierungstools insbesondere die Affinität der Anwender hinsichtlich abstrakter Darstellungsformen zu beachten. Sofern das Tool primär durch Anwender genutzt wird, die über geringe Erfahrung in der Arbeit mit Geschäftsprozessmodellen verfügen, ist eine einfache und intuitiv nachvollziehbare Notation einem großen Funktionsumfang vorzuziehen. In der Praxis werden darüber hinaus häufig ausgewählte „Key User“ in den Fachabteilungen im Umgang mit dem Modellierungswerkzeug ausgebildet, die als Multiplikatoren die Einführung und Schulung der übrigen Anwender unterstützen. Oftmals erfolgt die Erfassung von Geschäftsprozessen anhand einfacher Prozesstabellen durch die Fachanwender. Diese Tabellen werden anschließend von den Spezialisten aus dem Bereich Prozessmanagement in grafisch-strukturelle Modelle umgesetzt. Hierfür werden zum Teil automatisierte Schnittstellen eingesetzt, die eine schnelle Übersetzung verschiedener Prozesssichten ermöglichen.

8.3.2.1 iGrafx Process Suite

Die iGrafx Process Suite ist eine komponentenbasierte Werkzeugsuite, die einerseits die grafische Darstellung, Analyse, Simulation und Optimierung von Prozessen und deren Verwaltung in den Vordergrund stellt. Andererseits unterstützt sie die Einbettung der Prozesse in die jeweilige Unternehmensrealität mit ihren Strategien, Produkten, Risiken und Performance-Indikatoren. Dazu unterteilt sich die Produktsuite in die drei Bereiche Client Desktop Modelers, Central Repository Components und Viewing Tools (Abbildung 8.10).

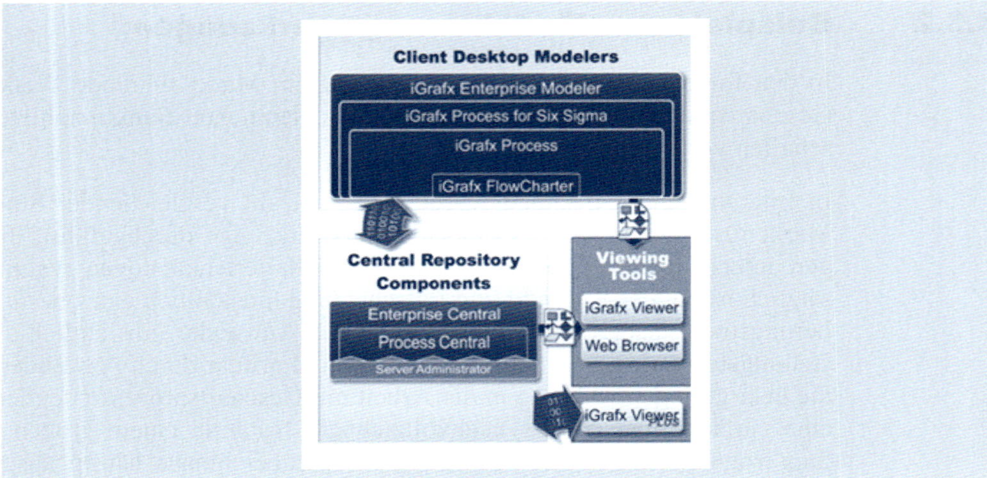

Abbildung 8.10 Aufbau der iGrafx Produkt Suite

Architektur und Konfigurierbarkeit. Die Client-basierten Module iGrafx Process und iGrafx Process for Six Sigma, iGrafx Flowcharter und iGrafx Viewer bzw. Viewer Plus basieren auf dem gleichen Code. Per Lizenzschlüssel können die entsprechenden Funktionen freigeschaltet werden. Die erzeugten Informationen werden im File-System oder im datenbankbasierten iGrafx Process Central Repository abgelegt. Dies stellt die zentralen Verwaltungsfunktionen im Sinne von Dokumentenmanagement und Objekt-Repository für die Prozesswelt zur Verfügung. Process Central ist auch das Bindeglied zur Unternehmensrealität. Mittels einer Synchronisationsfunktion im iGrafx Enterprise Modeler können die Informationen zwischen der Unternehmensrealität, die analog strukturiert ist, und der Prozesswelt abgeglichen werden. Hinzu kommen noch einzelne Schnittstellenmodule, z.B. für den Export in die Business Process Execution Language (BPEL).

Sichtenkonzept. Aufgrund der objektrelationalen Beziehungen können unterschiedliche Sichtweisen abgebildet werden. Zu den prominentesten zählen Prozesssicht, Risikosicht, Performancesicht sowie die Sicht auf die Organisationsstruktur. Prinzipiell kann aus jeder Kombination von Objekttypen und den zugehörigen Beziehungen eine entsprechende Sicht generiert werden.

Methodenangebot und Modellierung. Der Prozess wird zunächst grafisch mittels des Client-basierten Benutzer-Interface iGrafx Process erfasst. Ein Prozess kann je nach Aufgabenstellung methodenfrei, auf Basis der Business Process Modeling Notation (BPMN), als Wertstromdiagramm oder mit Hilfe von eigenen Methoden-Templates erfasst und dargestellt werden.

Mit der Lösung iGrafx Enterprise Central wird über die reine Prozessmodellierung hinaus eine Komponente angeboten, mit der ein Unternehmen in seinen unterschiedlichen Facetten objektzentriert beschrieben werden kann. Hierbei werden viele unterschiedliche Aspekte wie Unternehmensstrategien, -ziele und zu messende Performance-Indikatoren berücksichtigt. Eine weitere Gruppe von Objekten stellt Geschäftsregeln, Kontrollen und Anforderungen dar. Produkte, Dienstleistungen und die Ressourcen eines Unternehmens, ob nun Gebäude, Tochterunternehmen oder IT-Landschaften, können beschrieben und mit der Prozesslandschaft in Verbindung gebracht werden. Alle so erzeugten Informationsstrukturen stehen dem Prozessmodellierer zur Verfügung und können zur Prozessbeschreibung in den grafischen Clients genutzt werden.

Abbildung 8.11
Prozessdiagramm des iGrafx Enterprise Modeler

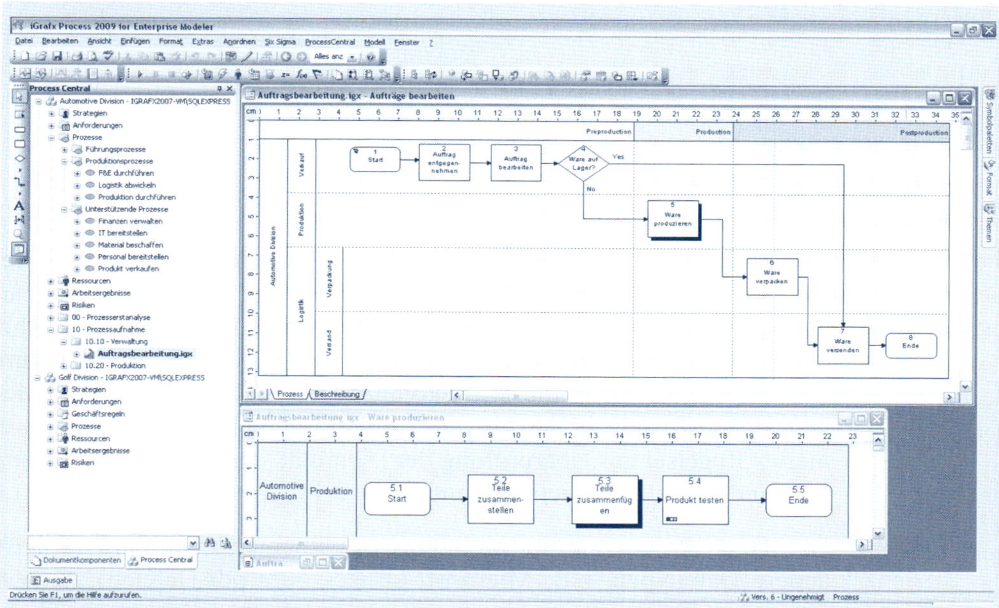

Die im Rahmen der Unternehmensmodellierung geschaffene Informationsmenge kann dann auf unterschiedliche Weise mit vorgefertigten Reports bzw. Diagrammen oder dem integrierten Report-Wizard zur Erhöhung der Transparenz und damit zur Steuerbarkeit des Unternehmens genutzt werden. Schließlich umfasst die Software auch Dashboards und Management Cockpits zur operativen Steuerung.

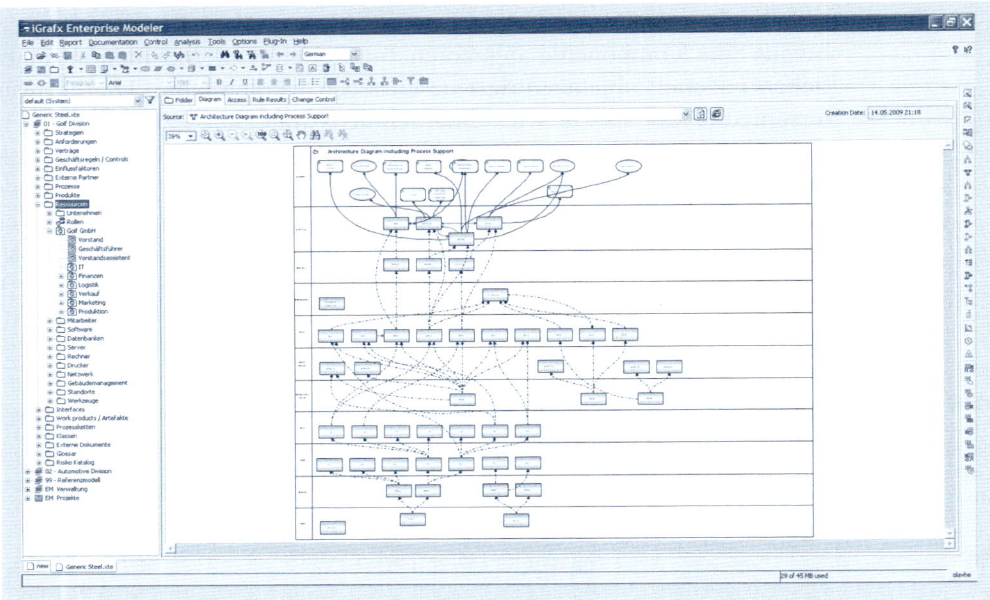

Abbildung 8.12 Architekturdiagramm des iGrafx Enterprise Modeler

Integritätssicherung. In iGrafx Process werden je nach Modellierungsmethode ein kontinuierlicher Methodencheck oder eine auf Wunsch ausführbare Prüfung angeboten. Die dort genutzte Funktionalität unterstützt auch den Methodenkonverter, der methodenfreie Prozessdiagramme in BPMN-konforme Diagramme übersetzt. Darüber hinaus bietet die VBA-kompatible Programmierschnittstelle die Möglichkeit eigene Regeln hinzuzufügen. In der Unternehmensrealität gibt es ein vordefiniertes Regelset zur Überprüfung der „Qualität“ eines Unternehmensmodells. Dieses kann individuell adaptiert und mittels Java-Programmierung erweitert werden.

Der iGrafx Process Central stellt eine Dokumentenverwaltung mit Historie (auch für andere Dateitypen, z.B. Microsoft-Office- oder pdf-Dateien) zur Verfügung. Darüber hinaus werden Check-In/Out-Verfahren, Rechteverwaltung und eine Workflow-Komponente integriert. Mit dieser Komponente können Reviews, Freigaben und „zur Kenntnisnahmen“ verwaltet und revisionssicher dokumentiert werden. Insbesondere werden digitale Unterschriften unterstützt. Das Repository stützt sich auf eine SQL-Datenbasis, die entweder in Oracle oder MS SQL Server gehalten werden kann.

Analyse, Simulation und Optimierung. iGrafx Process stellt eine Simulation zur Verfügung, um die dargestellten Prozesse hinsichtlich der unterschiedlichen Zielvorgaben (Kosten, Prozessperformance, Durchlaufzeit, Qualität) zu analysieren und zu optimieren. Dabei kommt ein Ressourcenmodell zum Einsatz, das z.B. Einzelqualifikationen von Mitarbeitern, individuelle Kalender sowie Kapazitätseigenschaften von Maschinen oder Gebäuden abdecken und zur Optimierung nutzen kann.

Falls die zugrunde liegende Datenmenge statistisch genauer erfasst bzw. analysiert werden soll, wird die notwendige Funktionalität durch iGrafx Process for Six Sigma mittels der statistischen Werkzeuge Minitab bzw. Jmp angebunden. Diese können einerseits zur Datenanalyse und andererseits zum Rapid Design of Experiments genutzt werden. Dabei können auf Basis einer (teil-)faktoriellen Analyse die unterschiedlichen Parameter (z.B. Ressourcenzahlen) variiert und die Ergebnisse nach Optima untersucht werden.

Import, Export und Schnittstellen. Die mit den genannten Tools erzeugten Prozesse werden in eine Prozesslandkarte überführt, die die gesamte Prozesslandschaft des Unternehmens darstellt und diese zielgruppengerecht zur Verfügung stellt. Die in ihr verwalteten Diagramme können auf Basis einer File-orientierten Veröffentlichungsroutine in unterschiedliche Formate (pdf, html, grafisch oder OLE) überführt werden. Bei Einsatz von iGrafx Process Central geschieht dies mittels WebCentral automatisch und dynamisch, so dass jederzeit eine aktuelle Web-Representation des gültigen Inhalts zur Verfügung steht. Für die rein lesenden Nutzer ist damit eine lizenzfreie Verfügbarkeit des gesamten Inhalts gewährleistet. Mit dem iGrafx Viewer stellt iGrafx auch ohne WebCentral eine kostenlose Lesemöglichkeit zur Verfügung.

Aus der Fähigkeit Unternehmensmodelle abzubilden, ergibt sich auch die Möglichkeit, die diversen Anforderungen, beispielsweise an standardisierte Prozesslandschaften, bedienen zu können. Diese Informationsstrukturen wurden aus Frameworks wie z.B. CObIT oder ITIL extrahiert und können als Referenzimplementierung zur Verfügung gestellt werden. Man gewinnt dadurch die Möglichkeit, schnell und frei von internen Befindlichkeiten eine Adaption des eigenen Unternehmens an Best Practices oder an externe Rahmenbedingungen durchzuführen.

8.3.2.2 ARIS Business Designer

Der ARIS Business Designer ist Bestandteil des Produktpakets ARIS Design Plattform, das sich aus verschiedenen Einzelanwendungen zusammensetzt. Es ermöglicht die Modellierung von Geschäftsprozessen und wird durch zusätzliche Anwendungsbausteine für spezielle Aufgabenstellungen ergänzt. Die Abbildung 8.13 zeigt einen Ausschnitt aus der Benutzeroberfläche des ARIS Business Designer.

Abbildung 8.13 Benutzeroberfläche des ARIS Business Designer zur Prozessmodellierung

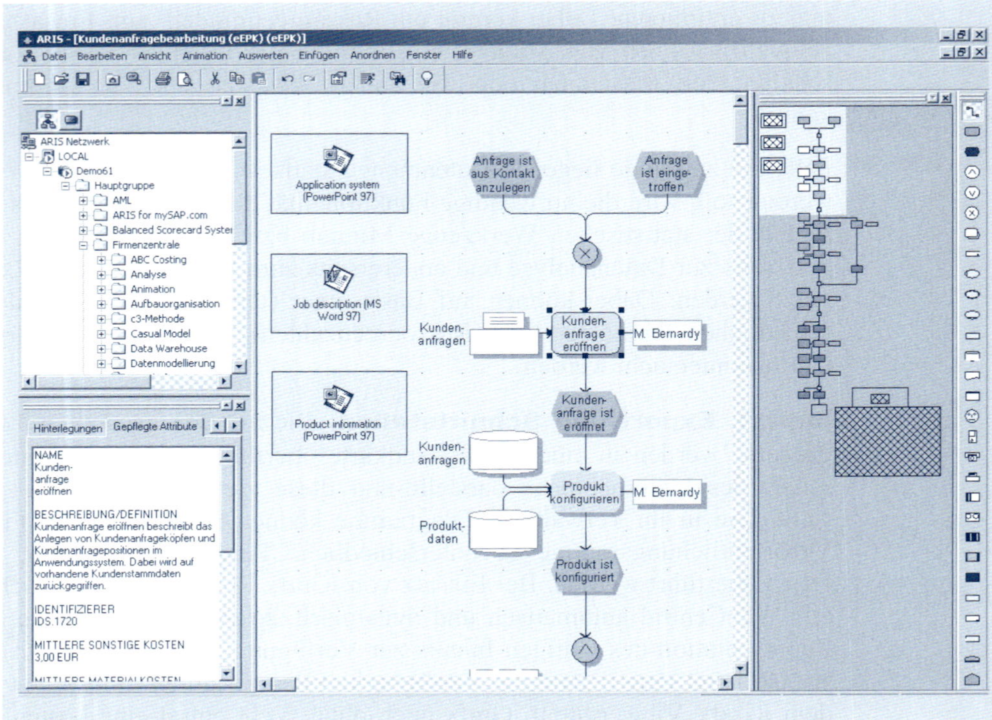

Quelle: IDS Scheer AG (2005).

Architektur und Konfigurierbarkeit. Der Windows-basierte ARIS Business Designer ist derzeit – auch im Bankenbereich – weit verbreitet. Neben der Desktop-Anwendung wird zusätzlich der web-basierte ARIS Business Architect angeboten, der sich durch einen Browser über das Internet bedienen lässt. Beide Applikationen können parallel eingesetzt werden. Dieses wird durch die 3-Ebenen-Architektur der ARIS Plattform ermöglicht, die nach Client-, Applikations- und Datenebene differenziert.

Kernstück der ARIS Plattform ist der Applikationsserver ARIS Business Server. Er kann sowohl die Anfragen der Windows- als auch der web-basierten Client-Applikationen verarbeiten und an den Datenbankserver weiterleiten. Die Datenhaltung erfolgt zentral in einem relationalen Datenbankmanagementsystem. Dabei stehen verschiedene Datenbanksysteme zur Auswahl: Die Standardvariante basiert auf einer Sybase-Datenbank und ist im Lizenzumfang des Business Servers enthalten. Alternativ kann eine separate Oracle-Datenbank eingesetzt werden. Möglich ist auch der Einsatz von Microsoft SQL Server oder die IBM DB2. Die zuvor genannten

Modellierungskomponenten der Client-Ebene sind auch in einer funktionseingeschränkten Version erhältlich, dem so genannten ARIS Easy Design.

Die folgende Darstellung veranschaulicht die Architektur der ARIS Plattform (Abbildung 8.14).[15]

Abbildung 8.14 Architektur der ARIS Plattform

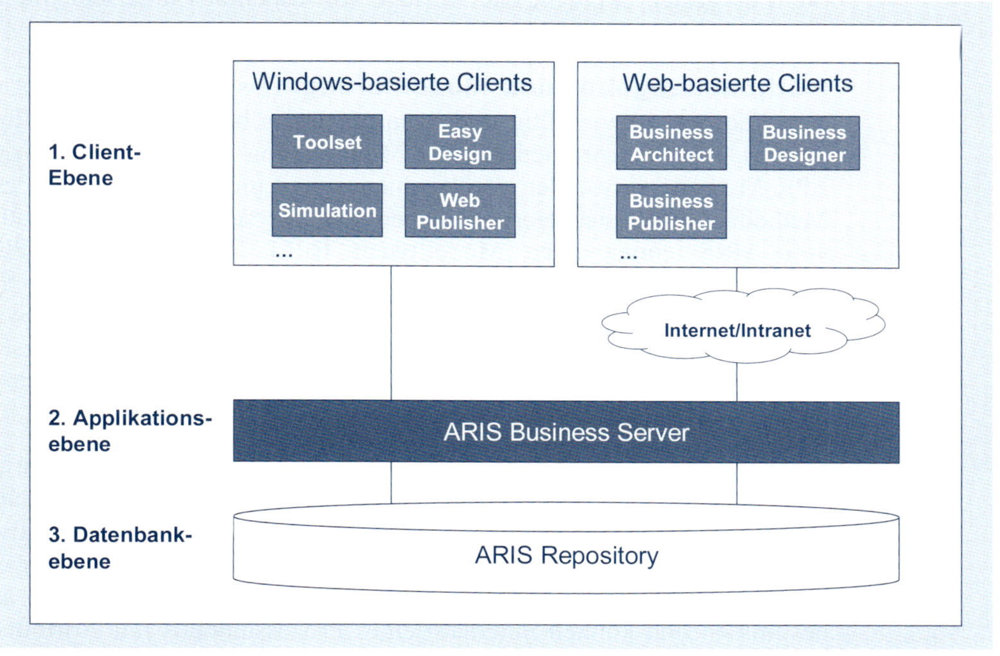

Quelle: IDS Scheer AG (2005).

Die 3-Ebenen-Architektur erlaubt verschiedene Installationsszenarien. Bei der Einzelplatzinstallation befinden sich alle drei Ebenen auf einem Rechner. Bei der Standardserver-Installation für bis zu 50 Anwender deckt der Server die Applikations- und Datenebene ab. Für Installationen ab 100 Anwender wird das Datenbanksystem auf einem separaten Server betrieben. Dabei kann ein Verbund von Applikationsservern eingesetzt werden, um den Anfragen der vielen Client-Applikationen gerecht zu werden.

Sichtenkonzept. Die Organisationssicht von ARIS ermöglicht Einblicke in die Aufbauorganisation und die damit verbundenen Objekte wie Stellen und Organisationseinheiten. Die Aktivitätssicht wird durch die verschiedenen Prozessmodelltypen der ARIS-Steuerungssicht dargestellt.

Die ARIS-Datensicht bildet mit dem Entity Relationship Model (ERM) alle relevanten Prozessdaten ab. Eine Sicht auf das eingebrachte Wissen der Organisation ist dagegen nicht vorhanden. Die entsprechenden Informationen werden jedoch in den anderen Sichten durch die Objekttypen Wissenskategorie und dokumentiertes Wissen berücksichtigt. Gleiches gilt für Ressourcen, die ebenfalls nicht in einer separaten Sicht dargestellt werden. Die Abfrage von Daten aus unterschiedlichen Sichten ist über das zentrale Repository möglich.

Methodenangebot und Modellierung. Das Methodenangebot der ARIS Design Platform ist vielfältig und kann auf Basis bestehender Modelltypen erweitert werden. Als Standardmethode zur Modellierung von Geschäftsprozessen wird die EPK-Methode verwendet; darüber hinaus sind im ARIS-Handbuch ca. 100 weitere Methoden aufgelistet. Hervorzuheben sind hierbei relativ neue Methoden wie die von ARIS entwickelten Modelltypen BPEL Process bzw. BPEL-Allocation-Diagramm. Sie ermöglichen die Visualisierung der XML-basierten Sprache BPEL, die für die Prozessautomation in Business-Process-Management-Systemen eingesetzt werden kann. Prozessdiagramme können in allen Modellierungstools der ARIS Design Platform auf Basis des zentralen Repositorys von einer Methode in eine andere umgewandelt werden.

Die Modellierungsfunktionen von ARIS sind bei allen Produktvarianten ähnlich. Entsprechend dem breiten Methodenangebot werden viele Symbolbibliotheken bereitgestellt. Der Benutzer kann die Bibliotheken über die administrative Komponente ARIS Symbol Editor erweitern. Zusätzliche Symbole können entweder importiert oder mit Hilfe des Symbol-Editors definiert werden. Die Symbole lassen sich frei bestimmen und können innerhalb eines Prozessmodells mit Attributen zu den Aspekten Kosten und Zeit belegt werden. Die Zuordnung von benutzerspezifischen Attributen ist über den Attributstyp „Freie Attribute" möglich.

Darüber hinaus können komplexe Prozesse auf unterschiedlichen Hierarchieebenen modelliert werden. Sowohl Konnektoren als auch Verzweigungen mit multiplen Ausgängen sind darstellbar. Unterschiedliche Pfade können mit prozentualen Wahrscheinlichkeiten versehen werden. Verteilungsfunktionen können dagegen nicht zugewiesen werden.

Integritätssicherung. ARIS umfasst mehrere Funktionen zur Sicherung der Modellintegrität. Im Rahmen des Semantik-Checks kann der Nutzer sein Prozessmodell nach sechs verschiedenen Prüfregelarten untersuchen lassen. Die Prüfregeln sind unternehmensspezifisch anpassbar, allerdings sind Programmierkenntnisse erforderlich. Die Prüfungen liefern Protokolle in verschiedenen Dateiformaten, z.B. als MS Word- oder Excel-Dokument.

ARIS bietet außerdem eine Konsolidierungsfunktion an, mit der gleichnamige Objekte verschmolzen werden können. Zusätzlich ist das Zusammenführen von ganzen Modelldatenbanken möglich. Um ungewollte Ergebnisse zu verhindern, kann im Vorfeld eine Simulation der Verschmelzung vorgenommen werden. Ein Variantenmanagement zum Speichern mehrerer Varianten eines Modells wird ebenfalls unterstützt.

Analyse, Simulation und Optimierung. Über Auswertungen der ARIS-Datenbank lassen sich unterschiedliche Reports generieren. Sie können z.B. Medienbrüche und häufige Verantwortlichkeitswechsel in Prozessmodellen identifizieren. Darüber hinaus existiert ein Report zur Ermittlung von Prozesskosten und -zeiten. Für komplexe Simulationen und Analysen sind jedoch zusätzliche Komponenten der ARIS-Produktfamilie (ARIS Process Cost Analyzer) erforderlich.

Import, Export und Schnittstellen. Die Modellierungskomponenten der ARIS Platform unterstützen das Einbetten und Verknüpfen von OLE-Objekten. Auf diese Weise können z.B. MS Word-Dokumente oder HTML-Seiten direkt aus dem Prozessmodell gestartet werden. Des Weiteren stehen In- und Exportfunktionen für XML-Dateien zur Verfügung. Über Skripte, die auf das ARIS Repository zugreifen, können zusätzliche Exportdateien generiert werden. Mit dem Produkt ARIS Risk & Compliance Manager lassen sich viele Compliance-Anforderungen erfüllen und entsprechende Prozessdokumentationen erstellen. Mit Hilfe der Tool-Integration werden im Toolset Schnittstellen zu anderen Systemen bereitgestellt. Hierfür müssen allerdings weitere Programme, die den Datentransfer steuern, zwischengeschaltet werden. Entsprechende Anwendungen werden von IDS Scheer und seinen Lösungspartnern angeboten.[11]

8.3.2.3 ibo Prometheus

ibo Prometheus 8.0 ist eine modular aufgebaute Anwendung und besteht aus den Komponenten ibo Process-Designer, ibo Process-Analyser und ibo Process-Manager, die über das zentrale Steuerungstool ibo Shell gestartet werden. Die eigentliche Prozessmodellierung erfolgt im ibo Process-Designer.

Sofern in den Prozessen die entsprechenden Daten (z.B. Transport-, Liege- oder Bearbeitungszeiten) hinterlegt wurden, können anschließend mit Hilfe des ibo Process-Analyser die Prozesse nach Zeiten, Kosten, Mengen oder Mitarbeiterkapazitäten analysiert und alternative Pfade simuliert werden. Der ibo Prozess-Manager ermöglicht die Erstellung von Unternehmensprozessen auf einer hohen Abstraktionsebene und ihre Darstellung als Prozesslandkarte.

Die Abbildung 8.15 zeigt die Benutzeroberfläche des ibo Process-Designer mit der Darstellung eines Geschäftsprozesses in der Notationsform „Folgeplan“.

Abbildung 8.15 Benutzeroberfläche des ibo Process-Designer

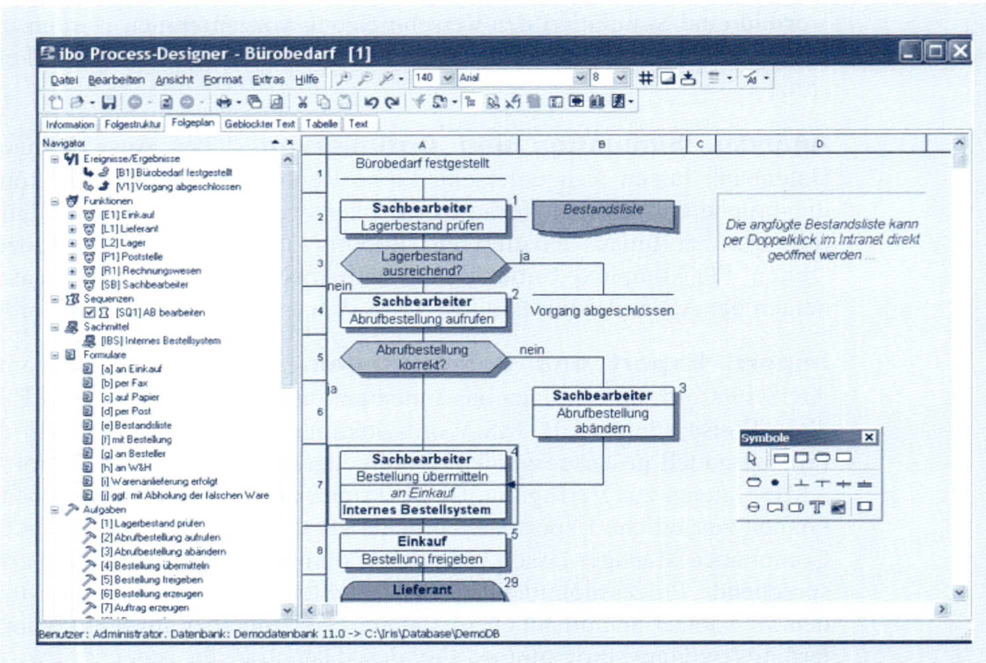

Quelle: ibo GmbH (2005).

Architektur und Konfigurierbarkeit. Die einzelnen Module von ibo Prometheus lassen sich über die zentrale ibo Shell starten. Bestandteil der ibo Shell ist eine Benutzer- und Rechteverwaltung, die den Zugriff auf die Applikationen überwacht und die Vergabe individueller Zugriffsrechte ermöglicht. Dies ist insbesondere für die Verwaltung komplexer, unternehmensweiter Organisationsdatenbanken erforderlich. Alle Module greifen auf eine von ibo Software entwickelte gemeinsame Datenbank zu, die auf Datenbanksystemen von Oracle, Interbase und Firebird lauffähig ist. Firebird wird als Open-Source-Applikation kostenlos mit Prometheus ausgeliefert.

Durch die Trennung der Dateninhalte von den eigentlichen Programmmodulen ist eine verteilte Installation möglich. Sofern Prometheus eigenständig auf einem Einzelplatzrechner genutzt werden soll, ist eine lokale Installation der Datenbanksoftware auf dem jeweiligen Rechner erforderlich.

Die folgende Abbildung zeigt die Prometheus Architektur im Zusammenspiel mit den ergänzenden Produktfamilien sowie den so genannten Unterstützungsmodulen. Die Unterstützungsmodule erweitern die Funktionalitäten von Prometheus, Alea und Pegasus. Über das Modul IRIS können beispielsweise Veröffentlichungen im Intranet und Internet vorgenommen werden.[16]

Abbildung 8.16 Architektur von Prometheus

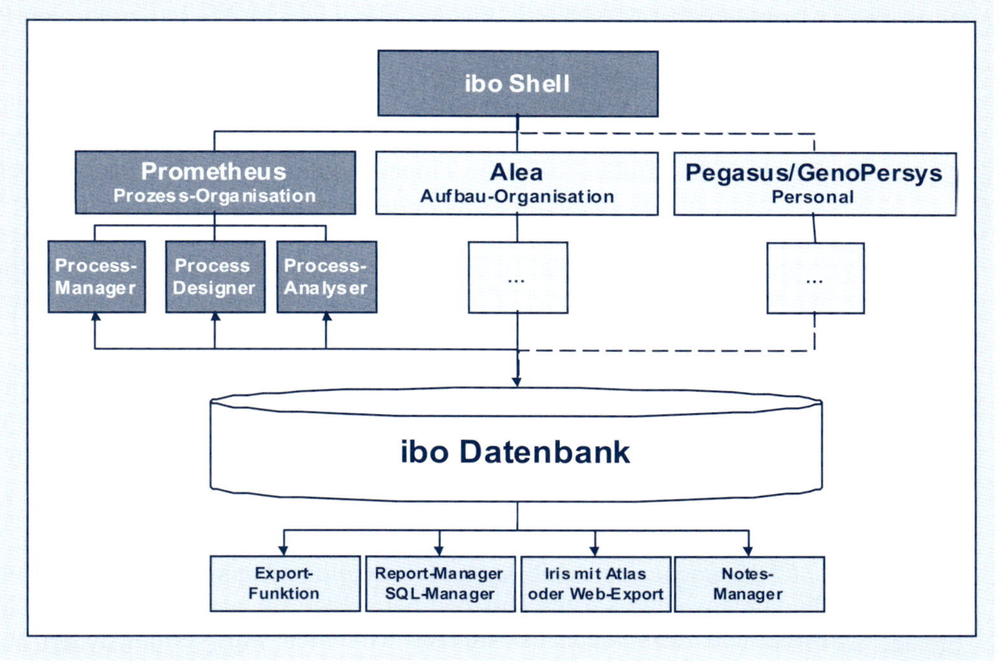

Quelle: ibo GmbH (2005).

Sichtenkonzept. Die Sicht auf Aktivitäten wird im ibo Process-Designer durch die Notationen der Standardmethode, den Folgeplan und die Folgestruktur abgebildet. Beide beinhalten auch Informationen über Ressourcen, Daten und Wissen. Eine gesonderte Sicht auf die zuvor genannten Kriterien wird jedoch nicht zur Verfügung gestellt. Darüber hinaus lassen sich Informationen über die Aufbauorganisation im Folgeplan und der Folgestruktur hinterlegen. Eine eigene Sicht, z.B. durch Organigramme, wird aber erst durch die Produktfamilie Alea ermöglicht.

Methodenangebot und Modellierung. Der ibo Process-Designer beinhaltet eine zentrale Modellierungsmethode, die verschiedene Notationsformen ermöglicht wie beispielsweise die grafisch-strukturelle Folgestruktur, den grafisch-strukturellen Folgeplan sowie die Darstellung als geblockter Text oder in tabellarischer Form.

Zur Unterstützung der Prozessdokumentation lassen sich Grafikdateien als so genannte Blickfänge sowie MS Office-Dokumente als Templates oder zusätzliche Arbeitsanweisungen in die Prozessmodelle einfügen. Der ibo Process-Designer unterstützt bei der Darstellung sowohl Konnektoren als auch Verzweigungen mit bis zu drei Ausgängen. Entscheidungselemente können mit Wahrscheinlichkeiten versehen werden. Zusätzlich lassen sich bestimmte Elemente mit bis zu vier frei definierbaren Attributen charakterisieren. Für die hierarchische Modellierung von Prozessen steht die Kataloganalyse des Process-Manager zur Verfügung.

Integritätssicherung. Im Process-Designer erfolgt keine Untersuchung der Prozessmodelle auf mögliche strukturelle Fehler. Dies geschieht erst im Process-Analyser. Die Butler- bzw. die Tipphilfefunktion gewährleisten jedoch, dass die Bezeichnungen von Elementen eindeutig bleiben und einmal vergebene Namen wieder verwendet werden. Ein Import von Modellen im Process-Designer-Format bzw. Process-Manager-Format ist möglich. Hierbei wird abgeglichen, ob Elemente bereits im Repository existieren. Ein Versions- bzw. Variantenmanagement wird unterstützt.

Analyse, Simulation und Optimierung. Die Analysefunktionen von Prometheus sind in dem Modul Process-Analyser zusammengefasst. Eine direkte Anbindung an die zentrale ibo Datenbank erlaubt den Zugriff auf alle Prozesse, die mit dem Process Designer definiert wurden.

Der Process-Analyser liefert Auswertungen, die aufgrund der guten Visualisierung und Dokumentation schlüssig und nachvollziehbar sind. Dabei werden hauptsächlich die Dimensionen Kosten und Zeit betrachtet. Es lassen sich aber auch Informationsflüsse und Ressourcenauslastungen darstellen. Auswertungsfehler aufgrund fehlerhafter Modelle können durch die bereits erwähnte Kontrolle im Process-Analyser ausgeschlossen werden.

Für die Visualisierung der Ergebnisse sind Grafiken mit verschiedenen Darstellungstypen wie Säulen-, Balken- oder Kreisdiagrammen auswählbar. Bei tabellarischen Übersichten können die Inhalte teilweise angepasst werden. Bestehende Spalten können ein- und ausgeblendet werden; das Einfügen neuer Spalten ist allerdings nicht möglich. ibo Prometheus verfügt über keine eigenständige Simulationskomponente. Der Process-Analyser umfasst aber eine Analyse im Simulationsmodus. Der Nutzer kann hinterlegte Prozesswerte wie die Eintrittswahrscheinlichkeit an einem Entscheidungssymbol verändern.

Import, Export und Schnittstellen. Innerhalb der ibo-Softwarepalette lassen sich Informationen durch die zentrale Datenhaltung und ibo-spezifische Dateiformate wiederholt verwenden. Eine externe Nutzung ist jedoch nur begrenzt möglich.

Modellierungs- und Analyseergebnisse können in andere ibo-Datenbanken überführt oder in Grafik- bzw. pdf-Formate exportiert werden. Eine Übertragbarkeit beispielsweise in CASE-, ERP-, MIS-, Projektmanagement- oder Workflow-Management-Applikationen ist dagegen nicht gegeben. Die Übergabe von Daten an MS Office-Produkte erfolgt nicht direkt, sondern über die Zwischenablage. Umgekehrt können durch die Unterstützung von OLE beliebige MS Office-Dokumente in ein Prozessmodell eingebettet oder mit diesem verknüpft werden.

Die Darstellungsform des erweiterten Folgeplans kann als Grundlage für ein prozessorientiertes Qualitätsmanagementsystem nach der ISO 9000-Norm genutzt werden. Hinsichtlich der Druckfunktionalität fällt auf, dass viele anwenderspezifische Einstellungen vorgenommen werden können. Eine Skalierung des Ausdrucks erfolgt automatisch und kann nicht angepasst oder verändert werden.[17]

Übungsfragen

- Welche typischen Fragestellungen sind für die Identifizierung von Geschäftsprozessen relevant?
- Nach welchen Kriterien können Hauptprozesse in Teilprozesse zerlegt werden?
- Nennen Sie die wesentlichen Methoden der Geschäftsprozesserhebung und geben Sie Beispiele für mögliche Einsatzbereiche.
- Welche grundsätzlichen Techniken zur Geschäftsprozessdokumentation werden in der Praxis unterschieden?
- Weshalb ist der Einsatz von Modellierungswerkzeugen für das Geschäftsprozessmanagement dem Einsatz von üblichen Office-Anwendungen vorzuziehen?

Anmerkungen

[1] Vgl. Schmelzer, H. J. / Sesselmann, W. (2008).
[2] Vgl. Fischermanns, G. / Liebelt, W. (2008).
[3] Schmelzer, H. J. / Sesselmann, W. (2008), S. 133.
[4] Vgl. Schmidt, G. (2003).
[5] Vgl. ebenda.; Bokranz, R. / Hildebrandt, B. / Wehling, J. (1995); Grochla, E. (1995); Schulte-Zurhausen, M. (2005).
[6] Vgl. ebenda.

[7] Dies ist ein vereinfachtes Zahlenbeispiel, bei dem kein Konfidenzintervall berücksichtigt wurde.
[8] Vgl. Bokranz, R. / Hildebrandt, B. / Wehling, J. (1995).
[9] Vgl. Becker, J. / Kugeler, M. / Rosemann, M. (2008).
[10] Vgl. Krcmar, H. (2005).
[11] Vgl. IDS Scheer AG (2005).
[12] Vgl. ebenda.
[13] Die auf den amerikanischen Markt fokussierten Studien stammen von den Marktforschungsinstituten Gartner und Forrester (vgl. Blechar et al. (2006) bzw. Peyret et al. (2006)). Für den deutschsprachigen Raum wurden die Studie des Business Application Research Center (BARC) sowie Business Process Management Tools 2008 des Fraunhofer Instituts verwendet (vgl. Böhn et al. (2007) bzw. Spath, D. / Weisbecker, A. (2008)).
[14] Vgl. Blechar et al. (2006); Böhn et al. (2007); Peyret et al. (2006); Spath, D. / Weisbecker, A. (2008)
[15] Vgl. IDS Scheer AG (2005).
[16] Vgl. ibo GmbH (2004); ibo GmbH (2005).
[17] Vgl. ebenda.

Literatur

Becker, J. / Kugeler, M. / Rosemann, M. (2008): Prozessmanagement: ein Leitfaden zur prozessorientierten Organisationsgestaltung, 6. Aufl., Berlin: Springer.

Blechar, M. J. / Sinur, J. (2006): Magic Quadrant for Business Process Analysis Tools, 2006, in: Gartner RAS Core Research Note G00137850.

Böhn, M. / Friedrich, D. / Englisch, S. / Freund, J. (2007): Software im Vergleich: Prozessmodellierungswerkzeuge, München: Oxygon.

Bokranz, R. / Hildebrandt, B. / Wehling, J. (1995): Organisation im Bankbetrieb, Band 1, Aufbauorganisation, Ablauforganisation, Datenerhebung, Wiesbaden: Gabler.

Fischermanns, G. / Liebelt, W. (2008): Grundlagen der Prozessorganisation, 7. Aufl., Gießen: Dr. Götz Schmid.

Grochla, E. (1995): Grundlagen der organisatorischen Gestaltung, Stuttgart: Schäffer-Poeschel.

ibo GmbH (2004): Process-Analyser 7.0, Benutzerhandbuch, Wettenberg [CD-ROM].

ibo GmbH (2005): Process-Designer 7.0, Benutzerhandbuch, Wettenberg [CD-ROM].

IDS Scheer AG (2005): Methodenhandbuch ARIS 7.0., Saarbrücken [CD-ROM].

Krcmar, H. (2005): Informationsmanagement, 4. Aufl., Berlin: Springer.

Peyret H. / Teubner, C. (2006): The Forrester Wave: Business Process Modeling Tools, in: Tech Choices, Q3 2006.

Schmelzer, H.J. / Sesselmann, W. (2008): Geschäftsprozessmanagement in der Praxis, 6. Aufl., München: Hanser.

Schmidt, G. (2003): Methode und Techniken der Organisation, 13. Aufl., Gießen: Dr. Götz Schmidt.

Schulte-Zurhausen, M. (2005): Organisation, 4. Aufl., München: Vahlen.

Spath, D. / Weisbecker, A. (2008): Business Process Management Tools 2008 – Eine evaluierende Marktstudie zu aktuellen Werkzeugen, Stuttgart: Frauenhofer IAO.

Kapitel 9

Analyse und Redesign von Geschäftsprozessen

9 Analyse und Redesign von Geschäftsprozessen

Lernziele

- Techniken zur Analyse von Komplexität sowie Stärken und Schwächen eines Geschäftsprozesses kennen und verstehen.
- Prinzipien und Anwendungsmöglichkeiten der Prozesskostenkalkulation im Finanzdienstleistungsbereich kennen und verstehen.
- Generelle Ansätze zum Redesign von Geschäftsprozessen kennen.
- Kreativitätstechniken zum Lösungsentwurf verstehen.
- Business Process Management und wichtige Informationstechnologien zur Unterstützung von Geschäftsprozessen kennen.

9.1 Analyse von Geschäftsprozessen

Nach der Erhebung und Dokumentation stellt die Analyse der Geschäftsprozesse den nächsten Schritt im Rahmen des Geschäftsprozessmanagements dar. Ziele der Analyse sind die Identifizierung von Stärken, Schwächen und Verbesserungspotenzialen bestehender Prozesse bzw. die Würdigung neu gestalteter Lösungsvarianten.

Dargestellt werden in diesem Abschnitt Techniken zur Beurteilung der Prozesskomplexität sowie zur systematischen Stärken- und Schwächenanalyse. Außerdem werden Ansätze zur Analyse und Kalkulation der Prozesskosten vorgestellt.

9.1.1 Analyse der Prozesskomplexität

Die Analyse der Prozesskomplexität gehört zu den quantitativen Analysetechniken. Ziel ist es, Anzahl und Häufigkeit von alternativen Wegen durch den jeweiligen Prozess (*Prozessvarianten*) sowie der einzelnen Aufgaben innerhalb des Prozesses festzustellen. Darüber hinaus erfolgt die Identifizierung von Schnittstellen, Prozessunterbrechungen und Medienbrüchen.

Für die Gestaltung der Geschäftsprozesse sind diejenigen Prozessvarianten bzw. Aufgaben von besonderer Bedeutung, deren Häufigkeit am höchsten ist. Veränderungen in diesen Bereichen haben eine größere Auswirkung auf die Leistungsfähigkeit des Prozesses, d.h. Maßnahmen zur Verkürzung von Prozessdurchlaufzeiten oder der Verringerung der Prozesskosten sind dort anzusetzen, wo die mengenmäßigen Schwerpunkte des Prozesses liegen.

Typischerweise haben Prozesse oft einzelne Varianten, die nur in seltenen Fällen auftreten, z.B. außergewöhnliche Vorgänge, gravierende Fehlersituationen. Der Aufwand zur Optimierung und Veränderung solcher isolierter Prozessvarianten steht meist nicht im Verhältnis zu möglichen Verbesserungen von Durchlaufzeiten und Kosten. Mit der Identifizierung der häufigen Prozessvarianten können daher die Ressourcen bei der Organisationsgestaltung zielgerichtet und nutzenbringend eingesetzt werden.

Die Bestimmung der kritischen Prozesse ist bei der Analyse der Prozesskomplexität von entscheidender Bedeutung. Kritische Prozesse sind diejenigen, die die meisten Ressourcen im Hinblick auf Zeit und Kosten in Anspruch nehmen. In den meisten Unternehmen binden 20% der Prozesse, Prozessvarianten oder Aufgaben 80% der Ressourcen (*80/20-Regel*). Diese kritischen Prozesse sollten im Rahmen des Geschäftsprozessmanagements als erste analysiert und optimiert werden.

9.1.1.1 Untersuchung von Prozessvarianten

Die Anzahl der Prozessvarianten gibt Auskunft über alternative Abfolgen der einzelnen Aufgaben. In den meisten Prozessen existieren Entscheidungssituationen, die in Abhängigkeit vom jeweiligen Ergebnis (z.B. vollständige oder unvollständige Unterlagen) unterschiedliche Aufgaben anstoßen. Grundsätzlich ist die Analyse der Prozessvarianten unabhängig von der jeweils gewählten Methode zur Prozessdokumentation. Im Folgenden wird die Analyse am Beispiel von Folgestrukturen aufgezeigt.[1]

Der abgebildete Geschäftsprozess (Abbildung 9.1) enthält zwischen dem Start- und Endereignis zwei Entscheidungssituationen (A und B), die zu unterschiedlichen Prozessvarianten führen. Das Ergebnis der Entscheidung in A führt entweder nach rechts zum Pfad A1 oder nach unten zum Pfad A2. Auf beiden Pfaden können unterschiedliche Prozessschritte angesiedelt sein. Unter Berücksichtigung der Entscheidung in A besitzt der Prozess daher zwei mögliche Varianten.

Die nachfolgende Entscheidungssituation B führt erneut zu zwei alternativen Pfaden innerhalb des Prozesses (B1 und B2). Für die beiden alternativen Prozessvarianten A1 und A2 existieren jeweils zwei weitere Varianten, so dass die Gesamtzahl der Prozessvarianten in diesem Beispiel 2 x 2 = 4 Varianten beträgt. Die einzelnen Prozessvarianten werden anhand der Ausprägung einzelnen Entscheidungssituation bezeichnet, d.h. A1-B1, A1-B2, A2-B1 und A2-B2.

Abbildung 9.1 Analyse von Prozessvariationen am Beispiel von Folgestrukturen

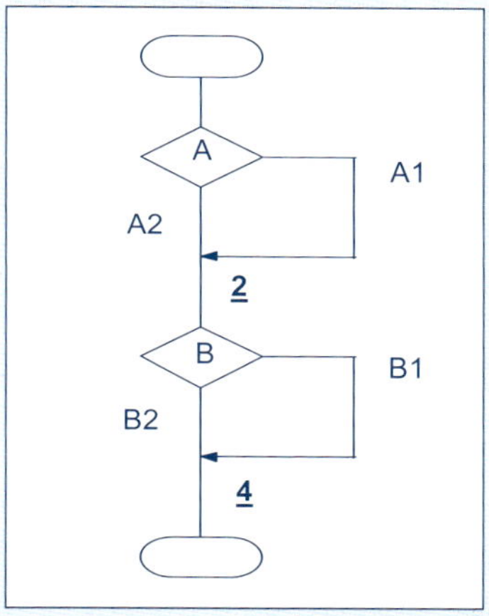

Mit zunehmender Länge und Anzahl von Entscheidungssituationen innerhalb des Prozesses wird die Bestimmung der Prozessvarianten zum Teil sehr umfangreich. In der Praxis werden daher die mit einem Modellierungswerkzeug dokumentierten Prozesse maschinell ausgewertet.

Um zu entscheiden, welche Prozessvarianten die Schwerpunkte des Prozesses bilden, ist im nächsten Schritt die relative Häufigkeit der jeweiligen Prozessvarianten festzustellen.[2] Für jede Entscheidungssituation innerhalb des Geschäftsprozesses wird zunächst die prozentuale Wahrscheinlichkeit jeder Einzelausprägung erhoben.

Im vorliegenden Bespiel werden die folgenden Einzelwahrscheinlichkeiten angenommen (Tabelle 9.1).

Tabelle 9.1 Einzelwahrscheinlichkeiten für das Beispiel

Entscheidungssituation	Mögliche Ausprägung	Wahrscheinlichkeit
A	A1	60%
	A2	40%
B	B1	70%
	B2	30%

Die relative Häufigkeit der vier möglichen Prozessvarianten ergibt sich aus der Multiplikation der Einzelwahrscheinlichkeit der jeweiligen Ausprägung. In der Tabelle 9.2 sind die sich hieraus ergebenden Variantenhäufigkeiten für das Beispiel zusammengefasst.

Tabelle 9.2 Variantenhäufigkeiten für das Beispiel

Prozessvariante	Relative Häufigkeit der Prozessvariante
A1-B1	**60% * 70% = 42%**
A1-B2	60% * 30% = 18%
A2-B1	40% * 70% = 28%
A2-B2	40% * 30% = 12%

Für das Geschäftsprozessmanagement bedeutet dies, dass die Prozessvariante A1-B1 mit höchster Priorität weiter zu untersuchen ist. Da diese mit einer relativen Häufigkeit von 42% durchlaufen wird, haben Veränderungen dieser Variante die größte Auswirkung auf den Gesamtprozess und dessen Performance.

9.1.1.2 Ermittlung der Häufigkeit einzelner Aufgaben

Analog zur Bestimmung der Variantenzahl und -häufigkeit kann nun die relative und absolute Häufigkeit einzelner Aufgaben ermittelt werden.

Das folgende Beispiel besitzt ebenfalls zwei Entscheidungssituationen A und B mit den jeweils dargestellten Wahrscheinlichkeiten der Einzelausprägungen (Abbildung 9.2). Zwischen dem Startereignis 1 sowie den beiden möglichen Endereignissen 7 und 8 liegen die Prozessaufgaben 2, 3, 4, 5 und 6.

Abbildung 9.2
Beispiel für die relative Häufigkeit einzelner Aufgaben

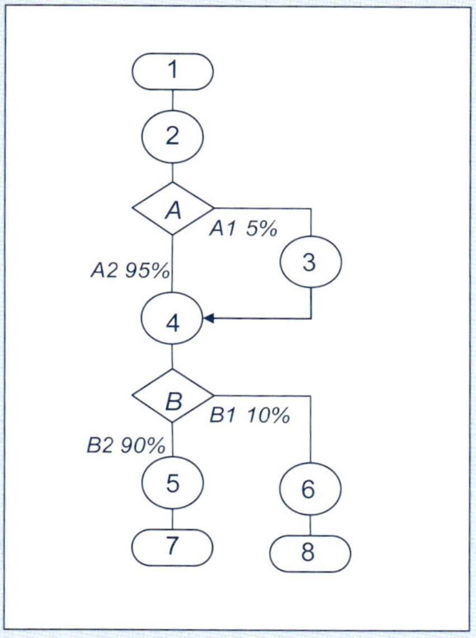

Unter der Annahme, dass 5.000 Vorgänge in einem bestimmten Zeitraum (z.B. Depoteröffnungsanträge pro Monat) durch den Geschäftsprozess abgewickelt werden müssen, kann nun über die Betrachtung der relativen und absoluten Aufgabenhäufigkeiten die Anzahl der Vorgänge für eine bestimmte Aufgabe ermittelt werden (Tabelle 9.3).

Für das Geschäftsprozessmanagement wird somit deutlich, dass die Aufgaben 2, 4 und 5 am häufigsten durchlaufen werden und eine Reduzierung von Durchlaufzeiten oder Kosten an diesen Stellen die Gesamtzeiten und -kosten des Prozesses am stärksten beeinflusst. Die Aufgaben 3 und 6 sind hingegen nur mit nachgelagerter Priorität zu betrachten. Die Daten zur relativen und absoluten Aufgabenhäufigkeit sind auch für die Personalbemessung und die Unterstützung der Aufgabenträger mit Sach- und Hilfsmitteln relevant. Daneben stellen sie eine Voraussetzung zur Analyse und Kalkulation der Prozesskosten dar.

Tabelle 9.3 Anzahl der Vorgänge je Aufgabe

Aufgabe	Prozesspfad	Rel. Häufigkeit	Abs. Häufigkeit
2	---	100%	5.000 Vorgänge
3	A1	5%	250 Vorgänge
4	A2 + A1	95% + 5%	5.000 Vorgänge
5	B2	90%	4.500 Vorgänge
6	B1	10%	500 Vorgänge

Neben der beschriebenen Ermittlung von Aufgabenhäufigkeiten ermöglichen leistungsfähige Werkzeuge zur Prozesssimulation die Berücksichtigung zusätzlicher Daten für die präzise Bestimmung der vom jeweiligen Prozess zu bearbeitenden Vorgangsmengen. So können z.B. stochastische Verteilungsannahmen hinsichtlich des Eingangs von Kundenaufträgen (Normalverteilung oder individuelle Verteilungen), die Behandlung von Schleifen und Rückkopplungen innerhalb des Prozesses oder unterschiedliche Vorgangsmengen für Spitzenzeiten und -auslastungen berücksichtigt werden.

9.1.1.3 Weitere Techniken zur Analyse der Prozesskomplexität

Zur Bestimmung und Gestaltung der Prozesskomplexität werden neben der Bestimmung von Varianten- und Aufgabenhäufigkeiten insbesondere die folgenden Analysemethoden bei der Organisationsarbeit verwendet:

- Analyse der Anzahl von *Medienbrüchen*: Hier wird untersucht, an welchen Stellen Daten und Informationen manuell von einem Medium (Papier, IT-Anwendung) auf ein anderes Medium (z.B. in eine nachgelagerte inkompatible IT-Anwendung) übertragen werden. Durch Medienbrüche werden die gleichen oder ähnliche Daten mehrfach erfasst, was in der Regel eine zusätzliche Fehlerquelle darstellt. Dies erhöht die Durchlaufzeit und damit auch die Gesamtkosten. Wichtig bei dieser Analyse ist die Feststellung der Anzahl der Medienbrüche und die dadurch verursachten Verzögerungen.

- Analyse der Anzahl von *Prozessunterbrechungen*: Hier werden die Anzahl und Dauer von Unterbrechungen im Geschäftsprozess geprüft. Unterbrechungen führen in der Regel zu einer verlängerten Durchlaufzeit, da der betreffende Vorgang (z.B. die Kreditakte) für einen bestimmten Zeitraum nicht weiterbearbeitet wird. Durch die Identifizierung solcher Wartezeiten sowie der vor- und nachgelagerten Aufgaben können

Ursachen, wie z.B. fehlende Informationen oder unzureichende Ressourcen, erkannt und beseitigt werden.

- Analyse der *Schnittstellen*: Komplexe Geschäftsprozesse weisen meist eine Vielzahl von Schnittstellen zu Kunden, anderen Mitarbeitern oder Abteilungen auf. Sind Schnittstellen nicht eindeutig definiert, kommt es zu erhöhtem Kommunikations- und Koordinationsaufwand zwischen den beteiligten Parteien oder gar zu Fehlern. Um effiziente Geschäftsprozesse zu ermöglichen, müssen die Schnittstellen genau untersucht werden. Als Hilfsmittel zur Schnittstellenidentifizierung wird oft auf Grundlage des Prozessmodells eine *Schnittstellenmatrix* entwickelt (Abbildung 9.3).

Abbildung 9.3
Beispiel einer Schnittstellenmatrix

an / von	Vertrieb	Back Office	Leitung
Vertrieb	X	Auftrag zur Ausführung	Auftrag zur Unterschrift
Back Office	Ausführungsbestätigung	X	-----
Leitung	Genehmigung	-----	X

Quelle: In Anlehnung an Schmidt, G. (2003).

9.1.2 Analyse der Prozesskosten

Zu einem wichtigen Analyse- und Gestaltungsinstrument für Banken hat sich die aus dem industriellen Bereich stammende *Prozesskostenanalyse* entwickelt. Damit können die Nachteile bestehender Kostenrechnungssysteme für die Gemeinkostenzurechnung und Produktkalkulation reduziert und eine zusätzliche Anwendungsmöglichkeit für bereits vorhandene Geschäftsprozessdokumentationen geschaffen werden.[3] Für das Geschäftsprozessmanagement liefert die Prozesskostenkalkulation wesentliche Daten hinsichtlich verschiedener Lösungsalternativen.

9.1.2.1 Bedeutung der Gemeinkosten

Traditionelle Kostenrechnungssysteme verwenden meist Lohneinzelkosten als Zuschlagsbasis für die Verrechnung von Gemeinkosten innerhalb des Unternehmens. Durch die fortschreitende Automatisierung der Geschäftsprozesse sind die Lohneinzelkosten relativ zu den Gemeinkosten zurückgegangen. Dadurch tragen traditionelle Kostenrechnungssysteme den damit veränderten Kostenstrukturen nicht mehr vollständig Rechnung. Die Abbildung 9.4 verdeutlicht diese Entwicklung am Beispiel der industriellen Fertigung.

Abbildung 9.4
Vergleich von Kostenstrukturen über die Zeit

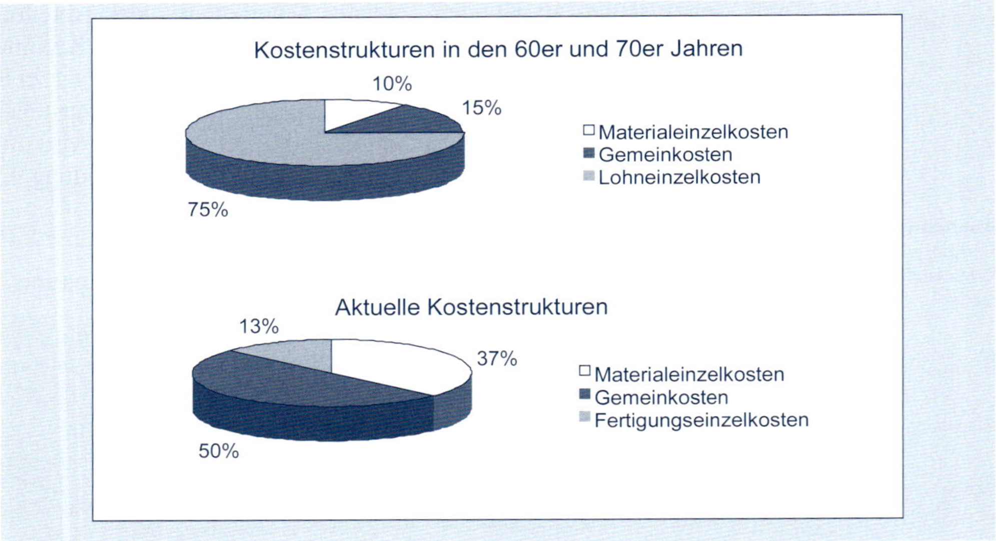

Quelle: In Anlehnung an Coenenberg, A. (2007).

Auch wenn in Kreditinstituten im Gegensatz zur industriellen Fertigung der Anteil der Lohneinzelkosten durch die große Bedeutung der Ressource Personal weitaus größer ist, ist auch hier der Gemeinkostenblock gestiegen. Insbesondere die zunehmende Verlagerung von Prozessen an externe Dienstleister, wie z.B. das Outsourcing von Abwicklungs- und administrativen Prozessen an spezialisierte Anbieter, führen zu einem steigenden Anteil indirekter Kosten bei der bankbetrieblichen Leistungserstellung. Die Prozesskostenrechnung ist neben anderen bankspezifischen Ansätzen für die Kostenzurechnung, beispielsweise über die Risikotragfähigkeit, eine wichtige Alternative zu den traditionellen Kostenrechnungssystemen.

9.1.2.2 Herkömmliche Verfahren der Kostenkalkulation

Bei der traditionellen Zuschlagskalkulation werden die durch einen Kostenträger verursachten Einzelkosten festgestellt und pauschal um Gemeinkosten erhöht. Zuvor werden im Rahmen der Kostenstellenrechnung die Gemeinkosten mittels des Betriebsabrechnungsbogens (BAB) auf die einzelnen Kostenstellen verteilt. Die Abbildung 9.5 verdeutlicht die Systematik des BAB.

Abbildung 9.5 Systematik eines Betriebsabrechnungsbogens (BAB)

Kostenstellen / Kostenarten	Stabsbereich	Marktbereich	Betriebsbereich
Einzelkosten z.B. Gehälter	10.000 €	60.000 €	100.000 €
Gemeinkosten*	15.000 €	40.000 €	200.000 €

* Verteilung direkt (z.B. kalk. Abschreibung, Reisekosten, Büromaterial)

* Verteilung indirekt nach Personalkostenschlüssel (z.B. Instandhaltung, Heizungs- und Stromkosten, Telefonkosten)

Die Summe der Einzelkosten wird der Summe der Gemeinkosten gegenübergestellt. Hieraus wird ein Standard-Zuschlagssatz gebildet.

Bsp. Betriebsbereich:

Summe Einzelkosten:	100.000 €
Summe Gemeinkosten:	200.000 €
Zuschlagssatz:	200%

Die Zuschlagssätze werden für eine bestimmte Kapazitätsauslastung ermittelt, so dass es hierbei in späteren Perioden zu ungenauen Ergebnissen kommen kann:

- Die Erhöhung des *Beschäftigungsgrads* führt zu höheren Lohneinzelkosten und damit zu einer höheren Gemeinkostenverrechnung, die jedoch nicht der Realität entspricht.
- Das Sinken des *Beschäftigungsgrads* führt zu niedrigeren Lohneinzelkosten und damit zu einer niedrigeren Gemeinkostenverrechnung, die ebenfalls nicht zwangsläufig der Realität entspricht.

Bei der oftmals üblichen Berücksichtigung von so genannten Puffersätzen besteht für das Unternehmen die Gefahr, nicht marktfähige Preise zu kalkulieren.

9.1.2.3 Systematik der Prozesskostenanalyse

Die Prozesskostenrechnung basiert auf dem aus den USA stammenden *Activity Based Costing* (ABC) und stellt eine Vollkostenrechnung mit verursachungsgerechter Zuordnung der Gemeinkosten dar.[4]

Die traditionellen, pauschalen Gemeinkostenzuschläge werden weitgehend durch absolute Prozesskostensätze ersetzt. Die Gemeinkosten werden dabei in sachlich zusammengehörige, häufig kostenstellenübergreifende Geschäftsprozesse strukturiert, die eine Produktkalkulation durch die Ermittlung der tatsächlichen Inanspruchnahme einzelner Prozesse ermöglichen. Neben den Einzelkosten bei der Leistungserstellung (z.B. direkt zurechenbare Personalkosten) wird auch festgestellt, wie oft ein bestimmter Prozess, z.B. Bearbeitung einer Wertpapierorder, durchlaufen wird. Die hierbei anfallenden Prozesskosten werden anschließend dem Produkt bzw. der Dienstleistung als anteilige Gemeinkosten zugerechnet. Die Abbildung 9.6 verdeutlicht die Systematik der Prozesskostenanalyse.

Abbildung 9.6
Systematik der Prozesskosten-analyse

9.1.2.4 Anwendung der Prozesskostenanalyse im Bankbereich

Das folgende Beispiel zeigt ein mögliches Anwendungsszenario der Prozesskostenkalkulation bei einer Kapitalanlagegesellschaft (KAG).

Typischerweise bietet eine KAG eine Vielzahl von Publikums- oder Spezialfonds an, die unterschiedliche direkte und indirekte Kosten verursachen, z.B. Personalkosten für das Portfoliomanagement, Personalkosten für die Mitarbeiter des Back-Office und des Controlling sowie Verwaltungskosten durch die Bereitstellung von IT und Reporting. Die interne Zurechnung dieser Kosten auf einzelne Fonds, beispielsweise zur Kalkulation der Fondsgebühren für den Kunden, findet meistens pauschal statt.

Bei der Verwendung der *Prozesskostenkalkulation* wird zur Ermittlung der indirekten Kosten für jeden Fonds die tatsächliche Inanspruchnahme von Back-Office- und administrativen Geschäftsprozessen ermittelt. Dabei wird die Inanspruchnahme anhand so genannter Kostentreiber festgestellt. Typische Geschäftsprozesse einer KAG mit den jeweiligen Kostentreibern zeigt die Tabelle 9.4.

Tabelle 9.4 Beispiele für Kostentreiber einer Kapitalanlagegesellschaft

Geschäftsprozess	Kostentreiber
Orderabwicklung	Anzahl der Orders
Storno	Anzahl der Storni
Ausschüttung	Häufigkeit der Ausschüttung
Quellensteuer	Steuerlicher Fondstyp

Ein Fonds, der sein Portfolio im Verlauf des Geschäftsjahrs mehrfach umschichtet, generiert eine höhere Anzahl von Orders und nimmt damit mehr Geschäftsprozesse der Orderabwicklung in Anspruch als ein Portfolio, dessen Umschichtung lediglich einmal jährlich erfolgt. Bei der Prozesskostenanalyse werden daher verursachungsgerecht höhere Gemeinkosten auf den ersten Fonds verrechnet.

Zur genauen Kalkulation werden im Beispiel zunächst die einzelnen Aufgaben des Prozesses „Kauforders abwickeln“ zusammen mit den erforderlichen Bearbeitungszeiten je Vorgang erhoben. Über die Identifizierung der jährlichen Gesamtzahl an Kauforders und der rechnerischen Nettoarbeitszeit eines Mitarbeiters im Back-Office wird zunächst die Personalinanspruchnahme des Prozesses festgestellt.

Bei einer vertraglichen Arbeitszeit von 8 Stunden je Arbeitstag müssen für Zwecke der Kalkulation typische Fehl- und Ausfallzeiten des einzelnen Mitarbeiters, wie Urlaub, Krankheit oder so genannte persönliche Verteilzeiten (d.h. nicht-produktive Arbeitszeit) berücksichtigt werden. Unter der Annahme von Durchschnittswerten (u.a. 30 Urlaubstage, 5 Krankheitstage und 10% Anteil der persönlichen Verteilzeiten) ergibt sich eine tatsächliche Nettoarbeitszeit von 6 Stunden je Arbeitstag, d.h. 1.320 Stunden im Jahr bei insgesamt 220 Arbeitstagen (Abbildung 9.7).

Bei angenommenen 22.000 jährlichen Orders über alle Fonds hinweg und einer im Rahmen der Erhebung festgestellten Prozessdurchlaufzeit von 9 Minuten je Vorgang

(= gesamter Zeitbedarf 3.300 Stunden p.a.) werden jährlich 2,5 Mitarbeiterkapazitäten (MAK) der Abteilung „Fondsabwicklung" nur für diesen Geschäftsprozess gebunden. Wenn nun angenommen wird, dass 10 Mitarbeiter in der Fondsabwicklung beschäftigt sind und jährliche Gesamtpersonalkosten in Höhe 700.000 Euro verursachen, betragen die auf den Prozess „Kauforders abwickeln" entfallenden Personalkosten175.000 Euro (2,5 eingebundene Mitarbeiter für den Prozess entsprechen 25% der gesamten Ressourcen bzw. Personalkosten von 700.000 Euro; 700.000 Euro x 25% = 175.000 Euro).

Abbildung 9.7
Berechnung der Mitarbeiterkapazitäten des Prozesses „Kauforders abwickeln"

Prozess-ID **40 01** Kauforders abwickeln

Prozesse p.a. 22.000

Aktivität-ID	Aktivität	Durchlaufzeit/ Vorgang	Anzahl der Vorgänge	Gesamter Zeitbedarf	Rechnerische Nettoarbeitszeit p.a.*	Gebundene MA-Kapazität p.a.
40 01 001	Depotbankabrechnung prüfen	00:03:00 hh/mm/ss	22.000	1100h	1320h	0,83
40 01 002	Geschäft buchen	00:03:00 hh/mm/ss	22.000	1100h	1320h	0,83
40 01 003	Buchungsnummer auf Abrechnung vermerken	00:00:30 hh/mm/ss	22.000	183h	1320h	0,14
40 01 004	Depotbankabrechnung ablegen	00:02:30 hh/mm/ss	22.000	917h	1320h	0,69
	Summen	**00:09:00 hh/mm/ss**	**22.000**	**3300h**	**1320h**	**2,50**

* 220 Arbeitstage p.a. x 00:06:00 hh/mm/ss tägliche Nettoarbeitszeit (unter Berücksichtigung von Krankheiten, Fehlzeiten, Verteilzeiten etc.)

Die Erhöhung der Personalkosten um die verbleibenden IT- und Verwaltungskosten (die in der Praxis häufig einfach mit Hilfe eines Zuschlagssatzes verteilt werden, hier z.B. 9%) ergeben gesamte Prozesskosten von 175.000 + 15.750 Euro (175.000 Euro x 9%) = 190.750 Euro.

Der Prozesskostensatz je Kauforderabwicklung wird über die Division der gesamten Prozesskosten durch die jährliche Anzahl der Vorgänge ermittelt, d.h. 190.750 Euro Prozesskosten / 22.000 jährliche Vorgänge ergeben einen Prozesskostensatz von 8,67 Euro (Abbildung 9.8).

Auf diese Weise werden für sämtliche Prozesse der Fondsabwicklung die jeweiligen Prozesskostensätze ermittelt. Darauf aufbauend kann der einzelne Fonds verursachungsgerecht kalkuliert werden. Es werden die direkt zurechenbaren Einzelkosten, d.h. in diesem Fall Personalkosten des Portfoliomanagers, zusammen mit der tatsächlichen Inanspruchnahme der verschiedenen Prozesse festgestellt. Über die Kostenbelastung besteht die Möglichkeit, eine entsprechende Fondsgebühr zu bestimmen, die teilweise oder vollständig an den Kunden weitergegeben werden kann.

Abbildung 9.8 Ermittlung der Prozesskostensätze der Kostenstelle

Kostenstelle	502 00 40	Fondsabwicklung
MA-Kapazität	10,00	
Personalkosten	700.000,00	

a) Ermittlung der Prozesskosten

Prozess-ID	Prozess	MA-Kapazität	Personalkosten	Sach- und IT-Kosten*	Prozesskosten
40 01	Kauforders abwickeln	2,50	175.000,00	15.750,00	190.750,00
40 02	Verkauforders abwickeln	2,50	175.000,00	15.750,00	190.750,00
40 03	Orders stornieren	2,00	140.000,00	12.600,00	152.600,00
40 04	Depotbankauszüge prüfen	1,00	70.000,00	6.300,00	76.300,00
40 05	Reklamationen bearbeiten	2,00	140.000,00	12.600,00	152.600,00
	Summen	**10,00**	**700.000,00**	**63.000,00**	**763.000,00**

*pauschaler Umlagesatz 9%, alternativ ist eine analoge Berechnung der IT-Prozesskosten möglich

b) Ermittlung der Prozesskostensätze

Prozess-ID	Prozess	Prozesskosten	Vorgänge	Cost-Driver	Prozesskostensatz
40 01	Kauforders abwickeln	190.750,00	22.000	Anzahl Orders	8,67
40 02	Verkauforders abwickeln	190.750,00	22.000	Anzahl Orders	8,67
40 03	Orders stornieren	152.600,00	4.000	Anzahl Storni	38,15
40 04	Depotbankauszüge prüfen	76.300,00	7.500	Anzahl Auszüge	10,17
40 05	Reklamationen bearbeiten	152.600,00	900	Anzahl Reklas	169,56

Die Abbildung 9.9 zeigt die Kalkulation eines ausgewählten Fondsprodukts (Prozesskostensätze gerundet).

Abbildung 9.9 Kalkulation eines Einzelfonds

Produkt-ID	504 31	Publikumsfonds Asia Composite II

a) Ermittlung des jährlichen Gemeinkostenanteils auf Prozesskostenbasis

Prozess-ID	Prozess	Kostenstelle	Kostenstellen-Bez.	Anzahl Vorgänge	Prozesskostensatz	Gemeinkostenanteil
40 01	Kauforders abwickeln	502 00 40	Fondsbuchhaltung	1.500	8,67	13.005,68
40 02	Verkauforders abwickeln	502 00 40	Fondsbuchhaltung	2.000	8,67	17.340,91
40 03	Orders stornieren	502 00 40	Fondsbuchhaltung	100	38,15	3.815,00
40 04	Depotbankauszüge prüfen	502 00 40	Fondsbuchhaltung	1.200	10,17	12.208,00
40 05	Reklamationen bearbeiten	502 00 40	Fondsbuchhaltung	130	169,56	22.042,22
41 01	Performanceanalyse durchführen	502 00 41	Reporting	12	366,18	4.394,16
41 02	Fondsvermögen ermitteln	502 00 41	Reporting	24	120,60	2.894,40
42 01	Asset Allocation überprüfen	502 00 42	Research	24	698,07	16.753,68
					Summe	**92.454,05**

b) Ermittlung der direkt zurechenbaren Einzelkosten

Position	Bezeichnung	Kostenstelle	Kostenstellen-Bez.	Einzelkosten
1	Portfolio Manager (50%)	502 00 33	Fondsmanagement	60.000,00
2	Assistant (50%)	502 00 33	Fondsmanagement	25.000,00
			Summe	85.000,00

c) Ermittlung der jährlichen Gesamtkosten

Einzelkosten	85.000,00
Gemeinkosten	92.454,05
Gesamtkosten	**177.454,05**

9.1.2.5 Anwendungsbereiche der Prozesskostenanalyse

Das dargestellte Beispiel macht deutlich, dass die Prozesskostenanalyse eine verursachungsgerechte Verteilung der Gemeinkosten ermöglicht. Wesentliche Anwendungsbereiche der Prozesskostenkalkulation sind z.B.:

- Kostenanalyse der bestehenden Geschäftsprozesse innerhalb der Bank,
- Design und Bewertung von Soll-Geschäftsprozessen,
- Kalkulation der hergestellten Produkte und erbrachten Dienstleistungen,
- Budgetierung,
- prozessorientierte Ergebnisrechnung,
- innerbetriebliche Leistungsverrechnung und Pricing von Service Level Agreements mit externen Dienstleistern beim Outsourcing von Dienstleistungen sowie
- Bewertung der Vorteilhaftigkeit von Make-or-Buy-Entscheidungen.

Ein wesentlicher Erfolgsfaktor für die erfolgreiche Durchführung einer Prozesskostenkalkulation ist die genaue Identifizierung, Erhebung und Dokumentation der jeweiligen Geschäftsprozesse mit den einzelnen Prozessschritten und erforderlichen quantitativen Daten.

9.1.3 Analyse der Stärken und Schwächen eines Geschäftsprozesses

Neben der Betrachtung der Prozesskomplexität bezüglich Prozessvarianten, Aufgabenhäufigkeiten, Medienbrüchen, Unterbrechungen und Schnittstellen werden im Geschäftsprozessmanagement qualitative Ansätze zur Stärken- und Schwächenanalyse verwendet. In zahlreichen Projekten wird hierzu die Technik der *systematischen Ursachenanalyse* eingesetzt.[5]

Sämtliche Stärken und Schwächen werden mit ihren jeweiligen Ursachen identifiziert und bewertet. Gleichzeitig werden die erkannten Sachverhalte priorisiert und mögliche Korrekturmaßnahmen festgelegt. Durch die Verwendung strukturierter Tabellen zur Dokumentation wird die systematische Auseinandersetzung mit dem jeweiligen Geschäftsprozess unterstützt und in einer transparenten Form visualisiert. Eine beispielhafte Ursachenanalyse für den Bankbereich ist in der Tabelle 9.5 dargestellt.

Im Rahmen der Maßnahmenpriorisierung wird in der Praxis oft auf so genannte „Quick Hits" (oder „Low Hanging Fruits") abgestellt, d.h. es werden Maßnahmen durchgeführt, die kurzfristig zu einer Veränderung des Ist-Zustands und damit zu einer für alle Beteiligten spürbaren Verbesserung führen. Hierdurch wird die Akzeptanz organisatorischer Maßnahmen nachhaltig gesteigert.

Tabelle 9.5 Systematische Ursachenanalyse

Prozess	**Abwicklung einer Wertpapierorder**							
+ Stärken - Schwächen	**Problemdarstellung**			**Bewertung**			**Ursache**	**Maß-nahmen**
	Wo?	Wann?	Wie viel?	Dring-lichkeit	Wichtig-keit	Priorität		
+ geringe Storno-quote	Ge-samt-prozess	immer	< 2%				Automatische Validierung von Eingaben	Systeme evtl. auch für andere Prozesse nutzen
– lange Durchlauf-zeiten	Back-Office	Ultimo	> 1h	hoch	hoch	hoch	Lange Trans-portzeiten, verstärktes Orderauf-kommen, manuelle Kontrollen	Manuelle Kontrollen reduzieren, zusätzliche Einbindung von Zeit-arbeitskräften
– hohe Personal-kosten	Back-Office	Ultimo	Perso-nalaus-lastung + 25%	hoch	hoch	hoch	Verstärktes Orderauf-kommen	Zusätzliche Einbindung von Zeit-arbeitskräften
– Mehrfacheingabe gleicher Daten	Erfas-sung der Order-belege	immer	drei-malige Erfas-sung	mittel	mittel	mittel	Inkompatible Systeme	Einsatz einer Scanning-Lösung, Entwicklung von Schnitt-stellen
– geringe Nutzung Onlinekanal	Schnitt-stelle zum Kunden	immer	< 20% der Orders	niedrig	mittel	mittel	Unzurei-chendes Marketing	Abstimmung mit Kommuni-kationsab-teilung

9.2 Techniken des Geschäftsprozessredesign

Im Anschluss an die qualitative und quantitative Analyse können die Geschäftsprozesse neu gestaltet werden. Dies wird auch als *Prozessdesign* bzw. *Prozessredesign* bezeichnet.

Ein wesentliches Ziel des Geschäftsprozessmanagements ist die Verkürzung der Durchlaufzeit von Prozessen.[6] Die Durchlaufzeiten errechnen sich aus der Addition von Bearbeitungszeiten, Liegezeiten und Transportzeiten für jeden einzelnen Vorgang. Mit der Verkürzung von Prozessdurchlaufzeiten kann unmittelbar eine Senkung der Prozesskosten erreicht werden.

Zur Neugestaltung von Prozessen stehen generelle Lösungsansätze zur Verfügung, die sich auch im Lean-Management-Konzept wieder finden und in den verschiedensten Prozessoptimierungsmethoden wie Kaizen oder Six Sigma (siehe dazu Kapitel 10) verwendet werden können. Des Weiteren können *Kreativitätstechniken* (z.B. das Mind Mapping oder die morphologische Analyse) eingesetzt werden, um neue bzw. veränderte Geschäftsprozesse zu entwerfen. Für alternative Geschäftsprozessvarianten steht anschließend mit der *Nutzwertanalyse* ein Instrument zur Bewertung der Szenarios im Hinblick auf die Ziele des jeweiligen Organisationsprojekts zur Verfügung.

9.2.1 Ansätze zur Verkürzung von Prozessdurchlaufzeiten

In der Literatur finden sich vielfach allgemeine Lösungsansätze zur Reduktion der Durchlaufzeit eines Geschäftsprozesses. Eine Übersicht dieser Ansätze bietet die Abbildung 9.10.

Um die Lösungsansätze zu konkretisieren, werden in den folgenden Tabellen praktische Ansatzpunkte zur Verkürzung der Durchlaufzeit vorgestellt. Der Organisator bzw. das Projektteam muss gemeinsam mit den beteiligten Mitarbeitern die unterschiedlichen Ansätze bewerten und eine Entscheidung treffen, welche Maßnahmen geeignet sind.[7]

Abbildung 9.10
Lösungsansätze zur Reduktion der Durchlaufzeit

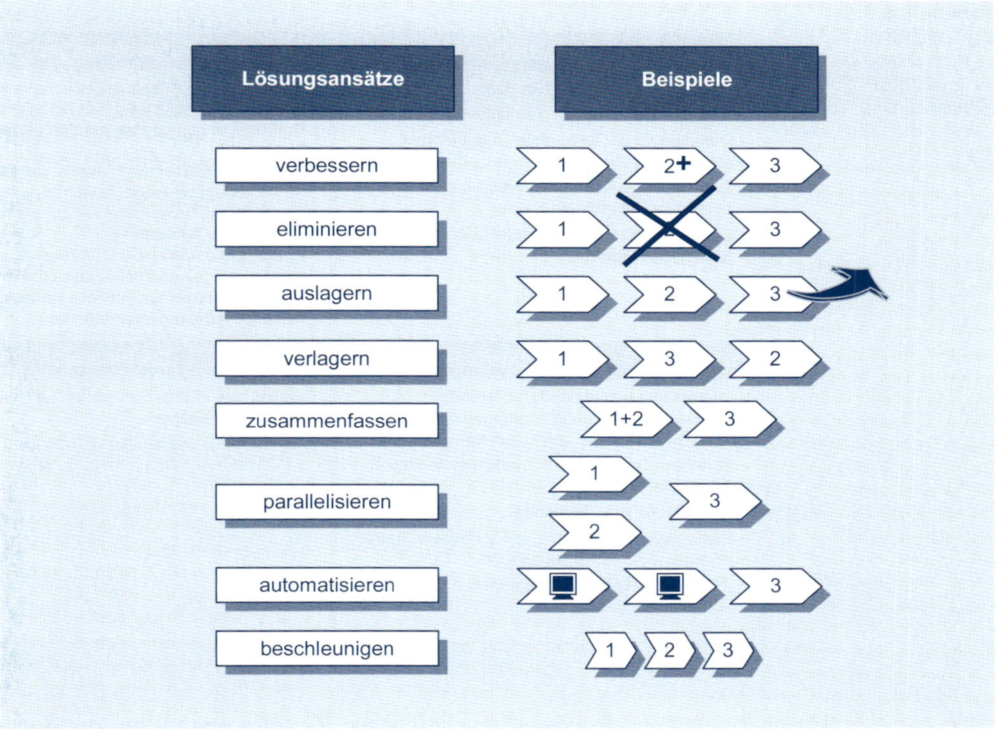

Quelle: In Anlehnung an Lohoff, P. / Lohoff, H. G. (1993); Bleicher, K. (1991).

Die Tabelle 9.6 zeigt Ansatzpunkte für eine Verkürzung der *Bearbeitungszeiten*. Unter Bearbeitungszeiten werden diejenigen Zeiten verstanden, in denen der Aufgabenträger konkrete Verrichtungen an einem Objekt vornimmt. Im Hinblick auf die Aufgaben, Aufgabenträger, Informationen und Sachmittel des jeweiligen Geschäftsprozesses werden in der Tabelle exemplarische Maßnahmen und Prozessveränderungen aufgeführt.

Tabelle 9.6
Typische Ansätze zur Verkürzung von Bearbeitungszeiten

Aufgaben	Aufgabenträger
• Eliminierung unnötiger Objekte • Eliminierung unnötiger Verrichtungen • Optimierung der Objektfolge (Gruppierung gleichartiger Objekte) • Zweckmäßige Reihenfolge der Verrichtungen herstellen und standardisieren • Deutliche Trennung von Individual- und Standardabwicklung	• Motivation und Arbeitszufriedenheit steigern • Größere Verantwortung „vor Ort", (Verlagerung Entscheidungsprozesse auf den einzelnen Mitarbeiter) • Vermehrter Einsatz von Teams, um lange Abstimmungsprozesse zwischen Abteilungen zu vermeiden (ganzheitliche Aufgabenerfüllung) • Verbesserte Ausbildung • Aufgabe, Kompetenz und Verantwortung müssen so gelagert sein, dass eine Person bzw. ein Team einen Prozess weitestgehend fallabschließend bearbeiten kann
Information	**Sachmittel**
• Informationen sind richtig, vollständig, verständlich, eindeutig und angemessen detailliert zur Verfügung zu stellen • Schneller Zugang zu Informationen direkt vom Arbeitsplatz aus • Vermeidung von Redundanz • Eindeutige, transparente, mit schnellem Zugriff versehene Arbeitsanweisungen • „Selbsterklärende" Eingabemasken und Formulare einsetzen	• Einsatz geeigneter Sachmittel zur Unterstützung einzelner Aufgaben • Einsatz prozessorientierter Technologien wie z.B. Workflow-Management-Systeme

Unter *Transportzeiten* werden diejenigen Zeiten verstanden, die aufgrund der Weitergabe eines Objekts bzw. eines Vorgangs von einem Bearbeiter an den nächsten Bearbeiter bzw. die nächste Organisationseinheit entstehen. Ausgewählte Maßnahmen zur Reduzierung von Transportzeiten werden in der Tabelle 9.7 im Hinblick auf Veränderungen der Aufgaben, Aufgabenträger und der Räumlichkeiten, innerhalb derer ein Geschäftsprozess stattfindet, dargestellt.

Tabelle 9.7
Typische Ansätze zur Verkürzung von Transportzeiten

Aufgaben	Aufgabenträger
• Vermeiden von nicht notwendigen Transporten durch Minimierung der Schnittstellen • Objekte transportgerecht gestalten	• Einsatz schneller Transportmittel • Verzicht auf physischen Transport (z.B. Substitution von Papier- durch Datentransport) • Einsatz geeigneter Sachmittel zur Unterstützung einzelner Aufgaben (z.B. Einsatz von prozessorientierter IT)
Information	**Räumlichkeit**
• Direkten Zugang zu relevanten Daten und Informationen ermöglichen • Direkte Kommunikation zwischen beteiligten Stellen ermöglichen	• Standorte von Arbeitsplätzen und Sachmitteln so gestalten, dass die Entfernungen zwischen ihnen möglichst gering sind (prozessgerechte Raumform wählen)

Liegezeiten entstehen durch Vorgänge, die nicht sofort, sondern erst mit Zeitverzögerung durch den zuständigen Aufgabenträger bearbeitet werden. Zur Optimierung von Liegezeiten kann der Organisator u.a. die nachfolgenden Maßnahmen ergreifen, die Einfluss auf Aufgaben, Aufgabenträger, Sachmittel oder Informationen haben (Tabelle 9.8).

Tabelle 9.8
Typische Ansätze zur Verkürzung von Liegezeiten

Aufgaben	Aufgabenträger
• Die Objektfolge so gestalten, dass die Ankunftsrate der Objekte kleiner bzw. höchstens gleich der Bearbeitungsrate ist • Stärkung dezentraler Strukturen, z.B. durch Erweiterung des Kompetenzspielraums	• Möglichst hohen Verfügbarkeitsgrad von Aufgabenträgern für Bearbeitung bzw. Transport von Objekten gewährleisten
Information	**Sachmittel**
• Schnellen Zugriff auf Informationen sicherstellen • Schnelle Bereitstellung von Informationen gewährleisten	• Möglichst hohen Verfügbarkeitsgrad von Sachmitteln für die Bearbeitung von Objekten gewährleisten

9.2.2 Einsatz von Kreativitätstechniken

Wenn Schwachstellen, wie z.B. hohe Prozesskosten, lange Prozessdurchlaufzeiten oder unzureichende Kundenzufriedenheit, erkannt wurden, müssen Geschäftsprozesse verändert oder neu entwickelt werden. Zur Generierung neuer Ideen kommen häufig *Kreativitätstechniken* zum Einsatz. Im Folgenden werden das Brainstorming, das Mind Mapping und die Morphologische Analyse vorgestellt.

9.2.2.1 Brainstorming

Bei dieser Technik werden in einem Workshop – unter Leitung eines Moderators – Ideen zu einem bestimmten Thema oder zur Lösung eines Problems gesammelt. Alle Teilnehmer sind aufgefordert, möglichst spontan Ideen zu nennen. Diese werden notiert – üblicherweise auf separaten Zetteln oder Karten. Alle Teilnehmer sollen ohne jede Einschränkung Ideen produzieren und diese mit anderen Ideen kombinieren. Jeder soll seine Gedanken frei äußern können. In dieser Phase ist es verboten, Ideen zu kritisieren, zu bewerten oder gar zu verwerfen. Danach werden sämtliche Ideen vom Moderator vorgelesen und von den Teilnehmern grob bewertet und sortiert. Dabei geht es ausschließlich um bloße thematische Zugehörigkeit und das Aussortieren von problemfernen Ideen. Die konkrete Bewertung erfolgt im Anschluss entweder durch die Teilnehmer selbst oder durch andere Personen. Unterschiedliche Erfahrungshintergründe der Teilnehmer sind häufig von Vorteil, um möglichst viele unterschiedliche Ideen zu entwickeln.

Für ein erfolgreiches *Brainstorming* ist die Einhaltung einiger Regeln während der Teamarbeit durch den Moderator sicherzustellen:

- Keine Kritik oder Bewertung der eingebrachten Aussagen,
- Quantität geht vor Qualität,
- Bereitschaft zu möglichst ungewöhnlichen und unkonventionellen Ideen und
- Fortführung und Weiterentwicklung bereits vorgebrachter Ideen.

Alle von der Gruppe identifizierten Ideen und Lösungswege werden gesammelt (z.B. in einem Themenspeicher) und nach Abschluss des Brainstorming gruppiert, zu gleichartigen Kategorien (Cluster) zusammengefasst und – erst dann – bewertet.

Das *Brainwriting* verfolgt ähnliche Ziele wie das Brainstorming. Es geht in erster Linie darum, neue Ideen zu erzeugen und vor allem ungewöhnliche Beziehungen und Kombinationen dieser Ideen herzustellen. Beim klassischen Vorgehen sitzt das

Team um einen Tisch herum. Jeder erhält ein Blatt Papier, notiert seine erste Idee darauf und alle geben ihr Papier gleichzeitig im Uhrzeigersinn an ihren Sitznachbarn weiter. Jeder überprüft nun die Idee seines Vorgängers und baut entweder auf dieser auf oder entwirft eine völlig neue Idee. Das Blatt wird erneut weitergereicht, bis nach einer vereinbarten Zeit die Blätter eingesammelt und an der Wand zur weiteren Erläuterung befestigt werden. Zuletzt werden die Vorschläge vom Moderator auf einem Flipchart festgehalten.

Insbesondere für in Kreativitätstechniken ungeübte Teilnehmer, die noch gewisse Hemmungen oder Vorbehalte gegenüber diesen Techniken haben, ist es häufig einfacher, Ideen auf Zetteln festzuhalten anstatt sie vor der Gruppe laut zu äußern. Dadurch werden auch zurückhaltende Teilnehmer in den Prozess der Ideenfindung einbezogen. Andererseits werden gerade unerfahrene Gruppenmitglieder durch die offene Sammlung beim Brainstorming zur Kreativität und zum unkonventionellen Denken angeregt und ermuntert.

9.2.2.2 Mind Mapping

Die Technik des *Mind Mapping*[8] eignet sich zur strukturierten Ideengewinnung und zur Darstellung komplexer Zusammenhänge. Spontane Ideen, Ansätze und Gedankensprünge können sofort visualisiert werden, ohne dass der Gesamtüberblick das Problem bzw. die Zielsetzung verloren geht. Ausgehend von Oberbegriffen kann sehr strukturiert auf tiefere Ebenen eines Sachverhalts vorgedrungen werden, da jeder neue Teilaspekt zu einem neuen Ast in der grafischen Darstellung wird.

Abbildung 9.11
Beispiel eines Mind Map

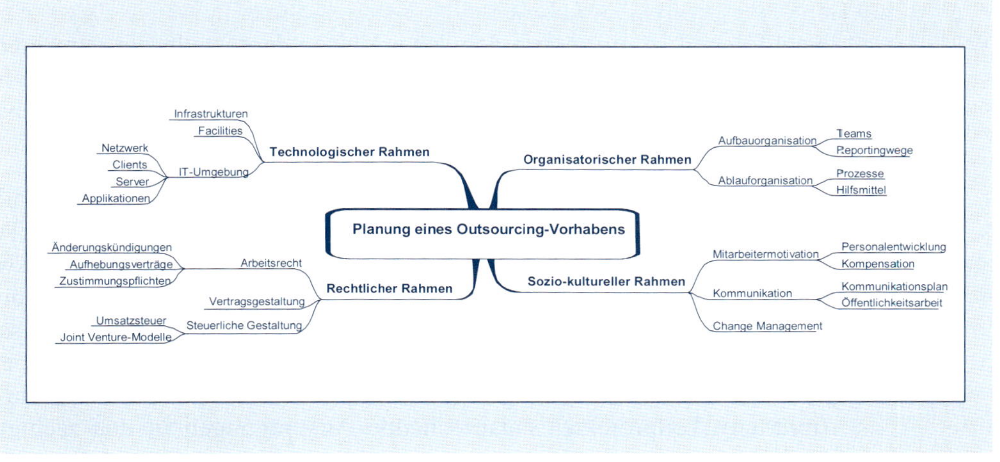

Mind Mapping unterstützt die Lösungsfindung sowohl für den Organisator als auch für die gemeinsame Erarbeitung in Gruppen. In der Praxis werden die Ergebnisse des Mind Mapping meist auf Visualisierungsmedien dargestellt (z.B. Flipchart, Pinnwand) und anschließend über eigens dafür entwickelte PC-Tools (z.B. Mind Manager) in elektronischer Form abgebildet.

In Abbildung 9.11 ist ein typisches Mind Map für die Planung eines Outsourcing-Vorhabens dargestellt, das alle relevanten Aspekte des Themas systematisiert.

9.2.2.3 Morphologische Analyse

Die Techniken des Brainstorming und des Mind Mapping eignen sich zwar zur strukturierten Ideensammlung, aber weniger zur logischen Gestaltung eines Geschäftsprozesses. Hierzu eignet sich eher die *morphologische Analyse*[9], da diese auf den beiden zuvor genannten Techniken aufbaut.

Die Morphologie, d.h. das Denken in geordneter Form, befasst sich mit einer Denkmethode, die auf dem Entdecken und Erfinden von Lösungen sowie Ideen beruht. Die morphologische Analyse dient, ähnlich dem Mind Mapping, der vollständigen Erfassung eines komplexen Problembereichs.

Im Mittelpunkt der Methode steht eine Matrix zur Dokumentation der Ergebnisse, der *„Morphologische Kasten"*. Eine Lösungsvariante für das Gesamtproblem setzt sich dabei aus der Kombination von Teillösungen zusammen, die im morphologischen Kasten für jeden Teilaspekt des Problems identifiziert werden. In der Regel sollten mindestens zwei Lösungsalternativen erstellt werden.

Nachfolgend ist ein morphologischer Kasten dargestellt, der verschiedene mögliche Teillösungen für die Gestaltung eines dezentralen PC-User-Support visualisiert (Abbildung 9.12). Durch die Zusammensetzung von Teillösungen ergeben sich die alternativen Lösungsvarianten 1 und 2.

Die Anwendung des morphologischen Kastens setzt ein gewisses Maß an Erfahrung voraus. Ein häufig auftretendes Problem ist das Finden geeigneter „Teilprojekte" in der linken Spalte des Kastens. Als „Teilprojekte" können beispielsweise die logischen Schritte eines Prozesses fungieren (z.B. Entgegennahme Dokument, Bearbeitung Dokument, Übergabe Dokument). Hierzu können die Organisationselemente Aufgabenträger, Sachmittel und Information beschrieben werden, ebenso wie Bearbeitungs- und Entscheidungsregeln. So ergeben sich für die in der linken Spalte definierten „Teilprojekte" entsprechende Ausprägungen in den rechten Spalten, die ähnlich einem Baukasten zu Prozessvarianten zusammengesetzt werden.

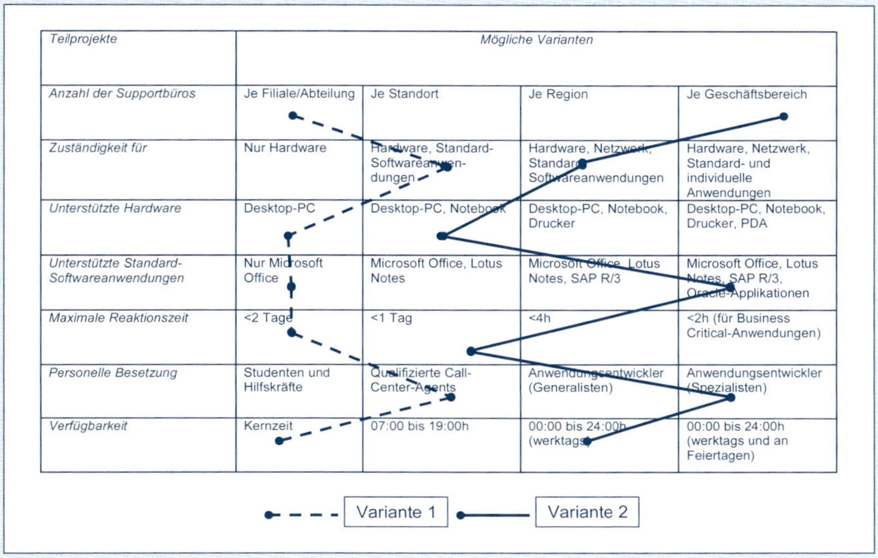

Teilprojekte	Mögliche Varianten			
Anzahl der Supportbüros	Je Filiale/Abteilung	Je Standort	Je Region	Je Geschäftsbereich
Zuständigkeit für	Nur Hardware	Hardware, Standard-Softwareanwendungen	Hardware, Netzwerk, Standard-Softwareanwendungen	Hardware, Netzwerk, Standard- und individuelle Anwendungen
Unterstützte Hardware	Desktop-PC	Desktop-PC, Notebook	Desktop-PC, Notebook, Drucker	Desktop-PC, Notebook, Drucker, PDA
Unterstützte Standard-Softwareanwendungen	Nur Microsoft Office	Microsoft Office, Lotus Notes	Microsoft Office, Lotus Notes, SAP R/3	Microsoft Office, Lotus Notes, SAP R/3, Oracle-Applikationen
Maximale Reaktionszeit	<2 Tage	<1 Tag	<4h	<2h (für Business Critical-Anwendungen)
Personelle Besetzung	Studenten und Hilfskräfte	Qualifizierte Call-Center-Agents	Anwendungsentwickler (Generalisten)	Anwendungsentwickler (Spezialisten)
Verfügbarkeit	Kernzeit	07:00 bis 19:00h	00:00 bis 24:00h (werktags)	00:00 bis 24:00h (werktags und an Feiertagen)

Abbildung 9.12 Beispiel eines morphologischen Kastens

Je gründlicher die Vorbereitung ist, d.h. je mehr „Teilprojekte" und Ausprägungen im Rahmen des Brainstorming oder Mind Mapping gefunden wurden, desto einfacher fällt das Zusammenbauen im morphologischen Kasten.

9.2.3 Nutzwertanalyse zur Bewertung von Varianten

Sofern nach Abschluss des Prozessdesign mehrere Lösungsvarianten entwickelt wurden (z.B. alternative Prozesse oder Teilprozesse), sind diese bezüglich ihres Zielerfüllungsgrads und der Einhaltung von Restriktionen zu bewerten. Mit der Bewertung wird versucht, eine Objektivierung der Entscheidung hinsichtlich einer bestimmten Variante herbeizuführen.

Auch wenn in der Praxis häufig politische Argumente und persönliche Präferenzen der Entscheider mit in die Bewertung einfließen, ist es eine wichtige Aufgabe des Geschäftsprozessmanagements, die Prämissen einer systematischen Alternativenbewertung transparent zu machen.

In der Regel findet die Bewertung von Lösungsvarianten über eine Nutzwertanalyse statt. Hierbei werden Lösungsalternativen mit einem einheitlichen Punktemaßstab bewertet. Eine wesentliche Voraussetzung ist die vorhergehende Definition von Kriterien, die mit der erarbeiteten Lösung erreicht werden sollen. Zur systematischen

Identifizierung von geeigneten Kriterien wird meist ein fester Zielbildungsprozess durchlaufen (vgl. Kapitel 11).

Im Rahmen der Nutzwertanalyse wird für jedes einzelne der definierten und gewichteten Ziele die Zielerreichung anhand einer Punktskala ermittelt. Die Lösungsvariante mit der höchsten gewichteten Gesamtpunkzahl ist schließlich auszuwählen bzw. vorzuschlagen. Zusätzlich ist bei der Bewertung der einzelnen Lösungsvarianten zu beachten, dass vorgegebene Restriktionen (z.B. festgelegte Obergrenze der Implementierungskosten) eingehalten werden. Ist dies nicht gegeben, scheidet die betreffende Lösungsvariante unabhängig von der Punktzahl aus der weiteren Betrachtung aus.

Abbildung 9.13 Struktur einer Nutzwertanalyse

Kriterien		Alternative Kreditbeurteilungsprozesse					
		Variante A		Variante B		Variante C	
	Gewichtung	Punkte*	Produkt	Punkte*	Produkt	Punkte*	Produkt
Qualität/Fehlerfreiheit	30	9	270	7	210	2	60
Kosten	20	2	40	4	80	8	160
Transparenz	20	7	140	6	120	3	60
Verfügbarkeit	20	2	40	2	40	4	80
Schnelligkeit	10	0	0	5	50	8	80
Summe	**100**		**490**		**500**		**440**

* 0 - 10 Punkte (aufsteigend nach Zielerreichungsgrad)

Quelle: In Anlehnung an Zangemeister, C. (1976).

Abbildung 9.13 zeigt die Struktur einer Nutzwertanalyse am Beispiel eines Kreditbearbeitungsprozesses, bei dem drei unterschiedliche Varianten anhand von Kriterien wie Qualität/Fehlerfreiheit, Kosten, Transparenz, Verfügbarkeit und Schnelligkeit bewertet werden. Variante B erreicht die höchste gewichtete Gesamtpunktzahl und wäre somit den anderen beiden Varianten vorzuziehen.

9.3 Business Process Management zur IT-Unterstützung von Geschäftsprozessen

Das Geschäftsprozessmanagement ist primär eine organisatorische Aufgabe – nicht eine technologische. Dennoch spielt die Informationstechnologie im Rahmen des Geschäftsprozessmanagements eine bedeutende Rolle. Immer wichtiger ist die IT-Unterstützung bei der Erhebung, Modellierung und Optimierung von Geschäftsprozessen. Für die IT-bezogene Sicht auf das Geschäftsprozessmanagement hat sich in den letzten Jahren der Begriff *Business Process Management (BPM)* etabliert.[10]

Unter Business Process Management werden neben den Methoden zur Beschreibung, Optimierung und Analyse von Geschäftsprozessen insbesondere Technologien und Werkzeuge verstanden, die das Geschäftsprozessmanagement und den gesamten Lebenszyklus eines Prozesses unterstützen. IT-Konzepte, IT-Lösungen und Werkzeuge des BPM werden auch als *BPM-Tools* oder *BPM-Systeme* bezeichnet.

In Literatur und Praxis hat sich bislang noch keine einheitliche Begriffsdefinition für Business Process Management durchgesetzt. Auch die im August 2000 gegründete BPMI.ORG (Business Process Management Initiative) bleibt eine einheitliche Definition für ihre Mitgliedsunternehmen schuldig. Softwarehersteller nutzen die Bezeichnung Business Process Management oft zur Klassifizierung von Werkzeugen zur Prozessautomatisierung.

Bei IT-Werkzeugen zur Unterstützung von Business Process Management wird nach den Kategorien Prozessmodellierung, Prozessautomatisierung und Prozess-Controlling differenziert. Systeme zur *Prozessmodellierung* beinhalten die im Kapitel 8 dargestellten Werkzeuge und Methoden zur Prozessbeschreibung. Im Rahmen von Anwendungen zur *Prozessautomatisierung* werden die modellierten Arbeitsschritte elektronisch ablauffähig gemacht. Hierbei handelt es sich in erster Linie um *Workflow-Management-Systeme*, die im folgenden Abschnitt behandelt werden. Unter Systemen zum *Prozess-Controlling* werden zum einen die Analysekomponenten von Prozessmodellierungswerkzeugen verstanden, die eine Auswertung der erstellten Modelle im Hinblick auf Zeit, Kosten und simulierte Prozessverläufe ermöglichen. Zum anderen stellen Systeme zum *Business Process Performance Management* eine besondere Form des Prozess-Controlling dar, die über die Gewinnung von Echtzeitdaten aus laufenden Prozessen Schwachstellen und Optimierungsansätze aufzeigen (Abschnitt 9.3.2).

Die aktive Unterstützung von Geschäftsprozessen erfordert das Zusammenspiel unterschiedlicher Systeme, Anwendungen und Datenbanken innerhalb einer bestehenden Informationssystemlandschaft. Neben der Steuerung der Geschäftsprozesse liegt eine besondere Herausforderung in der Schaffung von Schnittstellen zwischen den verschiedenen IT-Komponenten. Aus technologischer Perspektive haben sich vor diesem Hintergrund Werkzeuge zur *Enterprise Application Integration (EAI)* entwickelt, die über Konnektoren Datenflüsse aus einer Quellanwendung in das Format der Zielanwendung übersetzen und somit eine durchgehende Integration von Systemen unterschiedlicher Hersteller ermöglichen. Eine aktuelle Entwicklung im Bereich der IT zur Unterstützung des Geschäftsprozessmanagements stellen *Serviceorientierte Architekturen (SOA)* dar. Diese haben das Ziel, die bisherigen komplexen und monolithischen Applikationen zur Abbildung bestimmter Prozesse durch die flexible Inanspruchnahme einzelner Systembausteine (der Services) zu ersetzen. (Abschnitt 9.3.3)

9.3.1 Workflow Management

Gerade in Unternehmen der Finanzbranche sind die IT-Umgebungen durch eine starke Funktionsorientierung und eine dadurch ausgeprägte Heterogenität gekennzeichnet. Analog zur Gestaltung funktionsorientierter Strukturen in der Aufbau- und Ablauforganisation wurden in der Vergangenheit Systeme geschaffen, die lediglich für einen spezifischen Arbeitsbereich (Kredit, Zahlungsverkehr etc.) bzw. eine spezifische Organisationseinheit (z.B. Handel) konzipiert sind. Sowohl die Entwicklung von Eigenanwendungen als auch der Einsatz von Standardsoftware wurden ausschließlich an den Anforderungen dieser einzelnen Funktionen ausgerichtet. Als Folge existieren zum einen zahlreiche Insellösungen, zum anderen bestehen viele IT-Umgebungen aus unterschiedlichsten Datenbanken, Eigen- und Fremdanwendungen sowie diversen Formaten zum Datenaustausch.[11] Die Abbildung 9.14 zeigt stark vereinfacht, dass aufgrund der heterogenen IT-Landschaft der Zugriff auf viele verschiedene Datenquellen und Applikationen notwendig ist, um einen Geschäftsprozess durchzuführen.

Im Zusammenhang mit der Ausrichtung der Bankorganisation an Geschäftsprozessen steht der einzelne Prozessbeteiligte daher einer Vielzahl unterschiedlicher, teilweise inkompatibler Systeme gegenüber. Hierdurch entsteht ein zusätzlicher Aufwand, z.B. aufgrund mehrfacher Datenerfassung oder aufwendiger Beschaffung von Daten und Informationen. Einen wichtigen Ansatz zur prozessorientierten Gestaltung der IT stellt das *Workflow Management* dar.

Unter einem *Workflow* wird die elektronische Abbildung eines Geschäftsprozesses in einer IT-Anwendung verstanden. *Workflow-Management-Systeme (WFMS)* steuern einzelne oder mehrere Workflows zwischen verschiedenen Anwendern einer Organisation.[12] Der einzelne Anwender erhält in Abhängigkeit von seiner Rolle innerhalb des Geschäftsprozesses automatisch diejenigen Aufgaben und Aktivitäten zugewiesen, die aktuell zu bearbeiten sind. Hierzu nutzen die meisten WFMS einen elektronischen Posteingangskorb, in dem die jeweiligen Vorgänge mit allen zugehörigen Informationen und Dokumenten abgelegt werden. Bei Aufruf des Vorgangs werden neben den Vorgangsdaten gleichzeitig diejenigen Anwendungen bereitgestellt, die für die konkrete Bearbeitung erforderlich sind.

Abbildung 9.14
Abbildung eines Geschäftsprozesses in einer heterogenen IT-Landschaft

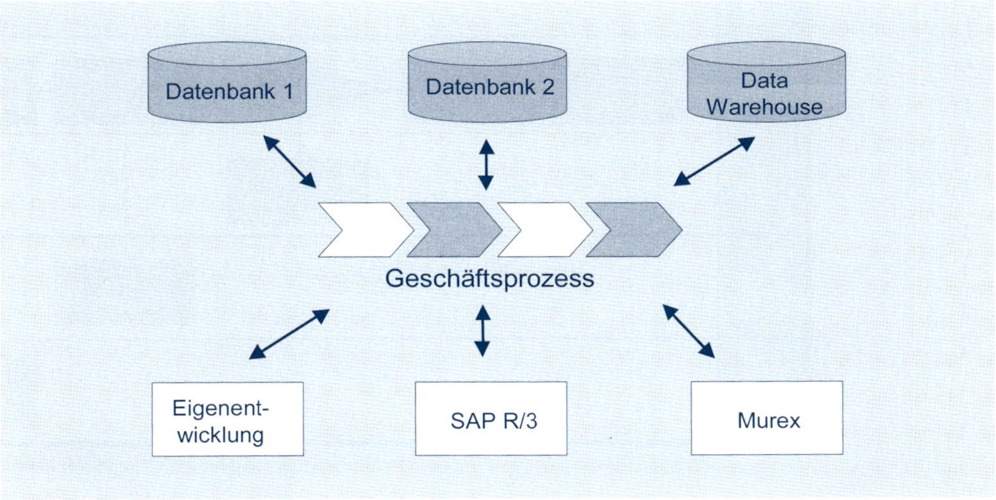

Nach Abschluss der einzelnen Aufgabe wird die Erledigung des Bearbeitungsschritts an das WFMS zurückgemeldet, das den Vorgang an den nächsten zuständigen Bearbeiter gemäß der Prozessdefinition weiterleitet. Der erfolgreiche Einsatz eines WFMS setzt unter anderem voraus, dass die im Prozess erforderlichen Informationen primär in elektronischer Form zur Verfügung stehen, was z.B. durch das Scannen beleghafter Dokumente und die gezielte Auswertung von Datenbanken ermöglicht wird.

Die Abbildung 9.15 zeigt einen Ausschnitt aus dem BPM Banking Showcase der Firma IBM. Hierin wird ein Baufinanzierungsprozess durch ein Workflow-Management-System durchgehend unterstützt. Dies bedeutet, dass der Ablauf des Prozesses (und damit eines jeden Antrags) zentral gesteuert wird. Dazu werden die benötigten Informationen den entsprechenden Mitarbeitern zum richtigen Zeitpunkt und im benötigten Umfang zur Verfügung gestellt. Die BPM Engine steuert dabei den Prozessablauf. In diesem WFMS sind Rollen, Anwendungsfälle und Geschäftslogiken hinterlegt, die eine ganzheitliche Unterstützung im Sinne eines End-to-End-Prozesses unterstützen.

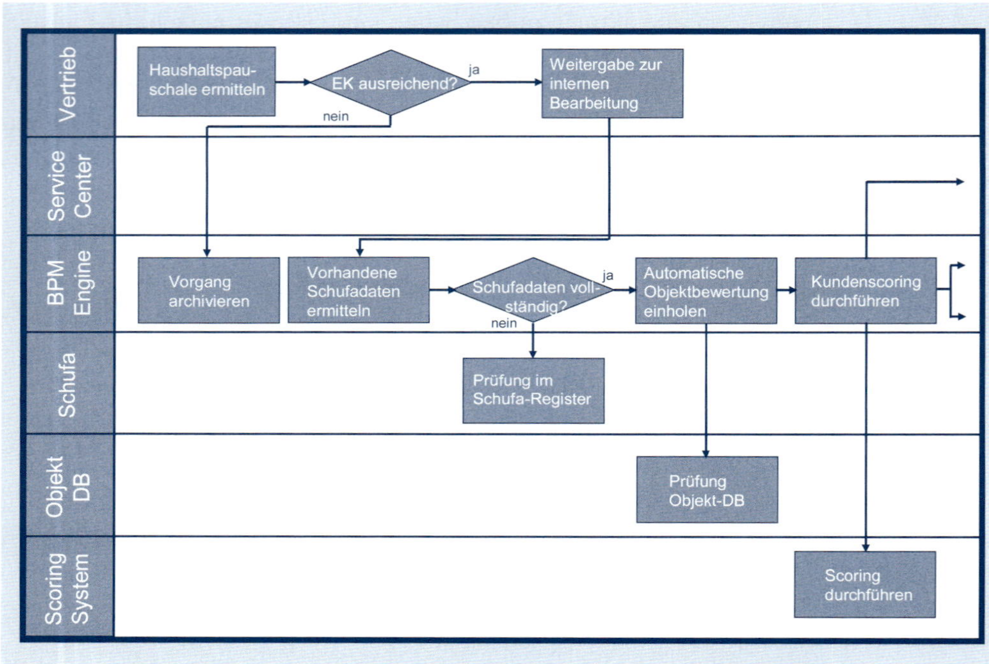

Abbildung 9.15 Ausschnitt des BPM Banking Showcase der Firma IBM

Typische Funktionsmerkmale eines WMS sind:

- Hinterlegung des Geschäftsprozesses in einer Datenbank,
- Bereitstellung einer einheitlichen und anwendungsübergreifenden Benutzeroberfläche für die Anwender,
- Zuweisung von Rollen für verschiedene Anwender (Sachbearbeiter, Entscheider, Qualitätssicherer),
- Schnittstellen zu Datenbanken und Anwendungen, die für die Bearbeitung des jeweiligen Vorgangs bereit gestellt werden,
- Hinterlegung von Stellvertretungsregeln für den Fall, dass einzelne Anwender nicht verfügbar sind,

- Mechanismen zur Priorisierung von bestimmten Vorgängen (z.B. Kunden mit besonderem Status),
- Hinterlegung von Eskalationsregeln für bestimmte Ereignisse während eines Vorgangs,
- Auswertungs- und Reporting-Funktionalitäten sowie
- Integration von Dokumentenmanagement und elektronischen Archiven.

WFMS werden grundsätzlich zur elektronischen Abbildung von standardisierbaren Geschäftsprozessen eingesetzt, deren einzelne Prozessschritte bekannt sind (z.B. Kreditbearbeitung). Bei weniger strukturierten Geschäftsprozessen, deren Lösungsweg offen oder nicht bekannt ist (z.B. M&A-Transaktion), kommen eher *Groupware-Systeme* (z.B. Lotus Notes oder intelligente Intranet-Lösungen) zum Einsatz. Diese Systeme ermöglichen eine abteilungsübergreifende Zusammenarbeit verschiedener Mitarbeiter, verfügen jedoch über keine fest vorgegebene Prozesssteuerung. In Abhängigkeit von den konkret abzubildenden Geschäftsprozessen existieren zahlreiche Mischformen zwischen Workflow-Management- und Groupware-Systemen.

WFMS können zum einen in bestehende Anwendungen integriert sein, wie z.B. der SAP Business Workflow. Hier werden Geschäftsprozesse innerhalb der jeweiligen Anwendung abgebildet und über die verschiedenen Funktionsbausteine hinweg gesteuert. Zum anderen erlauben eigenständige WFMS die Steuerung von Geschäftsprozessen über unterschiedliche Anwendungen und Datenbanken hinweg. Typischerweise setzt sich ein solches eigenständiges WFMS aus mehreren Einzelkomponenten zusammen. Die *Workflow Engine* (auch als *Run-Time-Komponente* bezeichnet) ist für die Ausführung des Workflows verantwortlich, der in einer hiervon getrennten Modellierungskomponente (der *Build-Time-Komponente*) definiert wird. Weitere Komponenten dienen der Analyse und Auswertung des Workflows und stellen die Kommunikation mit der Anwenderschnittstelle sowie den eingebundenen Anwendungen sicher.[13] Die Abbildung 9.16 zeigt eine solche Referenzarchitektur, die den meisten WFMS zugrunde liegt.

Der Einsatz eines WFMS hat für das Geschäftsprozessmanagement folgende Vorteile:

- Der abgebildete Geschäftsprozess wird zentral überwacht und gesteuert.
- Räumliche Grenzen innerhalb eines Prozesses werden überwunden.
- Der einzelne Mitarbeiter erhält alle Vorgänge zum erforderlichen Zeitpunkt und mit allen erforderlichen Daten und Informationen.

- Transportzeiten für die Weiterleitung des Vorgangs innerhalb der Organisation werden reduziert bzw. entfallen ganz.
- Beleghafte Daten werden in geeignete elektronische Formate umgewandelt.
- Änderungen des Prozesses können unmittelbar in der WFMS-Umgebung vorgenommen und damit zeitnah umgesetzt werden.
- Liegezeiten werden durch die automatische Weiterleitung eines Vorgangs bei Abwesenheit an den nächsten verfügbaren Mitarbeiter minimiert.
- Jeder Bearbeitungsschritt wird protokolliert und kann anschließend ausgewertet werden.

Abbildung 9.16 Referenzarchitektur für Workflow-Management-Systeme

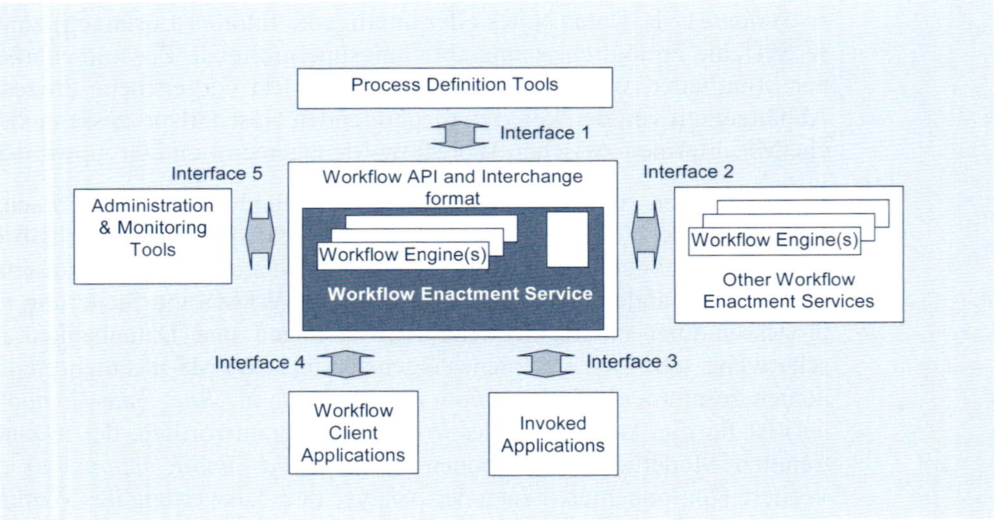

Quelle: In Anlehnung an Workflow Management Coalition (2003).

Für die Konzeption und Einführung eines Workflow-Management-Systems ist neben der technischen Realisierung (d.h. Konfiguration und Entwicklung von Schnittstellen, Regeln etc.) eine genaue Erhebung, Dokumentation und Analyse des zugrunde liegenden Geschäftsprozesses erforderlich. Ein tiefes Verständnis der einzelnen Prozessschritte und Abhängigkeiten durch den Organisator ist die zwingende Voraussetzung zur präzisen Abbildung im WFMS.

9.3.2 Business Process Performance Management

Eine der wesentlichen Herausforderungen im Business Process Management ist die Messung und Steuerung von Geschäftsprozessen. Zwar bieten moderne Analyse-Tools vielfältige Funktionalitäten zur Auswertung von hinterlegten Daten, jedoch sind diese zumeist statisch und müssen regelmäßig neu erhoben werden, was mit einem hohen Aufwand für die Bank verbunden ist. Eine permanente Erfolgskontrolle der aktiv ausgeführten Prozesse findet vor diesem Hintergrund nur selten statt. Ähnliches gilt für die Einführung und Nutzung von neu erworbenen Softwaresystemen. Viele Unternehmen setzen sich mit der Einführung neuer Systeme das Ziel, Prozesse schneller, kostengünstiger und qualitativ besser abwickeln zu können. Im Vorfeld einer Investitionsentscheidung werden daher in der Regel umfangreiche Business Cases mit genau quantifizierten ROI-Projektionen erstellt, die ebenfalls mit aufwändigen Analysen der jeweiligen Prozess- und IT-Landschaft verbunden sind. Nach der Implementierung eines neuen Systems wird jedoch häufig keine Ex-post-Analyse zur Überprüfung der tatsächlich eingetretenen Effektivitäts- und Effizienzsteigerung vorgenommen. Eine nachträgliche Bewertung der getroffenen Investitionsentscheidung ist somit nicht möglich. Im Zuge eines sich verstärkenden Wettbewerbs und der daraus resultierenden Knappheit der Finanzmittel wird es für Banken jedoch immer wichtiger, eine kontinuierliche Erfolgskontrolle der eingesetzten Mittel durchzuführen. Jede Veränderung von Geschäftsprozessen muss daher regelmäßig anhand ihrer tatsächlichen Leistung (Performance) bewertet werden.[14]

Ein Ansatz zur Realisierung einer permanenten Erfolgskontrolle ist das *Business Process Performance Management (BPPM)*, das auch synonym mit den Begriffen *Corporate Performance Management* oder *Enterprise Performance Management* verwendet wird. BPPM ist eine Kombination aus „processes, methodologies, metrics and technologies to measure, monitor and manage the performance of the business".[15] Ein wesentliches Merkmal von BPPM ist die automatisierte Erhebung, Verdichtung und Auswertung von relevanten Daten aus den IT-Systemen zur Unterstützung des jeweiligen Geschäftsprozesses. Durch die Bereitstellung von Daten aus laufenden operativen System liegen dem Unternehmen jederzeit aktuelle und vollständige Informationen vor, die zur Erkennung von Schwachstellen sowie von Optimierungs- und Handlungspotenzial genutzt werden können.

Eine weitere Eigenschaft von BPPM ist der ausschließliche Fokus auf die Gewinnung von Daten, die unmittelbar zur Gestaltung und Optimierung von Geschäftsprozessen genutzt werden können. Traditionelle Data-Warehouse- oder Business-Intelligence-Lösungen hatten in der Vergangenheit eine starke Ausrichtung auf finanzwirtschaftlich relevante Kennzahlen, die einerseits einen hohen Aufwand bei der Datenextraktion sowie der Sicherstellung der Datenqualität verursacht haben, aus denen andererseits jedoch nicht unmittelbar erforderliche Veränderungsmaßnahmen hinsichtlich der untersuchten Geschäftsprozesse abgeleitet werden konnten.[16]

Am Markt erhältliche BPPM-Systeme wie der ARIS Process Performance Manager (ARIS PPM) erheben die prozessrelevanten Daten aus den operativen IT-Systemen, rekonstruieren die tatsächliche Prozessausführung und ermitteln Kennzahlen, die zur Beurteilung und Optimierung der jeweiligen Prozesse verwendet werden können. Am Beispiel des ARIS PPM soll im Folgenden die Funktionsweise einer BPPM-Lösung dargestellt werden (Abbildung 9.17).

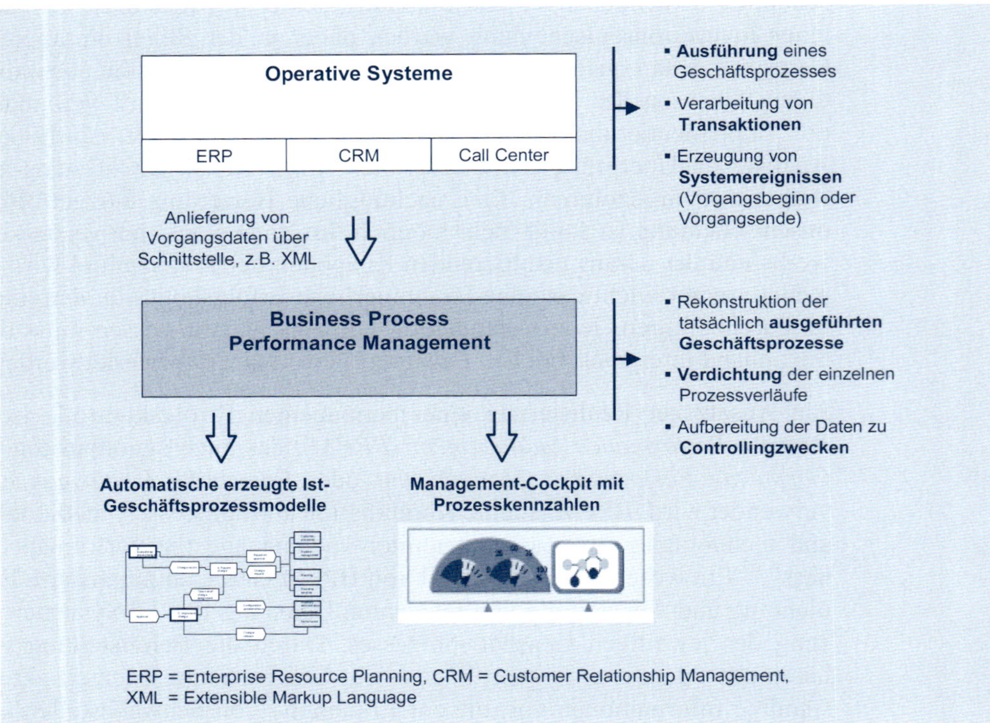

Abbildung 9.17 Schematische Darstellung eines Business-Process-Performance-Management-Systems

Zur Berechnung von Ist-Kennzahlen sowie zur Identifizierung durchschnittlicher Prozessverläufe müssen zunächst die einzelnen Prozessinstanzen ermittelt werden. Eine Prozessinstanz enthält Informationen über die tatsächlich durchgeführten Aktivitäten, die genauen Bearbeitungszeitpunkte, die Prozessbeteiligten sowie die strukturelle Abfolge der Aktivitäten. Diese Informationen müssen aus dem jeweiligen Anwendungssystem extrahiert werden, das den Geschäftsprozess operativ abbildet.

Hierbei ist zwischen Systemen, die bereits über eine integrierte Funktionalität zur Erzeugung von standardisierten Prozessmodellen verfügen, und herkömmlichen Anwendungssystemen zu unterscheiden. Prozessorientierte Systeme, wie z.B. fortschrittliche Workflow-Management-Systeme, können in vielen Fällen über marktübliche Schnittstellen wie XML vollständige Informationen zu den realen Prozessverläufen an ARIS PPM weitergeben. Letzteres führt auf dieser Grundlage Analysen durch und ermittelt Kennzahlen.

Bei der Mehrzahl der in Banken eingesetzten Systeme handelt es sich jedoch um herkömmliche Anwendungen, die nicht unmittelbar Prozessverläufe identifizieren können. Durch die Kopplung der Systeme mit Tools wie ARIS PPM und den Austausch bestimmter Transaktionsdaten besteht jedoch auch hier die Möglichkeit, die jeweiligen Geschäftsprozesse präzise nachzubilden. Hierzu werden für den Prozess relevante Systemereignisse (z.B. Neuanlage eines Kunden, Erstellung eines Buchungsbelegs) identifiziert, aus denen im nächsten Schritt durchgehende Geschäftsprozesse mit einem Start- sowie einem Endpunkt rekonstruiert werden. Dies geschieht über ein spezielles Verfahren, anhand dessen ARIS PPM die isolierten Aktivitätenbündel zunächst in gleichartigen Prozessfragmenten gruppiert und anschließend zu vollständigen Geschäftsprozessen konsolidiert. Dieser Vorgang wird auch als „Merging" bezeichnet.

Die auf diese Weise erzeugten Prozessmodelle bilden somit nicht nur den Verlauf jedes einzelnen Vorgangs ab, sie beinhalten darüber hinaus unmittelbar quantitative Daten wie z.B. Bearbeitungs-, Liege- und Transportzeiten. Über ein Management-Cockpit, d.h. eine intuitive und an die Erfordernisse der jeweiligen Bank angepasste Benutzeroberfläche, können die gewonnenen Informationen in Real- oder Near-Time visualisiert und ausgewertet werden. Letzteres ist von der jeweiligen Konfiguration der Schnittstelle zwischen dem operativen System und ARIS PPM abhängig, d.h. der Häufigkeit des tatsächlichen Datenaustauschs und damit der Rekonstruktion von Prozessmodellen.

Das Management-Cockpit bietet die Möglichkeit eines Soll-Ist-Vergleichs. Die einzelnen tatsächlichen Prozessverläufe werden von ARIS PPM zu einem Ist-Modell verdichtet, das den durchschnittlichen Verlauf aller realen Prozesse innerhalb eines Berichtszeitraums abbildet. Somit kann der Mitarbeiter schnell erkennen, welche Pfade oder Verzweigungen innerhalb des Prozesses am häufigsten und mit welcher Wahrscheinlichkeit durchlaufen werden und mit der ursprünglichen Soll-Konzeption des Prozesses abgleichen. Diese wird ebenfalls im Cockpit zur Verfügung gestellt. Dadurch können reale Verhaltensmuster und strukturelle Unterschiede zwischen einzelnen Unternehmenseinheiten aufgezeigt werden, in dem z.B. der Prozess der Kreditbeantragung in unterschiedlichen Filialen miteinander verglichen wird. Ein solcher Vergleich lässt Rückschlüsse auf die tatsächliche Nutzung von Systemen und Hilfsmitteln, lokale Engpässe sowie die Einhaltung von Unternehmensrichtlinien zu. Gleichzeitig werden aber auch „Best Practices“ bei der Prozessausführung deutlich, falls eine Filiale durch eine andere zeitliche oder logische Abfolge der Aktivitäten schneller und effizienter den betreffenden Vorgang bearbeitet und damit Optimierungspotenzial für das Standard-Prozessdesign signalisiert. Durch die Verbindung mit bestimmten Zeiten können zudem auch Spitzenbelastungen im Tagesgeschäft, z.B. erhöhte Kundenbesuchsfrequenzen in der Filiale zu bestimmten Uhrzeiten, ermittelt werden, was dem Institut die Möglichkeit zum gezielten Einsatz von Ressourcen und einem optimierten Kapazitätsmanagement eröffnet.

Neben der Analyse von Prozessstrukturen bietet das Management-Cockpit die Möglichkeit zur quantitativen Auswertung von Prozessverläufen. Aus den Kennzahlen einzelner Prozessinstanzen werden durchschnittliche Prozesszeiten und Prozessmengen berechnet, die wiederum für gleichartige Prozesse an verschiedenen Standorten miteinander verglichen werden können. Im Gegensatz zu den bereits dargestellten Verfahren der Prozessanalyse ermöglicht der Einsatz einer Business-Process-Performance-Management-Lösung die Analyse stets aktueller Daten, die nicht ständig neu erhoben werden müssen. Typisch für Management-Cockpits ist auch das „Tachometer“, das dem Prozessverantwortlichen anhand einer einfachen Darstellung anzeigt, ob sich der tatsächliche Wert einer kritischen Kennzahl innerhalb oder außerhalb eines festgelegten Bereichs befindet und gegebenenfalls direkte Maßnahmen ergriffen werden müssen (Abbildung 9.18, links oben).[17]

Zusammenfassend ist festzuhalten, dass Tools für das Business Process Performance Management durch die Gewinnung realer Daten über den Prozessverlauf eine qualitative und quantitative Beurteilung der Prozesse ermöglichen, die bisher verfügbare Technologien noch nicht leisten konnten. Dem gegenüber steht jedoch ein hoher Implementierungsaufwand für die Schnittstellen zu den jeweiligen operativen Systemen. Außerdem ist zu beachten, dass durch jede wesentliche Veränderung oder einen Austausch der zugrunde liegenden operativen Anwendung auch die Auswirkungen auf die BPPM-Schnittstellen untersucht werden müssen, um Konsistenz und Integrität der permanent ausgewerteten Kennzahlen zu erhalten.

Die eigentliche Dauer eines BPPM-Projekts hängt von den folgenden Faktoren ab, die bei der Einführung eines solchen Systems zu beachten sind[18]:

- Anzahl und Komplexität der zu integrierenden Quellsysteme,
- Verfügbarkeit der benötigten ereignis- und prozessrelevanten Daten in den operativen Quellsystemen (z.B. Kundenzugang, -abgang),

- Format der bereits vorhandenen Daten (z.B. bestehende Integrationsplattformen, die bereits prozessorientierte Daten bereitstellen),
- Detaillierungsgrad der zu analysierenden Geschäftsprozesse,
- Komplexität und Anzahl der zu analysierenden quantitativen Kennzahlen sowie
- Schulung und Kommunikation mit den Prozessbeteiligten, d.h. insbesondere mit den Nutzern der Analysefunktionalitäten.

Abbildung 9.18
Beispiel für ein Management-Cockpit in ARIS PPM

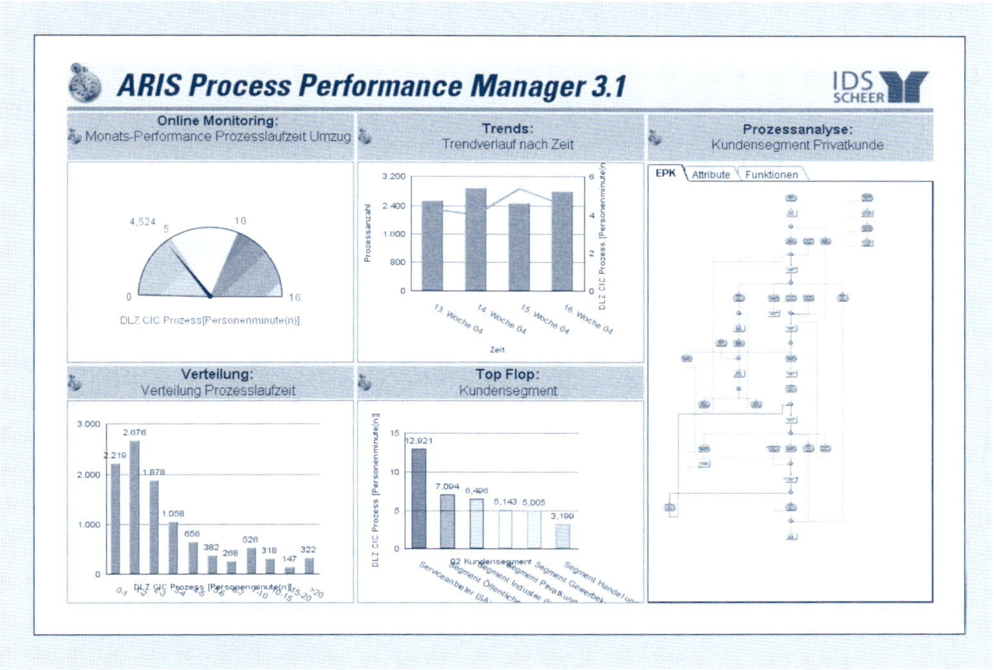

Quelle: Vgl. Blickle, T. / von den Driesch, M. (2005).

9.3.3 Service-orientierte Architekturen

Ein aktueller Trend im Business Process Management ist die flexible Anpassung von IT-Applikationen an die jeweilige Prozesslandschaft des Unternehmens. Hierzu bietet sich das Konzept der *Service-orientierten Architekturen (SOA)* an, das den Aufbau einer dynamischen, modularen und an Prozessen orientierten IT-Applikationsstruktur ermöglicht.[19] Durch dieses Architekturkonzept wird die technische Abbildung von Geschäftsprozessen über die Kombination kleinster modularer

Einzelfunktionen, den so genannten Services, realisiert. Einerseits versprechen SOA dadurch ein hohes Maß an Flexibilität, da die Services rekombiniert (orchestriert) und wiederverwendet werden können. Andererseits können die Services selbst (und ihre Schnittstellen) standardisiert werden. In der Regel ergibt sich daraus eine Service-Hierarchie, d.h. relativ kleine, in ihrem Funktionsumfang sehr beschränkte Services, werden zu Composed- und Prozess-Services zusammengefasst, die eine gesamte fachliche Funktionalität erfüllen (Abbildung 9.19).

Abbildung 9.19
Service-Hierarchien

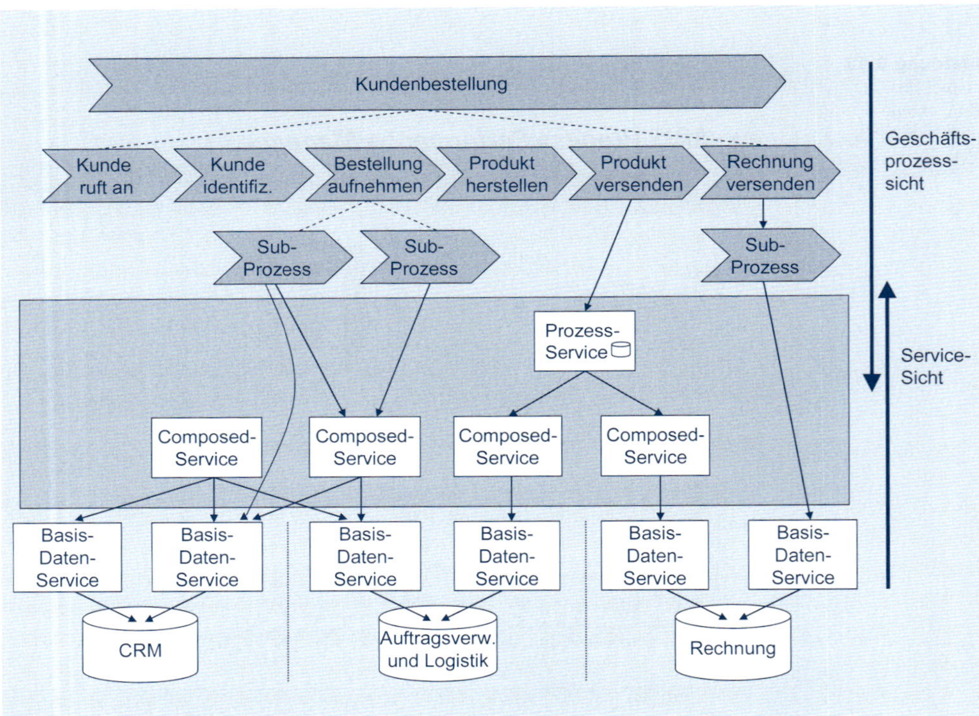

Quelle: Josuttis, N. (2008), S. 111.

Die *Agilität* von Geschäftsprozessen ist heutzutage Grundlage eines erfolgreichen unternehmerischen Handelns. Kunden werden zunehmend anspruchsvoller, ändern ihre Gewohnheiten und Wünsche immer schneller und der Druck globaler Märkte auf das einzelne Unternehmen wächst stetig. Die Anpassungsfähigkeit von Geschäftsprozessen ist daher überlebenswichtig.[20] Bestehende IT-Systeme dagegen sind historisch gewachsen und verfügen über starre Funktionalitäten. Oftmals werden sie nur von einzelnen Abteilungen innerhalb der Bank benutzt und sind nicht in der Lage, den gesamten Geschäftsprozess durchgehend zu unterstützen. Infolgedessen kommt es zu erheblichen Ineffizienzen an Schnittstellen zu anderen IT-Systemen. Eine Änderung von Geschäftsprozessen in diesen monolithischen Systemen ist daher langwierig und kostenintensiv. Sowohl die Entwicklungsdauer und -kosten neuer Applikationen als auch der hohe Aufwand für den Test neuer Funktionalitäten in den vorhandenen, heterogenen IT-Landschaften vieler Banken ist immens. SOAs versprechen durch ihre Modularität hier Abhilfe.[21]

Die *Standardisierung* von Prozessen und infolgedessen der Services ist ein weiteres, oft genanntes Paradigma Service-orientierter Architekturen. Inputs, Outputs und Schnittstellen werden genau definiert. Vorher bestimmte Standards (wie beispielsweise XML, SOAP oder UDDI) stellen die reibungslose Kommunikation zwischen den Services sicher. Was genau im Inneren des Services geschieht, bleibt dabei für den Aufrufer verborgen (Black Box). Der Service liefert zu einem definierten Input nach der Durchführung seiner Funktionalität einen bestimmten Output (beides über die bekannten Schnittstellen). Dadurch sind die Nutzer des Services gezwungen, gewissen Standards zu entsprechen. Der große Vorteil hierbei ist, dass insbesondere Services geringen Umfangs (beispielsweise die Prüfung der Kundenbonität) in vielen Geschäftsprozessen verwendet werden können.

Diese *Wiederverwendbarkeit* ist ein weiteres wichtiges Merkmal von SOAs und birgt erhebliche ökonomische Potenziale. Vor allem die Vermeidung von Redundanzen gilt als Kosteneinsparmöglichkeit. Zum einen reduziert die unternehmensweit einheitliche Verwendung eines Services Lizenzkosten, Entwicklungskosten und Unterhaltungskosten für Hardware und Software. Zum anderen steigt tendenziell die Datenqualität, da Inkonsistenzen des Datenhaushalts immer eine Gefahr redundanter Systeme sind. Dies wirkt sich positiv auf die Effizienz der Geschäftsprozesse und auf die Kundenzufriedenheit aus. Bei allen genannten Vorteilen sei an dieser Stelle nicht verschwiegen, dass gerade die Wiederverwendung ein großes Problem in der betrieblichen Praxis darstellt. So zeigt beispielsweise Hagen am Beispiel der Credit Suisse, dass die durchschnittliche Wiederverwendungsrate der eingesetzten Services bei lediglich 1,7 liegt.[22]

Ein weiteres Kernprinzip Service-orientierter Architekturen ist die *lose Kopplung* der Services. Das bedeutet, dass die Interdependenzen zwischen verschiedenen Services so gering wie möglich sein sollten und dadurch eine möglichst flexible Kombination dieser Services erfolgen kann. Dabei kann grundsätzlich zwischen einer Orchestrierung von Services durch eine zentrale Instanz und einer Choreographie unterschieden werden. Letztere entsteht durch den sequentiellen Aufruf anderer Services aus dem zuletzt ausgeführten Service heraus. Hierbei gibt es keine zentrale Steuerung des Ablaufs.[23] Während die Abhängigkeit der Services untereinander dadurch auf ein Mindestmaß beschränkt wird, sollte die innere Kohäsion, d.h. die fachliche

Zusammengehörigkeit der in einem Service vereinten Funktionalitäten, möglichst groß sein.[24]

Das Konzept Service-orientierter Architekturen ist nicht auf eine spezielle Technologie beschränkt, d.h. es kann *plattformunabhängig* implementiert werden und ermöglicht so den unternehmensübergreifenden Einsatz von Services. Prozesse, die für ein Unternehmen nicht von strategischer Bedeutung sind (auch Commodity-Services genannt), können relativ problemlos an Service-Anbieter ausgelagert werden.[25] Durch die vorhergehende Standardisierung werden Schnittstellenprobleme auf ein sehr geringes Maß reduziert und ein Insourcer kann durch das Anbieten des Services für viele Unternehmen Skaleneffekte realisieren. Im Kontext Service-orientierter Unternehmen kann daher zwischen Service-Provider und Service-Consumer unterschieden werden. Die Veröffentlichung der vom Provider angebotenen Services geschieht über ein so genanntes Service-Registry (Abbildung 9.20) Gegebenenfalls kann noch ein Service-Broker, der Angebot und Nachfrage von Services zusammenführt, dazwischen geschaltet sein.[26]

Abbildung 9.20 Bereitstellung und Nutzung von veröffentlichten Services

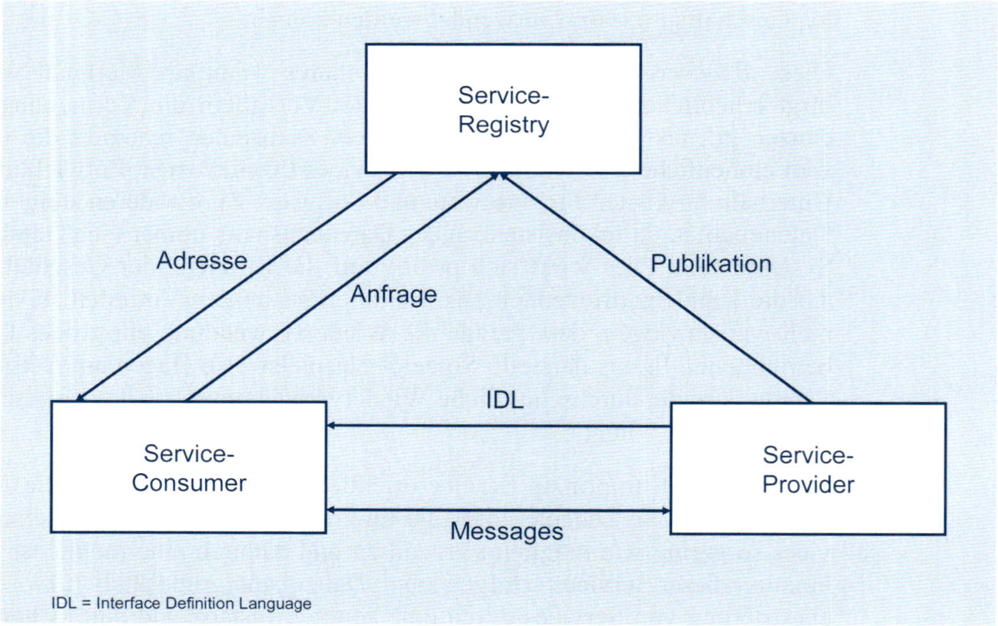

Quelle: Masak, D. (2007), S.54.

Somit unterstützt eine SOA nicht nur die agile und flexible Entwicklung von Geschäftsprozessen innerhalb eines Unternehmens sondern über die gesamte Wertschöpfungskette hinweg. Der strategische Vorteil besteht für Banken primär darin, dass notwendige Weiterentwicklungen an Geschäftsprozessen nicht mehr durch Anwendungen und Technologien beschränkt sind, sondern dass die Prozesse schnell und dynamisch an neue Kundenwünsche und -anforderungen angepasst werden können. Es erfolgt eine Trennung von Information, Anwendungen und Infrastruktur, die eine Dekonstruktion der Wertschöpfungskette unterstützt und vorantreibt.[27]

Mittlerweile gibt es zahlreiche Erfahrungen mit der Implementierung Service-orientierter Architekturen. In vielen Unternehmen war der Einsatz stark durch IT-Abteilungen getrieben. Zunehmend setzt sich allerdings die Erkenntnis durch, dass die fachliche, auf Geschäftsprozessen basierende Identifikation und Gestaltung von Services eine notwendige Voraussetzung für den Erfolg einer SOA ist.[28] Bisherige in Wissenschaft und Praxis verwendete Methoden sind häufig sehr technisch geprägt und teilweise sogar noch der Welt objektorientierter Programmierung zuzuordnen.[29] Insofern besteht noch erheblicher Handlungsbedarf bei der Übertragung fachlicher Anforderungen auf die technische Umsetzung im Rahmen einer SOA.

Nach anfänglicher Zurückhaltung im Finanzdienstleistungssektor hat sich mittlerweile die Erkenntnis durchgesetzt, dass Service-orientierte Architekturen sowohl altbekannte Probleme wie die Integration von bestehenden (Legacy-) Systemen zu lösen im Stande sind als auch die Wettbewerbsfähigkeit der Institute entscheidend verbessern. Dementsprechend fand SOA in den letzten Jahren sowohl in deutschen Banken als auch international eine immer größere Verbreitung.[30] Auch in Zukunft ist von einer zunehmenden Bedeutung dieses Konzepts vor allem im Abwicklungsbereich der Finanzbranche auszugehen.

Übungsfragen

- Wie kann die Anzahl von Prozessvarianten innerhalb eines Geschäftsprozesses ermittelt werden?
- Wie werden relative und absolute Häufigkeit einer Aufgabe innerhalb eines Prozesses festgestellt?
- Beschreiben Sie mögliche Auswirkungen einer hohen Anzahl von Medienbrüchen, Schnittstellen und Prozessunterbrechungen.
- Weshalb eignen sich traditionelle Kostenrechungssysteme wie das Zuschlagsverfahren nicht mehr für eine verursachungsgerechte Verteilung von Gemeinkosten?
- Aus welchen Komponenten setzen sich Workflow-Management-Systeme zusammen?

- Weshalb kann ein Unternehmen seine IT-Infrastruktur durch den Einsatz von Service-orientierten Architekturen schnell und flexibel verändern?

Anmerkungen

[1] Vgl. Fischermanns, G. / Liebelt, W. (2008).
[2] Vgl. ebenda.
[3] Vgl. Miller, J.G. / Vollmann, T. E. (1985); Cooper, R. / Kaplan, R. (1991); Ostrenga, M. R. (1990), etc.
[4] Vgl. Cooper, R. (1992).
[5] Vgl. ebenda.
[6] Vgl. Gadatsch, A. (2008).
[7] Vgl. Fischermanns, G. / Liebelt, W. (2000).
[8] Vgl. Buzan, B. / Buzan, T. (2002).
[9] Vgl. Schmidt, G. (2003).
[10] Vgl. Schmelzer, H.J. / Sesselmann, W. (2008).
[11] Vgl. Moormann, J. / Schmidt, G. (2007).
[12] Vgl. Moormann, J. / Möbus, D. (2000).
[13] Vgl. zur Muehlen, M. (2004).
[14] Vgl. Heß, H. (2005).
[15] Buytendijk, F. / Wood, B. / Geishecker, L. (2004).
[16] Vgl. Heß, H. (2005).
[17] Vgl. Blickle, T. / von den Driesch, M. (2005).
[18] Vgl. Gahse, F. / Müller, L. (2005).
[19] Vgl. Starke, G. / Tilkov, S. (2007); Papazoglou, M. (2003).
[20] Vgl. Becker, J. / Kugeler, M. / Rosemann, M. (2008).
[21] Vgl. Starke, G. / Tilkov, S. (2007); Papazoglou, M. (2003).
[22] Vgl. Hagen, C. (2003).
[23] Vgl. Josuttis, N. (2008); Arsanjani, A. / Ghosh, S. / Allam, A. / Abdollah, T. / Ganapathy, S. / Holley, K. (2008).
[24] Vgl. Bieberstein, N. / Bose, S. / Fiammante, M. / Jones, K. / Shah, R. (2006).
[25] Vgl. Allen, P. (2006).
[26] Vgl. Masak, D. (2007).
[27] Vgl. Bieberstein, N. / Bose, S. / Fiammante, M. / Jones, K. / Shah, R. (2006).
[28] Vgl. Legner, C. / Heutschi, R. (2007); Durst, M. / Daum, M. (2007).
[29] Vgl. Börner, R. / Goeken, M. (2009).

[30] Vgl. Eckert, J. / Repp, N. / Schuller, D. / Kiewning, L. / Steinmetz, R. (2009); Rabhi, F. A. / Yu, H. / Dabous, F. T. / Wu, S. Y. (2006); Hagen, C. (2003).

Literatur

Allen, P. (2006): Service Orientation: Winning Strategies and Best Practices, Cambridge, Mass.: University Press.

Arsanjani, A. / Ghosh, S. / Allam, A. / Abdollah, T. / Ganapathy, S. / Holley, K. (2008): SOMA: A method for developing service-oriented solutions, in: IBM Systems Journal, 47. Jg., Nr. 3, S. 377-396.

Becker, J. / Kugeler, M. / Rosemann, M. (2008): Prozessmanagement: Ein Leitfaden zur prozessorientierten Organisationsgestaltung, 6. Aufl., Berlin: Springer.

Bieberstein, N. / Bose, S. / Fiammante, M. / Jones, K. / Shah, R. (2006): Service-Oriented Architecture Compass, Upper Saddle River, NJ: IBM Press.

Bleicher, K. (1991): Organisation: Strategien – Strukturen – Kulturen, 2. Aufl., Wiesbaden: Gabler.

Blickle, T. / von den Driesch, M. (2005): Operatives, toolgestütztes Corporate Performance Management mit dem ARIS Process Performance Manager, in: Scheer, A.-W.; Jost / W.; Heß, H. / Kronz, A. (Hrsg.), Corporate Performance Management. ARIS in der Praxis, Berlin: Springer, S. 45-63.

Börner, R. / Goeken, M. (2009): Methods for Service Identification: A Criteria-Based Literature Review, in: Proceedings of the 7th International Workshop on Modelling, Simulation, Verification and Validation of Enterprise Information Systems (MSVVEIS), Mailand, S. 76-84.

Buytendijk, F. / Wood, B. / Geishecker, L. (2004): Mapping the Road to Corporate Performance Management, Stamford, CT: Gartner Report.

Buzan, B. / Buzan, T. (2002): Das Mind Map-Buch, 5. Aufl., Landsberg am Lech: MVG.

Coenenberg, A. (2007): Kostenrechnung und Kostenanalyse, 6. Aufl., Stuttgart: Schäffer-Poeschel.

Cooper, R. (1992): Activity-Based Costing, in: Männel, W. (Hrsg.), Handbuch Kostenrechnung, Wiesbaden: Gabler, S. 360-383.

Cooper, R. / Kaplan, R. (1991): Profit priorities from Activity-Based-Costing, in: Harvard Business Review, 69. Jg., Nr. 3, S. 130-135.

Durst, M. / Daum, M. (2007): Erfolgsfaktoren serviceorientierter Architekturen, in: HMD – Praxis der Wirtschaftsinformatik, 44. Jg., Nr. 253, S. 18-27.

Eckert, J. / Repp, N. / Schuller, D. / Kiewning, L. / Steinmetz, R. (2009): Implications of Service-oriented Architectures in the German Banking Industry - A Case Study, in: efinancelab quarterly 2009, Nr. 2, S. 4-5.

Fischermanns, G. / Liebelt, W. (2008): Grundlagen der Prozessorganisation, 7. Aufl., Gießen: Schmidt.

Gadatsch, A. (2008): Grundkurs Geschäftsprozessmanagement, 5. Aufl., Wiesbaden: Vieweg.

Gahse, F. / Müller, L. (2005): Analyse und Optimierung des Kreditantragsprozesses bei der DaimlerChrysler Bank, in: Scheer, A.-W.; Jost / W.; Heß, H. / Kronz, A. (Hrsg.), Corporate Performance Management. ARIS in der Praxis, Berlin: Springer.

Hagen, C. (2003). Integrationsarchitektur der Credit Suisse, in: Aier, S. / Schoenherr, M. (Hrsg.), Enterprise Application Integration - Flexibilisierung komplexer Unternehmensarchitekturen, Berlin: Gito, S. 61-83.

Heß, H. (2005): Von der Unternehmensstrategie zur Prozess-Performance – Was kommt nach Business Intelligence, in: Scheer, A.-W.; Jost / W.; Heß, H. / Kronz, A. (Hrsg.), Corporate Performance Management. ARIS in der Praxis, Berlin: Springer, S. 7-30.

Josuttis, N. (2008): SOA in der Praxis, Heidelberg: dpunkt.

Legner, C. / Heutschi, R. (2007): SOA Adoption in Practice - Findings From Early SOA Implementations, in: Proceedings of the 15th European Conference on Information Systems (ECIS 2007), St. Gallen, Schweiz, S. 1643-1654.

Lohoff, P. / Lohoff, H.-G. (1993): Verwaltung im Visier – Optimierung der Büro- und Dienstleistungsprozesse, in: Zeitschrift für Führung und Organisation, 62. Jg., Nr. 4, S. 248-254.

Masak, D. (2007): SOA? Serviceorientierung in Business und Software, Berlin: Springer.

Miller, J. G. / Vollmann, T. E. (1985): The Hidden Factory, in: Harvard Business Review, 63. Jg., Nr. 5, S. 142-150.

Moormann, J. / Möbus, D. (2000): Workflow – Management im Handelsbereich einer Bank – Eine Fallstudie, in: Rebstock, M. et al. (Hrsg.), Informationstechnologie in Banken. Optimierung von Geschäftsprozessen, Berlin: Springer, S. 137-153.

Moormann, J. / Schmidt, G. (2007): IT in der Finanzbranche, Springer: Heidelberg.

Ostrenga, M. R. (1990): Activities – The Focal Point of Total Cost Management, in: Management Accounting, 71. Jg., Nr. 8, S. 42-49.

Papazoglou, M. P. (2003): Service-Oriented Computing – Concepts, Characteristics and Directions, in: Proceedings of the 4th International Conference on Web Information Systems Engineering, Rom, S. 3-12.

Rabhi, F. A. / Yu, H. / Dabous, F. T. / Wu, S. Y. (2006): A service-oriented architecture for financial business processes – A case study in trading strategy simulation, in: Information Systems and e-Business Management, 5. Jg., Nr. 2, S. 185-200.

Schmelzer, H. J. / Sesselmann, W. (2008): Geschäftsprozessmanagement in der Praxis, 6. Aufl., München: Hanser.

Schmidt, G. (2003): Methode und Techniken der Organisation, 13. Aufl., Gießen: Schmidt.

Starke, G. / Tilkov, S. (2007): SOA-Expertenwissen, Heidelberg: dpunkt.

Workflow Management Coalition (WfMC) (2003): The Workflow Handbook 2003, Lighthouse Point: Future Strategies.

Zangemeister, C. (1976): Nutzwertanalyse in der Systemtechnik. Eine Methodik zur multidimensionalen Bewertung und Auswahl von Projektalternativen, 4. Aufl., München: Wittmann.

zur Muehlen, M. (2004): Workflow-based Process Controlling, Berlin: Logos.

Kapitel 10

Six Sigma in Banken

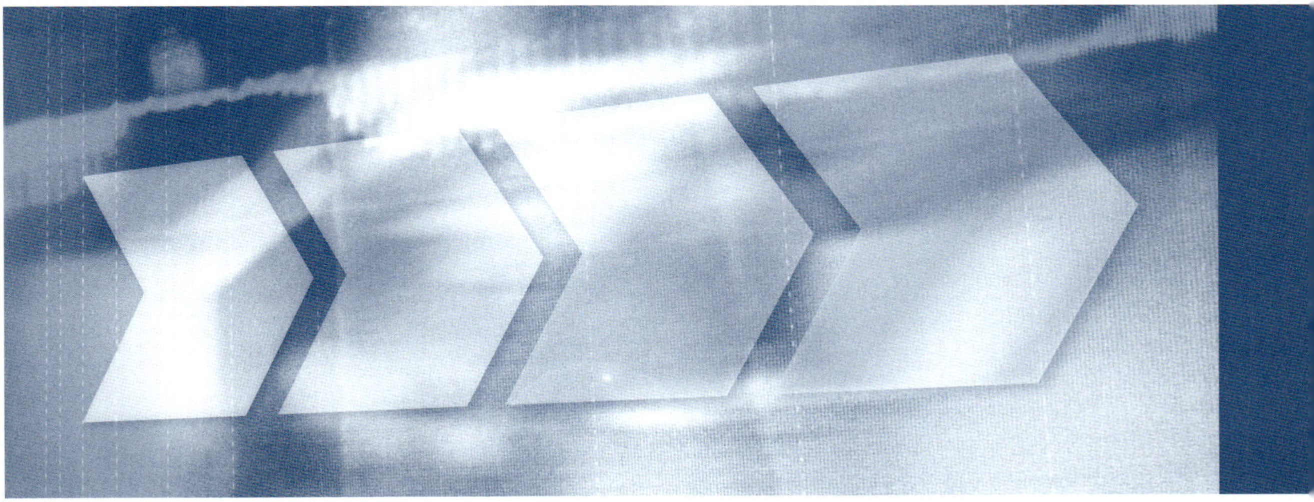

10 Six Sigma in Banken

Lernziele

- Ursprung und Ziele des Six-Sigma-Ansatzes kennen.
- Vorgehensweise des Prozessoptimierungszyklus DMAIC verstehen und dessen Einsatzmöglichkeiten im Finanzdienstleistungsbereich erkennen.
- Ansätze zur Optimierung von Prozessen verstehen.
- Organisatorische Voraussetzungen zur Einführung von Six Sigma kennen.

10.1 Charakteristika der Six-Sigma-Methodik

Six Sigma gehört zu den evolutionären Ansätzen der Geschäftsprozessoptimierung. Die Methodik bietet einen konzeptionellen Rahmen für den Einsatz sowohl bewährter als auch innovativer Werkzeuge zur Prozessanalyse und -verbesserung. Darüber hinaus unterstützt die Methodik auch die Entwicklung neuer Prozesse und Produkte. Im Mittelpunkt steht die Steigerung der Kundenzufriedenheit und infolgedessen die Erhöhung der Rentabilität des Unternehmens.

10.1.1 Idee und Ziele von Six Sigma

Die Idee von Six Sigma entstand in den 1990er Jahren in der Industrie (Motorola) und hat insbesondere seit der Anwendung durch General Electric, Allied Signal (heute Honeywell) und ABB große Bekanntheit erlangt. Die Zahl der Anwender stieg seit etwa 2000 rasch an. Immer mehr Großunternehmen verlangten die Übertragung der Methodik auch von ihren Zulieferern, so dass sich der Ansatz über viele Länder und Branchen verbreitete.[1]

Nachdem erkannt wurde, dass die Verwendung von Six Sigma erhebliche Produktivitätsverbesserungen ermöglicht, hat die Methodik auch Eingang in den Finanzdienstleistungsbereich gefunden.[2] Hier nahmen ebenfalls angloamerikanische Banken und Versicherungen die Vorreiterrolle ein. Zu den Anwendern auf internationaler Ebene zählen u.a. AIG Insurance, Allianz, American Express, AXA, Bank of America, Citibank, Credit Suisse, Deutsche Bank, Generali, HSBC, ICICI Bank, J.P. Morgan Chase und Zurich Financial Services. Aktuelle Untersuchungen zeigen aber die zunehmende Verbreitung von Six Sigma bei Finanzdienstleistern auch im deutschsprachigen Raum.[3]

Die bisherigen Ansätze des Geschäftsprozessmanagements bezogen sich im Wesentlichen auf Zeit, Kosten und Qualität als die drei strategisch wichtigsten Größen zur Prozessverbesserung. Die Zielsetzung von Six Sigma ist in erster Linie die Steigerung der Kundenzufriedenheit und (in der Folge) der Rentabilität. Die Erzielung von Kosteneinsparungen sowie schnelle und nachhaltige Qualitäts- und Effizienzverbesserungen in allen Unternehmensprozessen sind unmittelbare Nebenprodukte von Six Sigma. Obwohl die Qualität als ein wesentlicher Bestandteil betrachtet wird, darf Six Sigma nicht primär als Methodik zur Qualitätssteigerung angesehen werden, sondern sollte als eine strategische Initiative aufgefasst werden. Six Sigma ist ein Managementinstrumentarium, das verschiedene Elemente zu einem ganzheitlichen und konsequenten Ansatz integriert, um Geschäftserfolg zu erreichen, zu erhalten und auszubauen. Aufgrund der gegenseitigen Abhängigkeit hinsichtlich der Erhöhung der Kundenzufriedenheit und steigender Rentabilität werden die Belange zweier Interessengruppen – Kunden und Anteilseigner – miteinander verbunden.

Während die meisten Werkzeuge und Techniken der Six-Sigma-Methodik bereits seit vielen Jahren im Einsatz sind, liegt der entscheidende Beitrag von Six Sigma in der Entwicklung eines konzeptionellen Rahmens, um konstant Leistung messen, verbessern, überwachen und erhalten zu können.[4]

10.1.2 Ursprung des Begriffs „Six Sigma“

Der grundlegende Schritt zur Six-Sigma-Qualität besteht darin, die Kundenanforderungen als *Critical-to-Quality-Merkmale (CTQ)* zu definieren.[5] Die CTQs sind der Ausgangspunkt für die Schaffung nahezu perfekter Prozesse oder Produkte.[6] Eine der Haupterrungenschaften des Six-Sigma-Ansatzes ist nämlich die veränderte Betrachtungsweise eines Fehlers in einem Prozess oder Produkt bzw. dessen, was als akzeptable Qualität zu bewerten ist. Nicht mehr die intern definierten Spezifikationsgrenzen eines Produkts bestimmen die Qualität, sondern ein Fehler ist alles das, was die Kundenanforderungen nicht vollständig erfüllt.[7] Die Prozessergebnisse müssen sich dementsprechend an den Kundenanforderungen messen lassen.

Traditionell werden Prozessergebnisse (Produkte bzw. Dienstleistungen) mit Durchschnittswerten beschrieben: durchschnittliche Kosten, durchschnittliche Durchlaufzeit, durchschnittliche Lieferzeit etc. Das Problem besteht aber darin, dass Mittelwerte viele Probleme und damit Qualitätsmängel und Fehler im Prozess überdecken können. Wenn dem Kunden die Lieferung einer neu bestellten Kreditkarte innerhalb von zwei Arbeitstagen versprochen wird und die durchschnittliche Bearbeitungszeit tatsächlich zwei Arbeitstagen entspricht, wird trotzdem noch eine große Zahl an Kreditkarten nach mehr als zwei Arbeitstagen geliefert. Wenn das Ziel ist, alle Kreditkarten innerhalb von maximal zwei Arbeitstagen an den Kunden zu liefern, müssen Prozessvariationen eliminiert werden. Ein gewisses Maß an Variation ist durchaus akzeptabel, allerdings ist es wichtig, dass die erbrachte Leistung den Anforderungen des Kunden entspricht. So sollte die Kreditkarte zwar innerhalb von zwei Arbeitstagen ankommen, eine Abweichung von plus/minus einem Tag wird jedoch auch akzeptiert. Eine Abweichung darüber hinaus entspricht nicht den Kundenanforderungen und muss somit als Fehler (Defect) im Prozessergebnis definiert werden.

Anhand der festgestellten Defects kann die Qualität des Prozessergebnisses gemessen werden. Das Messen des Prozesses spielt folglich bei Six Sigma im Vergleich zu anderen Qualitätsverbesserungsprogrammen eine zentrale Rolle. Daher wird im Folgenden auf die am häufigsten verwendeten Prozessperformancekennzahlen DPMO und Sigma-Niveau eingegangen.

Als Prozessperformancekennzahl für ein Six-Sigma-Projekt sind die *Defects per Million Opportunities (DPMO)* weit verbreitet. Sie berücksichtigen die tatsächlichen Fehler (Defects, D), die Anzahl betrachteter Outputstücke (Number, N) sowie die Fehlermöglichkeiten pro Stück (Opportunities, O) und berechnen sich wie folgt:[8]

$$DPMO = \frac{D}{N \times O} \times 1.000.000$$

Das Ergebnis beschreibt die Wahrscheinlichkeit, wie oft ein Fehler voraussichtlich auftritt. Je geringer die DPMO sind, desto höher ist das *Sigma-Niveau* eines Prozesses. 6σ ist das Niveau, das seinerzeit von General Electric als Maß für Perfektion bestimmt wurde. Die Six-Sigma-Community definiert heute ein 6σ-Niveau mit 3,4 DPMO, d.h. ein Prozess dieses Niveaus produziert lediglich 3,4 Fehler bei einer Million Fehlermöglichkeiten. Genau genommen, d.h. mathematisch gesehen, entspricht das allerdings nicht der Wahrheit. Daher wird im Folgenden die Bedeutung von Sigma beschrieben und anschließend der Schritt zu der allgemein verwendeten Fehlerrate von 3,4 DPMO erklärt.

Das Sigma (σ) selbst ist eine statistische Größe, die die (Standard-)Abweichung eines Prozesses vom perfekten Ablauf beschreibt. Dabei wird davon ausgegangen, dass das Ergebnis eines Prozesses normalverteilt um einen Mittelwert μ liegt, d.h. die Mehrheit der erzeugten Produkte oder Dienstleistungen entspricht genau der Spezifikation; allerdings gibt es Varianzen der gemessenen Größe nach oben und unten.

Trägt man alle Messungen in einem Histogramm ein, so erhält man die typische „Glockenkurve". Fällt man an den Wendepunkten dieser Kurve jeweils ein Lot auf die x-Achse, so erhält man dort die Werte, die $\pm 1\sigma$ entsprechen. Zwischen diesen beiden Werten bzw. unter dem von der Kurve, den Loten und der x-Achse eingeschlossenen Bereich befinden sich 68,27% der Leistungsmenge eines Prozesses (Abbildung 10.1).

Abbildung 10.1 Standardnormalverteilung mit einem 1-Sigma-Intervall

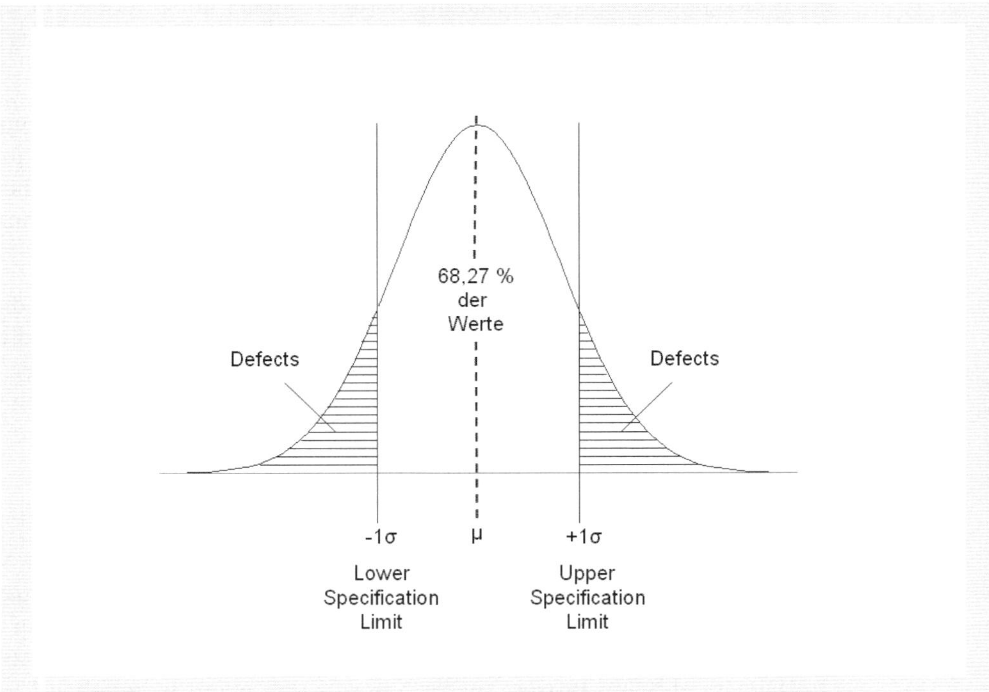

Quelle: In Anlehnung an Heckl, D. / Moormann, J. (2008a), S. 10.

Six Sigma geht nun den umgekehrten Weg und legt zunächst anhand von Kundenanforderungen die Positionen der beiden Lote als unteres und oberes Spezifikationslimit fest (Lower Specification Limit, LSL, bzw. Upper Specification Limit, USL). Würden diese Limite – wie oben beschrieben – die Lote an den Wendepunkten der Kurve darstellen, bedeutete dies, dass mehr als 31% des Outputs außerhalb der Spezifikationsgrenzen liegen und somit Ausschuss darstellen würden. Verdoppelt man aber die Breite des Abschnitts auf der x-Achse von $\pm 1\sigma$ auf $\pm 2\sigma$, so liegen bereits 95,45% der Outputmenge in der eingeschlossenen Fläche, d.h. im Spezifikationsrahmen. Ein 6σ-Niveau bedeutet rein rechnerisch, dass 99,99999975% des Outputs innerhalb dieser Grenzen liegen. Dies entspricht lediglich 0,0025 DPMO.

Ein einfaches Beispiel verdeutlicht diese Gedanken: Die Kundenanforderung bezüglich des Baufinanzierungsprozesses einer Bank soll darin bestehen, dass die Kreditentscheidung aus Sicht des Kunden idealerweise in vier Tagen getroffen und dem Kunden mitgeteilt wird (CTQ). Nach Rücksprache mit dem Kunden wären aber auch fünf Tage für eine Kreditentscheidung akzeptabel (Upper Specification Limit). Aus bankbetrieblichen Effizienzgesichtspunkten muss eine Kreditentscheidung aber nicht in weniger als drei Tagen getroffen werden (Lower Specification Limit). Die Zeit für die Kreditentscheidung kann nun aus Sicht der Bank als Durchlaufzeit und somit als ein möglicher Output des Baufinanzierungsprozesses betrachtet werden. Werden die in der Vergangenheit getroffenen Kreditentscheidungen hinsichtlich ihrer Durchlaufzeit analysiert, ergibt sich voraussichtlich eine wie in der Abbildung 10.1 dargestellte Normalverteilung. Die Normalverteilungskurve hätte folglich ihren Scheitelpunkt bei vier Tagen Durchlaufzeit – dies würde auch dem Mittelwert μ aller Durchlaufzeiten entsprechen. Darüber hinaus sollte aber auch die Standardabweichung als Gütemaß für den Prozess berechnet werden. Entsprechen das Lower Specification Limit und das Upper Specification Limit nun genau $\pm 1\sigma$, wird deutlich, dass nur 68,27% der Leistungsmenge eines Prozesses tatsächlich in den gewünschten Spezifikationsgrenzen liegen – also bei drei bis fünf Tagen Durchlaufzeit. Die restlichen Kreditentscheidungen sind nicht innerhalb der gewünschten Zeit getroffen worden und somit als Fehler anzusehen. Damit wurde in dem Baufinanzierungsprozess nur ein Sigma-Niveau von 1 erreicht. Würde dagegen die Prozessvariation einem 6σ-Niveau entsprechen, wären nahezu alle, d.h, 99,99999975% der Kreditentscheidungen innerhalb von drei bis fünf Tagen gefällt worden.

Rein mathematisch kann ein 6σ-Niveau erreicht werden, indem das Intervall auf der x-Achse hinreichend verbreitert wird. In der Realität ist dies aber nicht möglich, da das Intervall durch die CTQs der Kunden vorgegeben ist. Dementsprechend muss die Kurve selbst so verändert werden, dass $\pm 6\sigma$ innerhalb der Spezifikationsgrenzen Platz finden, d.h. die Kurve muss schlanker und höher werden. Ziel ist es, praktisch alle Outputstücke innerhalb einer durch den Kunden bestimmten Schwankungsbreite zu produzieren. Die Abbildung 10.2 veranschaulicht diese Zielsetzung und zeigt die Verbesserung eines Prozesses von einem 3σ- auf ein 6σ-Niveau.

Abbildung 10.2
Vergleich einer 3σ- mit einer 6σ-Kurve

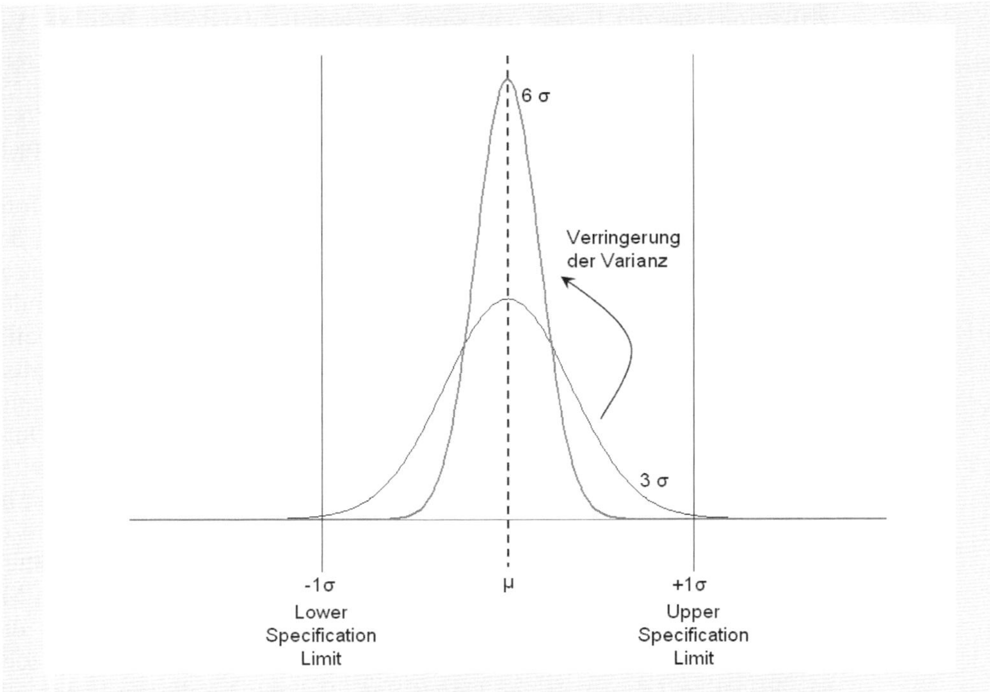

Quelle: In Anlehnung an Heckl, D. / Moormann, J. (2008a), S. 11.

Wie eingangs geschildert, wird heute bei einer Fehlerrate von 3,4 bei einer Million Möglichkeiten bzw. einem fehlerfreien Output von 99,99966% von einem 6σ-Niveau gesprochen. Rechnerisch gesehen liegen jedoch 99,99999975% aller normalverteilten Werte innerhalb von sechs Standardabweichungen, was nur 2,5 Fehlern bei einer Milliarde Fehlermöglichkeiten bzw. 0,0025 DPMO entspricht.[9] Die Frage ist, wie es zu dieser Diskrepanz kommt.

Als in der Entstehung von Six Sigma bei Motorola Prozesse über längere Zeit gemessen wurden, stellte man fest, dass die Prozessergebnisse „typischerweise“ um 1,5σ um den Mittelwert schwankten (Abbildung 10.3). Wird diese (langfristige) Schwankung um den Mittelwert berücksichtigt, ergibt sich die Fehlerrate von 3,4 DPMO. Obwohl diese streng genommen einem Niveau von 4,5σ anstatt 6σ entspricht, wurde dennoch die Bezeichnung „Six Sigma“ für die Methodik beibehalten.[10]

Abbildung 10.3
Schwankung des Mittelwerts um ± 1,5 Sigma

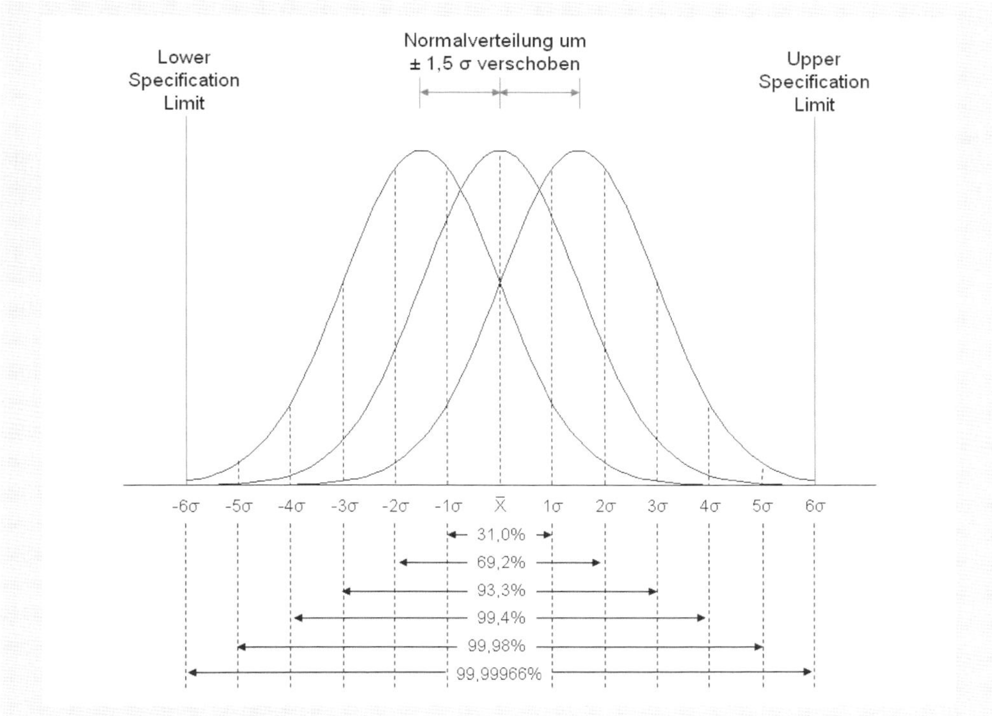

Quelle: Breyfogle, F.W. (2003), S.14.

Die Tabelle 10.1 zeigt in den drei linken Spalten, welches Niveau einem DPMO-Wert in der Six-Sigma-Methodik zugeordnet wird. Diese Zuordnung berücksichtigt die Schwankung des Mittelwerts um 1,5σ in beide Richtungen. Demgegenüber zeigen die beiden rechten Spalten, dass die Prozesse ein deutlich höheres Maß an Perfektion erreichen müssten, wenn eine solche Schwankung nicht berücksichtigt werden würde. Im Folgenden wird in Analogie zur Six-Sigma-Literatur immer auf die Werte in den drei linken Spalten Bezug genommen.

Das Sigma-Niveau von Prozessen in den meisten Unternehmen liegt in der Größenordnung von drei Sigma und weist daher Verbesserungspotenzial auf.[11] Die praktischen Auswirkungen lassen sich exemplarisch am Überweisungsverkehr verdeutlichen. Geht man von täglich 1,5 Mio. Überweisungen innerhalb Deutschlands aus, würde ein 3σ-Niveau zu etwa 100.000 fehlerhaften Überweisungen pro Tag führen. Ein 6σ-Niveau würde dagegen täglich zu lediglich fünf fehlerhaften Überweisungen führen. Andere Branchen, wie z.B. Fluggesellschaften und Krankenhäuser, müssen generell auf einem höheren Sigma-Niveau arbeiten. Während beispielsweise in deutschen Krankenhäusern bei einem 3σ-Niveau durchschnittlich mehr als 50.000 Neugeborene pro Jahr bei der Geburt fallengelassen würden, reduziert sich dies auf nur zwei Neugeborene bei einem 6-Sigma-Niveau.

Tabelle 10.1 Sigma-Niveaus und entsprechende Fehleranzahl

Sigma-Niveau	Mit Verschiebung um 1,5 Sigma		Ohne Verschiebung	
	Defects per Million Opportunities	Fehlerfreie Produkten bzw. Prozessen	Defects per Million Opportunities	Fehlerfreie Produkten bzw. Prozessen
6 Sigma	3,4	99,99966%	0,0025	99,99999975%
5 Sigma	233,0	99,977%	0,57	99,999943%
4 Sigma	6.210,0	99,379%	63,0	99,9937%
3 Sigma	66.807,0	93,32%	2.700,0	99,73%
2 Sigma	308.537,0	69,2%	45.500,0	95,45%
1 Sigma	690.000,0	31,0%	317.300,0	68,27%

Quelle: Heckl, D. / Moormann, J. (2008a), S. 13.

An diesen Beispielen wird deutlich, dass ein Sigma-Niveau entscheidend von der Kundenwahrnehmung im Sinne der CTQs beeinflusst wird. Beispielsweise werden Fluggäste hinsichtlich der Pünktlichkeit ihres Flugs eine deutlich höhere Varianz in Kauf nehmen als in Bezug auf eine sichere Landung. Während beim Abflug oder der Ankunft eine Schwankung von einigen Minuten tolerierbar erscheint und sicher keine akute Unzufriedenheit bei Kunden auslöst, liegt ein Flugzeugabsturz naturgemäß außerhalb der Toleranzgrenze der Fluggäste. Daher kommt etwa die Lufthansa bezüglich ihres Start- und Landeprozesses nicht mit sechs Sigma aus, sondern arbeitet auf einem 7σ-Niveau.

10.1.3 Vorgehensmodell von Six Sigma

Kernelement der Six-Sigma-Methodik ist ein Problemlösungszyklus, der so genannte *DMAIC-Zyklus* (Abbildung 10.4). Dieser besteht aus den fünf Phasen Define, Measure, Analyze, Improve und Control.

Abbildung 10.4
Phasen des DMAIC-Zyklus

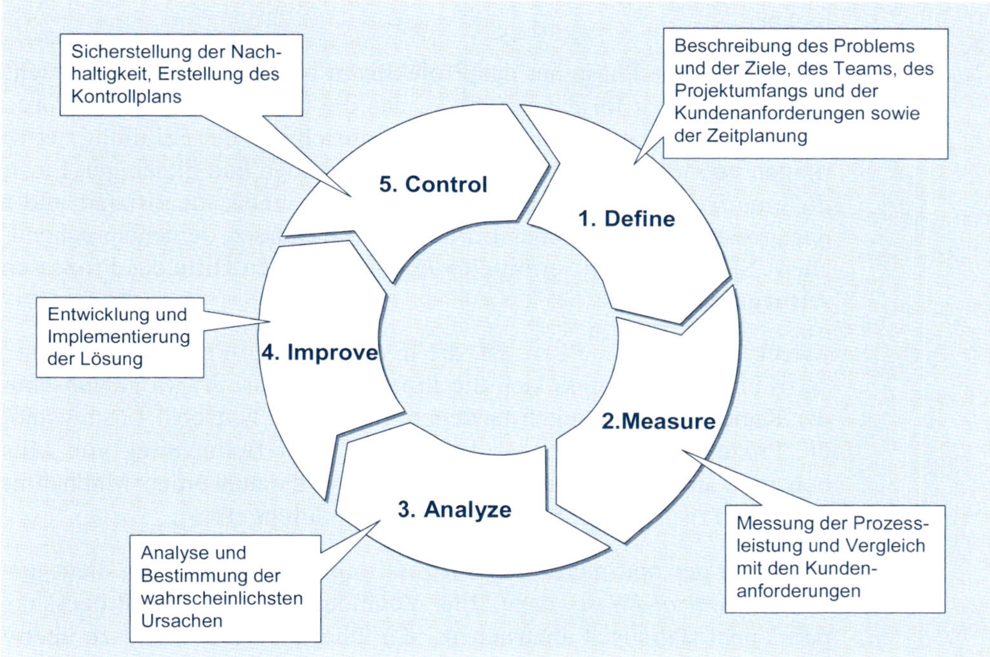

Six-Sigma-Projekte sind durch ein Denken in Fakten geprägt. Der Einsatz statistischer Methoden stellt dies über die gesamte Projektdauer sicher. So wird ein reales Problem zunächst in ein statistisches Problem umgewandelt (Formalisierung), um dann eine statistische Lösung zu suchen und darauf aufbauend eine reale Lösung zu finden. Dieser Ansatz spiegelt sich im Vorgehensmodell DMAIC wider:

Innerhalb der *Define-Phase* wird das Projekt beschrieben und abgegrenzt. Es gilt, die konkrete Problemstellung darzustellen und das damit verbundene Projektziel sowie den genauen Projektumfang festzulegen. Auch Projektverantwortliche und ein Projektteam sind zu benennen sowie Ziele zwischen Projektverantwortlichen und Projektinitiator zu vereinbaren.

Innerhalb der *Measure-Phase* erfolgt die Vermessung des zu optimierenden Prozesses im Hinblick auf die bisherige Erfüllung der Kundenanforderungen. Das in der Define-Phase beschriebene Problem des Prozesses wird mit Hilfe der deskriptiven Statistik quantifiziert. Dafür werden wichtige Output-Messgrößen systematisch ermittelt und ein Messsystem entwickelt. Die erhobenen Daten werden grafisch analysiert und hinsichtlich Lage und Streuverhalten untersucht. Anschließend wird die Prozessperformance mittels Sigma-Kennzahl und anderer Prozesskennzahlen berechnet.

In der Measure-Phase hat das Projektteam begonnen, den zu betrachtenden Prozess als $Y_i = f(x_{ij})$ zu formalisieren. Y_i, das die kritischen Kundenanforderungen an das Prozessergebnis widerspiegelt, wurde hinsichtlich der Erfüllung der Kundenanforderungen vermessen. In der *Analyze-Phase* werden nun diejenigen Einflussfaktoren x_{ij}, die eine Veränderung von Y_i herbeiführen können, identifiziert und analysiert. Aus der großen Zahl möglicher Einflussgrößen müssen dementsprechend die maßgeblichen „Stellschrauben" ermittelt werden, mit deren Hilfe das Prozessergebnis verbessert werden kann.

Zweck der *Improve-Phase* ist, die in der Analyze-Phase gefundenen Stellschrauben x_{ij} so einzustellen, dass sich die Prozessergebnisse Y_i im gewünschten Zielkorridor der Kundenanforderungen bewegen. Dazu sind zunächst Lösungsmöglichkeiten für die Prozessgestaltung zu erarbeiten und unter Betrachtung von Muss-Kriterien zu bewerten und auszuwählen. Im Anschluss daran werden Maßnahmen zur Umsetzung der Lösungen erarbeitet, geplant und durchgeführt.

Nachdem der optimierte Soll-Prozess implementiert wurde, dient die sich anschließende *Control-Phase* dazu, die Veränderungen in der Prozessleistungsfähigkeit permanent statistisch abzusichern, d.h. über den Zeitverlauf zu überwachen und bei Problemen dagegen zu steuern. Außerdem wird das Six-Sigma-Projekt dokumentiert, an den Prozessverantwortlichen übergeben und mit dem Einverständnis des Sponsors abgeschlossen.

Neben der DMAIC-Vorgehensweise wird auch der *DMADV-Zyklus* verwendet, der aus den Phasen Define, Measure, Analyze, Design und Verify besteht. Der Unterschied beider Zyklen liegt in der Zielsetzung: Während sich der DMAIC-Zyklus auf die Verbesserung von bestehenden Prozessen bezieht, kommt der DMADV-Zyklus beim Neuentwurf von Produkten, Prozessen und Systemen zum Einsatz.

Die stringente, phasenorientierte Durchführung eines Six-Sigma-Projekts konkretisiert sich in einer Projektlaufzeit von 90 bis maximal 180 Tagen. Außerdem hat jedes Projekt eine klare Zielstruktur, bei der die nachweisbaren finanziellen Ergebnisse im Vordergrund stehen. So wird in großen Unternehmen die durchschnittliche Ersparnis (*Net Benefit*) pro Projekt auf mindestens 125.000 Euro beziffert, während sie in kleinen und mittleren Unternehmen nicht unter 50.000 Euro liegen sollte.[12]

10.1.4 Rollenmodelle der Six-Sigma-Methodik

Für den Erfolg von Six Sigma ist eine klare Definition der Rollen und Verantwortlichkeiten entscheidend. Die Mitarbeiter in den Projekten nehmen unterschiedliche Rollen ein, die – in Anlehnung an asiatische Kampfsportarten – vom Yellow Belt über den Black Belt bis hin zum Master Black Belt reichen. Die Belts spiegeln die methodische Ausbildung und die Projekterfahrung der Beteiligten wider. Innerhalb der Six-Sigma-Organisation gibt es fünf spezifische Rollen:

- *Sponsoren* (auch *Champions* genannt) stammen meist aus der Geschäftsleitung. Sie sind verantwortlich für die Projektauswahl, die Zusammenstellung der Projektteams und die Sicherstellung der Ressourcen. Gemeinsam mit dem projektleitenden Belt-Träger legen sie Projektziele und -umfang fest. Beides wird permanent in Projekt-Reviews überprüft. Letztlich bestimmt der Sponsor über den Projekterfolg oder -misserfolg und zollt den Mitarbeitern die entsprechende Anerkennung für das abgeschlossene Projekt. Pro Geschäftseinheit wird ein Sponsor empfohlen.[13]

- *Master Black Belts* üben ihre Six-Sigma-Tätigkeit hauptberuflich aus. Sie sind Partner der Sponsoren und Mentoren der Black Belts. Neben der Konzeption des Belt-Trainings und der Ermittlung des Trainingsbedarfs schulen und unterstützen sie die Black Belts direkt. Sie fungieren als fachliche Experten der Black Belts und als Prozessverantwortliche für Statistik, Veränderungsmanagement und Prozessgestaltung und helfen bei der Verbreitung bewährter Praktiken im Unternehmen. Ein Richtwert für die benötigte Anzahl an Master Black Belts im Unternehmen in Relation zur Anzahl der Black Belts liegt bei 1:30.[14]

- Der zertifizierte *Black Belt* besitzt als Projektleiter – meist hauptberuflich – die unmittelbare Verantwortung für die Arbeit und Ergebnisse eines Six-Sigma-Projekts. Die Überprüfung der Wirtschaftlichkeit eines Projekts, die Projektplanung, die Anwendung der Six-Sigma-Vorgehensweisen und -Werkzeuge, die Konservierung der erzielten Ergebnisse durch Übertragung von neuen Lösungen oder Prozessen auf die laufenden Tätigkeiten und die Dokumentation der Endergebnisse gehören ebenso zum Aufgabenbereich des Black Belts wie die Verbreitung des Ansatzes im Unternehmen durch Unterrichtung und Coaching der Green Belts.[15] Harry / Schroeder schlagen als Faustregel einen Black Belt pro 100 Mitarbeiter vor.[16]

- *Green Belts* führen neben ihren normalen beruflichen Pflichten in Teilzeit Six-Sigma-Projekte eigenständig oder als Teammitglied des Black Belts im Rahmen ihrer bestehenden Verantwortung durch. Sie lernen und praktizieren die Techniken der Six-Sigma-Methodik in ihrer täglichen Arbeit. Etwa 5% der Mitarbeiter im Unternehmen sollten zertifizierte Green Belts sein.[17]

- Sobald das Six-Sigma-Projekt abgeschlossen ist, wird der optimierte Prozess in die Verantwortung des *Process Owner*, häufig ein Linienmanager, zurückgegeben. Dieser soll gewährleisten, dass Prozessverbesserungen erhalten bleiben und kontrolliert werden.[18]

Darüber hinaus soll die Six-Sigma-Initiative durch Mitglieder des Top-Managements verantwortet werden. In einigen Organisationen werden dazu die Rollen des *Business Quality Council* und des *Quality Leader* besetzt. Das Business Quality Council legt die Strategie für Six Sigma im Gesamtunternehmen fest. Außerdem entscheidet es über die Durchführung von Projekten und erteilt den Projektauftrag an den Sponsor. Der Quality Leader treibt die Six-Sigma-Initiative durch die Schaffung einer Infrastruktur und der Rollenverteilung voran, beseitigt Barrieren in der Organisation, plant Ziele und Zeitrahmen, überprüft den Fortschritt und die finanziellen Auswirkungen der Initiative und überträgt die bewährtesten Praktiken auf die gesamte Organisation und gegebenenfalls auch über deren Grenzen hinaus.[19]

10.2 Einsatzbereiche von Six Sigma in Banken

Bereits der Einsatz von Six Sigma bei General Electric zeigte, dass die Methodik sowohl im Dienstleistungsbereich (GE Capital) als auch in der Fertigung erfolgreich eingesetzt werden kann.[20] Doch obwohl das Prozessergebnis einer Dienstleistung im Vergleich zu einem Fertigungsprodukt oft die größeren Auswirkungen für den Kunden hat, da die Dienstleistung häufig direkt am Kunden erbracht wird, wurde die Anwendbarkeit von Six Sigma auf Dienstleistungsprozesse aufgrund der Immaterialität lange verkannt.[21] So ergab eine Ende 2003 durchgeführte Untersuchung von Lieber/Moormann unter den 100 größten Banken des deutschsprachigen Bereichs, dass nur knapp 55% der Befragten die Methodik Six Sigma zumindest kannten.[22] Nur eine der Banken wendete Six Sigma zum Befragungszeitpunkt an und lediglich zwei Kreditinstitute prüften zum Zeitpunkt der Befragung eine mögliche Einführung. Doch seitdem ist die Aufmerksamkeit bezüglich Six Sigma in der Finanzbranche beträchtlich gestiegen. So befassen sich die Frankfurter Großbanken mit Six Sigma – die Deutsche Bank intensiv, die Commerzbank mit Einstiegsprojekten. Die Schweizer Großbanken Credit Suisse und UBS sind ebenso wie die österreichische Raiffeisen International und die Erste Bank aktive Nutzer von Six Sigma. Auch

Sparkassen (und deren Regionalverbände) sind interessiert; die ersten Institute haben Pilotprojekte durchgeführt. Erhebliche Aktivitäten gibt es verständlicherweise im Bereich der Transaktionsbanken.[23] Zumindest in drei großen Abwicklungsinstituten laufen Six-Sigma-Initiativen, teilweise als Großprojekte wie beispielsweise bei Xchanging und der NRS AG.[24]

Lange Zeit wurde davon ausgegangen, dass Prozesse für Bankdienstleistungen weitgehend anders sind als Prozesse in der industriellen Fertigung. Dies ist einer der Gründe für die späte Einführung der Six-Sigma-Methodik im Bankensektor. Nun aber befinden sich die Finanzdienstleister selbst in der Transformation zu industriell geprägten Unternehmen. Viele Prozesse in der Bankenbranche beinhalten standardisierte Abläufe, hauptsächlich bei der Durchführung von kontobezogenen Leistungen wie der Kontoeröffnung/-schließung, dem Zahlungsverkehr, der Wertpapierabwicklung sowie der Bearbeitung von Kreditanträgen, der Kreditvergabe und -abwicklung. Insbesondere auf diesen Feldern können die Banken enorm von Six Sigma profitieren. Neue, interessante Perspektiven ergeben sich für Kreditinstitute auch für das Beschwerdemanagement sowie für Vertriebsprozesse.[25]

Eine Studie des ProcessLab der Frankfurt School of Finance & Management aus dem Jahr 2008 bestätigt, dass die zahlreichen Einsatzmöglichkeiten von Six Sigma bei Banken und Versicherern zunehmend erkannt werden.[26] In neun von zehn befragten Unternehmen ist die Methodik zumindest in Grundzügen bekannt. 25% aller Antwortenden setzen die Methodik bereits ein. Im Vergleich zu 2003 zeugt dies von einem drastisch zunehmenden Interesse seitens der Finanzdienstleister. Obwohl die Qualitätssteigerung und die damit eng verbundene Kundenzufriedenheit primäre Ziele der Methodik sind, war der Druck zur Kostensenkung der am häufigsten genannte Grund für die Einführung von Six Sigma.

Auch wenn die meisten Befragten noch relativ wenig Erfahrung mit Six-Sigma-Projekten gesammelt haben, ist die Mehrzahl von ihnen mit den Ergebnissen sehr zufrieden. Häufig wurden einige besonders viel versprechende Projekte als Pilot durchgeführt. Nach erfolgreichem Abschluss planen die Verantwortlichen in der Regel eine Ausweitung der Six-Sigma-Initiative. Im Folgenden werden drei Beispiele des Six-Sigma-Einsatzes beschrieben:

Beispiel 1.[27] Die Deutsche Bank verwendet Six Sigma in verschiedensten Geschäftsbereichen. An dieser Stelle soll ein ausgewähltes Projektbeispiel skizziert werden. Dabei ging es um die Kredit- und Sicherheitenbearbeitung der Deutschen Bank. Hier gab es eine Reihe von Problemen, die durch den Einsatz der Six-Sigma-Methodik angegangen werden sollten. Erstens gab es keine einheitlichen, dokumentierten Prozesse. Fast jeder Mitarbeiter verfuhr auf eine andere Art und Weise mit den Kreditanträgen. Selbst die Bearbeitung zweier Anträge durch den gleichen Mitarbeiter erfolgte nicht zwangsläufig nach dem gleichen Schema. Dies führte unweigerlich zu dem zweiten Problem, nämlich der Intransparenz von Leistungen und Mengen. Für Außenstehende war es unmöglich nachzuvollziehen, wie viele Mitarbeiterkapazitäten normalerweise für eine bestimmte Zahl von Kreditanträgen benötigt wurden. Aus der nicht möglichen Kapazitätsplanung resultierten zwangsläufig zu hohen Personalkosten. Aufgrund des fehlenden Gesamtüberblicks über den Prozess musste niemand das unbefriedigende Prozessergebnis (nämlich falsch oder zu langsam bearbeitete Anträge) gegenüber dem Kunden verantworten.

Ziel des Einsatzes von Six Sigma war daher eine kostengünstige, effiziente und flexible Bearbeitung von Krediten und Sicherheiten auf Basis einer detaillierten Messung von Prozesskennzahlen. Dabei standen insbesondere Durchlaufzeiten und Produktivitätskennzahlen im Vordergrund. Der schwankende Auftragseingang an verschiedenen Wochentagen konnte als Ursache für das geringe Sigma-Niveau von 1,5 ermittelt werden. Durch verbesserte Prognosesysteme und den optimierten Einsatz von Teilzeitarbeitskräften an Wochentagen mit hohem Auftragseingang konnte der Prozess deutlich beschleunigt werden. Die detaillierte Aufnahme von Zeitwerten für einzelne Aktivitäten ermöglichte den Einsatz eines so genannten Dispatchers, wodurch vorhandene Kapazitäten optimal genutzt und die Produktivität gesteigert werden konnte.

Der Nutzen des Projekts war überraschend hoch. Die Produktivität konnte innerhalb kürzester Zeit um 12% gesteigert werden. Die Streuung der Tagesproduktivität sank um 20%, d.h. die Prozesse in der Kredit- und Sicherheitenbearbeitung wurden deutlich stabiler. Das Sigma-Niveau konnte nachhaltig auf 2,5 verbessert werden.

Beispiel 2.[28] Die Implementierung von Six Sigma als konzernweite Initiative war die Zielsetzung der Commerzbank. Um ein einheitliches Verständnis für die Methodik zu schaffen, wurde Anfang 2008 eine auf sechs Monate ausgelegte Pilotphase gestartet. Dazu wurde die Konzerneinheit „Organisation“ ausgewählt, die einen schnellen Projektstart und die Übertragbarkeit der Projekterfahrungen ermöglichte.

Den verantwortlichen Mitarbeitern wurde in zwei Schulungsblöcken das nötige Wissen vermittelt, um selbstständig konkrete, überschaubare Projekte durchzuführen. Auf den Einsatz von internen und externen Beratern wurde bewusst verzichtet. Zusätzlich zur bestehenden Aufbauorganisation im Konzern wurde eine Prozessoptimierungsorganisation etabliert. Diese ermöglicht den Mitarbeitern eine Weiterentwicklung in der Hierarchie von Green Belts bis hin zu Master Black Belts.

Im nächsten Schritt mussten geeignete Projekte identifiziert werden. Nach einer Vorauswahl von 30 Projekten, die aus Gesprächen mit den Bereichsleitern hervorgingen, wurden auf Basis von Projektsteckbriefen (inklusive Problembeschreibung, Zielsetzung, Dauer, beteiligten Einheiten etc.) in einem Workshop 13 Projekte ausgewählt. Grundlage für die Auswahl der Projekte waren die folgenden Kriterien:

- Der ökonomische Erfolg der Optimierungsmaßnahme muss messbar sein.
- Die erzielte Optimierung muss bereits sechs Monate nach Projektstart wirksam werden.
- Die Prozessoptimierungen sollen grundsätzlich ohne größere IT-Investitionen (unter 100.000 Euro) erreicht werden.

Die ausgewählten Projekte deckten ein breites Spektrum fachlicher Fragestellungen ab. Dies sollte auch eine Aussage dazu ermöglichen, inwieweit Six Sigma für die Anwendung auf verschiedene Problemstellungen geeignet ist. Für jedes Projekt wurde vom Champion ein Mitarbeiter (Green Belt) ausgewählt, der mit 30-50% von seiner Linientätigkeit befreit wurde. Im Schnitt waren 3-5 Personen in ein Projekt eingebunden. Die Gesamtdauer der Pilotphase betrug vier Monate und umfasste insgesamt 60 Mitarbeiter.

In enger Anlehnung an den DMAIC-Zyklus wurden zunächst Problem- und Zielbeschreibungen erstellt und ein Kick-off-Meeting durchgeführt. Nach Erstellung eines Messplans und Erhebung der Daten wurden letztere mittels statistischer Methoden analysiert. Anschließend wurden Optimierungsmaßnahmen geplant, getestet und umgesetzt. Besonders wichtig war das Controlling der Verbesserungsmaßnahmen. So wurde auch ein halbes Jahr nach Projektende die langfristige Wirksamkeit der Optimierungsmaßnahmen durch weitere Messungen sichergestellt.

Insgesamt war die Durchführung der 13 Pilotprojekte äußerst erfolgreich. Die monetären Ziele aller Projekte wurden mehr als erfüllt und es konnte ein Aufwand-Ertrags-Verhältnis von 1:4 erzielt werden. Dieser große Erfolg bildet die Grundlage für einen konzernweiten Einsatz von Six Sigma in naher Zukunft.

Beispiel 3.[29] Nach einer Untersuchung verschiedener Prozessoptimierungsmethodiken entschied sich die NRS AG[30] Ende 2006 dazu, Six Sigma zusammen mit Lean-Management-Elementen einzuführen und startete dazu das Programm OPEX (Operative Exzellenz). Mit Unterstützung eines externen Beraters wurde eine Testphase im gesamten Unternehmen gestartet, die vom Management (erste und zweite Führungsebene) getragen wurde. Während alle Projektmitarbeiter und das Management eine eintägige Six-Sigma-Grundausbildung erhielten, wurden Mitarbeiter der dritten Führungsebene und Spezialisten, die die Projekte leiten sollten, in einer zehntägigen Schulung zu Green Belts ausgebildet. Die Six-Sigma-Projekte wurden eng mit der bestehenden Aufbauorganisation verzahnt, so dass auf eine parallele Hierarchie – bestehend aus den Six-Sigma-Rollen – bewusst verzichtet wurde. Ein Steuerungskreis legte Rahmenbedingungen wie Laufzeit, Aufwand und Optimierungspotenzial für die Projekte fest, übernahm aber nicht die operative Steuerung.

In der ersten von insgesamt vier Phasen wurden sechs Testprojekte in den drei Geschäftsbereichen Marktservice, Kreditservice sowie Finanzen und Controlling gestartet. In der zweiten, so genannten Rollout-Phase konnten schon 18 Projekte parallel durchgeführt werden. Alle trugen zu einer Produktivitätssteigerung bei und konnten in weniger als einem Jahr ihren Break-Even-Punkt erreichen. In Phase drei („Stabilisierung“) starteten Anfang 2008 bereits 20 Projekte. In der der vierten Phase führten 32 Green Belts parallel Projekte durch. Somit wurden in den Jahren 2007 und 2008 über 80 Projekte in Bereichen wie z.B. Pfändungsbearbeitung, Kreditkartenbearbeitung, elektronische Archivierung und Pfandbrieffähigkeit durchgeführt. Lediglich fünf dieser Projekte wurden nicht wie geplant mit dem entsprechenden Erfolg beendet.

Zu den nächsten Schritten zählen der Aufbau eines umfassenden Kennzahlensystems, die Förderung der Mitarbeitermotivation, die Erhöhung der OPEX-Mitarbeiterkapazität, die Integration von Mandanten in die Projektarbeit sowie die Erweiterung der Projektzielsetzung.

Insgesamt bezeichnet die NRS die Einführung von Six Sigma als großen Erfolg, da die Produktivitäts- und Qualitätssteigerungen der optimierten Prozesse hoch sind. Allerdings wird es zunehmend schwieriger, immer neue Prozesse mit ähnlichem großem Verbesserungspotenzial zu identifizieren. Aufgrund der überwiegend positiven Erfahrungen soll OPEX nachhaltig im Unternehmen implementiert werden. Dabei soll neben der bisher im Mittelpunkt stehenden Produktivitätssteigerung vor allem mehr Gewicht auf die Erhöhung der Qualität gelegt werden.

10.3 DMAIC-Zyklus am Beispiel der Kreditbearbeitung

Um die Vorgehensweise von Six Sigma zu verdeutlichen, wird im Folgenden der DMAIC-Zyklus anhand eines fiktiven Beispiels erläutert. Die Darstellung basiert auf der Simulationsstudie KreditSim, die vom ProcessLab der Frankfurt School of Finance & Management entwickelt wurde.[31] Die Ausgangsbasis des Beispiels gestaltet sich wie folgt:

Die Kreditbank AG sei eine führende lokale Bank, die sich auf Baufinanzierungen spezialisiert hat. Sie unterhält vier Filialen, in denen die Privatkunden von speziell ausgebildeten Mitarbeitern beraten werden. Die Kreditentscheidungen über die von den Filialmitarbeitern akquirierten Baufinanzierungen werden jedoch nicht in der Filiale, sondern (gebündelt) durch Sachbearbeiter in der Zentrale getroffen. Durch die Zentralisierung der Kreditentscheidung und -abwicklung soll eine kostengünstige und qualitativ hochwertige Kreditbearbeitung sichergestellt werden.

Die Filialmitarbeiter möchten ihren Privatkunden eine kundenorientierte Dienstleistung anbieten, die eine schnelle und fehlerfreie Bearbeitung des Baufinanzierungsantrags beinhaltet. Sie legen daher besonderen Wert darauf, dass ihre in der Zentrale zur Kreditentscheidung und -abwicklung eingereichten Baufinanzierungsanträge zeitnah und richtig bearbeitet werden. Diese Anforderungen lassen sich mit den folgenden drei Qualitätskriterien beschreiben:

1. Bearbeitung des Kreditantrags innerhalb von 2 Tagen,
2. Ermittlung des richtigen Rating nach einem festgelegten Verfahren sowie
3. Berücksichtigung der vereinbarten Tilgungsmodalität bei der Kreditbearbeitung.

In den letzten Monaten verzeichneten die Filialmitarbeiter der Kreditbank AG jedoch eine permanent steigende Zahl an Beschwerden. Die Kreditentscheidung dauere mindestens zehn Tage und der Kreditantrag sei dann auch noch falsch bearbeitet worden. Auch die Filialmitarbeiter selbst sind unzufrieden über die Rating-Ermittlung, da sie in der Vergangenheit immer wieder Fehler bei der Ermittlung der Rating-Punktzahl entdeckt haben. Mit der derzeitigen Prozessgestaltung können die Qualitätskriterien nicht erfüllt werden. Eine Verbesserung des Kreditentscheidungsprozesses ist dringend erforderlich.

Um kurzfristig die Qualitätskriterien durch die Veränderung der Prozessgestaltung zu erfüllen, soll daher ein Six-Sigma-Projekt zur Optimierung des Kreditprozesses durchgeführt werden. Initiator des Projekts ist der Vorstand (Sponsor). Zur Analyse und Verbesserung des Prozesses werden die fünf Phasen des DMAIC-Zyklus durchlaufen.

10.3.1 Define-Phase

Die Definition und Abgrenzung des geplanten Projekts erfolgt innerhalb der Define-Phase. Dazu muss die konkrete Problemstellung dargestellt und das damit verbundene Projektziel und der genaue Projektumfang definiert werden. Die Grundlage hierfür bilden die Anforderungen der Kunden an das Prozessergebnis (gewünschte Qualität des zu optimierenden Prozesses). Des Weiteren sind der Projektverantwortliche und das Projektteam zu benennen sowie Ziele zwischen Projektverantwortlichem und Projektinitiator (Sponsor) zu vereinbaren. Methodisch werden dazu die Werkzeuge Project Charter, SIPOC und CTQ-Matrix verwendet.

Zur Erstellung der erforderlichen Projektdefinition beruft der Vorstand der Kreditbank AG einen Six-Sigma-Spezialisten (*Black Belt*), um sich mit ihm und dem Abteilungsleiter für die Kreditsachbearbeitung, dem *Process Owner*, Klarheit über das Projekt zu verschaffen. Mit Hilfe des in diesem Rahmen zu erstellenden *Project Charter* werden der Projektauftrag und -umfang klar umrissen, so dass die Probleme, die Ziele und der zu optimierende (Teil-)Prozess benannt und für die Projektteilnehmer transparent sind. Sponsor (Auftraggeber), Black Belt und Process Owner der Kreditbank AG erstellen zur Verbesserung des Kreditbearbeitungsprozesses folgenden Project Charter:

- *Business Case:* Für die Kreditentscheidung (Bearbeitung der Kreditanträge) der durch die Filialmitarbeiter akquirierten Baufinanzierungen ist die zentrale Kreditsachbearbeitung der Kreditbank AG verantwortlich. Die definierten Qualitätsansprüche an die Kreditbearbeitung werden dauerhaft nicht erfüllt; die Resultate sind sowohl für die Kunden als auch für die Vertriebsmitarbeiter nicht akzeptabel. Das dadurch verlorengehende Geschäft wird auf Dauer zu einer unbefriedigenden Ertragssituation und einem schrumpfenden Marktanteil der Bank führen.

- *Problemdefinition:* Durch die zu lange Bearbeitungszeit und dem daraus folgenden geringen Durchsatz an Kreditentscheidungen kam es zu Umsatzeinbußen von rund 15 Mio. Euro p.a. aufgrund des entgangenen Geschäfts. Des Weiteren entstand aufgrund der hohen Fehlerkosten durch falsche Rating-Ermittlungen und fehlerhafte Berücksichtigung der Tilgungsmodalitäten ein immenser monetärer Verlust von 300.000 Euro p.a. Die Filialmitarbeiter als interne Kunden und die Kreditnehmer als externe Kunden der Prozessleistung zeigen eine ständig zunehmende Unzufriedenheit mit der Kreditbearbeitung. Die Baufinanzierungsgenehmigung/-ablehnung dauert zu lange (durchschnittlich 10 Tage) und 30% der Rating-Kennzahlen werden fehlerhaft ermittelt. Gleichzeitig werden bis zu 50% der von den Filialmitarbeitern getroffenen Vertragsvereinbarungen nicht bei der Kreditbearbeitung/-entscheidung berücksichtigt.

- *Zieldefinition:* Mit Hilfe einer Durchsatzerhöhung um 100% und einer Reduzierung der Fehlerkosten auf ein Zehntel des Ausgangswerts soll ein monetärer Gewinn mit dem Baufinanzierungsgeschäft erzielt werden. Gleichzeitig soll die Kundenzufriedenheit durch die Einhaltung folgender Service Levels gesteigert werden: Reduktion der Durchlaufzeit von 10 auf 2 Tage, eine 100% richtige Ermittlung von Rating-Kennzahlen sowie eine 100% richtige Berücksichtigung der getroffenen Vertragsvereinbarungen.

- *Fokus:* Innerhalb des Six-Sigma-Projekts wird nur der Kreditentscheidungsprozess betrachtet. Es wird ausschließlich eine Analyse und Veränderung der Prozessteile innerhalb der Zentrale vorgenommen; die Prozessteile innerhalb der Filialen bleiben unberücksichtigt.

- *Rollen:* Sponsor des Six-Sigma-Projekts ist der Vorstand der Kreditbank AG; Process Owner des Kreditbearbeitungsprozesses ist der Abteilungsleiter Kreditsachbearbeitung. Als Ressourcen werden dem Projekt ein Black Belt als Projektleiter zu 100% und vier Yellow Belts zu jeweils 50% der Arbeitszeit zur Verfügung gestellt.

- *Meilensteine:* Das Projekt soll innerhalb von 90 Tagen abgeschlossen werden. Die folgenden Beispieldaten markieren das Ende der jeweiligen DMAIC-Phase

- Projektbeginn:	02.03.2010	- Define:	17.03.2010
- Measure:	14.04.2010	- Analyze:	10.05.2010
- Improve:	21.05.2010	- Control:	01.06.2010

Wichtig bei der Erstellung des Project Charter ist, die Dringlichkeit des Problems bereits im Business Case für alle Beteiligten klar und deutlich herauszustellen. Die Problemdefinition soll den Ist-Zustand beschreiben. Hier sollen noch keine Ursachen gesucht werden. Auch darf die Zieldefinition noch keine Lösungsansätze enthalten. Die formulierten Ziele sollten SMART (spezifisch, messbar, abgestimmt, realistisch und terminiert) sein. Der Fokus des Projekts beschreibt exakt, welche Sachverhalte betrachtet werden sollen und welche Prozessteile dem Projekt zugrunde liegen. Die Rollen regeln vor allem die Verantwortlichkeiten, ohne die jedes Projekt nur sehr geringe Erfolgsaussichten hat. Ein ambitionierter Zeitplan mit festen Meilensteinen hilft, zielstrebig den Abschluss des Projekts zu verfolgen. Ein Projektplan sollte nicht mehr als 90 Tage (in Ausnahmefällen 180 Tage) umfassen. Deutet sich eine längere Projektlaufzeit an, sollte eine Aufteilung in mehrere kleine Projekte vorgenommen werden.

Um alle Projektmitglieder aktiv in das Projekt einzubinden, die Wichtigkeit des Themas deutlich zu machen und die Rolle jedes Teammitglieds zu spezifizieren, wird ein Kick-off-Meeting durchgeführt. Innerhalb dieses Meetings wird eine Einführung und Projektvorstellung gegeben, der Project Charter (Projektauftragsdefinition) diskutiert sowie die Rollen und Spielregeln für die Projektarbeit festgelegt. Gegebenenfalls ist auch eine Einführung in die Six-Sigma-Methodik erforderlich.

Um die Projektgrenzen noch deutlicher zu ziehen, definieren Sponsor, Process Owner und das Projektteam innerhalb des Kick-off-Meetings mit Hilfe des *SIPOC* den zu untersuchenden Prozessabschnitt. SIPOC steht für Supplier, Input, Process, Output, Customer. In einer SIPOC-Tabelle werden die (internen und externen) Lieferanten und alle Vormaterialien, Informationen und Ressourcen als Supplier bzw. Input des betrachteten Prozessabschnitts eingetragen. In der Spalte Process werden die wichtigsten fünf bis sieben Prozessschritte, gegebenenfalls zusammen mit vorhandenen Leistungsindikatoren aufgelistet. Der messbare Output, den die Kunden aus dem Prozess erhalten, wird ebenfalls festgehalten. Außerdem werden die Kunden (Customer) des betrachteten Prozessabschnitts genannt. Da es sich um eine End-to-End-Betrachtung des Prozesses handelt, sind Supplier und Customer identisch, d.h. der Filialmitarbeiter (als interner Kunde) initiiert den Prozess und ist gleichzeitig der Empfänger des Outputs. In der Tabelle 10.2 wird der SIPOC für den Bearbeitungsprozess von Baufinanzierungen der Kreditbank AG dargestellt.

Tabelle 10.2
SIPOC-Analyse

Supplier	Input	Process	Output	Customer
Filialmitarbeiter	Kreditantrag	*Startpunkt*: Kreditantrag erreicht Zentrale	Kreditentscheidung	Filialmitarbeiter
		Immobilienbewertung und Bonität ermitteln		
		Zinskalkulation vornehmen		
		Kreditentscheidung treffen und dokumentieren		
		Filiale für Rückversand identifizieren		
		Endpunkt: Kreditantrag zurücksenden		

Die Problemdefinition hat gezeigt, dass der Kreditbearbeitungsprozess die Anforderungen der Kunden (hier: der Filialen) nicht erfüllt. Die Kenntnis über die gewünschte Ausgestaltung des Outputs (Kundenanforderungen) ist daher die Basis für die weitere Messung und Analyse im DMAIC-Zyklus. Die Analyse der „Stimme des Kunden“ (*Voice of the Customer*, VOC) ist elementar. Daneben müssen auch die Anforderungen des Unternehmens (hier: der Kreditbank AG) an den Prozess (*Voice of the Business*, VOB) unbedingt berücksichtigt werden. Aus den ermittelten VOC und VOB werden eindeutige und messbare Kriterien aus Sicht der Kunden (CTQ = Critical to Quality) und aus Sicht der Bank (CTB = Critical to Business) abgeleitet. Dabei sind Reklamationen von Kunden eine häufige Quelle für VOC. Meistens sind diese Äußerungen sehr vage. Um die kritischen Kundenstimmen zu konkretisieren und diese in einer eindeutigen und messbaren Sprache zu formulieren, verwendet das Projektteam die *CTQ-Matrix* (Tabelle 10.3).

Tabelle 10.3 Ableitung von CTQ und CTB

VOC / VOB	Kernthema	CTQ / CTB
„Die Bearbeitung des Kreditantrags dauert zu lange." „Das letzte Mal ging es doch schneller."	Kürzere Durchlaufzeit	Alle Kreditentscheidungen werden innerhalb von 2 Tagen getroffen.
„Das Rating passt nicht zum Kreditnehmer/ Objekt."	Richtiges Rating	Die ermittelte Rating-Punktzahl stimmt mit dem nach Kreditrisikostrategie erforderlichem Rating zu 100% überein.
„Wir haben was ganz anderes mit dem Kunden vereinbart."	Richtige Tilgungs-vereinbarung	Die mit dem Kunden vereinbarte Tilgungsmodalität wird zu 100% bei der Kreditbearbeitung richtig berücksichtigt.
„Wir wollen kein Verlustgeschäft für die Bank."	Gewinn	Durch die Steigerung des Durchsatzes sowie die Reduktion der Fehlerkosten werden die Kosten soweit gesenkt, dass mit dem Baufinanzierungsgeschäft ein positiver Deckungsbeitrag erwirtschaftet wird.

Mit der Sammlung der Kunden- und Unternehmensanforderungen sowie der Definition der CTQ und CTB ist die Define-Phase abgeschlossen.

10.3.2 Measure-Phase

Die Vermessung des derzeitigen Kreditbearbeitungsprozesses im Hinblick auf die Erfüllung der Kundenanforderungen erfolgt innerhalb der Measure-Phase. Das im Project Charter dargestellte Problem des Prozesses wird mit Hilfe der beschreibenden Statistik quantifiziert. Dafür werden die wesentlichen Output-Messgrößen ermittelt und ein Messsystem erstellt. Die erhobenen Daten werden hinsichtlich Lage und Streuverhalten untersucht. Danach wird die Prozessvariation bzw. Prozessfehlerrate (auch Prozessperformance genannt) berechnet und basierend darauf das Sigma-Niveau festgestellt. Methodisch werden dazu u.a. die Werkzeuge Messgrößenmatrix, Datensammlungsplan, Messsystemanalyse, statistische und grafische Datenauswertung sowie Prozessperformanceberechnung verwendet.

Die Formalisierung des Kreditbearbeitungsprozesses ist die Basis für das weitere Vorgehen innerhalb der Measure-Phase. Die kritischen Kundenanforderungen werden als Ergebnis Y_i einer Funktion dargestellt. Demnach wäre beispielsweise Y_1 die Kreditbearbeitung innerhalb von 2 Tagen, Y_2 das korrekte Rating usw. Das Ergebnis Y_i hängt von mehreren Einflussfaktoren x_{ij} ab. Lange Wegezeiten oder unklare Arbeitsanweisungen könnten solche Einflussfaktoren sein. Formal lässt sich das Prozessergebnis daher wie folgt darstellen: $Y_i = f(x_{ij}) = f(x_{i1} + x_{i2} + ... + x_{ij})$. Ziel der Formalisierung ist letztlich die Ermittlung der bedeutsamen Einflussgrößen x_{ij}, mit denen die kritischen Prozessergebnisse Y_i verändert werden können.

Im ersten Schritt formalisiert das Projektteam daher mathematisch die Ergebnisse des Kreditbearbeitungsprozesses (Output) mit Hilfe der Messgrößenmatrix. Dazu werden den aus den Kunden- und Unternehmensanforderungen abgeleiteten CTQ und CTB mögliche Output-Messgrößen gegenübergestellt (Tabelle 10.4). Einige der CTQ sind nicht direkt mit einer Messgröße zu erfassen, sondern können nur indirekt gemessen werden. Daher wird in der Tabelle mit Hilfe der Prozentzahlen eine Indikation über die „direkte" Messbarkeit gegeben. So spiegelt z.B. die Tilgungsrate nur zu einem gewissen Teil die Kundenanforderung „zu 100% richtige Berücksichtigung der Tilgungsmodalität" wider, da auch tilgungsfreie Zeiträume mit dem Kunden vereinbart sein könnten.

Tabelle 10.4 Messgrößenmatrix

	Output-Messgrößen		
CTQ / CTB	Durchlaufzeit	Rating-Punktzahl	Richtige Tilgungsrate
Kreditentscheidung innerhalb von 2 Tagen	●	/	/
100% richtige Rating-Einschätzung	/	●	/
100% richtige Tilgungsmodalität	/	/	○

● 100% ○ 66% △ 33% / 0%

Nachdem die zu messenden Output-Messgrößen vom Projektteam identifiziert wurden, wird im *Datensammlungsplan* konkretisiert was, wie, durch wen, wann und wo gemessen wird. Dieser Plan stellt die Grundlage für die einheitliche Erfassung aller

Messgrößen dar. Das Projektteam durchläuft die folgenden Schritte zur Festlegung des Datensammlungsplans:

1. *Messgrößen operationalisieren:* Das Projektteam findet ein gemeinsames Verständnis hinsichtlich der Definition jeder einzelnen Messgröße (Was?) und beschreibt präzise, in welcher Form und auf welchem Weg die gewünschten Daten ermittelt werden (Wie?). Beispiel: Es wird die Durchlaufzeit für die Bearbeitung des Kreditantrags gemessen, nachdem der Kreditantrag vom Filialmitarbeiter postalisch zur Bearbeitung an die Zentrale abgegeben wurde. Die Bearbeitung umfasst die Teilprozesse der Rating-Ermittlung, Kreditentscheidung, Zinssatzermittlung und statistischen Erfassung des Kreditantrags (Was?). Betrachtet wird der Zeitraum von der Abgabe des Kreditantrags durch den Filialmitarbeiter (Leerung des Postausgangskorbs des Mitarbeiters) bis zur Ankunft des bearbeiteten Kreditantrags beim Filialmitarbeiter (Posteingangskorb des Mitarbeiters). Die Durchlaufzeit wird von dem Filialmitarbeiter in Tagen gemessen. Dazu vermerkt er das Ausgangs- und Eingangsdatum auf dem Kreditantrag und führt eine Tagestatistik (Wie?).

2. *Datenquellen und Datenart bestimmen:* Die gewünschten Messgrößen können oftmals auf verschiedenen Wegen ermittelt werden (Wo?), z.B. über IT-Systeme, Selbstaufschreibung und Audits. Nach Möglichkeit sollten bereits vorhandene bzw. leicht zu ermittelnde Daten aus existierenden Quellen genutzt werden. Die Einführung von Messgrößen, die neue Datenquellen erfordern, sollte aus Kostengründen vermieden werden. Bei der Auswahl der Messgrößen ist auf die Datenart zu achten. Stetige Daten sind gegenüber diskreten Daten zu bevorzugen, da sie genauer sind und damit eine bessere Informationsbasis bieten. Sie können z.B. Informationen über die Lage (Mittelwert) und Streuung (Standardabweichung) liefern.

3. *Stichprobenstrategie festlegen:* Das Projektteam muss die Auswahlbasis, das Auswahlprinzip und den Auswahltyp sowie die Stichprobe festlegen. Das Team kann bei der Datenerhebung aus Effizienzgründen meist nicht die Grundgesamtheit erfassen, sondern wird eine relativ kleine Datenmenge auswählen, die aussagekräftige Schlussfolgerungen für die Grundgesamtheit zulässt. Dabei kann auf die statistischen Methoden der „zufälligen Auswahl" (z.B. einfache Auswahl, Klumpenauswahlverfahren, geschichtete Auswahl) oder der „nicht-zufälligen Auswahl" (z.B. Quotenverfahren, Konzentrationsverfahren, bewusste Auswahl) zurückgegriffen werden. Generell gilt: Je größer die Stichprobe, desto besser. Als Faustregel sollte eine stetige Stichprobe mindestens 30-40 und eine diskrete Stichprobe mindestens 100 Elemente umfassen.

4. *Datenerfassungsformulare entwickeln:* Um zu gewährleisten, dass die ernannten Personen die zu erhebenden Daten auf die gleiche Art und Weise ermitteln, entwirft das Projektteam ein Datenerfassungsformular. Vor einem unternehmensweiten Einsatz

ist der Test des Datenerfassungsformulars in einer Filiale oder einer Abteilung sinnvoll. Häufig wird erst bei einem Piloten festgestellt, wo die Schwachstellen des Formulars liegen und welche Missverständnisse unter Umständen auftreten können. Werden diese Fehler erst nach einem unternehmensweiten Rollout festgestellt, ist eine wiederholte Durchführung der Datenerfassung aufgrund der mangelnden Bereitschaft der Mitarbeiter nur schwer möglich.

Bevor die Daten durch die zu benennenden Personen erhoben werden, sollte eine *Messsystemanalyse* durchgeführt werden, um Fehlerquellen in den Messergebnissen erkennen, verstehen und minimieren zu können. Beispielsweise wird die Durchlaufzeit der Kreditbearbeitung mit Hilfe der Differenz des Ausgangs- und Eingangsdatums vom Filialmitarbeiter ermittelt. Doch Mitarbeiter handeln und denken unterschiedlich. Mitarbeiter A erstellt z.B. für alle akquirierten Baufinanzierungen die Kreditanträge am Ende des Arbeitstags und versieht diese mit dem Ausgangsdatum, bevor er sie in die Post gibt. Mitarbeiter B und C erledigen die Erstellung der Kreditanträge immer zu Beginn des Arbeitstags, bevor sie den weiteren Vertriebstätigkeiten nachgehen. Bei der Analyse der Aufschreibungen dieser drei Mitarbeiter wäre die Bearbeitungsdauer bei den Kreditanträgen des Filialmitarbeiters A grundsätzlich länger als bei den Mitarbeitern B und C, da die Hauspost stets vormittags abgeholt wird.

Ein gutes *Messsystem* sollte deshalb Messergebnisse hervorbringen, die

- genau (geringe Differenz zwischen gemessenem Wert und einem von Experten festgelegten Standard),
- wiederholbar (geringe Schwankung, wenn eine Person mehrfach dieselbe Einheit mit derselben Messausrüstung misst),
- reproduzierbar (geringe Differenz, wenn mehrere Personen dieselbe Einheit mit derselben Messausrüstung messen) und
- stabil (geringe Differenz, wenn dieselbe Person dieselbe Einheit mit derselben Messausrüstung über einen längeren Zeitraum misst) sind.

Das folgende Beispiel zeigt eine Messsystemanalyse für diskrete Daten (Abbildung 10.5). Die Analyse zielt auf die 100%ige Übereinstimmung zwischen den durch die Datenerfasser (Filialmitarbeiter) gemessenen Daten und dem durch die Experten (Projektteammitglieder) gesetzten Standard im Hinblick auf Wiederholbarkeit und Reproduzierbarkeit ab. Dazu legen die Projektteammitglieder den Standard für die Messergebnisse fest. Beispielsweise wird die ermittelte Rating-Punktzahl auf dem Kreditantragsformular dokumentiert, wobei die Punktzahlermittlung nach einem eindeutigen und standardisierten Verfahren erfolgt. Es werden zu prüfende Kreditanträge mit unterschiedlich richtiger bzw. falscher Rating-Punktzahl erstellt, die dann einem ersten Filialmitarbeiter zur Prüfung vorgelegt werden. Um die Wiederholbarkeit zu testen, prüft derselbe Filialmitarbeiter die Kreditanträge in einem nochmaligen Durchgang. Danach werden die Kreditanträge einem zweiten Filialmitarbeiter zur ersten und zweiten Prüfung vorgelegt. Ziel ist eine 100%ige Übereinstimmung der Messergebnisse mit dem vom Projektteam festgelegten Standard. Bei einem schlechteren Ergebnis als 90% muss die Definition der Messgrößen überprüft und eventuell neu operationalisiert werden. Auch Störeinflüsse sind gezielt zu untersuchen und gegebenenfalls zu eliminieren.

Abbildung 10.5
Messsystem-analyse für diskrete Daten

Nummer	Standard/ Experten	Datenerfasser 1 Erfassung I	Datenerfasser 1 Erfassung II	Datenerfasser 2 Erfassung I	Datenerfasser 2 Erfassung II	Übereinstimmung (Ja/Nein)
1	Rating i.O.	Rating i.O.	Rating i.O.	Rating i.O.	Rating i.O.	Ja
2	Rating n.i.O.	Rating n.i.O.	Rating n.i.O.	Rating n.i.O.	Rating n.i.O.	Ja
3	Rating i.O.	Rating i.O.	Rating i.O.	Rating i.O.	Rating i.O.	Ja
4	Rating i.O.	Rating i.O.	Rating n.i.O.	Rating i.O.	Rating i.O.	Nein
5	Rating i.O.	Rating i.O.	Rating i.O.	Rating i.O.	Rating i.O.	Ja
6	Rating n.i.O.	Rating n.i.O.	Rating n.i.O.	Rating n.i.O.	Rating n.i.O.	Ja
...	...	...	...	...	...	...
29	Rating i.O.	Rating i.O.	Rating i.O.	Rating n.i.O.	Rating n.i.O.	Nein
30	Rating i.O.	Rating i.O.	Rating i.O.	Rating i.O.	Rating i.O.	Ja
% Übereinstimmung mit Standard		83,3%		96,7%		
% Wiederholbarkeit		80,0%		100,0%		
% Reproduzierbarkeit						90%

keine Wiederholbarkeit

keine Reproduzierbarkeit

Nachdem das Projektteam das Messsystem überprüft und justiert hat, führen im Beispiel der Kreditbank AG die Filialmitarbeiter ca. drei Wochen lang Messungen an den eingehenden Kreditanträgen bezüglich der Durchlaufzeit, der korrekten Rating-Punktzahl und der korrekten Berücksichtigung der Tilgungsmodalität durch. Die Datenerhebung erfolgt genau nach Datensammlungsplan. Die Ergebnisse dieser Erhebung werden vom Projektteam einer grafischen und statistischen Auswertung unterzogen. Die grafische Darstellung dient der Analyse von Verteilungen, Proportionen, Verläufen und möglichen Zusammenhängen der Daten. Je nach Konstellation der Daten können Torten- und Pareto-Diagramme, Histogramme, Dot Plots, Box Plots und Verlaufsdiagramme zum Einsatz kommen. Zur Unterstützung dieser Darstellungen werden statistische Kenngrößen wie Mittelwert, Median, Varianz, Standardabweichung etc. für die einzelnen Messgrößen ermittelt.

Um die *Leistungsfähigkeit* von unterschiedlichen Prozessen bewerten und vergleichen zu können, werden in Six-Sigma-Projekten Qualitätskennzahlen verwendet. Neben der am häufigsten benutzten Größe Defects per Million Opportunities (DPMO) werden teilweise auch Parts Per Million (PPM) oder Defects Per Unit (DPU) berechnet. DPMO-Werte können anschließend in ein Sigma-Niveau „übersetzt" werden. Die Abbildung 10.6 zeigt eine Übersicht über die verschiedenen Qualitätskennzahlen sowie die Zuordnung zu den Sigma-Werten.

Abbildung 10.6 Berechnung der Prozessperformance

DPMO	Defects Per Million Opportunities	$DPMO = \frac{Defects}{Number * Opportunities} * 1.000.000$
PPM	Parts Per Million	$PPM = \frac{Units\ with\ Defects}{Number} * 1.000.000$
DPU	Defects Per Unit	$DPU = \frac{Defects}{Number}$
Y	Yield	$Y = \frac{Units\ with\ Defects}{Number}$
Span	Perzentilabstand	$Span = X_{0,95} - X_{0,05}$
Sigma	Nach der Berechnung der DPMO kann der Sigma-Wert in der Sigma-Tabelle abgelesen werden:	

Prozess-Sigma	Fehler pro 1.000.000	Prozess-Sigma	Fehler pro 1.000.000	Prozess-Sigma	Fehler pro 1.000.000	Prozess-Sigma	Fehler pro 1.000.000
6,0	3,4	5,5	30	5,0	230	4,5	1.350
5,9	5	5,4	40	4,9	330	4,4	1.860
5,8	8	5,3	70	4,8	480	4,3	2.550
5,7	10	5,2	100	4,7	680	4,2	3.460
5,6	20	5,1	150	4,6	960	4,1	4.660

etc.

Defects = Gesamtzahl der Fehler
Number = Anzahl der bearbeiteten Einheiten
Opportunities = Anzahl der Fehlermöglichkeiten pro Einheit
Units with Defects = Anzahl der fehlerhaften Einheiten

Für den betrachteten Kreditbearbeitungsprozess wurden bei 60 bearbeiteten Kreditanträgen 35 Fehler hinsichtlich Durchlaufzeit, Rating oder Berücksichtigung der Tilgungsvereinbarung festgestellt. Am häufigsten wurde die gewünschte Bearbeitungszeit von 2 Tagen überschritten. Da es mit Zeit, Rating und Tilgungsvereinbarung für jeden Kreditantrag drei Fehlermöglichkeiten (Opportunities) gab, errechnet sich der DPMO-Wert in unserem Beispiel wie folgt:

$$DPMO = \frac{35}{60 \times 3} \times 1.000.000 = 194.444$$

Die Leistungsfähigkeit des Prozesses lässt sich mit einem DPMO von 194.444 Fehlern bei 1.000.000 Fehlermöglichkeiten bzw. einem Sigma-Wert von 2,4 beschreiben. Der Kreditbearbeitungsprozess ist daher erheblich verbesserungsbedürftig. In der folgenden Phase beschäftigt sich das Projektteam mit der Identifizierung der Ursachen für die mangelhafte Leistungsfähigkeit des Prozesses.

10.3.3 Analyze-Phase

In der vorangegangenen Measure-Phase wurde der betrachtete Kreditbearbeitungsprozess als $Y_i = f(x_{ij})$ formalisiert. Y_i, das die kritischen Kundenanforderungen an das Prozessergebnis widerspiegelt, wurde hinsichtlich der Erfüllung der Kundenanforderungen vermessen. Dabei hat sich herausgestellt, dass häufig die gewünschte Gesamtbearbeitungsdauer von 2 Tagen überschritten (40% der Fälle), die Rating-Punktzahl in 15% der Fälle falsch ermittelt und die mit dem Kunden getroffene Vertragsvereinbarung in 25% der Fälle nicht beachtet wurden. In der Analyze-Phase muss das Projektteam die Einflussfaktoren x_{ij}, die eine Veränderung von Y_i herbeiführen können, identifizieren. Dafür werden im ersten Schritt mögliche Ursachen eruiert. Im zweiten Schritt ist eine qualitative und quantitative Prüfung der möglichen Ursachen vorzunehmen. Somit werden die Hauptursachen, d.h. die bedeutsamen Einflussfaktoren, herausgearbeitet.

10.3.3.1 Identifizierung möglicher Ursachen

Um sich den möglichen Ursachen für die fehlerhaften Prozessergebnisse Y_i zu nähern, werden mit Hilfe des *Ursache-Wirkungs-Diagramms* (auch *Ishikawa-Diagramm* oder *Fishbone-Diagramm* genannt) erste Vermutungen für die bedeutsamen Einflussfaktoren x_{ij} aufgenommen. Dazu wird jeweils ein Ursache-Wirkungs-Diagramm für Y_1, Y_2, …, Y_n erstellt, um die unterschiedlichen Einflussfaktoren x_{1j}, x_{2j}, …, x_{nj} identifizieren zu können. Mit Hilfe eines moderierten (oder individuellen) Brainstorming versucht der Moderator gemeinsam mit dem Projektteam, die Ursachen jeder Y-Variable für die Kategorien Mensch (Mitarbeiter), Maschine (Informationstechnologie), Mitwelt, Material, Methode (Prozess) und Messungen zu identifizieren. Im Einzelfall ist die Zuordnung der jeweiligen Ursachen zu einer der sechs Kategorien häufig umstritten. Letztendlich ist diese aber nicht entscheidend für das Ergebnis. Die so genannten „6 Ms" dienen vielmehr dazu, das Brainstorming in strukturierter Form in verschiedene Richtungen zu lenken. Die Kategorien stellen keine Restriktion dar, sondern können bei Bedarf sogar sinnvoll ergänzt werden. Bei einem Verzicht auf diese sechs Kategorien läuft das Projektteam Gefahr, nach dem Anschreiben der ersten Ideen nur noch dem eingeschlagenen Weg zu folgen. Am

Beispiel Y_1 könnte die Analyse bezüglich der zu hohen Durchlaufzeit bzw. des mangelhaften Durchsatzes wie in Abbildung 10.7 aussehen.

Abbildung 10.7
Ursache-Wirkungs-Diagramm

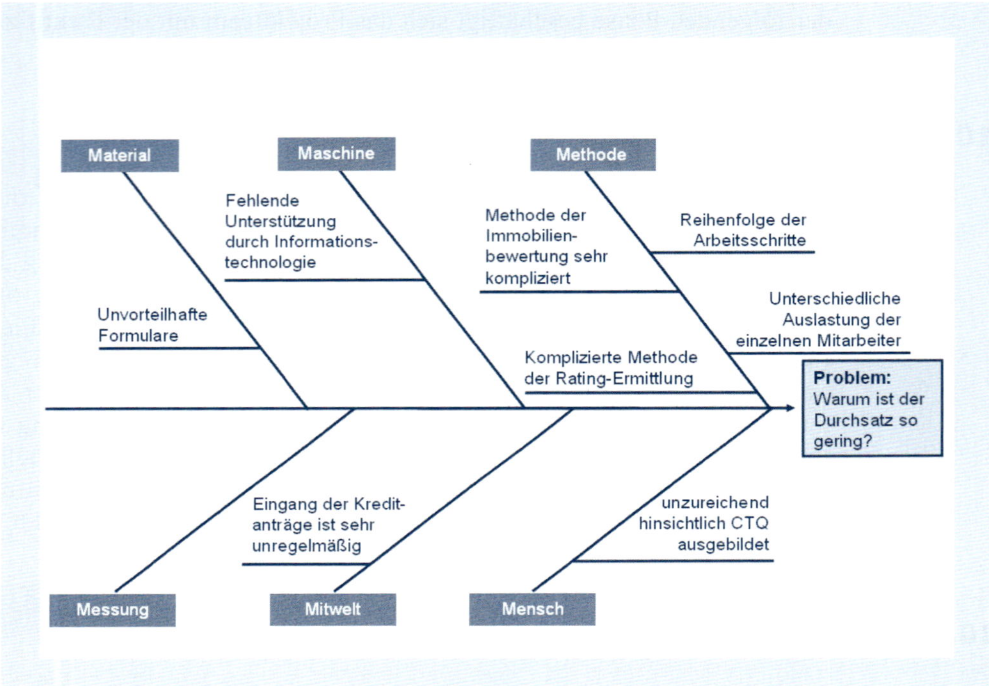

Die Erfahrung zeigt, dass es hilfreich ist, die zunächst durch das Brainstorming ermittelten Ursachen weiter zu hinterfragen. Denn häufig sind es lediglich Symptome, die von den Teilnehmern genannt werden. Nicht selten muss mehrfach mit „Warum" nachgefragt werden, um tatsächlich zur Ursache eines Problems vorzudringen. Die ermittelten Ursachen lassen sich nun kategorisieren. Erstens gibt es „Konstante", d.h. unveränderliche Ursachen. Dazu zählen gesetzliche Rahmenbedingungen wie das 4-Augen-Prinzip. Diese scheiden von vornherein für eine weitere Betrachtung aus. Dazu kommt zweitens „Noise", also nicht direkt beeinflussbare Ursachen, die als „Rauschen" auftreten (z.B. Zeitmangel). Drittens gibt es die „Variablen". Sie sind die Stellschrauben, die im Rahmen des Projekts beeinflusst werden können. Dabei könnte es sich beispielsweise um die zeitnahe Bereitstellung relevanter Informationen handeln. Daher sollte sich die Aufmerksamkeit des Projektteams vor allem auf die Variablen richten.

Diese erste Ursachensuche zeigt dem Projektteam in unserem Beispiel, dass die Kategorie Methode (bzw. Prozess) offensichtlich bedeutsame Einflussfaktoren enthält. So erscheint dem Team der Prozess der Immobilienbewertung und der Rating-Ermittlung als sehr kompliziert; auch sind die Mitarbeiter offenbar sehr unterschiedlich ausgelastet. Daher konzentriert sich das Team im Folgenden auf diese Kategorie.

Dazu wird der Prozess mit Hilfe eines *Swim-Lane-Diagramms* (Prozess-Funktionsdiagramm) beschrieben (Abbildung 10.8). Jeder einzelne Prozessschritt und die jeweils zuständigen Funktionen (Personen/Abteilungen) werden vom Projektteam aufgenommen und grafisch dargestellt. Es wird Rücksprache mit den ausführenden Einheiten gehalten um sicherzustellen, dass alle Schritte, Funktionen und Schnittstellen erhoben wurden.

Abbildung 10.8
Strukturskizze eines Swim-Lane-Diagramms (Auszug)

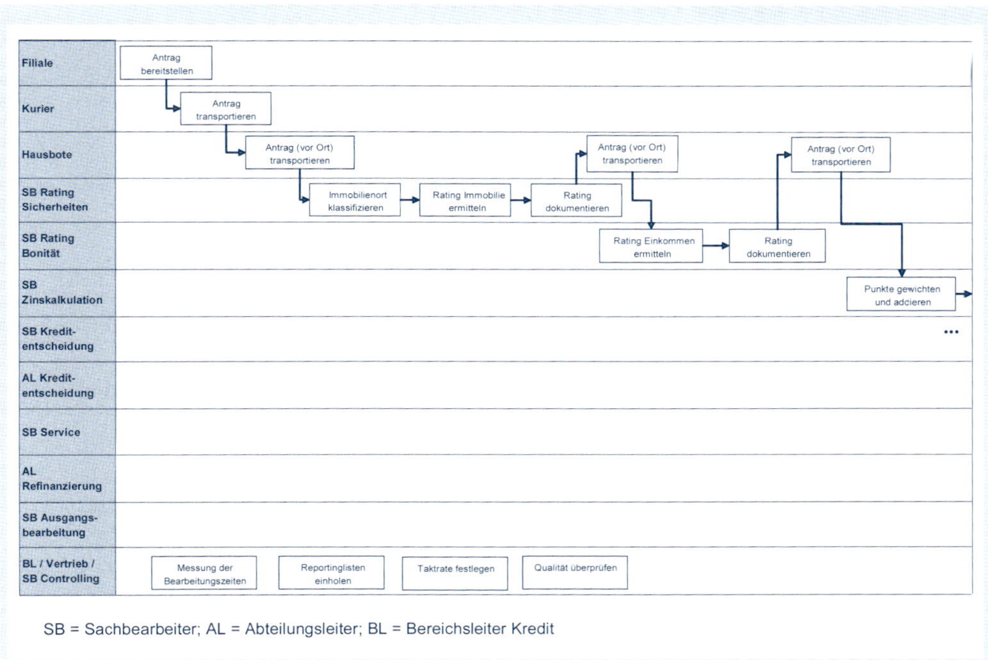

Der häufige Wechsel zwischen den horizontal verlaufenden Bahnen (d.h. den Funktionen) macht die Vielzahl von Schnittstellen deutlich. Jede dieser Schnittstellen kann sich negativ auf die Prozessleistung auswirken. Eine nähere Betrachtung findet zu einem späteren Zeitpunkt bei der Schnittstellenanalyse statt. Besonders auffällig ist der häufige Rücksprung zur Funktion „Hausbote“. Stellt das Projektteam fest, dass eine Funktion mehrfach in den Prozess eingebunden ist, deutet dies in der Regel auf Verbesserungspotenzial hin.

Alternativ kann das Projektteam eine *Value Stream Map* (Wertstromdiagramm) erstellen. Die Abbildung 10.9 zeigt eine vereinfachte Darstellung. Ziel des Instruments ist die Veranschaulichung des Material- und Informationsflusses eines Produkts. In unserem Fall wird also der Weg der Kreditakte in einer End-to-End-Sicht – ausgehend vom Filialmitarbeiter als internem Kunden – betrachtet. Es werden alle Funktionen einschließlich der dazu gehörenden Arbeitsschritte betrachtet, bis die bearbeitete Kreditakte wieder die Filiale erreicht.

Abbildung 10.9
Value Stream Map

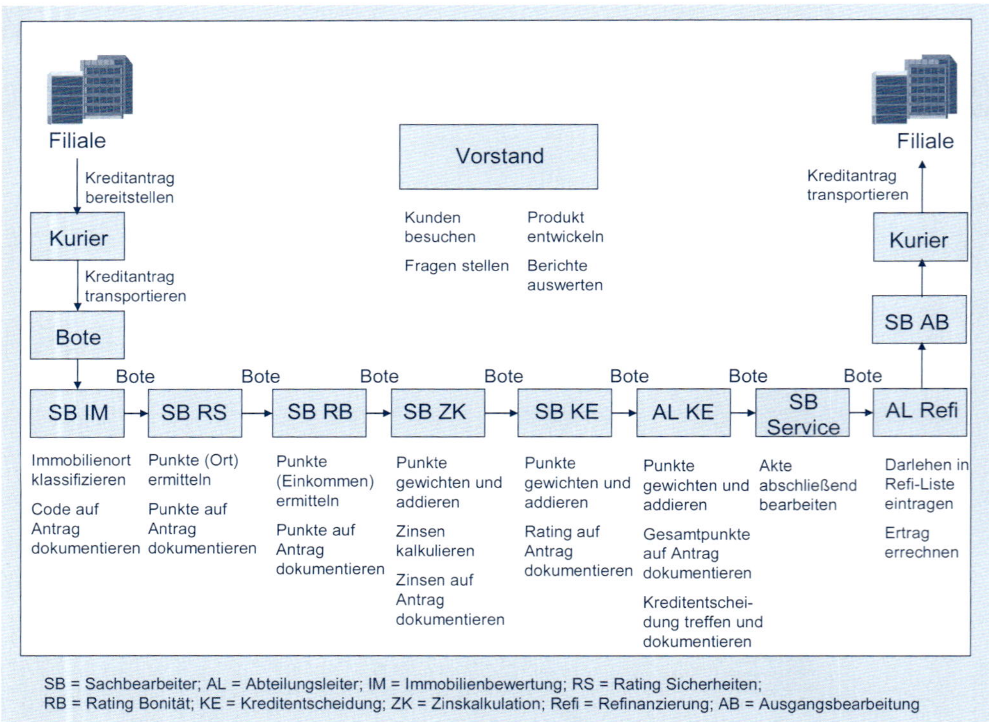

Die Value Stream Map dient in erster Linie dazu, Verschwendungsquellen und deren Ursachen aufzuzeigen. Häufig dient das SIPOC-Diagramm als Grundlage. Wichtig ist, die Arbeitsschritte innerhalb der Funktionen in der Value Stream Map so detailliert wie möglich darzustellen.

Darauf aufbauend kann die *Schnittstellenanalyse* durchgeführt werden. Schnittstellen sind diejenigen Stellen im Prozess, an denen die Verantwortung für die Bearbeitung an eine andere Funktion übergeht. Im Regelfall kommt es bei Schnittstellen zur Unterbrechung der Arbeit, zu Verzögerungen oder Doppelarbeiten. Insbesondere Fehler aufgrund von Medienbrüchen (z.B. manuelle Datenübertragung von einer IT-Anwendung in eine andere) sind ein Problem. Der im Swim-Lane-Diagramm abgebildete Prozess wird daher hinsichtlich häufiger und komplizierter Übergaben, Lücken, unklarer Anforderungen oder gemeinsamer Problembereiche von Funktionen analysiert. Beispielsweise sind Rückläufe an eine Funktion („Schleifen“) nur sinnvoll, wenn diese aufgrund von wichtigen Prüfungen oder Freigaben bzw. Entscheidungen wirklich notwendig sind.

Auf Basis der Value Stream Map kann auch eine *Wertanalyse* durchgeführt werden. Dabei werden die einzelnen Schritte des Kreditbearbeitungsprozesses nach wertschöpfenden, wertermöglichenden und nicht-wertschöpfenden Tätigkeiten differenziert:

- Wertschöpfende Tätigkeiten sind Aktivitäten, die sich aus Sicht des Kunden schon bei erstmaliger Ausführung werterhöhend auf ein Produkt oder eine Dienstleistung auswirken. Sie allein bewirken letztlich, dass die Kundenanforderungen vollständig und wirtschaftlich erfüllt werden.

- Nicht-wertschöpfende Tätigkeiten sind Aktivitäten, die ein Kunde aus seiner Sicht als nicht wesentlich erachtet und für die er nicht bereit ist, zu zahlen. Diese Aktivitäten sollten soweit wie möglich eliminiert werden.

- Wertermöglichende Tätigkeiten sind Aktivitäten, die per se nicht wertschöpfend sind, aber für die Leistungserbringung erforderlich oder wenigstens förderlich sind. Es sind meist Vorleistungen, um anschließend wertschöpfende Schritte durchführen zu können.

Tabelle 10.5 zeigt die Wertanalyse des Projektteams der Kreditbank AG. Im Kreditbearbeitungsprozess werden offensichtlich viele Arbeitsschritte mehrfach durchgeführt. Zudem werden Prozessschritte bearbeitet, die zu keiner Wertschöpfung führen. In der Improve-Phase müssen diese eliminiert bzw. minimiert werden. Wertermöglichende Aktivitäten sind auf das für den Geschäftsprozess erforderliche Maß zu reduzieren.

Die Beurteilung von Aktivitäten hinsichtlich ihrer Wertschöpfung hängt von den Kernkompetenzen des Unternehmens ab. Für ein Logistikunternehmen ist der Transport von Waren zum Kunden eine wertschöpfende Tätigkeit. Der Transport des Kreditantrags in einer Bank hingegen ist nicht wertschöpfend, da der Kunde sicher nicht bereit ist, dafür zu bezahlen. Diese scheinbar triviale Analyse stellt sich in der Praxis oft als sehr schwierig heraus. Kontroverse Diskussionen mit den Mitarbeitern in den entsprechenden Funktionen sind keine Seltenheit. Einerseits gibt es scheinbar gute Argumente, warum eine nicht-wertschöpfende Tätigkeit aus Sicht des Mitarbeiters unverzichtbar ist. Diese Argumente müssen von den Projektmitgliedern entkräftet werden. Andererseits haben die Mitarbeiter (teilweise zu recht) Angst, einer Rationalisierung zum Opfer zu fallen, wenn ihre Tätigkeit als nicht-wertschöpfend eingestuft wird. So kann das vehemente Plädoyer für die Wertschöpfung einer Aktivität auch einen Selbstschutz darstellen.

Tabelle 10.5
Wertanalyse

Wertschöpfende Prozessschritte	Nicht-wertschöpfende Prozessschritte	Wertermöglichende Prozessschritte
Rating kalkulieren und auf dem Antrag dokumentieren	Achtmal Kreditantrag transportieren (Bote)	Kreditantrag transportieren (Kurier)
Zinsen kalkulieren und auf dem Antrag dokumentieren	Immobilien klassifizieren	Rating-Punkte (Immobilie) ermitteln und auf Antrag dokumentieren
	Dreifach Gesamtrating-Punkte errechnen und auf Antrag dokumentieren	Rating-Punkte (Bonität) ermitteln und auf Antrag dokumentieren
	Kreditakte aussortieren	Rating-Punkte gewichten und addieren
		Kreditentscheidung treffen und dokumentieren
		Darlehen in Refinanzierungsliste eintragen
		Ertrag errechnen

Ein weiteres oft verwendetes Tool ist die *Work-in-Process-Analyse*. Mit ihrer Hilfe wird zunächst festgehalten, wie viele unbearbeitete Kreditanträge in den jeweiligen Posteingangskörben der Mitarbeiter liegengeblieben sind (Tabelle 10.6).

Dabei zeigt sich häufig, dass die unbearbeiteten Kreditanträge (Work-in-Process, WIP) keineswegs gleichmäßig über den Prozess verteilt sind. Vielmehr sind es meistens ein oder zwei Funktionen, bei denen es zum „Stau" der Anträge kommt. Die Ursachen sind in der Regel nicht bei den Mitarbeitern sondern in der Prozessgestaltung zu suchen. Im Fall der Ermittlung des Sicherheiten-Rating ist der Funktionsumfang so groß, dass der Mitarbeiter selbst bei größtem Einsatz sehr lange für die Durchführung braucht. Dagegen kann der nachfolgende Schritt – die Ermittlung des Bonitäts-Rating – deutlich schneller durchgeführt werden. Dieser Mitarbeiter kann jeden Antrag sofort bearbeiten und hat dann sogar eine Leerlaufphase, bis der nächste Antrag in seinem Posteingang landet. Daher liegen auch – wie in der Tabelle 10.6

zu sehen ist – zum Messzeitpunkt keine unbearbeiteten Kreditanträge an dieser Stelle des Prozesses. Bei dieser Analyse gilt es allerdings zu beachten, dass die Bestandsaufnahme der Kreditanträge lediglich ein „Schnappschuss" zum Messzeitpunkt ist, d.h. durch unregelmäßigen Transport von Anträgen kann es beispielsweise dazu kommen, dass der Sachbearbeiter Kreditentscheidung wenige Sekunden vor der Bestandsaufnahme fünf Anträge erhalten hat, obwohl er zuvor alle Anträge ohne Rückstau abarbeiten konnte. Hier würde man folglich zu Unrecht einen Engpass vermuten.

Tabelle 10.6
Work-in-Process-Analyse

Stellen	Work in Progress
Sachbearbeiter Rating Sicherheiten	35
Sachbearbeiter Rating Bonität	0
Sachbearbeiter Zinsberechnung	3
Sachbearbeiter Kreditentscheidung	4
Abteilungsleiter Kreditentscheidung	1
Sachbearbeiter Service	0
Abteilungsleiter Refinanzierung	15
Sachbearbeiter Ausgangsbearbeitung	0
Summe	**58**

Auch eine *Zeitanalyse* kann, aufbauend auf dem Swim-Lane-Diagramm, vom Projektteam durchgeführt werden (Tabelle 10.7). Dazu werden zu jedem Prozessschritt per Zeitaufschreibung die relevanten Zeiten aufgenommen oder geschätzt – dabei geht es insbesondere um Bearbeitungs-, Liege- und Transportzeiten. Die Zeiten werden für jeden Prozessschritt oder – aus Vereinfachungsgründen – zusammengefasst über mehrere Schritte aufgenommen.

Die Bearbeitungszeit einzelner Prozessschritte ist dann in Relation zur Durchlaufzeit zu beurteilen. Häufig stellt die Bearbeitungszeit – also die Zeit, in der tatsächlich an einem Produkt oder einer Dienstleistung gearbeitet und somit ein Wert geschaffen wird – nur einen Bruchteil der gesamten Durchlaufzeit dar. Der Kreditantrag beispielsweise wäre ohne Liege- und Transportzeiten in weniger als 6 Tagen vollständig bearbeitet. Hier zeigt sich, dass das Optimierungspotenzial von Prozessen nicht unbedingt in einer schnelleren Bearbeitung durch die Mitarbeiter liegt. Vielmehr sind es die unproduktiven Zeiten zwischen den Aktivitäten, die erheblichen Einfluss auf die Durchlaufzeit haben. Je mehr Schnittstellen ein Prozess hat, desto höher ist in der Regel der Anteil von Liege- und Transportzeiten. Damit wird nochmals deutlich, welche Auswirkungen nicht-wertschöpfende Prozessschritte auf die Zeit haben.

Bearbeitungszeit Prozessschritt$_i$ (z.B. 5,6 Tage)

+ Liegezeit Prozessschritt$_i$ (z.B. 3,5 Tage)

+ Transportzeit Prozessschritt$_i$ (z.B. 2 Tage)

= Durchlaufzeit (z.B. 11,1 Tage)

Tabelle 10.7 Zeitanalyse (hier: Bearbeitungszeit)

Stellen	Bearbeitungszeit
Kurier	2 Stunden
Hausbote	1 Stunde
Sachbearbeiter Rating Sicherheiten	9 Stunden
Sachbearbeiter Rating Bonität	7 Stunden
Sachbearbeiter Zinsberechnung	5 Stunden
Sachbearbeiter Kreditentscheidung	4 Stunden
Abteilungsleiter Kreditentscheidung	4 Stunden
Sachbearbeiter Service	5 Stunden
Abteilungsleiter Refinanzierung	6 Stunden
Sachbearbeiter Ausgangsbearbeitung	2 Stunden
Summe	**45 h / 8 h pro Tag = 5,62 Tage**

Anhand der erfassten Bearbeitungszeiten lassen sich *Engpässe* im Prozess ermitteln. Am Beispiel des Kreditbearbeitungsprozesses zeigt sich, dass Engpässe bei der Sicherheiten-Rating-Erstellung, bei der Bonitäts-Rating-Erstellung und bei der Refinanzierung liegen. Vor allem die Sicherheiten-Rating-Erstellung nimmt im Verhältnis zu den anderen Tätigkeiten einen hohen Zeitanteil ein. Daraus resultieren bei den nachfolgenden Funktionen Leerzeiten, in denen die Mitarbeiter auf die Arbeit regelrecht „warten“. Alleine durch die Work-in-Process-Analyse wäre der zweite Engpass bei der Bonitäts-Rating-Erstellung nicht zu identifizieren gewesen, da dieser Schritt weniger Zeit benötigt als der vorhergehende. Erst nach einer Veränderung des Prozesses und erneuter Durchführung der WIP-Analyse wäre dieser Engpass offensichtlich. Die Abbildung 10.10 verdeutlicht das Problem des Engpasses. Die Augenzahlen der Würfel zeigen jeweils den potenziellen Durchsatz jeder Funktion an. Bereits die zweite Funktion kann lediglich zwei Einheiten in einer Zeiteinheit bearbeiten, so dass auch an dritter Stelle (mit einer Kapazität von sechs) nur zwei Einheiten bearbeitet werden können. Der Engpass an vierter Stelle der Kette determiniert die maximal bearbeitete Anzahl (nämlich ein Stück), die am Ende der Kette herauskommt. Eine Kombination von Engpass- und WIP-Analyse ist daher dringend zu empfehlen.

Abbildung 10.10
Engpassanalyse

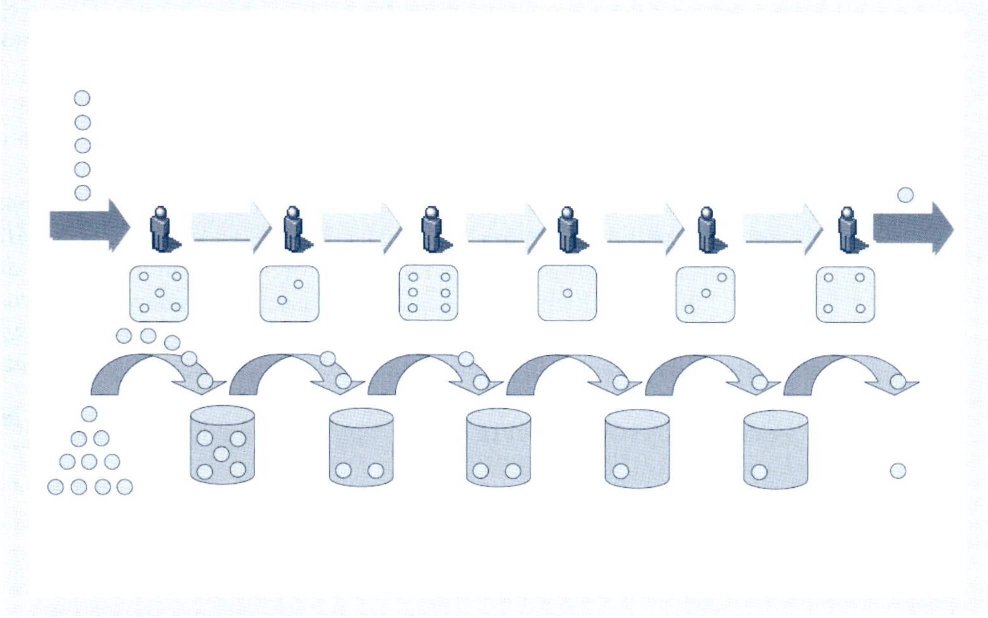

In der Improve-Phase ist besonders darauf zu achten, dass Engpässe reduziert werden und die Bearbeitungszeit gleichmäßig verteilt wird. Dies kann einerseits durch die Aufstockung von Mitarbeiterkapazitäten in einer Funktion geschehen. Andererseits – und das ist häufig die sinnvollere und kostengünstigere Variante – können Aufgaben besser auf die verschiedenen Funktionen verteilt werden, so dass es zu einer Harmonisierung der Bearbeitungszeiten (Prozessaustaktung) kommt, die die Taktrate des Prozesses – also den „Prozessfluss" – deutlich verbessert.

10.3.3.2 Prüfung der möglichen Ursachen

Nachdem eine Reihe von möglichen Faktoren x_{ij}, die auf die Prozessergebnisse Y_i Einfluss haben können, identifiziert wurde, geht das Projektteam zur Ursachenvalidierung über. Hier werden statistische Methoden benutzt, um den Zusammenhang zwischen den bestimmenden Einflussfaktoren x_{ij} und den Prozessergebnissen Y_i zu beweisen und zu quantifizieren.

Dazu müssen zunächst die Einflussfaktoren x_{ij} formalisiert werden. Die *Messgrößenmatrix* gibt dem Projektteam methodische Unterstützung. Dort werden vermutete Zusammenhänge zwischen Output- und Input-Messgrößen eingetragen. Dabei wird auf prozentualer Basis geschätzt, wie groß der jeweilige Einfluss eines Inputfaktors auf die Output-Messgröße ist. Die Verifizierung der vermuteten Zusammenhänge erfolgt im Anschluss mittels statistischer Methoden. In Abhängigkeit von den Eigenschaften und der Anzahl der identifizierten Input- und Output-Messgrößen (stetig, diskret, eine oder mehrere unabhängige Einflussfaktoren) eignen sich beispielsweise Korrelationsanalysen, Regressionsanalysen, Varianzanalysen oder Hypothesentests, um die Zusammenhänge zwischen den Faktoren zu ermitteln. In einigen Fällen wird sich ein Zusammenhang nicht bestätigen lassen; in anderen Fällen werden Zusammenhänge zwischen Input- und Output-Messgrößen bestehen. Diese Zusammenhänge werden aber unterschiedlich stark sein. Ziel ist es, die besonders einflussreichen Input-Messgrößen x_{ij} zu identifizieren, da diese die Stellschrauben für die Veränderung des Prozesses und damit für die Verbesserung der Prozessergebnisse Y_i darstellen.

Nachdem die einflussreichen Input-Messgrößen x_{ij} ermittelt worden sind, quantifiziert das Projektteam die Veränderung der Fehlerrate unter Variation der einzelnen Input-Messgrößen x_{ij}. Beispielsweise zeigt sich dem Team, dass sich die Durchlaufzeit um 25% verringern lässt, wenn die Prozessschritte zur Kreditbearbeitung günstiger angeordnet werden. Auch könnten die Fehlerkosten um rund 25% gesenkt werden, wenn die Vielzahl von nicht notwendigen Prozessschritten eliminiert werden würde. Zusätzlich würde sich die Durchlaufzeit des Prozesses um 15% verkürzen.

In der *Abschlussmatrix* der „Analyze"-Phase werden die Ergebnisse zusammengefasst (Tabelle 10.8). Die identifizierten Hauptursachen x_{ij} für die Prozessergebnisse Y_i dienen als Ausgangspunkt der Prozessoptimierung in der nun folgenden Improve-Phase.

Tabelle 10.8
Abschlussmatrix

Vermutete Hauptursache	Verifiziert durch	Hauptursachen	Potenziale
Prozess-anordnung	Swim-Lane-Diagramm	Anordnung der Prozessschritte	Zeit um 25% reduzierbar
Vielzahl an Schnittstellen	Swim-Lane-Diagramm	Häufige Übergaben (insbesondere Rating-/ Zinsermittlung)	Zeit um 15% und Fehler-kosten um 10% reduzierbar
Vielzahl an nicht notwendigen Prozessschritten	Swim-Lane-Diagramm; Korrelations-analyse	Nicht-wertschöpfende Tätigkeiten: - Interner Transport - Codierung des Standorts der Immobilie - Mehrfache Kennzahlenermittlung	Zeit um 15% und Fehler-kosten um 25% reduzierbar
Zeitfresser	Swim-Lane-Diagramm; Zeitanalyse; Korrelations-analyse	Prozess ist nicht ausbalanciert: - Ausgeprägte Wegezeiten - Ausgeprägte Liegezeiten - Mitarbeiterauslastung ist sehr unterschiedlich	Zeit um 10% und Fehler-kosten um 10% reduzierbar

10.3.4 Improve-Phase

In der Improve-Phase sind die in der Analyze-Phase gefundenen Stellschrauben x_{ij} so einzustellen, dass sich die Prozessergebnisse Y_i im gewünschten Zielkorridor der Kunden- und Unternehmensanforderungen bewegen (Abbildung 10.11). Dazu müssen zunächst Lösungsmöglichkeiten für die Prozessgestaltung unter Verwendung von Kreativitätstechniken erarbeitet werden. Danach sind die gefundenen Lösungen, die zur Verbesserung der Prozessergebnisse beitragen, unter Betrachtung von Muss-Kriterien zu bewerten und auszuwählen. Abschließend erarbeitet und plant das Projektteam die Maßnahmen für die Umsetzung der Lösungen.

Die Anwendung von Kreativitätstechniken zielt darauf ab, Wege zu finden, die bestimmenden Einflussgrößen x_{ij} zu verändern und verbesserte Prozesslösungen zu erzeugen. Während mit der Ursache-Wirkungs-Analyse „Hauptursachen" für die Ausprägung der Ergebnisgrößen gefunden wurden, setzen die Kreativitätstechniken direkt an der Modifikation der Ergebnisgrößen an.

Wie bereits im Abschnitt 9.2.2.1 erläutert wurde, geht es beim *Brainstorming* darum, kreative und auf den ersten Blick unkonventionelle Ideen für die Verbesserung von Prozessen zu finden. Die unkommentierte Sammlung aller spontanen Vorschläge und Einfälle, so absurd sie im ersten Moment erscheinen mögen, ist dafür von großer Bedeutung. Das *Brainwriting* verfolgt im Grunde den gleichen Zweck. Es fördert vor allem die Teilnahme jener Gruppenmitglieder, die beim Brainstorming trotz der geforderten Offenheit für alle Ideen nicht den Mut zur Äußerung unkonventioneller Ideen haben. Zudem wird die Gefahr unerwünschter Kommentare durch Teilnehmer während der Ideensammlungsphase reduziert.

Abbildung 10.11 Vorgehensweise in der Improve-Phase

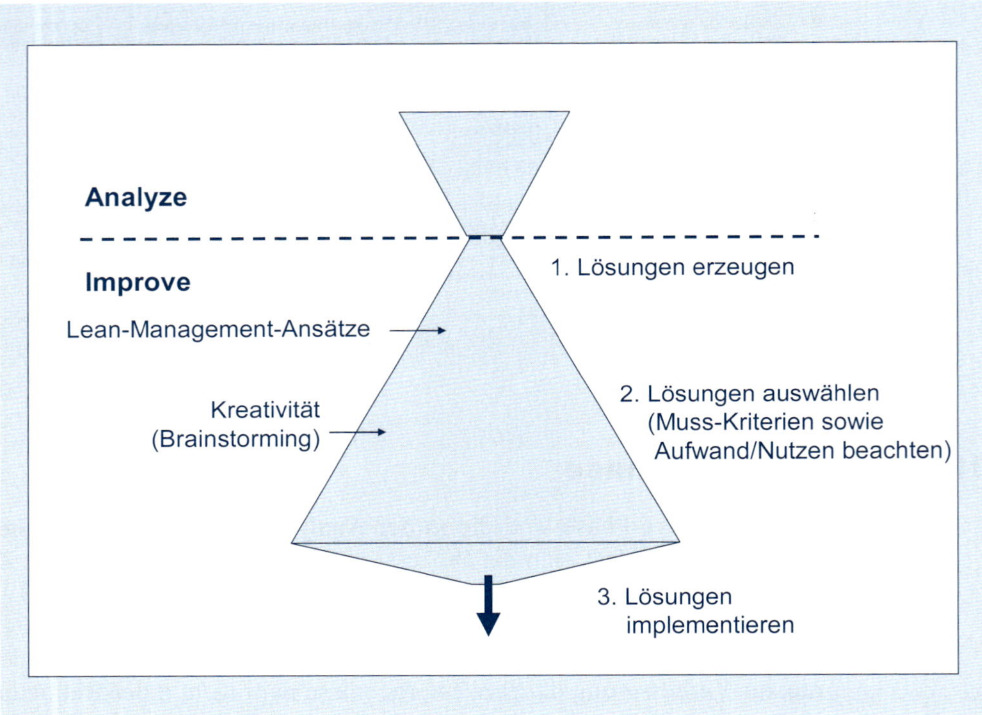

Die *SCAMPER-Checkliste* ist ebenfalls ein hilfreiches Instrument zur Förderung der Kreativität und zur strukturierten Entwicklung von Lösungsideen für Prozessverbesserungen. Folgende Fragen werden zu jedem einzelnen Prozessschritt bzw. Einflussfaktor x_{ij} vom Moderator an das Team gestellt:

- *Substitute:* Welcher Prozessschritt bzw. Einflussfaktor x_{ij} kann wodurch ersetzt werden? Lässt sich der Prozess anders gestalten? Gibt es andere Elemente?
- *Combine:* Welcher Prozessschritt bzw. Einflussfaktor x_{ij} kann mit etwas anderem kombiniert werden? Lässt sich dieser mit anderen Ideen verbinden, in Bausteine zerlegen oder in ein anderes Bild verwandeln?

- *Adapt:* Wie kann der Prozessschritt bzw. Einflussfaktor x_{ij} angepasst werden? Lassen sich Parallelen zu anderen Prozessschritten bzw. Einflussfaktoren x_{ij} feststellen?
- *Modify:* Wie kann der Prozessschritt bzw. Einflussfaktor x_{ij} verändert (ggf. maximiert oder minimiert) werden?
- *Put to other uses:* Wie kann der Prozessschritt zweckentfremdet werden? Gibt es andere Gebrauchsmöglichkeiten für ihn? Kann er woanders eingesetzt werden?
- *Eliminate/Erase:* Wie kann der Prozessschritt bzw. der Einflussfaktor x_{ij} eliminiert werden? Ist er unbedingt notwendig?
- *Reverse/Rearrange:* Was ist, wenn der Prozess umgedreht oder reorganisiert wird? Lässt sich die Reihenfolge ändern? Lässt sich die Idee spiegelverkehrt abbilden? Lassen sich Punkte austauschen?

Im nächsten Schritt der Improve-Phase werden die gefundenen Lösungen unter Betrachtung von Muss-Kriterien vom Projektteam bewertet und ausgewählt. Im Beispiel des Kreditbearbeitungsprozesses muss das Team beachten, dass die Geschäftsleitung keine Veränderung der Kunden- und Unternehmensanforderungen zulässt, keine Entlassungen wünscht und bei der Rating-Punktzahlermittlung und der Zinsbestimmung keine Fixa verwendet werden dürfen. Auch muss mit dem optimierten Prozess der vertriebliche Kontakt zum Bereichsleiter sichergestellt werden, um die Expansion des Baufinanzierungsgeschäfts (und damit auch die Anzahl der Kreditanträge) steuern zu können. Weitere zu berücksichtigende Muss-Kriterien können gesetzliche Vorschriften, Sicherheitsvorschriften, unternehmensstrategische Hintergründe, betriebliche Vereinbarungen, Umweltauflagen etc. betreffen.

Mit Hilfe der *Aufwand-Nutzen-Matrix* werden die möglichen Lösungen hinsichtlich ihres Aufwands und Nutzens bewertet, wobei die Lösungen mit dem günstigsten Aufwand-Nutzen-Verhältnis ausgewählt werden sollten (Abbildung 10.12). Lösungen, die Aufwand verursachen, aber kaum Nutzen erbringen, sind zu verwerfen.

Aufbauend auf der Aufwand-Nutzen-Analyse kann mit der reduzierten Anzahl an Lösungen eine Kosten-Nutzen-Analyse durchgeführt werden. Dazu werden die voraussichtlichen kosten- und nutzenbringenden Elemente für die kommenden zwölf Monate (bei Umsetzung der Lösung) bewertet. Dabei sind einerseits die Implementierungskosten und andererseits die Ergebniswirksamkeit, die Produktivitätssteigerung sowie andere, nicht quantifizierbare Nutzen zu berücksichtigen. Lösungen, die den höchsten „Net-Benefit" erwarten lassen, sind auszuwählen.

Abbildung 10.12
Aufwand-Nutzen-Matrix

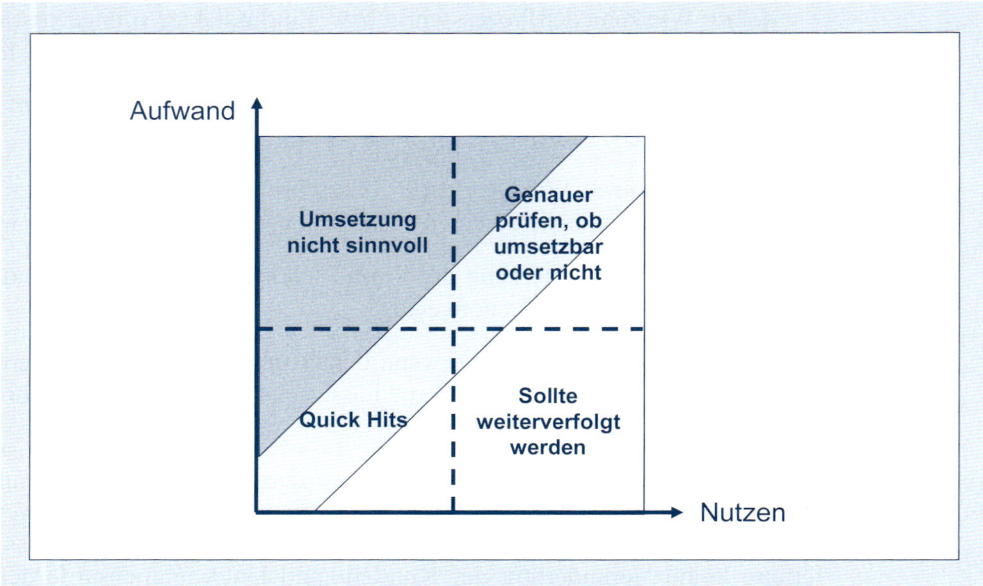

Die Suche nach Lösungen zur Prozessverbesserung bewegt sich in einem Spannungsfeld zwischen Effizienz und Effektivität. Bei einer analytischen Herangehensweise werden bestehende Prozesse aufgenommen, vermessen und mit den bisher beschriebenen Maßnahmen optimiert. Ziel ist die schnellere und bessere Durchführung der Prozesse, d.h. eine Effizienzsteigerung. Alternativ kann ein kreativer Ansatz gewählt werden, der neue, also innovative Prozesse erzeugt. Hierbei wird losgelöst von bestehenden Prozessen nach Lösungen für die identifizierten Probleme gesucht. Die Effektivität steht dabei im Mittelpunkt, denn die effizienzgetriebene analytische Betrachtung verbessert Prozesse ungeachtet dessen, ob diese ihren Zweck erfüllen oder nicht. In der Improve-Phase ist es wichtig, die gesamte Bandbreite möglicher Lösungen zu identifizieren und diese auf ihre Anwendbarkeit hin zu prüfen.

Nachdem die Lösungen für die Prozessgestaltung ausgewählt wurden, sind sie vom Projektteam näher zu spezifizieren. Dazu müssen eine Soll-Prozesskonzeption (Swim-Lane-Diagramm für den Soll-Prozess), Stellenbeschreibungen für die einzelnen Funktionen im Soll-Prozess, ein Raumplan, ein Transferplan der Ist- auf die Soll-Funktionen sowie ein Schulungskonzept erstellt werden. Anschließend erarbeitet und plant das Projektteam die Maßnahmen für die Umsetzung der Lösungen. Dazu gehören

- *Zeitplan:* Hier sind die Meilensteine für die Implementierung der neuen Prozessgestaltung sowie die Kommunikations- und Trainingsmaßnahmen zu entwickeln.

- *Budget- und Ressourcenplan:* Die für die Umsetzung der neuen Prozessgestaltung erforderlichen Budgets und Ressourcen sind zu ermitteln und es muss die Verfügbarkeit sicher gestellt werden (Mitarbeiter, Informationstechnologie, Investitionsbudget etc.).
- *Risikoanalyse:* Die verbleibenden Risiken des Prozesses müssen beschrieben und ihre Auswirkungen bewertet werden. Zudem muss ein Reaktionsplan erstellt werden, der falls nötig Auswirkungen begrenzt, so dass Risiken minimiert werden.
- *Pilotprogramm:* Sind Veränderungen in großem Umfang geplant oder können angestrebte Lösungen weit reichende, unvorhersehbare Konsequenzen nach sich ziehen, ist ein Pilotprogramm sinnvoll. Dies hilft bei der Verifizierung von Einsparpotenzialen, der Aufdeckung von Risiken und der Sammlung von Erfahrungen für die Implementierung und Optimierung von angestrebten Lösungen. Dazu wird ein Pilotbereich ausgewählt, in dem der Soll-Prozess für eine bestimmte Zeit umgesetzt und überprüft wird.
- *Rollout-Planung:* Nach erfolgreicher Durchführung des Pilotprogramms kann der unternehmensweite Rollout für alle betroffenen Prozesse und Funktionen beginnen. Zur Implementierung der Projektergebnisse ist ein konkreter Maßnahmenplan zu entwerfen und mit den betroffenen Fachbereichen und Mitarbeitern abzustimmen.

10.3.5 Control-Phase

An die Implementierung des optimierten Soll-Prozesses schließt sich die Control-Phase an. Mit dieser werden die Prozesse dokumentiert und Verbesserungen in der Prozessleistungsfähigkeit künftig statistisch abgesichert, d.h. es werden Veränderungen über den Zeitverlauf überwacht. Dadurch können bei gegebenenfalls auftretenden Problemen zeitnah Gegenmaßnahmen ergriffen werden.

Der Process Owner ist nach Ablauf des Projekts für das Management des Soll-Prozesses sowie der identifizierten Prozessergebnisse Y_i und der bestimmenden Einflussfaktoren x_{ij} verantwortlich. Zur Sicherstellung der Prozesskontrolle hat das Projektteam idealerweise ein Kennzahlenmesssystem für das Monitoring der Prozesse entwickelt, so dass dem Process Owner ein ständiger Überblick über die Prozessleistungsfähigkeit ermöglicht wird. Dabei wird auf die bereits gefundenen Messgrößen aus der Measure- und Analyze-Phase zurückgegriffen. Vor allem so genannte „Run Charts", d.h. Diagramme, die Veränderungen von Messgrößen über einen Zeitverlauf darstellen, werden für die Steuerung und Kontrolle der Prozesse eingesetzt (Abbildung 10.13).

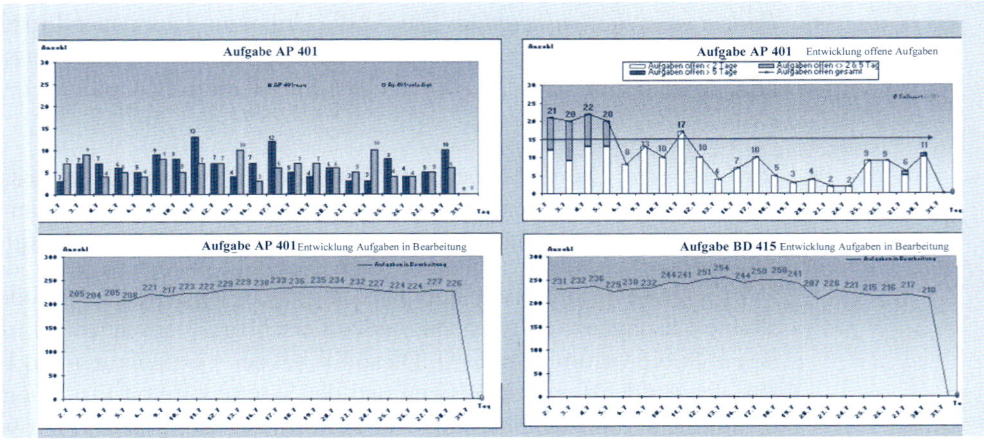

Abbildung 10.13
Beispiele für Kontroll-Charts

Am Ende des Projekts ist auch zu überlegen, welche Probleme oder Veränderungen durch die Implementierung des Soll-Prozesses langfristig entstehen können. Die Veränderung von Rahmenbedingungen (z.B. aufsichtsrechtliche Anforderungen) können zukünftig Probleme im Prozessablauf verursachen. Dazu sollten bereits jetzt Maßnahmen zur Problembehebung (Reaktionsplan) entwickelt werden, so dass der Process Owner bei Auftreten dieser Probleme auf vorhandene Lösungsmöglichkeiten zurückgreifen kann.

Abschließend erhält der Sponsor vom Projektleiter einen Bericht mit den wesentlichen durchgeführten Aktivitäten, den Ergebnissen und dem Ausmaß der Zielerreichung. Dazu gehört auch die Dokumentation des monetären Nutzens des Projekts. Der neue Prozess wird dem Process Owner übergeben. Dazu sollte die erarbeitete Soll-Prozesskonzeption einschließlich Stellenbeschreibungen visualisiert und dokumentiert werden. Zu dieser Dokumentation gehören in der Regel der Project Charter, die Dokumentation der einzelnen Phasen (inklusive Ziele, Werkzeuge und Ergebnisse), der Implementierungsplan, das Prozessmanagementdiagramm sowie der Net Benefit Sign Off. Schließlich werden der Projektleiter und das Projektteam entlastet, um ein klares Ende der Projektaktivitäten zu markieren. In einer abschließenden Teamsitzung sollten außerdem die Lessons Learned festgehalten werden, um wichtige Erkenntnisse für weitere Six-Sigma-Projekte gewinnbringend einsetzen zu können.

10.4 Design for Six Sigma

Im vorangegangenen Abschnitt wurden verschiedene Six-Sigma-Werkzeuge anhand eines Beispiels detailliert erläutert. Im Gegensatz zu dem beschriebenen DMAIC-Zyklus, der darauf ausgelegt ist, vorhandene Prozesse zu verbessern, beschäftigt sich Design for Six Sigma (DFSS) mit der Entwicklung innovativer Produkte und Prozesse. Ziel ist es, neue Abläufe so zu gestalten, dass sie von vornherein eine Null-Fehler-Qualität liefern. Das Vorgehensmodell von DFSS beinhaltet die Phasen Define, Measure, Analyze, Design und Verify. Daher wird in diesem Zusammenhang auch häufig der Begriff *DMADV-Zyklus* verwendet. Während sich der DMAIC-Zyklus auf die Beseitigung „negativer Qualität" konzentriert, wird DFSS zur Generierung „positiver Qualität" genutzt.[32]

Dabei nutzt der DMADV-Zyklus einige der bereits vorgestellten Tools. Im Folgenden soll insbesondere auf die Unterschiede zum bisher erläuterten Vorgehen eingegangen werden. Im Vordergrund stehen dabei zwei Themen:[33]

- Was schafft Wert für den Kunden, d.h. für welche Leistung ist er tatsächlich bereit zu zahlen?
- Wie kann der Wert möglichst effizient in eine innovative Dienstleistung, in ein Produkt oder einen Prozess umgewandelt werden?

Der letzte Punkt macht deutlich, dass DFSS verschiedene Dimensionen von Innovation unterstützt. Eine Möglichkeit ist die Entwicklung eines neuen Produkts basierend auf einem bestehenden Prozess. Außerdem kann ein neuer Prozess entwickelt werden, um ein bereits vorhandenes Produkt herzustellen. Schließlich ist es möglich – sozusagen als Königsdisziplin – ein neues Produkt samt dem dazugehörigen neuen Prozess zu entwickeln.[34]

Im Gegensatz zu traditionellen Innovationsprojekten ist der Aufwand zu Beginn eines DFSS-Projekts aufgrund der strukturierten Vorgehensweise vergleichsweise hoch. Allerdings fällt die Notwendigkeit von Nachbesserungen im weiteren Verlauf des Projekts deutlich geringer aus, so dass der Gesamtaufwand von DFSS-Projekten in der Regel niedriger ist (Abbildung 10.14).

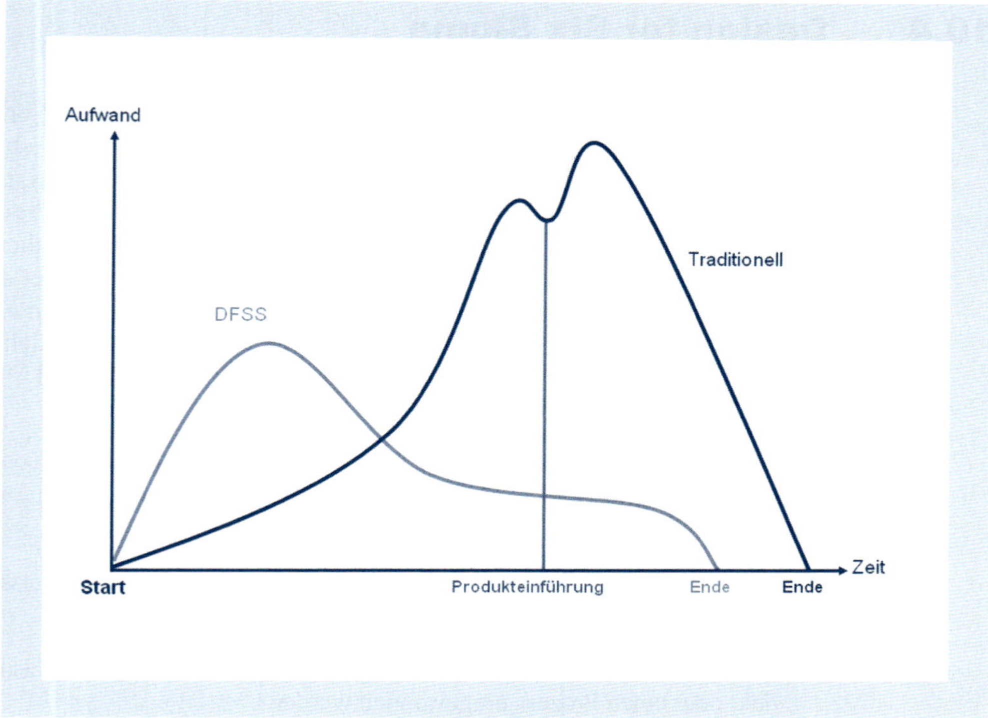

Abbildung 10.14 Aufwandsvergleich von traditionellen und DFSS-Projekten

In der *Define-Phase* geht es um die Definition, Abgrenzung und Organisation des Projekts. Hier muss das Ziel des Entwicklungsauftrags festgelegt werden. Analog zum DMAIC-Zyklus wird dazu ein Project Charter verwendet. Bereits die Formulierung der Zielsetzung kann entscheidenden Einfluss auf das Ergebnis des Innovationsprojekts haben, denn es ist wichtig, das Ziel möglichst lösungsfrei zu definieren. Während die Zielsetzung „Filiale der Zukunft“ den Lösungsraum bereits massiv einschränkt, lässt die Formulierung „Kundenbetreuungs- und Beratungskonzept der Zukunft“ viele Gestaltungsmöglichkeiten offen.[35] Gerade für die Schaffung neuer Produkte und Prozesse im Rahmen von DFSS ist es wichtig, den erwarteten Nutzen zu quantifizieren (*Benefit Case*), auch wenn dies nicht immer einfach ist. Der Benefit Case dient dazu sicherzustellen, dass die richtigen Projekte ausgewählt werden. Ein *Multigenerationsplan* legt drei Entwicklungsetappen fest (Probleme abstellen, neue Märkte erschließen, Marktführerschaft erlangen) und dient vor allem dazu, den Aufwand für das Projekt auf ein realistisches Maß zu beschränken sowie ein Erwartungsmanagement zu ermöglichen. Außerdem wird in der Define-Phase das Projektteam zusammengestellt, das Mitarbeiter aus allen betroffenen Abteilungen umfassen sollte. Dieses interdisziplinäre Team soll nach Möglichkeit alle Stakeholder integrieren.

Die *Measure-Phase* dient der Feststellung der Kundenbedürfnisse. Nachdem zunächst explizit definiert wurde, wer der Kunde ist, sieht DFSS folgende Schritte zur Ermittlung der Bedürfnisse vor:[36]

- Intern recherchieren,
- Hypothesen über den Nutzungsprozess und die Kundenbedürfnisse entwickeln,
- Kunden am Ort des Geschehens beobachten,
- tatsächliche Kundenbedürfnisse ableiten,
- Kundenbedürfnisse über Fokusgruppen und quantitative Markforschung verifizieren und
- Kundenbedürfnisse messbar machen.

Ähnlich wie bei der CTQ-Matrix wird mit Hilfe eines *Customer Need Table* versucht, aus Äußerungen der Kunden, die in der Regel als Beschwerde, Lösung oder Spezifikation formuliert sind, das wahre Kundenbedürfnis abzuleiten. Dazu werden alle Äußerungen rein sprachlich in die Form „Ich möchte …“ umgewandelt. Da es praktisch unmöglich ist, alle Kundenwünsche umzusetzen, werden diese nach dem *Kano-Modell*[37] unterschieden und entsprechend priorisiert. In einer *Design Scorecard* werden die Leistungsanforderungen und Messgrößen zu jedem Kundenbedürfnis festgehalten. Die Scorecard ist eine wichtige Grundlage für die Gestaltung des Prozesses und muss daher die Interessen der Kunden und aller Stakeholder widerspiegeln.

In der *Analyze-Phase* werden verschiedene Konzepte daraufhin überprüft, inwieweit sie die Kundenbedürfnisse befriedigen. Dabei geht es zunächst um die Frage, welche Funktionen das neue Design erfüllen muss. Wichtig ist dabei, dass alle zuvor identifizierten und als wichtig erachteten Kundenbedürfnisse erfüllt werden. Sind diese Funktionen (das „Was“) einmal festgelegt, gibt es in der Regel mehrere Alternativen, wie diese umgesetzt werden können. Im nächsten Schritt lassen sich mit Hilfe eines *morphologischen Kastens* mögliche Kombinationen (Konzepte) dieser Lösungsalternativen feststellen. Eine *Pugh-Matrix* vergleicht die so ermittelten Konzepte mit dem besten bekannten, im Markt existierenden Konzept. Auf Basis dieses Benchmarking wird am Ende dieser Phase das beste Konzept für den zu entwickelnden Prozess ausgewählt.

Die *Design-Phase* beschäftigt sich mit der detaillierten Umsetzung des zuvor ausgewählten Konzepts. Der in diesem Zusammenhang wichtigste Aspekt ist die Erstellung eines *Prototypen*. Nachdem mit einfachen Mitteln ein erster Prototyp erstellt wurde, wird dieser zunächst mit einzelnen Personen getestet. Aus diesen Personen können so genannte repräsentative Fokusgruppen gebildet werden, die das relevante Kundenspektrum abbilden. Mit diesen Fokusgruppen kann der Prototyp diskutiert werden und neue Ideen aller Stakeholder können zur Verbesserung des Prototypen genutzt werden.

Die Bewährung des Designs in der Praxis steht im Zentrum der *Verify-Phase*. Die *Pilotierung* in einem kleinen, überschaubaren Rahmen, beispielsweise in einer Filiale, hat sich als probate Vorgehensweise bewährt. Üblicherweise wird der Plan-Do-Check-Act-Kreislauf in dieser Pilotierungsphase verwendet, bis mit dem neuen Prozess das gewünschte Ergebnis erzielt wird.[38] Ist die Zielerreichung zunächst einmal sichergestellt, kann ein bereichs- oder unternehmensweiter Rollout erfolgen und ein Process Owner ernannt werden.

10.5 Einführung von Six Sigma

In den bisherigen Abschnitten wurde die Vorgehensweise einzelner Six-Sigma-Projekte detailliert beschrieben. Typisch ist aber, dass in einem Unternehmen oder in Teilbereichen der Organisation mehrere Projekte parallel durchgeführt werden. Es gilt dann, eine Infrastruktur zu schaffen, d.h. Mitarbeiter für die notwendigen Rollen – wie Green Belt oder Black Belt – auszubilden. Außerdem müssen mögliche Barrieren und Widerstände (z.B. Ängste von Mitarbeitern) überwunden werden. Bei dieser über ein Projekt hinausgehenden Umsetzung der Six-Sigma-Philosophie spricht man von einer *Six-Sigma-Initiative*.

Eine gut durchdachte Vorbereitung ist bei der Einführung von Six Sigma von großer Bedeutung. Zur erfolgreichen Entwicklung einer *Six-Sigma-Unternehmenskultur* sind folgende Voraussetzungen zu schaffen:

- Six Sigma sollte in einem Top-down-Ansatz als Initiative des Vorstandsvorsitzenden mit Unterstützung des Senior-Managements eingeführt werden.
- Es muss eine Strategie für die Einführung des Konzepts und die Schulung der Mitarbeiter entwickelt werden.
- Eine ausreichende Ressourcenbereitstellung und eine Priorisierung der Projekte sind notwendig.

- Die Ausgestaltung der Trainings muss entsprechend der Unternehmensbedürfnisse erfolgen.
- Black Belts, die Six-Sigma-Projekte leiten und durchführen, sind vom Tagesgeschäft freizustellen.
- Die Initiative muss durch qualitativ hochwertige Schulung einer ausreichenden Zahl von Mitarbeitern zu Green und Black Belts begleitet werden.
- Es muss ein Reporting zur Erfolgsdokumentation eingerichtet werden. Darüber hinaus müssen klare Verantwortlichkeiten bei der Einführung und Anwendung von Six Sigma im Unternehmen festgelegt werden.

Die Durchführung lediglich eines Projekts zur Erprobung der *Six-Sigma-Methodik* ist mit externer Unterstützung oftmals schnell und problemlos möglich. Die Einführung einer *Six-Sigma-Kultur* in der gesamten Organisation – besonders in eher traditionell orientierten Banken – ist dagegen sehr zeitaufwändig und mit großen Anstrengungen verbunden. „Six Sigma ist etwas, was auf allen Ebenen des Unternehmens praktiziert werden muss. Das Management muss erkennen, dass gegenwärtig praktizierte Qualitätsstandards ungenügend sind und dieses Bewusstsein muss sich durch die gesamte Organisation fortpflanzen.“[39] Dabei gibt es eine Reihe von Erfolgsfaktoren, aber auch Grenzen der Methodik, die im Folgenden betrachtet werden.

10.5.1 Erfolgsfaktoren für Six-Sigma-Projekte

Nachdem sich die Six-Sigma-Methodik auch im Finanzdienstleistungsbereich verbreitet hat und mittlerweile viele Erfahrungen in Projekten gesammelt werden konnten, stellt sich die Frage, welche Faktoren für Erfolg oder Misserfolg von Six-Sigma-Projekten verantwortlich sind. Ein Schwerpunkt der ProcessLab-Studie aus dem Jahr 2008 war die Suche nach Faktoren, die von den Verantwortlichen als erfolgskritisch angesehen werden (Abbildung 10.15).

Besonders auffällig ist, dass fünf der hier identifizierten Erfolgsfaktoren für das Projektmanagement generell von großer Bedeutung sind und daher als die „fünf goldenen Regeln des Projektmanagements“ bezeichnet werden.[40] Die goldenen Regeln umfassen das Commitment des Managements, das Mitarbeitertraining, die Unternehmenskultur, den Kundenfokus und ein klares Monitoring der Zielerreichung. Diese Aspekte spielen auch bei Six-Sigma-Projekten eine große Rolle und werden im Folgenden erläutert.[41]

Abbildung 10.15
Erfolgsfaktoren in Six-Sigma-Projekten

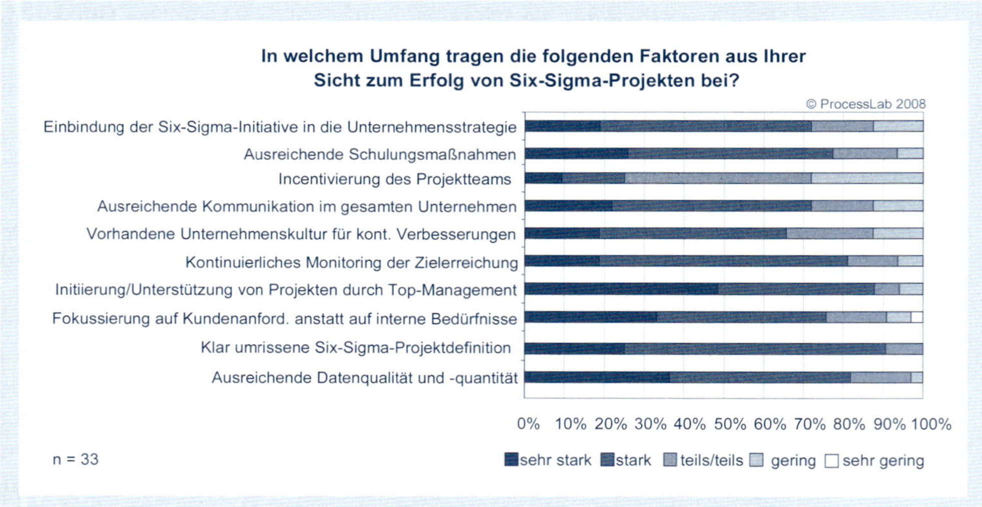

Quelle: Heckl, D. / Moormann, J. (2008a), S. 50.

Die *Unterstützung von Six-Sigma-Projekten durch das Top-Management* ist eine wichtige Voraussetzung für den Erfolg dieser Projekte. Idealerweise werden die Projekte „top down" angestoßen, d.h. die Geschäftsleitung engagiert sich für die Durchführung der Projekte und fühlt sich für den Erfolg verantwortlich. Das Commitment einzelner Abteilungen oder Einheiten reicht häufig nicht aus, um den für den Erfolg notwendigen Wandel der Unternehmenskultur nachhaltig voranzutreiben. Die Erfahrung zeigt, dass meistens die betroffenen Mitarbeiter für einen Wandel der Kultur durchaus offen sind und uneingeschränkt hinter den Projekten stehen. Indes mangelt es an der Unterstützung des Top- aber auch des Middle-Managements, das in den Veränderungen oft eine Gefährdung der eigenen Position im Unternehmen sieht. Es ist sinnlos, wenn ein Kundenbetreuer versucht, durch eine ganzheitliche Beratung die langfristige Kundenzufriedenheit zu steigern, solange sein Regionalleiter einzig die Verkaufszahlen eines bestimmten Produkts im Blick hat.

Dementsprechend tragen die Initiierung bzw. Unterstützung von Six-Sigma-Projekten laut 87,9% der hier Befragten sehr stark bzw. stark zum Erfolg bei. Tatsächlich liegt die Verantwortung in den jeweiligen Unternehmen nur in 18,8% der Fälle bei der Geschäftsleitung. Das ist viel zu wenig. Weitere 53,1% der Befragten geben an, dass die Verantwortung bei der ersten Führungsebene unterhalb des Vorstands angesiedelt ist (Abbildung 10.16 links).

Abbildung 10.16
Verantwortung für Six-Sigma-Projekte

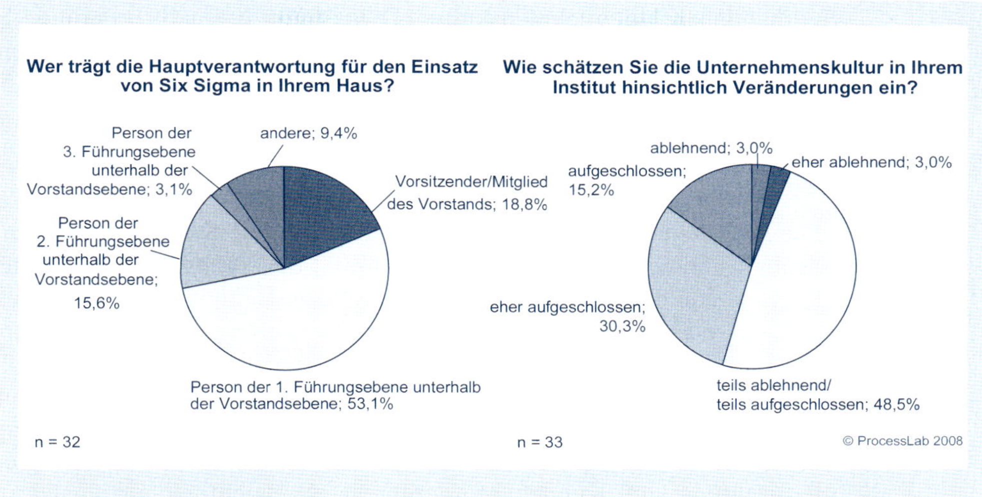

Quelle: Heckl, D. / Moormann, J. (2008a), S. 54.

Gerade in der Six-Sigma-Kultur ist das *Mitarbeitertraining* von zentraler Bedeutung. So überrascht es nicht, dass 77,3% der Befragten der Überzeugung sind, dass durch Schulungsmaßnahmen eine Basis von Know-how-Trägern mit ausreichend Six-Sigma-Kenntnissen geschaffen werden muss. Erfreulicherweise zeigen sich 94,0% der befragten Finanzdienstleister mit dem Ausbildungsstand ihrer Mitarbeiter zufrieden und bescheinigen, dass diese mit der Six-Sigma-Methodik entsprechend ihres Belt-Niveaus vertraut sind.

Während bei vielen Projektmanagementmethoden die verwendeten Vorgehensweisen und Techniken im Mittelpunkt stehen, zielt Six Sigma – ähnlich wie das Total Quality Management – auf eine langfristige und nachhaltige Veränderung der *Unternehmenskultur*.

Die bereits angesprochenen Belt-Ausbildungen sind nur ein Indiz für diesen Wandel. Dieser notwendige, kulturelle Wandel kann nur mit Unterstützung der Geschäftsleitung stattfinden. Dazu müssen zentrale Elemente von Six Sigma wie beispielsweise die Kundenorientierung sowohl strategisch als auch operativ an Bedeutung gewinnen. Gerade hier bietet Six Sigma aufgrund der strikten Orientierung an den Critical-to-Quality-Merkmalen (CTQs) große Chancen.

Die Integration von Six Sigma in den Strategieprozess des Unternehmens ist für 87,9% der in der ProcessLab-Studie Befragten wichtig. Hingegen ist die Incentivierung der Projektteams nur für 25,0% von Bedeutung. 65,6% der Finanzdienstleister, die Six Sigma tatsächlich einsetzen, sehen einen besonderen Erfolgsfaktor in der vorhandenen Unternehmenskultur. Diese muss offen für kontinuierliche Verbesserungen sein. Mehr als die Hälfte der Befragten konstatiert eine gegenüber Veränderungen zumindest teilweise ablehnende Unternehmenskultur (54,5%, Abbildung 10.16 rechts) in ihren Häusern. Insbesondere eine gegenüber neuen Ideen und/oder Prozessstrukturen ablehnende Mitarbeitergruppe kann das Projektteam vor unüberwindbare Hindernisse stellen.

Die Zielsetzung von Six Sigma ist in erster Linie die Steigerung der Kundenzufriedenheit und (in der Folge) der Rentabilität des Unternehmens. Dieser *Kundenfokus* kommt auch darin zum Ausdruck, dass die zu Beginn eines Six-Sigma-Projekts festzulegende Zielqualität immer den Kundenerwartungen entsprechen muss. Die Erreichung dieser Qualität ist zentraler Beurteilungsmaßstab für den Erfolg oder Misserfolg des Projekts. Die Erzielung von Kosteneinsparungen sowie schnelle und nachhaltige Qualitäts- und Effizienzverbesserungen in allen Geschäftsprozessen sind unmittelbare Nebenprodukte von Six Sigma. Für 75,7% der Befragten ist die strikte Ausrichtung auf Kundenanforderungen ein wichtiger Erfolgsfaktor. Dies unterstreicht die Notwendigkeit, die internen Bedürfnisse zunächst hinter die der Kunden zurückzustellen. Obwohl es selbstverständlich betriebswirtschaftliche Zwänge und somit zu beachtende Rahmenbedingungen gibt, zeigt die Erfahrung, dass die Fokussierung auf die Kunden und die damit einhergehende Qualitätssteigerung häufig die Kostenstrukturen deutlich zum Vorteil des Unternehmens verändern.

Das Überwachen (*Monitoring*) der erzielten Ergebnisse ist fester Bestandteil des DMAIC-Zyklus. Die Control-Phase dient dazu, Veränderungen in der Prozessleistungsfähigkeit nach Abschluss des Projekts permanent zu messen und statistisch abzusichern. Des Weiteren wird ein Reaktionsplan erstellt, um bei auftretenden Problemen schnell entgegensteuern zu können. Die ProcessLab-Studie belegt, dass 81,2% der Banken und Versicherer ein solches kontinuierliches Monitoring der Zielerreichung als Erfolgsfaktor ansehen. Es ist aber auch klar, dass die heutige Praxis hinsichtlich permanenter Messung noch weit hinter den Erfordernissen zurückliegt.

10.5.2 Grenzen der Anwendung von Six Sigma

Die beeindruckenden Erfolge von Six Sigma dürfen nicht darüber hinwegtäuschen, dass diese Methodik kein Allheilmittel für alle Probleme eines Unternehmens ist. Als eine evolutionäre Prozessverbesserungsmethodik zielt Six Sigma auf die inkrementelle Verbesserung des Prozessergebnisses ab. Das zentrale Anliegen ist dementsprechend die Effizienzsteigerung der Geschäftsprozesse. Eine verfehlte Produkt- oder Absatzpolitik kann auch durch Qualitätssteigerungen nicht korrigiert werden.

Nahezu alle der veröffentlichten Erfahrungsberichte zu Six-Sigma-Projekten berichten von den großen Erfolgen der Methodik, von Qualitätssteigerungen und Kosteneinsparungen. Dabei gilt es zu beachten, dass möglicherweise mehr Projekte scheitern, als es die Publikationen vermuten lassen. Denrell (2005) beschreibt diesen „Selection Bias“, der entsteht, weil tendenziell weniger über gescheiterte Projekte berichtet wird.[42] In der Realität eines Finanzdienstleisters gibt es daher einige Restriktionen für den Einsatz von Six Sigma.[43]

- Eine mangelnde Datenqualität oder -quantität kann die Sammlung der benötigten Daten in der Measure-Phase unmöglich oder unverhältnismäßig teuer machen. Dies ist zwar kein Six-Sigma-spezifisches Problem; allerdings kommt dem Messen der Ist-Prozesse eine überaus große Bedeutung zu.
- Six Sigma konzentriert sich auf die Erfüllung von Kundenanforderungen. Dabei ist es schwierig, die Qualität von Finanzdienstleistungen und die Zufriedenheit der Kunden objektiv zu messen. Einerseits bestehen aufgrund der Heterogenität der Kunden unterschiedliche Ansprüche an die Dienstleistungen. Andererseits wird die Zufriedenheit mit der Dienstleistung oft entscheidend von der Interaktion mit dem Kunden beeinflusst.
- Für kleine und mittlere Institute kann die Einführung von Six-Sigma-Initiativen zu teuer sein. Die langwierige Ausbildung von Black Belts und der Aufbau einer entsprechenden Infrastruktur zur Schulung von Mitarbeitern übersteigt gegebenenfalls die finanziellen Möglichkeiten dieser Unternehmen. Aber zumindest einzelne Projekte mit Unterstützung durch externe Berater oder Regionalverbände sollten durchaus rentabel sein.

Übungsfragen

- Welches Konzept steht hinter Six Sigma?
- Welche Bedeutung hat Six Sigma für die Qualität eines Prozesses?
- Beschreiben Sie die Inhalte des DMAIC-Zyklus.
- Welche Schritte müssen in der Measure-Phase durchlaufen werden?
- Was ist unter CTQ (Critical to Quality) zu verstehen?
- Was ist eine SCAMPER-Checkliste?

- Welche Rollen gibt es in einer Six-Sigma-Organisation und welche Aufgaben haben die jeweiligen Rollen?
- Skizzieren Sie den Kerngedanken von Design for Six Sigma.

Anmerkungen

1 Vgl. Goh, T.N. (2002).
2 Vgl. Antony, J. (2006); Snee, R.D. / Hoerl, R.W. (2005).
3 Vgl. Heckl, D. / Moormann, J. (2008a).
4 Vgl. Harry, M.J. / Schroeder, R. (2005); Magnusson, K. / Kroslid, D. / Bergman, B. (2004); Pande, P.S. / Neumann, R.P. / Cavanagh, R. (2000).
5 Vgl. Pande, P.S. / Neumann, R.P. / Cavanagh, R. (2000).
6 Six Sigma setzt das Denken in Geschäftsprozessen voraus. Insofern kann Six Sigma als ein mächtiges Instrumentarium im Rahmen des Prozessmanagements verstanden werden. Vgl. dazu Hammer, M. (2002).
7 Vgl. Lazarus, I.R. / Butler, K. (2001).
8 Vgl. Lunau, S. et al. (2007), S. 99.
9 Vgl. Breyfogle, F.W. (2003).
10 Vgl. ebenda.
11 Vgl. Bane, R. (2002).
12 Vgl. Töpfer, A. (2004).
13 Vgl. Harry, M.J. / Schroeder, R. (2006).
14 Vgl. ebenda.
15 Vgl. Pande, P.S. / Neumann, R.P. / Cavanagh, R. (2000).
16 Vgl. Harry, M.J. / Schroeder, R. (2006).
17 Vgl. ebenda.
18 Vgl. ebenda.
19 Vgl. Pande, P.S. / Neumann, R.P. / Cavanagh, R. (2000).
20 Vgl. George, M.L. (2003); Ehrlich, B.H. (2002).
21 Vgl. Harry, M.J. / Schroeder, R. (2006).
22 Vgl. Lieber, K. / Moormann, J. (2004).
23 Vgl. z.B. Voigt, A.M. (2009).
24 In mehreren Six-Sigma-Initiativen wird das Konzept genutzt, aber der Name Six Sigma durch eine andere Bezeichnung ersetzt (Fast Track, Operational Excellence, The AXA Way etc.).

[25] Vgl. Roffler, A. / Di Nunzio, E. (2009).
[26] In der Studie wurden 274 große Banken, Versicherungsunternehmen und Service Provider befragt (Rücklauf 145, d.h. 52,9%); vgl. Heckl, D. / Moormann, J. (2008a). Ein Auszug, der sich zudem auf Kreditinstitute beschränkt, befindet sich in Heckl, D. / Moormann, J. (2008b).
[27] Vgl. Penger, O.-S. (2007).
[28] Vgl. Rieg, S. (2009).
[29] Vgl. Kodlin, A. / Dose, D. (2009).
[30] Die NRS AG wurde Ende 2005 als Ausgliederung der Back-Office-Bereiche der Sparkassen Hamburg und Bremen gegründet und ist ein Anbieter von Processing-Dienstleistungen im Sparkassensektor. Das Angebot der Dienstleistungen für Sparkassen umfasst die Geschäftsbereiche Finanzen und Controlling, Kreditservice, Marktservice, Zahlungsverkehr und Consulting.
[31] Siehe dazu www.kreditsim.de
[32] Vgl. Lunau, S. et al. (2007).
[33] Vgl. Roenpage, O. (2009).
[34] Vgl. Lunau, S. et al. (2007).
[35] Vgl. Roenpage, O. (2009).
[36] Vgl. ebenda.
[37] Vgl. Kano, N. (1984); vgl. auch Kapitel 4.
[38] Der Plan-Do-Check-Act-Kreislauf wird auch häufig nach seinem Erfinder Deming benannt. Vgl. Deming, W.E. (1986).
[39] Branthwaite, D. (1994).
[40] Vgl. Börner, R. (2008).
[41] Vgl. Heckl, D. / Moormann, J. (2008a).
[42] Vgl. Denrell, J. (2005).
[43] Vgl. Moormann, J. / Leyer, M. (2009); Antony, J. (2006).

Literatur

Antony, J. (2006): Six Sigma for Service Processes, in: Business Process Management Journal, 12. Jg., Nr. 2, S. 234-248.

Bane, R. (2002): Leading edge quality approaches in Non-manufacturing organizations, in: Quality Congres. ASQ´s Annual Quality Congress Proceedings, Milwaukee, Wis., S. 245-249.

Börner, R. (2008): Fünf Goldene Regeln - Ergebnisse der Studie "Einsatz von Six Sigma in der Finanzbranche", in: Geldinstitute, Nr. 5, S. 24-27.

Branthwaite, D. (1994): Six Sigma Theory, http://www.sixsigma.de/english/-sixsigma/6s_e_artikel.htm, Zugriff: 21.07.2006.

Breyfogle, F.W. (2003): Implementing Six Sigma: Smarter Solutions Using Statistical Methods, 2. Aufl., Hoboken, NJ: Wiley.

Deming, W.E. (1986): Out of the Crisis, Cambridge, Mass.: Massachusetts Institute of Technology.

Denrell, J. (2005): Selection Bias and the Perils of Benchmarking, in: Harvard Business Review, 83. Jg., Nr. 4, S. 114-119.

Eckes, G. (2002): Six Sigma Team Dynamics, Hoboken, NJ: Wiley.

Ehrlich, B.H. (2002): Transactional Six Sigma and Lean Servicing, Boca Raton, Fla.: St. Lucie Press.

George, M.L. (2003): Lean Six Sigma for Service, New York: McGraw-Hill.

Goh, T.N. (2002): "A strategic assessment of six sigma", Quality Reliability Engineering International, 18. Jg., Nr. 5, S. 403-410.

Hammer, M. (2002): Process Management and the Future of Six Sigma, in: MIT Sloan Management Review, 43. Jg., Nr. 2, S. 26-32.

Harry, M.J. / Schroeder, R. (2006): Six Sigma: The Breakthrough Management Strategy Revolutionizing the World's Top Corporations, New York: Doubleday.

Harry, M.J. / Schroeder, R. (2005): Six Sigma – Prozesse optimieren, Null-Fehler-Qualität schaffen, Rendite radikal steigern, 3. Aufl., Frankfurt/M.: Campus.

Heckl, D. / Moormann, J. (2008a): Einsatz von Six Sigma in der Finanzbranche – Studie zum Status quo in Deutschland, Österreich, der Schweiz und Großbritannien, Frankfurt/M.: Frankfurt School Verlag.

Heckl, D. / Moormann, J. (2008b): Prozessmanagement: Six Sigma - State of the Art, in: Die Bank, 13. Jg., Nr. 6, S. 40-44.

Kano, N. / Seraku, N. / Takahashi, F. / Tsuji, S. (1984): Attractive Quality and Must-be Quality, in: Journal of the Japanese Society for Quality Control, Nr. 4, S. 39-48.

Kodlin, A. / Dose, D. (2009): OPEX: Operative Exzellenz in der NRS AG, in: Moormann, J. / Heckl, D. / Lamberti, H.-J. (Hrsg.), Six Sigma in der Finanzbranche, 3., vollst. neu erst. Aufl., Frankfurt/M.: Frankfurt School Verlag, S. 151-164.

Lazarus, I.R. / Butler, K. (2001): The promise of six sigma, in: Managed Healthcare Executive, 11. Jg., Nr. 9, S. 22-26.

Lieber, K. / Moormann, J. (2004): Six Sigma: Neue Chancen zur Produktivitätssteigerung?, in: Die Bank, 44. Jg., Nr. 1, S. 28-33.

Lunau, S. (Hrsg.) / Mollenhauer, J.-P. / Staudter, C. / Meran, R. / Hamalides, A. / Roenpage, O. / von Hugo, C. (2007): Design for Six Sigma+Lean Toolset: Innovationen erfolgreich realisieren, Berlin Heidelberg: Springer.

Lunau, S. (Hrsg.) / Roenpage, O. / Staudter, C. / Meran, R. / John, A. / Beernaert, C. (2007): Six Sigma+Lean Toolset. Verbesserungsprojekte erfolgreich durchführen, 2., überarb. Aufl., Berlin Heidelberg New York: Springer.

Magnusson, K. / Kroslid, D. / Bergman, B. (2004): Six Sigma umsetzen – Die neue Qualitätsstrategie für Unternehmen, 2. Aufl., München: Hanser.

Möller, K. / Noller, H. (2002): Six Sigma, in: Controlling, 17. Jg., Nr. 6, S. 366.

Moormann, J. / Heckl, D. / Lamberti, H.-J. (2009): Six Sigma in der Finanzbranche, 3., vollst. neu erst. Aufl., Frankfurt/M.: Frankfurt School Verlag.

Moormann, J. / Leyer, M. (2009): Qualitätssteigerung durch Six Sigma am Beispiel der Finanzindustrie, in: Hünerberg, R. / Mann, A. (Hrsg.), Unternehmensführung auf dynamischen Märkten, Festschrift für Prof. Dr. Armin Töpfer zum 65. Geburtstag, Wiesbaden: Gabler (im Druck).

Pande, P.S. / Neumann, R.P. / Cavanagh, R. (2000): The Six Sigma Way, New York: McGraw-Hill.

Penger, O.-S. (2007): Produktionsmanagement in der Kreditfabrik – Entwicklung, Einführung und Optimierung, in: Füser, K. / Theewen, E.M. / Tölle, H. (Hrsg.), Industrialisierung der Kreditprozesse, Heidelberg: City-Druck, S. 415-448.

Rieg, S. (2009): Pilotierung von Lean Six Sigma: Erfahrungsbericht der Commerzbank AG, in: Moormann, J. / Heckl, D. / Lamberti, H.-J. (Hrsg.), Six Sigma in der Finanzbranche, 3., vollst. neu erst. Aufl., Frankfurt/M.: Frankfurt School Verlag, S. 91-101.

Roenpage, O. (2009): Design for Six Sigma: Neue Produkte und Prozesse innovativ finden, in: Moormann, J. / Heckl, D. / Lamberti, H.-J. (Hrsg.), Six Sigma in der Finanzbranche, 3., vollst. neu erst. Aufl., Frankfurt/M.: Frankfurt School Verlag, S. 47-69.

Roffler, A. / Di Nunzio, E. (2009): „Best Service" mit Lean Sigma bei der Graubündner Kantonalbank, in: Moormann, J. / Heckl, D. / Lamberti, H.-J. (Hrsg.), Six Sigma in der Finanzbranche, 3., vollst. neu erst. Aufl., Frankfurt/M.: Frankfurt School Verlag, S. 103-120.

Snee, R.D. and Hoerl, R.W. (2005): Six Sigma beyond the factory floor: deployment strategies for financial services, health care, and the rest of the real economy, Upper Saddle River, NJ: Pearson Prentice Hall.

Thawani, S. (2004): Six Sigma – Strategy for Organizational Excellence, in: Total Quality Management, 15. Jg., Nr. 5-6, S. 655-664.

Töpfer, A. (2004): Qualitätsmanager mit grünem oder schwarzem Gürtel gesucht, in: Sparkasse, 121. Jg., Nr. 5, S. 230-234.

Voigt, A.M. (2009): Erfahrungsbericht über die Six-Sigma-Initiative bei der Xchanging Transaction Bank, in: Moormann, J. / Heckl, D. / Lamberti, H.-J. (Hrsg.), Six Sigma in der Finanzbranche, 3., vollst. neu erst. Aufl., Frankfurt/M.: Frankfurt School Verlag, S. 133-149.

Kapitel 11

Wertschöpfung durch globale operative Modelle

Nils Lensch-Franzen

11 Wertschöpfung durch globale operative Modelle

Lernziele

- Den Begriff des operativen Modells verstehen.
- Die maßgeblichen Faktoren, die in einem dynamischen Wettbewerbsumfeld zu Veränderungen des operativen Modells von Unternehmen führen, kennen und systematisch einordnen können.
- Die Nutzung des globalen Ressourcenpools als zunehmend wichtigen Teil des Wertschöpfungsmanagements verstehen.
- Strategische, struktur- und prozessorganisatorische Optimierungsansätze in Bezug zur ressourcenorientierten Optimierung des operativen Modells setzen können.
- Die ganzheitliche Optimierung des operativen Modells eines Unternehmens und die damit verbundenen Zielkonflikte verstehen.

11.1 Wertschöpfungsmanagement im dynamischen Umfeld

In den vorangegangenen Kapiteln wurde das Wertschöpfungsmanagement aus unterschiedlichen Perspektiven betrachtet. Im Kern bedeutet dies, die Strategie, Struktur- und Prozessorganisation eines Unternehmens so zu gestalten, dass im Wettbewerbsvergleich langfristig ein überlegener Wert (*Superior Value*) für alle Stakeholder (z.B. Kunden und Anteilseigner) vom Unternehmen generiert wird. In Kapitel 2 wurde erläutert, wie die Strategieformulierung bzw. die strategische Positionierung des Unternehmens die Wertschöpfung beeinflusst. In den Kapiteln 3 bis 6 ging es dann darum zu klären, wie durch die strukturelle Organisation eines Unternehmens die Wertschöpfung geprägt werden kann. Anschließend haben sich Kapitel 7 bis 10 der Frage gewidmet, wie die einzelnen Prozesse, die innerhalb der Wertschöpfungskette ablaufen, in optimaler Weise organisiert sein müssen. Über alle Kapitel hinweg wurde verdeutlicht, dass die Unternehmensführung in allen drei Dimensionen aktiv sein muss, um langfristig einen Wettbewerbsvorteil aufrecht zu erhalten.

Diese Herausforderung nimmt an Komplexität zu, wenn das Wertschöpfungsmanagement in einem sehr dynamischen Umfeld stattfindet. Dann muss das Management auf ständigen Wandel im Wettbewerbsumfeld reagieren, um langfristig eine überlegene Wertschöpfung im Unternehmen zu leisten und nicht von Wettbewerbern verdrängt zu werden.

Insbesondere für die Akteure im Finanzdienstleistungssektor trifft dieses Szenario zu. Der Finanzsektor ist spätestens seit Mitte der 1990er Jahre zu einem sehr dynamischen und wettbewerbsintensiven Marktbereich geworden, wie bereits im ersten Kapitel beschrieben wurde. Margendruck und der Kampf um neue Kunden erfordern von Seiten des Managements eine permanente Analyse, Evaluierung und Anpassung der wertschöpfenden Systeme, um sich langfristig gegenüber der Konkurrenz behaupten zu können.

Dynamic Capabilities

Teece, Pisano und Shuen haben für die Fähigkeit des Managements, das Unternehmen an veränderte äußere Umstände anzupassen, bereits Mitte der 1990er Jahre den Begriff der „*Dynamic Capabilities*" geprägt.[1] Zehn Jahre nach dem Ursprungsartikel hat Teece den Begriff der Dynamic Capabilities folgendermaßen zusammengefasst:

„For analytical purposes, dynamic capabilities can be disaggregated into the capacity (1) to sense and shape opportunities and threats, (2) to seize opportunities, and (3) to maintain competitiveness through enhancing, combining, protecting, and, when necessary, reconfiguring the business enterprise's intangible and tangible assets. Dynamic capabilities include difficult-to-replicate enterprise capabilities required to adapt to changing customer and technological opportunities. They also embrace the enterprise's capacity to shape the ecosystem it occupies, develop new products and processes, and design and implement viable business models. It is hypothesized that excellence in these 'orchestration' capacities undergirds an enterprise's capacity to successfully innovate and capture sufficient value to deliver superior longterm financial performance. The thesis advanced is that while the long-run performance of the enterprise is determined in some measure by how the (external) business environment rewards its heritage, the development and exercise of (internal) dynamic capabilities lies at the core of enterprise success (and failure)."[2]

11.2 Begriff des operativen Modells

Nachdem bisher eine deutliche Trennung von Strategie, Struktur- und Prozessorganisation vorgenommen wurde, wird in diesem Kapitel der Begriff des operativen Modells eingeführt. Im operativen Modell des Unternehmens treffen Strategie, Struktur- und Prozessorganisation aufeinander und bilden letztlich die Rahmenbedingungen, unter denen die Wertschöpfung des Unternehmens stattfindet.

Für den Begriff des operativen Modells gibt es weder in der Theorie noch in der Praxis eine einheitliche Definition. Je nach Kontext und Fokus der Analyse werden darunter unterschiedliche Aspekte verstanden. Das operative Modell eines Projektteams würde beispielsweise die Projektorganisation und die Aufgabenverteilung innerhalb der einzelnen Teilprojekte detailliert beschreiben. Im Rahmen einer ganzheitlichen Betrachtung des Wertschöpfungsmanagements ist jedoch das Unternehmen als Ganzes das Analyseobjekt (vgl. Kapitel 1). Entsprechend bedarf es in diesem Kontext einer relativ weit gefassten und hochgradig aggregierten Definition des Begriffs. Folgende Definition für das operative Modell wird daher vorgeschlagen:

Das operative Modell des Unternehmens ist die institutionelle und geografische Anordnung der einzelnen Aktivitäten der Wertschöpfungskette anhand strategischer sowie aufbau- und prozessorganisatorischer Überlegungen. Durch die zunehmende Internationalisierung ehemals nationaler Faktormärkte innerhalb der letzten zwei Dekaden kommt die Nutzung des globalen Ressourcenpools als vierte Dimension, die insbesondere das operative Modell von größeren Unternehmen maßgeblich prägt, hinzu.

Diese Definition besagt nichts anderes, als dass ein Blick auf das operative Modell eines Unternehmens Aufschluss darüber geben soll, wer welche Aktivität der Wertschöpfungskette an welchem Ort ausübt (Abbildung 11.1). Während die Bedeutung strategischer, aufbau- und prozessorganisatorischer Überlegungen für diese Frage bereits ausgiebig im bisherigen Verlauf des Buches behandelt wurde, bedarf die Bedeutung der Nutzung des globalen Ressourcenpools weiterer Klärung innerhalb dieses Kapitels.

Jede Aktivität in der Wertschöpfungskette wird durch den Einsatz eines bestimmten Bündels an Ressourcen ausgeübt.[3] Neben allen strategisch, struktur- und prozessorganisatorisch geprägten Optimierungsbemühungen ist also von Seiten des Managements immer auch die Frage zu beantworten, ob eine optimale Nutzung der global verfügbaren Ressourcen stattfindet. Dabei müssen die Möglichkeiten des Ressourcenzugangs, die sich dem Unternehmen zu einem bestimmten Zeitpunkt bieten, berücksichtigt werden. In einem dynamischen Umfeld wird das Management des Zugangs zum globalen Ressourcenpool zu einer wichtigen Aufgabe der Unternehmensführung, um die Wertschöpfung langfristig auf einem überlegenen Level zu etablieren.[4]

Abbildung 11.1
Grundsätzliche Einflussfaktoren auf das operative Modell eines Unternehmens

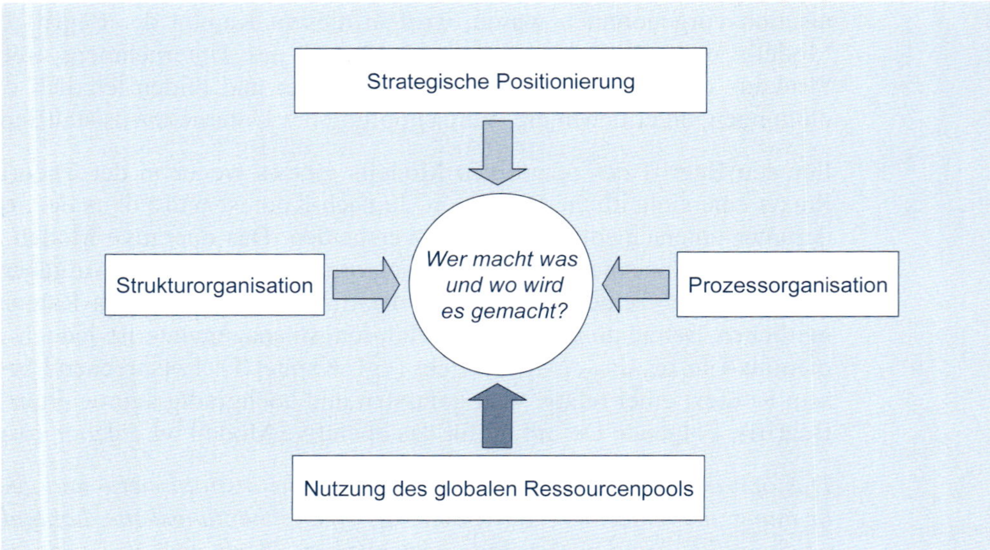

Besonders in der letzten Dekade hat die Nutzung des globalen Ressourcenpools die Entwicklung neuer operativer Modelle der internationalen Großbanken stark beeinflusst, wie am Ende dieses Kapitels an Beispielen der Deutschen Bank und der Commerzbank verdeutlicht werden wird.

Bevor die Nutzung des globalen Ressourcenpools als Teil des Wertschöpfungsmanagements genauer analysiert werden kann, muss jedoch generell geklärt werden, wie das operative Modell eines Unternehmens theoretisch optimal auszugestalten ist bzw. anhand welcher generellen Logik Anpassungen am operativen Modell vorzunehmen sind, um langfristig erfolgreich zu sein.

11.3 Optimierung des operativen Modells

Die Optimierung des operativen Modells in einem dynamischen Wettbewerbsumfeld sollte sich an den Größen der Effektivität und der Effizienz orientieren. Die Begriffe werden häufig synonym verwendet, haben aber grundsätzlich eine unterschiedliche Bedeutung (vgl. Kapitel 1).

Die *Effektivität* beschreibt im Allgemeinen, wie genau ein vorher bestimmtes Ziel durch die Durchführung einer Tätigkeit erreicht wird. Im Rahmen des Wertschöpfungsmanagements erlaubt der Begriff der Effektivität, struktur- und prozessorganisatorische Entscheidungen des Managements sowie Entscheidungen hinsichtlich des Ressourceneinsatzes in Beziehung zur Strategie zu setzen. Die Effektivität des operativen Modells lässt sich in diesem Zusammenhang als Maß dafür verstehen, wie gut die Ausgestaltung der Wertschöpfungskette die strategische Position des Unternehmens bzw. die Erreichung strategisch vorgegebener Ziele unterstützt.

Im Gegensatz dazu misst die *Effizienz*, durch welchen Mitteleinsatz ein bestimmtes Resultat erreicht wird. In Bezug auf das Wertschöpfungsmanagement ist die Effizienz im Gegensatz zur Effektivität ein Maß für die reine Leistungsfähigkeit der operativen Prozesse. Bei Effizienzfragen wird primär darauf geachtet, wie viel Output das operative Modell des Unternehmens aus einem bestimmten Input generieren kann, aber eben nicht, ob der strategisch gewollte Output generiert wurde. Effizienzsteigernde Maßnahmen lassen sich folglich als Senkung der Kosten bei gleich bleibender Qualität des Ergebnisses verstehen. Effektivitätssteigernde Maßnahmen implizieren hingegen eine Änderung des Ergebnisses, um näher an ein vorgegebenes Ziel heranzurücken.

Abbildung 11.2 Effektivitäts- und effizienzsteigernde Anpassungsmaßnahmen

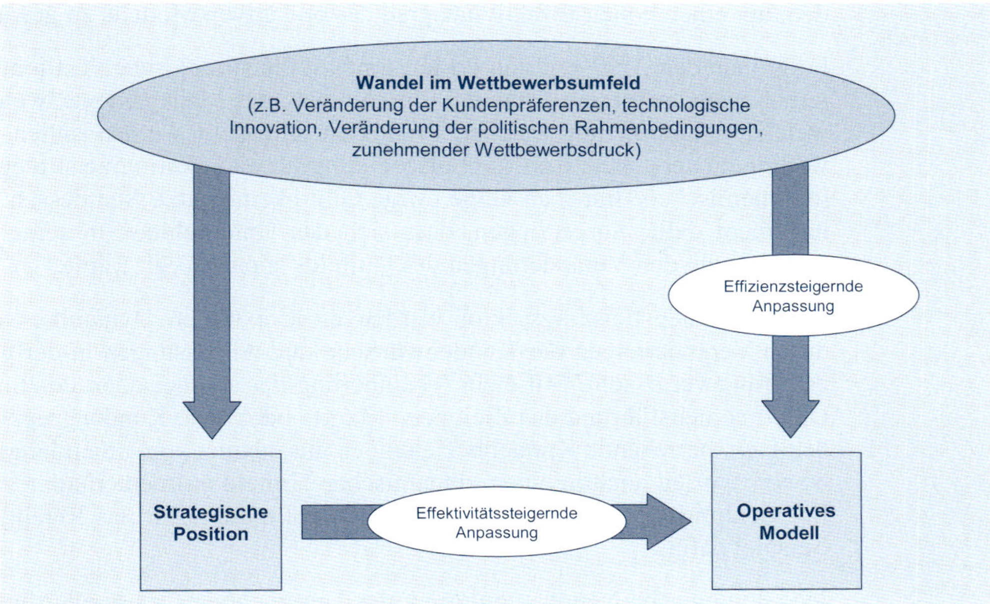

Für Banken haben sich insbesondere in den letzten zwei Jahrzehnten Veränderungen im operativen Modell ergeben. Diese wurden zu einem großen Teil durch externe Entwicklungen – wie den Fall des „Eisernen Vorhangs" und die europäische Integration – angestoßen. Darüber hinaus hat der Fortschritt in der Kommunikations- und Informationstechnologie es ermöglicht, Prozessabläufe in der Wertschöpfung grundsätzlich zu verändern. Die Aufgabe der Unternehmensführung ist es, die exogenen Entwicklungen richtig zu deuten und daraus Konsequenzen für das operative Modell des Unternehmens abzuleiten. Um die vielfältigen Veränderungen im Unternehmensumfeld richtig einordnen zu können, hilft es, diese anhand ihrer Wirkung auf das operative Modell zu kategorisieren. Generell lassen sich effektivitäts- und effizienzsteigernde Anpassungsmaßnahmen am operativen Modell unterscheiden. Abbildung 11.2 stellt die beiden unterschiedlichen Wege der Anpassung grafisch dar.

11.3.1 Effektivitätssteigerung im operativen Modell

Der Wandel im externen Umfeld wirkt sich zuallererst auf die strategische Positionierung des Unternehmens auf. Dementsprechend muss die Veränderung der strategischen Position in der geografischen und institutionellen Anordnung der Wertschöpfungskette sowie ihrer Struktur- und Prozessorganisation berücksichtigt werden, um einen hohen Effektivitätsgrad des operativen Modells zu gewährleisten.

Folgt man den Ansätzen von Porter, umfasst die strategische Positionierung des Unternehmens im Wesentlichen die Entscheidung des Managements, welche Kunden in welchen Märkten mit welchen Produkten adressiert werden sollen.[5] Dabei ist es wichtig zu verstehen, dass die Entscheidung für eine bestimmte strategische Position in dynamischen Branchen keine ewige Gültigkeit besitzt. Stattdessen muss das Management dafür Sorge tragen, dass sich das Unternehmen in seiner strategischen Ausrichtung den Veränderungen des Umfelds anpasst (vgl. Kapitel 2).[6]

Im Finanzdienstleistungssektor werden diese externen Dynamiken beispielsweise durch Veränderungen der Kundenwünsche und Anpassungen in der politischen Regulierung verursacht. Mit einer Veränderung der strategischen Position verfolgt die Unternehmensführung das Ziel, neue Märkte oder neue Kundengruppen zu erschließen bzw. bestehende Kundenbeziehungen auszubauen, um einen langfristigen Wettbewerbsvorteil auch in einem dynamischen Umfeld aufrechterhalten zu können. Die Entwicklung von Zertifikaten als innovative Produkte für das Retailgeschäft ist ein Beispiel dafür.

Jede strategische Neupositionierung des Unternehmens muss allerdings auch in der Wertschöpfungskette reflektiert werden. Entschließt sich eine Bank beispielsweise, neue aufstrebende Märkte in bislang wenig entwickelten Regionen mit ihren Finanzprodukten zu durchdringen, muss dieses durch die Entwicklung neuer Vertriebskanäle im operativen Bereich begleitet werden. Unter Effektivitätsgesichtspunkten muss eine Vertriebsstruktur aufgebaut werden, die die strategische Zielvorgabe erfüllt, d.h. dem Unternehmen den Zugang zu den Kunden ermöglicht und die geforderten Marktanteile in der neuen Region generiert. Dieses bedeutet im Regelfall eine Änderung oder Erweiterung der strukturellen Organisation des Unternehmens. Je nach Umstand kann auch eine Adaption der bestehenden Prozesse notwendig werden, beispielsweise durch die Einführung innovativer Vertriebsmodelle.

Neben struktur- und prozessorganisatorischen Überlegungen spielt auch die Nutzung des globalen Ressourcenpools eine wichtige Rolle bei der effektiven Ausgestaltung des operativen Modells. Das Management muss entscheiden, an welchen geografischen Orten für die Erreichung der strategischen Ziele eine physische Präsenz des Unternehmens notwendig ist. Dies hängt zu einem großen Teil von der Art der Produkte ab, die in der Region verkauft werden sollen. Bei einer Beratungsleistung ist es sicherlich notwendig, physisch präsent zu sein. Andererseits bietet insbesondere das Internet zunehmend Chancen, die virtuellen Produkte von Finanzdienstleistern auch ohne physischen Kundenkontakt zu vertreiben.

Ist die physische Präsenz auf einem regionalen Markt notwendig, stellt sich zweitens die Frage, ob eigene Ressourcen eingesetzt werden müssen oder ob ein externer Partner genutzt werden kann. Die Nutzung eines etablierten Unternehmens als Vertriebspartner kann beispielsweise ein geeigneter Ansatz sein, um einen Einstieg in den anvisierten Markt zu finden. Das wäre dann der Fall, wenn die eigene Marke beim Kunden noch unbekannt ist oder der externe Anbieter über spezifische (regionale) Kompetenzen verfügt, die zur Erreichung des strategischen Ziels notwendig sind. Auch regulatorische Bestimmungen können ein Grund sein. Die Deutsche Bank betreibt z.B. in China mit der Hua-Xia Bank ein Kreditkarten-Joint-Venture. Der wesentliche Grund ist, dass die Lizenzen für das Bankgeschäft von den chinesischen Behörden an ausländische Institute nur sehr restriktiv vergeben werden.[7] Auf der anderen Seite hat diese institutionelle Auslagerung von Aktivitäten der Wertschöpfungskette auch einen Informations- und Kontrollverlust zur Folge. Die Aufgabe des Managements ist es, diese Vor- und Nachteile gegeneinander abzuwägen.

11.3.2 Effizienzsteigerung im operativen Modell

Jedoch sind bei weitem nicht alle Veränderungen des operativen Modells mit einer strategischen Neupositionierung verbunden. Viele Veränderungen des Wettbewerbsumfelds haben in der Vergangenheit eine Anpassung des operativen Modells bewirkt, ohne dass die strategische Position des Unternehmens verändert worden wäre. Diese können als effizienzsteigernde Maßnahmen für das operative Modell betrachtet werden.

Ein Beispiel für eine Veränderung des Wettbewerbsumfelds, die effizienzsteigernde Maßnahmen notwendig macht, wäre die Zunahme des Wettbewerbs durch eine wachsende Anzahl von Anbietern gleicher oder ähnlicher Produkte. Zunehmender Wettbewerbsdruck führt zwar einerseits dazu, dass das Management sein Unternehmen strategisch neu positionieren muss (vgl. Kapitel 2). Andererseits sind aber auch Maßnahmen einzuleiten, die schlicht eine Erhöhung der Effizienz im operativen Modell bewirken. Dieses lässt sich durch struktur- oder prozessorganisatorische Veränderungen realisieren, wie in den Kapiteln 3, 4 und 9 beschrieben wurde.

Fusion der IT-Dienstleister des Sparkassenverbunds[8]

Die Fusion der beiden IT Dienstleister des Sparkassenverbunds, FinanzIT und Sparkasseninformatik, zur Finanz Informatik GmbH & Co. KG im Januar 2008 ist ein Beispiel für eine effizienzorientierte Anpassung des operativen Modells. Durch diese Veränderung versorgt nun die Finanz Informatik sämtliche Landesbanken, Landesbausparkassen und Sparkassen mit einheitlichen IT-Anwendungen, einer einheitlichen IT-Struktur sowie Beratung, Schulung und Support. Durch die Gründung der Finanz Informatik wurde ein seit langem andauernder Fusionierungsprozess abgeschlossen, der bereits in den sechziger Jahren begonnen hat. Aus so genannten „Buchungsgemeinschaften“, zu denen sich einzelne Sparkassen bereits sehr früh zusammengeschlossen hatten, wurden über die Jahre immer größere IT-Einheiten. Ende der neunziger Jahre gab es noch insgesamt elf IT-Dienstleister für deutsche Sparkassen. Durch eine Reihe von Fusionen seit Mitte der 90er Jahre ist letztlich die Finanz Informatik als alleiniger Anbieter übrig geblieben. Aus der letzten Fusion werden ab 2012 ca. 200 Millionen Euro Einsparungen an operativen Kosten pro Jahr erwartet.

In den letzten beiden Jahrzehnten hat der verbesserte Zugang zum globalen Ressourcenpool zusätzliche Möglichkeiten geschaffen, die Effizienz des operativen Modells zu erhöhen. Einerseits ist hier die Entstehung von spezialisierten Anbietern, die einzelne standardisierte Aktivitäten der Wertschöpfungskette für mehrere Unternehmen durchführen, zu nennen (z.B. IBM im Bereich der Informationstechnologie als umfassender Dienstleister für alle IT-bezogenen Aktivitäten)9. Andererseits ist es die globale Liberalisierung der Wirtschaft, die insbesondere seit den 1990er Jahren den Zugang zu geografisch entfernt gelegenen Faktormärkten ermöglicht. Die Verfügbarkeit günstiger und qualitativ hochwertiger Ressourcen aus den aufstrebenden Ländern des asiatischen und osteuropäischen Raums zur Durchführung diverser Geschäftsaktivitäten hat neue Möglichkeiten der Effizienzsteigerung geschaffen. Operative Modelle von Unternehmen werden verändert, um die global verfügbaren Ressourcen für die Wertschöpfung einzusetzen und so die Kosten bei gleich bleibender Qualität zu senken.

11.4 Nutzung des globalen Ressourcenpools

Während die strategische Positionierung sowie struktur- und prozessorganisatorische Aspekte als Einflussfaktoren für das operative Modell in den vorangegangenen Kapiteln intensiv behandelt wurden, muss auf die Nutzung des globalen Ressourcenpools noch im Detail eingegangen werden. In der klassischen betriebswirtschaftlichen Literatur wird dieser Aspekt im Vergleich zur Strategie, Struktur- und Prozessorganisation stark untergewichtet. Die Praxis zeigt jedoch, dass insbesondere für international agierende Unternehmen die Nutzung des globalen Ressourcenpools durch globale Wertschöpfungsketten erhebliche Bedeutung hat.

Vom multinationalen zum global integrierten Unternehmen

Samuel Parmisano, CEO der IBM, beschreibt in einem Artikel aus dem Jahr 2006, in welchem grundlegenden Wandel sich die Wertschöpfungssysteme multinationaler Unternehmen befinden:

"The shift from multinational corporation to globally integrated enterprise has assumed two distinct forms. The first has involved changes in where companies produce things; the second, changes in who produces them. Until recently, companies generally chose to produce goods close to where they sold them. As a consequence, most foreign investments targeted specific foreign markets. Today, overseas investments continue to be made with a view to gaining access to important sources of foreign demand, but companies are investing more to change the way they supply the entire global market.

The global integration of production cuts costs and taps new sources of skills and knowledge. The most visible signs of this change can be seen in China and India. By one estimate, between 2000 and 2003 alone, foreign firms built 60,000 manufacturing plants in China. Some of these factories target the local Chinese market, but others target the global market. European chemical companies, Japanese carmakers, and U.S. industrial conglomerates are all building (or have declared their intention to build) factories in China to supply export markets around the world. Similarly, banks, insurance companies, professional-service firms, and it companies are building R & D and service centers in India to support employees, customers, and production worldwide. But these changes reach far beyond China and India. American radiologists send x-rays to Australia for interpretation. Customer service centers in Nova Scotia handle warranty inquiries for U.S. shoppers. Procurement centers in Manila process corporate purchasing decisions on behalf of firms big and small around the world. Back offices in Dublin process derivatives transactions for global investment banks. In the United States, European biotech and pharmaceutical companies, such as Roche, Böhringer Ingelheim, and Eppendorf, are building manufacturing and R & D centers to support global research and production. Chipmakers, such as Samsung and Infineon Technologies, and chip-manufacturing-equipment companies, such as Tokyo Electron, are tapping U.S. engineers and know-how to advance their manufacturing technologies. Everywhere, economic activity is turning outward by embracing shared business and technology standards that let businesses plug into truly global systems of production. These shared standards, meanwhile, have given companies options in terms of whom they choose to produce things. As shared business practices spread, along with shared modes of connecting business activity, companies can hand over more and more of the work they had previously performed inhouse (from back-office support work, such as invoicing and employee-benefits administration, to R & D, sales, and customer support) to outside specialists.

Heretofore, the corporation was seen as a collection of country based subsidiaries, business units, or product lines. (The IBM of 30 years ago, for example, was in many respects an emblematic multinational. Over the past decade, IBM and its clients have changed structurally, operationally, and culturally in response to globalization and new technology.) Now the spread of outsourcing is encouraging companies to view themselves as an array of specialized components: procurement, manufacturing, research, sales, distribution, and so on. For each of these components, the global integration of operations is forcing companies to choose where they want the work to be performed and whether they want it performed inhouse or by an outside partner. (Procter & Gamble, for example, relies on outside specialists in nearly all areas of its business.) The corporation, then, is emerging as a combination of various functions and skills - some tightly bound and some loosely coupled - and it integrates these components of business activity and production on a global basis to produce goods and services for its customers."[10]

Die Nutzung der globalen Ressourcenpools wird vom Management maßgeblich durch die Beantwortung zweier Fragen gesteuert:

- Wer führt aus institutioneller Sicht die Aktivitäten durch, die zur Erstellung des strategisch definierten Produktportfolios der Bank notwendig sind?
- Wo sollten aus geografischer Sicht diese Aktivitäten durchgeführt werden?

Die erste Frage erfordert eine Entscheidung des Managements, welche Aktivitäten, die zur Herstellung eines bestimmten Produktportfolios notwendig sind, in den eigenen institutionellen Unternehmensgrenzen durchgeführt werden bzw. welche Leistungen vom Markt bezogen werden sollen (vgl. auch Kapitel 5).

Dabei darf nicht vergessen werden, dass der Markt als institutionelles Gegenstück zum Unternehmen letztendlich nichts anderes ist als eine Ansammlung von mehreren Unternehmen, die sich gegenseitig ihre Leistungen zu Marktpreisen verkaufen. Der Markt selbst kann keine Leistung produzieren. Entscheidet sich das Management also dazu, eine Leistung vom Markt zu beziehen anstatt diese selbst mit unternehmensinternen Ressourcen herzustellen, dann bedeutet dies gleichzeitig, dass die Ressourcen eines anderen Unternehmens genutzt werden, um die nachgefragte Leistung zu erbringen.[11]

Die zweite Frage erfordert vom Management eine Entscheidung darüber, an welchem geografischen Standort die Aktivität durchgeführt werden soll. Jede geografische Lage hat ihre Vorzüge und Nachteile im Hinblick auf die vorhandenen Ressourcen.[12] Eine Verbesserung der Wettbewerbsposition kann folglich erreicht werden, indem die Durchführung von Aktivitäten geografisch optimal platziert wird.

Beide Fragen können nicht getrennt voneinander beantwortet werden, sondern sind eng miteinander verbunden. Letztendlich definieren sie auf einem Makro-Level die Eckdaten des operativen Modells des Unternehmens. Durch die Veränderung der Koordinaten, die die Lage der unterschiedlichen Aktivitäten der Wertschöpfung sowohl in institutioneller als auch in geografischer Hinsicht bestimmen, kann das Management die optimale Nutzung des globalen Ressourcenpools beeinflussen.

11.4.1 Wandel im Zugang zu Ressourcen

Der Begriff der Ressource wurde bereits im Kapitel 2 erläutert. Um zu verstehen, welchen grundsätzlichen Überlegungen das Management eines Unternehmens anstellen muss, wenn es um die Optimierung der Ressourcennutzung geht, ist es jedoch notwendig, insbesondere die Unterschiede im Zugang zu Ressourcen genauer zu betrachten.

Generell wird der Zugang zu einer Ressource durch institutionelle und geografische Faktoren bestimmt. Grundsätzlich kann das Management eines Unternehmens für die Durchführung von Aktivitäten nur auf diejenigen Ressourcen zugreifen, die in den institutionellen Grenzen des Unternehmens verfügbar sind, d.h. an denen das Unternehmen Eigentumsrechte hält oder vertraglich festgelegte Nutzungsrechte besitzt. Gleichzeitig müssen die Ressourcen an dem geografischen Ort verfügbar sein, an dem das Unternehmen die Aktivität durchführt. Diese institutionellen und geografischen Zugangsbeschränkungen führen dazu, dass Unternehmen unterschiedliche Ressourcen für ihre Wertschöpfung nutzen, aus denen sich in erheblichem Maße Wettbewerbsvorteile bzw. -nachteile ergeben.

11.4.2 Unternehmensspezifische Ressourcen

Ein Teil der Ressourcen, insbesondere die Kernkompetenzen eines Unternehmens, werden im Unternehmen über die Zeit aufgebaut und können nur in einem bestimmten Unternehmenskontext angewendet werden. Daraus folgt, dass für ein Unternehmen der Zugang zu unternehmensspezifischen Ressourcen eines anderen Unternehmens nur durch die institutionelle Auslagerung (Desintegration) von Aktivitäten möglich ist.[13] Darunter sind Outsourcing-Projekte oder Unternehmenskooperationen zu verstehen, die dazu führen, dass ein Teil der Wertschöpfung die institutionellen Grenzen des eigenen Unternehmens verlässt. Das Management entscheidet sich vertraglich dafür, die Aktivität von einem anderen Unternehmen in Teilen oder vollständig durchführen zu lassen und dafür ein Entgelt zu zahlen (vgl. Kapitel 4).

Das Spektrum an Möglichkeiten, auf externe Anbieter und deren Kernkompetenzen für die Durchführung von Aktivitäten zuzugreifen, ist in einem stetigen Wandel begriffen. Zunehmender Wettbewerb sorgt dafür, dass sich Unternehmen stärker auf ihre Kernkompetenzen konzentrieren und Nischen ausnutzen müssen, in denen sie Wettbewerbsvorteile aufgrund ihrer Ressourcenausstattung besitzen. Das führt dazu, dass die Aktivitäten, die notwendigerweise durchgeführt werden müssen, um das Produktportfolio des Unternehmens herzustellen, zu einem immer geringeren Anteil mit eigenen Ressourcen besetzt werden. Die Wertschöpfungskette des Unternehmens wird aufgebrochen und einzelne Aktivitäten werden von den jeweiligen Spezialisten durchgeführt.[14]

Allerdings gilt dies vornehmlich für etablierte Branchen, in denen die Wertschöpfungskette einzelner Wettbewerber über weite Strecken aus ähnlichen Komponenten besteht, wie z.B. Call-Center-Dienste oder standardisierte Abwicklungsaktivitäten in der Finanzbranche. Für Dienstleister bietet sich dann die Möglichkeit, sich auf einen bestimmten Teil der Wertschöpfungskette zu konzentrieren und durch Aufbau von überlegenen Kernkompetenzen ein profitables Geschäft als externer Anbieter aufzubauen. Unterscheiden sich Unternehmen sehr stark in den einzelnen Aktivitäten, besteht dieses Potenzial in deutlich geringerem Ausmaß. Dies gilt z.B. für junge Unternehmen, die mit komplett neuen Produkten im Wettbewerb auftreten, oder für sehr innovative Firmen, die ihr Produktportfolio permanent aktualisieren.

11.4.3 Am Markt verfügbare Ressourcen

Auch wenn der Aufbau von Kernkompetenzen im eigenen Unternehmen unbedingt notwendig ist, um sich im Wettbewerb behaupten zu können, ist ein Großteil der Ressourcen, die ein Unternehmen für die Wertschöpfung einsetzt, bereits am Markt verfügbar und muss nicht zwingend im Unternehmen aufgebaut werden.[15] Dazu gehören im Finanzdienstleistungsbereich Arbeitskräfte, die eine gewisse Grundausbildung (bankbetriebliche Ausbildung, Studium) für ihre Tätigkeit mitbringen, sowie Bürogebäude mit adäquater Büroausstattung, ohne die die täglichen Leistungen nicht erbracht werden können.

Prinzipiell kann sich jedes Unternehmen mit diesen am Markt verfügbaren Ressourcen versorgen, d.h. es gibt keine institutionellen Beschränkungen, die nur dem einen oder dem anderen Unternehmen den Zugang erlauben. Stattdessen kann es aber zu geografischen Zugangsbeschränkungen kommen, aus denen sich Wettbewerbsvorteile bzw. -nachteile ergeben.

Die meisten Faktormärkte, wie z.B. der Arbeitsmarkt oder der Markt für Büroraum, sind dadurch gekennzeichnet, dass sie regional starke Unterschiede im Preis-Leistungs-Verhältnis der angebotenen Ressourcen aufweisen. Eine Bank, die in Mumbai IT-Anwendungen entwickeln lässt und die dortigen Faktormärkte nutzt, hat andere Kosten im Bereich von Personal und Infrastruktur als ein Kreditinstitut in London. Die maßgeblichen Gründe dafür liegen im unterschiedlichen ökonomischen Entwicklungsstand, in divergierender politischer Regulierung von Märkten und in soziokulturellen Unterschieden. Die neoklassische ökonomische Theorie besagt, dass sich mit zunehmender Integration der unterschiedlichen regionalen Wirtschaftsräume diese Unterschiede über die Zeit nivellieren werden. In der Praxis kann diese Transformationsphase jedoch Jahrzehnte andauern. Ghemawat bezeichnet diesen Zustand als Semiglobalisierung, die dadurch gekennzeichnet ist, dass regionale Märkte zwar teilweise global integriert sind, aber dennoch starke lokale Besonderheiten aufweisen.[16] Dies muss bei der Unternehmensführung berücksichtigt werden.

Seit Anfang der 90er Jahre befindet sich das globale Wirtschafts- und Finanzsystem in einer Phase der Öffnung, die durch politische Liberalisierung und technologische Entwicklung insbesondere in der Kommunikations- und Informationstechnologie vorangetrieben wurde. Dies hat die Möglichkeiten beim Zugang zu unterschiedlichen regionalen Faktormärkten stark verändert. So hat die wirtschaftliche Öffnung Chinas, Indiens und anderer aufstrebender Länder den verfügbaren Ressourcenpool für Unternehmen, die ihre Produktionsstandorte traditionell in den westlichen Industrienationen angesiedelt hatten, massiv erweitert. Verlagerungen von Produktionsstätten, um den Wettbewerbsvorteil niedriger Lohnkosten auszunutzen, fanden in den klassischen Industriesektoren bereits in den 1970er und 1980er Jahren statt. Dieser Trend hat sich seit dem Ende des Kalten Krieges und einer weiteren Liberalisierung der geopolitischen Rahmenbedingungen in den 1980er und 1990er Jahren verstärkt und zusätzlich auf den Dienstleistungssektor ausgeweitet. Im letzten Jahrzehnt hat sich gezeigt, dass sich auch die globale Finanzbranche in diese Richtung entwickelt und sich eine zunehmende geografische Zersplitterung der Wertschöpfungskette insbesondere im Back-Office der internationalen Großbanken abzeichnet.[17]

Ob der bisherige Trend zu fortschreitender politischer Liberalisierung weiter andauern wird, oder ob in Zukunft eine Rückkehr zur Politik des Protektionismus und eine Stärkung nationalstaatlicher Grenzen wahrscheinlicher ist, lässt sich nur schwer prognostizieren. Der bislang als gegeben angenommene Trend zur Liberalisierung der Weltmärkte muss im Zusammenhang mit der Finanzmarktkrise des Jahres 2009 in Frage gestellt werden. Selbst die bis dato größten Verfechter liberaler Märkte (wie beispielsweise die USA oder Großbritannien) nationalisieren Banken und neigen derzeit deutlich zu protektionistischen Maßnahmen. Die Verantwortlichen in Unternehmen müssen in jedem Fall die Entwicklung des globalen Ressourcenpools im

Blick behalten und analysieren, was dies an Konsequenzen für das eigene operative Modell mit sich bringt. Das bedeutet immer wieder zu prüfen, ob die geografischen Koordinaten der Wertschöpfungskette an neue Gegebenheiten angepasst werden müssen.

11.5 Ressourcenorientierte Optimierung

Nachdem im letzten Abschnitt die Einschränkungen im Zugang zum globalen Ressourcenpool erläutert wurden, stellt sich die Frage aus Sicht des Wertschöpfungsmanagements, wie sich das operative Modell mit Blick auf den globalen Ressourcenpool optimieren lässt. Diese Herausforderung an das Management ist komplexer Natur. Die optimale Nutzung des globalen Ressourcenpools über institutionelle und geografische Grenzen hinweg erfordert vom Management in einem ersten Schritt die Herstellung von Transparenz bei der Wertschöpfung. Die Wertschöpfungskette bzw. das Portfolio unterschiedlichster Aktivitäten muss in seine Einzelbestandteile zerlegt werden, um die Ressourcenanforderungen für jede Aktivität zu definieren. In einem zweiten Schritt schafft eine Nutzen-Kosten-Analyse auf Basis der einzelnen Aktivitäten Klarheit darüber, inwieweit sich durch geografische oder institutionelle Verlagerungen einzelner Aktivitäten die Nutzung des globalen Ressourcenpools optimieren lässt.

Da die einzelnen Aktivitäten jedoch als Bestandteile der gesamten Wertschöpfungskette betrachtet werden müssen, sollte in einem dritten Schritt analysiert werden, wie strategische sowie struktur- und prozessorganisatorische Überlegungen mit einer rein ressourcenorientierten Optimierung einzelner Aktivitäten in Einklang zu bringen sind. Die ressourcenorientierte Einzelanalyse darf nicht isoliert angewendet werden, sondern ist Bestandteil einer ganzheitlichen Optimierung des operativen Modells. Ansonsten besteht die Gefahr, dass suboptimale Entscheidungen für das Gesamtunternehmen getroffen werden.

Aus allen drei Schritten ergibt sich dann die optimierte geografische und institutionelle Anordnung der Wertschöpfungskette unter Berücksichtigung strategischer, struktur- und prozessorganisatorischer Anforderungen, d.h. ein effektives und effizientes operatives Modell.

11.5.1 Schaffung von Transparenz

Die Zerlegung der Wertschöpfungskette in einzelne Aktivitäten oder operationale Einheiten zur Schaffung von Transparenz kann anhand unterschiedlicher Kriterien erfolgen. Die Herausforderung besteht darin, Transparenz zu schaffen, welche Art und Menge an Ressourcen für die Durchführung der einzelnen Aktivitäten eingesetzt wird. Im Normalfall bietet es sich an, die Aktivitäten entsprechend der Prozesslogik zu identifizieren, um dann zu klären, welche Art von Ressourcen in welchem Umfang für die einzelnen Aktivitäten genutzt werden. Beim Reengineering eines Prozesses liegt der Fokus der Analyse auf der Frage, wie die bereits genutzten Ressourcen effizienter eingesetzt werden können (vgl. Kapitel 9). Dagegen geht es bei der optimierten Nutzung des globalen Ressourcenpools darum, zu verstehen, wie sich die bislang eingesetzten Ressourcen im Vergleich zum global verfügbaren Ressourcenpool in Bezug auf Qualität und Kosten bewerten lassen.

Als Grundlage für diese Einschätzung ist ein Verständnis notwendig, welche Art von Ressourcen für eine bestimmte Tätigkeit eingesetzt wird. Die Identifizierung von unternehmensspezifischen Ressourcen bzw. Kernkompetenzen einerseits sowie frei gehandelten Ressourcen, die aber nur auf regionalen Märkten verfügbar sind, andererseits, ist dabei essentiell. Dies ist die Grundlage um einschätzen zu können, ob eine institutionelle bzw. geografische Verlagerung von Aktivitäten aus Gründen der Ressourcenoptimierung sinnvoll wäre.

Im Detail lässt sich diese Frage allerdings nur mit einer Nutzen-Kosten-Analyse für jede einzelne Aktivität beantworten. Welche grundsätzlichen Nutzen- und Kostenarten durch eine institutionelle oder geografische Verlagerung entstehen können, wird in den beiden folgenden Abschnitten behandelt.

11.5.2 Nutzen und Kosten einer institutionellen Verlagerung

Wesentlicher Vorteil einer institutionellen Verlagerung ist der Zugang zu externen Kernkompetenzen, die die Durchführung einer Aktivität effektiver oder effizienter werden lassen.[18] Der Nutzen einer institutionellen Auslagerung hängt davon ab, inwiefern ein spezialisierter externer Anbieter diese Effekte herbeiführen kann. Dies im Voraus abschätzen zu können ist schwierig. Es herrscht Intransparenz darüber, wie der globale Pool für unternehmensspezifische Ressourcen ausgestaltet ist; d.h. welche Anbieter vorhanden sind und wie die Qualität ihrer Kernkompetenzen einzuschätzen ist. Wenn z.B. eine Bank plant, die Wartung der IT-Infrastruktur an einen externen Anbieter wie Hewlett Packard, IBM oder Siemens auszulagern, können nur sehr selektiv Informationen ausgewertet werden. Die verfügbaren Informationen basieren primär auf den Informationen, die der Bank vor Vertragsabschluss vom externen Partner zur Verfügung gestellt werden, eigenen Erfahrungswerten und Analysen. Die vollständige Information über die Qualität der Kernkompetenzen des externen Anbieters wird das Management der Bank nicht erhalten.

Auch bei vollständiger Transparenz würde die Schwierigkeit bestehen, Kernkompetenzen miteinander zu vergleichen. Wie im Kapitel 2 erläutert, wachsen Kernkompetenzen über Jahre hinweg im Unternehmen. Folglich sind die Kernkompetenzen zweier Unternehmen, auch wenn sie zur Ausübung der gleichen Tätigkeit verwendet werden, unterschiedlich ausgeprägt, da sie durch die Evolution des Unternehmens entstanden sind. Diese Individualität führt dazu, dass sich Kernkompetenzen nicht auf einer einheitlichen Maßskala bewerten lassen. Entsprechend besteht insbesondere an dieser Stelle eine Gefahr für Fehleinschätzungen bei der Nutzen-Kosten-Analyse.

Als weiterer Vorteil einer institutionellen Auslagerung ist zu nennen, dass mit der externen Durchführung einer Aktivität finanzielle Mittel und Managementkapazitäten für das restliche Aktivitätsportfolio des Unternehmens frei werden. Die Verlagerung einer Aktivität senkt im Regelfall die Fixkosten, die bei einer unternehmensinternen Durchführung anfallen. Auch die operative Einbindung des Managements in die Durchführung von Prozessabläufen verringert sich. Diese frei gewordenen Kapazitäten können an anderer Stelle der Wertschöpfungskette eingesetzt werden.

Auf der Kostenseite einer institutionellen Verlagerung finden sich hingegen die Transaktionskosten, die durch die Nutzung eines externen Anbieters entstehen (vgl. Kapitel 5). Ein erheblicher Teil der Ex-ante-Transaktionskosten reflektiert die Unsicherheit bei der Bewertung der Leistung, die von einem externen Anbieter tatsächlich vollbracht werden kann. Ex-post-Transaktionskosten sind hauptsächlich geprägt durch den Aufbau und die Aufrechterhaltung einer Governance-Struktur, die die Vollbringung der vereinbarten Leistung garantiert (Retained Organization). Das Einsparpotenzial von Managementkapazitäten im operativen Bereich wird so teilweise durch den Aufbau von Governance-Mechanismen verringert, für die ebenfalls entsprechende Managementkapazitäten vorgehalten werden müssen.

Ist der externe Dienstleister nicht in unmittelbarer geografischer Nähe angesiedelt, sondern befindet sich in einem anderen ökonomischen, politischen und kulturellen Umfeld, müssen zusätzliche Kosten einkalkuliert werden, die im herkömmlichen Verständnis von Transaktionskosten nicht berücksichtigt werden. Eine Governance-Struktur über geografische und kulturelle Grenzen hinweg aufzubauen, ist deutlich komplexer, als wenn der externe Partner in unmittelbarer Nähe agiert. Außerdem müssen weitere Risikofaktoren berücksichtigt werden, wie die geografisch bedingte Wahrscheinlichkeit von Naturkatastrophen oder politische Krisen.

Darüber hinaus müssen jedoch auch Kosten berücksichtigt werden, die dadurch entstehen, dass sich der Status quo des operativen Modells verändert. Diese Kosten werden traditionell nicht im Transaktionskostenansatz berücksichtigt, da die dynamischen Veränderungen der Unternehmensgrenzen im Zeitablauf nicht im Mittelpunkt dieser Theorie stehen. Überträgt man die Transaktionskostentheorie direkt in die Praxis, hieße dies, dass vor der Gründung eines Unternehmens eine Planungsinstanz entscheiden müsste, welche Aktivitäten intern und welche durch externe Anbieter erbracht werden sollen.

Die Realität zeigt jedoch, dass Unternehmen kaum am Reißbrett eines zentralen Planers wachsen, sondern eher dezentral. Häufig wird erst im Nachhinein die Frage gestellt, ob das historisch gewachsene Gebilde effektiv und effizient funktioniert. Dementsprechend wird die Entscheidung über eine interne oder externe Durchführung von Aktivitäten in den seltensten Fällen als grundsätzliche Entscheidung vor der Gründung einer Firma getroffen. Stattdessen ist es ein Thema, mit dem sich das Management permanent vor dem Hintergrund einer bereits bestehenden Wertschöpfungskette beschäftigt. Das bedeutet im Umkehrschluss, dass auch immer solche Kosten einkalkuliert werden müssen, die durch eine Veränderung des bisherigen operativen Modells eintreten. Zu diesen Umstellungskosten (*Switching Costs*) gehört beispielsweise die geordnete Abwicklung von Operationseinheiten des Unternehmens, die aufgrund der institutionellen Verlagerung nicht mehr für die Wertschöpfung genutzt werden sollen, aber noch nicht abgeschrieben sind. Auch führen derartige Veränderungen häufig zu Widerstand bei betroffenen Mitarbeitern, was in der Regel Kompensationsleistungen nach sich zieht.

Die Abbildung 11.3 fasst die Kernbestandteile der Nutzen-Kosten-Analyse bei einer institutionellen Verlagerung grafisch zusammen. Die Indifferenzlinie beschreibt die Menge an Kombinationen aus Nutzen und Kosten, bei der sich das Management nicht eindeutig zwischen einer institutionellen Auslagerung und einer Beibehaltung des Status quo entscheiden kann. Im Beispiel a) befindet sich der externe Dienstleister in unmittelbarer regionaler Nähe und der Nutzen einer institutionellen Auslagerung überwiegt deutlich die Kosten. Im Beispiel b) ist das Verhältnis von Nutzen zu Kosten hingegen negativ, da geografisch bedingte Kostenfaktoren hinzukommen. Letztlich ist in diesem Fall eine Verlagerung der Aktivität an den externen Dienstleister nicht zu empfehlen.

Abbildung 11.3 Nutzen-Kosten-Analyse einer institutionellen Verlagerung

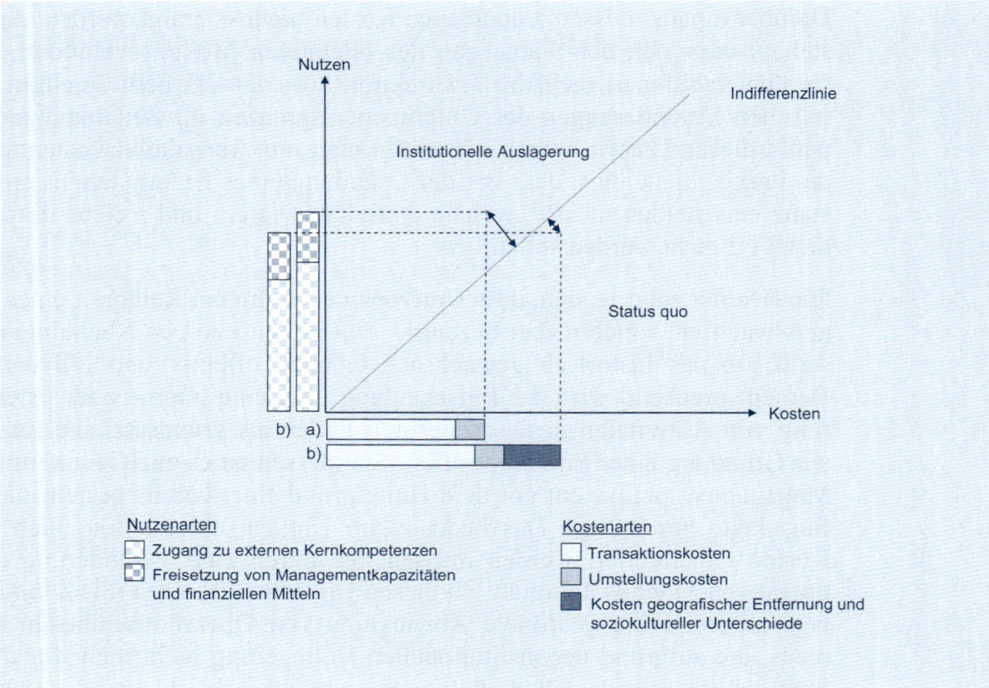

11.5.3 Nutzen und Kosten einer geografischen Verlagerung

Wie erwähnt basiert die Erbringung von Unternehmensleistungen in den seltensten Fällen auf dem puren Einsatz von Kernkompetenzen, sondern auch in starkem Maße auf dem Einsatz von Ressourcen, die am Markt verfügbar sind. Am Markt verfügbare Ressourcen können von jedem Unternehmen in gleicher Weise genutzt werden, solange Zugang zu den regionalen Märkten besteht, an denen diese erbracht bzw. gehandelt werden. Der Zugang macht in vielen Fällen eine geografische Verlagerung von Aktivitäten notwendig. Mit einer Nutzen-Kosten-Analyse für die geografische Verlagerung kann das Management bewerten, ob ein derartiger Schritt wirklich Optimierungspotenzial besitzt.

Der größte Treiber für die geografische Verlagerung von Aktivitäten sind niedrigere (gleiche) Lohnkosten bei vergleichbarem (überlegenem) Ausbildungsstand der Arbeitskräfte. Aber auch die Aufwendungen für die Nutzung von Infrastruktur sind eine relevante Größe. Die Mietkosten für Büroräume divergieren regional erheblich, ebenso wie beispielsweise die Gewerbesteuer.[19] Bei der vergleichenden Analyse zur

Bewertung dieser Art von Ressourcen sind die Informationsasymmetrien weniger stark ausgeprägt als bei der Bewertung von Kernkompetenzen unterschiedlicher Unternehmen. Unternehmensinternes Wissen ist dafür nicht erforderlich; vielmehr basiert die Analyse primär auf der Auswertung regionaler Daten zum Bildungsniveau, zu Lohnkosten und zur Steuergesetzgebung. Dadurch vereinfacht sich die Bewertung.

Andererseits muss das Management, das sich für eine geografische Verlagerung seiner Aktivitäten entscheidet, lernen mit soziokulturellen Besonderheiten umzugehen, die z.B. der Einsatz von Arbeitskräften aus einer entfernten soziokulturellen Region mit sich bringen würde. Diese Kosten sind schwer zu quantifizieren, können aber erfolgsentscheidend sein, wenn das Management nicht ausreichend informiert ist und das Unternehmen nicht auf eine derartige kulturelle und sprachliche Veränderung vorbereitet.[20] Für international agierende Unternehmen ist die Integration unterschiedlicher Kulturen im Regelfall weniger kostenintensiv, da der Umgang damit bereits zum Alltag des Managements gehört.

Ein großer Kostenblock besteht zusätzlich darin, den Aufbau der operativen Einheit am neuen geografischen Standort durchzuführen. In einer häufig mehrmonatigen Projektphase müssen alle rechtlichen Erfordernisse erfüllt, lokale Ressourcen ausgewählt und dann erworben oder vertraglich an das Unternehmen gebunden werden. Zusätzlich gilt es, die neuen Arbeitskräfte anzulernen und die gesamte Prozesskette für die Durchführung der Aktivität vom alten zum neuen Standort zu überführen. Key Performance Indicators und eine Retained Organisation zur Lenkung der neuen Einheit müssen ebenfalls entwickelt und implementiert werden. Die Schwierigkeit besteht insbesondere darin, die Kontinuität in der täglichen Ausführung der Aktivität während dieser Transformationsphase zu wahren und so kostspielige Ausfälle zu vermeiden.

Auch bei einer geografischen Verlagerung müssen zusätzlich, ähnlich wie bei der institutionellen Verlagerung, die Kosten der Veränderung des Status quo einkalkuliert werden. Die bisherige Produktionsstätte und die dort befindlichen Mitarbeiterkapazitäten müssen durch die Umstellung einer alternativen Verwendung zugeführt werden. Dieses kann erhebliche Switching Costs verursachen.

Für viele Unternehmen stellen die Kosten einer geografischen Verlagerung zur Optimierung des operativen Modells einen derart großen Kostenblock dar, dass die Nutzen-Kosten-Analyse negativ ausfällt. Die Nutzung von Ressourcen in anderen geografischen Regionen ist dennoch nicht ausgeschlossen. Als Alternative kann in diesen Fällen geprüft werden, ob die geografische Verlagerung mit einer institutionellen Verlagerung zu verbinden ist. Dies bedeutet, dass ein externer Dienstleister im Ausland genutzt wird, um auf die regional am Markt verfügbaren Ressourcen zuzugreifen. So müsste sich das Management beispielsweise nicht mehr selbst um die Rekrutierung von Arbeitskräften kümmern. Die Kosten des Aufbaus einer eigenen operationalen Einheit würden entfallen und durch Transaktionskosten ersetzt werden. Auf der anderen Seite besteht so aber der Nachteil, dass die Kontrolle nicht mehr unmittelbar ist, sondern die Durchführung der Aktivität von einem externen Anbieter gesteuert wird. Hinzu kommt, dass zwangsläufig auch die unternehmensspezifischen Ressourcen dieses Anbieters genutzt werden müssen. In diesem Fall stellt sich außerdem die Frage, welche Qualität der externe Anbieter mit seinen unternehmensspezifischen Ressourcen liefern kann.

Abbildung 11.4 Nutzen-Kosten-Analyse einer geografischen und institutionellen Auslagerung

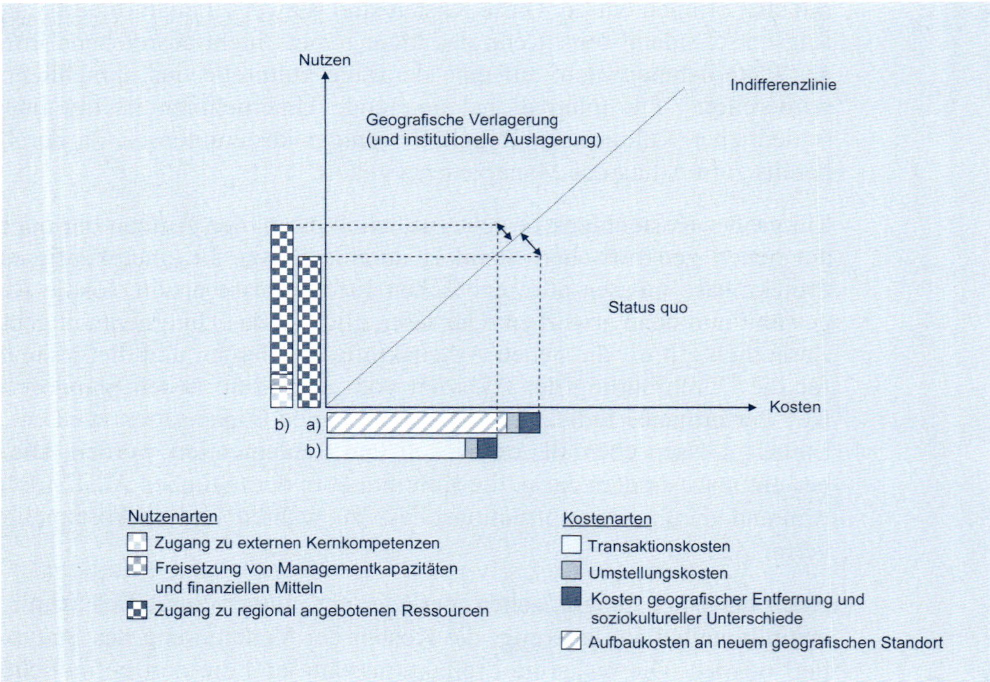

Geht es darum zu prüfen, ob es sinnvoll ist, eine Aktivität sowohl geografisch als auch institutionell zu verlagern (Offshore-Outsourcing), fällt die Nutzen-Kosten-Analyse am komplexesten aus. Die Abbildung 11.4 vergleicht die rein geografische Verlagerung im Beispiel a) mit einer zusätzlichen institutionellen Auslagerung im Beispiel b). Es zeigt sich, dass Variante a) die Durchführung der Aktivität nicht optimiert. Die Kosten des Aufbaus einer neuen operativen Einheit sind zu hoch, um durch den Nutzen, den die regional vorhandenen Ressourcen generieren würden, neutralisiert zu werden. Folglich sollte es in diesem Fall nicht zu einer geografischen

Verlagerung kommen. Im Beispiel b) würde zur Erschließung des regionalen Ressourcenpools ein externer Anbieter zum Einsatz kommen. Die erwarteten Transaktionskosten sind in diesem Beispiel relativ gering und darüber hinaus besitzt der externe Anbieter überlegene Kernkompetenzen. Es entsteht ein zusätzlicher Nutzen, der, wenn auch in geringem Maße, die Kosten übersteigt. Dementsprechend sollte sich hier das Management für eine geografische Verlagerung in Kombination mit einer institutionellen Auslagerung entscheiden.

11.6 Einschränkungen bei der ressourcenorientierten Optimierung

Die optimale Nutzung des global vorhandenen Ressourcenpools zur Durchführung einzelner Aktivitäten der Wertschöpfungskette ist ein wichtiger Baustein zur Optimierung des operativen Modells eines Unternehmens. Es ist jedoch zu berücksichtigen, dass das Ziel der Unternehmensführung nicht die optimierte Durchführung einzelner Aktivitäten ist, sondern die Optimierung der gesamten Wertschöpfungskette. Daher muss die ressourcenorientierte Optimierung einzelner Aktivitäten relativiert und um strategische sowie struktur- und prozessorganisatorische Gesichtspunkte erweitert werden. Denn diese beeinflussen ebenso die Effektivität und Effizienz des operativen Modells wie der Preis und die Qualität der eingesetzten Ressourcen.

Für die Unternehmensführung ist es wichtig zu erkennen, wie die unterschiedlichen Einflussfaktoren zueinander in Beziehung stehen. Dabei müssen insbesondere mögliche Zielkonflikte zwischen der optimierten Nutzung des globalen Ressourcenpools einerseits und der strategischen Ausrichtung und struktur- und prozessorganisatorischen Konsequenzen andererseits erkannt und berücksichtigt werden.

11.6.1 Strategische Einschränkungen

Die Nutzen-Kosten-Analyse auf Basis einzelner Aktivitäten der Wertschöpfungskette hat bisher nicht berücksichtigt, dass bestimmte Aktivitäten aus strategischen Gründen nicht institutionell oder geografisch verlagert werden sollten.

Bei einer institutionellen Verlagerung besteht immer das Risiko, dass erfolgsentscheidende Informationen und Kenntnisse aus dem Unternehmen an die Öffentlichkeit gelangen. Die institutionellen Grenzen des Unternehmens werden durch partnerschaftliche Zusammenarbeit mit externen Dienstleistern durchlässiger. Dieses kann die Wettbewerbsposition schwächen.[21] Gleichzeitig sind manche Aktivitäten deutlich wichtiger für das Unternehmen als andere, um eine strategische Position am Markt tatsächlich einzunehmen. Diese sollten zwangsläufig vom Unternehmen selbst durchgeführt werden, da ansonsten die Formulierung einer Strategie hinfällig ist. Beispielsweise kann eine Bank, die individuelle Finanzkonzepte für anspruchsvolle Privatkunden anbieten will, ihre Kundenbetreuung nicht an einen externen Vertriebsspezialisten ausgliedern und nur die Finanzkonzepte mit eigenen Ressourcen ausarbeiten. Da die Betreuung der anspruchsvollen Privatkunden fehlen würde, wäre die Strategie nicht in voller Breite implementiert.

Im Allgemeinen zählen bei einer Geschäftsbank zu diesen strategisch wichtigen Bereichen insbesondere die Front-Office-Aktivitäten, bei denen ein direkter Zugang zum Kunden besteht, sowie diejenigen Aktivitäten, die für Produkt- und IT-Innovationen zuständig sind. Auch das Risikomanagement zählt dazu; eine Auslagerung des Risikomanagements wäre allerdings schon aus regulatorischen Gründen nicht möglich (vgl. Kapitel 4).

Auch die ressourcenorientierte Optimierung des geografischen Standorts einiger Aktivitäten kann aus strategischen Gründen eingeschränkt sein. Bei einer Bank sind es wiederum die Front-Office-Aktivitäten, die nicht beliebig geografisch verlagert werden können, um die Ressourcen mit dem besten Preis-Leistungs-Verhältnis zu nutzen. Stattdessen müssen sie dort angesiedelt werden, wo die größte Nähe zum Kunden besteht. Im Regelfall sind dies die großen Finanzzentren, wo Büromieten und Arbeitskräfte relativ teuer sind. Umso mehr gilt es, in den kundenfernen Teilen der Bank, wo Standortverlagerungen die Kundenbeziehung nicht beeinträchtigen, das geografische Optimierungspotenzial zu heben.

11.6.2 Struktur- und prozessorganisatorische Einschränkungen

Auch aus struktur- und prozessorganisatorischer Sicht gibt es Zielkonflikte, die durch die Nutzung des globalen Ressourcenpools entstehen können. Eine geografisch und institutionell zersplitterte Wertschöpfungskette bringt zusätzliche Anforderungen der Koordination mit sich. Die Kosten zur Überwindung institutioneller und geografischer Grenzen steigen prinzipiell mit zunehmender Zerlegung des wertschöpfenden Systems an. Die Komplexität der Organisationsstruktur nimmt zu und es fallen erhöhte Aufwendungen insbesondere in der bereichsübergreifenden Kommunikation und Governance an.

Bei der Struktur- und Prozessorganisation geht es darum, die Schnittstellen zwischen den einzelnen wertschöpfenden Aktivitäten so zu managen, dass die Unternehmensstrategie effektiv implementiert wird und die Durchführung des gesamten Aktivitätsportfolios effizient abläuft. Ist beispielsweise die Unternehmensstrategie derart ausgestaltet, dass ein relativ homogenes Produktportfolio angeboten wird, bietet sich eine kooperative Organisationsstruktur für die einzelnen Aktivitäten an. Das Ziel ist dann, Synergieeffekte innerhalb der Wertschöpfungskette zu realisieren. Das bedeutet, dass insbesondere tätigkeits- und bereichsübergreifend relevantes Wissen intensiv für unterschiedliche Aktivitäten genutzt werden sollte.[22]

Dies zu realisieren ist deutlich einfacher, wenn sich die betreffenden Aktivitäten am gleichen Standort und innerhalb des gleichen Unternehmens befinden. Der Informationsfluss und die Diffusion von Wissen über geografische Entfernungen und insbesondere nationalstaatliche Grenzen hinweg wird durch sprachliche und kulturelle Unterschiede behindert. Zeitliche Differenzen und vor allem die fehlende physische Präsenz von Informations- und Wissensträgern behindern den Informationsaustausch zusätzlich. Wie bereits ausgeführt, kann die Informationsweitergabe an einen externen Dienstleister zur Schädigung der eigenen Wettbewerbsposition führen, da das Risiko besteht, dass diese Informationen ins Wettbewerbsumfeld diffundieren. So lassen sich Synergieeffekte über geografische Grenzen hinweg oder mit einem externen Anbieter nur schwer realisieren.[23]

Das Problem des behinderten Informationsflusses besteht darüber hinaus, wenn Prozesse angepasst werden sollen. Änderungen in Prozessabläufen können nicht unmittelbar durchgeführt werden, wenn ein Teil der Aktivitäten von externen Dienstleistern vollbracht wird. Bei der Nutzung eines solchen Dienstleisters werden Verträge aufgesetzt, die exakt festlegen, welche Art der Leistung erbracht werden muss. Diese Verträge können nicht jederzeit neu verhandelt und ständig angepasst werden, wodurch die permanente Optimierung der Prozesse im Rahmen des Reengineering behindert wird. Das bereits angeführte Argument, dass der Vorteil externer Dienstleister darin besteht, fixe Kosten zu variabilisieren, erscheint vor diesem Hintergrund in einem anderen Licht. Der Vorteil der variablen Kosten wird damit bezahlt, dass die Prozessoptimierung der Wertschöpfungskette nicht mehr ganzheitlich (End-to-End), sondern nur noch fragmentiert realisiert werden kann.

Die genannten Zielkonflikte im strategischen sowie organisatorischen Bereich machen deutlich, dass bei der Optimierung des operativen Modells ein ganzheitlicher Ansatz gewählt werden muss. Diejenigen Unternehmen, die alle Zielkonflikte frühzeitig erkennen und bei der Optimierung berücksichtigen, haben langfristig im Wettbewerbsvergleich einen Vorteil, da sie nicht kostspielige Verlagerungsprojekte durchführen, die das Gesamtunternehmen letztlich schwächen.

11.7 Adaption des operativen Modells bei internationalen Großbanken

Die Globalisierung des Finanzsektors hat auch bei den deutschen Großbanken zu einer Ausweitung der Geschäftstätigkeit über deutsche und europäische Grenzen hinaus geführt. So ist beispielsweise die Deutsche Bank in 72 Ländern vertreten und die Commerzbank ist in 46 Ländern aktiv.[24] Heute werden die unterschiedlichen regionalen Märkte mit Produkten versorgt, die zu einem großen Teil aus Standardkomponenten bestehen und dann bezogen auf die jeweiligen regionalen Anforderungen angepasst werden. Diese Entwicklung beeinflusst das operative Modell von Banken erheblich.

Wie im Abschnitt 11.3 beschrieben, sind es letztlich Effektivitäts- und Effizienzanforderungen, die über die Ausgestaltung der institutionellen und geografischen Anordnung der Wertschöpfungskette entscheiden. Während sich die Verteilung der Front-Office-Tätigkeiten klar an den anvisierten Absatzmärkten orientiert, sind es im kundenfernen Back-Office-Bereich struktur- und prozessorganisatorische Überlegungen gepaart mit einer optimierten Ressourcennutzung, die bestimmen, wo und von wem die Aktivitäten durchgeführt werden. Die Abwägung struktur- und prozessorganisatorischer Gesichtspunkte bei gleichzeitig optimaler Durchführung der einzelnen Back-Office-Aktivitäten durch die Nutzung überlegener Ressourcen ist eine komplexe Herausforderung, bei deren Meisterung die einzelnen Banken unterschiedlich weit vorangeschritten sind. Insbesondere bei den größeren Instituten scheint zunehmend die Erkenntnis gereift zu sein, dass eine ganzheitliche Optimierung des operativen Modells einen Wettbewerbsvorteil generiert, wie sich an den Beispielen der Deutschen Bank und der Commerzbank feststellen lässt.

11.7.1 „Structured Operating Model“ bei der Deutschen Bank[25]

Die Deutsche Bank gehört zu den international tätigen Unternehmen, die in den letzten Jahren nicht nur aktiv neue Regionen als Märkte für ihre Produkte erschlossen haben, sondern auch die Nutzung des global verfügbaren Ressourcenpools für ihre Wertschöpfung vorantreiben. So werden in Moskau und St. Petersburg seit 2002 anspruchsvolle IT-Anwendungen für das Investmentbanking der Deutschen Bank entwickelt. In Indien werden seit Jahren lokale Ressourcen genutzt, um standardisierte und relativ unkomplexe Abwicklungsprozesse durchzuführen, während in der Tschechischen Republik seit 2004 der globale Einkauf abgerechnet wird. Diese Tätigkeiten werden sowohl von externen Dienstleistern als auch von eigenen operativen Einheiten vollbracht.

Bis zum Jahr 2005 wurden Entscheidungen hinsichtlich institutioneller und geografischer Verlagerungen im Back-Office-Bereich der Bank hauptsächlich von einzelnen Geschäftsbereichen vorangetrieben, um die eigenen Kosten zu senken. Das führte dazu, dass die unternehmensweite Organisation der Abwicklungsaktivitäten stark fragmentiert und gleichzeitig hochkomplex wurde. Noch zu Beginn des Jahres 2006 unterhielt die Deutsche Bank operative Einheiten an neun unterschiedlichen Standorten in acht Ländern sowie 120 separate Outsourcing-Verträge mit fast genauso vielen externen Dienstleistern. Infolgedessen gab es nicht nur Probleme hinsichtlich der Konsistenz der durchgeführten Aktivitäten, sondern auch bei der flexiblen Reaktion auf Schwankungen im benötigten Volumen von Abwicklungskapazitäten.

Die Entwicklung eines Structured Operating Model (SOM), das aus dem Bereich Group COO getrieben wurde und permanent optimiert wird, zielt darauf ab, eine ganzheitliche Optimierung der Abwicklungsprozesse zu erreichen. Auf diese Weise soll die Wertschöpfung der Bank effektiver und effizienter gestaltet werden. Das bedeutet, dass die Kosten gesenkt und die Zielorientierung des Services für die Front-Offices der unterschiedlichen Geschäftsbereiche der Bank erhöht wird. Die Abteilung Group Technology and Operations (GTO) ist als sogenannte Infrastrukturfunktion innerhalb der Deutschen Bank geschäftsbereichsübergreifend für die Entwicklung von IT-Anwendungen, Bereitstellung der IT-Infrastruktur sowie Durchführung der Abwicklungstätigkeiten zuständig.

Martin Slumbers, Global Head of SOM, fasste in einem Interview, das im Intranet der Deutschen Bank veröffentlicht wurde, die Idee der Restrukturierung der Abwicklungsaktivitäten folgendermaßen zusammen:

„The Structured Operating Model (SOM) is a way of re-thinking and reorganizing the way we manage the Bank's processing activity. It represents the next revolution of our operational capability across our global business platform. It is about how we structure ourselves geographically and how we structure our processes logically, to provide exceptional solutions to the Bank and its customers."

Im Rahmen der SOM-Initiative werden aufbau- und prozessorganisatorische Gesichtspunkte zur Optimierung des operativen Modells ausdrücklich berücksichtigt. Dies hat im Fall der Deutschen Bank dazu geführt, dass die institutionell und geografisch zersplitterte Wertschöpfungskette im Back-Office-Bereich wieder stärker integriert wurde. Hier zeigt sich, dass eine rein an der einzelnen Aktivität orientierte Optimierung nicht gleichzeitig eine Optimierung des gesamten operativen Modells bedeutet.

Das SOM-Programm etablierte ein globales Netzwerk von sechs integrierten Abwicklungszentren in Frankfurt, London, New York, Mumbai, Bangalore und Manila, die sich alle im Besitz der Deutschen Bank befinden. Die sechs operativ miteinander verbundenen Zentren wurden mit dem Ziel eingerichtet, die operativen Kosten zu senken, das historisch gewachsene, komplexe Abwicklungsnetzwerk der Deutschen Bank zu vereinfachen, industrialisierte und standardisierte Prozesse abzuliefern und eine optimierte Kapazitätsauslastung (Work-Load-Management) zu gewährleisten. Die Aufteilung der Prozesse auf unterschiedliche geografische Zentren wurde aus Risiko- und Business-Continuity-Gesichtspunkten über Regionen und Zeitzonen hinweg vorgenommen. Durch die Verteilung der Abwicklungszentren über unterschiedliche Zeitzonen lässt sich die täglich zur Verfügung stehende Arbeitszeit optimal für den Abwicklungsprozess ausnutzen. Die Kapazität konnte in einer effizienten Weise gesteigert werden und dem Front-Office des Investmentbanking, das vorher auf die Unterstützung externer Anbieter zurückgegriffen hat, wurde damit ein Wettbewerbsvorteil bei der Kundenbetreuung ermöglicht.

Um die Ziele der SOM-Initiative zu erfüllen, wurde eine eigene Gesellschaft, Deutsche Bank Operations International (DBOI) Global Services, gegründet. DBOI Global Services befindet sich vollständig im Besitz der Deutschen Bank AG, ist aber als interner Dienstleister zu verstehen, dessen Erfolg am Kostenmanagement und dem gelieferten Service gemessen wird.

Jens Kiebe, Global Business Manager der DBOI Global Services, sieht als größten Vorteil bei der Erstellung einer eigenen Gesellschaft die strikte Kostendisziplin:

"DBOI operates similar to an external provider. We charge our customers for our services on a person basis and we manage our cost base commercially to deliver the world class cost per person. We aim at cutting costs while still delivering the same quality. In the end, this creates a totally different culture to managing at costs. For example, costs for labour and rent went up recently in our two main hubs, Mumbai and Bangalore. As the management of DBOI we had to find ways to keep our costs at a low level. We have our own transformation unit that constantly looks for opportunities to reduce costs within DBOI. We finally found Jaipur as an alternative location in India and established a new site there. If we did not manage our costs similar to 3rd part operations we would never have made this move."

Die Durchführung der SOM-Initiative war in der Anfangsphase von einer ausgiebigen Analyse der Prozesslandschaft im Back-Office des Investmentbanking der Deutschen Bank geprägt. Das klare Verständnis von Ressourcenanforderungen und Prozesslogiken war die Voraussetzung um beurteilen zu können, wo und von wem die einzelnen Aktivitäten ausgeübt werden sollten.

Diese Analyse hat schließlich dazu geführt, dass einige Aktivitäten, die zwischenzeitlich von externen Dienstleistern durchgeführt wurden, einen Reintegrationsprozess durchlaufen haben. Insbesondere die ganzheitliche Optimierung von Abwicklungsprozessen und die Generierung von Economies of Scope and Scale durch Zusammenlegung gleichartiger Prozesse sprach dabei für die Reintegration einzelner

Aktivitäten. Wie bereits erwähnt, ist die End-to-End-Optimierung eines Prozesses schwierig, wenn ein Teil der Aktivitäten durch unterschiedliche externe Anbieter an verschiedenen geografischen Standorten durchgeführt wird.

Auf diese erste Analysephase folgte in einem zweiten Schritt die Verteilung der unterschiedlichen Aktivitäten auf die sechs Abwicklungszentren anhand der Prozesslogik und der unterschiedlichen Erfordernisse bei der Durchführung der Aktivitäten. Während in Indien ausschließlich sehr stark standardisierte Aktivitäten durchgeführt werden, bearbeiten die Mitarbeiter in New York, London und Frankfurt nach wie vor die komplexeren Back-Office-Themen, die mehr Fachwissen und Interaktion mit dem Front-Office erfordern. Eine Alternative zu den hohen Preisen in Frankfurt, der Londoner City und Manhattan stellt die Verlagerung von operativen Einheiten in das Umland dar. So wurden in einer zweiten Welle von SOM in Jacksonville und Birmingham sogenannte Nearshoring-Zentren aufgesetzt. In diese wurde ein Teil der Aktivitäten aus den Onshore-Zentren in London und New York ausgegliedert, um die Kosten für Büromieten und Arbeitskräfte zu senken. In einem dritten Optimierungsschritt geht es darum, ähnliche Aktivitäten, die in verschiedenen Geschäftsbereichen als Back-Office-Aktivitäten anfallen, in so genannten Utilities zusammenzuführen und auf diese Weise weitere Synergieeffekte zu heben.

11.7.2 „Global Operating Model“ bei der Commerzbank[26]

Die Commerzbank verfolgt seit Anfang 2007 einen ähnlich umfassenden Ansatz, um die Effektivität und Effizienz des operativen Modells zu steigern, auch wenn der Grad der Internationalisierung deutlich hinter dem der Deutschen Bank zurück bleibt. Das sogenannte Global Operating Model (GOM) der Commerzbank hat zum Ziel, die historisch heterogen gewachsene Wertschöpfungskette länder- und geschäftsbereichsübergreifend zu optimieren. Das Konzept des Shared Service Centers steht dabei im Mittelpunkt.

Nachdem die Commerzbank seit den sechziger Jahren aus strategischen Gründen die Anzahl der Auslandsstützpunkte deutlich erhöht hat, musste an einem bestimmten Punkt auf operativer Ebene eine Anpassung des wertschöpfenden Systems vorgenommen werden. Aus Sicht der Back-Office-Bereiche, wie z.B. der IT oder des Transaction Banking, stellte sich die Frage, wie das Front-Office effektiv bedient werden kann und gleichzeitig die eigene Effizienz möglichst hoch gehalten werden kann. Die Heterogenität der historisch gewachsenen Konzernstruktur eröffnete erheblichen Optimierungsspielraum im Rahmen des operativen Modells.

Das Management der Commerzbank hat sich dafür entschieden, sogenannte Shared Service Centers einzuführen, in denen vergleichbare Aufgaben in Querschnittsfunktionen gebündelt werden. Dadurch können Skaleneffekte (Economies of Scale) und Kompetenzbündelungseffekte (Economies of Scope) länder- und bereichsübergreifend erzielt werden. Durch die Konzentration werden Größenordnungen erreicht, die neue Konzepte der Leistungserstellung erfordern, wie beispielsweise die Gründung spezialisierter Servicegesellschaften im Inland oder Near- und Offshoring-Zentren im Ausland. Ein Beispiel ist die Zentralisierung von Zahlungsverkehrs- und Kontoverwaltungstätigkeiten im Back-Office-Center in Prag. Bereits seit 2004 betreibt die Commerzbank hier ein Nearshoring-Zentrum. Dort werden Zahlungsverkehrsbelege aus dem deutschen Inlandszahlungsverkehr bearbeitet. Außerdem ist in Prag die Abwicklung des Zahlungsverkehrs und die Administration von Kundenkonten der europäischen Auslandsfilialen der Commerzbank angesiedelt. Die Zentralisierung begann im April 2008 und wird Ende 2009 abgeschlossen sein. Die Bank verfolgt damit konsequent den Weg zur Nutzung von Skalen- und Kostensynergien. Durch die Verlagerung an den Produktionsstandort Prag konnten die Personalkosten um 40% bis 60% gesenkt werden.

Bei der Durchführung eines derartigen Optimierungsprojekts wie GOM sieht Frank Annuscheit, Group Chief Operating Officer der Commerzbank, die Herstellung von Transparenz sowie klarer Entscheidungsverantwortlichkeiten als Kernherausforderungen an:[27]

„(...) Im Frühjahr 2006 fand die erste globale IT-Konferenz der Commerzbank statt, ein Jahr später ergänzt um Teilnehmer aus den Abwicklungsbereichen. Ziel war es, die teilweise über viele Jahre weitgehend unabhängig voneinander agierenden Verantwortlichen der IT- und Abwicklungsbereiche aus aller Welt zusammenzubringen, um ein gemeinsames Verständnis über die Aktivitäten und Leistungen in den verschiedenen Lokationen zu gewinnen. Im Rahmen intensiver Diskussionen und Workshops wurde schnell klar, dass die Zusammenarbeit eher auf ad-hoc-getriebenen Einzelfällen als auf strategischen Ansätzen basierte. Der existierende Kommunikationsprozess wurde als optimierbar und unstrukturiert empfunden. Weitere Treffen folgten – teils physisch, teils per Telefonkonferenz, bei denen Ziele und Eckpunkte definiert und das Programm konkretisiert wurde. (...) Um den konstanten Austausch zu institutionalisieren, wird seit Mitte 2007 monatlich ein Global Operation Committee Call durchgeführt. Mit Beteiligung der Gesamtverantwortlichen aus IT, Abwicklung und Organisation der größten Tochtergesellschaften und wichtigsten Regionen und unter Leitung des Group COO werden die wesentlichen Themen diskutiert und entschieden. Alle relevanten Daten, Informationen und Entscheidungen werden zentral auf einem gemeinsamen Datenplatz (Sharepoint) für die im In- und Ausland tätigen Mitarbeiter zur Verfügung gestellt. Durch den Aufbau dieser virtuellen Community konnte ein reger Austausch zwischen den Beteiligten initiiert werden, der die Bank dem Ziel der größeren Transparenz einen weiteren Schritt näher brachte.

Zwei wichtige Voraussetzungen für den Erfolg eines Programms wie GOM sind die möglichst frühe Klärung der Governance-Strukturen sowie Art und Umfang der grenzüberschreitenden Zusammenarbeit. Gerade in einer geografisch und rechtlich komplexen Matrixstruktur ist es wichtig, den Prozess der Entscheidungsfindung und der Entscheidungsumsetzung zu definieren. Betrachtet man die Governance, lassen sich zwei Extreme unterscheiden: zum einen die komplette Zentralisierung der

Entscheidung in der Konzernzentrale. In diesem Modell sind die Lokationen und Töchter nur ausführende Organe. Zum anderen die dezentrale Organisation, charakterisiert durch eine Zentrale, die Entscheidungen verteilt und regionale Standorte, die innerhalb des vorgegebenen Rahmens agieren können. Die Commerzbank hat sich für eine auf sie am besten passende Balance zwischen zentralem und dezentralem Ansatz entschieden. Zentrale Entscheidungen werden bei bankweiten Standardanwendungen und vergleichbaren Grundsatzthemen getroffen. Eine gemeinsame Abstimmung und Auswahl erfolgt bei regional geprägten Anwendungen, die auf Grund von Funktionalität und Komplexität die Einbindung des Headoffices erfordern. Ein autonomes Vorgehen kommt in allen anderen Fällen zum Tragen, um zeitnah agieren zu können. Im Rahmen des Global Operation Committee werden Themen von strategischer Bedeutung unter Leitung des Global COO gemeinsam diskutiert und entschieden. Ebenso gibt es bei der grenzüberschreitenden Zusammenarbeit zwei idealtypische Vorgehensmodelle: Die „lockere Kooperation", bei der zum Beispiel zentrale Dienstleistungszentren für Ländergruppen mit ähnlichen Bedürfnissen gebildet werden und Wissenstransfer zu ausgesuchten Themen stattfindet. Das zweite Modell ist die „Vollkonsolidierung", gekennzeichnet beispielsweise durch maximale Standardisierung und das Heben von hohen Skaleneffekten. Auch zwischen diesen beiden Idealtypen existieren diverse Spielarten. Die Commerzbank betreibt ein hybrides Modell, das einen hohen Grad an Standardisierung erlaubt, ein hohes Servicelevel anbietet und dabei Kosten und regionale Marktunterschiede im Blickfeld hält. Von entscheidender Bedeutung ist, dass alle Beteiligten sich verpflichtet fühlen, das Zielbild vor Augen zu haben und Partikularinteressen der eigenen Einheit hinter denen der Gesamtbank zurückzustellen."

Übungsfragen

- Was sind „Dynamic Capabilities" und warum sind diese für das Wertschöpfungsmanagement internationaler Großbanken von Bedeutung?
- Was ist das operative Modell eines Unternehmens und wodurch wird es beeinflusst? Wieso werden operative Modelle in ihrer Ausrichtung zunehmend globaler?
- Jedes Unternehmen verfügt über ein bestimmtes Bündel an Ressourcen, das für die Wertschöpfung eingesetzt wird. Beschreiben Sie die beiden grundsätzlichen Möglichkeiten, wie sich die Qualität der eingesetzten Ressourcen verbessern lässt bzw. die Kosten für den Einsatz senken lassen?
- Die Bank XY International will den gesamten Abwicklungsprozess an einen externen Anbieter in Indien auslagern. Sie wurden als neuer Projektleiter ausgewählt. In das erste Gespräch mit ihrem neuen Team wollen Sie nicht unvorbereitet gehen. Stellen Sie die wesentlichen Nutzen- und Kostenarten zusammen, die berücksichtigt werden müssen.

Anmerkungen

[1] Vgl. Teece, D.J. / Pisano, G. / Shuen, A. (1997).
[2] Teece, D.J. (2007), S. 1320 f.
[3] Diese grundsätzliche Annahme ist die Basis des ressourcenbasierten Ansatzes zur Erklärung langfristiger Wettbewerbsvorteile durch eine überlegene Ressourcenausstattung. Eine detaillierte Ausführung des Arguments findet sich u.a. bei Barney, J.B. (1991) und Peteraf, M.A. (1993).
[4] Vgl. Grant, R.M. (1991).
[5] Vgl. Porter, M.E. (1996).
[6] Vgl. Porter, M.E. (1991); Zajac, E.J. / Kraatz, M.S. / Bresser, R.K. (2000).
[7] Vgl. Holtbrügge, D. / Puck, J.F. (2008).
[8] Vgl. Pressemitteilung der Finanz Informatik GmbH & Co. KG vom 15.7. 2008.
[9] Vgl. Kirkpatrick, D. (1999).
[10] Parmisano, S. (2006), S. 129 f.
[11] Vgl. Dietrich, M. (1994).
[12] Vgl. Ghemawat, P. (2003).
[13] Vgl. Jacobides, M.G. / Winter, S.G. (2005).
[14] Vgl. ebenda.
[15] Vgl. Makadok, R. (2001).
[16] Vgl. Ghemawat, P. (2003).
[17] Vgl. Davis, G.B. / Ein-Dor, P. / King, W.R. / Torkzadeh, R.S. (2006).
[18] Vgl. Quinn, J.B. / Hilmer, F.G. (1995).
[19] Vgl. Davis, G.B. / Ein-Dor, P. / King, W.R. / Torkzadeh R.S. (2006).
[20] Vgl. ebenda.
[21] Vgl. Quinn, J.B. / Hilmer, F.G. (1995).
[22] Vgl. Hill, C.W.L. / Hitt, M.A. / Hoskisson, R.E. (1992).
[23] Vgl. Grote, M. H. / Täube, F.A. (2007).
[24] Deutsche Bank (Stand: 31.01.2008), Commerzbank (Geschäftsbericht 2008).
[25] Für einen umfassenden Überblick zum Structured Operating Model der Deutschen Bank siehe Slumbers, M. (2008).
[26] Vgl. Annuscheit, F. (2008).
[27] Ebenda, S. 9 f.

Literatur

Annuscheit, F. (2008): Global Operating Model im Services-Bereich: Geordnete Vielfalt, in: Die Bank, Sonderausgabe E.B.I.F.-Special 2008, S. 8-11.

Barney, J.B. (1991): Firm Resources and Sustained Competitive Advantage, in: Journal of Management Studies, 17. Jg., Nr. 1, S. 99-120.

Davis, G.B. / Ein-Dor, P. / King, W.R. / Torkzadeh, R. (2006): IT Offshoring: History, Prospects and Challenges, in: Journal of the Association for Information Systems, 7. Jg., Nr. 11, S. 770-795.

Dietrich, M. (1994): Transaction Cost Economics and Beyond: Towards a New Economics of the Firm, London: Routledge.

Ghemawat, P. (2003): Semiglobalization and International Business Strategy, in: Journal of International Business Studies, 34. Jg., Nr. 2, S. 138-152.

Grant, R.M. (1991): The Resource-Based Theory of Competitive Advantage: Implications for Strategy Formulation, in: California Management Review, 33. Jg., Nr. 3, S. 114-135.

Grote, M.A. / Täube, F.A. (2007): When outsourcing is not an option: International relocation of investment bank research – Or isn't it?, 13. Jg., Nr.1, S. 57-77.

Hill, C.W.L. / Hitt, M.A. / Hoskisson, R.E. (1992): Cooperative and Competitive Structures in Related and Unrelated Diversified Firms, in: Organization Science, 3. Jg., Nr. 4, S. 501-521.

Holtbrügge, D. / Puck, J.F. (2008): Geschäftserfolg in China, Strategien für den größten Markt der Welt, 2. Aufl., Springer.

Jacobides, M.G. / Winter, S.G. (2005): The Co-evolution of Capabilities and Transaction Costs: Explaining the Institutional Structure of Production, in: Strategic Management Journal, 26. Jg., Nr. 5, S. 395-413.

Kirkpatrick, D. (1999): IBM: From Big Blue Dinosaur to E-business Animal, in: Fortune Magazine, 26.4.1999, S. 116-127.

Makadok, R. (2001): Toward a Synthesis of the Resource-Based and Dynamic-Capabilities View of Rent Creation, in: Strategic Management Journal, 22. Jg., Nr. 5, S. 387-401.

Parmisano, S. (2006): The Globally Integrated Enterprise, in: Foreign Affairs, 85. Jg., Nr. 3, S. 127-136.

Peteraf, M.A. (1993): The Cornerstones of Competitive Advantage: The Resource-Based View, in: Strategic Management Journal, 14. Jg., Nr. 3, S. 179-191.

Porter, M.E. (1991): Towards a Dynamic Theory of Strategy, in: Strategic Management Journal, Special Issue: Fundamental Research Issues in Strategy and Economics, 12. Jg., S. 95-117.

Porter, M.E. (1996): What is Strategy?, in: Harvard Business Review, November-Dezember, S. 61-78.

Quinn, J.B. / Hilmer, F.G. (1995): Strategic Outsourcing, in: McKinsey Quarterly, 1995, Nr. 1, S. 48-70.

Slumbers, M. (2008): Der Deutsche Bank Ansatz – Aufbau des Structured Operating Model (SOM) durch Prozessoptimierung und globale Vernetzung, in: Kaib, B. (Hrsg.), Outsourcing in Banken, 2. Aufl., Gabler, S. 13-27.

Teece, D.J. / Pisano, G. / Shuen, A. (1997): Dynamic Capabilities and Strategic Management, in: Strategic Management Journal, 18. Jg., Nr. 7, S. 509-533.

Teece, D.J. (2007): Explicating Dynamic Capabilities: The Nature and Microfoundations of (Sustainable) Enterprise Performance, in: Strategic Management Journal, 28. Jg., Nr. 13, S. 1319-1350.

Zajac, E.J. / Kraatz, M.S. / Bresser, R.K. (2000): Modeling the Dynamics of Strategic Fit: A Normative Approach to Strategic Change, in: Strategic Management Journal, 21. Jg., Nr. 4, S. 429-453.

Stichwortverzeichnis

Ablauforganisation 26, 311, 369
Ablaufplanung 349
Abschlussmatrix 482
Abwicklung 298
Activity Based Costing 409
Agency Costs 246
Agent 246
Analyze-Phase 456, 473
Arbeitsablauf 315, 317
Arbeitsteilung 144, 238
Architekturplanung 347
ARIS 376, 387
Aufbauorganisation 135, 315
Aufgabe 145, 405
Aufgabenanalyse 144, 147
Aufgabensynthese 144, 148
Aufgabenträger 147, 315
Aufwand-Ertrags-Quote 57
Aufwand-Nutzen-Matrix 485
Ausführungsstelle 149
Auslastung 204
Automatisierung 204

Back End 298
Balanced Scorecard 222
Bearbeitungszeit 203, 417
Belt-Träger 457
Benchmarking 74, 348
Beobachtung 364
Beschäftigungsgrad 409
Best Practice 73, 434
Betriebsabrechnungsbogen 408
Black Belt 457
BPM-System 425
Brainstorming 420, 483
Brown-Paper-Methode 374
Build-Time-Komponente 429
Business Collaboration Infrastructure 343
Business Process Execution Language 384
Business Process Improvement 326
Business Process Management 379
Business Process Performance 431
Business Process Redesign 347
Business Quality Council 458
Business Reengineering 329

Case-Manager-Prinzip 202
Champion 457
Change Management 26, 184, 346
Chaos 274
Control-Phase 456, 487
Corporate Center 193
Corporate Performance Management 431
Corporate-Level-Strategie 121
Cost-Income-Ratio 57, 74
Critical to Business 46
Critical to Quality 448, 466

Datenqualität 497

Datensammlungsplan 467
Defect 449
Define-Phase 455, 463
Dekonstruktion 294, 301
Design for Six Sigma 489
Design-Phase 492
Differenzierung 115
Division 158
Divisionale Organisationsstruktur 158
DMADV-Zyklus 456
DMAIC-Zyklus 456, 462
Dokumentenstudium 361
Durchsatz 203, 464
Dynamic Capabilities 506
Dynamik 276

Economies of Experience 61
Economies of Scale 61, 114, 301, 532
Effektivität 72, 509
Efficiency Ratio 75
Effizienz 73, 509, 511
Eisenhower-Prinzip 359
Electronic Brokerage Effect 269
Electronic Communication Effect 269
Electronic Integration Effect 269
Elektronischer Markt 270
Elementaraufgabe 146
Empowerment 138
Enterprise Application Integration 426
Enterprise Performance Management 431
Ereignisgesteuerte Prozesskette 375
Erfolgsposition 95
Erfolgspotenzial 95, 102
Ertragsziele 102
Evolutionärer Ansatz 326
Externe Effekte 244

Fayol'sche Brücke 151
Fertigungstiefe 204, 210, 257, 301
First Mover 114
Five Forces 23, 59
Flexible Manufacturing System 121
Flussdiagramm 373
Fokussierungsstrategie 117
Formelle Organisationsstruktur 151
Fraktales Unternehmen 274
Fremdbezug 206, 256
Front End 298
Funktion 157
Funktionsorientierung 317

Gemeinkosten 193, 407
Generische Wettbewerbsstrategien 112
Geschäftsarchitektur 341
Geschäftsfeldmatrix 106
Geschäftsmodell 36, 76, 294
Geschäftsnetzwerk 343
Geschäftsprozess 25, 214, 319, 401
Geschäftsprozessdokumentation 369
Geschäftsprozessmanagement 319
Geschäftsprozessoptimierung 326
Geschäftsprozessverantwortlicher 358
Geschäftsvorfall 315
Grafisch-strukturelles Prozessmodell 369
Green Belt 457

Groupware-System 429

Hauptprozess 358
Hidden Action 248
Hidden Characteristics 247
Hidden Intention 248
Hierarchie 216, 241
Hybride Organisationsform 256
Hybride Strukturen 161
Hypercompetition 141

Improve-Phase 456, 483
Information Network 121
Informationsverkeilung 253
Informelle Organisationsstruktur 151
Insourcing 207, 301
Institution 241
Institutional Restructuring Unit 48
Institutionelle Auslagerung 511
Integrator 295
Internalisierung 244
Interview 362
Ishikawa-Diagramm 473

Jidoka 180
Just-in-Time-Logistik 206

Kaizen 223, 326
Kano-Modell 198
Kapazitätsmanagement 205
Kennzahlenorientierte Führung 221
Kernkompetenz 110
Kernprozess 71, 297
Kick-off-Meeting 461
Komplexität 252
Konsolidierung 35, 56
Kontextdiagramm 348
Konzentration auf Schwerpunkte 117
Kooperationen 216, 258
Kostenführerschaft 113
Kostentreiber 411
Kreativitätstechnik 420
Kritischer Erfolgsfaktor 103
Kundenprozess 342
Kundenprozessportal 342
Kundensegmentierung 188

Laufzettelverfahren 365
Layer Player 295
Leader 333
Lean Banking 117
Lean Management 179
Lean Production 179
Leistungsanalyse 348
Leistungsziele 102
Leitbild 99
Leitungsstelle 149
Lernkurve 61
Liegezeiten 204, 419
Linienmanagement 218

Make or Buy 256
Makroprozess 347
Management Cockpit 385, 433
Management-Holding 218
Managementprozess 323
Market Maker 295
Marktbasierter Ansatz 108

Markteintrittsbarrieren 61
Marktorientierung 187
Marktziele 102
Master Black Belt 457
Matrixorganisation 165
Maximalprinzip 73
Measure-Phase 456, 467
Medienbruch 406
Mehrlinienorganisation 155
Messgrößenmatrix 467, 482
Messsystem 470
Method Engineerung 346
MiFID 50
Mikroprozess 348
Mind Mapping 421
Minimalprinzip 73
Mitarbeiterkapazität 205, 460
Mitarbeitertraining 495
Modellierungswerkzeuge 383
Morphologische Analyse 422
Morphologischer Kasten 422
Muda 181
Multimomentstudie 364

Nearshoring 215, 531
Net Benefit 457
Netzwerkorganisation 169, 286
Neue Institutionenökonomik 237
Nischenstrategie 117
Normative Ebene 96
Nutzwertanalyse 416, 423

Oder-Prinzip 148
Offshoring 215, 532
Operatives Modell 509
Opportunismus 542
Optimale Kapazitätsauslastung 206
Orchestrator 295
Organisationsgrenze 272
Organisatorische Lücke 125
Organizational Framework 251
Outsourcing 207, 301, 524
Overbranched 56
Overhead-Funktionen 193

Pilotierung 492
Primärprozess 323
Principal 246
Principal-Agent-Theorie 246
Process Owner 358
Produktentwicklung 295
Produktinnovation 312
Produktivität 72
Produktkomplexität 203, 293
Produkt-Markt-Kombination 106
Profitabilität 74
Profit-Center 192
Property-Rights-Theorie 243
Prozessautomatisierung 425
Prozess-Controlling 425
Prozessdesign 416
Prozessebene 345
Prozessführung 349
Prozessgestaltung 203, 330
Prozesshierarchie 358
Prozesskomplexität 401
Prozesskosten 407
Prozesskostenrechnung 409

Prozesslandkarte 345, 357
Prozessmodellierung 425
Prozess-Monitoring 204
Prozessperformance 328, 456
Prozesssicht 377
Prozessvariante 402
Prozessverantwortlicher 333, 358, 434
Prozessvision 347

Qualität 204
Quality Leader 458

Reengineering-Team 334
Reengineering-Zar 334
Regionale Netzwerke 280
Rentabilität 73
Ressourcenbasierter Ansatz 110
Return on Equity 74
Rollout 487
Rückwärtsintegration 65
Run-Time-Komponente 429

Sarbanes-Oxley Act 51
SCAMPER-Checkliste 484
Schnittstellenanalyse 476
Schnittstellenmatrix 407
Scientific Management 144
Sektornetzwerk 347
Sekundärprozess 323
Selbstähnlichkeit 277
Selbstaufschreibung 365
Selbstorganisation 277
Self Selection 247
Semiglobalisierung 517
SEPA 50
Servicebereich 95
Service-orientierte Architektur 435
Shared-Services-Organisation 192
7-S-Modell 104, 139
Sigma 449
Signalling 247
Simulation 381
Sinus-Milieus 188
SIPOC 464
Six Sigma 447
Six-Sigma-Initiative 458, 492
Six-Sigma-Methodik 447, 493
Six-Sigma-Rollen 462
Six-Sigma-Unternehmenskultur 492
Sourcing 206
Spezialisierung 117
Spezifikationslimit 450
Spezifität 251
Sponsor 457
St. Galler Managementkonzept 95
Stab-/Linienorganisation 154
Stakeholder Map 346
Stakeholder Satisfaction 142
Standardisierung 200, 437
Stelle 148
Stellenbeschreibung 149
Strategie 92
Strategieentwicklung 121
Strategische Denkschulen 92
Strategische Geschäftseinheit 25, 95
Strategische Netzwerke 280
Strategische Positionierung 505
Strategische Ziele 102

Strategisches Geschäftsfeld 104
Strukturorganisation 137
Sunk Costs 64
Superior Value 505
Support-Prozess 323
Swim-Lane-Diagramm 475
Switching Costs 65, 521
SWOT-Analyse 109

Taylorismus 144
Team-Organisation 168
Techniken der Prozesserhebung 360
Tensororganisation 165
Total Quality Management 121
Transaction Banking 297
Transaktionskosten 239, 520
Transaktionskostentheorie 249
Transportzeit 418

Umweltanalyse 47
Und-Prinzip 148
Unternehmenskultur 98, 137
Unternehmensleitbild 99
Unternehmensphilosophie 98
Unterstützungsprozess 71, 323
Ursache-Wirkungs-Diagramm 473

Value Network 284
Value Stream Map 476
Verfahrensinnovation 312
Verfügungsrechte 239
Verhaltensgrundsätze 98
Verify-Phase 492
Verknüpfungsoperatoren 375
Vertikale Integration 114
Virtualität 286
Virtuelle Unternehmensorganisation 170
Vision 96
Voice of the Business 466
Voice of the Customer 466
Vorgangssteuerung 204
Vorwärtsintegration 67

Web-Services 344
Wertkette 70, 294
Wertschöpfung 70
Wertschöpfungsarchitektur 293
Wertschöpfungskette 70, 294
Wirtschaftlichkeit 73, 316
Workflow 427
Workflow Engine 429
Workflow-Management 426
Workflow-Management-Systeme 427

Zeitanalyse 479
Zielgruppen 118

ProcessLab

Das 2005 gegründete ProcessLab ist ein Forschungscenter der Frankfurt School of Finance & Management. Auf Basis wissenschaftlicher Methoden werden praxisrelevante Fragestellungen des Prozessmanagements in der Finanzbranche untersucht und Lösungsvorschläge erarbeitet.

Im Vordergrund stehen insbesondere die in der Fertigungsindustrie und im Handel schon seit längerem bekannten Verfahren zum Kapazitätsmanagement, zur Produktionssteuerung, zur Qualitätsmessung und zur Zeitoptimierung. Diese werden hinsichtlich ihrer Umsetzbarkeit in der Finanzbranche erforscht. Auch die Managementmethodik Six Sigma zählt zu den Untersuchungsgegenständen.

Die Arbeit am ProcessLab erfolgt im Wesentlichen durch Projekte im Rahmen von Dissertationen. Dabei wird das Lab von Unternehmen der Finanzbranche unterstützt, die den Anwendungsbezug sicherstellen. Geleitet wird das ProcessLab von Professor Dr. Jürgen Moormann.

Das ProcessLab bietet eine Plattform zum Austausch und zur Weiterentwicklung von Ideen, um Banken und Versicherungsunternehmen leistungsfähiger zu machen. Ziel ist ein Know-how-Transfer von der Theorie zur Praxis sowie von der Praxis zur Theorie.

Mehr über unsere Arbeit, Informationen über aktuelle Veranstaltungen, Publikationen sowie Ansprechpartner finden Sie unter www.processlab.info. Wir freuen uns über jede Art der Mitwirkung. Unseren elektronischen Newsletter können Sie unter *processlab@frankfurt-school.de* bestellen.